Adobe InDesign CS3

Zusätzlich im Programm

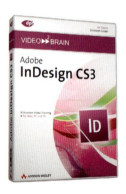

Adobe InDesign CS3 Grundlagen

Das Video-Training auf DVD

ISBN 978-3-8273-6094-6

€ 39,95

Adobe InDesign CS3 Dirty Tricks

Das Video-Training auf DVD

ISBN 978-3-8273-6109-7

€ 59,95

Isolde Kommer · Tilly Mersin

Adobe InDesign CS3

Professionelles Publishing für Print und Web

ADDISON-WESLEY

Bibliografische Information der Deutschen Bibliothek

Die Deutsche Bibliothek verzeichnet diese Publikation in der Deutschen Nationalbibliographie; detaillierte bibliografische Daten Sind im Internet über http://dnb.ddb,de abrufbar.

Die Informationen in diesem Produkt werden ohne Rücksicht auf einen eventuellen Patentschutz veröffentlicht. Warennamen werden ohne Gewährleistung der freien Verwendbarkeit benutzt. Bei der Zusammenstellung von Texten und Abbildungen wurde mit größter Sorgfalt vorgegangen. Trotzdem können Fehler nicht vollständig ausgeschlossen werden. Verlag, Herausgeber und Autoren können für fehlerhafte Angaben und deren Folgen weder eine juristische Verantwortung noch irgendeine Haftung übernehmen. Für Verbesserungsvorschläge und Hinweise auf Fehler sind Verlag und Herausgeber dankbar.

Alle Rechte vorbehalten, auch die der fotomechanischen Wiedergabe und der Speicherung in elektronischen Medien. Die gewerbliche Nutzung der in diesem Produkt gezeigten Modelle und Arbeiten ist nicht zulässig.

Fast alle Hardware- und Softwarebezeichnungen und weitere Stichworte und sonstige Angaben, die in diesem Buch erwähnt werden, sind als eingetragene Marken geschützt. Da es nicht möglich ist, in allen Fällen zeitnah zu ermitteln, ob ein Markenschutz besteht, wird das ®-Symbol in diesem Buch nicht verwendet.

Umwelthinweis:
Dieses Buch wurde auf chlorfrei gebleichtem Papier gedruckt. Um Rohstoffe zu sparen, haben wir auf die Einschrumpffolie verzichtet.

10 9 8 7 6 5 4 3 2 1

09 08 07

ISBN 978-3-8273-2561-7

© der deutschen Ausgabe 2007 Addison-Wesley Verlag,
ein Imprint der PEARSON EDUCATION DEUTSCHAND GmbH;
Martin-Kollar-Str. 10-12, 81829 München/Germany
Alle Rechte vorbehalten
Lektorat: Cornelia Karl, ckarl@pearson.de
Korrektorat: Petra Kienle, Fürstenfeldbruck
Herstellung: Claudia Bäurle, cbauerle@pearson.de
Layout und Satz: Isolde Kommer und Tilly Mersin, Großerlach
Einbandgestaltung: Marco Lindenbeck, webwo GmbH, mlindenbeck@webwo.de
Druck und Verarbeitung: Bosch Druck, Ergolding
Printed in Germany

Dieses Buch wurde mit Adobe InDesign CS3, Adobe Illustrator CS3 und Adobe Photoshop CS3
unter Verwendung der Schriften Adobe Minion Pro und Adobe Myriad Pro gestaltet.

Inhaltsverzeichnis

1.1	Inhaltsverzeichnis	5
1.2	Herzlich willkommen!	23
1.3	Der Aufbau des Buchs	23
	Teil 1: Die Grundlagen	23
	Teil 2: Rationelles Arbeiten	23
	Teil 3: Die Ausgabe	24
1.4	Die DVD	24
1.5	Mac und Windows	25
1.6	Dank	25
1.7	Die Autorinnen	25
1.8	Zum Einstieg: rationelles Arbeiten mit InDesign CS3	26
	Tastenkombinationen und Menüs anpassen	27
	Vordefinierte und eigene Arbeitsbereiche	28
	Schnelle Navigation im Dokument	29
	Tipps zum schnellen Arbeiten	30
	Das Programm beschleunigen	31

Teil 1   Die Grundlagen

1   Die Layoutentwicklung 33

1.1	Das Layout einrichten	34
	Die Seitengeometrie	34
	Beschnittzugabe und Infobereich festlegen	37
	Das fertige Dokument bearbeiten	38
	Die Seiteneinstellungen nachträglich ändern	39
	Ein Layout mit ungleichen Spalten erzeugen	40
	Seiten hinzufügen, löschen und neu arrangieren	40

	Druckbögen mit mehreren Seiten erstellen...	42
	Das Layout schnell an unterschiedliche Anforderungen anpassen	43
1.2	**Mustervorlagen – die Basis Ihres Layouts**	45
	Mustervorlagen anzeigen und anwenden...	46
	Der Mustervorlage Objekte und Hilfslinien hinzufügen...	46
	Mustervorlagen anwenden	46
	Mustervorlagenobjekte entkoppeln	47
	Eine neue Mustervorlage erstellen..	47
	Layoutvarianten rationell entwickeln: verschachtelte Musterseiten	49
	Seiten auf der Grundlage einer Mustervorlage hinzufügen	50
	Mustervorlageneigenschaften nachträglich ändern	50
	Mustervorlagen löschen	50
1.3	**Hilfslinien einrichten**	51
	Linealhilfslinien einrichten..	52
	Hilfslinien für regelmäßige Rasternetze rationell anlegen	54
	Hilfslinien ein- und ausblenden...	56
	Hilfslinien löschen	57
	Hilfslinien fixieren...	57
	An Hilfslinien ausrichten...	57
1.4	**Die Paginierung**	58
	Die Paginierung nicht bei Seite 1 beginnen	59
	Abschnitte einsetzen	60
1.5	**Das eingerichtete Dokument für die spätere Verwendung speichern**...................	62
2	**Typografie**	**63**
2.1	**Textrahmen**	64
	Mustertextrahmen erzeugen	64
	Textfluss über mehrere Rahmen...	65
	Einen neuen Rahmen für den Übersatztext erstellen	66
	Den Übersatztext halbautomatisch in mehrere vorbereitete Rahmen fließen lassen	66
	Automatischer Textfluss mit Mustertextrahmen	66
	Die Verkettung von Textrahmen aufheben	68
	Text um Objekte fließen lassen	68
	Text im Rahmen positionieren	71
	Spaltensatz...	72
	Der Versatzabstand..	74
	Die vertikale Ausrichtung..	74

	Erste Grundlinie	74
	Den Textrahmen verformen	75
	Mit Ankerpunkten arbeiten	75
2.2	**Rationelle Texteingabe**	76
	Texte im Textmodus eingeben und bearbeiten	76
	Texte importieren	77
	Texte über die Zwischenablage transportieren	81
	Text per Drag&Drop transportieren	81
	Blindtext einfügen	81
2.3	**Mikrotypografie – der richtige Umgang mit Sonderzeichen**	82
	Sonderzeichen einfügen	82
	Anführungszeichen	82
	Sonstige Sonderzeichen einfügen	84
2.4	**Texte gestalten**	86
2.5	**Die Textfarbe**	86
2.6	**Zeichen und Absätze formatieren**	87
	Schrift und Schriftschnitt auswählen	87
	Pseudoschnitte	88
	Kapitälchen	88
	Schriftnamen	89
	Kerning und Laufweite verändern	90
	Zeilen- und Absatzabstände	91
	Der Absatzsetzer	92
	Absätze zusammenhalten	93
	Silbentrennung	94
2.7	**Tabulatoren und Aufzählungen**	95
	Tabstopps setzen	95
	Tabstopps in regelmäßigen Abständen erstellen	98
	Einzüge über das Bedienfeld »Tabulatoren« erstellen	98
	Aufzählungen und Nummerierungen	99
	Text an einem Pfad ausrichten	100
	Ein dreidimensionales Textband	102
2.8	**Tabellen importieren und gestalten**	105
	Tabellen erstellen und bearbeiten	105
	Eine Tabelle aus vorhandenem Text erstellen	106
	Eine Tabelle importieren	107
	Die Bestandteile der Tabelle bearbeiten	108
	Die Abmessungen der Tabelle, von Zeilen oder Spalten ändern	109
	Zellen, Zeilen und Spalten auswählen	110

Zellbearbeitung 110
Zellen verbinden und teilen 111
Zellen verteilen 111
Die Anzahl der Zeilen und Spalten verändern 111
Zeilenhöhe und Spaltenbreite einstellen 112
Die Ausrichtung des Zelleninhalts 112
Tabellen gestalten 112
Tabellenzellen formatieren 112
Tabellen formatieren 113
Alternierende Zeilen- und Spaltenformatierung 114

2.9 Zellen- und Tabellenformate erzeugen und einsetzen 115
Zellenformate erzeugen 115
Tabellenformate erzeugen 117
Tabellenformate in andere Dokumente übernehmen 118

2.10 OpenType-Features nutzen 118
Warum OpenType? 119
Zwei OpenType-Varianten 121
Quellen für OpenType-Fonts 121
OpenType-Unterstützung 122
Betriebssysteme und der Adobe Type Manager 123
OpenType-Schriften installieren 123
OpenType und InDesign 124
Bedingte Ligaturen 124
Schwungschrift 125
Kontextbedingte Variante 125
Titelschriftvarianten 126
Echte Kapitälchen 126
Echte Brüche 127
Ordinalzahlen 127
Ziffern 128
Das Dialogfeld »Glyphen« 128
Alternativen für eine bestimmte Glyphe anzeigen 130
OpenType-Attribute in einer Stilvorlage speichern 131

2.11 Den Satz überprüfen 132
Absatzumbruchverletzungen anzeigen 132
Silbentrennungs- und Ausrichtungsverletzungen 132
Laufweite/Kerning benutzerdefiniert 133
Ersetzte Schriftarten 133
Ersetzte Glyphen 134
Text neben Objekt ausrichten 134

Am nächsten Zeilenabstandschritt fortfahren ... 135
Konturenführung wirkt sich nur auf Text unterhalb aus ... 135

3 Grafische Elemente einfügen ... 137

3.1 Grafiken und Bilder im Layout platzieren ... 138
Frei geformte Rahmen zeichnen ... 138
Pfade bearbeiten ... 141
Die Pfadform ändern ... 142
Linien in Kurven umwandeln, Kurven in Linien umwandeln ... 144
Ankerpunkte einfügen und löschen ... 145
Ankerpunkte automatisch reduzieren ... 145
Pfade aufteilen und Pfadteile löschen ... 146
Vordefinierte Funktionen für das Ändern der Rahmenform ... 146
Objekte verknüpfen ... 146
Verknüpfte Formen mit dem Pathfinder erstellen ... 147
Eckenoptionen ... 148

3.2 Farben ... 148
Ein neues Farbfeld erstellen ... 149
Volltonfarben auswählen ... 150
Mischdruckfarben ... 152
Einen Farbton erzeugen ... 153
Nicht benutzte Farbfelder anzeigen ... 154
Farbfelder in anderen Dokumenten weiterverwenden ... 154
Farbfelder in anderen Anwendungen der Creative Suite 3 weiterverwenden ... 154
Verläufe ... 155

3.3 Grafiken importieren ... 156
Die richtige Bildgröße wählen ... 156
Die Rasterweite ... 157
Der Qualitätsfaktor ... 160
Grafiken ins Layout einsetzen ... 162
Eine Grafik in ihren Rahmen einpassen ... 163
Mehrere Grafikdateien platzieren und ihre Größe anpassen ... 164
Eine Grafikdatei per Drag&Drop importieren ... 166
Grafikformate ... 167
Illustrator-Dateien ... 167
EPS-Dateien ... 168
Eingebettete OPI-Bildverknüpfungen lesen ... 168

Sonstige Importoptionen 169
DCS-EPS-Dateien 169
PDF-Dateien 170
Die Vorteile von PDF- gegenüber EPS-Dateien 171
Photoshop-PSD-Dateien 172
TIFF-Dateien 173
JPEG-Dateien 173
Vermeiden Sie die nachträgliche Bearbeitung von JPEG-Dateien 174
Für die Druckvorstufe weniger geeignete Dateiformate 174
Farbmanagement 175
ICC-Profile 177
Praxisprobleme 178
Die Kalibrierung des Monitors 179
Die Kalibrierung von Drucker und Scanner 179
Farbverwaltung 180
Die Farbmanagement-Einstellungen 181
Die Arbeitsfarbräume bestimmen 182
RGB-Arbeitsfarbräume 182
CMYK-Arbeitsfarbräume 183
Benutzerdefinierte CSF-Dateien verwenden 183
Das Farbmanagement ausschalten bzw. deaktivieren 183
Die Farbmanagement-Richtlinien 183
Das CMM bestimmen 184
Quellprofile auswählen 186
Fertigstellen des Farbmanagements 187
Platzierte Bilder und Farbmanagement 187
Ein Profil in ein Photoshop-Bild einbetten 187
Ein Bild in InDesign mit einem Profil versehen 188
Grafiken im Text verankern 188
Verankerte Objekte aus dem Textfluss herausnehmen 190
Die Optionen des Dialogfelds 190
Eingebunden oder Über Zeile 191
Die Verankerung aufheben 193

3.4 Grafiken transformieren 193
Die Grafik in ihrem Rahmen transformieren 193
Die Transformation wiederholen 194
Einen Grafikrahmen unabhängig von seinem Inhalt transformieren 194

3.5 Die Bilddarstellung steuern 195
Die Darstellung einzelner Bilder steuern 197

3.6	Verknüpfungen bearbeiten	197
	Bilder im Layout auffinden	198
	Geänderte Bilder im Layout aktualisieren	198
	Fehlende Bilder neu verknüpfen	199
	Die Verknüpfungsinformationen	199
	Bilder aus InDesign heraus im Bildbearbeitungsprogramm öffnen	199
3.7	Bilder einbetten	200

4	Grafiken gestalten	201
4.1	Die rechteckigen Bildbegrenzungen durchbrechen	202
	Beschneidungspfade	202
	Beschneidungspfade aus Bildern mit einfarbigem oder transparentem Hintergrund erstellen	202
	Die exaktere Variante: den Beschneidungspfad in Photoshop vorbereiten	205
	Beschneidungspfade mit Alphakanälen erstellen	207
	Bilder mit Ebenenmasken im Layout platzieren	208
4.2	Duplex-Bilder in InDesign	210
	Duplex-Bilder in Photoshop erzeugen	211
	Die Duplex-Kanäle bearbeiten	212
	Das Duplex-Bild in InDesign platzieren	214
	Schwarzweiß- und Graustufenbilder einfärben	214
4.3	Objekttransparenzen und -effekte	215
	Schlagschatten	217
	Schlagschatten nach innen	218
	Transparenzen und Füllmethoden	219
	Die Transparenz eines Objekts einstellen	219
	Eine Füllmethode auf ein Objekt anwenden	220
	Die Füllmethoden im Einzelnen	220
	Füllmethoden isolieren	222
	Weiche Kanten	223
	Effekte und Transparenzen in einem Objektstil speichern	225

Teil 2 Rationelles Arbeiten

5 Umfangreiche Dokumente bearbeiten ... 227

5.1 Objektstile und Formate richtig einsetzen ... 228
Formate ... 228
Was ist ein Format? ... 229
Zwei verschiedene Arten von Formaten ... 229
Absatzformate erzeugen ... 230
Beispiel: Ein registerhaltiges Absatzformat erzeugen ... 230
Den Text am Grundlinienraster ausrichten ... 233
Das Grundlinienraster für einzelne Textrahmen einstellen ... 234
Den Grundlinientext als Absatzformat speichern ... 235
Ein Absatzformat von Grund auf neu erstellen ... 236
Aufeinander basierende Formate erstellen ... 236
Das Folgeformat festlegen ... 239
Mehrere Absätze in einem Zug formatieren ... 240
Zeichenformate erstellen ... 241
Ein Format schnell anwenden ... 244
Ein Format beim Löschen durch ein anderes Format ersetzen ... 244
Formate zwischen Dokumenten austauschen ... 244
Verschachtelte Formate ... 246
Ein Schritt weiter – verschachtelte Formatschleifen ... 248
Überschriften und Bildbeschriftungen nummerieren ... 250
Marginalien zeitsparend mit Objektstilen setzen ... 255
Objektverankerung ... 255
Die Verankerung in einem Objektstil speichern ... 260
Formate beim Textimport korrekt übernehmen ... 260

5.2 Texte und ganze Dokumente verknüpfen ... 262
InDesign-Dokumente verknüpfen ... 262

5.3 Texte suchen und ersetzen ... 264
Eine Suche nach einer bestimmten Zeichenfolge durchführen ... 264
Gezielte Suche nach Formatierungen ... 266
Sonderzeichen und Glyphen ersetzen ... 268
Eine Suche mit GREP durchführen ... 270
Zwei praktische Fälle ... 271
Objekteigenschaften suchen und ändern ... 274
Abfragen erzeugen ... 276

5.4	**Die Rechtschreibprüfung**	277
	Die Wörterbücher bearbeiten	279
5.5	**Vorgegebene Elemente praktisch organisieren und verwalten**	281
	Eine Bibliothek aufbauen	281
	Objekte zur Bibliothek hinzufügen	282
	Hilfslinien in der Bibliothek speichern	282
	Objektinformationen anlegen	282
	Bibliotheken öffnen und schließen	283
	Ein Element aus der Bibliothek in das Dokument einfügen	283
	Ein Element aus der Bibliothek löschen	283
	Ein Element in eine andere Bibliothek kopieren	283
	Objekte suchen und sortieren	284
	Die Sortierreihenfolge ändern	284
	Nur Objekte mit bestimmten Kriterien anzeigen	284
5.6	**Die Alternative: Snippets und Bridge**	285
	Dateien aus Bridge in InDesign öffnen bzw. einfügen	286
	Snippets in Bridge erzeugen	286
	Darstellung der Bilder in Adobe Bridge ändern	287
	Die Darstellung von Adobe Bridge anpassen	287
	Bilder, Grafiken und Layouts in Adobe Bridge bewerten	287
	Bilder, Grafiken und Layouts filtern und sortieren	287
	Suchen in Bridge	288
	Mehrere Dateien gleichzeitig umbenennen	289
	Den Vorschaubereich nutzen	289
	Metadaten nutzen	290
	Kontaktabzüge erstellen	290
5.7	**Das Layout mit Ebenen unterschiedlichen Anforderungen anpassen**	291
	Die Verwendung von Ebenen	291
	Das Bedienfeld »Ebenen«	293
	Ebenen erstellen	294
	Mit dem Bedienfeld »Ebenen« arbeiten	295
	Stapelordnung und Ebenen	295
	Hilfslinien und Ebenen	295
	Ebenen sperren und ausblenden	296
	Ebenen reduzieren	296
	Die Ausgabe von Dokumenten mit Ebenen	296

Inhaltsverzeichnis

5.8 Zusammenarbeit mit anderen Workflow-Mitgliedern 296
Notizen einsetzen 297
InCopy und InDesign 298
Eine Aufgabe erzeugen 298
Das InCopy-Paket schnüren 300

6 Bücher gestalten 301

6.1 Automatisierungen durch Textvariablen 302
Zum Beispiel: Kolumnentitel 302

6.2 Fußnoten 305
Fußnoten gestalten 307

6.3 Die Buchfunktion nutzen 310
Ein Buch erstellen 312
Die Buchdateien organisieren 313
Die Seitennummerierung 314
Die Seitennummerierung für das gesamte Buch ändern 314
Vakatseiten 314
Die Seitennummerierung für ein einzelnes Dokument ändern 315
Die Formatquelle 316
Die Buchdokumente mit der Formatquelle synchronisieren 317

6.4 Inhaltsverzeichnisse und Indizes 317
Ein Inhaltsverzeichnis erstellen 317
Vorbereitungen: Absatzformate zuweisen 317
Absatzformate für das Inhaltsverzeichnis erstellen 318
Ein neues Dokument für das Inhaltsverzeichnis erstellen 319
Das Layout des Inhaltsverzeichnisses festlegen 320
Ein Inhaltsverzeichnisformat erstellen 321
Indizes erstellen 322
Mit dem Bedienfeld »Index« arbeiten 323
Die Indexeinträge definieren 323
Weitere Optionen für Indexeinträge 325
Alle Vorkommen eines bestimmten Suchbegriffs zum Index hinzufügen 326
Den Index erzeugen 326

6.5 Bücher drucken und exportieren 329

| 7 | **Routinearbeiten durch Skripte automatisieren** | 331 |

7.1	**Fertige Skripte verwenden**	332
	Wo finden Sie einsatzbereite Skripte?	332
	Skripte auf der InDesign-DVD	335
	Skripte aus dem Internet	335

7.2	**Eigene Skripte erstellen**	337
	Grundprinzipien	337
	JavaScript-Skripte erstellen	338
	AppleScript-Skripte erstellen	339
	VBA-Skripte erstellen	341
	Die notwendigen Utensilien	341

7.3	**Ein Beispiel**	343
	Den Rahmen per JavaScript versetzen	343
	Das Skript testen	344
	JavaScript	345
	VBScript	345
	AppleScript	345

Teil 3 Die Ausgabe

8 Vorbereitung auf die Reproduktion 347

8.1 Der Arbeitsbereich »Druckausgabe und Proofs« 348

8.2 Verknüpfungen kontrollieren 348
Geänderte Bilder im Layout aktualisieren 349
Fehlende Bilder neu verknüpfen 350
Die Verknüpfungsinformationen 351

8.3 Linienstärken kontrollieren 351

8.4 Verwendete Farben kontrollieren 352
Die Farbe von InDesign umrechnen lassen 353
Die Volltonfarbe manuell ersetzen 354

8.5 Fehlende und nicht freigegebene Schriften ausfindig machen 356
Weitere Möglichkeiten im Dialogfeld »Preflight« 360

8.6 Proofen 362
Einen Softproof anzeigen 363
Hardproof 364

8.7 Den Farbauftrag messen 364

8.8 Überfüllen und Überdrucken 365
Was sind Überfüllungen? 366
Wann sind Überfüllungen überflüssig? 367
Überfüllungsmethoden 367
Die Überfüllung einstellen 369
Wie wird überfüllt? 369
Mit Überfüllungsvorgaben arbeiten 369
Die Überfüllungsbreite 370
Bilder überfüllen 371
Die Gehrungsoptionen 372
Überfüllungsgrenzwerte 372
Ein eigenes Überfüllungsformat definieren 374
Dokumentseiten mit einem Überfüllungsformat ausstatten 374
Überfüllungsvorgaben importieren 376
Überfüllungseinstellungen für Lacke und sonstige Sonderdruckfarben 376
Das Dokument mit den Überfüllungen ausgeben 378

		Überfüllungen am Bildschirm betrachten 379
		Farben überdrucken 380
		Objekte überdrucken 380
		Schwarz 381
		Verschiedene Tiefschwarzvarianten 381
		Die Schwarzdarstellung ändern 382
8.9		**Dateien mit Transparenzen ausgeben** 383
		Der richtige Umgang mit Transparenzen 384
		Transparenzreduzierung und Objekttypen im Einzelnen 385
		Der Transparenzfarbraum 386
		Transparenzreduzierungsformate 386
		Ein vordefiniertes Transparenzreduzierungsformat anwenden 386
		Das Transparenzreduzierungsformat kontrollieren und nachbearbeiten 388
		Mit der Reduzierungsvorschau arbeiten 391
		So verwenden Sie das neue Format 392
		Besonderheiten 392
		Volltonfarben 392
		PDF-Dokumente mit transparenten Objekten erstellen 393
		Transparenzen im OPI-Workflow 393
		Das Format speichern und weitergeben 394
		Einzelne Druckbögen reduzieren 395
		Die Reduzierungsvorschau 396

9   Dokumente ausgeben 397

9.1	**Zwei Möglichkeiten** 398
9.2	**Die Ausgabe über den Befehl »Datei > Drucken«** 398
	Den Druckertreiber auswählen 398
	Geräteunabhängige und geräteabhängige PostScript-Dateien 399
	Allgemeine Einstellungen 399
	Die Kategorie »Einrichten« 400
	Das Dokument für den Ausdruck skalieren 401
	Marken und Anschnitt festlegen 402
	Anschnitt 402
	Die Ausgabeeinstellungen 402
	Composite- oder vorseparierte PostScript-Dateien? 403
	Vorseparierte Dateien 403
	Composite 403
	Der Unterschied zwischen In-RIP-Separationen und Composite-CMYK 405

	Die Druckfarben	405
	Der Druckfarben-Manager	406
	Überfüllungen festlegen	407
	Spiegeln	407
	Das Raster	407
	Die Rasterwinkel	408
	Grafiken und Schriften	409
	Farbmanagement	409
	Erweiterte Einstellungen	410
	OPI	410
	Die Transparenzreduzierung	410
	Übersicht	411
	Eigene Druckvorgaben erstellen	411
9.3	**Die Ausgabe über den Befehl »Datei > Exportieren«**	412
	Die PDF-Exporteinstellungen	412
	PDF/X	413
	Eigene Einstellungssätze speichern	414
	Die Einstellungen in der Kategorie »Allgemein«	414
	Einstellungen in der Kategorie »Komprimierung«	415
	Die Neuberechnung	416
	Das Kompressionsverfahren	416
	Sonstige Optionen	418
	Einstellungen in der Kategorie »Marken und Anschnitt«	418
	Einstellungen in der Kategorie »Ausgabe«	418
	Das Ausgabemethodenprofil	419
	Einstellungen in der Kategorie »Erweitert«	419
	Nicht jede Schrift kann eingebettet werden	420
9.4	**Die PDF-Datei prüfen**	421
	Preflight in Acrobat 8	421
	Ein Preflight-Droplet erzeugen	424
	Das Droplet einsetzen	424
9.5	**Broschüren und Plakate für Kundenpräsentationen drucken**	425
	Broschüren und Booklets drucken	425
	Der Druck der Broschüre aus Acrobat	426
	Der Seitenversatz	427
	Ein Faltblatt im Wickelfalz ausschießen	428
	Plakate auf mehreren Seiten ausgeben	430

Inhaltsverzeichnis

10 Layouts für das multimediale Zeitalter 431

10.1 Interaktive und multimediale E-Books gestalten 432

Navigationsmöglichkeiten einrichten 434
Hyperlinks und Schaltflächen 434
Hyperlinkziele anlegen 436
Ein Hyperlinkziel zu einer Seite im aktuellen Dokument anlegen 436
Ein Hyperlinkziel zu einem Anker anlegen 437
Ein Hyperlinkziel zu einer Adresse im Internet erstellen 438
Hyperlinkziele bearbeiten 438
Hyperlinks definieren 438
Hyperlinks automatisch aus URLs im Text generieren 438
Das Aussehen des Hyperlinks definieren 439
Hyperlinks bearbeiten 439
Die Hyperlinks in InDesign testen 440
Schaltflächen 440
Die Schaltflächeneigenschaften definieren 440
Das Register »Verhalten« des Dialogfelds »Schaltflächen-Optionen« 441
Die Auslöser im Einzelnen 442
Die Verhalten im Einzelnen 442
Ein Beispiel: Das Verhalten »Felder ein-/ausblenden« 444
Die Tab-Reihenfolge einrichten 447
Schaltflächenzustände einrichten 447
Lesezeichen 448
Lesezeichen erstellen 450
Verschachtelte Lesezeichen 451
Multimedia 452
Einen Medienclip einfügen 452
Eine Verknüpfung zu einem Clip im Internet erstellen 453
Die Wiedergabe des Medienclips einstellen 453
Webtaugliche PDF-Dokumente aus InDesign-Dateien erzeugen 454
Der Export 455
Die Kategorie »Allgemein« des Exportdialogs 455
Die richtigen Kompatibilitätseinstellungen 455
Seitenminiaturen einbetten oder nicht? 456
Die schnelle Webanzeige 456
Lesezeichen 457
Hyperlinks 457

	Interaktive Elemente	457
	Farben und Schriften	458
	Geschützte PDF-Dokumente für das Web	458
	Das fertige PDF-Dokument in Adobe Acrobat weiter verkleinern	459
	PDF-Dokumente im Web veröffentlichen	459
	Zusammenspiel von HTML und PDF	460
10.2	**XHTML-Seiten für das Web erstellen**	**462**
	Vorbereitungen in InDesign	463
	Das InDesign-Dokument in XHTML konvertieren	466
	Die Kategorie »Allgemein« des Dialogfelds »XHTML-Exportoptionen«	466
	Die Kategorie »Bilder«	466
	GIF oder JPEG?	467
	Das Kontrollkästchen »Interlace«	467
	JPEG-Bilder	468
	Die Kategorie »Erweitert«	468
	Das Dokument im Web-Editor nachbearbeiten	469
10.3	**Layouts für Digital Editions exportieren**	**472**
10.4	**Grafiken für das Web erstellen**	**474**
	Das SVG-Format	475
	Schriften	476
	Bilder	476
	Transparenzreduzierung	477
	CSS-Eigenschaften	477
	Die HTML-Einbindung von SVG-Dateien	478
	Das JPEG-Format	478
	Die Datei für eine optimale JPEG-Kompression vorbereiten	479
	Der Export	480
10.5	**Medienübergreifendes Publishing mit XML**	**480**
	Was ist XML?	481
	Der Aufbau von XML-Dokumenten	482

	XML und InDesign	483
	Die Vorgehensweise in InDesign	484
	Das Dokument analysieren	484
	Die Tags für das Dokument festlegen	484
	Das Dokument „taggen"	486
	Tags im Dokument betrachten	487
	Die XML-Datei erstellen	488
	Die XML-Datei weiterverwenden	488
	Tags mit Formaten verbinden	490
	Absätze auf der Grundlage von Formaten taggen	491
	XML-Regelsätze	491
	XML-Dateien für das Web aufbereiten	492
	Cascading Stylesheets	492
	XSLT	495
10.6	**Index**	499

Die CD-ROM zum Buch

\plugins: Dieser Ordner enthält Demo-Versionen nützlicher InDesign-Plug-ins.

\skripte: Hier finden Sie nützliche Skripte zur Rationalisierung Ihrer Arbeit.

\video-training: Dieser Ordner enthält vier Video-Trainings zur Illustration und Vertiefung von im Buch besprochenen Themen

\vorlagen: Hier finden Sie sofort einsatzbereite Vorlagen für verschiedene Einsatzgebiete.

Herzlich willkommen!

Sie halten ein umfassendes Buch zu einem leistungsfähigen Programm in den Händen. Die Quintessenz der neuen InDesign-Features ist die Produktionsbeschleunigung. InDesign CS3 ist damit absolut auf der Höhe der Zeit und eines der besten Layout-Tools.

Dieses Buch soll Ihnen ein kompetenter Begleiter bei den Herausforderungen sein, die sich Ihnen im Gestaltungs- und Produktionsalltag stellen. Es ist ein systematisches und umfassendes Arbeitsbuch und Nachschlagewerk und voller hilfreicher Tipps, Lösungen und Workaraounds. Die Möglichkeiten dieses Programms erscheinen geradezu überwältigend. Deshalb zeigen wir Ihnen anhand von vielen Schritt-für-Schritt-Anleitungen und Beispielen aus der Praxis, wie Sie produktiv und kreativ mit InDesign arbeiten, auch einmal ungewöhnliche Wege gehen und wie Sie die neuen Features nutzen, um Ihre Abgabetermine einzuhalten. Zu allen Themen erhalten Sie überdies eine Fülle interessanter Tipps und Tricks.

Apropos neue Features: Damit Sie auf einen Blick erkennen, was InDesign CS3 Ihnen Neues bietet, haben wir im Buch an die entsprechenden Stellen das nebenstehende Symbol gesetzt.

ID Neu in InDesign CS3

Der Aufbau des Buchs

Dieses Buch besteht aus drei Teilen, die Sie an den farbigen Markierungen am Seitenrand identifizieren können.

Teil 1: Die Grundlagen

- Die ersten drei Kapitel beschreiben in kompakter Form die Grundlagen – die Arbeit mit Layouts, Texten und Grafiken – sowie einige interessante Tricks und weniger bekannte Funktionen.
- In Kapitel 4 erfahren Sie alles, was Sie zur Gestaltung von Grafiken wissen müssen. Auch die Arbeit mit den tollen neuen InDesign-Effekten hat hier ihren Platz gefunden.

Teil 2: Rationelles Arbeiten

Der zweite Teil versorgt Sie mit Detailwissen zum rationellen und kreativen Setzen von Dokumenten aller Art.

- Haben Sie mit umfang- und elementreichen Dokumenten wie etwa Katalogen oder Zeitschriften zu tun? Dann ist das Kapitel 5 beson-

ders interessant für Sie. Wir informieren Sie hier über wichtige Arbeitserleichterungen bei der Organisation und dem Aufbau solcher Dokumente und der zugehörigen Elemente. Unter anderem bietet das Programm die neue Möglichkeit, ganze InDesign-Dokumente wie ein Bild im Layout zu platzieren.
- ▶ Kapitel 6 ist all jenen gewidmet, die Bücher layouten und setzen. Wir stellen hier Funktionen vor, die Ihnen viele Stunden Zeit sparen und – richtig eingesetzt – Fehlerquellen bei der Fertigstellung des Buchs auf ein Minimum reduzieren.
- ▶ In Kapitel 7 führen wir Sie in ein wichtiges Thema zur Produktionssteigerung und Verbesserung des Workflows ein: die Arbeit mit InDesign-Skripten. Skripte sind auch dann interessant für Sie, wenn Sie nicht in die Programmierung einsteigen möchten. Denn Adobe hat eine ganze Anzahl von Skripten auf die InDesign-Programm-CD gepackt, die Sie sofort nutzbringend einsetzen können.

Teil 3: Die Ausgabe

- ▶ Kapitel 8 ist der Druckvorbereitung gewidmet. Sie erfahren hier nicht nur Schritt für Schritt, welchen Prüfungen und Optimierungen Sie Ihre Dokumente vor der Druckausgabe unterziehen sollten, sondern auch, was bei so heiklen Themen wie der Ausgabe von Transparenzen und Überfüllungen zu beachten ist.
- ▶ In Kapitel 9 geht es um die Ausgabe selbst. Sie sehen, wie Sie Ihre Dateien so ausgeben, dass ein reibungsloser Druck-Workflow gewährleistet ist.
- ▶ Möchten Sie Layouts für das Web erstellen, erfahren Sie in Kapitel 10 alles zur Gestaltung von HTML- und PDF-Dokumenten sowie zu Webgrafiken. Außerdem lernen Sie eine wichtige Funktion zur Produktivitätssteigerung kennen: die Arbeit mit XML-Daten.

Die CD

Die meisten der im Buch gezeigten Beispiele finden Sie zu Anschauungszwecken auch auf der CD. Die Layoutdateien aus Kapitel 5 finden Sie beispielsweise im Ordner *\layout\kapitel05* usw. Sämtliche Layouts können Sie für den privaten Gebrauch verwenden; Sie dürfen sie nicht weitergeben oder für kommerzielle Arbeiten nutzen.

Der Ordner *\skripte* enthält verschiedene nützliche Skripte zur Rationalisierung Ihrer Arbeit. Der Ordner *\plugins* enthält Demo-Versionen nützlicher InDesign-Plug-ins von verschiedenen Herstellern. Die vollständige Liste der Plug-ins auf der CD und eine Installationsanleitung finden Sie in der Datei *readme.htm* im Ordner *\plugins*.

Im Ordner *\vorlagen* der CD finden Sie sofort einsatzbereite Vorlagen für verschiedene Anwendungsbereiche, beispielsweise CD- und Videohüllen, Visitenkarten im Nutzenaufbau, Folder und vieles mehr. Schauen sie einfach mal rein!

Ein weiterer wertvoller Teil der CD ist der Ordner *\video-training* – er enthält vier Video-Trainings von video2brain. Die Filme illustrieren und vertiefen die im Buch besprochenen Themen auf anschauliche Weise. Achten Sie auf das nebenstehende Symbol; dort finden Sie Verweise auf die Videos.

Video-Training

An dieser Stelle möchten wir außerdem auf die Video-Trainings-DVD *Adobe InDesign CS3 Dirty Tricks*, ISBN 978-3-8273-6109-7 verweisen. Gerald Singelmann zeigt, wie Sie mehr aus InDesign herausholen, verrät Geheimtipps und bietet Lösungen und Workarounds an.

Mac und Windows

Dieses Buch wurde sowohl für Windows- als auch für Mac-Anwender geschrieben. Die InDesign-Versionen unter Windows und am Mac gleichen einander weitestgehend. Wo es Abweichungen gibt, ist dies im Text vermerkt.

Dank

Eine ganze Menge Leute haben zur Entstehung dieses Buchs beigetragen. Unser besonderer Dank geht an unsere Lektorin Cornelia Karl für Aufmunterung und konstruktives Feedback sowie Mike Schelhorn für seine kompetenten Hinweise zum Inhalt.

Die Autorinnen

Neben ihren Tätigkeiten als Herausgeberinnen und Autorinnen von Computerbüchern und Fachartikeln sind Isolde Kommer und Tilly Mersin vor allem als Gestalterinnen von Fachbüchern, Zeitschriften und Webseiten tätig. Diese Arbeit prägt das Buch: Die Autorinnen wissen aus der täglichen Praxis, welche Themen bei der kreativen Arbeit und bei der Weiterverarbeitung der Dateien wichtig sind – und diese alltägliche Vertrautheit scheint im Buch immer wieder durch.

Zum Einstieg: rationelles Arbeiten mit InDesign CS3

Die Benutzeroberfläche wurde in allen Anwendungen der Creative Suite 3 vereinheitlicht.

Id Neu in InDesign CS3

Die Benutzeroberfläche von InDesign CS3 wurde komplett überarbeitet. Sie wirkt aufgeräumt und ästhetisch und nimmt weniger Platz auf dem Bildschirm ein. Das Wichtigste ist jedoch, dass Sie die Benutzeroberfläche individuell an Ihre Arbeitsgewohnheiten und Aufgaben anpassen können.

Sämtliche Bedienfelder können in einem platzsparenden Dock angeordnet und auf ihre Symbole bzw. Symbole mit Beschriftung reduziert werden.

Beachten Sie, dass das Werkzeugbedienfeld in der Grundeinstellung einspaltig am linken Bildschirmrand angedockt ist. Es lässt sich ein- oder zweispaltig darstellen (klicken Sie dazu auf den kleinen Doppelpfeil ›› über der Werkzeugleiste oder einfach auf die graue Fläche über dem Bedienfeld), fließend oder angedockt platzieren.

Auf der rechten Seite des InDesign-Fensters finden Sie ein Bedienfelderdock, in dem die Standardbedienfelder auf Symbole mit Beschriftungen reduziert angedockt sind. Bei ausreichender Monitorauflösung ist es praktisch, die Bedienfelder in diesem Dock zu belassen. Anderenfalls lassen sie sich genau wie das Werkzeugbedienfeld frei auf dem Bildschirm positionieren.

Der Standard-Arbeitsbereich von InDesign CS3 enthält die wichtigsten, für die tägliche Arbeit benötigten Funktionen.

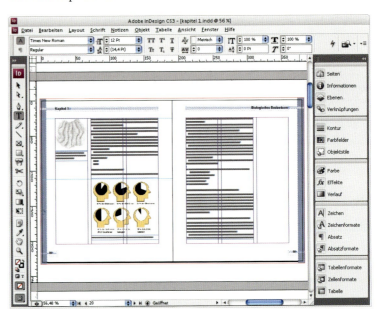

Sobald Sie mit den Symbolen der Bedienfelder vertraut sind, können Sie noch mehr Platz auf dem Bildschirm freimachen, indem Sie auf den linken Rand der im Dock befindlichen Bedienfeldgruppe oder auf den geriffelten Anfasser ▌ links oben über der Bedienfeldgruppe klicken und nach rechts ziehen. Dann werden nur noch die Bedienfeldsymbole ohne ihre Beschriftungen angezeigt. Ziehen Sie anschließend nach links, wird der ursprüngliche Zustand wiederhergestellt.

Ein Klick auf ein einzelnes Bedienfeldsymbol öffnet das jeweilige Bedienfeld; ein weiterer Klick klappt es wieder ein.

Klicken Sie auf den nach links weisenden Doppelpfeil « in dem grauen Bereich über den Bedienfeldern. Alle im Dock befindlichen Bedienfelder werden expandiert. Ein weiterer Klick auf den Doppelpfeil » klappt die Bedienfelder wieder ein.

Tastenkombinationen und Menüs anpassen

Über den Befehl *Bearbeiten > Tastaturbefehle* betrachten Sie eine Liste aller vorhandenen Tastenkombinationen. Hier können Sie auch Ihre eigenen Tastaturkürzel erzeugen. Das Dialogfeld enthält alle Befehle, denen Sie Tastenkombinationen zuweisen können.

Reicht Ihnen der standardmäßige Tastaturbefehlssatz nicht aus, können Sie zusätzliche Sätze erzeugen, zum Beispiel für unterschiedliche Arbeitsbereiche.

Wenn Sie bisher noch keine Anpassungen an den Tastenkombinationen vorgenommen haben, gibt es nur die drei Standardbefehlssätze *[Standard]*, *[Tastaturbefehle QuarkXPress 4.0]* und *[Tastaturbefehle PageMager 7.0]*. Die zuletzt genannten Befehlssätze sind praktisch für Umsteiger von den beiden Programmen. An den eckigen Klammern erkennen Sie, dass Sie diese Befehlssätze nicht ändern können. Sie können aber auf der Grundlage eines dieser Sätze einen eigenen Befehlssatz erzeugen:

1 Klicken Sie auf *Neuer Satz*, geben Sie einen passenden Namen ein und wählen Sie aus dem Popup-Menü *Basiert auf Satz* den passenden Eintrag.
2 Wählen Sie aus dem Menü Produktbereich, welche Befehle Sie anpassen möchten, zum Beispiel *Werkzeuge*, wenn Sie die Tastenkürzel des Werkzeugbedienfelds ändern möchten.
3 Wählen Sie den Befehl aus, dessen Tastenkombination Sie ändern möchten.
4 Drücken Sie anschließend die neue Tastenkombination.

Sollte diese Tastenkombination bereits vergeben sein, sehen Sie im linken unteren Bereich des Dialogfelds, welchem Befehl sie momentan zugewiesen ist. Nachdem Sie alle gewünschten Tastenkombinationen erzeugt haben, klicken Sie auf *Speichern*.

Auch für ein zweispaltiges Dock-Layout können Sie sich entscheiden, indem Sie ein Bedienfeld oder eine Bedienfeldgruppe auf den linken Rand des Docks ziehen – eine senkrechte blaue Markierung erscheint – und die Maustaste dann freigeben.

ID Neu in InDesign CS3

Auch die Menübefehle lassen sich anpassen, zum Beispiel farbig hervorheben oder ganz aus den Menüs entfernen. Wählen Sie *Bearbeiten > Menüs*.

▶ Um einen Befehl aus den Menüs zu entfernen, klicken Sie auf das zugehörige Augensymbol 👁.
▶ Möchten Sie einen Menübefehl farbig hinterlegen, klicken Sie auf *Ohne* und wählen die gewünschte Farbe.

Die Menüs von InDesign CS3 lassen sich Ihren Anforderungen anpassen.

Wenn Sie einen Befehl aus einem Menü entfernt haben, sehen Sie als letzten Punkt in diesem Menü den Befehl *Alle Menübefehle einblenden*. Klicken Sie darauf, wird auch der ausgeblendete Befehl wieder verfügbar.

Vordefinierte und eigene Arbeitsbereiche

Alle diese Änderungen können Sie in einem sogenannten Arbeitsbereich speichern. Es handelt sich dabei um eine bestimmte Konstellation aus Bedienfeldanordnungen, Menübefehlen und Tastenkombinationen.

Legen Sie sich für bestimmte Aufgabengebiete eigene Arbeitsbereiche zurecht – zum Beispiel solche für mehrseitige Dokumente, für Anzeigen, für Webdokumente. Diese lassen sich dann per Menübefehl abrufen.

Sobald Sie sich Ihre Arbeitsoberfläche wie gewünscht eingerichtet und angeordnet haben, sichern Sie diese mit *Fenster > Arbeitsbereich > Arbeitsbereich speichern*. Anschließend ist Ihr eigener Arbeitsbereich im Menü *Fenster > Arbeitsbereich* verfügbar.

Möchten Sie alle in InDesign CS3 geänderten bzw. neuen Menübefehle sehen? Dann wählen Sie *Fenster > Arbeitsbereich > Neuheiten und Verbesserungen in CS3*. Alle neuen oder verbesserten Befehle werden farbig hervorgehoben.

Aber auch verschiedene vordefinierte Arbeitsbereiche bietet Ihnen InDesign CS3 – Bedienfeldanordnungen und ausgeblendete bzw. farbig hinterlegte Menübefehle – für unterschiedliche Aufgabenbereiche. Sie erreichen diese über den Befehl *Fenster > Arbeitsbereich*. Mit *Fenster > Arbeitsbereich > Standard-Arbeitsbereich* zeigen Sie die InDesign-CS3-Grundeinstellung an.

Schnelle Navigation im Dokument

Wenden Sie verschiedene praktische Techniken an, um sich schnell und problemlos in der Satzdatei zu bewegen, Details in Augenschein zu nehmen bzw. die Gesamtwirkung des Layouts zu kontrollieren.

Eine Möglichkeit hierzu bietet das *Zoom*-Werkzeug – ein Klick in Ihr Dokument und Sie zeigen dieses in der nächstgrößeren Zoomstufe an. Wenn Sie die `Alt`-Taste gedrückt halten, während Sie mit dem *Zoom*-Werkzeug klicken, zeigen Sie das Dokument in der nächstkleineren Zoomstufe an. Ziehen Sie mit dem *Zoom*-Werkzeug ein Rechteck um einen bestimmten Bereich, wird dieser in größtmöglicher Zoomstufe im Dokumentfenster dargestellt.

- In der Ansicht *Originalgröße*, die Sie aus dem Menü *Ansicht* wählen, sehen Sie das Dokument in hundertprozentiger Vergrößerung.
- Die Ansichten *Seite in Fenster einpassen* bzw. *Druckbogen in Fenster einpassen* bieten Ihnen einen guten Überblick über die Seite bzw. den Druckbogen.
- *Ganze Montagefläche* zeigt nicht nur den aktuellen Druckbogen, sondern auch die Montagefläche, auf der dieser Druckbogen liegt.
- Betätigen Sie die Tastenkombination `Strg`/`⌘` + Leertaste, so erhalten Sie das *Zoom*-Werkzeug zum Einzoomen.
- Betätigen Sie `Strg`/`⌘` + `Alt` + Leertaste, erhalten Sie das *Lupen*-Werkzeug zum Auszoomen.

Der einzige Nachteil dabei ist, dass Sie alle Hände voll zu tun haben – mit einer Hand greifen Sie die jeweilige Tastenkombination, mit der anderen bedienen Sie die Maus.

Haben Sie ein mehrseitiges Dokument vor sich, bewegen Sie sich von Seite zu Seite, indem Sie in der Palette *Seiten* einen Doppelklick auf die entsprechende Seitenminiatur ausführen. Oder Sie wählen eine Seitennummer aus der Leiste am unteren Bildschirmrand bzw. geben eine Seitennummer ein.

Eine weitere Alternative ist das *Hand-Werkzeug*. Nachdem Sie es aktiviert haben, ziehen Sie mit gedrückter Maustaste, um sich im Dokument zu bewegen. Es handelt sich quasi um eine Alternative zu den Bildlaufleisten.

Durch einen Druck auf die Leertaste können Sie das *Hand*-Werkzeug aus jedem beliebigen Werkzeug heraus vorübergehend aktivieren. Wenn Sie gerade im Text arbeiten, fügen Sie mit der Leertaste natürlich ein Leerzeichen ein – verwenden Sie dann stattdessen die `Alt`-Taste.

> Eine schnelle Möglichkeit, die Ansicht *Originalgröße* zu erhalten, ist ein Doppelklick auf das *Zoom*-Werkzeug. Mit einem Doppelklick auf das *Hand*-Werkzeug zeigen Sie Ihr Dokument in der Ansicht *Druckbogen in Fenster einpassen* an.

Die *Navigator*-Palette (*Fenster > Objekt & Layout > Navigator*) ist ein sehr nützliches Tool, das Ihnen ein Miniaturfenster der gesamten Arbeitsfläche anbietet. Ziehen Sie einfach den roten Umriss – der Bildausschnitt Ihres Dokuments wird entsprechend verschoben.

Tipps zum schnellen Arbeiten

Setzen ist eigentlich eine kreative Tätigkeit; doch wenn Sie schon einmal nächtelang über einem langen Dokument gesessen sind, wissen Sie, wie viel Routinearbeit dazugehört. Da ist es gut, verschiedene Techniken und Kniffe zu kennen, mit denen sich das Programm schneller bedienen lässt.

- Eine freie Sicht auf Ihr Dokument verschaffen Sie sich, wenn Sie die `↹`-Taste betätigen. InDesign räumt daraufhin vorübergehend sämtliche geöffneten Paletten einschließlich der Werkzeugpalette ab. Mit einem weiteren Druck auf die `↹`-Taste erscheint die Palettenkonstellation wieder auf dem Bildschirm.
- Mit `⇧` + `↹` blenden Sie alle Bedienfelder bis auf das Werkzeugbedienfeld aus.
- Die Hilfslinien Ihres Dokuments versperren Ihnen den Blick auf das Layout? Mit der Taste `W` schalten Sie schnell in den Vorschaumodus und wieder zurück.
- Möchten Sie sich schnell vergewissern, ob Sie ein bestimmtes Bild bereits in CMYK konvertiert haben bzw. ob es sich bereits um die Endfassung handelt oder nur um eine Layoutversion, öffnen Sie die Palette *Fenster > Informationen*. Sie zeigt Ihnen alle wichtigen Informationen zu dem gewünschten Bild.
- Haben Sie schon einmal überlegt, wie viel Zeit Sie damit verbringen, die umfangreichen InDesign-Menüs nach einem bestimmten Befehl zu durchforsten? Probieren Sie den folgenden Tipp: Halten Sie die Tastenkombination `Strg`/`⌘` + `⇧` + `Alt` gedrückt, während Sie das entsprechende Menü öffnen. Die Menüeinträge sind nun in alphabetischer Reihenfolge sortiert, ebenso die Untermenüs.
- Bei der Arbeit mit InDesign ist es oft überflüssig, den Taschenrechner zu konsultieren. Denn in den meisten Feldern, die eine Zahleneingabe erwarten, können Sie auch Berechnungen anstellen: Soll die Breite des ausgewählten Rahmens beispielsweise ein Drittel einer A4-Seite betragen, geben Sie in das Feld B *210/3* (210 durch 3) ein. Sie können weiterhin die Operatoren Plus (+), Minus (-) und

Multiplikation (*) verwenden. Auch **Prozentangaben** sind möglich: Um etwa einen Zeilenabstand um die Hälfte zu verringern, verwenden Sie die Angabe *50 %*.

- In der Grundeinstellung arbeitet InDesign mit der Maßeinheit Millimeter (mm). Sie ändern diese Standardmaßeinheit über *InDesign* bzw. *Bearbeiten/InDesign > Voreinstellungen > Einheiten & Einteilungen*. Manchmal möchten Sie sich aber gar nicht so genau festlegen – in einem bestimmten Eingabefeld in einem Dialogfeld wollen Sie vielleicht ein Punkt-Maß eingeben, obwohl die voreingestellte Maßeinheit *mm* lautet. Kein Problem: Geben Sie einfach das Maßsystem mit ein: *12 Pt* (für 12 Punkt), *1 Zoll* oder *3 cm*.
- Zur Kontrolle Ihres Satzes im Layout empfiehlt es sich, die unsichtbaren Zeichen in InDesign anzuzeigen, indem Sie den Befehl *Schrift/Verborgene Zeichen einblenden* wählen. Dann haben Sie eine bessere Kontrolle über Tabulatoren, manuelle Zeilenumbrüche, Einzüge oder Indexeinträge. Auch doppelte Leerzeichen lassen sich schnell ausfindig machen.

Das Programm beschleunigen

Mit kleinen Satzdateien wie etwa Plakaten oder Flyern arbeitet es sich schnell; umfangreiche Werke wie Bücher können Ihnen schon einiges an Geduld abverlangen, obwohl die Arbeitsgeschwindigkeit von InDesign CS3 sich gegenüber den Vorversionen deutlich erhöht hat.

Mit ein paar Kniffen lässt sich InDesign beschleunigen:

- In Dokumenten mit vielen platzierten Grafiken lohnt es sich, die **Palette** *Verknüpfungen* **geschlossen zu lassen**. InDesign arbeitet dann deutlich schneller als mit geöffneter Palette.
- Setzen Sie gegebenenfalls die Bildqualität herab oder schalten Sie die Anzeige von Bildern ganz aus (dann sehen Sie statt der Bilder nur rechteckige graue Rahmen, die den Stand im Layout markieren): Wählen Sie *Ansicht > Anzeigeleistung*. Der Befehl *Typische Anzeige* setzt die Bildqualität am Monitor herab (der Ausdruck wird nicht beeinflusst), der Befehl *Schnelle Anzeige* reduziert die Bildanzeige auf die Bildrahmen.
- Um das richtige Gleichgewicht zwischen Darstellungsgeschwindigkeit und -qualität zu finden, legen Sie zusätzlich im Dialogfeld *Bearbeiten/InDesign > Voreinstellungen > Anzeigeleistung* fest, in welcher Qualität Pixel- und Vektorgrafiken sowie Transparenzen dargestellt werden.

Übrigens lassen sich auch nur einzelne, besonders speicherintensive Bilder temporär ausblenden. Dazu öffnen Sie das Kontextmenü auf dem jeweiligen Bild und wählen Anzeigeleistung > Schnelle Anzeige.

Die Feinabstimmung der Anzeige-qualität regeln Sie über die Voreinstellungen.

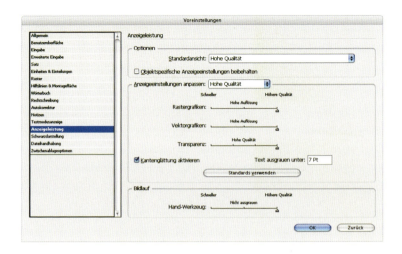

Abwärtskompatibilität

Sie haben sich entschieden, mit dem neuen InDesign CS3 zu arbeiten – das heißt natürlich längst nicht, dass alle Ihre Produktionspartner ebenfalls über dieses Programm verfügen!

Eine in CS3 erstellte INDD-Layoutdatei lässt sich *nicht* in InDesign CS2 öffnen. Dennoch hat Adobe eine Abwärtskompatibilität eingebaut – der Schlüssel ist das Dateiformat INX (InDesign Interchange). Um eine INX-Datei zu erzeugen, wählen Sie *Datei/Exportieren* und stellen als Dateityp das *InDesign Interchange-Format* ein. Dieses INX-Dokument lässt sich nun in InDesign CS2 öffnen.

1 Die Layout-entwicklung

Sie verwenden InDesign CS3 für die Gestaltung der verschiedensten Dokumente – von kleinen Anzeigen über Prospekte bis hin zu umfangreichen Büchern. Das Programm bietet Ihnen die verschiedensten Möglichkeiten, Ihr Dokument einzurichten, ihm Seiten hinzuzufügen, diese anzuordnen und zu löschen, Seitennummern einzurichten und vieles mehr.

1.1 Das Layout einrichten

Ein neues Dokument legen Sie mit *Datei > Neu > Dokument* ⌃Strg/
⌘ + N an. Legen Sie jetzt verschiedene grundlegende Merkmale des geplanten Dokuments fest – zum Beispiel Seitenanzahl, Seitengröße und Spaltenanzahl.

Im oberen Bereich geben Sie die Anzahl Seiten ein, die Ihre Publikation enthalten soll. Theoretisch könnten Sie bis zu 9999 Seiten in einem einzigen Dokument anlegen. In der Praxis ist die Arbeit mit sehr umfangreichen Dokumenten weniger empfehlenswert. Für solche Zwecke gibt es in InDesign die Buchfunktion, mit der Sie mehrere Einzeldokumente – zum Beispiel die Kapitel eines Buchs – zu einem Gesamtwerk zusammenfassen, um sie etwa mit fortlaufenden Seitenzahlen auszustatten. Mehr über diese Möglichkeiten erfahren Sie in Kapitel 6.

Die Seitengeometrie

Über das aktivierte Kontrollkästchen *Doppelseite* bestimmen Sie, dass Sie ein Dokument mit einem Bund und gegenüberliegenden linken (geradzahligen) und rechten (ungeraden) Seiten erstellen möchten.

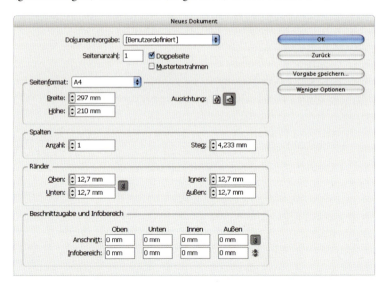

Abbildung 1.1 Haben Sie das Kontrollkästchen *Doppelseite* angeklickt, ändert sich die Beschriftung der Eingabefelder *Links* und *Rechts* in *Innen* und *Außen*.

Lassen Sie das Kontrollkästchen deaktiviert, erhalten Sie identisch aussehende Einzelseiten mit linkem und rechtem Rand. Dieses Layout eignet sich für alle einseitigen Arbeiten wie Anzeigen, Visitenkarten, Plakate, aber für Dokumente, die später auf einseitig bedruckten

Bögen ausgegeben und gebunden werden sollen – zum Beispiel Berichte oder Diplomarbeiten, aber auch Bildschirmpräsentationen zum späteren Export als PDF-Dokument.

Bei fertigen Dokumenten können Sie sehr schnell herausfinden, ob sie im Doppel- oder im Einzelseiten-Modus erstellt sind. Abbildung 1.3 zeigt Ihnen, wie ein Dokument im jeweiligen Modus im Bedienfeld *Seiten* dargestellt wird.

Aktivieren Sie das Kontrollkästchen *Mustertextrahmen*, wenn Sie ein Dokument mit festem Satzspiegel planen. Dann fügt InDesign Ihren Seiten einen zunächst unsichtbaren Textrahmen hinzu, den Sie in den fertigen Dokumentseiten durch einen Klick in den Satzspiegel mit dem *Textwerkzeug* T und gleichzeitig gedrückter [Strg]/[⇧]-Taste aktivieren.

Dieser Textrahmen nimmt stets den gesamten Satzspiegel ein. Wenn Sie Ihr Dokument mehrspaltig einrichten (mehr darüber erfahren Sie auf Seite 36), wird der Mustertextrahmen dieser Spaltenanzahl entsprechen.

Als Seitenformat können Sie vordefinierte Seitenformate wie A4, und B5 verwenden oder auch in die darunterliegenden Felder eine eigene Seitengröße eingeben.

Wählen Sie für das Papierformat stets das beschnittene Endformat des fertigen Druckerzeugnisses. Die Beschnittzugabe richten Sie gesondert ein, wie Sie gleich sehen werden.

Zwar sind als Maßeinheit in der Grundeinstellung Millimeter (mm) vorgegeben, doch können Sie auch andere Maßeinheiten ver-

Abbildung 1.2 Links: Für mehrseitige Dokumente mit spiegelbildlich angeordnetem Satzspiegel wie dieses Buch ist das aktivierte Kontrollkästchen *Doppelseite* ein Muss. Rechts: Für lose, einseitig bedruckte Seiten sind keine Doppelseiten notwendig.

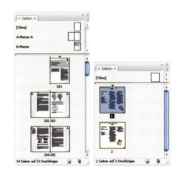

Abbildung 1.3 Links: Darstellung im Bedienfeld *Seiten* bei einem doppelseitigen Dokument. Rechts: Darstellung bei einem einseitigen Dokument

Kapitel 1: Die Layoutentwicklung

wenden und in die Felder eingeben. InDesign rechnet diese in die aktuelle Maßeinheit um, sobald Sie ein anderes Feld im Dialogfeld ansteuern:

- Zoll (")
- Zentimeter (*cm*)
- Millimeter (*mm*)
- Punkt (*pt*)
- Pica (*p*)
- Cicero (*c*)

Diese Maßeinheiten können Sie übrigens nicht nur beim Einrichten der Seite verwenden, sondern allgemein in den InDesign-Eingabefeldern, wenn es beispielsweise um die Angabe von Abmessungen geht.

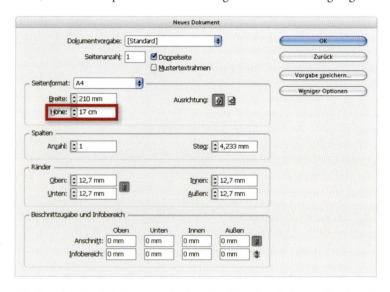

Abbildung 1.4 Statt der vorgegebenen mm können Sie auch mit verschiedenen anderen Maßeinheiten arbeiten, die InDesign dann selbstständig in die in den Voreinstellungen angegebene Maßeinheit (in der Grundeinstellung *mm*) umrechnet.

Die Mindestgröße für ein InDesign-Dokument sind winzige 4,233 mm (das sind 12 Punkt bzw. 1 Cicero) im Quadrat, andererseits können Sie auch große Plakate mit einer Breite und Höhe von bis zu 5486,4 mm in einem einzigen Dokument gestalten!

Die Standardmaßeinheit *mm* ändern Sie über *Bearbeiten > Voreinstellungen > Einheiten und Einteilungen* in den Eingabefeldern *Horizontal* und *Vertikal*.

Beachten Sie die Schaltflächen für die Ausrichtung rechts neben den Feldern für die Seitengröße. Hiermit bestimmen Sie, ob das Dokument im Hoch- oder im Querformat ausgerichtet sein soll.

Viele Drucksachen werden mehrspaltig gesetzt. Das sieht häufig besser aus und dient vor allem auch der guten Lesbarkeit. In der Grundeinstellung finden Sie den Wert *1* im Feld für die Spaltenanzahl; setzen Sie ihn bei Bedarf entsprechend hoch – bis zu 216 Spalten sind möglich. Dieser Wert bedeutet allerdings noch nicht, dass die Textrahmen, die Sie später zur Eingabe von Text in Ihrem Dokument anlegen

Das Layout einrichten

werden, ebenfalls mehrspaltig sind – er sorgt vielmehr für die visuelle Einteilung der Seite in mehrere Spalten.

Der Steg bestimmt den Abstand zwischen den Spalten. Als Vorgabe finden Sie hier 1 Cicero, in der Grundeinstellung angegeben als 4,233 mm. Geben Sie hier den gewünschten Spaltenabstandswert zwischen 0 und 508 mm ein.

Im Bereich *Ränder* richten Sie den Satzspiegel Ihrer Seiten ein. Dieser wird auf der fertigen Seite in Form von magentafarbenen Randbegrenzungen dargestellt (darüber hinaus layouten können Sie natürlich trotzdem noch).

Bei einseitigen Dokumenten geben Sie die Ränder in die Felder *Oben*, *Unten*, *Links* und *Rechts* ein, bei doppelseitigen in die Felder *Oben*, *Unten*, *Innen* und *Aussen*.

Berücksichtigen Sie beim Festlegen des inneren Rands auch eine eventuelle Verschiebung durch die Heftung.

Beschnittzugabe und Infobereich festlegen

Ganz unten in diesem Dialogfeld legen Sie bei Bedarf noch eine Beschnittzugabe und einen Infobereich fest (das ist aber nicht zwingend notwendig; Sie können diese Zugaben auch vor der Ausgabe hinzufügen). Beschnittzugabe und Infobereich werden beim Zuschneiden der Bögen auf das endgültige Format entfernt.

Von einer angeschnittenen Seite spricht man, wenn sich Layoutobjekte bis zur Papierkante erstrecken sollen. Solche Objekte lässt man ein paar Millimeter über den Dokumentrand hinausragen, um sicherzustellen, dass bei leichten Passungenauigkeiten das Objekt trotzdem bis zur Seitenkante gedruckt wird. Allerdings funktioniert das nur, wenn eine Beschnittzugabe angelegt ist (üblich sind 3 mm). Denn sämtliche Objekte außerhalb der Beschnittzugabe werden nicht mit ausgegeben.

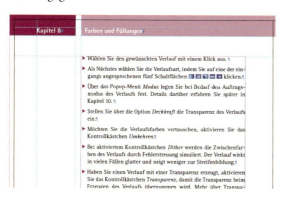

Abbildung 1.5 Links: angeschnittene Objekte lassen Sie beim Layouten mindestens 3 mm über den Rand hinausstehen – gedruckt werden diese Bereiche aber nur, wenn eine Beschnittzugabe definiert ist. Rechts: zwischen Papierkante und Objekt ist durch die fehlende Beschnittzugabe im Druck links und oben ein weißer Streifen sichtbar geworden.

Ohne Beschnittzugabe könnte es bei solchen leichten Passungenauigkeiten schnell dazu kommen, dass zwischen angeschnittenem Objekt und Papierkante eine papierweiße Lücke entsteht.

Das fertige Dokument bearbeiten

Mit *OK* erstellen Sie Ihr Dokument. Die einzelnen Seiten werden im Bedienfeld *Seiten* als Miniaturen dargestellt. Die aktuelle (auf dem Bildschirm angezeigte) Seite ist hervorgehoben.

Abbildung 1.6 Nach dem Bestätigen des Dialogfelds *Neues Dokument*

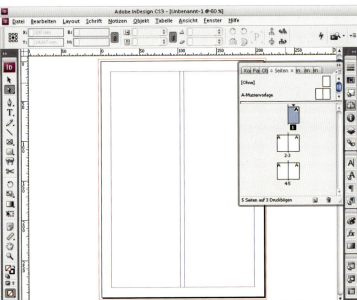

Das abgebildete Dokument ist zweispaltig: Das erkennen Sie an den violetten Spaltenhilfslinien. Die magentafarbenen Randhilfslinien wiederum begrenzen den Satzspiegel Ihres Dokuments. Falls Sie die Hilfslinien nicht sehen können, zeigen Sie diese mit *Ansicht > Raster & Hilfslinien > Hilfslinien einblenden* ([Strg]/[⌘] + [ü]) an.

Ein schneller Weg, Ihr Dokument ohne Hilfslinien anzuzeigen, ist die Taste [W]. Drücken Sie diese Taste wiederholt, um zwischen den verschiedenen Vorschaumodi hin- und herzuschalten.

Soll Ihr Dokument auf farbigem Papier gedruckt werden, können Sie diese Papierfarbe am Monitor simulieren (auf den Druck hat dies keine Auswirkungen): Zeigen Sie mit *Fenster > Farbfelder* das Bedienfeld *Farbfelder* an und doppelklicken Sie auf das Farbfeld *[Papier]*. Wählen Sie aus dem folgenden Dialogfeld einen Farbton, der der

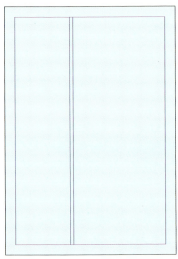

Abbildung 1.7 Getöntes Druckpapier simulieren Sie im Bedienfeld *Farbfelder* über das Farbfeld *[Papier]*.

Farbe Ihres Papiers nahe kommt und bestätigen Sie mit *OK*. Die Seite erhält in der Anzeige diese neue Papierfarbe.

Falls Sie mit Doppelseiten arbeiten: Beachten Sie, dass die Mustervorlage gemäß Ihren Einstellungen zwei gegenüberliegende Seiten – einen Druckbogen – enthält. Natürlich müssen Sie die Spalten auf beiden spiegelbildlich angeordneten Seiten entsprechend abändern. Das Seitenlineal *(Ansicht > Lineale einblenden)* hilft Ihnen dabei.

Die Seiteneinstellungen nachträglich ändern

Möchten Sie nachträglich etwas an der Einrichtung Ihres Dokuments ändern, wählen Sie *Datei > Dokument einrichten*. Mit einem Klick auf die Schaltfläche *Mehr Optionen* erhalten Sie sämtliche im Dialogfeld verfügbaren Optionen (wird stattdessen die Schaltfläche *Weniger Optionen* angezeigt, ist das Dialogfeld bereits erweitert).

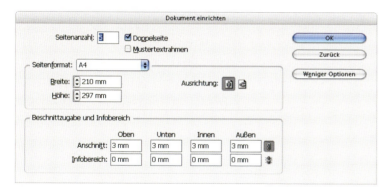

Abbildung 1.8 Auch nachträglich lassen sich die Seiteneinstellungen noch ändern.

Das Dialogfeld enthält die meisten Optionen des vorgestellten Dialogfelds *Neues Dokument*. Die übrigen Optionen des Dialogfelds *Neues Dokument* erreichen Sie nachträglich über *Layout > Ränder und Spalten*.

Allerdings gelten die hier vorgenommenen Einstellungen nur für die aktuelle Seiten bzw. für die im Bedienfeld *Seiten* markierten Seiten. Möchten Sie die Einstellung aller vorhandenen und aller später in das Layout eingefügten Seiten ändern, führen Sie im Bedienfeld *Seiten* zunächst einen Doppelklick auf das Symbol *A-Mustervorlage* aus (über die Mustervorlage können Sie bestimmte Merkmale aller Dokumentseiten in einem Zug ändern, wie Sie im nächsten Kapitel noch sehen werden).

Bei doppelseitigen Layouts markieren Sie mit gedrückter ⇧-Taste beide A-Mustervorlagenseiten. Anschließend öffnen Sie das Dialogfeld *Ränder und Spalten* und nehmen Ihre Änderungen vor.

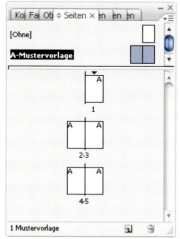

Abbildung 1.9 Bei doppelseitigen Layouts markieren Sie beide A-Mustervorlagen.

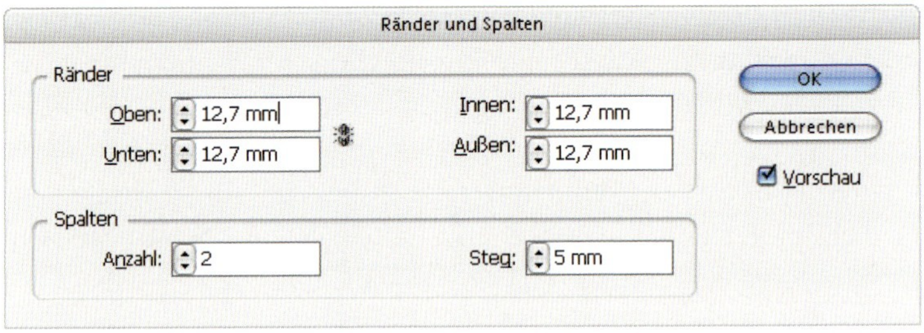

Abbildung 1.10 Die Rand- und Spalteneinstellungen ändern Sie nachträglich im Dialogfeld *Ränder und Spalten*.

Ein Layout mit ungleichen Spalten erzeugen

Vielleicht ist Ihnen aufgefallen, dass Sie über die besprochenen Dialogfelder kein Layout mit ungleichen Spalten erzeugen können.

Benötigen Sie in Ihrem Dokument breite Spalten, doppelklicken Sie im Bedienfeld *Seiten* auf das Symbol *A-Mustervorlage*. Bei einseitigen Dokumenten müssen Sie nicht in der Mustervorlage arbeiten, sondern können direkt die Dokumentseite verwenden.

Standardmäßig sind die Spaltenhilfslinien gesperrt. Wählen Sie deshalb zunächst *Ansicht > Raster und Hilfslinien* und deaktivieren Sie den Befehl *Spaltenhilfslinien sperren*.

1 Vergewissern Sie sich, dass das *Auswahl*-Werkzeug (Taste [V]) aktiviert ist.
2 Zeigen Sie auf eine der beiden Hilfslinien, die die Spalten voneinander trennen, und ziehen Sie mit gedrückter Maustaste nach rechts oder nach links.
3 Die Breite der Spalten wird entsprechend geändert.

Unterschiedliche Spaltenabstände auf einer Seite sind übrigens nicht möglich. Wenn Sie den Spaltenabstand unter *Layout > Ränder und Spalten* ändern, wirkt sich diese Einstellung immer auf alle Spalten der Seite aus.

Seiten hinzufügen, löschen und neu arrangieren

Vorsicht beim Einfügen bzw. Löschen von Seiten in doppelseitig angeordneten Dokumenten mit spiegelbildlich angeordnetem Satzspiegel, wenn Sie bereits Elemente in die Seiten eingefügt haben. Fügen Sie in diesem Fall beispielsweise eine Einzelseite ein, kann InDesign die darauf folgenden Seiten neu an den spiegelbildlichen Satzspiegel anpassen – die Elemente sind danach eventuell nicht mehr richtig positioniert.

Wie oben erwähnt, können Sie die Seitenanzahl Ihres Dokuments auch nachträglich erhöhen oder verringern.

Wenn Sie eine einzelne Seite hinzufügen möchten, aktivieren Sie im Bedienfeld *Seiten* die Seite, nach der Sie die neue Seite einfügen möchten. Klicken Sie auf das Symbol *Neue Seite erstellen* am unteren Rand des Bedienfelds. Die neue Seite wird eingefügt. Sie erhält dieselbe Mustervorlage wie die aktive Seite (mehr über Mustervorlagen erfahren Sie weiter unten), alle noch folgenden Seiten werden um eins nach hinten verschoben. Wenn Sie mit spiegelbildlichen Dokumenten arbeiten, sollten Sie daher immer zwei neue Seiten hintereinander einfügen (siehe Hinweis).

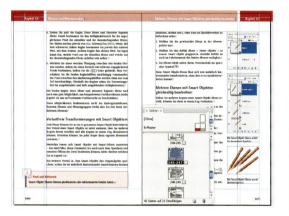 

Abbildung 1.11 Zwei Druckbögen aus einem Buch mit einer Haupt- und einer Marginalspalte.

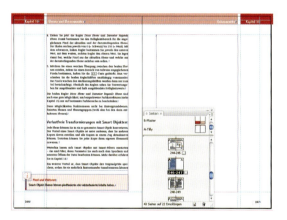 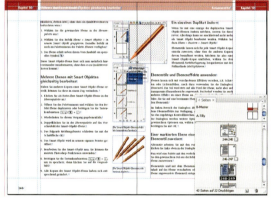

Abbildung 1.12 Rechts oben ist eine einzelne Seite eingefügt worden – auf den nächsten Seiten befindet sich die Marginalspalte daraufhin innen statt außen.

Wenn Sie dieses Problem haben, öffnen Sie das Bedienfeldmenü ▼≡ und deaktivieren den Befehl *Neue Dokumentseitenanordnung zulassen*.

Mehr Optionen bietet Ihnen das Bedienfeldmenü ▼≡ des Bedienfelds *Seiten*: Wählen Sie hier den Befehl *Seiten einfügen*. Im folgenden Dialogfeld geben Sie die gewünschte Seitenanzahl an und bestimmen über das Popup-Menü *Einfügen* und das zugehörige Eingabefeld, vor bzw. nach welcher Seite die neuen Seiten eingefügt werden sollen.

Falls Sie mit mehreren Mustervorlagen arbeiten (mehr darüber weiter unten in diesem Kapitel), wählen Sie noch die Vorlage, auf der die neuen Seiten basieren sollen, aus.

In manchen Fällen ist es praktisch, wenn Sie statt einer ganz neuen, leeren Seite ein Duplikat einer vorhandenen Seite mit allen darin erstellten Layoutelementen erzeugen. Wählen Sie hierzu mit gedrückter ⇧- bzw. Strg/⌘-Taste die Seiten aus, von denen Sie Duplikate möchten. Ziehen Sie die Auswahl mit gedrückter Maustaste auf das Symbol *Neue Seite erstellen* am unteren Rand des Bedienfelds *Seiten*.

Bei dieser Technik werden die neuen Seiten stets am Ende des Dokuments eingefügt (im Anschluss sehen Sie, wie Sie Seiten neu anordnen).

Die Dokumentseiten lassen sich jederzeit neu anordnen. Ziehen Sie die Seiten dazu im Bedienfeld *Seiten* mit gedrückter Maustaste an eine andere Position innerhalb der Seitenordnung. Ein schwarzer Balken zeigt Ihnen, wo die Seiten eingefügt werden, wenn Sie die Maustaste nun loslassen.

Druckbögen mit mehreren Seiten erstellen

Für die meisten Arbeiten verwenden Sie nur Dokumente mit Einzel- oder gegenüberliegenden Doppelseiten. Gelegentlich benötigen Sie aber vielleicht doch einmal ein Dokument mit mehr als zwei nebeneinander angeordneten Seiten auf einem Druckbogen – zum Beispiel für Broschüren im Leporello- oder Fensterfalz oder dergleichen. In der Grundeinstellung können Sie immer nur zwei Seiten nebeneinander auf einem Druckbogen darstellen.

Diese Aufgabe lösen Sie folgendermaßen: Erstellen Sie ein Dokument mit der benötigten Seitenanzahl – ob Sie Doppel- oder Einzelseiten einstellen, ist gleichgültig.

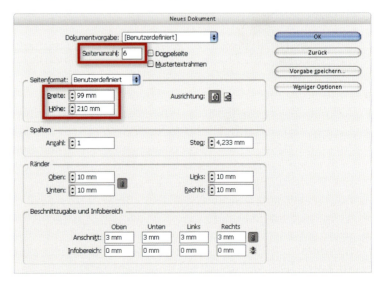

Abbildung 1.13 Vorbereitungen für eine Faltbroschüre – erstellen Sie ein sechsseitiges Dokument mit den entsprechenden Seitenabmessungen.

Öffnen Sie das Bedienfeldmenü ▼≡ des Bedienfelds *Seiten* und deaktivieren Sie den Befehl *Neue Dokumentseitenanordnung zulassen*. Ziehen Sie die Seiten anschließend mit gedrückter Maustaste in das Bedienfeld *Seiten* an die gewünschte Stelle.

Abbildung 1.14 Die Seiten sind so arrangiert worden, dass zwei Druckbögen à drei Seiten entstanden sind.

Bis zu zehn Seiten können Sie auf diese Weise auf einem Druckbogen darstellen.

Das Layout schnell an unterschiedliche Anforderungen anpassen

Das Programm bietet Ihnen die äußerst praktische und zeitsparende Möglichkeit, Ihr Layout schnell an unterschiedliche Anforderungen anzupassen – beispielsweise ein für den Druck bestimmtes Dokument im A4-Format „fit" zu machen für die Darstellung als PDF-Dokument am Bildschirm im Querformat. Danach sind häufig nur noch geringe Anpassungsarbeiten notwendig, weil InDesign versucht, die Elemente auf Ihrer Seite bei einer Änderung des Formats entsprechend anzupassen, sodass das Layout so gut wie möglich erhalten bleibt. Wie von jeder automatischen Funktion, sollten Sie auch von der Layoutanpassung keine Wunder erwarten; aber häufig ist sie doch eine gute Grundlage für Formatänderungen.

Nachdem Sie *Layout > Layoutanpassung* gewählt und das Kontrollkästchen *Layoutanpassung aktivieren* angeklickt haben, stehen Ihnen verschiedene Optionen zur Verfügung:

Kapitel 1: Die Layoutentwicklung

- Im *Ausrichtebereich* geben Sie an, wie nahe sich ein Element an einer Hilfslinie befinden muss, damit es bei der Layoutanpassung an dieser ausgerichtet wird.
- *Größenänderung für Grafiken und Gruppen zulassen* sollten Sie deaktivieren, wenn Sie Bilder und gruppierte Elemente nicht skalieren, sondern nur verschieben möchten. In den meisten Fällen sollte dieses Kontrollkästchen aber aktiviert bleiben.
- *Bewegliche Hilfslinien* sollten Sie aktivieren, damit InDesign die Hilflinien gemäß dem neuen Layout verschieben darf.

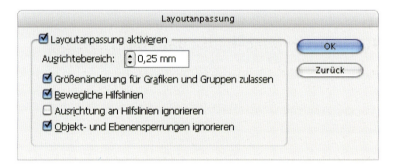

Abbildung 1.15 Die Layoutanpassung wurde aktiviert.

Nachdem Sie auf *OK* geklickt haben, wählen Sie *Datei > Dokument einrichten* und nehmen Sie die entsprechenden Formatänderungen vor. Sobald Sie das Dialogfeld schließen, sehen Sie, dass InDesign versucht hat, das Layout den neuen Gegebenheiten anzupassen.

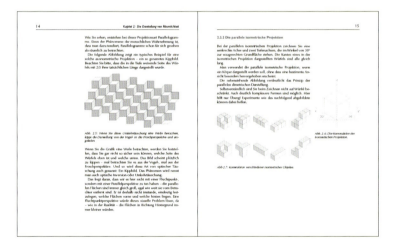

Abbildung 1.16 Dieses hochformatige, für den Druck bestimmte Dokument soll auch im Web als querformatiges PDF-Dokument veröffentlicht werden.

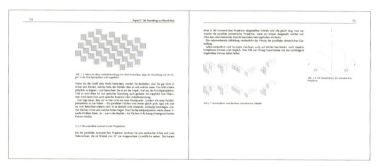

Abbildung 1.17 Die Umsetzung in das Querformat ist InDesign so gut gelungen, dass nur noch einige kleinere Anpassungen notwendig sind.

1.2 Mustervorlagen – die Basis Ihres Layouts

In den meisten mehrseitigen Layouts gibt es bestimmte Elemente, die auf allen Seiten erscheinen sollen – beispielsweise Kopf- oder Fußzeilen, Hilfslinien, Grafiken, Logos, fortlaufende Seitenzahlen und vieles mehr.

In Dokumenten mit vielen Seiten wäre es natürlich sehr mühsam, diese Elemente für jede Seite einzeln zu erstellen und zu gestalten. Daher verwenden Sie Musterseiten – erzeugen Sie die Elemente auf diesen Seiten ein einziges Mal und fügen Sie sie automatisch in jede Seite des Dokuments ein. Nehmen Sie an einer Mustervorlage Änderungen vor, wirken sich diese auf alle mit dieser Mustervorlage versehenen Seiten aus.

Abbildung 1.18 Bei Publikationen wie dieser Broschüre ...

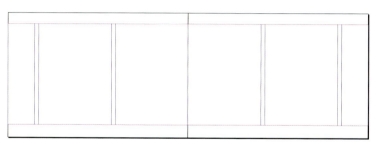

Abbildung 1.19 ... empfiehlt es sich, auf jeder Seite wiederkehrende Elemente wie den Satzspiegel in einer Mustervorlage anzulegen.

Mustervorlagen anzeigen und anwenden

Jedes neue Dokument enthält automatisch eine Mustervorlage mit dem Namen *A-Mustervorlage*. Sie erscheint im oberen Bereich des Bedienfelds *Seiten*. Der vorhandenen Seite – bzw. den vorhandenen Seiten, wenn Sie ein mehrseitiges Dokument erstellt haben – hat InDesign automatisch diese Mustervorlage zugewiesen. Zu Anfang ist diese Mustervorlage – bis auf den beim Anlegen des Dokuments eingerichteten Satzspiegel – leer.

Damit Sie Elemente in die Mustervorlage einfügen können, führen Sie im Bedienfeld *Seiten* einen Doppelklick darauf aus. Dass Sie sich tatsächlich in der Mustervorlage befinden, erkennen Sie daran, dass ihr Name im Bedienfeld *Seiten* hervorgehoben erscheint.

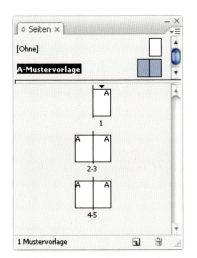

Abbildung 1.20 Jedes neue Dokument enthält automatisch eine Mustervorlage mit dem Namen *A-Mustervorlage*.

Ändern Sie die Ränder und Spalten einer Mustervorlage in einem Dokument, das bereits Layoutobjekte enthält, empfiehlt sich die Arbeit mit der bereits erwähnten automatischen Layoutanpassung.

Der Mustervorlage Objekte und Hilfslinien hinzufügen

Zur Gestaltung der Musterseite können Sie sämtliche Möglichkeiten von InDesign verwenden – sie beispielsweise mit vorplatzierten Objekten sowie Hilfslinien ausstatten. Selbst Ebenen (vgl. Kapitel 5) können Sie in Mustervorlagen verwenden. Weiter unten werden Sie auch sehen, wie Sie der Mustervorlage Seitenzahlen hinzufügen.

Zudem können Sie die Ränder und Spalten der Mustervorlage ändern, indem Sie (bei weiterhin aktivierter Mustervorlage) *Layout > Ränder und Spalten* wählen und hier die gewünschten Änderungen vornehmen. Alle diese Einstellungen wirken umgehend auf sämtliche Dokumentseiten, die mit dieser Mustervorlage ausgestattet sind.

Mustervorlagen anwenden

Haben Sie alles nach Ihren Wünschen vorbereitet, können Sie die Mustervorlage auf beliebige Dokumentseiten anwenden.

Öffnen Sie dazu das Bedienfeldmenü ▼≡ und wählen Sie den Befehl *Mustervorlage auf Seiten anwenden*. Im oberen Bereich des folgenden Dialogfelds wählen Sie die gewünschte Mustervorlage aus.

Darunter bestimmen Sie, welchen Seiten Sie diese Mustervorlage zuweisen möchten. Aufeinanderfolgende Seiten trennen Sie durch einen Bindestrich (z.B. *2-8*), nicht aufeinander folgende durch Kommata (z.B. *2, 5, 8*). Ein Klick auf *OK* weist die Mustervorlage den angegebenen Seiten zu.

Intuitiver arbeiten Sie, indem Sie die gewünschte Mustervorlage mit gedrückter Maustaste aus dem oberen Bereich des Bedienfelds in den unteren Bereich auf die Dokumentseite bzw. den Druckbogen

Abbildung 1.21 Im Feld *Auf Seiten* notieren Sie nicht aufeinanderfolgende Seiten durch Kommata getrennt.

ziehen, der/dem Sie diese Mustervorlage zuweisen möchten. Geben Sie die Maustaste erst dann frei, wenn ein doppeltes Seitensymbol am Mauszeiger erscheint!

Mustervorlagenobjekte entkoppeln

Gelegentlich kommt es vor, dass Sie ein bestimmtes Musterseitenobjekt auf einer der Dokumentseiten nicht benötigen oder abändern möchten. In diesem Fall können Sie es auf dieser speziellen Seite von der Mustervorlage entkoppeln, um es gesondert zu bearbeiten, als wäre es ein Bestandteil der Dokumentseite.

Zeigen Sie die entsprechende Dokumentseite an und klicken Sie daraufhin das Musterseitenelement mit gedrückter Tastenkombination `Strg`/`⌘` + `⇧` an. Sie können es nun bearbeiten, als ob es sich tatsächlich auf der Dokumentseite statt in der Mustervorlage befinden würde. Die übrigen Dokumentseiten, denen diese Mustervorlage zugewiesen wurde, sowie die Mustervorlage selbst werden dadurch nicht geändert.

Möchten Sie diesen Vorgang wieder rückgängig machen, klicken Sie das geänderte Objekt in der Dokumentseite an und wählen aus dem Bedienfeldmenü des Bedienfelds *Seiten* den Befehl *Ausgewählte Musterseitenobjekte wiederherstellen*.

Neu in InDesign CS3
Ob ein Musterseitenelement entkoppelt werden darf oder nicht, entscheiden Sie im Kontextmenü des Musterseitenelements: Öffnen Sie in der Musterseite das Kontextmenü auf dem entsprechenden Element und aktivieren/deaktivieren Sie den Befehl *Musterseitenelemente dürfen überschrieben werden*.

Eine neue Mustervorlage erstellen

Viele Dokumentarten erfordern neben der vorgegebenen Mustervorlage noch weitere Mustervorlagen. Jedes Dokument kann bis zu 127 Mustervorlagen enthalten.

Abbildung 1.22 Vier Seiten aus einem mehrseitigen Katalog. Nur eine der Doppelseiten ist mit einem Hintergrundbild gestaltet.

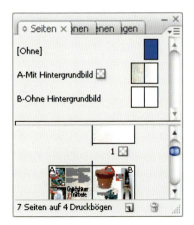

Abbildung 1.23 Aus diesem Grund wurden zwei Musterseiten angelegt – eine für jedes Hintergrundbild.

Abbildung 1.24 Im Dialogfeld *Neue Mustervorlage* legen Sie beispielsweise Präfix und Name für Ihre neue Mustervorlage fest.

Ein weiteres Einsatzgebiet von mehreren Mustervorlagen für ein einziges Dokument sind alternative Entwürfe, die Sie den Seiten schnell zuweisen können, um Vergleiche anzustellen.

Um eine neue Mustervorlage zu erstellen, wählen Sie aus dem Bedienfeldmenü ▾≡ den Befehl *Neue Mustervorlage*. Geben Sie in das Feld *Präfix* ein bis zu vier Zeichen umfassendes Präfix ein.

Der Sinn dahinter: Auf den Dokumentseitensymbolen im Bedienfeld *Seiten* erscheint das Präfix der jeweils zugewiesenen Mustervorlage. So sehen Sie gleich, welche Seite mit welcher Mustervorlage ausgestattet ist.

Der in das Feld *Name* eingegebene Mustervorlagenname wird neben dem Mustervorlagensymbol im Bedienfeld *Seiten* angezeigt. Er kann bis zu 24 Zeichen lang sein. Ein kürzerer Name ist allerdings besser, damit er im Bedienfeld nicht abgeschnitten wird.

Im Feld *Seitenanzahl* schließlich bestimmen Sie, aus wie vielen Seiten die Mustervorlage bestehen soll – bei einseitigen Dokumenten gewöhnlich aus einer, bei mehrseitigen Dokumenten normalerweise aus einem Druckbogen – also zwei gegenüber liegenden Seiten. Sie können hier bis zu zehn Seiten angeben. Bestätigen Sie mit *OK*, um die Mustervorlage zu erstellen.

Als Alternative konvertieren Sie eine bestehende Seite (bei einseitigen Dokumenten) bzw. einen Druckbogen (bei mehrseitigen Dokumenten) in eine Mustervorlage:

Wählen Sie die Seite bzw. den Druckbogen im Bedienfeld *Seiten* aus. Mehrere Seiten markieren Sie mit gedrückter ⇧-Taste. Aus dem Bedienfeldmenü ▾≡ wählen Sie *Als Mustervorlage speichern* bzw. ziehen Sie die ausgewählte Seite oder den ausgewählten Druckbogen mit gedrückter Maustaste aus dem Dokumentseiten- in den Mustervorlagenbereich des Bedienfelds *Seiten*. In diesem Fall erhält die neue Mustervorlage einen Standardnamen – zum Beispiel *B-Mustervorlage*, falls im Dokument bisher nur die Standardmustervorlage A vorhanden ist.

Um die Mustervorlage anschließend beispielsweise noch umzubenennen, markieren Sie sie im oberen Bereich des Bedienfelds *Seiten* und wählen aus dem Bedienfeldmenü ▾≡ den Befehl *Mustervorlagenoptionen für*. Im Bedarfsfall fügen Sie Mustervorlagen aus anderen Seiten in das Bedienfeld *Seite* des aktuellen Dokuments ein – beide Dokumente müssen allerdings von der Seitengröße und -ausrichtung übereinstimmen. Dazu ziehen Sie einfach die Mustervorlage aus dem Bedienfeld *Seite* des Quelldokuments in das Zieldokument. Die Mustervorlage wird automatisch dem Bedienfeld *Seiten* des Zieldokuments hinzugefügt.

Layoutvarianten rationell entwickeln: verschachtelte Musterseiten

In vielen Dokumenten werden für die unterschiedlichen Seiten Variationen desselben Layouts verwendet.

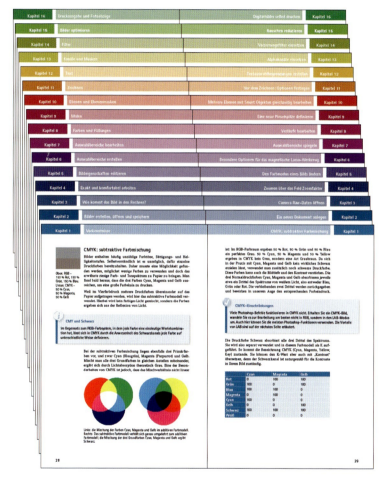

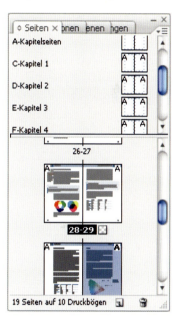

Abbildung 1.25 Im abgebildeten Buch sind die Seiten grundsätzlich identisch aufgebaut, jedoch dient ein farbiges Leitsystem zur Unterscheidung der einzelnen Kapitel.

Abbildung 1.26 Für jedes Kapitel gibt es eine eigene Mustervorlage, die jeweils von der Mustervorlage *A-Kapitelseiten* abhängig ist.

In solchen Fällen verwenden Sie aufeinander basierende Musterseiten: Layouten Sie zunächst die grundlegende Musterseite mit allen benötigten Elementen. Erzeugen Sie eine neue Mustervorlage und wählen Sie aus dem Bedienfeldmenü ▾≡ den Befehl *Mustervorlageoptionen für*. Geben Sie der neuen Mustervorlage einen passenden Namen und wählen Sie aus dem Popup-Menü *Basiert auf Mustervorlage* die Vorlage, auf der die ausgewählte Mustervorlage basieren soll.

Ändern Sie in der neuen Mustervorlage die gewünschten Elemente und legen Sie gegebenenfalls weitere abhängige Mustervorlagen an.

Abbildung 1.27 Wählen Sie aus dem Popup-Menü *Basiert auf Mustervorlage* die zugrunde liegende Vorlage.

Beachten Sie bitte: Wenn Sie Objekte auf der in diesem Popup-Menü gewählten Mustervorlage ändern, wird die neue Mustervorlage dadurch ebenfalls geändert. Dieser Umstand kann sehr effizient sein, wenn Sie nur leicht variierende Mustervorlagen in Ihrem Dokument benötigen, kann aber bei falscher Planung auch schnell zu Verwirrung führen.

Seiten auf der Grundlage einer Mustervorlage hinzufügen

Wenn Sie Ihre Mustervorlagen fertig erstellt haben, können Sie beim Anlegen neuer Seiten diesen gleich die entsprechende Mustervorlage zuweisen: Im Bedienfeld *Seiten* klicken Sie zuerst auf das Symbol der gewünschten Mustervorlage bzw. wählen mit gedrückter ⇧-Taste einen Musterdruckbogen aus. Ziehen Sie mit gedrückter Maustaste im unteren Teil des Bedienfelds an die Stelle, wo die Seite bzw. der Druckbogen eingefügt werden soll.

Mustervorlageneigenschaften nachträglich ändern

Falls Sie die Mustervorlageneigenschaften wie Präfix oder Name nachträglich ändern müssen, öffnen Sie das Bedienfeldmenü ▾≡ und wählen aus diesem den Befehl *Mustervorlagenoptionen für*. Die Optionen des folgenden Dialogfelds kennen Sie bereits vom Anlegen einer neuen Mustervorlage.

Mustervorlagen löschen

Nicht mehr benötigte Mustervorlagen löschen Sie, indem Sie sie im Bedienfeld *Seiten* auswählen (bei Bedarf markieren Sie mit gedrückt gehaltener ⇧-Taste mehrere aufeinanderfolgende bzw. mit gedrückt gehaltener `Strg`/⌘-Taste mehrere nicht aufeinanderfolgende Seiten) und auf das kleine Papierkorbsymbol 🗑 am unteren Rand des Bedienfelds *Seiten* klicken.

Ist diese Mustervorlage bereits auf eine Seite bzw. einen Druckbogen angewandt, erscheint eine Warnmeldung. Wenn Sie diese mit *OK* bestätigen, verschwinden die Elemente der gelöschten Mustervorlage auch von den Seiten/Druckbögen, denen sie zugewiesen war.

Id Neu in InDesign CS3
InDesign CS3 bietet Ihnen die Möglichkeit, Musterseiten aus anderen InDesign-Dokumenten zu laden. Wählen Sie dazu aus dem Bedienfeldmenü ▾≡ des Bedienfelds *Seiten* den Befehl *Musterseiten laden*.

1.3 Hilfslinien einrichten

Normalerweise sollen die Design-Elemente Ihrer Seite vertikal, horizontal und in Bezug zueinander ausgerichtet werden. InDesign versorgt Sie mit verschiedenen Hilfsmitteln, die Ihnen bei dieser Aufgabe helfen. Das wichtigste sind die Hilfslinien, die auf den Musterseiten bzw. im Dokument die Bereiche angeben, in denen die Designelemente auf Ihrer Seite platziert werden sollen.

InDesign kennt verschiedene Arten von Hilfslinien:

- Ränder
- Spalten
- Linealhilfslinien

Ein neues Dokument verfügt zunächst über ein einfaches Hilfslinienraster, das den oberen, unteren, linken und rechten Rand sowie eventuelle Spaltentrennungen markiert. Jedes Dokument kann mit einer immensen Anzahl zusätzlicher Hilfslinien ausgestattet werden. Eine solche große Anzahl ist allerdings meist nicht notwendig. Für ein Buch genügen unter Umständen die Randlinien zur Festlegung des Satzspiegels und eventuell noch der Textspalten bereits.

Für den grundlegenden Seitenaufbau verwenden Sie im Allgemeinen ein Rastersystem aus horizontalen und vertikalen Hilfslinien. Dieses Grundraster legen Sie am besten in der Mustervorlage an. Die Mustervorlagen-Hilfslinien werden auf allen Dokumentseiten, die auf dieser Mustervorlage basieren, angezeigt.

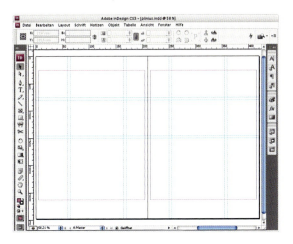

Abbildung 1.28 Links: Solche Mustervorlagen-Hilfslinien können als Gerüst für jede einzelne Dokumentseite dienen. Rechts: Hilfslinien bestimmen im Dokument die Bereiche, in denen die Designelemente platziert werden sollen.

Abbildung 1.29 Im fertigen Dokument sind die Hilfslinien nicht mehr sichtbar.

Das Programm speichert die Hilfslinien mit dem Dokument, sodass sie Ihnen auch nach dem Schließen und erneuten Öffnen des Dokuments weiterhin zur Verfügung stehen.

Linealhilfslinien einrichten

Es gibt zwei Arten von Linealhilfslinien:

▶ Seitenhilfslinien
▶ Druckbogenhilfslinien

Der Unterschied ist, dass Seitenhilfslinien ausschließlich auf der Seite erscheinen, auf der Sie sie erstellt haben. Druckbogenhilfslinien hingegen gelten für den gesamten Druckbogen und werden auf der Montagefläche angezeigt. Die Druckbogenhilfslinien empfehlen sich damit für die grundlegende Einrichtung des Gestaltungsrasters in der Mustervorlage, die Seitenhilfslinien für zusätzliche Hilfslinien auf Einzelseiten (zum Beispiel zum Einpassen einzelner Bilder).

Um Seitenhilfslinien in Ihrem Dokument einzurichten, gehen Sie folgendermaßen vor: Blenden Sie zuerst die Lineale ein (*Ansicht > Lineale einblenden* oder [Strg]/[⌘] + [R]). Zeigen Sie den Druckbogen und gegebenenfalls (im Bedienfeld *Ebenen*) die Ebene an, den/die Sie mit einer Hilfslinie versehen möchten.

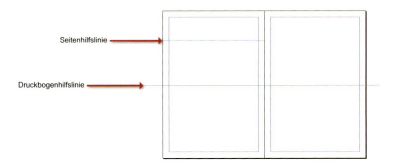

Abbildung 1.30 Die Abbildung illustriert den Unterschied zwischen Seiten- und Druckbogenhilfslinie.

Benötigen Sie eine vertikale Hilfslinie, klicken Sie in das senkrechte Lineal auf der linken Seite des Dokumentfensters. Benötigen Sie eine horizontale Hilfslinie, klicken Sie in das waagerechte Lineal oben im Dokumentfenster. Ziehen Sie die Hilfslinie mit gedrückter Maustaste an die gewünschte Stelle – auch über den aktuell dargestellten Seitenausschnitt hinaus; das Dokumentfenster scrollt mit – und geben Sie die Maustaste dort frei.

Zum Erstellen einer *Druckbogenhilfslinie* gehen Sie prinzipiell genauso vor, nur dass Sie beim Ziehen zusätzlich die [Strg]/[⌘]-Taste gedrückt halten. Alternativ suchen Sie die gewünschte Stelle im vertikalen bzw. horizontalen Lineal und doppelklicken dort.

Oder – wenn Sie gleichzeitig eine senkrechte und eine waagerechte Druckbogenhilfslinie erstellen möchten, klicken Sie auf den Linealschnittpunkt und ziehen Sie mit gleichzeitig gedrückter [Strg]/[⌘]-Taste die beiden Hilfslinien aus diesem heraus.

Halten Sie beim Ziehen zusätzlich die [⇧]-Taste gedrückt, rastet die Hilfslinie bei jeder Linealeinheit ein.

Die Hilfslinie lässt sich auch mit jedem beliebigen Werkzeug verschieben. Drücken Sie dazu die [⌘]-Taste (Mac) bzw. [Strg]-Taste (Windows) und zeigen Sie mit der Maus auf die Hilfslinie. Haben Sie die Hilfslinie angeklickt, können Sie die [⌘]- bzw. [Strg]-Taste wieder loslassen.

Müssen Sie eine Seiten- oder Druckbogenhilfslinie nachträglich verschieben, klicken Sie sie einfach mit dem Auswahlwerkzeug an, um sie auszuwählen, und ziehen Sie sie mit gedrückter Maustaste an die entsprechende Stelle.

Mehrere Hilfslinien wählen Sie entweder mit gedrückter [⇧]-Taste aus oder Sie ziehen ein Auswahlrechteck auf, das alle gewünschten Hilfslinien schneidet. Achten Sie aber darauf, dass das Auswahlrecht-

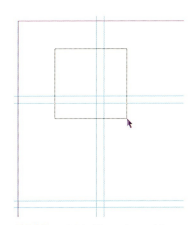

Abbildung 1.31 Dieses Auswahlrechteck wählt zwei horizontale und zwei vertikale Hilfslinien aus.

eck kein im Dokument platziertes Objekt schneidet, da sonst dieses statt der Hilfslinien ausgewählt wird. Es ist nicht möglich, mit einem einzigen Auswahlrechteck sowohl Objekte als auch Hilfslinien auszuwählen.

Exakter verschieben Sie ausgewählte Hilfslinien, indem Sie im Bedienfeld *Steuerung* am oberen Bildschirmrand in die Felder *X* bzw. *Y* entsprechende Werte eingeben. Damit das funktioniert, dürfen Sie bei einer Mehrfachauswahl nur entweder senkrechte oder waagerechte Hilfslinien ausgewählt haben.

Abbildung 1.32 Exakt verschieben lassen sich Hilfslinien über das Bedienfeld *Steuerung* – hier eine horizontale Hilfslinie.

Auch mit den Pfeiltasten im numerischen Block lassen sich Hilfslinien verschieben, und zwar immer in 0,25-mm-Schritten. In 2,5-mm-Schritten verschieben Sie Hilfslinien, wenn Sie neben der entsprechenden Pfeiltaste auch noch die ⇧-Taste drücken.

Sogar in ein anderes Dokument oder auf einen anderen Druckbogen kopieren Sie Hilfslinien bei Bedarf: Dazu wählen Sie sie aus, kopieren Sie mit Strg/⌘ + C und fügen sie mit Strg/⌘ + V ein.

Hilfslinien für regelmäßige Rasternetze rationell anlegen

Regelmäßige Rasternetze sind vielseitig einsetzbar – und InDesign bietet Ihnen eine besonders praktische Möglichkeit, solche Raster zu verwirklichen.

Abbildung 1.33 Links: Gestaltungen mit regelmäßigen Rasternetzen, sind mit Hilfslinien schnell aufgebaut (rechts).

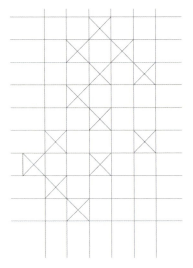
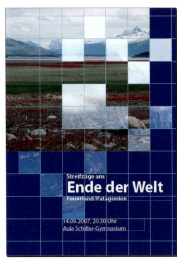

Hilfslinien einrichten

Setzen Sie im Dokument zuerst einen Nullpunkt an der Stelle, wo das Raster beginnen soll. Damit können Sie den Abstand zwischen aufeinanderfolgenden Hilfslinien einfach bestimmen.

1 Klicken Sie in den Linealschnittpunkt ⊞ und ziehen Sie mit gedrückter Maustaste den Nullpunkt an die gewünschte Stelle.

Ziehen Sie die erste vertikale und horizontale Hilfslinie auf den vertikalen und horizontalen Nullpunkt, indem Sie mit gedrückter [Strg]/ [⌘]-Taste aus dem Linealschnittpunkt auf den soeben erstellten Nullpunkt ziehen.

2 Wählen Sie beide Hilfslinien mit dem *Auswahl*-Werkzeug ▸ und gedrückter [⇧]-Taste aus. Alternativ ziehen Sie ein Auswahlrechteck auf, das beide Hilfslinien schneidet.

3 Wählen Sie *Bearbeiten > Duplizieren und versetzt einfügen*. Im folgenden Dialogfeld geben Sie in das Feld *Wiederholungen* ein, wie viele Duplikate der Hilfslinien Sie erstellen möchten. Darunter bestimmen Sie, in welchem Abstand Sie die horizontale und die vertikale Hilfslinie jeweils duplizieren möchten.

4 Nachdem Sie mit *OK* bestätigt haben, werden die Hilfslinien in regelmäßigen Abständen erstellt.

Abbildung 1.34 Im Dialogfeld *Duplizieren und versetzt einfügen* geben Sie an, wie viele Hilfslinien Sie erstellen möchten.

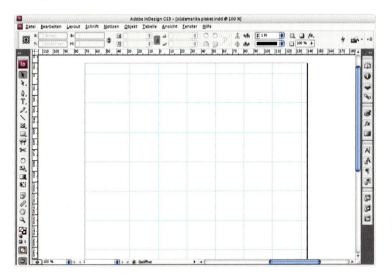

Abbildung 1.35 Mit dem Befehl *Duplizieren und versetzt einfügen* erstellen Sie regelmäßige Hilfslinienraster.

Haben Sie bereits Hilfslinien in Ihrem Dokument erstellt, können Sie diese ebenfalls mit gleichmäßigen Abständen ausrichten: Wählen Sie sie aus und klicken Sie im Bedienfeld *Steuerung* bei horizontalen Hilfslinien auf das Symbol *Um horizontale Mittelachse verteilen* ↕.

ID Neu in InDesign CS3
Für diese Arbeiten können Sie auch das Bedienfeld *Objekt und Layout > Ausrichten* verwenden. Neu an diesem Bedienfeld ist, dass Sie Objekte jetzt auch an der Seite, an der Auswahl, an den Rändern usw. ausrichten können.

Bei vertikalen Hilfslinien klicken Sie auf das Symbol *Um vertikale Mittelachse verteilen* . In diesem Fall erfolgt die gleichmäßige Verteilung gemäß der vorhandenen Position der oberen und unteren bzw. linken und rechten Hilfslinie.

Andererseits können Sie die Hilfslinien auch gemäß einem von Ihnen vorgegebenen Abstandswert verteilen. Dazu aktivieren Sie im Bedienfeld *Steuerung* das Kontrollkästchen *Abstand verwenden* und geben den Wert in das zugehörige Feld ein.

Abbildung 1.36 Über das Bedienfeld *Steuerung* verteilen Sie bereits vorhandene Hilfslinien regelmäßig.

Hilfslinien ein- und ausblenden

Um alle Hilfslinien kurzfristig auszublenden, wählen Sie im Menü *Ansicht > Raster und Hilfslinien* den Befehl *Hilfslinien ausblenden*. Um die Hilfslinien wieder einzublenden, wählen Sie den Befehl *Ansicht > Raster und Hilfslinien > Hilfslinien einblenden* (Strg / ⌘ + ü).

Abbildung 1.37 Zur Kontrolle des Layouts schalten Sie bei Bedarf sämtliche Hilfslinien vorübergehend aus.

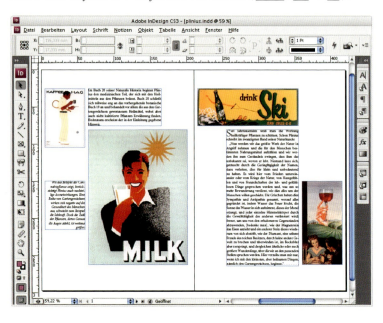

Oder Sie halten ganz unten im Werkzeugbedienfeld die Maustaste auf dem untersten Symbol gedrückt und wählen *Vorschau*. Dann blendet InDesign nicht nur die Hilfslinien aus, sondern gleich sämtliche nicht druckenden Elemente – dazu gehören etwa auch Rahmen und nicht druckende Zeichen im Text. Alternativ verwenden Sie die Taste `W`.

Hilfslinien löschen

Benötigen Sie eine Hilfslinie nicht mehr und möchten Sie sie daher löschen, wählen Sie sie aus und betätigen Sie die `Entf`-Taste. Um sämtliche Linealhilfslinien auf dem Druckbogen zu löschen, wählen Sie sie mit `Strg`/`⌘` + `Alt` + `G` aus und betätigen dann die `Entf`-Taste. Diese Löschoperationen machen Sie mit der Tastenkombination `Strg`/`⌘` + `Z` rückgängig.

Hilfslinien fixieren

Weiterhin bietet das Menü *Ansicht* die Möglichkeit, Hilfslinien festzusetzen. Dadurch können Sie sie nicht mehr aus Versehen verschieben oder löschen, da sie nicht mehr auswählbar sind.

Wählen Sie *Ansicht > Raster und Hilfslinien > Hilfslinien sperren* oder drücken Sie die Tastenkombination `Alt` + `Strg`/`⌘` + `ü`. Um die Hilfslinien wieder freizugeben, wählen Sie einfach diesen Befehl erneut. Auch einzelne Hilfslinien können Sie fixieren, indem Sie aus dem Kontextmenü der ausgewählten Hilfslinie den Befehl *Position sperren* wählen bzw. die Tastenkombination `Strg`/`⌘` + `L` betätigen.

An Hilfslinien ausrichten

Richtig praktisch werden Hilfslinien erst durch die Möglichkeit, Objekte an ihnen auszurichten. Diese Funktion aktivieren Sie im Menü *Ansicht* über den Befehl *Raster & Hilfslinien > An Hilfslinien ausrichten*. Bewegen Sie nun ein Layoutobjekt in die Nähe einer Lineal-, Rand- oder Spaltenhilfslinie, schnappt dieses an ihr ein, sobald es sich der Hilfslinie auf eine Entfernung von – in der Grundeinstellung – vier Pixeln nähert.

Diesen Abstand ändern Sie über *Bearbeiten > InDesign > Voreinstellungen > Hilfslinien und Montagefläche*. Als *Ausrichtungsbereich* geben Sie den gewünschten Wert in Pixeln ein.

Abbildung 1.38 Über den Ausrichtungsbereich stellen Sie ein, wie nahe ein Element an die Hilfslinie gezogen sein muss, damit es bei aktiviertem Menübefehl *Ansicht > Raster & Hilfslinien > An Hilfslinien ausrichten* an ihr einrastet.

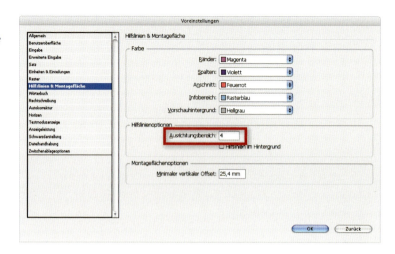

1.4 Die Paginierung

Die meisten umfangreicheren Dokumente sind mit Seitenzahlen ausgestattet. Sie verwenden für das Einfügen der Seitenzahlen ein bestimmtes Steuerzeichen, das Sie in der Mustervorlage platzieren. Dieses sorgt dafür, dass in den Dokumentseiten stets automatisch die aktuelle Seitenzahl an der angegebenen Stelle und in der vorgenommenen Formatierung eingefügt wird – auch wenn Sie die Seiten Ihres Dokuments nachträglich neu arrangieren, Seiten löschen oder hinzufügen.

Bei doppelseitigen Dokumenten müssen Sie sowohl auf der linken als auch auf der rechten Seite der Druckbogen-Mustervorlage ein solches Paginierungsfeld einfügen.

Öffnen Sie die Mustervorlage mit einem Doppelklick im Bedienfeld *Seiten*.

Anschließend ziehen Sie mit dem Textwerkzeug an der gewünschten Stelle einen kleinen Textrahmen auf – und zwar so groß, dass die Seitenzahl hineinpasst (bei Dokumenten mit mehrstelliger Seitenanzahl muss natürlich auch eine zwei- oder sogar dreistellige Seitennummer hineinpassen).

Klicken Sie dann in den Textrahmen und wählen Sie *Schrift > Sonderzeichen einfügen > Marken > Aktuelle Seitenzahl*. Ein Buchstabe erscheint im Textrahmen – dieser entspricht dem Präfix der Mustervorlage, die Sie gerade bearbeiten. Formatieren Sie dieses Sonderzeichen gegebenenfalls über das Bedienfeld *Zeichen* (*Fenster > Schrift und Tabellen > Zeichen*).

Falls Sie ein doppelseitiges Dokument layouten, wiederholen Sie den Vorgang für die rechte Seite des Mustervorlagen-Druckbogens.

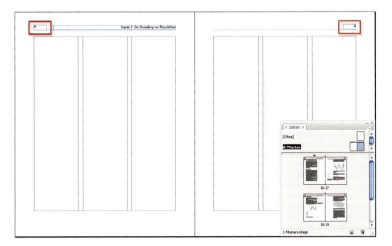

Abbildung 1.39 Die automatischen Seitenzahlen erscheinen auf dem Mustervorlagen-Druckbogen mit dem Präfix A in Form eines A.

Die Funktion der Seitennummerierung ist unabhängig davon, ob Sie auf der Seite tatsächlich eine Seitenzahl anzeigen oder nicht. Weisen Sie beispielsweise einer Seite in einem Dokument mit Seitennummern zwischendrin eine andere Mustervorlage zu, auf der keine Seitenzahlen zu sehen ist, paginiert InDesign trotzdem richtig weiter. Beim Hinzufügen und Löschen von Seiten wird die Paginierung zudem automatisch angepasst.

Es spricht nichts dagegen, die automatische Seitenzahl bei Bedarf durch weitere Zeichen zu ergänzen, zum Beispiel durch Spiegelstriche. Die Funktion des Steuerzeichens wird dadurch nicht beeinträchtigt.

Die Paginierung nicht bei Seite 1 beginnen

Nicht immer möchten Sie mit der Seitennummerierung auf Seite 1 beginnen, zum Beispiel wenn Sie einzelne Kapitel eines Buchs layouten. In diesem Fall doppelklicken Sie im Bedienfeld *Seiten* auf die erste Seite Ihres Dokuments und wählen aus dem Bedienfeldmenü ▾≡ den Befehl *Nummerierungs- und Abschnittsoptionen*.

Im Dialogfeld aktivieren Sie das Optionsfeld *Seitennummierung beginnen bei*. Geben Sie in das zugehörige Eingabefeld die erste Seitennummer ein. Beachten Sie dabei: Doppelseitige Dokumente beginnen stets auf einer rechten Seite und diese hat üblicherweise eine ungerade Seitenzahl. Also müssen Sie die Paginierung ebenfalls mit einer ungeraden Seitenzahl beginnen, da Ihr Layout sonst ziemlich durcheinandergewürfelt werden kann!

Abbildung 1.40 Über das Optionsfeld *Seitennummerierung beginnen bei* und das zugehörige Eingabefeld legen Sie eine benutzerdefinierte Startseitenzahl fest.

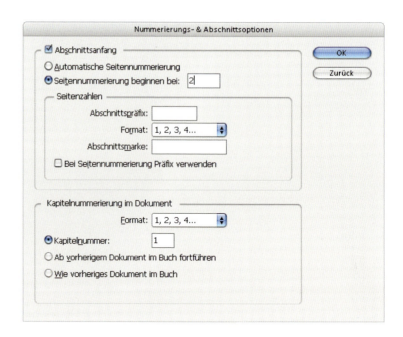

Abschnitte einsetzen

Viele Dokumente sind in Abschnitte mit verschiedenartigen Paginierungsarten unterteilt – beispielsweise sind die ersten 16 Seiten eines Buchs für Vorwort und Inhaltsverzeichnis reserviert und sollen mit römischen Ziffern nummeriert werden. Der Rest des Buchs erhält hingegen arabische Ziffern, wobei die arabischen Ziffern ebenfalls mit der Nummer 1 beginnen sollen. Diese und ähnliche Anforderungen sind ein Fall für die Abschnittsfunktion: Jeder Abschnitt eines InDesign-Dokuments kann unterschiedlich nummeriert sein.

Erstellen Sie zunächst alle Dokumentseiten, die Sie für Ihr Dokument brauchen. Im Bedienfeld *Seiten* wählen Sie dann die Seite, auf der der neue Abschnitt beginnen soll. Aus dem Bedienfeldmenü wählen Sie den Befehl *Nummerierungs- und Abschnittsoptionen*.

Im Dialogfeld *Neuer Abschnitt* geben Sie bei Bedarf ein Abschnittspräfix für den neuen Abschnitt ein und wählen Sie darunter, in welchem Format die Paginierung dieses Abschnitts erfolgen soll.

Über die Optionsfelder *Automatische Seitennummerierung* bzw. *Seitennummerierung beginnen bei* bestimmen Sie, ob die Seitennummerierung des vorhergehenden Abschnitts im neuen Abschnitt fortgeführt werden oder ob sie in diesem neu beginnen soll. In das Feld *Abschnittsmarke* geben Sie einen Abschnittsmarkennamen ein.

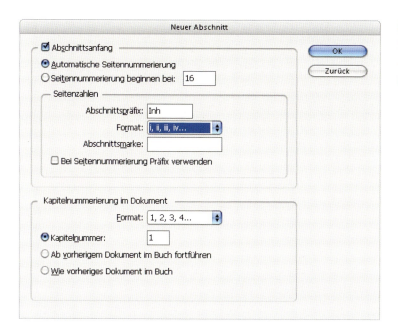

Abbildung 1.41 Im Dialogfeld *Neuer Abschnitt* bestimmen Sie unter anderen, wie der aktuelle Abschnitt paginiert werden soll.

Fügen Sie auf diese Weise so viele Abschnitte ein, wie Ihr Dokument benötigt – beachten Sie, dass jeder Abschnitt eine eigene Abschnittsmarke braucht.

Nachdem Sie mit dieser Arbeit fertig sind, können Sie die Seitenzahlen in das Dokument einfügen. Sie haben die Möglichkeit, zusätzlich noch eine Abschnittsmarke voranzustellen. Dazu verwenden Sie wieder das Sonderzeichenmenü, das Sie schon zum Einfügen der Seitenzahl benötigt haben.

Abbildung 1.42 Auch für Abschnittsmarken bietet InDesign Ihnen ein extra Sonderzeichen.

In der Grundeinstellung sehen Sie im Bedienfeld *Seiten* und im Seitenfeld am unteren Dokumentfensterrand eine Nummerierung, die den von Ihnen festgelegten Dokumentabschnitten entspricht. Sie können dies aber auch so umstellen, dass eine fortlaufende Nummerierung für alle Seiten angezeigt wird. Wählen Sie dazu *Bearbeiten > Voreinstellungen > Allgemein* und aktivieren Sie im Popup-Menü *Seitenzahlen: Ansicht* den Eintrag *Absolute Nummerierung*.

Abbildung 1.43 Aktivieren Sie den Eintrag *Absolute Nummerierung*, wenn für das Dokument – ungeachtet seiner Abschnittseinteilung – eine durchlaufende Nummerierung angezeigt werden soll.

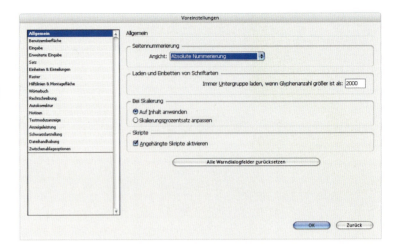

Diese Einstellung hat aber keine Auswirkungen auf die tatsächliche Paginierung des Dokuments.

1.5 Das eingerichtete Dokument für die spätere Verwendung speichern

Sobald Sie Ihr Dokument mit allen immer wieder benötigten Elementen eingerichtet haben, kann es eigentlich losgehen. Vielleicht erzeugen Sie aber für einen bestimmten Kunden immer denselben Dokumenttyp, zum Beispiel eine Broschüre oder ein Datenblatt. In diesem Fall speichern Sie das fertig vorbereitete Dokument als Dokumentvorlage: Wählen Sie dazu *Datei > Speichern unter*. Als Dateityp wählen Sie *InDesign CS3-Vorlage*. Vergeben Sie einen Dateinamen und klicken Sie auf *Speichern*.

Die neue Vorlage lässt sich von nun an über *Datei > Neu > Dokument aus Vorlage* abrufen.

Neu in InDesign CS3

2 Typografie

Das wichtigste Element der meisten Druckerzeugnisse ist Text. Dieses Kapitel informiert Sie über die Gestaltung von Text in Ihren InDesign-Dokumenten. Anwendungsbeispiele erhalten Sie anschließend in den Kapiteln 5 und 6.

2.6 Textrahmen

In InDesign sind sämtliche Layoutobjekte Rahmen – gleichgültig ob diese nun Texte, Bilder oder Tabellen enthalten.

Unmittelbar nachdem Sie mit dem *Textwerkzeug* T. einen Textrahmen im Layout aufgezogen haben, können Sie einfach lostippen, um den Rahmen mit Text zu füllen. Der Text bricht innerhalb des Rahmens automatisch um. Auch später genügt ein Klick mit dem Textwerkzeug in einen Textrahmen, um am enthaltenen Text weiterzuarbeiten. Auch wenn Sie mit dem *Auswahl*-Werkzeug einen Doppelklick in den Textrahmen ausführen, wird das Textwerkzeug ausgewählt.

Ein Textrahmen kann in InDesign jede beliebige Form haben. Dazu erstellen Sie eine beliebige Form, klicken mit dem Textwerkzeug hinein und geben Ihren Text bzw. importieren diesen mit *Datei > Platzieren* bzw. `Strg`/⌘ + `D`.

Sobald der Text nicht mehr in den Rahmen passt, wird in seiner rechten unteren Ecke ein Übersatzzeichen ⊞ in Form eines kleinen roten Plus angezeigt. In diesem Fall haben Sie verschiedene Möglichkeiten:

▶ Erweitern Sie den Rahmen automatisch nach unten und passen Sie ihn damit an die Textlänge an, indem Sie *Objekt > Anpassen > Rahmen an Inhalt anpassen* wählen.

▶ Oder Sie lassen den Text in einen anderen Textrahmen, zum Beispiel auf der nächsten Seite, fließen.

Mustertextrahmen erzeugen

Falls Sie beim Anlegen des Dokuments (vgl. voriges Kapitel) einen Mustertextrahmen angelegt haben, müssen Sie diesen zuerst auf der gewünschten Dokumentseite aktivieren, bevor Sie Text darin eingeben können.

Halten Sie dazu bei aktiviertem Textwerkzeug T. die Tastenkombination `Strg`/⌘ + ⇧ gedrückt, während Sie innerhalb des Satzspiegels der Seite klicken.

Anschließend klicken Sie mit dem *Textwerkzeug* in den Rahmen, der immer dieselben Abmessungen wie der Satzspiegel hat, und beginnen Sie mit der Texteingabe.

PageMaker-Anwender sind es gewohnt, dass ein Klick mit dem Textwerkzeug in das Dokument ausreicht, um einen Textrahmen zu erstellen. In InDesign ist das nicht so – hier müssen Sie tatsächlich mit gedrückter Maustaste einen Rahmen aufziehen.

ID Neu in InDesign CS3
Zum Verlassen eines Textrahmens genügt jetzt ein Druck auf die `Esc`-Taste. Sie erhalten daraufhin das *Auswahl*-Werkzeug.

Wenn Sie Text ausschließlich in Groß- oder Kleinbuchstaben benötigen, können Sie ihn trotzdem ganz normal eingeben. Danach wählen Sie die entsprechende Textpassage mit dem *Textwerkzeug* aus und wählen *Schrift > Groß-/Kleinschreibung ändern*. Aus dem Untermenü wählen Sie den zutreffenden Befehl.

Textfluss über mehrere Rahmen

Ist ein Textrahmen zu klein für den enthaltenen Text, wird der Übersatztext nicht mehr dargestellt. Dass der Text zu lang für seinen Textrahmen ist, erkennen Sie an dem roten Pluszeichen ⊞ am rechten unteren Rand des Rahmens.

Bei Bedarf zeigen Sie die Verkettungen der Rahmen mit *Ansicht > Textverkettungen einblenden.*

Klicken Sie das Pluszeichen mit dem *Auswahl*-Werkzeug an. Am Mauszeiger erscheint ein Symbol, das den überfließenden Text darstellt. Anschließend zeigen Sie auf den Textrahmen, in den der überschüssige Text fließen soll – ein Kettensymbol erscheint am Mauszeiger –, und klicken Sie.

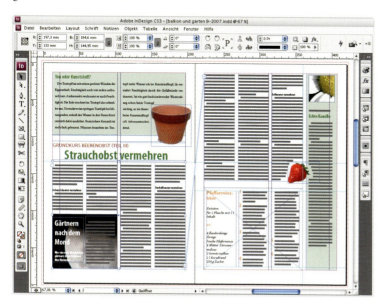

Abbildung 2.1 Links: an dem roten Pluszeichen am rechten unteren Rand des Textrahmens erkennen Sie, dass der Textrahmen zu klein ist, um den gesamten enthaltenen Text anzuzeigen. Rechts Der Übersatztext fließt in den angeklickten Textrahmen.

Abbildung 2.2 Bei aktiviertem Befehl *Textverkettungen einblenden* sehen Sie die Verbindungen zwischen den verschiedenen Textrahmen.

Wenn Sie allerdings zwischenzeitlich das Werkzeug wechseln, wird der Cursor „entladen".

Einen neuen Rahmen für den Übersatztext erstellen

Statt alle Textrahmen vorzubereiten, können Sie den Text auch in einen nachträglich erstellten neuen Rahmen fließen lassen, den Sie dann anpassen.

Dazu klicken Sie mit dem *Auswahl*-Werkzeug auf das Pluszeichen, um den Text in den Cursor zu laden. Sie können mit dem geladenen Textcursor nun umblättern, neue Seiten einfügen und zoomen.

Ziehen Sie an der gewünschten Stelle einen neuen Rahmen auf. Der Text fließt automatisch in den neu erstellten Rahmen.

Den Übersatztext halbautomatisch in mehrere vorbereitete Rahmen fließen lassen

Als weitere Möglichkeit lassen Sie den Übersatztext in mehrere vorbereitete Textrahmen fließen:

1 Erstellen Sie mehrere Textrahmen in Ihrem Layout. In den ersten fügen Sie einen längeren Text ein.
2 Mit dem *Auswahl*-Werkzeug wählen Sie den ersten Textrahmen aus. Klicken Sie auf das Plussymbol für den Übersatztext.
3 Drücken Sie die [Alt]-Taste und klicken Sie anschließend die gewünschten leeren Textrahmen nacheinander an. Der Text fließt durch alle angeklickten Rahmen, und zwar in der Reihenfolge, in der Sie sie angeklickt haben.

Automatischer Textfluss mit Mustertextrahmen

Bereits beim Anlegen des Layouts können Sie bestimmen, wie der Text durch die einzelnen Textrahmen fließen soll. Das ist besonders zur Vorbereitung eines mehrseitigen Dokuments mit festem Satzspiegel praktisch, für das bereits ein vorbereiteter, fortlaufender Text besteht – zum Beispiel ein Buchmanuskript.

Im vorigen Kapitel haben Sie erfahren, wie Sie mit Mustertextrahmen arbeiten. Bei Bedarf verknüpfen Sie die Mustertextrahmen gleich so miteinander, dass der Text von alleine in die automatisch erstellten Textrahmen auf jeder Seite fließt.

Im Folgenden gehen Sie von einem neuen Dokument mit einem Mustertextrahmen aus: Erstellen Sie ein neues Dokument mit einem Mustertextrahmen.

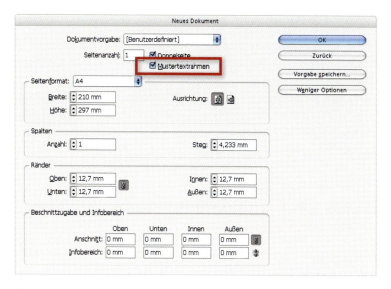

Abbildung 2.3 Zur Wiederholung: Einen Mustertextrahmen erstellen Sie beim Anlegen eines neuen Dokuments.

Abbildung 2.4 Links: in diesem neuen, leeren Dokument mit Mustertextrahmen platzieren wir auf der ersten Seite mit gedrückter ⇧-Taste einen längeren Text. Rechts: InDesign fügt automatisch die benötigte Seitenanzahl mit verketteten Textrahmen hinzu. Danach haben wir in der Mustertextseite die Spaltenanzahl des Mustertextrahmens geändert (es handelt sich um ein Word-Dokument mit eingefügten Bildern – diese wurden ebenfalls importiert; mehr darüber auf Seite 79).

1 Wählen Sie *Datei > Platzieren* und wählen Sie einen längeren Text aus.

2 Halten Sie die ⇧-Taste gedrückt und klicken Sie innerhalb der Rahmenbegrenzungen der Seite.

InDesign fügt auf dieser Seite einen Textrahmen mit den Abmessungen der Begrenzungen ein und platziert den importierten Text. Gleichzeitig fügt das Programm automatisch so viele neue Seiten mit bereits verketteten Mustertextrahmen an, wie zur Aufnahme des kompletten Textes notwendig sind.

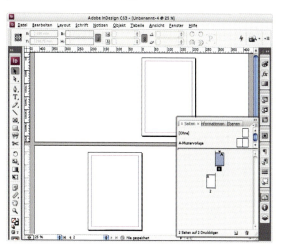
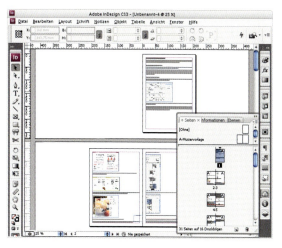

Die Verkettung von Textrahmen aufheben

Wenn Sie die Verkettung von Textrahmen nachträglich wieder aufheben möchten, klicken Sie mit dem *Auswahl*-Werkzeug zuerst auf den Textrahmen und dann auf seine blaue Textausgangsmarke. Ein geöffnetes Kettensymbol erscheint am Mauszeiger. Klicken Sie auf den nächsten Textrahmen in der Kette, um die Verkettung mit dem ersten Rahmen aufzuheben. Dies funktioniert auch in entgegengesetzter Richtung: Mit der gleichen Vorgehensweise entfernen Sie die Verkettung zum vorigen Textrahmen.

Die schnellere Variante ist ein Doppelklick auf die Textausgangsmarke des ersten Rahmens.

Wenn Sie einen Textrahmen löschen, fließt der Text in den nächsten Rahmen der Kette, ohne dass Text verloren geht.

Text um Objekte fließen lassen

In der Grundeinstellung verdecken Elemente, die Sie vor einem Textrahmen platzieren und die diesen überlappen, den Text im Rahmen. Objekte, die hinter dem Textrahmen liegen und von diesem überlappt werden, werden vom Text überdeckt.

Abbildung 2.5 Links: in der Grundeinstellung wird Text über bzw. unter überlappenden Objekten angezeigt. Rechts: Hier wurde die Konturenführung eingeschaltet.

Bei Bedarf ändern Sie dieses Verhalten – der Text kann beispielsweise um die Form des überlappenden Objekts, um einen rechteckigen Begrenzungsrahmen oder um einen Beschneidungspfad innerhalb eines Bilds fließen (mehr zu Beschneidungspfaden lesen Sie ab Seite 202).

Textrahmen

Verwenden Sie dazu das Bedienfeld *Konturenführung*, das Sie im Menü *Fenster* finden. In diesem Bedienfeld bestimmen Sie, wie das ausgewählte Objekt vom Text umflossen wird. Ob das Objekt vor oder hinter dem Text liegt, ist in der Grundeinstellung unerheblich.

Über die fünf Schaltflächen am oberen Rand des Bedienfelds bestimmen Sie einen Konturenführungstyp:

- *Keine Konturenführung* deaktiviert die Konturenführung.
- *Konturenführung um Begrenzungsrahmen*: Eine rechteckige Konturenführung um den Begrenzungsrahmen des Objekts wird erstellt.
- *Konturenführung um Objektform*: Die Konturenführung folgt genau der Form des enthaltenen Objekts.
- *Objekt überspringen:* Mit dieser Option lässt sich verhindern, dass der Text ungewollt rechts oder links neben dem Rahmen weiterläuft.
- *In nächste Spalte springen:* Der nächste Absatz wird in der nächsten Spalte bzw. dem nächsten Textrahmen angezeigt.

Noch mehr interessantere Gestaltungsmöglichkeiten eröffnen sich Ihnen, wenn Sie die Konturenführungsoptionen zusammen mit Beschneidungspfaden oder Ebenenmasken aus Photoshop anwenden. Mehr über dieses Thema lesen Sie in Kapitel 4.

Aktivieren Sie das Kontrollkästchen *Umkehren*, fließt der Text in das Konturenführungsobjekt. Diese Option eignet sich gut für Formsatz. Passen Sie das Erscheinungsbild der Konturenführung nun gegebenenfalls an, indem Sie in die vier *Offset*-Felder entsprechende Werte eingeben. Damit bestimmen Sie den Abstand zwischen Text und umflossenem Objekt.

Da das Anpassen der Konturenführung für ein gutes Erscheinungsbild häufig eine Feinarbeit ist, bietet sich die Arbeit mit den Auf-/Ab-Pfeilen an den Offset-Feldern an. Sie können hier übrigens auch negative Werte eingeben oder auswählen, um die Konturenbegrenzung entsprechend weit innerhalb der Rahmenkanten zu positionieren. Außerdem können Sie auch die Konturenführungsbegrenzung ändern: Wählen Sie dazu das Werkzeug *Direktauswahl* und gegebenenfalls den *Zeichenstift*. Klicken Sie die äußere Konturenführungsbegrenzung mit dem Werkzeug *Direktauswahl* an und ziehen Sie die Ankerpunkte auf dem Pfad, um die Konturenführungsform zu ändern.

Beim Umfließen unregelmäßiger Objekte ergeben sich manchmal unschöne Effekte – in der Abbildung soll der Text beispielsweise nur auf der linken Seite des runden Grafikrahmens fließen.

Übrigens kann sich das mit der Konturenführung versehene Objekt durchaus auch auf der Musterseite befinden – es wird von den Texten, die Sie auf Dokumentseiten gestalten, trotzdem umflossen.

Abbildung 2.6 Der Text soll nur auf der linken Seite des Rahmens fließen.

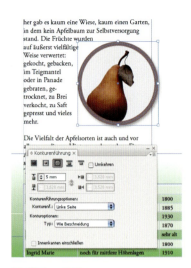

Abbildung 2.7 Der Text fließt nur noch der linken Seite des Bildrahmens.

Abbildung 2.8 Bei aktiviertem Kontrollkästchen *Konturenführung wirkt sich nur auf Text unterhalb aus* wirkt die Konturenführung nur für Texte über dem Objekt.

Abbildung 2.9 Oben: Konturenführung um Objektform, unten: Konturenführung um Begrenzungsrahmen

Solche Probleme lösen Sie über das Popup-Menü *Konturenf.* Für das gezeigte Beispiel wählen Sie etwa den Eintrag *Linke Seite*.

In der Praxis kommt es immer wieder vor, dass ein bestimmtes Objekt zwei Textrahmen überlappt, Sie das Objekt aber lediglich von einem dieser beiden umfließen lassen möchten. In diesem Fall wählen Sie den Textrahmen, der das Objekt nicht umfließen soll, aus und rufen die Befehlsfolge *Objekt > Textrahmenoptionen* auf. Aktivieren Sie im folgenden Dialogfeld das Kontrollkästchen *Keine Konturenführung*.

Alternativ wählen Sie *Bearbeiten > Indesign > Voreinstellungen > Satz*. Aktivieren Sie das Kontrollkästchen *Konturenführung wirkt sich nur auf Text unterhalb aus*. Dann wirkt die für ein Objekt eingeschaltete Konturenführung nur dann auf den Text, wenn dieser über dem Objekt liegt.

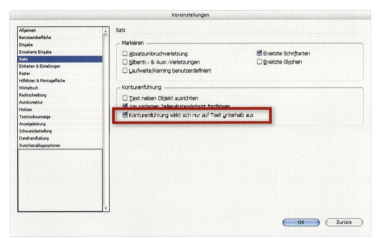

Text im Rahmen positionieren

Das Positionieren des Textes innerhalb seines Rahmens wird mitunter mit dem Festlegen der Ausrichtung verwechselt. Diese wird im Bedienfeld *Fenster > Schrift & Tabellen > Absatz* festgelegt. Hier geht es darum, wie Sie die Platzierung des Textes innerhalb seines Rahmens ändern:

1 Wählen Sie *Objekt > Textrahmenoptionen* (Strg / ⌘ + B).
2 Im folgenden Dialogfeld aktivieren Sie am besten die Option *Vorschau*, damit Sie die Auswirkungen Ihrer Eingaben gleich im Dokument überprüfen können.
3 Nehmen Sie die gewünschten Einstellungen vor und bestätigen Sie mit *OK*.

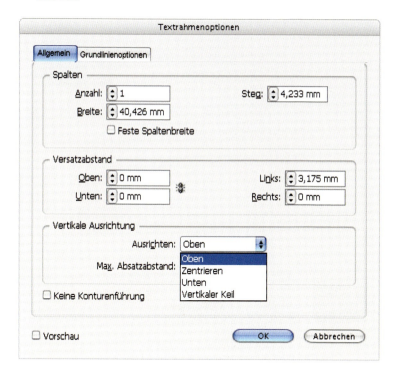

Abbildung 2.10 Im Dialogfeld *Textrahmenoptionen* bestimmen Sie, wie der Text innerhalb seines Rahmens dargestellt wird.

Spaltensatz

Nicht immer soll Text einfach Zeile für Zeile vom linken bis zum rechten Seitenrand laufen. In Spalten angeordneter Text lässt sich durch die kürzeren Zeilen meist besser lesen. In InDesign können Sie in einem Textrahmen Spalten mit gleicher oder unterschiedlicher Breite erstellen.

Zu viele Spalten auf einer Seite machen das Dokument schwer lesbar. Als grobe Faustregel sollten Sie nicht mehr als drei bis vier Spalten im Hochformat oder fünf Spalten im Querformat auf einer DIN-A4-Seite unterbringen.

Auch die Satzbreite hat auf die Lesbarkeit des Textes wesentlichen Einfluss. Zu schmale Spalten unterbrechen den Lesefluss zu oft. Außerdem entstehen viele Trennungen und beim Blocksatz ungleiche Wortzwischenräume. In eine mühelos lesbare Spalte sollte zirka 30 bis 70 Zeichen passen.

Abbildung 2.11 Eine Spaltenbreite von zirka 30 bis 70 Zeichen gilt als ideal für die Lesbarkeit – hier sind es durchschnittlich 40 Zeichen pro Spalte.

Nachdem Sie den gewünschten Textrahmen markiert haben, geben Sie im Bereich *Spalten* in das Feld *Anzahl* die gewünschte Spaltenanzahl ein. Das Feld *Steg* bestimmt den Abstand zwischen den Spalten.

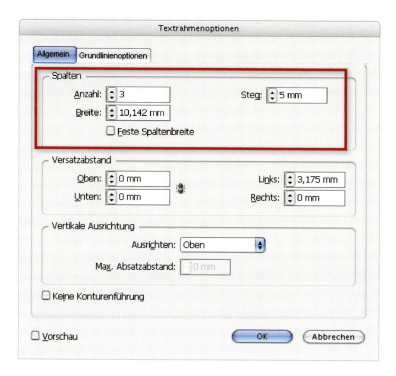

Abbildung 2.12 Im Bereich *Spalten* richten Sie die Spalten für Ihren Textrahmen ein.

Weiterhin können Sie im Bereich *Spalten* festlegen, was geschehen soll, wenn die Größe des Textrahmens geändert wird:

▶ Aktivieren Sie das Kontrollkästchen *Feste Spaltenbreite*, bleibt die Spaltenbreite unter allen Umständen so, wie Sie sie eingegeben haben. Wenn Sie den Textrahmen verbreitern, fügt InDesign neue Spalten hinzu.

▶ Lassen Sie das Kontrollkästchen hingegen deaktiviert, bleibt die Anzahl der Spalten gleich, jedoch ändern sie ihre Breite.

Häufig müssen Sie nach der Textformatierung festlegen, wie der Text von Spalte zu Spalte läuft. Sie können zu diesem Zweck Text manuell in die nächste Spalte umbrechen.

Gehen Sie dazu folgendermaßen vor: Klicken Sie direkt vor den Text, den Sie in die nächste Spalte umbrechen möchten. Betätigen Sie die ⏎-Taste auf dem numerischen Block Ihrer Tastatur.

Mit der Tastenkombination ⇧ + ⏎ brechen Sie den Text übrigens nicht in die nächste Spalte, sondern in den nächsten verbundenen Textrahmen um.

Für diese Umbrüche werden Sonderzeichen verwendet, die Sie mit *Schrift > Verborgene Zeichen einblenden* ([Strg]/[⌘] + [Alt] + [I]) anzeigen können. Der Umbruch zur nächsten Spalte wird mit einem Pfeil nach unten angezeigt, den Umbruch zum nächsten Textrahmen markiert ein Doppelpfeil nach unten.

Der Versatzabstand

Diese Option kann z.B. interessant sein, wenn Sie dem Textrahmen eine Füllfarbe geben und der Text mit etwas Abstand zum Rand erscheinen soll. Diese Werte beeinflussen übrigens den Steg von Spalten nicht.

Bei rechteckigen Textrahmen können Sie im Bereich *Versatzabstand* verschiedene Werte für die oberen, unteren, rechten und linken Kanten des Rahmens eingeben. Diese Werte bestimmen den Abstand zwischen Rahmen und Text. Bei nicht rechteckigen Textrahmen können Sie nur einen einzigen Versatzwert angeben, der dann für alle Kanten gilt.

Die vertikale Ausrichtung

In der Gruppe *Vertikale Ausrichtung* richten Sie den Text in der Vertikalen innerhalb seines Rahmens aus. Die drei Einträge *Oben*, *Zentriert* und *Unten* sind selbst erklärend. *Vertikaler Keil* bedeutet, dass der Text zwischen dem oberen und dem unteren Rahmenrand verteilt wird. Die Option funktioniert nicht im Zusammenspiel mit einer Konturenführung.

Erste Grundlinie

Abbildung 2.13 Die erste Grundlinie bestimmt den Abstand zwischen oberem Versatz und erster Textzeile.

In der Gruppe *Erste Grundlinie* des Registers *Grundlinienoptionen* legen Sie den Abstand zwischen dem oberen Versatz und der ersten Textzeile fest. Sie haben im Popup-Menü die Auswahl zwischen den Einträgen *Oberlänge*, *Großbuchstabenhöhe*, *Zeilenabstand*, *x-Höhe* und *Fixiert*.

▶ *Oberlänge* richtet die höchsten Buchstaben in der Zeile – in den meisten Fällen das kleine d – am oberen Rahmenversatz aus. Dieser ist in diesem Fall höher als das kleine d.

▶ *Großbuchstabenhöhe* richtet die Oberkante der Großbuchstaben am oberen Rahmenversatz aus.

▶ *Zeilenabstand* verwendet den eingestellten Zeilenabstand des Textes für die Entfernung zwischen der Grundlinie der ersten Textzeile und dem oberen Rahmenversatz.

▶ *x-Höhe* sorgt dafür, dass die Oberkante des Kleinbuchstaben x den oberen Rahmenversatz berührt.

▸ Mit *Fixiert* legen Sie den Abstand zwischen der Grundlinie der ersten Textzeile und dem oberen Rahmenversatz auf einen festen Wert fest, den Sie in das danebenliegende Eingabefeld eingeben.

Abbildung 2.14 Höhenbestandteile der Schrift

Den Textrahmen verformen

Textrahmen müssen nicht unbedingt rechteckig sein, sondern können beliebige Formen annehmen. Außer durch die oben geschilderte Konturenführungsoption erreichen Sie dies auch durch Verformen des Textrahmens.

Zum Verzerren eines Textrahmens benötigen Sie das *Direktauswahl-* und eventuell auch noch das *Zeichenstift*-Werkzeug (Taste P).

1 Wählen Sie das *Direktauswahl*-Werkzeug – der Textrahmen zeigt nun an jeder Ecke einen Ziehpunkt.
2 Klicken Sie auf einen dieser Eckpunkte und ziehen Sie ihn mit gedrückter Maustaste in die gewünschte Richtung. Der Textrahmen wird entsprechend umgeformt, wobei sich der Text der neuen Form anpasst.

Ein so verformter Textrahmen verfügt über einen Pfad und einen Begrenzungsrahmen. Letzterer ist immer rechteckig, während der Pfad die Form hat, die Sie ihm mit dem *Direktauswahl*-Werkzeug gegeben haben.

Im Zusammenhang mit dem Einrichten des Grundlinienrasters wird die erste Grundlinie noch einmal interessant. Lesen Sie dazu mehr in Kapitel 5.

Mit Ankerpunkten arbeiten

Bei Bedarf fügen Sie Ankerpunkte hinzu, löschen sie oder ändern den Verlauf der von ihnen abhängigen beiden Kurven.

Verwenden Sie für diese Arbeiten das *Zeichenstift*-Werkzeug (Taste P). Sie verwenden es in diesem Zusammenhang exakt genauso wie bei der Bearbeitung von selbst gezeichneten Pfaden. Wie es genau geht, erfahren Sie in Kapitel 3.

2.7 Rationelle Texteingabe

Oft ist es einfacher, den Text nicht im Layout in den Textrahmen einzugeben, sondern in seinem eigenen Fenster. Dieses gleicht einem einfachen Texteditor und bietet mehr Übersicht. Es zeigt stets den gesamten Text eines Abschnitts an, auch wenn er im Layout durch mehrere Textrahmen fließt.

Texte im Textmodus eingeben und bearbeiten

Der Textmodus eignet sich nicht zum Formatieren Ihrer Texte, sondern nur zur Eingabe und Bearbeitung.

Ein Textabschnitt ist der gesamte Text, der in verknüpften Textrahmen enthalten ist.

1 Wählen Sie den Textrahmen aus oder klicken Sie mit dem Textwerkzeug hinein.
2 Wählen Sie *Bearbeiten > Im Textmodus bearbeiten* (Strg / ⌘ + Y). Das Textmodusfenster wird dargestellt.

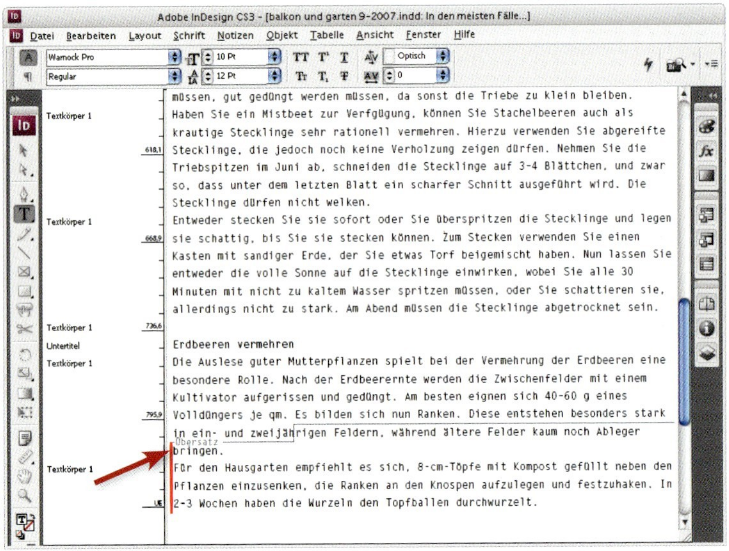

Abbildung 2.15 Im Textmodusfenster wird der gesamte Text eines Abschnitts ohne Formatierungen dargestellt. Eventuell vorhandener Übersatztext wird durch eine rote Linie gekennzeichnet.

3 Bearbeiten Sie hier Ihren Text und kehren Sie danach in den Layoutmodus zurück, indem Sie *Bearbeiten > In der Layoutansicht bearbeiten* oder auch *Datei > Schließen* (Strg / ⌘ + Y) wählen.

Die folgende Tabelle zeigt Ihnen die wichtigsten Tastenkombinationen und Mausoperationen zum schnellen Auswählen von und zur Navigation im Text.

Operation	Auswirkung
Doppelklick in ein Wort	Das Wort wird ausgewählt.
Dreifachklick	Die gesamte Zeile wird ausgewählt.
Vierfachklick	Der gesamte Absatz wird ausgewählt.
Fünffachklick	Der gesamte Abschnitt wird ausgewählt.
Klicken Sie dorthin, wo die Markierung beginnen soll, und klicken Sie mit der ⇧-Taste an die Stelle, wo die Markierung enden soll.	Die Textpassage zwischen den beiden Klicks wird ausgewählt.
⇧ + ← bzw. →	Zeichenweises Markieren ab der Einfügemarke
⇧ + ↑ bzw. ↓	Zeilenweises Markieren ab der Einfügemarke
Strg/⌘ + ⇧ + ← bzw. →	Wortweises Markieren ab der Einfügemarke
Strg/⌘ + ⇧ + ↑ bzw. ↓	Absatzweises Markieren ab der Einfügemarke
Pos1	Navigation zum Anfang der Zeile
Ende	Navigation zum Ende der Zeile
Strg/⌘ + Pos1	Abschnittsanfang
Strg/⌘ + Ende	Abschnittsende
Strg/⌘ + ← bzw. →	Navigation zum Anfang des aktuellen bzw. des nächsten Worts
Strg/⌘ + ↑ bzw. ↓	Navigation zum Anfang des aktuellen Absatzes bzw. zum Anfang des nächsten Absatzes

Sollte Ihnen die Darstellung des Textmodus nicht behagen, wählen Sie *Bearbeiten > Indesign > Voreinstellungen* und aktivieren Sie die Kategorie *Textmodus-Anzeige*. Hier stellen Sie neben der Schriftart und dem Zeilenabstand auch die Schriftglättung ein.

Texte importieren

In der Praxis liegen die Texte für Ihr Layout häufig schon in einem Textverarbeitungsprogramm vor. Solche Texte importieren Sie in den vorbereiteten Textrahmen. InDesign ist hier besonders stark; bereits formatierte Texte können Sie mit ihren Formatierungen übernehmen.

Sehr gut klappt die Zusammenarbeit zwischen InDesign und Microsoft Word ab der Version 97. Beim Import aus Word werden sogar Fußnoten übernommen und Objekte in Word-Positionsrahmen werden in InDesign zu verankerten Objekten (mehr darüber in **Kapitel 5**). Text, den Sie in anderen Textverarbeitungsprogrammen erstellt haben, speichern Sie am besten im RTF-Format ab – dieses behält die Textformatierungen bei. Falls Sie keine Formatierungen importieren möchten, können Sie die Datei auch als einfache Textdatei speichern.

Damit Sie eine Word-Datei in InDesign importieren können, müssen Sie sie zuvor im Textverarbeitungsprogramm schließen, weil Sie sonst eine Fehlermeldung erhalten.

In InDesign bereiten Sie gegebenenfalls einen Textrahmen vor und klicken mit dem *Text*-Werkzeug hinein. Sie können den Text aber auch ohne vorheriges Erstellen eines Textrahmens importieren.

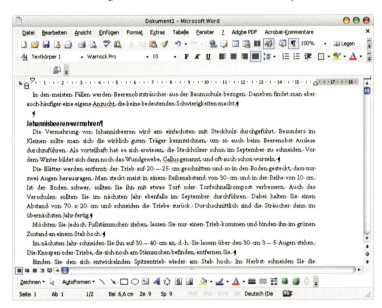

Abbildung 2.16 Bereiten Sie den Text in Ihrem Textverarbeitungsprogramm vor.

1 Nun wählen Sie *Datei > Platzieren* ([Strg]/[⌘] + [D]). Wählen Sie die vorbereitete Datei aus und aktivieren Sie das Kontrollkästchen *Importoptionen anzeigen*.

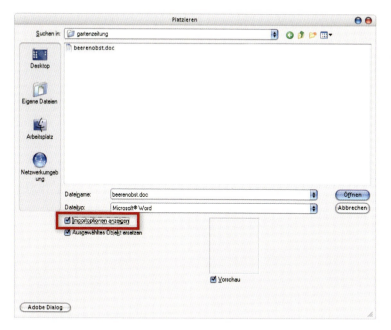

Abbildung 2.17 Aktivieren Sie das Kontrollkästchen *Importoptionen anzeigen*, um Kontrolle über die Formatierung des eingefügten Textes zu haben.

2 Bestätigen Sie das Dialogfeld mit *OK*.
3 Im folgenden Dialogfeld bestimmen Sie, wie Sie mit den einzelnen Formatierungen des Originaldokuments verfahren möchten. Sie legen hier fest, welche Formatierungen Sie übernehmen möchten und welche nicht.
4 Kommt es zu Konflikten (die im Word-Dokument vorhandenen Formatvorlagen haben bereits Entsprechungen im InDesign-Dokument), entscheiden Sie, ob Sie die Word-Formatvorlagen verwenden möchten oder ob die entsprechenden InDesign-Formate verwendet werden sollen.
5 Über die Option *Formatimport anpassen* lassen sich sogar einzelne Word-Formatvorlagen durch ausgewählte InDesign-Formate ersetzen (mehr über InDesign-Formate erfahren Sie in Kapitel 5).
6 Bei Bedarf speichern Sie Ihre Einstellungen als Vorgabe. Beim nächsten Mal rufen Sie diese dann über das Popup-Menü *Vorgabe* am Kopf des Dialogfelds ab.

Wenn Sie einen Text auswählen und dann einen neuen Text importieren, wird der bestehende Text bei aktiviertem Kontrollkästchen *Ausgewähltes Objekt ersetzen* ohne Nachfrage ersetzt.

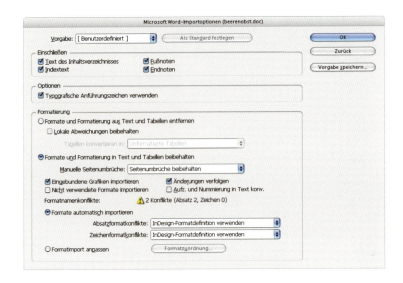

Abbildung 2.18 Im Dialogfeld *Importoptionen* bestimmen Sie, welche Formatierungen übernommen werden sollen.

7 Sobald Sie mit *OK* bestätigen, wird der Text eingefügt – je nach Ihren Angaben mit den korrekten Formatierungen.

▸ Falls der Cursor zuvor in einem Textrahmen stand, wird der importierte Text nun unmittelbar in diesen eingefügt.

▸ Haben Sie hingegen nichts ausgewählt, erscheint am Mauszeiger das Symbol für geladenen Text. Klicken Sie auf die gewünschte Seite, um einen Textrahmen einzufügen, in den der Text importiert wird und den Sie später noch vergrößern oder verkleinern können. Möchten Sie einen Textrahmen mit einer bestimmten Größe an einer bestimmten Stelle platzieren, klicken Sie, halten Sie die Maustaste gedrückt und ziehen Sie so weit, bis die gewünschte Positionierung erzielt ist.

▸ Haben Sie ein neues Dokument erstellt, sich dabei für das Anlegen eines Mustertextrahmens entschieden und befinden Sie sich mit dem Mauszeiger nun auf dem Satzspiegel der ersten Seite, klicken Sie mit gedrückter ⇧-Taste. Dann erstellt InDesign einen Mustertextrahmen mit den Abmessungen des Satzspiegels und fügt den importierten Text ein. Handelt es sich um einen langen Text, fließt dieser automatisch in die Mustertextrahmen der folgenden Seiten.

Auf dieselbe Weise importieren Sie übrigens auch Tabellen – sogar fertig formatierte Tabellen aus Microsoft Excel.

Texte über die Zwischenablage transportieren

Auch über die Zwischenablage können Sie Text per *Bearbeiten > Ausschneiden* bzw. *Bearbeiten > Kopieren* und *Bearbeiten > Einfügen* zwischen den Anwendungen austauschen. Sehr schön an dieser zeitsparenden Technik ist, dass auch dabei die Formatierungen und Formatvorlagen übernommen werden.

Text per Drag&Drop transportieren

Auch per Drag&Drop lässt sich Text aus dem Textverarbeitungsprogramm in das InDesign-Dokument ziehen. (Dasselbe funktioniert natürlich auch innerhalb von Textrahmen desselben InDesign-Dokuments oder in verschiedenen InDesign-Dokumenten.) Wählen Sie den Text aus und ziehen Sie ihn mit gedrückter Maustaste in das InDesign-Dokument. Sobald Sie die Maustaste an einer freien Stelle loslassen, wird der Text in einem neuen Textrahmen positioniert. Geben Sie die Maustaste über einem bestehenden Textrahmen frei, wird der Text in diesen Rahmen eingefügt.

Blindtext einfügen

Beim Anlegen des Layouts liegen die endgültigen Texte in vielen Fällen noch nicht vor. Immer dann, wenn der richtige Text noch nicht existiert, benötigen Sie zum Layouten und Präsentieren sogenannten Blindtext.

Abbildung 2.19 Steht zwar das Layout schon fest, die endgültigen Texte aber noch nicht, füllen Sie die Textrahmen mit wenigen Mausklicks mit vordefiniertem Blindtext.

Damit Sie Ihren Blindtext nicht jedes Mal mühsam eintippen oder importieren müssen, gibt es in InDesign die Möglichkeit, einen vorgefertigten Blindtext direkt einzufügen. Dazu klicken Sie in Ihren Textrahmen und wählen *Schrift > Mit Platzhaltertext füllen*. Den Befehl finden Sie übrigens auch im Kontextmenü des ausgewählten Textrahmens, das Sie mit einem rechten Mausklick (Windows)/mit einem Klick bei gedrückter Ctrl-Taste (Mac) auf den Rahmen erhalten.

2.8 Mikrotypografie – der richtige Umgang mit Sonderzeichen

Sonderzeichen im Text lassen sich in InDesign mit verschiedenen Tastenkombinationen über eine Sonderzeichentabelle einfügen. Vor allem weniger häufig benötigte Zeichen fügen Sie auf diese Weise ein.

Sonderzeichen einfügen

Die Tabelle auf der rechten Seite oben bietet Ihnen eine Übersicht über die Tastenkombinationen für besonders häufig benötigte Sonderzeichen.

Abbildung 2.20 Ein Geviert entspricht dem Quadrat zur Kegelhöhe der gewählten Schrift.

Anführungszeichen

Viele Textverarbeitungsprogramme setzen statt Anführungen Zollzeichen. Das ist typografisch fehlerhaft und wirkt im Satzbild auch störend.

Falls InDesign bei der Texteingabe keine korrekten typografischen Anführungszeichen setzt, vergewissern Sie sich,

▶ dass im Dialogfeld *Bearbeiten > InDesign > Voreinstellungen > Eingabe* as Kontrollkästchen *Typografische Anführungszeichen verwenden* aktiviert ist, und

▶ dass im Bedienfeld *Zeichen* als Sprache *Deutsch* gewählt ist.

Abbildung 2.21 Links: Zollzeichen als fehlerhafter Ersatz für Anführungszeichen. Rechts: korrekte typografische Anführungszeichen

Mikrotypografie – der richtige Umgang mit Sonderzeichen

Zeichen	Erläuterung	Tastenkombination
–	Der Gedankenstrich ist länger als der normale Bindestrich – genauer gesagt, beträgt seine Länge eine Halbgeviert.	[Alt] + [-]
•	Die meisten Schriften enthalten einen runden Aufzählungspunkt, den Sie über die nebenstehenden Tastenkombinationen in Ihren Text einfügen können. Normalerweise betätigen Sie nach dem Einfügen eines Aufzählungspunkts die [↹]-Taste (mehr über Tabulatoren erfahren Sie ab Seite 95).	Mac: [Alt] + [ü]; Windows: [Alt] + [0149] oder [Alt] + [8]
	Geschütztes Leerzeichen (verwenden Sie ein geschütztes Leerzeichen, wenn Sie zwei Wörter zusammenhalten möchten, sodass keine Silbentrennung stattfindet	[Strg]/[⌘] + [X]
	Halbgeviert-Abstand	[Strg]/[⌘] + [⇧] + [N]

Ein Geviert stellt das Quadrat zur Kegelhöhe eines Zeichens dar. Man verwendet das Geviert als Ganzes oder in Teilen, um Abstände zwischen Wörtern und Zeichen einzustellen – in Teilen zum Beispiel in Form von Halbgeviert oder Viertelgeviert.

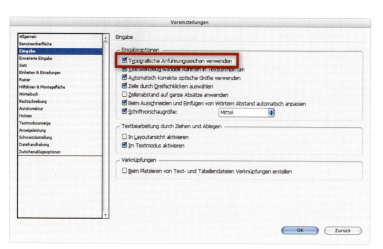

Abbildung 2.22 Damit InDesign bei der Texteingabe korrekte Anführungszeichen setzt, muss das Kontrollkästchen *Typografische Anführungszeichen verwenden* aktiviert sein.

Beachten Sie jedoch, dass Sie bei aktiviertem Kontrollkästchen *Typografische Anführungszeichen verwenden* keine Zollzeichen mehr über die Tastatur eingeben können. In diesem Fall wählen Sie das Zollzeichen über das Bedienfeld *Glyphen* (*Schrift > Glyphen*) aus.

ID Neu in InDesign CS3
In der obersten Zeile des *Glyphen*-Bedienfelds sehen Sie stets die zuletzt eingefügten Zeichen.

Abbildung 2.23 Französische Anführungszeichen

Ist ein Text bereits mit den falschen Anführungszeichen versehen, nützt es nichts mehr, wenn Sie die Anführungszeichenart umstellen. Arbeiten Sie in diesem Fall mit dem Dialogfeld *Suchen* > *Ersetzen*, zu dem Sie in Kapitel 5 ausführliche Informationen erhalten.

Der Nachteil der deutschen typografischen Anführungszeichen ist, dass das Satzbild dadurch unruhiger und die Zeilen löchriger wirken. Gegebenenfalls verwenden Sie stattdessen die französischen Anführungszeichen.

Am einfachsten erhalten Sie diese, indem Sie im Bedienfeld *Zeichen* als Sprache *Französisch* wählen. Bevor Sie Ihren Text dann einer Rechtschreibkontrolle unterziehen, stellen Sie die Sprache einfach wieder im Bedienfeld *Zeichen* in *Deutsch* um.

Sowohl für deutsche als auch für französische Anführungszeichen können Sie als Windows-Anwender die entsprechenden ASCII-Codes nutzen:

Anführungszeichen	ASCII-Code
„	Alt + 0132
"	Alt + 0147
«	Alt + 0171
»	Alt + 0187

Als Mac-Anwender fügen Sie das öffnende Anführungszeichen mit Alt + ⇧ + W ein, das schließende mit Alt + 2.

Sonstige Sonderzeichen einfügen

Die meisten Schriften enthalten Sonderzeichen, die sich entweder nicht über die Tastatur abrufen lassen oder deren Tastenkombinationen Sie sich einfach nicht merken möchten.

InDesign bietet eine komfortable Lösung: Fügen Sie solche Sonderzeichen über *Schrift* > *Glyphen* ein:

1 Im Bedienfeld *Glyphen* wählen Sie gegebenenfalls über das Popup-Menü am linken unteren Rand eine andere Schrift aus; rechts daneben haben Sie Zugriff auf die verschiedenen Schnitte dieses Fonts.

Glyphen sind die verschiedenen Formen, die ein Zeichen (das beispielsweise für einen Buchstaben steht) annehmen kann. Umgekehrt ist es möglich, dass mehrere Zeichen zu einer Glyphe zusammengefasst werden (bei Ligaturen).

2 Zur besseren Übersicht wählen Sie bei Bedarf aus dem Popup-Menü *Einblenden* eine Glyphengruppe.
3 Scrollen sie durch die Glyphen, bis Sie das benötigte Zeichen gefunden haben.
4 Mit einem Doppelklick fügen Sie es an der Stelle der Einfügemarke in Ihren Textrahmen ein.

Mikrotypografie – der richtige Umgang mit Sonderzeichen

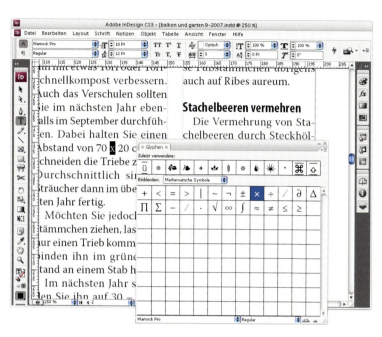

Abbildung 2.24 Im Manuskript wurde ein „x" statt des Multiplikationszeichens verwendet. Nachdem Sie das „x" markiert und das Bedienfeld *Glyphen* geöffnet haben, wählen Sie aus dem Popup-Menü *Einblenden Mathematische Symbole*. Mit einem Doppelklick auf das Multiplikationszeichen lässt sich das „x" nun durch die korrekte Glyphe ersetzen.

Zusätzlich gibt es noch die sogenannten Steuerzeichen, die InDesign verwendet, um den Textfluss, den Umbruch, zu steuern – zum Beispiel Leerräume, Tabulatoren, Abstände.

Um ein solches Sonderzeichen in Ihren Text einzufügen, klicken Sie mit dem *Textwerkzeug* an die gewünschte Stelle. Öffnen Sie das Kontextmenü und wählen Sie *Sonderzeichen einfügen*.

Verschiedene Leerräume (Geviert, Halbgeviert) fügen Sie über *Schrift > Leerraum* ein.

Abbildung 2.25 Hier wird statt des markierten Bindestrichs ein Halbgeviertstrich als Bis-Zeichen eingefügt (ein Halbgeviertstrich lässt sich übrigens auch über die Tastatur mit Alt + - einfügen).

2.9 Texte gestalten

Es kann hilfreich sein, vor der Textformatierung die unsichtbaren Zeichen, das sind Absatzmarken, Leerzeichen, Tabstopps, einzuschalten. Viele Formatierungsarbeiten gehen dann leichter von der Hand: Wählen Sie dazu *Schrift > Verborgene Zeichen einblenden* (Strg /⌘ + Alt + I).

Abbildung 2.26 Die verborgenen Zeichen wurden eingeblendet.

Einige Tipps zur Farbgebung von Texten: Beachten Sie, dass der Kontrast zwischen Hintergrund, Text sowie sonstigen Elementen möglichst groß sein muss; andernfalls leidet die Lesbarkeit. Die Mischung von Primär- und Sekundärfarben wie Cyan, Magenta, Gelb und Rot, Blau, Grün ist für Lesetexte ungeeignet, da der Text flimmert. Bereits nach kurzer Zeit beginnt er, unscharf zu wirken, das Auge kann ihn nur schwer wieder scharf stellen.

2.10 Die Textfarbe

Das Einfärben von Texten ist schnell erledigt:

▶ Um die Flächenfarbe des Textes zu ändern, wählen Sie ihn zuerst aus (entweder den Textrahmen, wenn Sie den gesamten Text im Rahmen einfärben möchten, oder aber nur einzelne Zeichen bzw. Absätze, um lediglich diese einzufärben). Klicken Sie anschließend im Werkzeugbedienfeld auf das *Flächen-Farbfeld* ▪ und darunter auf das Symbol *Formatierung wirkt sich auf Text aus* 🆃.

▶ Wählen Sie die gewünschte Farbe aus dem Bedienfeld *Farbe* oder dem Bedienfeld *Farbfelder*.

▶ Auch die Kontur von Text können Sie einfärben – dazu klicken Sie in der Werkzeugleiste das *Kontur-Farbfeld* ▫ an und vergewissern sich auch hier, dass das Symbol *Formatierung wirkt sich auf Text aus* 🆃 aktiviert ist.

Wenn Sie Ihren Text mit einer Kontur versehen möchten, sollten Sie eventuell seine Laufweite erhöhen, damit die Buchstaben nicht ineinander fließen. Wie Sie dazu vorgehen, erfahren Sie auf Seite 90.

Abbildung 2.27 Auch Texte können mit Kontur- und Flächenfarbe ausgestattet werden.

2.11 Zeichen und Absätze formatieren

Einzelne Textzeichen oder Absätze, die Sie mit dem *Textwerkzeug* ausgewählt haben, formatieren Sie über das Steuerungsbedienfeld, das standardmäßig am oberen Bildschirmrand unter den Menüs angedockt ist. Wenn Sie Text ausgewählt haben, können Sie in diesem Bedienfeld zwischen dem Zeichenmodus zur Formatierung von Zeichen und dem Absatzmodus zur Formatierung von Absätzen wechseln.

- Den Zeichenmodus zeigen Sie mit einem Klick auf das Symbol *Zeichenformatierung* A links oben im Bedienfeld an.
- Den Absatzmodus aktivieren Sie mit einem Klick auf das Symbol *Absatzformatierung* ¶ links unten im Bedienfeld.

Abbildung 2.28 Ausgewählte Textpassagen bzw. den Absatz, in dem die Einfügemarke steht, formatieren Sie über das Steuerungsbedienfeld – hier im Modus *Zeichenformatierung*.

Schrift und Schriftschnitt auswählen

Schrift und Schnitt weisen Sie den ausgewählten Zeichen über die beiden linken Popup-Menüs im Zeichenmodus des Steuerungsbedienfelds zu. InDesign zeigt Ihnen jeweils eine Vorschau der gewählten Schrift/des gewählten Schnitts, um Ihnen die Auswahl zu erleichtern. Sie sehen auch, ob es sich bei der Schrift um eine Type1-, TrueType- oder OpenType-Schrift handelt.

- *O* OpenType
- *T* TrueType
- *a* Type1

Hier gilt: Weisen Sie Textformatierungen zu, ohne etwas ausgewählt zu haben, werden diese zum neuen Standard für künftige Texte.

Die Alternative zum Steuerungsbedienfeld sind die Bedienfelder *Zeichen* und *Absatz*. Sie erreichen diese über *Schrift > Zeichen* bzw. *Schrift > Absatz*.

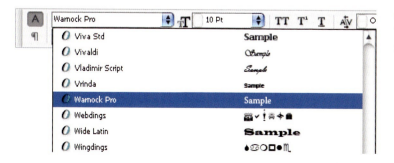

Abbildung 2.29 Das Popup-Menü für die Schrift zeigt Ihnen für jede Schrift ein Beispiel.

Pseudoschnitte

InDesign weist prinzipiell keine Pseudoschnitte zu. Manche Programme erstellen beispielsweise für Schriften, die über keinen Kursivschnitt verfügen, einen solchen Pseudokursivschnitt. Hierbei werden die Buchstaben einfach schräggestellt. Ein echter Kursivschnitt – in klassischen Schriften von der Handschrift abgeleitet – ist hingegen sorgfältig gearbeitet und weicht gewöhnlich deutlich vom Normalschnitt ab. Elektronisch schräggestellte Buchstaben wirken häufig verzerrt. Wenn eine Schrift also über keinen Fett- oder Kursivschnitt verfügt, wird er auch nicht im Popup-Menü aufgeführt.

Benötigen Sie aus irgendwelchen Gründen doch einmal kursiv gestellte Buchstaben einer Schrift ohne Kursivschnitt, können Sie gegebenenfalls das Feld *Verzerren T (Pseudo-Kursiv)* im Steuerungsbedienfeld verwenden. Geben Sie hier einen Neigungsgrad für die ausgewählten Zeichen ein, zum Beispiel *30°*.

Regular
Italic

Abbildung 2.30 Der Kursivschnitt der Garamond (unten) weicht deutlich von ihrem Normalschnitt (oben) ab.

Pseudokursiv

Abbildung 2.31 Die Pseudokursive der Garamond wirkt nicht annähernd so harmonisch wie der echte Kursivschnitt dieser Schrift.

Kapitälchen

Etwas anders verhält es sich mit Kapitälchen: Über die entsprechende Schaltfläche Tt weisen Sie dem markierten Text Kapitälchen zu. Verfügt die Schriftart jedoch über keinen Kapitälchen-Schnitt, werden dem Text sogenannte falsche Kapitälchen zugewiesen. Dabei werden einfach die Versalien der Schrift herunterskaliert. Das Ergebnis sind unter anderem zu geringe Strichstärken.

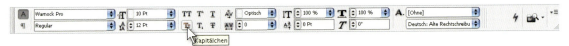

Abbildung 2.32 Über die entsprechende Schaltfläche lässt sich Text in Kapitälchen formatieren.

Falls möglich, sollten Sie deshalb einen echten Kapitälchen-Schnitt für die verwendete Schriftart erwerben. Sobald dieser installiert ist, können Sie unbesorgt die Schaltfläche Tt verwenden; denn dann weist InDesign automatisch die echten installierten Kapitälchen zu.

Viele der mit InDesign ausgelieferten OpenType-Pro-Schriften verfügen über echte Kapitälchen. Diese weisen Sie über den Befehl *OpenType > Alles in Kapitälchen* des Bedienfeldmenüs ▼≡ in der rechten oberen Ecke des Steuerungsbedienfelds bzw. des Bedienfelds *Zeichen* zu. Achten Sie jedoch darauf, dass Sie in diesem Fall nur die Kleinbuchstaben markieren dürfen. Mehr über die Möglichkeiten von OpenType-Schriften erfahren Sie weiter unten in diesem Kapitel.

Falsche Kapitälchen
Echte Kapitälchen

Abbildung 2.33 Oben: falsche Kapitälchen. Unten: echte Kapitälchen.

Zeichen und Absätze formatieren

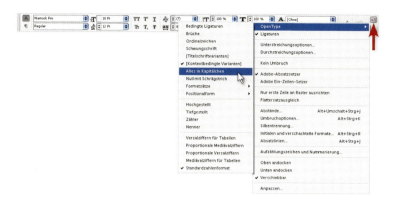

Abbildung 2.34 Über das Bedienfeldmenü ▼≡ des Steuerungsbedienfelds weisen Sie dem markierten Open-Type-Text echte Kapitälchen zu.

Müssen Sie mit simulierten Kapitälchen arbeiten, weil für die benötigte Schrift kein Kapitälchenschnitt vorliegt, können Sie wenigstens über *Bearbeiten > Indesign > Voreinstellungen > Erweiterte Eingabe* die Kapitälchenhöhe für das Dokument anpassen. Die Einheit sind Prozent von der Versalhöhe.

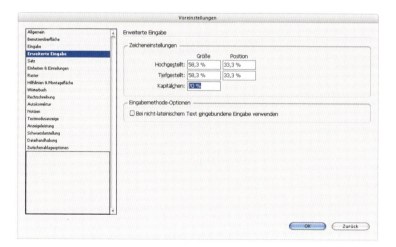

Abbildung 2.35 Über die Kategorie *Erweiterte Eingabe* in den Voreinstellungen lässt sich die Kapitälchenhöhe anpassen.

Schriftnamen

Bezüglich der Schriftgröße, die Sie im Feld *Schriftgrad* ᴛT rechts neben der Schriftart festlegen, ist Folgendes zu beachten: Ein Punkt (pt) in InDesign entspricht nicht ganz exakt einem typografischen Punkt: Auf ein Zoll passen 72,27 typografische Punkt nach dem Didot-System, aber nur 72 PostScript-Punkt, wie sie auch in InDesign angegeben werden. Ein Didot-Punkt entspricht 0,376006 mm, ein PostScript-Punkt entspricht 0,351 mm.

Die Bezeichnungen für die verschiedenen Schnitte von Schriften weichen von Hersteller zu Hersteller voneinander ab. Die folgende Tabelle hilft Ihnen, einen bestimmten Schnitt korrekt zu identifizieren.

Schnitt	Bezeichnung
Standardschnitt	Regular, Roman
Kursivschnitt	Italic, Oblique
Fetter Schnitt	Bold
Etwas fetter als der Standardschnitt, Buchschrift	Book
Dreiviertelfetter Schnitt	Heavy
Extrafetter Schnitt	Extrabold
Steigerung von Extrafett	Ultrabold
Magerer Schnitt	Light
Halbschnitt	Semi
Halbfett	Demi
Schmaler Schnitt	Condensed
Extraschmaler Schnitt	Compressed, Ultra-Condensed
Weiter Schnitt	Extended
Kapitälchen	Small Caps

Kerning und Laufweite verändern

Wussten Sie, dass Sie in InDesign Textformatierungen von einem Absatz auf den anderen übertragen können?
Klicken Sie in den Absatz, der eine neue Formatierung erhalten soll, und wählen Sie das Pipette-Werkzeug. Klicken Sie in den Absatz, dessen Format Sie verwenden möchten.
So lange die Pipette aktiviert bleibt, können Sie nun beliebige Absätze in Ihrem Dokument anklicken, um sie mit der in die Pipette „geladenen" Formatierung zu versehen.

Unterscheiden Sie zwischen Kerning und Laufweite: Die Justierung des Abstands zwischen zwei einzelnen Zeichen wird „Kerning" genannt, während das gleichmäßige Ändern des Abstands zwischen den Buchstaben ganzer Wörter als Änderung der Laufweite bezeichnet wird.

Wenn Sie mit älteren Schriften arbeiten, ist häufig ein manuelles Kerning notwendig, um optisch unregelmäßige Abstände zwischen den Buchstaben auszugleichen. Moderne Schriften haben so umfassende Unterschneidungstabellen, dass hier selten Probleme auftreten. Die Unterschneidungstabelle definiert, wie groß die Abstände zwischen bestimmten Buchstabenpaaren sind.

InDesign bietet Ihnen sowohl für das Kerning als auch für das Ändern der Laufweite je ein Eingabefeld im *Zeichen*-Modus des Steuerungsbedienfelds. Sie können hier sehr fein regulieren; die Maßeinheit beträgt ein Tausendstelgeviert. Für eine Justierung per Tastatur klicken Sie zwischen zwei Buchstaben, halten die Alt-Taste gedrückt und betätigen dann die ←- bzw. die →-Taste. Bei jedem Tastendruck ändert sich der Wert um 20/1000 Geviert.

Zeilen- und Absatzabstände

In der Grundeinstellung verwendet InDesign einen Zeilenabstand von 120 % der Schriftgröße – für einen 10-pt-Text also einen Zeilenabstand von 12pt. Sie erkennen diesen automatisch berechneten Standardwert daran, dass er im Feld *Zeilenabstand* im *Zeichen-Modus* des Steuerungsbedienfelds in Klammern erscheint. Diesen Zeilenabstand können Sie jedoch auch frei einstellen – geben Sie den gewünschten Wert in das Feld *Zeilenabstand* ein.

Sollten Sie sich später doch wieder für den Standardabstand entscheiden, wählen Sie aus dem Popup-Menü den Eintrag *Autom.*

Die Maßeinheit für den automatischen Zeilenabstand ändern Sie in der Kategorie *Einheiten & Einteilungen* des Dialogfelds *Bearbeiten > InDesign > Voreinstellungen.*

Abbildung 2.36 Bei Text auf getöntem Grund sollten Sie den Zeilenabstand erhöhen, weil solche Texte prinzipiell schlechter lesbar sind.

Vor allem unter schwierigen Bedingungen – zum Beispiel weißem Text auf schwarzem Grund oder auch Typo für den Bildschirm – ist ausreichend Zeilenabstand wichtig. Hierzu gibt es eine Faustregel: Je leichter die Schrift, je länger die Zeile, desto mehr Zeilenzwischenraum ist für eine gute Lesbarkeit und ein ausgewogenes Schriftbild erforderlich. Ab einem Zeilenabstand von 150 % beginnt der Text zu „zerfallen".

Kapitel 2: Typografie

Im Unterschied zum Zeilenabstand stellen Sie die Abstände vor und nach dem Absatz sowie verschiedene Einzüge über den Absatz-Modus ¶ des Steuerungsbedienfelds ein.

Abbildung 2.37 Oben: Der Standardwert – 120 % der Schriftgröße steht im Popup-Menü *Zeilenabstand* in Klammern. Unten: Für Abstände vor und nach dem Absatz verwenden Sie den *Absatz*-Modus.

Der Absatzsetzer

Eines der wichtigsten Features für eine ausgefeilte Typografie ist der Adobe-Absatzsetzer. Dieser sorgt dafür, dass Ihr Text nicht zeilen-, sondern gleich absatzweise optimiert wird. InDesign gleicht dann beispielsweise die Abstände im Blocksatz nicht einfach anhand der aktuellen Zeile aus, sondern bezieht die vorhergehende und die folgende Zeile mit in die Berechnung ein – so werden auseinandergezogene Wörter weitestgehend vermieden und das manuelle Ausschließen des Blocksatzes reduziert sich auf ein Minimum.

Vergewissern Sie sich im Bedienfeldmenü ▼≡ des Steuerungsbedienfelds, dass der Absatzsetzer eingeschaltet ist.

Für eine High-End-Typografie nehmen Sie das Feintuning für den Absatzsetzer gegebenenfalls auch über das Bedienfeldmenü ▼≡ vor. Der Absatzsetzer ist allerdings bereits so eingestellt, dass ein sehr professionell aussehender Text zustande kommt. Die Nachjustierung ist also selten nötig:

Nachdem Sie den Absatzsetzer eingeschaltet haben, wählen Sie aus dem Bedienfeldmenü ▼≡ den Befehl *Abstände*. Im folgenden Dialogfeld bestimmen Sie die Wort- und Zeichenabstände sowie die horizontale Glyphen-Skalierung.

Abbildung 2.38 Der Absatzsetzer ist eingeschaltet.

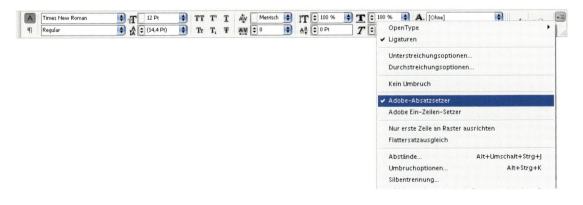

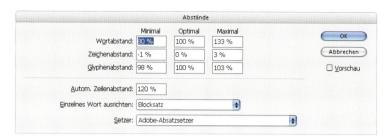

Abbildung 2.39 Hier justieren Sie die Satz-Engine von InDesign

Der Einzeilensetzer setzt anders als der Absatzsetzer Zeile für Zeile. Auch der Adobe-Einzeilensetzer, den Sie wahlweise über das Bedienfeldmenü ▾≡ aktivieren können, hat seine Berechtigung. Zum Beispiel können Sie sich bei der Texterfassung besser auf Ihre Eingaben konzentrieren.

Probieren Sie es mit dem Einzeilensetzer auch dann, wenn Sie ein Dokument aus QuarkXPress in InDesign öffnen und dabei Umbruchfehler auftreten.

Absätze zusammenhalten

Um einen unerwünschten Textfluss zu vermeiden – wie etwa eine Überschrift am Ende einer Textspalte und die letzte Zeile eines Absatzes am Beginn einer Textspalte –, verwenden Sie das Dialogfeld *Umbruchoptionen*. Sie erreichen es über das Bedienfeldmenü des Steuerungsbedienfelds ▾≡ bzw. über [Strg]/[⌘] + [Alt] + [K].

1 Im folgenden Dialogfeld „kleben" Sie mithilfe des Felds *Nicht trennen von nächsten Zeilen* bei Bedarf zwei Absätze aneinander; über das Kontrollkästchen *Zeilen nicht trennen* und die zugehörigen Optionen legen Sie fest, wie der Umbruch am Ende der Seite oder Spalte erfolgen soll.
2 Über das Popup-Menü *Absatzbeginn* können Sie den Umbruch eines Absatzes auf die nächste Seite oder Spalte, in den nächsten Rahmen erzwingen.

Abbildung 2.40 Beachten Sie den Unterschied zwischen dem mit dem Einzeilensetzer (links) und dem mit dem Absatzsetzer (rechts) gesetzten Text.

Abbildung 2.41 Durch das Zusammenhalten von Absätzen verhindern Sie einen unerwünschten Textfluss auf der Seite.

Silbentrennung

Trennungseinstellungen gelten – wie alle Absatzformatierungen – für sämtliche ausgewählten Absätze bzw. für den Absatz, in dem sich die Einfügemarke befindet.

Im Modus *Absatz* ¶ des Steuerungsbedienfelds aktivieren Sie das Kontrollkästchen *Silbentrennung*.

Abbildung 2.42 Das Kontrollkästchen *Silbentrennung* aktivieren Sie im *Absatz*-Modus des Steuerungsbedienfelds.

Vergewissern Sie sich außerdem im Bedienfeld *Schrift > Zeichen*, dass die richtige Sprache eingestellt ist – sonst erfolgt die Silbentrennung nach falschen Regeln!

Die aktivierte Trennung gilt stets für die ausgewählten Absätze (bzw. für den Absatz, in dem sich die Einfügemarke befindet).

Bestimmen Sie das Trennungsverhalten der ausgewählten Absätze nun genauer, indem Sie das Bedienfeldmenü ▾≡ des Steuerungsbedienfelds öffnen und *Silbentrennung* wählen.

Abbildung 2.43 InDesign kann die Silbentrennung nur dann richtig durchführen, wenn Sie für die entsprechenden Absätze die richtige Sprache ausgewählt haben.

▶ In das Feld *Wörter mit mindestens Buchstaben* geben Sie ein, wie viele Buchstaben ein Wort haben muss, damit die Silbentrennung dafür aktiviert wird.

▶ Die Werte in den Feldern *Kürzeste Vorsilbe* und *Kürzeste Nachsilbe* bestimmen, wie viele Buchstaben einem Bindestrich vorangehen bzw. folgen müssen. In der klassischen Typografie geht man davon aus, dass vor oder nach dem Trennstrich mindestens drei Buchstaben stehen sollten. Für sehr kurze Blocksatzzeilen sollten Sie diesen Wert trotzdem auf *2* heruntersetzen.

Abbildung 2.44 Im Dialogfeld *Einstellungen für Silbentrennung* bestimmen Sie genau, nach welchen Regeln InDesign die Silbentrennung durchführen soll.

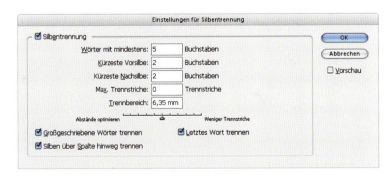

Obwohl Sie hier bis zu 25 Zeilen angeben können, setzen Sie normalerweise nicht mehr als drei aufeinanderfolgende Zeilen mit Silbentrennung.

▶ Im Feld *Max. Trennstriche* geben Sie an, wie viele aufeinanderfolgende Zeilen mit Silbentrennung ausgestattet werden dürfen.

▶ Das Feld *Trennbereich* bestimmt, wie nahe ein Bindestrich sich am rechten Einzug eines Absatzes befinden kann.

- Das aktivierte Kontrollkästchen *Großgeschriebene Wörter trennen* stellt sicher, dass auch Wörter, die mit einem Großbuchstaben beginnen, in die Silbentrennung mit aufgenommen werden. Für die deutsche Sprache sollte dieses Kontrollkästchen unbedingt aktiviert bleiben. Falls Sie englische Texte setzen, können Sie es bei Bedarf deaktivieren – damit verhindern Sie, dass Eigennamen mit Silbentrennung versehen werden.
- Über den Schieberegler steuern Sie, wie viele Trennalternativen pro Absatz InDesign prüfen soll. Je weiter nach links Sie den Regler ziehen, desto mehr Trennalternativen berücksichtigt InDesign und desto besser wird auch das typografische Ergebnis. Allerdings verringert sich dadurch die Rechenleistung etwas.

2.12 Tabulatoren und Aufzählungen

Für die Gliederung von Listen und ähnlichen Elementen bieten sich Tabulatoren an. Diese beziehen sich immer auf einen Absatz. Markieren Sie also alle Absätze, denen Sie die Tabulatoren zuweisen wollen.

Tabstopps setzen

In der Praxis haben viele InDesign-Anwender einen gehörigen Respekt vor Tabulatoren. So kommt es, dass man sehr oft Dokumente sieht, die statt mit Tabulatoren mit Leertasten formatiert sind. Diese Vorgehensweise führt ganz schnell zu einem Chaos – ganz unnötig, denn die Arbeit mit Tabulatoren ist eigentlich einfach, wie Sie im Folgenden sehen werden. Außerdem hat die Arbeit mit Tabulatoren einen immensen Vorteil: Sie können die Tabstopps verändern oder austauschen und der Text wird dann umgehend an diesen neuen Tabulatoren ausgerichtet.

Sie sollten bei der Arbeit mit Tabulatoren berücksichtigen, dass Tabstopps wie alle Absatzformatierungen in der Absatzmarke gespeichert werden. Wenn Sie während der Eingabe Tabstopp setzen und dann die ⏎-Taste betätigen, werden die Tabulatoreinstellungen in den nächsten Absatz übernommen. Wenn Sie die Tabulatoren hingegen später setzen, werden sie nur dem Absatz oder den Absätzen, die Sie dabei markiert haben, zugewiesen.

Prinzipiell sollten Sie die Textelemente immer nur durch einen einzigen Tabstopp voneinander trennen, nicht durch mehrere. Benö-

Bei der Arbeit mit Tabulatoren empfiehlt es sich, die unsichtbaren Zeichen im Dokument anzuzeigen, indem Sie *Schrift > Verborgene Zeichen einblenden* (Strg/⌘ + Alt + I) wählen.
Die Tabstopps erscheinen als doppelte Rechtspfeile ».

tigen Sie größere Abstände zwischen den Elementen, sollten Sie lieber die Tabposition ändern, statt einfach wiederholt die ⇥-Taste zu betätigen.

Jedes Mal, wenn Sie die ⇥-Taste betätigen, wird der auf die Einfügemarke folgende Text zur nächsten standardmäßigen Tabstoppposition (jeweils ein halber Zoll) verschoben. Auf diese Weise können Sie beispielsweise Auflistungen erstellen.

Wünschen Sie andere als die standardmäßig von InDesign vorgegebenen Tabstopps, gehen Sie folgendermaßen vor:

1   Wählen Sie sämtliche Absätze aus, die Sie mit denselben Tabulatoreigenschaften ausstatten möchten, bzw. stellen Sie die Einfügemarke dorthin, wo die Einstellungen beginnen sollen.

2   Wählen Sie *Schrift > Tabulatoren* (⇧ + Strg/⌘ + T). Dieses Bedienfeld enthält ein Lineal – verwechseln Sie es nicht mit dem Seitenlineal des Dokumentfensters, denn anders als dieses gilt es nur für den aktuellen Textrahmen.

3   Bestimmen Sie zuerst, welche Art Tabulator Sie setzen möchten, indem Sie eine der vier kleinen Schaltflächen am oberen Bedienfeldrand anklicken. Sie haben die Wahl zwischen

- ↧ *Links*
- ↧ *Zentriert*
- ↧ *Rechts* und
- ↧ *Dezimal* – Zahlen mit Dezimalstellen werden am Dezimalkomma oder einem anderen im Feld *Ausrichten* am rechten Rand des Bedienfelds eingegebenen Zeichen ausgerichtet.

4   In das Feld *X* geben Sie, auf welcher Linealposition der Tabulator gesetzt werden sollen. Alternativ klicken Sie in die weiße Leiste über dem Lineal im Bedienfeld.

5   Im Feld *Füllzeichen* geben Sie eventuell ein Füllzeichen, meist einen Punkt, für den Raum zwischen dem Text vor und dem nach dem Tabulator fest. Solche Füllzeichen führen das Auge durch die Auflistung – geeignet beispielsweise für Inhaltsverzeichnisse.

6   Bestätigen Sie mit der ↵-Taste. Alle standardmäßig eingerichteten Tabstopps vor diesem ersten benutzerdefinierten Tabstopp werden entfernt. Bei Bedarf können Sie den Tabstopp auf dem Lineal nun noch mit gedrückter Maustaste an eine andere Stelle ziehen.

> **In der Praxis ist es besser, wenn Sie die benötigten Tabstopps zuerst mit der ⇥-Taste setzen und sie nachträglich anpassen. Dann können Sie sich die Auswirkungen Ihrer Einstellungen besser vorstellen.**

Abbildung 2.45 Der Einsatz von Füllzeichen empfiehlt sich besonders für Inhaltsverzeichnisse und ähnliche Listen.

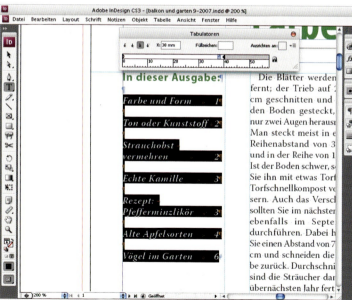

Abbildung 2.46 Bei Millimeter 38 des aktuellen Textrahmens wurde ein rechtsbündiger Tabulator gesetzt. Um einen irrtümlich gesetzten Tabulator zu entfernen, klicken Sie ihn auf dem Lineal an und ziehen ihn bei gedrückter Maustaste nach oben oder nach unten hin weg.

Tabstopps in regelmäßigen Abständen erstellen

Falls Sie Tabstopps in regelmäßigen Abständen benötigen, gehen Sie folgendermaßen vor, setzen Sie, wie oben beschrieben, den ersten Tabulator. Klicken Sie ihn anschließend im Lineal des Bedienfelds *Tabulatoren* an und wählen Sie aus dem Bedienfeldmenü ▼≡ *Tabulator wiederholen*.

InDesign fügt bis zum Ende der Spalte bzw. des Textrahmens Tabulatoren in regelmäßigen Abständen ein. Als Maß dafür wird der erste von Ihnen gesetzte Tabulator verwendet.

Einzüge über das Bedienfeld »Tabulatoren« erstellen

Einzelne Absätze oder Gruppen von Absätzen können Sie auch über das Bedienfeld *Tabulatoren* mit Einzügen versehen. Sie können Absätze von links, von rechts oder von beiden Rändern oder nur die erste Zeile einziehen – eine Methode, die oft die Eingabe eines Tabstopps am Anfang eines neuen Absatzes ersetzt. Sie können auch einen hängenden Einzug erstellen, bei dem die erste Zeile gegenüber dem Rest des Absatzes nach links „hängt". Hängende Einzüge verwendet man oft für Aufzählungen oder Nummerierungen, mit denen wir uns weiter unten in diesem Kapitel beschäftigen werden.

Das Lineal des Bedienfelds enthält zu diesem Zweck dreieckige Einzugsmarken am linken und am rechten Rand (um das Ende des Lineals im Bedienfeld zu sehen, klicken Sie es an und ziehen mit gedrückter Maustaste nach links). Sie können diese Einzugsmarken nach links und nach rechts ziehen, um Einzüge festzulegen.

▶ Das obere Dreieck am linken Rand stellt den Erstzeileneinzug dar,
▶ das untere Dreieck den linken Einzug.

Beide Marken lassen sich unabhängig voneinander verschieben.

Um einen linken Einzug für den/die ausgewählte(n) Absatz/Absätze zu setzen, ziehen Sie die untere Einzugsmarke an die Position auf dem Lineal, wo der Einzug erscheinen soll (beachten Sie, dass sich das obere Dreieck mit bewegt).

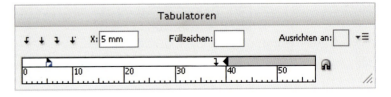

Abbildung 2.47 Für einen kompletten Einzug ziehen Sie die untere Marke nach rechts – hier wurde ein Einzug von 5 mm festgelegt.

Für einen Erstzeileneinzug ziehen Sie die obere Einzugsmarke an die Position, wo Sie den Einzug haben möchten.

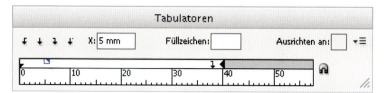

Abbildung 2.48 Hier wurde ein Erstzeileneinzug erstellt.

Für einen hängenden Einzug ziehen Sie zuerst die untere Einfügemarke nach rechts, dann die obere wieder nach links.

Abbildung 2.49 Hier wurde ein hängender Einzug festgelegt.

Das Dreieck am rechten Rand stellt den rechten Einzug des Absatzes dar. Ziehen Sie dieses nach links, um einen rechten Einzug für die markierten Absätze festzulegen.

Aufzählungen und Nummerierungen

Mit Aufzählungen können Sie Texte in etwa in Produktvorstellungen, Arbeitsanleitungen oder Meeting-Plänen übersichtlicher gestalten.

1. Markieren Sie die Absätze, die Sie mit Aufzählpunkten bzw. Nummern versehen möchten. Alternativ stellen Sie die Einfügemarke in eine leere Zeile, um an dieser Stelle mit einer neuen Aufzählung oder Nummerierung zu beginnen.
2. Im Absatz-Modus ¶ des Steuerungsbedienfelds klicken Sie auf die Schaltfläche *Liste mit Aufzählungszeichen* bzw. *Nummerierte Liste*. Mit denselben Schaltflächen entfernen Sie die Aufzählung bzw. Nummerierung auch wieder.

Benötigen Sie mehr Einfluss auf die Formatierung der Nummerierungs- bzw. Aufzählungszeichen, öffnen Sie – wiederum mit den entsprechenden Absätzen markiert – das Bedienfeldmenü des Steuerungsbedienfelds oder des Bedienfelds *Absatz* und wählen *Aufzählungszeichen und Nummerierung*.

Neu in InDesign CS3
InDesign CS3 bietet Ihnen spezielle Features für die laufende Durchnummerierung von Überschriften, Bildunterschriften und ähnlichen Elementen. Eine genaue Anleitung zu dieser neuen Funktion erhalten Sie in Kapitel 5.

Hier wählen Sie den *Listentyp* (Nummerierung oder Aufzählung), Schriftart, -schnitt, -farbe und -größe, bei Aufzählungen die Nummerierungsart (römisch, arabisch). Über die Schaltfläche *Hinzufügen* laden Sie weitere Aufzählungszeichen hinzu, falls Ihnen keines der im Raster angezeigten zusagt.

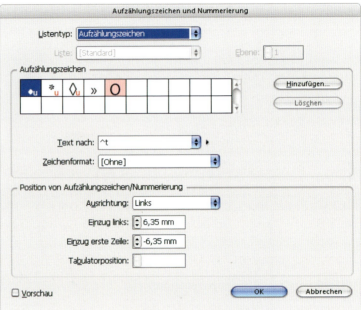

Abbildung 2.50 In diesem Dialogfeld definieren Sie das Aussehen von Aufzählungen.

In der zweiten Optionsgruppe bestimmen Sie, wie der Text nach dem Nummerierungs- bzw. Aufzählungszeichen eingezogen werden soll.

Übrigens können Sie eine Nummerierung auch dann fortführen, wenn zwischendrin ein Absatz ohne Nummerierung eingefügt ist: Öffnen Sie dazu das Kontextmenü des Absatzes, der fortnummeriert werden soll, und wählen Sie *Nummerierung neu beginnen*.

Neu in InDesign CS3

Oder Sie schalten gleich im Dialogfeld *Aufzählungszeichen und Nummerierung* die Option *Nummerierung fortführen* ein, nachdem Sie aus dem Popup-Menü *Listentyp* den Eintrag *Zahlen* gewählt haben. Dann wird die Nummerierung auch bei Unterbrechung automatisch im nächsten nummerierten Absatz fortgeführt.

Text an einem Pfad ausrichten

Mit dem Werkzeug *Text auf Pfad*, das Sie im Popup-Menü des Textwerkzeugs finden, erzielen Sie auf einfache Weise interessante Texteffekte, denn mit diesem Werkzeug richten Sie Text an einem zuvor gezeichneten Pfad aus.

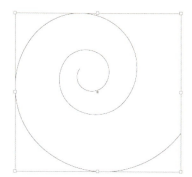

Abbildung 2.51   Frei gestaltete Doppelseite „Der Besuch der alten Dame" von Friedrich Dürrenmatt

Abbildung 2.52   Diese Spirale wurde in Illustrator gezeichnet, dann kopiert und in InDesign eingefügt.

1. Zeichnen Sie zuerst mit dem *Zeichenstift-* oder dem *Bleistift-*Werkzeug den Pfad, an dem Sie den Text ausrichten möchten. Komplexere Pfadformen können Sie auch in einem Vektorgrafikprogramm zeichnen und dann in InDesign einfügen. Eine Spirale beispielsweise lässt sich in Illustrator über das *Spiral-*Werkzeug mit geringem Aufwand erstellen, dann über [Strg]/[⌘] + [C] kopieren und über [Strg]/[⌘] + [V] in InDesign einfügen.
2. Wählen Sie das Werkzeug *Text auf Pfad* und zeigen Sie auf den gezeichneten Pfad.
3. Sobald am Mauszeiger ein kleines Pluszeichen erscheint, klicken Sie an eine beliebige Stelle auf dem Pfad und geben Sie den gewünschten Text ein. Bei dieser Vorgehensweise steht der gesamte Pfad für die Eingabe des Textes zur Verfügung; dieser beginnt am Startpunkt des Pfads und kann sich bis zu dessen Endpunkt erstrecken.
4. Falls Sie nicht den gesamten Pfad, sondern nur einen bestimmten Abschnitt für die Darstellung des Textes nutzen möchten, klicken Sie auf den Pfad und legen damit den Anfangspunkt fest, der durch ein ungefülltes Quadrat symbolisiert wird. Ziehen Sie mit gedrückter Maustaste bis zum Endpunkt (der ebenfalls durch ein ungefülltes Quadrat symbolisiert wird). Geben Sie die Maustaste frei und beginnen Sie mit der Texteingabe.
5. Formatieren Sie den Text anschließend nach Ihren Wünschen.

Haben Sie den Text schon in einem Textprogramm vorbereitet, wählen Sie ihn dort aus und kopieren Sie ihn mit [Strg]/[⌘] + [C]. In InDesign klicken Sie mit dem Werkzeug *Pfadtext* auf den vorbereiteten Pfad und fügen den Text mit *Bearbeiten > Einfügen* (Tastenkombination [Strg]/[⌘] + [V]) ein.

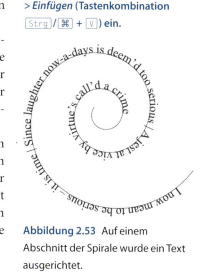

Abbildung 2.53   Auf einem Abschnitt der Spirale wurde ein Text ausgerichtet.

Wie Sie sehen, steht der Text teilweise auf dem Kopf bzw. er verläuft spiegelverkehrt (je nach der Form des von Ihnen erstellten Pfads). Das liegt an der Zeichenrichtung Ihres Pfads – der eingegebene oder importierte Text folgt dieser Zeichenrichtung unter allen Umständen.

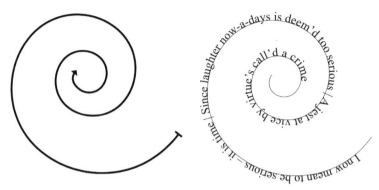

Abbildung 2.54 Der Text folgt stets der Pfadrichtung.

Bei Bedarf kehren Sie die Pfadrichtung um – am besten tun Sie dies allerdings, bevor Sie den Text am Pfad ausrichten, denn sonst erzielen Sie leicht chaotische Ergebnisse, die nicht mehr so einfach zu korrigieren sind:

1 Um die Pfadrichtung umzukehren, klicken Sie den Pfad mit dem Werkzeug *Direktauswahl* an.
2 Wählen Sie einen der ungefüllten quadratischen Knotenpunkte auf dem Pfad aus.
3 Wählen Sie *Objekt > Pfad umkehren*.

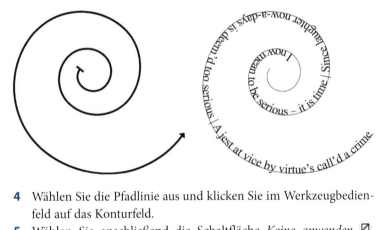

Abbildung 2.55 Links: Die Kontur des Pfads wurde entfernt; nur noch der Text ist sichtbar. Mitte und rechts: Auch hier folgt der Text der (mittlerweile umgekehrten) Pfadrichtung.

4 Wählen Sie die Pfadlinie aus und klicken Sie im Werkzeugbedienfeld auf das Konturfeld.
5 Wählen Sie anschließend die Schaltfläche *Keine anwenden*. Danach ist nur noch der am Pfad ausgerichtete Text sichtbar.

Ein dreidimensionales Textband

Gestalten Sie nun ein Textband mit dreidimensionaler Anmutung. Sie lernen nebenbei einige weitere Features für das Ausrichten von Text am Pfad kennen.

1 Zeichnen Sie mit dem *Zeichenstift* (Taste P) einen frei geformten Pfad.

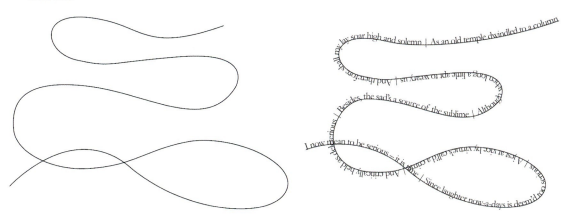

2 Erstellen Sie einen an diesem Pfad ausgerichteten Text.
3 Klicken Sie im Werkzeugbedienfeld auf das Symbol für die Kontur und anschließend auf die Schaltfläche *Keine anwenden*, um die Kontur auszublenden.

Abbildung 2.56 Links: Zeichnen Sie einen frei geformten Pfad. Rechts: Der eingefügte Text läuft entlang des gezeichneten Pfads und folgt dabei seiner Richtung.

Abbildung 2.57 Der Pfad ist nun unsichtbar; nur noch der Text selbst ist zu sehen.

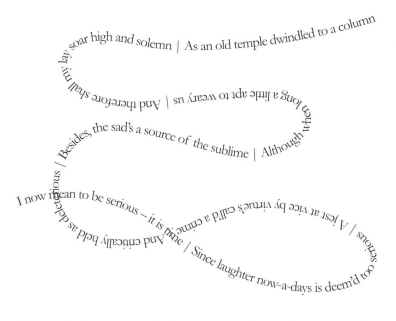

Bisher wirkt das Ganze vielleicht noch etwas chaotisch. Sie haben aber die Möglichkeit, die Position des Textes nach Ihren Wünschen so einzustellen, dass sich ein attraktives Erscheinungsbild ergibt.

Falls Sie den Text nachträglich auf anderen Abschnitten des Pfads ausrichten möchten, wählen Sie ihn mit dem Werkzeug Direktauswahl aus. Sie sehen sowohl am Anfang als auch am Ende eine senkrechte blaue Linie. Durch Ziehen dieser Linien mit gedrückter Maustaste können Sie den Anfangs- und Endpunkt des Textes auf dem Pfad verschieben.

Mindestens genauso wichtig sind die verschiedenen Optionen des Dialogfelds „Text auf Pfad"-Optionen: Vergewissern Sie sich, dass Sie den Text mit dem Auswahlwerkzeug ausgewählt haben. Wählen Sie Schrift > Pfadtext > Optionen. Im folgenden Dialogfeld bieten sich verschiedene Möglichkeiten, den Text entlang des Pfads auszurichten.

Abbildung 2.58 Im Dialogfeld „Text auf Pfad"-Optionen stellen Sie die Ausrichtung des Textes am Pfad ein.

Im Popup-Menü Effekt stellen Sie ein, auf welche Weise der Text ausgerichtet werden soll. Für den erwünschten dreidimensionalen Eindruck unseres Beispiels wählen Sie den Eintrag Verzerren. Dann folgen nur die horizontalen Begrenzungen des Textes dem Pfad, während der Text in der Vertikalen unverändert bleibt.

Bei Bedarf wählen Sie im Popup-Menü Ausrichten, welcher Teil des Textes mit dem Pfad ausgerichtet sein soll – zum Beispiel die Unterlänge und die Grundlinie.

Abbildung 2.59 Links: Wählen Sie aus dem Popup-Menü Effekt den Eintrag Verzerren. Rechts: Der Text erinnert nun an ein dreidimensionales Band.

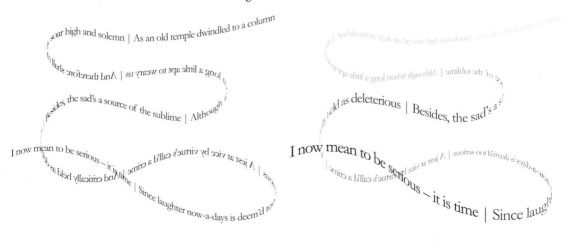

Verstärken Sie den dreidimensionalen Effekt nun, indem Sie den Text an den Stellen, an denen er in den Vordergrund kommen soll, größer formatieren und an den Stellen, an denen er sich in den Hintergrund bewegt, kleiner.

Zudem wirken Objekte in der Ferne heller und dunstiger als nahe Objekte. Versehen Sie die Textpassagen, die sich weiter hinten befinden sollen, daher mit einem helleren Farbton als diejenigen, die sich im Vordergrund befinden sollen.

Am schnellsten vergrößern bzw. verkleinern Sie den Text, indem Sie die Tastenkombination ⇧ + Strg/⌘ gedrückt halten und dann die Tasten < bzw. > betätigen.

2.13 Tabellen importieren und gestalten

Für die übersichtliche Darstellung von Zahlenmaterial, Auflistungen, Vorgängen und Übersichten eignen sich Tabellen. Komplexe Sachverhalte lassen sich durch Tabellen häufig besser darstellen als durch Fließtextabsätze.

Tabellen erstellen und bearbeiten

Tabellen fügen Sie grundsätzlich in Textrahmen ein: Ziehen Sie mit dem *Text*-Werkzeug T einen Textrahmen auf. Lassen Sie den Textcursor im Rahmen stehen und wählen Sie *Tabelle > Tabelle einfügen*.

Alternativ: Falls die Tabelle im Fließtext Ihrer Seite angezeigt werden soll, positionieren Sie die Einfügemarke dort, wo Sie die Tabelle einfügen möchten, und wählen ebenfalls *Tabelle > Tabelle einfügen*.

Wählen Sie die gewünschte Anzahl Zeilen und Spalten. Darunter bestimmen Sie, ob Ihre Tabelle mit einer Kopf- und/oder einer Fußzeile ausgestattet werden soll. Bestätigen Sie mit *OK*, um die Tabelle in der Breite des Textrahmens einzufügen. Die Zeilenhöhe richtet sich in der Grundeinstellung nach der Standardtextgröße dieses Rahmens.

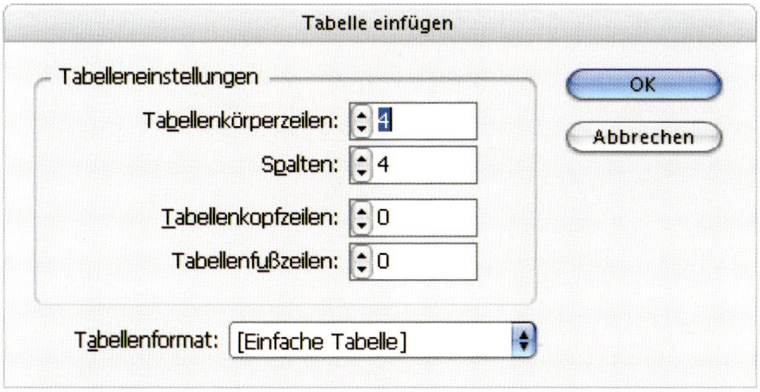

Übrigens können Sie Tabellen auch verschachteln, mit anderen Worten: eine neue Tabelle in eine vorhandene Tabelle einfügen.

Abbildung 2.60 Im Dialogfeld *Tabelle einfügen* legen Sie fest, wie Ihre neue Tabelle aussehen soll.

Die Einfügemarke steht standardmäßig in der ersten Zelle der Tabelle und Sie können unmittelbar mit der Texteingabe beginnen. Der Text wird automatisch in die nächste Zeile der Zelle umbrochen, wenn er zu lang ist. In diesem Fall erweitert sich die gesamte Zellreihe nach unten. Dasselbe geschieht, wenn Sie in einer Zelle die ⏎-Taste drücken. Die Einfügemarke wird in die nächste Zeile gestellt, die Zeile wird dadurch höher. Jede Zelle verhält sich wie ein winziger Textrahmen.

Um sich durch die Zellen der Tabelle zu bewegen, betätigen Sie die ⇥-Taste. Drücken Sie ⇧ + ⇥, um sich rückwärts zu bewegen. Wenn Sie die ⇥-Taste drücken, um zu einer Zelle zu gelangen, markieren Sie den gesamten Text in dieser Zelle. Arbeiten Sie lieber mit der Maus, klicken Sie an die Stelle in einer Zelle, wo die Einfügemarke stehen soll.

Wenn Sie die letzte Zelle einer Tabelle (rechts unten) erreichen und dann die ⇥-Taste drücken, erzeugen Sie eine neue Zeile am Ende der Tabelle und setzen die Einfügemarke in die erste Zelle dieser Zeile.

Alle möglichen Arten von Inhalt können Sie in Tabellenzellen einfügen – auch Bildrahmen, die Sie dann entweder von der Zelle beschneiden lassen oder die über die Zelle hinausragen.

Den Übersatz von Tabellen können Sie wie andere Inhalte in Textrahmen in einen neuen Textrahmen fließen lassen. Wenn Sie Ihre Tabelle mit einer Kopf- bzw. einer Fußzeile ausgestattet haben, wird diese im neuen Textrahmen automatisch wiederholt.

Eine Tabelle aus vorhandenem Text erstellen

Sie können auch zuerst den Tabellentext in einen gewöhnlichen Textrahmen eingeben und ihn anschließend in eine Tabelle konvertieren. Achten Sie darauf, dass Sie die einzelnen Elemente durch Drücken der ⇥-Taste oder ein Komma voneinander trennen.

¶
ORCHIDEEN·FÜR·DIE·ZIMMERKULTUR¶
Botanischer·Name·Deutscher·Name » Kulturbedingungen·Ruhezeit¶
Paphiopedilum·Venusschuh » temperiert » nein¶
Cattleya » – » kühl·bis·temperiert » unterschiedlich¶
Phalaenopsis·»·Schmetterlingsorchidee » Warm·»·nein¶
Oncidium » Schwielenorchidee » kühl·bis·temperiert » unterschiedlich¶
Odontoglossum » Zahnzunge » kühl·bis·temperiert » im·Winter¶
Brassia·Spinnenorchidee » kühl·bis·temperiert » im·Winter¶
Vanda·»·– » temperiert » keine¶
Miltonia » Stiefmütterchen-Orchidee » temperiert » keine¶
Cymbidium » Kahnlippe » kühl » im·Winter#

Abbildung 2.61 Texte, die InDesign in eine Tabelle konvertieren soll, müssen durch **Tabstopps** oder **Kommata** getrennt sein.

Danach wählen Sie den Text mit dem Textwerkzeug T aus und wählen *Tabelle > Text in Tabelle konvertieren*. Bestimmen Sie, welche Zeichen als Grundlage für das Trennen der Spalten und Zeilen verwendet werden sollen. Mit einem Klick auf die Schaltfläche *OK* führen Sie die Konvertierung durch.

Übrigens ist auch die umgekehrte Vorgehensweise möglich – eine Tabelle lässt sich in eine durch Kommata, Tabstopps oder andere Zeichen getrennte Textliste konvertieren. Wählen Sie dazu die Befehlsfolge *Tabelle > Tabelle in Text umwandeln*.

Eine Tabelle importieren

Nicht immer beginnen Sie direkt in InDesign, eine Tabelle von Grund auf aufzubauen. Häufig erhalten Sie vom Kunden fertiges Tabellenmaterial, beispielsweise aus Excel, das im Layout untergebracht werden soll. Eine solche Tabelle lässt sich relativ problemlos in InDesign importieren und danach gestalten. Auch Tabellen aus Word-Dateien erkennt InDesign beim Import und setzt sie im Layout um. Sie verwenden dazu wie üblich den Befehl *Datei > Platzieren*, nachdem Sie die Tabelle in Excel geschlossen haben.

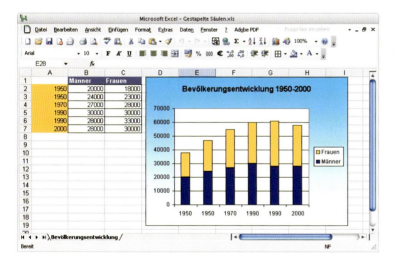

Abbildung 2.62 Dieses Excel-Datenblatt soll in InDesign importiert werden.

Im oberen Bereich wählen Sie das gewünschte Tabellenblatt; im unteren Bereich wählen Sie aus dem Popup-Menü *Tabelle* den Eintrag *Formatierte Tabelle*.

Abbildung 2.63 Im Dialogfeld *Microsoft Excel-Importoptionen* wählen Sie die gewünschten Einstellungen.

Abbildung 2.64 Die Tabelle ist einigermaßen korrekt formatiert importiert worden; das Diagramm wurde nicht importiert.

Um ein Diagramm aus Excel in InDesign zu übernehmen, kopieren Sie es und fügen es zunächst in Illustrator ein. Wenn Sie es dann aus Illustrator erneut kopieren und in InDesign einfügen, wird es als Vektorgrafik im Satzprogramm platziert.

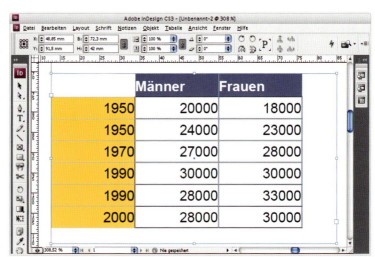

Die Bestandteile der Tabelle bearbeiten

Für die Bearbeitung der so erstellten oder importierten Tabelle stellt InDesign Ihnen das Menü *Tabelle* sowie das Bedienfeld *Tabelle* (Befehlsfolge *Fenster > Schrift & Tabellen > Tabelle*) zur Verfügung.

Beachten Sie, dass Sie zur Tabellenbearbeitung stets das *Textwerkzeug* T ausgewählt haben sollten, damit die Funktionen in diesem Menü verfügbar sind.

Die Abmessungen der Tabelle, von Zeilen oder Spalten ändern

InDesign bietet eine sehr intuitive Möglichkeit, die Abmessungen von Zellenbestandteilen zu ändern:

- Zeigen Sie mit dem *Textwerkzeug* auf die senkrechte Trennlinie zwischen zwei Spalten. Der Mauszeiger wird zu einem Doppelpfeil. Ziehen Sie mit gedrückter Maustaste nach rechts oder links, um die Spaltenbreite zu verändern.
- Analog das Ändern der Spaltenhöhe – zeigen Sie auf die waagerechte Trennlinie zwischen zwei Zeilen und ziehen Sie nach oben oder unten.

Während des Ziehvorgangs zeigt InDesign Ihnen die Umrisse der Tabelle. Das erleichtert die Arbeit ungemein.

Botanischer Name	Deutscher Name	Kulturbedingungen	Ruhezeit
Paphiopedilum	Venusschuh	temperiert	nein
Cattleya		kühl bis temperiert	unterschiedlich
Phalaenopsis	Schmetterlingsorchidee	Warm	nein
Oncidium	Schwielenorchidee	kühl bis temperiert	unterschiedlich
Odontoglossum	Zahnzunge	kühl bis temperiert	im Winter
Brassia	Spinnenorchidee	kühl bis temperiert	im Winter
Vanda		temperiert	keine
Miltonia	Stiefmütterchen-Orchidee	temperiert	keine
Cymbidium	Kahnlippe	kühl	im Winter

Botanischer Name	Deutscher Name	Kulturbedin-gungen	Ruhezeit
Paphiopedilum	Venusschuh	temperiert	nein
Cattleya		kühl bis temperiert	unterschiedlich
Phalaenopsis	Schmetterlingsorchidee	Warm	nein
Oncidium	Schwielenorchidee	kühl bis temperiert	unterschiedlich
Odontoglossum	Zahnzunge	kühl bis temperiert	im Winter
Brassia	Spinnenorchidee	kühl bis temperiert	im Winter
Vanda		temperiert	keine
Miltonia	Stiefmütterchen-Orchidee	temperiert	keine
Cymbidium	Kahnlippe	kühl	im Winter

Abbildung 2.65 Ziehen Sie den Spaltentrenner, um die Breite der anliegenden Spalten zu ändern.

- Die Abmessungen der gesamten Tabelle ändern Sie hingegen, indem Sie entweder auf die rechte oder untere Tabellenkante zeigen oder auf die rechte untere Ecke. Ziehen Sie mit gedrückter Maustaste, um die Tabellengröße anzupassen.

Beachten Sie, dass Sie durch diese Maßnahmen die Größe des umgebenden Textrahmens nicht ändern. Um diesen nach der Tabellenskalierung an die neuen Gegebenheiten anzupassen, wählen Sie *Objekt > Anpassen > Rahmen an Inhalt anpassen*. Dieser Befehl ist auch im Kontextmenü verfügbar.

Zellen, Zeilen und Spalten auswählen

Für alle über diese grundlegenden Änderungsmöglichkeiten hinausgehenden Zellenbearbeitungen müssen Sie die entsprechenden Zellen, Zeilen oder Spalten auswählen.

- Möchten Sie sämtliche Zellen der Tabelle markieren, zeigen Sie mit dem Textwerkzeug auf die linke obere Tabellenecke, bis der Mauszeiger zu einem nach rechts unten weisenden Pfeil ↘ wird. Führen Sie einen Mausklick aus – die Tabelle wird vollständig ausgewählt.

Abbildung 2.66 Die gesamte Tabelle wählen Sie mit einem Klick auf ihre linke obere Ecke aus.

Botanischer Name	Deutscher Name	Kulturbedingungen	Ruhezeit
Paphiopedilum	Venusschuh	temperiert	nein
Cattleya		kühl bis temperiert	unterschiedlich
Phalaenopsis	Schmetterlingsorchidee	Warm	nein
Oncidium	Schwielenorchidee	kühl bis temperiert	unterschiedlich
Odontoglossum	Zahnzunge	kühl bis temperiert	im Winter
Brassia	Spinnenorchidee	kühl bis temperiert	im Winter
Vanda		temperiert	keine
Miltonia	Stiefmütterchen-Orchidee	temperiert	keine
Cymbidium	Kahnlippe	kühl	im Winter

- Möchten Sie eine Spalte oder Zeile auswählen, zeigen Sie mit der Maus vor bzw. über diese Spalte oder Zeile. Sobald der Mauszeiger zu einem entsprechenden Pfeil →↓ wird, klicken Sie.

Abbildung 2.67 Um eine ganze Zeile auszuwählen, genügt ein Klick vor diese Zeile.

Botanischer Name	Deutscher Name	Kulturbedingungen	Ruhezeit
Paphiopedilum	Venusschuh	temperiert	nein
Cattleya		kühl bis temperiert	unterschiedlich
Phalaenopsis	Schmetterlingsorchidee	Warm	nein
Oncidium	Schwielenorchidee	kühl bis temperiert	unterschiedlich
Odontoglossum	Zahnzunge	kühl bis temperiert	im Winter
Brassia	Spinnenorchidee	kühl bis temperiert	im Winter
Vanda		temperiert	keine
Miltonia	Stiefmütterchen-Orchidee	temperiert	keine
Cymbidium	Kahnlippe	kühl	im Winter

Drücken Sie die Esc-Taste in der Zelle ein zweites Mal, werden die Zellinhalte statt der Zelle selbst ausgewählt.

- Zellen innerhalb der Tabelle wählen Sie aus, indem Sie einfach über den entsprechenden Text innerhalb der Tabelle ziehen. Sobald die auf diese Weise erstellte Auswahl den Rand einer Zelle erreicht, markieren Sie keine Zeichen mehr, sondern ganze Zellen. Alle Zellen, über die Sie die Maus ziehen, werden ausgewählt. Um eine einzelne Zelle auszuwählen, drücken Sie einfach die Esc-Taste.

Zellbearbeitung

Unterscheiden Sie zwischen der Bearbeitung und Formatierung der gesamten Tabelle und der einzelnen Zellen.

Zellen verbinden und teilen

Recht häufig möchten Sie benachbarte Zellen zu einer einzigen Zelle zusammenfügen bzw. eine Zelle in mehrere Zellen aufteilen. Um mehrere Zellen zu einer einzigen zu verbinden, gehen Sie folgendermaßen vor:

1. Markieren Sie die Zellen, die Sie zusammenfügen möchten.
2. Im Bedienfeldmenü ▼≡ des Bedienfelds *Tabellen* wählen Sie *Zellen verbinden*.
3. Die ausgewählten Zellen werden zu einer einzigen Zelle verbunden; wenn sich zuvor in mehreren Zellen Text befand, wird dieser in der verbundenen Zelle in mehreren Absätzen dargestellt.

Ebenso teilen Sie eine einzelne Zelle über den Bedienfeldmenübefehl *Zelle horizontal teilen* **bzw.** *Zelle vertikal teilen* **in mehrere Zellen auf.**

Zellen verteilen

Manche Tabellen sehen besser aus, wenn alle Zeilen bzw. Spalten gleich breit bzw. hoch sind. Dies erreichen Sie über den Befehl *Zeilen gleichmäßig verteilen* bzw. *Spalten gleichmäßig verteilen* aus dem Bedienfeldmenü ▼≡ oder dem Kontextmenü der markierten Zeilen bzw. Spalten.

Die Anzahl der Zeilen und Spalten verändern

Müssen Sie in Ihre Tabelle eine weitere Spalte oder Zeile einfügen oder eine vorhandene Spalte oder Zeile löschen, geben Sie im Bedienfeld *Tabelle* in die Felder *Anzahl der Zeilen* und *Anzahl der Spalten* die neue Zeilen- bzw. Spaltenanzahl ein.

Neue Zeilen bzw. Spalten fügt InDesign unter bzw. rechts von den vorhandenen Zellen ein. Wenn Sie die Zeilen- bzw. Spaltenanzahl verringern, löscht InDesign die entsprechende Anzahl Zeilen bzw. Spalten vom unteren bzw. vom rechten Tabellenrand.

Wenn Sie am Tabellenende eine neue Zeile anfügen möchten, klicken Sie in die letzte Zelle der letzten Zeile und betätigen die ⇥-Taste. InDesign fügt automatisch eine neue Zeile am Tabellenende an. Beachten Sie, dass diese genauso formatiert ist wie die nun vorletzte Zeile.

Und falls Sie mitten in der Tabelle eine neue Zeile oder Spalte einfügen möchten, gehen Sie folgendermaßen vor:

1. Klicken Sie in die Zeile, über oder unter der Sie eine neue Zeile bzw. in die Spalte, neben der Sie eine neue Spalte einfügen möchten.

Abbildung 2.68 Im oberen Bereich des Bedienfelds bestimmen Sie die Zeilen- und Spaltenanzahl Ihrer Tabelle.

2 Wählen Sie die Befehlsfolge *Tabelle > Einfügen > Zeile* bzw. *Tabelle > Einfügen > Spalte*.
3 Bestimmen Sie, wie viele Zeilen bzw. Spalten Sie einfügen möchten und an welcher Position im Verhältnis zur aktuellen Zeile bzw. Spalte.
4 Bestätigen Sie mit *OK*, um die neuen Zeilen bzw. Spalten einzufügen.

Zeilenhöhe und Spaltenbreite einstellen

Die Breite und Höhe ausgewählter Zellen legen Sie über die Felder im mittleren Abschnitt des Bedienfelds fest.

Mit *Genau* bestimmen Sie einen fixen Wert, mit dem Nachteil, dass es bei einer Erhöhung des Schriftgrads zu Fehldarstellungen kommen kann. Besser ist deshalb meist der Eintrag *Mindestens*, der dieses Problem verhindert.

Die Ausrichtung des Zelleninhalts

Über die vier Schaltflächen in der dritten Gruppe des Bedienfelds legen Sie die Ausrichtung der Inhalte ausgewählter Zellen fest. Sie kennen die Optionen bereits vom Ausrichten von Text innerhalb seines Rahmens – *Oben, Zentriert, Unten* und *Vertikaler Keil*.

Zudem können Sie den Text innerhalb der Zelle in 90-Grad-Schritten drehen . Über die vier *Versatz*-Eingabefelder unten im Bedienfeld sorgen Sie für die notwendigen Abstände zwischen Text und Zellenrand.

Tabellen gestalten

Genau wie andere Layoutelemente können Sie auch Tabellenzellen mit Konturen- und Flächenfarben versehen.

Tabellenzellen formatieren

Nachdem Sie die entsprechenden Tabellenzellen ausgewählt haben, weisen Sie ihnen die entsprechenden Flächen- und Konturenfarben sowie gegebenenfalls auch einen Konturtyp zu.

Alternativ verwenden Sie dazu die Befehle des Untermenüs *Zellenoptionen*, das Sie sowohl im Bedienfeldmenü des Bedienfelds *Tabelle* als auch im Menü *Tabellen* finden.

Alle vier Befehle öffnen das Dialogfeld *Zellenoptionen* mit seinen vier Registerkarten, in dem Sie Konturart, Konturfarbe, Flächenfüllung, Zeilenhöhe und vieles mehr für die ausgewählten Zellen einstellen.

Im Register *Text* dieses Dialogfelds regeln Sie den Textfluss und die Textabstände innerhalb der ausgewählten Zellen.

Tabellen formatieren

Befehle, die für die Formatierung der gesamten Tabelle gelten, sind über den Befehl *Tabellenoptionen* des Bedienfeldmenüs ▾≡ bzw. des Menüs *Tabelle* verfügbar.

Damit Sie auf diese Befehle zugreifen können, klicken Sie mit dem Textwerkzeug in eine beliebige Zelle Ihrer Tabelle.

Über den Befehl *Tabelle einrichten* gelangen Sie in das Dialogfeld *Tabellenoptionen*. Hier finden Sie einige Optionen wieder, die Sie bereits aus dem Bedienfeld *Tabellen* kennen.

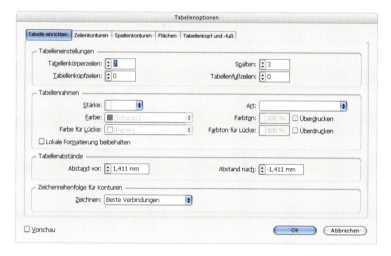

Abbildung 2.69 Weitergehende Formatierungsmöglichkeiten für Ihre Tabelle bietet Ihnen das Dialogfeld *Tabellenoptionen*.

So legen Sie hier beispielsweise über die Gruppe *Tabellenrahmen* die Art und Stärke des Gesamtrahmens um die Tabelle fest.

Aktivieren Sie das Kontrollkästchen *Lokale Formatierung beibehalten*, wenn Sie Konturen von Tabellenzellen so formatiert haben, dass ein Konflikt mit der Formatierung der Gesamttabelle auftreten würde. Denn dann stellen Sie sicher, dass die Formatierung der Zellenkonturen nicht durch die Tabellenformatierung überschrieben wird.

Alternierende Zeilen- und Spaltenformatierung

Gerade lange Tabellen sehen häufig besser aus und sind vor allem leichter zu überblicken, wenn Sie ihre Zeilen abwechselnd einfärben.

Wählen Sie aus dem genannten Untermenü den Befehl *Abwechselnde Flächen* oder zeigen Sie gleich im Dialogfeld *Tabellenoptionen* das Register *Flächen* an, können Sie zwischen zwei verschiedenen Farben für jede aufeinanderfolgende oder für jeweils zwei bzw. drei Zeilen oder Spalten wählen.

ORCHIDEEN FÜR DIE ZIMMERKULTUR

Botanischer Name	Deutscher Name	Kulturbedingungen	Ruhezeit
Paphiopedilum	Venusschuh	temperiert	nein
Cattleya	–	kühl bis temperiert	unterschiedlich
Phalaenopsis	Schmetterlingsorchidee	Warm	nein
Oncidium	Schwielenorchidee	kühl bis temperiert	unterschiedlich
Odontoglossum	Zahnzunge	kühl bis temperiert	im Winter
Brassia	Spinnenorchidee	kühl bis temperiert	im Winter
Vanda	–	temperiert	keine
Miltonia	Stiefmütterchen-Orchidee	temperiert	keine
Cymbidium	Kahnlippe	kühl	im Winter

Abbildung 2.70 Für diese Tabelle wurden abwechselnde Flächen eingesetzt (die Flächen sind überdies mit Transparenzen versehen – siehe Kapitel 4 – und mit einem Hintergrundrahmen in Form eines Farbverlaufs hinterlegt).

Die Anzahl der aufeinanderfolgenden Zeilen oder Spalten, die jeweils dieselbe Flächenfüllung erhalten sollen, legen Sie im Popup-Menü *Abwechselndes Muster* des Registers *Flächen* fest.

Abbildung 2.71 Bei Bedarf bestimmen Sie eine alternierende Füllung für die Zeilen oder Spalten der Tabelle.

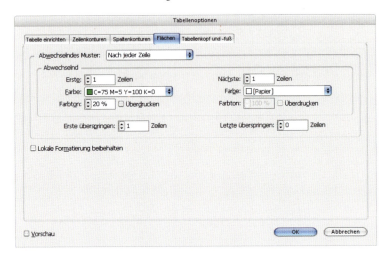

Legen Sie in der Gruppe *Abwechselnd* die beiden verschiedenen Farben für die Zellfüllung fest.

Ebenso können Sie alternierende Konturen für aufeinanderfolgende Zellen festlegen. Dazu verwenden Sie das Register *Spaltenkonturen* bzw. *Zeilenkonturen* des gezeigten Dialogfelds.

Wenn Sie nun eine oder mehrere Zeilen in der Tabelle löschen oder hinzufügen, passt sich die alternierende Füllung automatisch an.

2.14 Zellen- und Tabellenformate erzeugen und einsetzen

Sobald Sie eine Tabelle fertig formatiert haben, können Sie sie in einem Tabellenformat speichern. Diese Funktion ist sehr praktisch, wenn Sie in einem längeren Dokument oder in mehreren Datenblättern immer wieder dieselbe Tabellenformatierung benötigen. Alternativ legen Sie nur für bestimmte Zellen einen Stil an.

ID Neu in InDesign CS3

Mit Zellenformaten formatieren Sie beispielsweise die vertikale Ausrichtung innerhalb der Zelle, die Zellrahmenart und die Flächenfarbe.

Mit Tabellenformaten formatieren Sie stets die gesamte Tabelle, beispielsweise die Tabellenkonturen, abwechselnde Flächenfarben, den Abstand vor und nach der Tabelle, die Zellenstile für Kopf- und Fußzeilen, den Tabellenkörper und linke und rechte Spalte.

Zellenformate erzeugen

Um nur die Formatierung einer einzelnen Zelle zur Wiederverwendung zu speichern, markieren Sie diese und zeigen das Bedienfeld *Fenster > Schrift und Tabellen > Zellenformate* an. Klicken Sie am unteren Rand des Bedienfelds auf das Symbol *Neues Format erstellen*.

Das neue Format wird erzeugt. Doppelklicken Sie auf seinen Namen und überschreiben Sie ihn mit etwas Aussagekräftigerem.

Abbildung 2.72 Verwenden Sie für den Text innerhalb der Zelle ein Absatzformat.

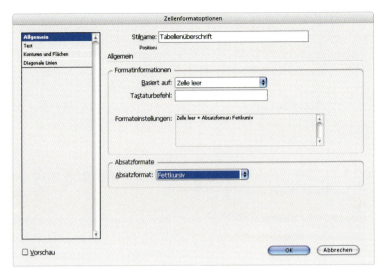

Bei Bedarf lässt sich das Erscheinungsbild des Formats nun noch über die Kategorien im linken Bereich des Dialogfelds anpassen. Bestätigen Sie mit *OK*.

Abbildung 2.73 Passen Sie bei Bedarf das Erscheinungsbild des Zellenformats an.

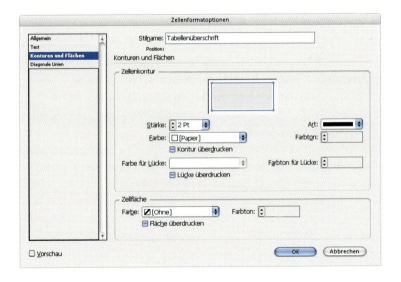

Anschließend können Sie die Zellen jeder beliebigen Tabelle im Dokument mit einem Klick auf den Formatnamen im Bedienfeld mit der entsprechenden Formatierung versehen.

Zellen- und Tabellenformate erzeugen und einsetzen

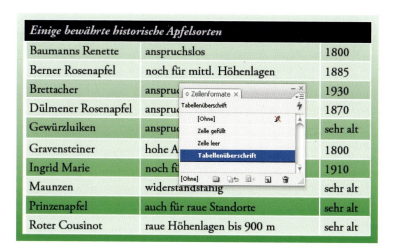

Abbildung 2.74 Ein neues Zellenformat wurde angelegt.

Tabellenformate erzeugen

Wenn Sie ganze Tabellen mit einem Klick formatieren möchten, verwenden Sie die Tabellenformate. Formatieren Sie Ihre Tabellentexte zunächst mit Absatzformaten und erzeugen Sie die entsprechenden Zellenformate, in die Sie diese Absatzformate einfließen lassen.

1 Zeigen Sie anschließend das Bedienfeld *Fenster > Schrift und Tabellen > Tabellenformate* an und klicken Sie am unteren Bedienfeldrand auf das Symbol *Neues Format erstellen*.
2 Doppelklicken Sie auf das neue Format und geben Sie ihm einen aussagekräftigen Namen.
3 In der Gruppe *Zellenformate* bestimmen Sie, welche Zellenformate für die einzelnen Elemente der Tabelle verwendet werden sollen.

Damit die erste(n) Zeile(n) der Tabelle vom Format tatsächlich als Tabellenkopfzeile angesehen wird/werden, markieren Sie sie und wählen aus dem Kontextmenü den Befehl *In Tabellenkopfzeilen umwandeln*. Für die letzte Tabellenzeile wählen Sie entsprechend *In Tabellenfußzeilen umwandeln*.

Abbildung 2.75 Legen Sie fest, welche Zellenformate für die einzelnen Tabellenbestandteile verwendet werden sollen.

Kapitel 2: Typografie

4 In den weiteren Kategorien dieses Dialogfelds bestimmen Sie die übrigen Formatierungsoptionen für das neue Tabellenformat – beispielsweise die Konturart und -stärke oder die Flächenfarbe.

Abbildung 2.76 Für dieses Tabellenformat werden abwechselnde Zeilenfarben festgelegt.

Sobald Sie alles nach Ihren Wünschen eingerichtet haben, klicken Sie auf *OK*. Das Tabellenformat ist damit einsatzbereit: Markieren Sie die Tabelle, die Sie formatieren möchten, und klicken Sie im Bedienfeld *Tabellenformate* auf das soeben angelegte Format. Die Tabelle wird automatisch formatiert.

Beachten Sie, dass alle bereits vorgenommenen Zuweisungen von Zellenformaten unverändert bleiben. In diesem Fall markieren Sie die entsprechenden Zellen und klicken im Bedienfeld *Zellenformate* auf *[Ohne]*.

Tabellenformate in andere Dokumente übernehmen

Auch dokumentübergreifend lassen sich Zellen- und Tabellenformate einsetzen. Öffnen Sie dazu das Dokument, in das Sie die Formate importieren möchten.

1 Öffnen Sie das Bedienfeldmenü des Bedienfelds *Zellenformate* bzw. *Tabellenformate* und wählen Sie *Zellenformate laden* bzw. *Tabellenformate laden*.
2 Suchen Sie das Quelldokument heraus und klicken Sie auf *Öffnen*. Aktivieren Sie die Kontrollkästchen vor allen Formaten, die Sie importieren möchten, und klicken Sie auf *OK*.

2.15 OpenType-Features nutzen

InDesign ist eine der wenigen Anwendungen, die OpenType-Schriften in vollem Umfang unterstützen. Das Programm wird denn auch mit einer ganzen Liste von schönen, ausgefeilten OpenType-Fonts aus der Adobe Type Library ausgeliefert. Der korrekte Einsatz der OpenType-Features ermöglicht einen präzisen Feinschliff Ihrer typografischen

Arbeit: OpenType-Schriften können unter anderem mit Ligaturen, Schwungbuchstaben, Mediävalziffern und Ornamenten ausgestattet sein.

Abbildung 2.77 Diese Doppelseite in Warnock Pro zeigt OpenType-Features wie echte Kapitälchen, bedingte Ligaturen, Ornamente sowie Mediävalziffern.

Warum OpenType?

Ein typisches Problem beim Umgang mit Schriften ist die mangelnde Kompatibilität. Zwar unterstützen sowohl Macintosh- als auch Windows-Rechner TrueType- und auch Type 1-Schriften. Allerdings sind Mac-Type 1-Fonts nicht kompatibel mit Windows-Type 1-Fonts. Ganz ähnlich sieht es bei TrueType-Schriften aus.

Das OpenType-Format, das aus der Zusammenarbeit der früheren Kontrahenten Adobe und Microsoft entstand, bietet eine Lösung dieses Problems: OpenType-Schriften sind plattformübergreifend kompatibel – derselbe OpenType-Font funktioniert sowohl am Mac als auch am Windows-PC. Sie können OpenType-Schriften also problemlos von Mac- an Windows-Rechner weitergeben und umgekehrt.

Das ist aber nur einer der Vorzüge von OpenType-Schriften. Weitere interessante Vorteile sind das vereinfachte Schriftmanagement

Abbildung 2.78 OpenType-Schriften stellen viele Zeichen in mehreren Varianten zur Verfügung.

Abbildung 2.79 Die Glyphe der Ligatur „ffj" (rechts) besteht aus drei Zeichen.

Kozuka Mincho Pro

Abbildung 2.80 Fernöstliche Zeichensätze finden Sie in OpenType-Schriften wie Kozuka Mincho Pro, die mit InDesign ausgeliefert wird.

sowie stark erweiterte Buchstabensätze und Layout-Features wie Ligaturen und präzise Kontrolle über Grundlinien- und horizontale Positionierung.

Denn Sie können in entsprechend ausgestatteten OpenType-Schriften die Glyphen individuell positionieren oder durch andere Glyphen eines bestimmten Zeichens ersetzen – zum Beispiel ein gewöhnliches kleines „m" durch ein Schwungschrift-„m". Das funktioniert allerdings nur, wenn das Anwendungsprogramm, zum Beispiel InDesign, mit einem Interface ausgestattet ist, das diese Ersetzung ermöglicht. In anderen Anwendungen ohne ein solches Interface können Sie nur auf einen eingeschränkten Glyphensatz zugreifen, der dem von gewöhnlichen Type 1-Schriften entspricht (256 Glyphen).

Wichtig in diesem Zusammenhang ist die Unterscheidung zwischen Zeichen und Glyphen. Glyphen sind die verschiedenen Formen, die ein Zeichen (das beispielsweise für einen Buchstaben steht) annehmen kann. Die folgende Abbildung etwa zeigt drei verschiedene Glyphen für den Buchstaben „m" der außergewöhnlich reich ausgestatteten OpenType-Schrift *Warnock Pro:* links das Standard-„m", in der Mitte Schwungschrift und rechts Kapitälchen.

Außerdem ist es möglich, dass mehrere Zeichen zu einer Glyphe zusammengefasst werden (bei Ligaturen).

Zudem können OpenType-Schriften sämtliche Zeichen jeder erdenklichen Sprache enthalten. Denn anders als PostScript-Type 1-Schriften mit ihren rund 256 Glyphen sind in OpenType-Schriften mehr als 65.000 Glyphen möglich – Ligaturen, Kapitälchen, verschiedensprachige Zeichensätze und anderes finden sich in einer einzigen Schriftdatei. Während Sie bei herkömmlichen TrueType- oder Type 1-Schriften stets mehrere stilverwandte Font-Dateien installieren müssen, um internationale Typografie realisieren zu können, benötigen Sie also nur eine einzige OpenType-Schrift für verschiedensprachliche Zeichensätze.

Durch die Verwendung einer einzigen Schriftdatei für Umrisse, Metrik und Bitmap-Daten vereinfacht sich auch das Fontmanagement erheblich.

Die „Pro"-OpenType-Schriften von Adobe sind mit Zeichen für Zentral- und osteuropäische Sprachen, etwa Polnisch und Türkisch ausgestattet. Auch griechische und kyrillische Zeichen finden Sie in vielen „Pro"-OpenType-Fonts. Darüber hinaus bietet Adobe auch OpenType-Schriften mit fernöstlichen Zeichensätzen.

In einige der besten OpenType-Schriften sind unterschiedliche Zeichenvariationen für verschiedene Druckgrößen integriert – etwa für normalen Text, Überschriften und Unterüberschriften. Die Gestalt der Zeichen ist bei diesen Variationen jeweils für die Verwendung in bestimmten Punktgrößen optimiert.

Zwei OpenType-Varianten

Eine Besonderheit des OpenType-Format ist, dass es entweder Post-Script- oder TrueType-Schriftumrisse enthalten kann. Unter Windows gibt es deshalb auch OpenType-Schriften mit zwei verschiedenen Dateiendungen:

- *TTF* und
- *OTF*

OpenType-Schriftdateien mit der Endung *TTF* basieren auf TrueType, während sich in Schriften mit der Endung *OTF* PostScript-Daten finden. Optisch sind die beiden Varianten nicht zu unterscheiden.

Für die OTF-Variante wird ein kompaktes Schriftformat verwendet. Das Ergebnis ist eine recht kleine Schriftdatei – obwohl eine riesige Anzahl Glyphen und andere Daten integriert sein können.

Quellen für OpenType-Fonts

Wie schon kurz angesprochen, erkennen Sie Adobe-OpenType-Fonts mit erweiterten kontextsensitiven Features an der Bezeichnung *Pro* am Schluss des Schriftnamens. Die Standard-Fonts mit dem Namenszusatz *Std* sind mit zusätzlichen Zeichen wie dem Eurosymbol, Standardligaturen und echten Brüchen ausgestattet.

Adobe hat nicht nur die gesamte Adobe Type Library mit Tausenden von Schriften in OpenType konvertiert, sondern zusätzlich eine Menge neuer OpenType-Fonts produziert, die die Verbesserungen des Formats voll ausnutzen.

OpenType-Schriften, die aus anderen Formaten konvertiert wurden, erreichen zwar plattformübergreifende Kompatibilität, besitzen aber nicht alle erweiterten Features der Fonts, die von Grund auf im OpenType-Format aufgebaut wurden. Denn die erweiterten Zeichensätze müssen für eine solche konvertierte Schrift natürlich nachträglich gestaltet und in sie integriert werden.

Außerdem werden verschiedene asiatische OpenType-Schriften installiert.

Adobe ist nicht der einzige Hersteller von OpenType-Schriften. Da es sich um einen offenen Standard handelt, wandeln viele Hersteller nach und nach ihre Schriftbestände in das OpenType-Format um und bieten auch neue OpenType-Fonts an. Adobe und Microsoft stellen die zur Entwicklung notwendigen Werkzeuge kostenlos zur Verfügung.

Außer bei Adobe gibt es beispielsweise bei den folgenden Firmen OpenType-Schriften:

Hersteller	URL
Altered Ego Fonts	www.alteredegofonts.com
Monotype Imaging	www.fonts.com
Bitstream	www.bitstream.com
dtpTypes Limited	www.dtptypes.com
Elsner + Flake	www.elsner-flake.com
Fontware Limited	www.fontware.com/
Fontsmith	www.fontsmith.com
Fountain	www.fountain.nu/
Hoefler & Frere-Jones Typography	www.typography.com/
House Industries	www.houseind.com/
ITC	www.itcfonts.com/
Le Typophage	www.typophage.com
Red Rooster Collection (ITF, Inc.)	http://www.roostertypes.com

OpenType-Unterstützung

Auch in Programmen ohne OpenType-Unterstützung können Sie OpenType-Schriften verwenden. Allerdings können diese Programme mit verschiedenen Features nichts anfangen und nicht auf alle Glyphen der Schrift zugreifen. Es gibt drei Stufen der OpenType-Unterstützung:

▶ Grundlegende OpenType-Unterstützung. Wenn Sie mit einem älteren Betriebssystem arbeiten und den Adobe Type Manager installiert haben, verwenden Sie OpenType-Fonts in den meisten Programmen wie andere Schriftformate, ohne allerdings Zugriff auf die erweiterten Zeichensätze zu haben: Sie können dann nur die ersten 256 Zeichen der Schrift verwenden. Damit Sie auch die unter Umständen riesige Anzahl zusätzlicher Zeichen verwenden können, muss Ihr Betriebssystem Unicode unterstützen, was bei

Windows 2000, XP und Vista sowie Mac OS X gegeben ist (siehe nächster Abschnitt).
- Unicode-Unterstützung. Unter Windows XP, Vista und Mac OS X haben Sie Zugriff auf die erweiterten Zeichensätze der OpenType-Schriften.
- OpenType-Layout-Unterstützung. Mit einigen Programmen, wie zum Beispiel InDesign oder Photoshop ab der Version 6.0, können Sie auf die fortgeschrittenen typografischen Features zugreifen, ob es sich nun um Ligaturen, Schwungschrift oder Ähnliches handelt. Unicode- und OpenType-Layout-Unterstützung sind nur möglich, wenn das Interface einer Anwendung auf die Layoutfunktionen zugreifen kann.

Bekannte Inkompatibilitäten mit bestimmten Versionen von Anwendungsprogrammen werden im OpenType ReadMe diskutiert (*http://www.adobe.com/type/browser/OTReadMe.html*).

Betriebssysteme und der Adobe Type Manager

Wie bereits erwähnt, unterstützen Windows 2000, XP und Windows Vista OpenType-Schriften (sowohl OT-Fonts mit PostScript- als auch solche mit TrueType-Umrissen) durch den eingebauten PostScript-Schriftrasterer auf Betriebssystemebene. Die Installation des Adobe Type Manager ist hier nicht notwendig.

Wenn Sie mit einer anderen Windows-Version arbeiten, verwalten Sie OpenType-Schriften mit Adobe Type Manager Light oder Adobe Type Manager Deluxe.

Am Macintosh wird OpenType nativ unterstützt. Das bedeutet, dass der Adobe Type Manager hier ebenfalls nicht notwendig ist.

Dokumente mit OpenType-Schriften lassen sich auf die übliche Weise exportieren oder drucken. Durch ihre plattformübergreifende Kompatibilität können Sie sie ohne Schriftersetzung auf jedem beliebigen Rechner mit InDesign CS3 öffnen – zum Beispiel am Mac, wenn Sie Ihr Dokument unter Windows erstellt haben, und umgekehrt.

OpenType-Schriften installieren

Wie eingangs erwähnt, werden mit InDesign bereits recht viele OpenType-Fonts ausgeliefert – unter anderem Versionen so bekannter klassischer Schriften wie Garamond und Caslon. Diese Schriften werden automatisch mit InDesign installiert. Auch die Installation zusätzlicher OpenType-Fonts bereitet kaum Schwierigkeiten – sie unterscheidet sich nicht von der anderer Schriften: Kopieren Sie diese Schriften einfach in den Schriftenordner auf Ihrem System. Die OpenType-Schriften verhalten sich dann wie Type 1- oder TrueType-Fonts (vorausgesetzt, die Bedingungen auf Betriebssystemebene stimmen; siehe oben).

OpenType und InDesign

InDesign ist gut für die Arbeit mit OpenType-Schriften gerüstet. Wie erwähnt, kann eine OpenType-Schrift viel mehr Zeichen kodieren als eine „normale" PostScript- oder TrueType-Schrift. Viele OpenType-Schriften enthalten denn auch echte Kapitälchen, Ligaturen, Brüche, Ornamente und fremdsprachige Zeichen. Das Ergebnis sind deutlich mehr Zeichen, als Sie über eine Computertastatur eingeben könnten. Aus diesem Grund bietet InDesign Ihnen spezielle Funktionen für die Verwendung dieser OpenType-Besonderheiten. Sie verbergen sich hinter dem Befehl *Schrift > Glyphen* sowie im Bedienfeldmenü ▾≡ des Steuerungsbedienfelds bzw. des Bedienfelds *Zeichen*.

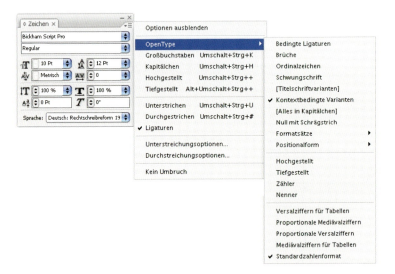

Abbildung 2.81 Selbst die extrem umfangreiche OpenType-Schrift *Warnock Pro* unterstützt nicht alle Features. Nicht unterstützte Funktionen stehen im Bedienfeldmenü ▾≡ in eckigen Klammern.

Nachdem Sie Ihrem Text die gewünschte OpenType-Schrift zugewiesen haben, weisen Sie die erweiterten Features zu, indem Sie das Bedienfeldmenü ▾≡ des Steuerungsbedienfelds öffnen, den Befehl *OpenType* und dann den entsprechenden Befehl wählen.

Allerdings weist nicht jede OpenType-Schrift alle Features auf – nicht unterstützte Funktionen werden im Bedienfeldmenü ▾≡ in eckigen Klammern dargestellt):

Bedingte Ligaturen

Manche Schriften beinhalten neben den Standardligaturen beispielsweise für *fi*, *ff* (die in der Grundeinstellung über den Befehl *Ligaturen* des *Zeichen*-Bedienfelds bereits eingeschaltet sind, sofern sie in der gewählten Schrift vorhanden sind) noch zusätzliche Ligaturen, die Sie bei Bedarf aktivieren. Diese Ligaturformen basieren teilweise auf historischen Vorbildern. Solche sogenannten bedingten Ligaturen – beispielsweise Zuammenziehungen der Buchstabenpaare *st, ct, sp* – eignen sich etwa für ornamental ausgestaltete Texte.

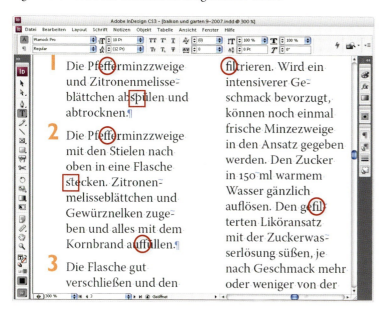

Abbildung 2.82 Neben den gewöhnlichen Ligaturen für Buchstabenkombinationen wie „fi" oder „fl" (in der Abbildung eingekreist) bieten viele OpenType-Schriften zusätzlich ornamental ausgestaltete Ligaturen (in der Abbildung rechteckig markiert).

Schwungschrift

Einige OpenType-Schriften sind zudem mit Schwungschrift-Buchstaben ausgestattet. Dies können etwa alternative Großbuchstaben bzw. Buchstaben für Wortenden mit verlängertem Endstrich sein.

Kontextbedingte Variante

Zu besonders lebhaften Ergebnissen führt bei manchen Schriften die Auswahl des Befehls *Kontextbedingte Variante*. Denn dann werden je nach Buchstabenzusammenstellung automatisch entsprechende Buchstabenvarianten ausgewählt. Gerade bei Schreibschriften ergibt sich so ein natürliches Erscheinungsbild.

Abbildung 2.83 Schwungschrift: Sowohl Großbuchstaben als auch Wortenden sind verziert.

Sehr schön lässt sich der Unterschied zwischen ausgeschalteten und eingeschalteten kontextbedingten Varianten etwa an der Schreibschrift *Caflish Script Pro* erkennen. Im oberen Teil der Abbildung auf der rechten Seite oben sind die kontextbedingten Varianten (und die Schwungschrift) ein-, im unteren ausgeschaltet. Der Text mit den Varianten wirkt viel lebendiger und „natürlicher" als der untere.

Titelschriftvarianten

Einige Schriften enthalten für Versal-Überschriften spezielle Großbuchstabenvarianten. Schalten Sie bei größeren Versal-Überschriften diese Option ein – Sie erhalten ein optimales Erscheinungsbild.

Echte Kapitälchen

In vielen OpenType-Schriften finden sich echte Kapitälchen, die Sie ebenfalls über das Menü *OpenType* einstellen können.

Abbildung 2.84 Das mit der Initiale verbundene Wort ist in Kapitälchen formatiert.

Ein OpenType-Font enthält bis zu 65 000 Zeichen, einschließlich Ligaturen, echten Kapitälchen, Brüchen etc.

Ein OpenType-Font enthält bis zu 65 000 Zeichen, einschließlich Ligaturen, echten Kapitälchen, Brüchen etc.

Abbildung 2.85 Im oberen Text sind kontextbedingte Varianten und Schwungschrift ein-, im unteren ausgeschaltet. Rechts sehen Sie die Zeichenfolge „ffi" mit (schwarz) und ohne Ligaturen (Umriss).

Echte Brüche

Wenn die ausgewählte OpenType-Schrift Glyphen für echte Brüche enthält, aktivieren Sie die Option *Brüche*, um normal eingegebene Brüche in echte Brüche umzuwandeln.

Diese Option eignet sich allerdings in den meisten OpenType-Schriften nur für einstellige Brüche wie ½ oder ¼. Mehrstellige Brüche formatieren Sie deshalb am besten mit den OpenType-Funktionen *Zähler* und *Nenner*. Der Vorteil ist, dass die Spezial-Glyphen – ähnlich wie Kapitälchen – von der Strichstärke und Größe her automatisch korrekt gesetzt werden.

Ordinalzahlen

Ordinalzahlen wie das englische 1st und 2nd werden nach der Aktivierung dieser Funktion automatisch mit hochgestellten Zeichen formatiert.

Neben den Ersetzungen für „st", „nd" und „th" in englischen Nummernangaben können Sie beispielsweise auch „No" eingeben und erhalten dann die richtige Schreibweise für die Abkürzung von „Numero".

¾ L Kornbrand¶

Abbildung 2.86 Normal eingegebene Brüche können automatisch in echte Brüche umgewandelt werden.

$$88/100$$

Abbildung 2.87 Mehrstellige Brüche formatieren Sie am besten mit den OpenType-Optionen *Zähler* und *Nenner*.

Mit der Option *Standardzahlenformat* setzen Sie die Ziffern des ausgewählten Textes auf den in der jeweiligen Schrift vorgegebenen Standard zurück.

Ziffern

Viele OpenType-Schriften sind mit mehreren Ziffernvarianten ausgestattet. Neben dem proportionalen Standardzahlenformat können Sie häufig Mediävalziffern sowie Versalziffern für Tabellen einstellen.

Option	Erläuterung	Beispiel
Versalziffern für Tabellen	Mit dieser Option erhalten Sie Versalziffern, die alle dieselbe Breite haben. Dieses Feature kann beim Tabellensatz sinnvoll sein.	123456789
Proportionale Mediävalziffern	Mit dieser Option erhalten Sie Mediävalziffern (Ziffern von unterschiedlicher Höhe) mit unterschiedlichen Breiten. Gerade zu klassischen Schriften wie Warnock Pro oder Garamond Pro passen solche Mediävalziffern sehr gut.	123456789
Proportionale Versalziffern	Mit dieser Option erhalten Sie Versalziffern mit unterschiedlichen Breiten. Verwenden Sie diese Variante im Fließtext, beispielsweise mit Versalbuchstaben.	123456789
Mediävalziffern für Tabellen	Mit dieser Option erhalten Sie Mediävalziffern, die alle dieselbe Breite haben. Mediävalziffern für Tabellen sind eine gute Wahl, wenn Sie einerseits ein klassisches Erscheinungsbild anstreben, andererseits tabellarische Aufstellungen oder Listen erstellen müssen.	123456789

Das Dialogfeld »Glyphen«

OpenType-Schriften enthalten unter Umständen viel mehr Glyphen, als Sie über das Bedienfeldmenü ▼≡ des *Schrift*-Bedienfelds abrufen können. Um solche Glyphen einzufügen, verwenden Sie das bereits vorgestellte Dialogfeld *Glyphen*, das Sie über *Schrift > Glyphen* erreichen.

OpenType-Features nutzen

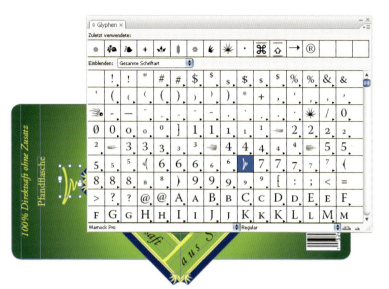

Abbildung 2.88 Über das Dialogfeld *Glyphen* haben Sie Zugriff auf sämtliche verfügbaren Glyphen einer bestimmten Schrift.

Abbildung 2.89 Die durch die roten Pfeile markierten Ornamente der Schrift Warnock Pro wurden über das Dialogfeld *Glyphen* eingefügt.

So kann es beispielsweise für den Buchstaben „a" in einer bestimmten OpenType-Schrift verschiedene Glyphen geben. Über das genannte Dialogfeld finden Sie diese heraus und fügen sie bei Bedarf auch ein bzw. lassen einen ausgewählten Buchstaben durch eine dieser Alternativen ersetzen. Auch andere in der Schrift verfügbare Zeichen wie Ornamente lassen sich mit einem Doppelklick über das Dialogfeld *Glyphen* einfügen.

Bei OpenType-Fonts mit Tausenden von Zeichen wie beispielsweise *Warnock Pro* erleichtern Sie sich die Übersicht über die verfügbaren Glyphen, indem Sie sich eine bestimmte Kategorie anzeigen lassen. Dazu verwenden Sie das Popup-Menü *Einblenden* im oberen Bereich des Dialogfelds. Der Inhalt dieses Popup-Menüs ändert sich je nach der gewählten Schrift.

Wählen Sie beispielsweise *Ornamente*, werden nur die in der Schrift enthaltenen Ornamente angezeigt.

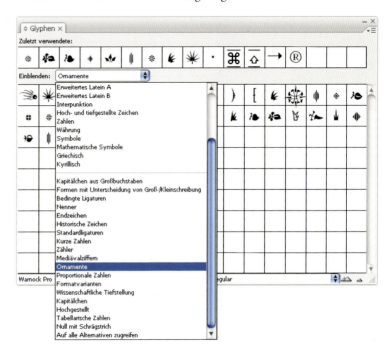

Abbildung 2.90 Über das Popup-Menü *Einblenden* lassen sich die verfügbaren Zeichen einer Open-Type-Schrift nach Themen sortieren.

Manchmal finden Sie in der verwendeten Schrift nichts Passendes – zum Beispiel möchten Sie gerne ein bestimmtes Ornament verwenden, das in Ihrer Grundschrift nicht verfügbar ist. In diesem Fall zeigen Sie einen anderen Font im Dialogfeld *Glyphen* an, indem Sie ihn aus dem Popup-Menü am linken unteren Rand des Dialogfelds auswählen. Daneben stellen Sie einen für diese Schrift verfügbaren Schnitt ein.

Alternativen für eine bestimmte Glyphe anzeigen

Sehr praktisch ist die Option, für eine bestimmte, ausgewählte Glyphe sämtliche in der OpenType-Schrift verfügbaren Alternativen anzuzeigen. Dazu gibt es zwei Möglichkeiten:

▸ Wählen Sie das Zeichen, für das Sie alle Alternativen sehen möchten, im Text aus (das Dialogfeld *Glyphen* kann geöffnet bleiben, während Sie arbeiten) und klicken Sie im Popup-Menü *Einblenden* den Eintrag *Alternativen für Auswahl* an. Doppelklicken Sie auf die gewünschte Alternative, um die Markierung damit zu ersetzen.

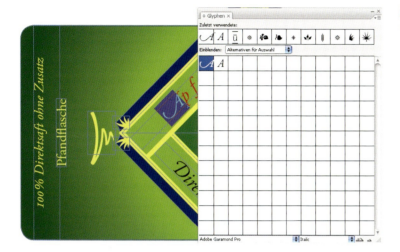

Abbildung 2.91 Viele OpenType-Schriften bieten Alternativzeichen.

▸ Die andere Möglichkeit: Zeigt sich rechts im Feld einer Glyphe ein kleiner dreieckiger Pfeil, halten Sie die Maustaste darauf gedrückt und Sie bekommen eine Darstellung aller Alternativen für dieses Zeichen. Mit einem Klick wählen Sie eine davon aus und fügen sie an der Stelle der Einfügemarke (bzw. statt des ausgewählten Zeichens im Text) ein.

OpenType-Attribute in einer Stilvorlage speichern

Für ein konsistentes Erscheinungsbild Ihrer Arbeit können Sie selbstverständlich auch OpenType-Attribute in einer Absatz- oder einer Zeichen-Stilvorlage speichern. Damit vermeiden Sie es auch, versehentlich unerwünschte OpenType-Features wie echte Brüche anzuwenden. Formatieren Sie dazu die entsprechende Textpassage mit den gewünschten OpenType-Features und erstellen Sie daraus eine Stilvorlage (vgl. Kapitel 5).

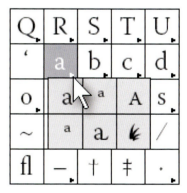

Abbildung 2.92 Auch über den kleinen Pfeil im Glyphenfeld greifen Sie auf Alternativzeichen zu.

2.16 Den Satz überprüfen

InDesign bietet Ihnen eine wichtige Hilfe für gelungene Typografie: Markierungen, die Sie bei Bedarf aktivieren. Bestimmte Fehler und Unregelmäßigkeiten wie Löcher im Blocksatz, Anhäufungen von Trennungen oder ersetzte Schriften werden dann in verschiedenen Farben markiert hervorgehoben.

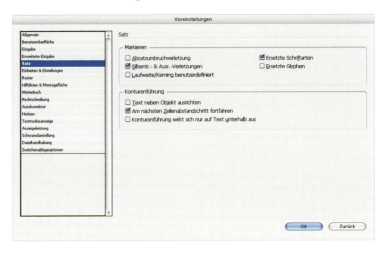

Abbildung 2.93 Typografische Probleme heben Sie über die Kategorie *Satz* des Dialogfelds *Voreinstellungen* hervor.

Absatzumbruchverletzungen anzeigen

Witwen (die letzte Zeile eines Absatzes, die alleine am oberen Rand der nächsten Seite steht) werden traditionell auch als Hurenkinder, Waisen (die erste Zeile eines Absatzes, die alleine am unteren Rand der Vorseite steht) als Schusterjungen bezeichnet.

Witwen und Waisen lassen sich in InDesign verhindern, indem Sie beim Definieren eines Absatzformats in der Kategorie *Umbruchoptionen* das Kontrollkästchen *Zeilen nicht trennen* sowie das Optionsfeld *Am Anfang > Ende des Absatzes* aktivieren und dann in die beiden Textfelder jeweils *2* eingeben.

In ganz seltenen Fällen muss InDesign diese Einstellungen außer Kraft setzen, zum Beispiel wenn Sie einen Textrahmen erzeugen, der nur eine einzige Zeile fasst. Wenn Sie dann in den Voreinstellungen das Kontrollkästchen *Absatzumbruchverletzung* aktiviert haben, hebt InDesign alle Bereiche, in denen dies geschehen ist, gelb hervor.

Silbentrennungs- und Ausrichtungsverletzungen

Wenn Sie mit Blocksatz arbeiten, sollten Sie auf jeden Fall das Kontrollkästchen *Silbentr.- & Ausr.-Verletzungen* aktivieren.

Dies erleichtert Ihnen das Ausschließen des Blocksatzes: Zeilen mit Löchern oder zu enge Zeilen werden gelb hervorgehoben. Je dunkler das Gelb, desto gravierender das Problem!

Wie immer bei den Voreinstellungen gilt: Sollen die vorgenommenen Einstellungen für alle Dokumente gelten, ändern Sie sie, während kein Dokument geöffnet ist. Sonst erstreckt sich ihre Wirkung nur auf das gerade aktuelle Dokument.

Abbildung 2.94 Beim Blocksatz in engen Spalten kommt es trotz der guten InDesign-Satz-Engine schnell zu Ausschließproblemen, die Sie sich über die Voreinstellungen anzeigen lassen können.

Laufweite/Kerning benutzerdefiniert

Ist dieses Kontrollkästchen aktiviert, sehen Sie sofort, an welchen Stellen im Dokument Sie eine benutzerdefinierte Laufweite zugewiesen haben, beispielsweise um Witwen, Waisen oder Ausgangszeilen zu vermeiden.

InDesign hinterlegt alle Texte, denen Sie benutzerdefinierte Laufweitenänderungen bzw. benutzerdefiniertes Kerning zugewiesen haben, grün.

Diese Option kann sehr hilfreich sein, wenn Sie beispielsweise ein Dokument von einem anderen Workflow-Mitglied erhalten und prüfen möchten, ob die Typografie ordentlich umgesetzt wurde, oder wenn der Text redigiert wurde und die Laufweitenänderungen deshalb nicht mehr benötigt werden.

Um sämtliche Kerning- und Laufweitenänderungen zu entfernen, markieren Sie den gesamten Text ([Strg]/[⌘] + [A]) und betätigen die Tastenkombination [Alt] + [Strg]/[⌘] + [Q].

Ersetzte Schriftarten

Schriftprobleme sind eine unausweichliche Begleiterscheinung des Desktop-Publishing. Lassen Sie das Kontrollkästchen *Ersetzte Schriftarten* aktiviert, können Sie sofort sehen, ob InDesign die von Ihnen festgelegte Schrift finden und verwenden konnte oder ob die definierte Schrift nicht verfügbar ist und InDesign deshalb eine Ersatzschrift verwendet. Text in nicht gefundenen Schriften erscheinen dann rosa hinterlegt.

Ersetzte Glyphen

Haben Sie über das Bedienfeld *Glyphen* nicht auf der Tastatur verfügbare Zeichen in Ihrem Dokument verwendet, werden diese hervorgehoben, wenn das Kontrollkästchen *Ersetzte Glyphen* aktiviert ist.

Abbildung 2.95 Die über das Bedienfeld *Glyphen* eingefügten Zeichen werden markiert.

Text neben Objekt ausrichten

Wenn Sie *Text neben Objekt ausrichten* auswählen, werden Zeilen bzw. Absätze auch dann im Blocksatz ausgerichtet, wenn sie sich neben einem Objekt mit Konturenführung befinden.

In den meisten Fällen ist dies keine besonders hilfreiche Funktion. Ein Beispiel: Platzieren Sie ein Bild in der Mitte einer Textspalte, die nicht im Blocksatz ausgerichtet ist. Wählen Sie *Fenster N Konturenführung*. Aktivieren Sie das Symbol *Konturenführung um Objektform*. Wie Sie sehen, wird der Text an den Objektkanten im Blocksatz ausgerichtet, was mit ziemlicher Sicherheit zu Löchern oder zu engem Satz führt.

Am nächsten Zeilenabstandschritt fortfahren

Bei aktiviertem Kontrollkästchen *Am nächsten Zeilenabstandschritt fortfahren* erhalten Sie bei am Grundlinienraster ausgerichtetem Text (siehe Kapitel 5) häufig bessere Ergebnisse.

Konturenführung wirkt sich nur auf Text unterhalb aus

Aktivieren Sie das Kontrollkästchen *Konturenführung wirkt sich nur auf Text unterhalb aus,* können Sie über ein Objekt mit Konturenführung einen Textrahmen legen, der dann nicht von der Konturenführung betroffen ist.

InDesign kann Dateien aus verschiedenen anderen Satzprogrammen konvertieren:

- QuarkXPress-3.3- oder -4.1x-Dokumente oder -Vorlagen
- QuarkXPress Passport 4.1x (nur einsprachige Dokumente)
- PageMaker-Dokumente und -Vorlagen ab Version 6.0

Dokumente, die in späteren Versionen von QuarkXPress erzeugt wurden, müssen Sie in QuarkXPress im 4.1-Format als einsprachige Version speichern, damit Sie sie in InDesign öffnen können.

Ob die Seitenlayoutelemente korrekt in InDesign übernommen werden, hängt jedoch unter anderem von den Satzvoreinstellungen ab. Wählen Sie den Befehl *InDesign > Bearbeiten > Voreinstellungen > Satz* und aktivieren Sie in der Kategorie Satz das *Kontrollkästchen Konturenführung wirkt sich nur auf Text unterhalb aus.* Die Kontrollkästchen *Text neben Objekt ausrichten* und *Am nächsten Zeilenabstandschritt fortfahren* sollten hingegen deaktiviert bleiben.

Es ist nicht mehr ohne Weiteres möglich, Dokumente aus den neuen XPress-Versionen in InDesign zu konvertieren. Die Firma Markzware bietet die Möglichkeit, QuarkXPress-Dokumente mit dem Tool Q2ID in InDesign zu konvertieren. Die Version 3.0 von Q2ID wurde um Unterstützung für InDesign CS3 ergänzt – leider nur für den Mac. Windows-Anwender müssen sich mit der Version 2.0 begnügen, die nur unter InDesign CS und CS2 läuft. Das Plugin konvertiert sämtliche Elemente eines QuarkXPress-Dokuments in die InDesign-Entsprechungen – neben Schriften, Texten, Bildern und Tabellen auch Formate und Farben.

3 Grafische Elemente einfügen

Erst durch Fotos, Illustrationen und andere grafische Elemente erhält Ihr Layout seinen ganzen visuellen Reiz. Solche Elemente bereiten Sie meist in externen Programmen vor und fügen sie anschließend in das InDesign-Layout ein. Dieses Kapitel zeigt Ihnen, wie Sie dabei rationell vorgehen.

3.1 Grafiken und Bilder im Layout platzieren

Genau wie Texte werden Grafiken in Indesign prinzipiell in Rahmen eingefügt. Einen solchen Rahmen erzeugen Sie mit den Werkzeugen *Rechteckrahmen* ⊠, *Ellipsenrahmen* ⊗ und *Polygonrahmen* ⊗, die Sie alle im selben Popup-Menü der Werkzeugleiste finden.

Gleichseitige Formen erhalten Sie wie immer mit zusätzlich gedrückt gehaltener ⇧-Taste.

Den leeren Grafikrahmen erkennen Sie daran, dass er diagonal durchkreuzt erscheint. Selbstverständlich können Sie in InDesign Grafiken aber auch in allen anderen Objekttypen platzieren – einschließlich frei gezeichneter Pfade, auf die wir im nächsten Abschnitt eingehen.

Mehreckige oder sternförmige Grafikrahmen erstellen Sie mit dem Werkzeug *Polygon*. Doppelklicken Sie auf dieses Werkzeug, erscheint das Dialogfeld *Polygon-Einstellungen* ⊗, in dem Sie das Aussehen des Rahmens genauer festlegen können.

Frei geformte Rahmen zeichnen

InDesign bietet Ihnen verschiedene Illustrationswerkzeuge, die denen anderer Adobe-Programme stark ähneln – zum Beispiel arbeiten die Werkzeuge *Zeichenstift* und *Buntstift* in InDesign genauso wie in Photoshop und Illustrator. Mit diesen Werkzeugen zeichnen Sie gerade und kurvige Pfade und Rahmen in jeder beliebigen Form. Eine einmal gezeichnete Form kann problemlos noch geändert werden.

Mit dem *Buntstift* ✎ arbeiten Sie genauso wie in der „realen Welt" mit einem Bleistift – mit einem wichtigen Unterschied: InDesign kann die von Ihnen gezeichnete Linie glätten, sobald Sie die Maustaste loslassen. Wie stark diese Glättung ist, hängt von Ihren Einstellungen ab:

Doppelklicken Sie auf das *Buntstift*-Werkzeug. Über den Regler *Genauigkeit* des Dialogfelds *Buntstift – Voreinstellungen* stellen Sie ein, wie genau der Bleistift auf Ihre Mausbewegungen reagieren soll: Stellen Sie hier einen besonders hohen Wert ein, zeichnen Sie schnurgerade Linien oder glatte Kurven. Ein hoher Glättungswert tut ein Übriges. Bei einem niedrigen Genauigkeits- und Glättungswert spiegelt die Zeichnung jede Mausbewegung wider.

Das wohl am häufigsten gebrauchte Zeichenwerkzeug ist der *Zeichenstift* ✒ (Taste P). Für eine gerade Linie platzieren Sie den Mauszeiger auf der gewünschten Position in Ihrem Dokument und klicken. Dadurch definieren Sie den ersten sogenannten Ankerpunkt der

Solange Sie die Maustaste nach dem Setzen eines Ankerpunkts noch nicht freigegeben haben, können Sie den Punkt noch verschieben, indem Sie zusätzlich die Leertaste gedrückt halten. Diese Technik funktioniert auch mit dem Zeichenstift, mit dem wir uns weiter unten beschäftigen werden.

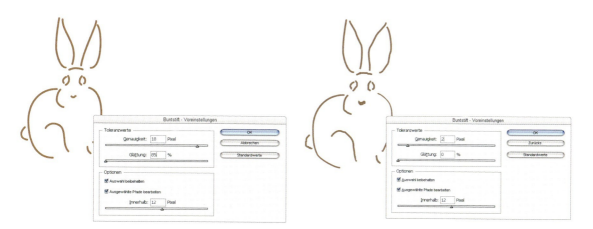

Linie, also den Startpunkt, der durch ein ausgefülltes Quadrat markiert wird. Bestimmen Sie die Position des zweiten Ankerpunkts der Linie, indem Sie auf die gewünschte Stelle auf Ihrem Bild klicken. Die beiden Ankerpunkte werden durch eine gerade Linie verbunden.

Fahren Sie fort, Ankerpunkte zu setzen, bis Sie mehrere gerade Linienabschnitte erzeugt haben. Der zuletzt erstellte Ankerpunkt ist immer gefüllt, alle anderen sind ungefüllt.

Wenn Sie beim Erstellen der Ankerpunkte die ⌂-Taste gedrückt halten, erzielen Sie Linien mit einer Neigung von 45°.

Soll Ihr Pfad offen bleiben (Sie können dann trotzdem eine Grafik darin platzieren), klicken Sie erneut im Werkzeugbedienfeld auf das Symbol *Zeichenstift* . Alternativ halten Sie die Strg/⌘-Taste gedrückt und klicken an eine beliebige Stelle außerhalb des Pfads.

Möchten Sie hingegen einen geschlossenen Pfad erzielen, zeigen Sie auf den ersten Ankerpunkt. Dem Mauszeigersymbol wird ein kleiner Ring hinzugefügt. Klicken Sie und der Pfad wird geschlossen.

Zudem haben Sie aber auch die Möglichkeit, mit diesem Werkzeug gekrümmte Kurven zu erstellen. Solche Bézier-Kurven werden durch die Eigenschaften zweier Punkte berechnet, sodass Sie mit dem Zeichenstift lediglich zwei Punkte setzen müssen, um eine Kurve zu erstellen.

Fortlaufende Kurven zeichnen Sie folgendermaßen:

1 Klicken Sie mit dem Zeichenstift, um einen Anfangspunkt zu setzen.
2 Geben Sie die Maustaste frei und klicken Sie an diejenige Stelle, wo das Kurvensegment enden soll. Halten Sie die Maustaste gedrückt. Auch hier erscheint ein Punkt.

Abbildung 3.1 Links: bei einem hohen Genauigkeits- und Glättungswert zeichnen Sie glatte Kurven. Rechts: bei einem niedrigen Glättungswert folgt der Pfadverlauf jeder Mausbewegung.

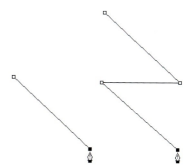

Abbildung 3.2 Links: Aus zwei Punkten erzeugen Sie einen linearen Pfad. Rechts: Erzeugen Sie durch Mausklicks weitere gerade Pfadabschnitte (rechts).

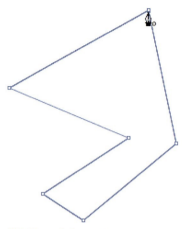

Abbildung 3.3 Der Pfad wird mit einem Klick auf den Anfangspunkt geschlossen.

3 Bewegen Sie den Mauszeiger mit gedrückter Maustaste. Es erscheinen zwei Ziehpunkte, die mit dem Glättungspunkt verbunden sind. Der Abstand der Ziehpunkte zum Glättungspunkt bestimmte die Krümmung der Kurve. Der Winkel der Ziehpunkte zum Kurvenpunkt bestimmt ihre Neigung.

4 Ziehen Sie weiter. Sie sehen, wie sich eine Kurve bildet. Ziehen Sie so lange an den entstandenen Ziehpunkten, bis die Kurve Ihren Vorstellungen entspricht.

5 Sobald das Kurvensegment das gewünschte Aussehen besitzt, lassen Sie die Maustaste los.

6 Mit einem Mausklick bestimmen Sie nun den Endpunkt des nächsten Kurvensegments.

7 Halten Sie auch hier die Maustaste gedrückt und bestimmen Sie mit der entsprechenden Bewegung die Krümmung und den Winkel dieses Segments. Fahren Sie fort, bis Sie den gewünschten Pfad erstellt haben.

Nachdem Sie einen Pfad abgeschlossen haben, das Zeichenstift-Werkzeug noch aktiviert ist und Sie auf eine freie Fläche des Dokumentfensters klicken, erzeugen Sie dadurch neue Ankerpunkte, die aber nicht dem vorhandenen Pfad zugefügt werden: Es wird vielmehr ein neuer Pfad erstellt.

Abbildung 3.4 Setzen Sie zwei Ankerpunkte, ziehen Sie vom Ankerpunkt weg und lassen Sie die Maustaste dann los, klicken Sie an eine andere Stelle und ziehen Sie mit gedrückter Maustaste in die entgegengesetzte Richtung.

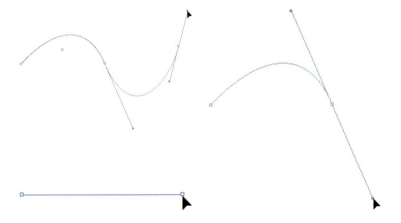

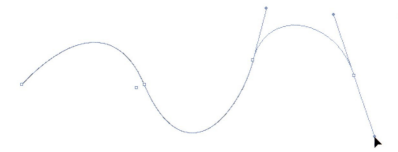

Abbildung 3.5 Fahren Sie fort, bis Sie alle benötigten Kurvensegmente erstellt haben.

Wenn Sie alle für den Pfad erforderlichen Kurvensegmente gezeichnet haben, schließen Sie die Eingabe so ab, wie Sie es weiter oben gesehen haben. Sie können auch hier offene oder geschlossene Pfade erzeugen und diese anschließend füllen oder ihre Kontur ändern.

Für nicht fortlaufende Kurven zeigen Sie mit der Maus auf den letzten Ankerpunkt und drücken die Alt-Taste. Lassen Sie die Alt- sowie die Maustaste los und klicken Sie an die Stelle, wo das Kurvensegment enden soll. Ziehen Sie mit gedrückter Maustaste, um die Kurvenkrümmung zu bestimmen.

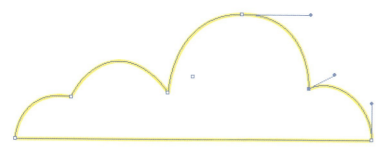

Abbildung 3.6 Dieser geschlossene Pfad besteht aus nicht fortlaufenden Kurven.

In einer einzigen Zeichnung können Sie gerade und gebogene Segmente kombinieren, wenn Sie ein gerades Segment erstellen möchten, klicken Sie einfach an den Endpunkt des Kurvenabschnitts, für ein gebogenes Segment klicken und ziehen Sie, wie oben erläutert.

Pfade bearbeiten

Alle gezeichneten Pfade können Sie – genau wie auch rechteckige, ellipsenförmige und anders geformte Rahmen – noch nachbearbeiten. In den meisten Fällen ist es notwendig, an einer Buntstift- oder Stiftzeichnung einen Endschliff durch Veränderung von Art und Verlauf der Linien durchzuführen. Auf diese Weise können Sie zum Beispiel einen etwas „krakelig" gezeichneten Buntstiftpfad glätten und verfeinern oder zu schwungvoll oder zu flach geratene Zeichenstiftkurven korrigieren.

Möchten Sie einen Zeichenpfad nachträglich bearbeiten, benötigen Sie dazu seine Ankerpunkte. Diese müssen Sie zuerst markieren, bevor Sie mit ihnen arbeiten können.

Übrigens: Die nachfolgend besprochenen Möglichkeiten können Sie nicht nur auf frei gezeichnete Pfade anwenden, sondern genauso gut auf die mit den Standardwerkzeugen erstellten Rahmen.

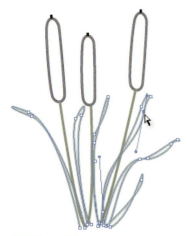

Abbildung 3.7 Die Form der mit dem Buntstift gezeichneten Gräser soll noch bearbeitet werden. Zu diesem Zweck wurde einer der Ankerpunkte mit dem *Direktauswahl*-Werkzeug ausgewählt.

Dazu verwenden Sie das *Direktauswahl*-Werkzeug, mit dem Sie zuerst auf den Pfad klicken, um ihn komplett zu markieren. Alle Ankerpunkte werden sichtbar. Wählen Sie nun den Ankerpunkt aus, dessen angrenzende Kurvensegmente Sie bearbeiten möchten.

Bei Bedarf wählen Sie auch mehrere Ankerpunkte aus, indem Sie die ⇧-Taste gedrückt halten und die gewünschten Ankerpunkte nacheinander anklicken. Oder Sie ziehen – ebenfalls mit dem *Direktauswahl*-Werkzeug – einen Rahmen um die Ankerpunkte, die in der Auswahl enthalten sein sollen.

Dass Sie einen oder mehrere Ankerpunkte ausgewählt haben, erkennen Sie daran, dass diese(r) gefüllt dargestellt wird/werden.

Genauso, wie Sie Objekte verschieben können, können Sie auch einzelne Ankerpunkte einer Kurve verschieben, indem Sie sie mit dem *Direktauswahl*-Werkzeug an eine andere Stelle ziehen. Die mit dem Ankerpunkt verbundenen Segmente ändern entsprechend ihre Form und Position.

Um ausgewählte Ankerpunkte in 0,25-mm-Schritten zu verschieben, bedienen Sie sich der Pfeiltasten. Halten Sie die ⇧-Taste gedrückt, während Sie die Pfeiltasten betätigen, verschieben Sie die Ankerpunkte in 2,5-mm-Schritten.

Genaue Informationen über die Koordinaten beim Verschieben eines Ankerpunkts erhalten Sie im Bedienfeld *Steuerung*.

Die Pfadform ändern

Durch das Verschieben von Ankerpunkten haben Sie keine große Kontrolle über den Kurvenverlauf an sich. Zweifellos haben Sie aber schon bemerkt, dass sich an einigen Ankerpunkten nach dem Auswählen eine oder zwei blaue Linien bilden, die sogenannten Richtungslinien. Diese Richtungslinien und die Richtungspunkte an ihren Enden dienen zum Verformen der angrenzenden Kurventeilstücke: Wenn Sie einen der Richtungspunkte anklicken und ihn mit gedrückter Maustaste ziehen, gehen die Richtungslinien mit und ändern damit den Verlauf des Pfadsegments.

Wichtig ist in diesem Zusammenhang, dass es zwei verschiedene Arten von Ankerpunkten gibt:

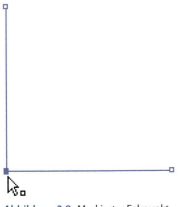

Abbildung 3.8 Markierter Eckpunkt

▶ Eckpunkte entstehen beim Erstellen von geraden Linien oder von nicht fortlaufenden gebogenen Segmenten. Sie stellen eine Art Gelenk zwischen zwei Liniensegmenten dar.

▶ Glättungspunkte entstehen beim Erstellen von gebogenen, weichen Übergängen zwischen zwei nebeneinanderliegenden Kurven. Einen markierten Glättungspunkt erkennen Sie auch daran, dass er über zwei gegenüberliegende Richtungslinien verfügt. Mit den Endpunkten dieser Linien, den sogenannten Richtungspunkten, verändern Sie die Krümmung der Kurve, indem Sie sie mit gedrückter Maustaste in die gewünschte Richtung ziehen. Beachten Sie, dass bei Glättungspunkten beide Ziehpunkte für die Krümmung wichtig sind und diese beeinflussen. Je weiter die Richtungspunkte gezogen werden, desto stärker wird die Krümmung der angrenzenden Kurve – der Abstand der Richtungspunkte zum Ankerpunkt. Sobald Sie die Maustaste freigeben, wird die Änderung ausgeführt.

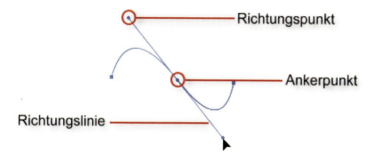

Abbildung 3.9 Durch Ziehen an den Richtungspunkten formen Sie den Pfad.

Je weiter Sie einen Richtungspunkt vom Ankerpunkt wegziehen, desto stärker wird die zugehörige Kurve gekrümmt. Denn der Abstand der Richtungspunkte zum Ankerpunkt bestimmt die Krümmung der Kurve. Der Winkel der Ziehpunkte zum Glättungspunkt bestimmt die Neigung der Kurve. Ziehen Sie die Richtungspunkte direkt auf die zugehörigen Ankerpunkte, erhalten Sie Geraden.

Abbildung 3.10 Die Länge und der Winkel der Richtungslinie bestimmt das Aussehen der zugehörigen Segmente.

Linien in Kurven umwandeln, Kurven in Linien umwandeln

Falls Sie versehentlich ein gerades statt eines gekrümmten Segments gezeichnet haben, wandeln Sie gerade Segmente nachträglich mit dem Werkzeug *Richtungspunkt umwandeln* (⇧ + C) in gekrümmte Segmente um. Sie finden dieses Werkzeug in der Gruppe des *Zeichenstift*-Werkzeugs.

Klicken Sie mit dem Werkzeug auf den Eckpunkt, den Sie in einen Glättungspunkt umwandeln möchten. Halten Sie die Maustaste gedrückt und ziehen Sie. Am Punkt bilden sich Richtungslinien. Ziehen Sie die Richtungslinien in die gewünschte Richtung, um die neu erstellten Kurvensegmente zu formen.

Im umgekehrten Fall lässt sich ein Glättungspunkt in einen Eckpunkt umwandeln und die angrenzenden Segmente lassen sich in gerade Linien umgestalten: Klicken Sie den Glättungspunkt dazu mit dem Werkzeug *Richtungspunkt umwandeln* an.

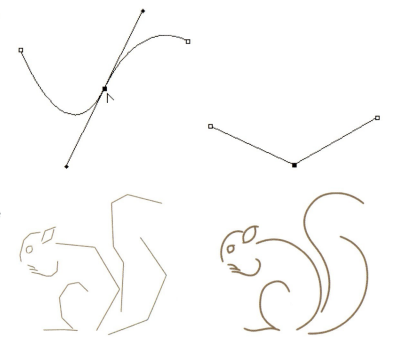

Abbildung 3.11 Klicken Sie mit dem Werkzeug *Richtungspunkt umwandeln* auf einen Glättungspunkt, um ihn in einen Eckpunkt mit angrenzenden geraden Segmenten zu konvertieren.

Abbildung 3.12 Viele Illustratoren skizzieren ihre Zeichnung zuerst mit geraden Linien an und wandeln diese mit der oben erläuterten Technik in Kurven um. Dies gewährleistet ein rasches und sicheres Arbeiten. Das Eichhörnchen wurde zunächst mit geraden Linien skizziert und später mit dem Werkzeug Direktauswahl ausgeformt.

Ankerpunkte einfügen und löschen

Das Einfügen neuer Ankerpunkte wird immer dann nötig, wenn Sie mit den bisherigen Ankerpunkten nicht den gewünschten Verlauf der Kurve modellieren können. Wollen Sie ihn an beliebiger Stelle, gehen Sie folgendermaßen vor:

1. Zeigen Sie auf die Stelle auf der Kurve fest, an der Sie einen neuen Ankerpunkt benötigen. Der *Zeichenstift* wird zum Werkzeug *Ankerpunkt hinzufügen* . (Sie können dieses übrigens auch direkt aus dem Popup-Menü des Zeichenstifts in der Werkzeugleiste auswählen.) Noch einfacher: Drücken Sie einfach zum Hinzufügen des Ankerpunkts einfach die Taste [+] auf Ihrer Tastatur.
2. Klicken Sie. InDesign fügt den neuen Ankerpunkt ein. Die Steuerpunkte werden so angepasst, dass sich an der Form der Kurve nichts ändert – das heißt, auf einer Geraden fügt das Programm einen Eckpunkt ein, auf einer Kurve einen Glättungspunkt.

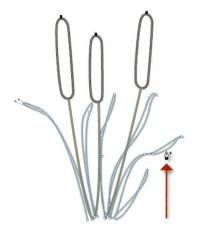

Abbildung 3.13 Zeigen Sie mit dem *Zeichenstift* auf einen Kurvenabschnitt, können Sie an dieser Stelle mit einem Klick einen Ankerpunkt einfügen.

Um einen bestehenden Ankerpunkt zu entfernen, zeigen Sie ebenfalls mit dem Werkzeug *Zeichenstift* bzw. dem Werkzeug *Ankerpunkt löschen* (im Popup-Menü des Zeichenstifts) auf diesen Ankerpunkt und klicken dann. Alternativ betätigen Sie die [-]-Taste.

Sie sollten mit dem Löschen von Ankerpunkten etwas umsichtig sein, da es auch auf den Ankerpunkttyp ankommt. Beispielsweise hat es keine Auswirkungen, wenn Sie einen Ankerpunkt auf einer Geraden mit drei Ankerpunkten löschen, da die Gerade auch mit zwei Ankerpunkten auskommt. Im Gegensatz kann eine Veränderung auftreten, wenn Sie einen Ankerpunkt zwischen Kurven löschen.

Ankerpunkte automatisch reduzieren

Sollen Ankerpunkte lediglich zur Reduzierung der Komplexität eines Pfads gelöscht werden, kann dies einfacher über das Werkzeug *Glätten* erfolgen. Gerade etwas unsicher gezeichnete Buntstiftzeichnungen sehen danach deutlich glatter aus.

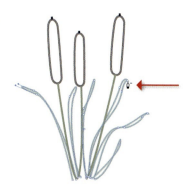

Abbildung 3.14 Verwenden Sie das Werkzeug *Ankerpunkt löschen*, um überflüssige Ankerpunkte zu entfernen.

Bevor Sie einen Pfad glätten, stellen Sie das Werkzeug *Glätten* entsprechend ein. Wählen Sie dazu das Werkzeug aus dem Popup-Menü des *Zeichenstift*-Werkzeugs aus und führen Sie einen Doppelklick darauf aus. Die Voreinstellungen gleichen denen des *Buntstift*-Werkzeugs: Wie bei diesem Werkzeug, stellen Sie Genauigkeit und Glättung ein (je höher die Werte, desto glatter werden Ihre Kurven). Das Kontrollkästchen *Weiterhin ausgewählt* lassen Sie aktiviert, damit der Pfad nach der Bearbeitung ausgewählt bleibt.

Abbildung 3.15 Die Voreinstellungen des *Glätten*-Werkzeugs gleichen denen des Buntstifts.

Klicken Sie den Pfad anschließend mit dem Werkzeug *Direktauswahl* an. Ziehen Sie mit dem Werkzeug *Glätten* und gedrückter Maustaste am Kurvensegment entlang. Wiederholen Sie diesen Vorgang gegebenenfalls, bis Sie den gewünschten Glättungszustand erreicht haben.

Pfade aufteilen und Pfadteile löschen

Die Werkzeuge *Radieren* und *Schere* bieten weitere Möglichkeiten zur Manipulation von Pfaden:

- Mit dem Werkzeug *Radieren*, das Sie im Popup-Menü des Buntstifts finden, ziehen Sie entlang eines Pfadsegments – dieses wird gelöscht.
- Mit dem Werkzeug *Schere* (Taste `C`) trennen Sie Pfade auf – einen geschlossenen Pfad zerteilen Sie an zwei Stellen, um ihn in zwei offene Pfade zu zerlegen.

Vordefinierte Funktionen für das Ändern der Rahmenform

Neben den bisher besprochenen Möglichkeiten bietet InDesign Ihnen noch einige besondere Möglichkeiten, mit denen Sie die Form eines Rahmens ebenfalls ändern können. Diese Möglichkeiten gelten für alle Rahmenarten, die Sie in InDesign erzeugen können.

Objekte verknüpfen

Auf den ersten Blick ähneln die nachfolgend beschriebenen Techniken dem Verschachteln von Rahmen, also dem Einfügen eines Rahmens in einen anderen Rahmen. Im Unterschied dazu werden beim Verbinden von Objekten zwei oder mehr Objekte zusammengeführt. Das Ergebnis ist keine Objektgruppe, sondern ein einziges Objekt. Die Besonderheit liegt darin, dass mithilfe der überlappenden Objektbereiche teilweise Schnittobjekte gebildet werden.

Die einfachste Möglichkeit ist das Erstellen von verknüpften Pfaden. Sie erzeugen hierbei einen Pfad mit zwei oder mehr Unterstrecken. Die Schnittflächen der zugrunde liegenden Objekte werden ausgespart, sodass dahinterliegende Objekte durchscheinen.

Erstellen Sie zwei oder mehr Rahmen, die Sie mit beliebigem Inhalt versehen. Wählen Sie die Rahmen zusammen aus. Wählen Sie *Objekt > Pfade > Verknüpften Pfad erstellen*.

InDesign verknüpft die Pfade miteinander. Für Kontur und Fläche des verknüpften Pfads werden die Einstellungen des in der Stapelordnung am weitesten hinten liegenden Objekts verwendet.

Möchten Sie miteinander verbundene Objekte wieder trennen, wählen Sie *Objekt > Pfade > Verknüpften Pfad lösen*.

Verknüpfte Formen mit dem Pathfinder erstellen

Einen Schritt weiter geht der Pathfinder, da Sie hier auf verschiedene Weise festlegen können, auf welche Weise die Formen verknüpft werden sollen. Zeigen Sie das Bedienfeld über *Fenster > Objekt & Layout > Pathfinder* an. Dieses Bedienfeld bietet Ihnen fünf Schaltflächen für unterschiedliche Pfadoperationen (alle Optionen sind auch über *Objekt/Pathfinder* erreichbar):

Abbildung 3.16 Mit dem Pathfinder ändern Sie die Form eines oder mehrerer ausgewählter Rahmen.

- *Addieren*: Aus den Konturen aller ausgewählten Objekte wird eine Einzelform erstellt.
- *Subtrahieren*: Die Objekte im Vordergrund stanzen die überlappenden Bereiche aus dem hintersten Objekt aus.
- *Schnittmenge bilden*: Aus den überlappenden Bereichen der ausgewählten Objekte wird eine Form erstellt, die übrigen Bereiche werden entfernt.
- *Überlappung ausschließen*: Aus den nicht überlappenden Bereichen der ausgewählten Objekte wird eine Form erstellt, die Überlappungsstellen werden ausgespart.
- *Hinteres Objekt abziehen*: Die Objekte im Hintergrund stanzen die überlappenden Bereiche aus dem vordersten Objekt aus.

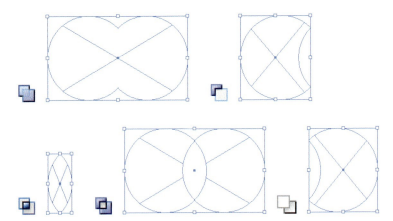

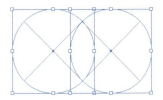

Abbildung 3.17 Oben: Die beiden vorbereiteten Ellipsenrahmen wurden markiert. Nun sollen verschiedene *Pathfinder*-Optionen darauf angewandt werden: Mitte und rechts: Addieren. Subtrahieren. Untere Reihe, links: Schnittmenge bilden. Mitte: Überlappung ausschließen. Rechts: hinteres Objekt abziehen

Weiterhin verwenden Sie das *Pathfinder*-Bedienfeld, wenn Sie die Form eines Rahmens in eine andere, vordefinierte Form ändern möchten – beispielsweise soll ein ellipsenförmiger Rahmen zu einem rechteckigen Rahmen mit abgerundeten Ecken werden.

Verwenden Sie dazu die Schaltflächen des Bereichs *Form konvertieren*. Die letzten drei Schaltflächen verwenden Sie zum Öffnen, Schließen von Pfaden und zum Umkehren der Pfadrichtung.

Eckenoptionen

Mit Eckenoptionen verändern Sie gleichmäßig alle Ecken eines ausgewählten Objekts. Markieren Sie das gewünschte Objekt und wählen Sie *Objekt > Eckenoptionen*. Wählen Sie den gewünschten Eckeneffekt und darunter die Stärke des Effekts. Diese Stärke gilt übrigens von nun an auch für im Pathfinder vorgenommene Formänderungen.

Haben Sie ein entsprechendes Zusatzmodul mit weiteren Eckenoptionen installiert, stehen Ihnen auch diese im Popup-Menü des Dialogfelds *Eckenoptionen* zur Verfügung.

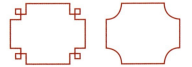

Abbildung 3.18 Verwenden Sie das Dialogfeld *Eckenoptionen*, um Ihren Rahmen kreaktive Effekte zuzuweisen.

3.1 Farben

Im Bedienfeld *Farbfelder* verwalten Sie alle Farben, die Sie für ein bestimmtes Dokument angelegt haben (die Farben werden mit dem Dokument gespeichert), und Sie können sie von dort aus auch schnell anwenden:

Nachdem Sie das gewünschte Objekt markiert haben, legen Sie mit den beiden überlagernden Symbolen in der linken oberen Bedienfelddecke fest, ob Sie die Kontur oder die Fläche des ausgewählten Objekts färben möchten.

Farben

Rechts daneben aktivieren Sie das Symbol *Formatierung wirkt sich auf Rahmen aus* ▢ bzw. *Formatierung wirkt sich auf Text aus* **T**, je nachdem, ob Sie den Rahmen selbst oder den darin enthaltenen Text mit der Farbe versehen möchten. Legen Sie gegebenenfalls noch einen *Farbton* (Tonwert) fest. Klicken Sie dann das gewünschte Farbfeld an.

Nicht ausgewählte Objekte bzw. Objektkonturen können Sie ebenfalls einfärben, indem Sie das gewünschte Farbfeld aus dem Bedienfeld auf das Objekt bzw. seine Kontur ziehen. In der Grundeinstellung enthält das Bedienfeld nur einige Standardeinträge, nämlich *Keine*, *Papier*, *Schwarz*, *Passkreuze* sowie ein paar CMYK-Farben.

Die Passkreuzfarbe wird für die Schnittmarken und Passkreuze verwendet. Verwenden Sie sie nicht, um Objekte schwarz einzufärben, weil sie gleichmäßig aus allen Druckfarben zusammengesetzt wird.

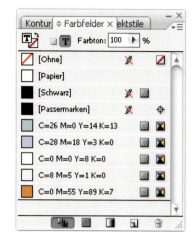

Abbildung 3.19 Das Bedienfeld *Farbfelder* dient als Bibliothek zum Speichern und schnellen Zuweisen von Farben, Verläufen und Farbtönen.

Ein neues Farbfeld erstellen

Fügen Sie dem Bedienfeld *Farbfelder* alle wiederholt in Ihrem Layout benötigten Farben hinzu. Wählen Sie dazu aus dem Bedienfeldmenü ▼≡ den Befehl *Neues Farbfeld*. Im folgenden Dialogfeld legen Sie die Eigenschaften des neuen Farbfelds fest.

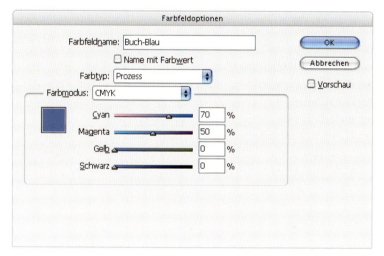

Abbildung 3.20 Im Dialogfeld *Neues Farbfeld* bestimmen Sie die Eigenschaften des neuen Farbfelds.

Soll die neue Farbe statt ihres Farbwerts einen beschreibenden Namen erhalten, deaktivieren Sie das Kontrollkästchen *Name mit Farbwert*.

In vielen Fällen ist es besser, das Kontrollkästchen aktiviert zu lassen. Wenn Sie einer Farbe beispielsweise den Namen *Taubenblau* geben, sagt das nicht allzu viel darüber aus, wie sie im Druck aussehen wird. Wenn Sie sich mit Farbwerten auskennen, ist der standardmäßige Name in der Form *C=35 M=18 Y=11 K=0* vorzuziehen. Besonders wenn mehrere Personen an einem Projekt arbeiten, ist die exakte Bezeichnung der Farbfelder komfortabel.

Im Popup-Menü *Farbtyp* bestimmen Sie, ob Sie eine Prozess- oder eine *Volltonfarbe* definieren möchten. Die Auswahl der Farbarten *Prozess* oder *Vollton* entscheidet auch über die Darstellung der Farbe im Bedienfeld *Farbfelder*. Prozessfarben ▨ erhalten ein anderes Symbol als Volltonfarben ▣.

Im Popup-Menü *Farbmodus* entscheiden Sie, ob die neue Farbe eine CMYK-, eine LAB- oder eine RGB-Farbe sein soll.

Für gewöhnliche Vierfarbdruckaufträge verwenden Sie CMYK-Prozessfarben. Sie sollten die Farbe nicht nach ihrem Erscheinungsbild auf dem Monitor festlegen, sondern eine entsprechende Prozessfarbkarte zur Farbbestimmung verwenden. Wenn Sie über ein kalibriertes Farbmanagement-System verfügen, ist die Übereinstimmung allerdings schon sehr gut.

Für Dokumente, die nur für die Darstellung am Bildschirm bestimmt sind, sollten Sie keine CMYK-Farben verwenden, da der CMYK-Farbraum kleiner ist als der RGB-Farbraum. Mit RGB können Sie viel mehr der Millionen von am Bildschirm sichtbaren Farbtöne darstellen als mit CMYK.

Auch die Auswahl des Farbmodus schlägt sich in der Darstellung im Bedienfeld *Farbfelder* nieder. Folgende Symbole werden den entsprechenden Farbtypen zugewiesen:

- ▨ CMYK-Farbe
- ▨ RGB-Farbe
- ▨ LAB-Farbe
- ◊ Mischdruckfarbe

Legen Sie über die Regler bzw. die Eingabefelder die Farbkomponenten fest und bestätigen Sie mit *OK*.

Volltonfarben auswählen

Vorgemischte Volltonfarben können Sie zusammen oder statt CMYK-Prozessfarben verwenden. Volltonfarben werden auf ihrer eigenen Druckplatte ausgegeben.

Durch die Standardisierung treten, außer durch unterschiedliche Farbtöne des Papiers und unterschiedliche Schichtdicke der Farbe, nur

Farben

wenige Farbschwankungen auf, auch wenn die Aufträge an verschiedene Druckereien vergeben werden.

Nachdem Sie im Dialogfeld *Farbfelder* als *Farbtyp* den Eintrag *Vollton* gewählt haben, suchen Sie im Popup-Menü *Farbmodus* die gewünschte Farbbibliothek heraus. Falls die gewünschte Bibliothek nicht standardmäßig in der Liste enthalten, aber dennoch auf Ihrem Rechner gespeichert ist, wählen Sie den Eintrag *Andere Bibliothek* und die Bibliothek aus.

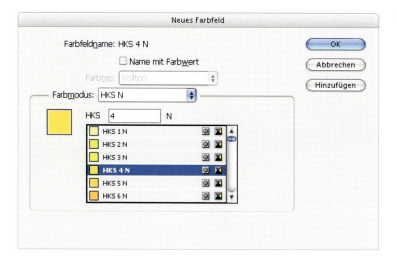

Abbildung 3.21 Bei der Auswahl der Volltonfarbe aus der Liste sollten Sie sich nicht auf ihre Darstellung am Monitor verlassen, sondern beispielsweise ein Farbmusterbuch verwenden.

Nun zeigt InDesign Ihnen alle in der Bibliothek verfügbaren Farben mit ihrer Bezeichnung an. Suchen Sie die gewünschte Farbe aus Ihrem Farbfächer/Farbmusterbuch heraus und geben Sie ihre Nummer oder ihren Namen über die Tastatur in das Feld über der Liste ein. Die Vorschau springt zu der eingetippten Farbnummer/zum eingetippten Farbnamen.

Die ausgewählte Farbe wird im Farbmusterfeld im linken Dialogbereich als CMYK-Farbe simuliert. Ein Klick auf *OK* legt die Farbe im Bedienfeld *Farbfelder* ab.

Da die Volltonfarben nur im Druck richtig herauskommen, lassen sie sich am Bildschirm nur unzureichend überprüfen. Aus diesem Grund sollten Sie stets ein Farbmusterbuch oder einen Farbfächer zur Hand haben, wenn Sie mit Volltonfarben arbeiten. Solche Farbmusterbücher für die Volltonfarben verschiedener Hersteller erwerben Sie im Fachhandel.

Abbildung 3.22 Einen PANTONE-Farbfächer erweben Sie im Fachhandel.

> **Tipps für die Verwendung von Volltonfarben**
>
> Vergleichen Sie am Monitor dargestellte Farben immer mit einem Farbfächer.
>
> Sollte InDesign ein bestimmtes Volltonfarbensystem nicht bereithalten, legen Sie die Volltonfarben einfach in einem anderen System an. Die Farben können später beim Druck ausgetauscht werden – zum Beispiel ein bestimmtes Grün durch ein bestimmtes Gelb. Die Druckerei muss nur wissen, welche Volltonfarbe Sie verwenden möchten.
>
> Nur etwa die Hälfte der Volltonfarben lässt sich mit dem CMYK-Farbsystem wiedergeben, die anderen liegen außerhalb des CMYK-Farbraums.
>
> Bedenken Sie beim Einsatz von Volltonfarben, dass jede Volltonfarbe eine eigene Druckplatte benötigt. Dies erhöht die Druckkosten.

Mischdruckfarben

Neben Prozess- und Volltonfarben kennt InDesign noch *Mischdruckfarben*. Dabei handelt es sich um eine Farbe, die aus zwei Volltonfarben bzw. einer Vollton- und einer oder mehreren Prozessfarben besteht. Mit dieser Technik erzielen Sie mit möglichst wenigen Druckplatten eine möglichst hohe Farbanzahl.

1 Fügen Sie dem Bedienfeld *Farbfelder* die entsprechende(n) Volltonfarbe(n) hinzu.
2 Wählen Sie aus dem Bedienfeldmenü ▼≡ den Befehl *Neue Mischdruckfarben-Gruppe*.
3 Im folgenden Dialogfeld geben Sie der neuen Gruppe einen Namen.
4 Im Bereich *Druckfarben* sehen Sie alle momentan in Ihrem Dokument verwendeten Druckfarben – also die vier Prozessdruckfarben Cyan, Magenta, Gelb und Schwarz sowie die definierte(n) Volltonfarbe(n).
5 Für alle Farben, die in die Mischdruckfarben-Gruppe aufgenommen werden sollen, klicken Sie auf das leere graue Kästchen vor dem Farbnamen.

6 Als *Anfang* geben Sie für jede Farbe den Prozentsatz Farbe an, bei dem mit dem Mischen begonnen werden soll. Unter *Wiederholen* bestimmen Sie die Anzahl der Wiederholungen für den Prozentwert jeder Farbe – zum Beispiel *2*, wenn Sie zwei verschiedene Farbtöne einer bestimmten Farbe für die Mischung verwenden möchten.
7 *Schritt* ist der Prozentsatz Farbe, um die der Farbton bei jeder der oben angegebenen Wiederholungen erhöht werden soll.

Ein Klick auf *OK* erstellt im Bedienfeld *Farbfelder* sämtliche von Ihnen definierten Mischdruckfarbfelder.

Einen Farbton erzeugen

Aus jeder Farbe lässt sich ein Farbton erzeugen. Es handelt sich dabei um eine Schattierung einer definierten Farbe, zum Beispiel 20 %, 80 oder 5 %. Auf diese Weise lassen sich auch Dokumente, die nur mit einer oder zwei Volltonfarben gestaltet sind, lebendig gestalten.

Im Bedienfeld *Farbfelder* erstellen Sie bei Bedarf zu jedem Farbfeld einen oder mehrere Farbtöne.

1 Wenn Sie vermeiden möchten, dass Ihr neuer Farbton gleich einem Objekt zugewiesen wird, sorgen Sie dafür, dass kein Objekt im Dokument ausgewählt ist.
2 Im Bedienfeld *Farbfelder* aktivieren Sie die Farbe, aus der Sie einen Farbton erstellen möchten.
3 Wählen Sie aus dem Bedienfeldmenü ▾≡ den Befehl *Neues Farbtonfeld*.
4 Im angezeigten Dialogfeld sind alle Optionen abgeblendet, bis auf die Möglichkeit, durch die Eingabe eines Prozentwerts einen Farbton zu erstellen. Definieren Sie den gewünschten Farbton über den Regler oder das Prozenteingabefeld und bestätigen Sie mit *OK*.

Wie Sie sehen, gibt es keine Möglichkeit, einen Farbton selbst zu benennen. Er erhält stets den Namen der zugrunde liegenden Farbe und zusätzlich die entsprechende Prozentzahl.

Das Besondere an einem Farbtonfeld ist, dass es abhängig von der zugrunde liegenden Farbe ist: Ändern Sie diese, ändert sich der Farbton mit – nur der Prozentwert bleibt erhalten.

Abbildung 3.23 In dem neuen Farbtonfeld lässt sich nur der Prozentwert ändern.

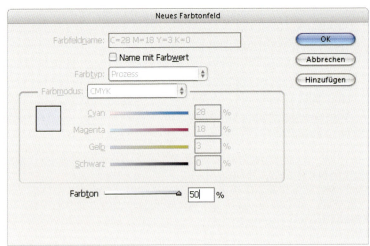

Abbildung 3.24 Der neue Farbton behält den Namen des zugrunde liegenden Farbfelds zuzüglich des Prozentwerts.

Nicht benutzte Farbfelder anzeigen

Die Farbfeldliste kann sehr lang werden; dann ist es praktisch, wenn Sie alle im Dokument nicht benutzten Farbfelder anzeigen. Wählen Sie dazu aus dem Bedienfeldmenü ▾≡ den Befehl *Alle nicht verwendeten auswählen*. Anschließend können Sie diese mit einem Klick auf das Papierkorbsymbol am unteren Palettenrand löschen.

Farbfelder in anderen Dokumenten weiterverwenden

Die Farbfelder Ihres InDesign-Dokuments können Sie bei Bedarf auch in einem anderen Dokument verwenden. Wählen Sie dazu aus dem Bedienfeldmenü ▾≡ den Befehl *Farbfelder laden* und wählen Sie die entsprechende *.indd*-Datei aus.

Farbfelder in anderen Anwendungen der Creative Suite 3 weiterverwenden

Die Creative Suite geht aber noch einen Schritt weiter – Farbfelder, die Sie in InDesign erstellt haben, können Sie beispielsweise auch in Photoshop nutzen. Sie müssen sie dazu nur in der ase-Datei speichern (Adobe Swatch Exchange). Wählen Sie die Farbfelder, die Sie in einer anderen CS3-Anwendung verwenden möchten, aus und klicken Sie dann im Bedienfeldmenü ▾≡ auf den Befehl *Farbfelder speichern*.

Farben

Verläufe

Auch mehrfach benötigte Verläufe sollten Sie zur Weiterverwendung im Bedienfeld *Farbfelder* speichern, damit Sie sie nicht immer wieder neu zusammenstellen müssen.

1 Aus dem Bedienfeldmenü ▾≡ des Bedienfelds *Farbfelder* wählen Sie den Befehl *Neues Verlaufsfeld*.
2 Im folgenden Dialogfeld geben Sie dem neuen Verlaufsfarbfeld einen aussagekräftigen Namen und wählen darunter den Verlaufstyp aus.
3 Klicken Sie im Verlaufsbalken am unteren Rand des Dialogfelds auf die erste Farbmarke, um den Bereich *Reglerfarbe* freizugeben. Wählen Sie aus dem Popup-Menü *Reglerfarbe* den Farbtyp aus (hier sind auch die von Ihnen definierten Farbfelder verfügbar) und legen Sie darunter die gewünschte Farbe für den Verlaufsbeginn fest.
4 Legen Sie auch die Farbe für den anderen Regler fest, um das Verlaufsende zu bestimmen.

Verschieben Sie die Marken gegebenenfalls, um die Farbverteilung des Verlaufs zu ändern; alternativ verwenden Sie das Feld *Position* für die jeweils aktivierte Marke. Zwischen zwei Farbmarken sehen Sie jeweils eine Raute ◆. Diese stellen den jeweiligen Verlaufsmittelpunkt dar. Ziehen Sie die Raute nach links, verringert sich der Verlaufsanteil der Farbe zur Linken, ziehen Sie nach rechts, erhöht er sich. Zu diesem Zweck können Sie auch das Feld *Position* für die ausgewählte Raute verwenden.

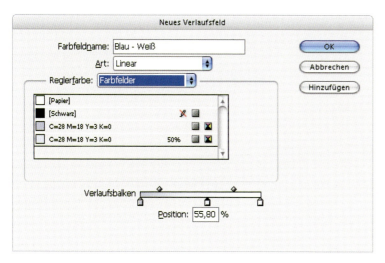

Abbildung 3.25 Über das Dialogfeld *Farbe* färben Sie ausgewählte Marken um.

**Durch Klicks unter den Farbbalken fügen Sie bei Bedarf neue Marken hinzu, um mehrfarbige Verläufe zu gestalten.
Um eine Farbmarkierung oder Farbe aus dem Verlauf zu löschen, markieren Sie sie am Verlaufsbalken und ziehen sie mit gedrückter Maustaste nach unten.**

155

Sie können zwar auch Verläufe mit Volltonfarben erstellen – jedoch werden die Volltonfarben in CMYK-Verläufe umgerechnet.
Nachdem Sie Ihrem Objekt – das kann auch ein Text sein – einen Verlauf zugewiesen haben, können Sie seinen Winkel, seinen Typ und seine Verteilung noch über das Bedienfeld *Verlauf* ändern.

3.1 Grafiken importieren

Pixelbilder verlieren an Qualität, wenn sie in InDesign nachträglich skaliert werden. Aus diesem Grund sollten Sie Ihre Bilder möglichst so vorbereiten, dass sie die passende Pixelanzahl für das geplante Layout und den geplanten Verwendungszweck haben.

Die richtige Bildgröße wählen

Achten Sie darauf, dass Sie Ihre Bilder nicht größer skalieren als zirka 140 % ihrer Originalgröße (eine zur Ausgabetechnik passende Auflösung vorausgesetzt).

- Bei Bildern für den Bildschirm genügt eine geringere Auflösung von 72 dpi. Ein Mehr an Auflösung bringt keine bessere Qualität, sondern belegt nur unnötig Speicherplatz. Da Monitore nicht in der Lage sind, eine höhere Auflösung darzustellen, würden höher aufgelöste Bilder bei fehlender expliziter Angabe der Bildabmessungen z.B. im Internet vergrößert dargestellt. Bei Bildschirmmedien, besonders den Online-Medien im Internet, steht der Speicherbedarf im Vordergrund. Ein Bild, das viel Speicherplatz benötigt, braucht eine lange Ladezeit, bis es am Bildschirm angezeigt wird.
- Im Offset-Druck erhalten Sie bei einer Auflösung von 300 dpi eine qualitativ hochwertige Wiedergabe – bei allen Angaben wird vorausgesetzt, dass das Bild in 1:1-Größe reproduziert wird.
- Für Bilder, die auf einem Laserdrucker mit einer Leistung von 300 dpi gedruckt werden sollen, erzielen Sie meist bereits mit 150 dpi eine gute Qualität.
- Ein Laserdrucker mit einer Auflösung von 600 dpi hingegen benötigt mindestens eine Bildauflösung von 220 dpi.

Im Gegensatz zur Offsetdruckmaschine, die Graustufen lediglich in Form von größeren oder kleineren Druckpunkten simulieren, arbeiten Schwarzweiß-Laserdrucker sowie Farbtintenstrahldrucker mit dem so genannten Rastertonverfahren zur Erzeugung von Farbe. Dies erklärt, warum die Bildauflösung deutlich unter der möglichen Druckerauflösung liegen darf: Ein Schwarzweiß-Laserdrucker kann beispielsweise nur mit schwarzem Toner drucken. Damit daraus 256 Grautöne entstehen, teilt er jedes druckbare Pixel in eine Matrix aus 16 × 16 Punkten (=256 Punkte). Je nach Grauwert des Pixels wird dann nur eine bestimmte Anzahl Punkte gedruckt. Weil jedes Pixel eines Bilds in Wirklichkeit auf 16 × 16 Punkten dargestellt werden muss, reduziert sich natürlich die „echte" Ausgabeauflösung des Druckers entsprechend. Allzu gering sollte die Auflösung trotzdem nicht sein, weil die 16 × 16-Matrix natürlich feiner berechnet werden kann, wenn mehr Pixel dazu zur Verfügung stehen.

Bei Farbdruckern (ausgenommen sind Thermosublimationsdrucker) ist für jede einzelne Farbe eine der oben beschriebenen Matrizen vorhanden. Die Farbdeckung wird hier zusätzlich durch einen kleinen Versatz verbessert.

Im Folgenden eine Formel, mit der Sie die benötigte Auflösung anhand der Endabmessungen des zu reproduzierenden Bilds berechnen können:

Höhe des digitalisierten Bilds/Höhe der Vorlage × benötigte Auflösung für den Drucker bzw. das Ausgabegerät = Scanauflösung

Auch dies soll wieder anhand eines Beispiels verdeutlicht werden. Sie haben eine Vorlage mit einer Größe von 14 × 14 cm. Dieses Bild wollen Sie auf einem Tintenstrahldrucker mit einer Auflösung von 170 dpi drucken. Die Kantenlänge des Bildes soll im Ausdruck 21 × 21 cm betragen. Berechnen Sie die Auflösung für das Bild anhand der obigen Formel folgendermaßen:

21 cm/14 cm × 170 dpi = 255 dpi

Bisher sind wir lediglich von der benötigten Auflösung ausgegangen. Besonders wenn Ihre Arbeit professionell gedruckt oder ein Kleinbild-Dia daraus angefertigt werden soll, spielen aber noch weitere Faktoren eine wichtige Rolle.

Die Rasterweite

Bei der Reproduktion von Bildern beispielsweise im Offsetdruckverfahren werden diese zunächst in ein Raster zerlegt. Dies ist notwendig, da im Hoch-, Flach- und Durchdruckverfahren keine Aufhellung oder Abdunklung von Farben möglich ist.

Abbildung 3.26 Links das Originalbild, rechts die gerasterte Version.

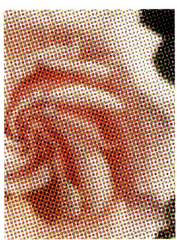

Es können vielmehr nur zwei Alternativen realisiert werden: Entweder der Vollton der Druckfarbe oder die farbfreie Fläche. Zwischenstufen werden durch unterschiedlich große Rasterelemente abgebildet – die so genannte Rasteramplitude. Dunkle Farben werden in große Punkte umgewandelt, helle in kleine. Je nachdem, welche Rasterweite, auch Rasterfrequenz genannt, verwendet wird, sind die Rasterzellen größer oder kleiner. Die Rasterweite bestimmt die Anzahl der Punktreihen, die für die Reproduktion verwendet werden, daher wird diese in lpi (Lines per Inch – Linien pro Zoll) angegeben.

Die übliche Einheit für die Rasterweite ist lpi (lines per inch = Linien pro Zoll). Häufig wird die Rasterweite auch in Linien pro Zentimeter angegeben. Für Umrechnung von Linien pro Zoll in Linien pro Zentimeter verwenden Sie die folgende Formel:

Linien pro Zoll/2,54 = Linien pro Zentimeter

Bei einer feinen Rasterweite wie z.B. 150 lpi sind die Punkte klein und die Wiedergabequalität ist hervorragend. Bei einer groben Rasterweite – beispielsweise 60 lpi – erhält man große Punkte und dementsprechend eine schlechtere Reproduktionsqualität. Feine Rasterweiten erfordern Belichtungsgeräte mit hoher Auflösung und ein sehr gutes Druckpapier. Für geringwertiges Papier, wie zum Beispiel Zeitungspapier, verwendet man niedrige Rasterweiten.

Abbildung 3.27 Das linke Bild hat eine geringere Rasterfrequenz als das rechte.

Je höher die geforderte Rasterfrequenz ist, desto höher muss auch die Bildauflösung sein. Erkundigen Sie sich bei Ihrem Dienstleister, welche Rasterweite gefordert wird. Weiter unten erfahren Sie, wie Sie anhand der benötigten Rasterweite die Scanauflösung berechnen können.

Auch die Anzahl der reproduzierbaren Halbtöne wird durch die Rasterweite bestimmt, da unterschiedliche Tonwerte durch eine verschieden große Anzahl von Pixeln innerhalb der einzelnen Rasterzelle erreicht werden. Je geringer die Rasterfrequenz ist, desto weniger Halbtöne können dargestellt werden. Um die Anzahl der darstellbaren Halbtöne auszurechnen, verwenden Sie die folgende Formel:

Reproduzierbare Halbtöne = (Auflösung des Druckers/Rasterweite)^2 + 1

Normalerweise werden Rasterweiten im Bereich zwischen 20 und 80 Linien pro Zentimeter verwendet. Für Zeitungen ist beispielsweise eine Rasterweite von 24 Linien pro Zentimeter (60 lpi) üblich, für Kunstdruckpapier eine Rasterweite von 54 Linien pro Zentimeter (135 lpi). Die folgende Tabelle zeigt Ihnen, welche Rasterweiten man für welchen Bedruckstoff üblicherweise verwendet.

Rasterweite (lpi)	Rasterweite (Linien/cm)	Verwendung
60	24	Zeitung, rauhe Oberfläche
75	30	Zeitung, glatte Oberfläche
85	34	Zeitung, satinierte Oberfläche
100	40	Zeitung, Illustrationsdruck, Maschinenglatt und satiniert
120	48	Naturpapier, Kunstdruckpapier, gut satiniert
135	54	Normales Kunstdruckpapier, gut satiniert
150	60	Bestes Kunstdruckpapier, gut satiniert
200	80	Besonders hochwerte Drucksachen, gut satiniert

Der Qualitätsfaktor

Auch der so genannte Qualitätsfaktor ist von Bedeutung für Ihre Bilder, damit Sie die richtige Auflösung berechnen können. Dabei ist zu berücksichtigen, dass im Druck die einzelnen Rasterpunkte in einem bestimmten Winkel angeordnet werden und dass jeder Rasterpunkt mindestens ein Pixel enthalten muss.

Nun kann es beim Scannen natürlich durchaus passieren, dass beim Zerlegen des Bilds in Pixel die Rasterpunkte nicht genau „getroffen" werden. Daher sollte jeder Rasterpunkt mehrere Pixel enthalten. Je nachdem, wie viele Pixel pro Rasterpunkt verwendet werden können, wird der Qualitätsfaktor bestimmt. Dieser liegt beim Drucken normalerweise zwischen 1 und 2.

Einen Qualitätsfaktor von 1,4 bis 1,5 können Sie für Bilder mit geringer Schärfe, zum Beispiel für Wolkentexturen, und für eine mittlere Qualität verwenden. Hohe Qualitätsfaktoren von ca. 2 eignen sich für Bilder mit starken Konturen, die in hoher Qualität ausgegeben werden sollen. Strichvorlagen benötigen einen noch höheren Qualitätsfaktor von 3 bis 4.

Nachfolgend eine Tabelle, die Ihnen empfohlene Qualitätsfaktoren und die zugehörigen Auflösungen für verschiedene Einsatzgebiete zeigt.

Qualitätsfaktor	Zeitung (85 lpi)	Magazin (133 lpi)	Buchdruck (150 lpi)
1	85 dpi	133 dpi	150 dpi
1,4	119 dpi	186 dpi	210 dpi
1,5	128 dpi	200 dpi	225 dpi
2,0	170 dpi	266 dpi	300 dpi

Anhand aller genannten Kriterien berechnen Sie jetzt die optimale Auflösung für Ihren Scan. Bedienen Sie sich dazu der folgenden Formel:

Scanauflösung für Halbtonbilder = Rasterweite in lpi × Qualitätsfaktor × Vergrößerungsfaktor.

Wieder ein Beispiel: Sie möchten ein Bild auf maschinenglattem Papier mit 100 lpi reproduzieren. Die Vorlage hat eine Kantenlänge von 23 × 17 cm. Der Qualitätsfaktor soll 2 sein. Die Zielbreite des Bildes soll 12 cm sein. Stellen Sie also folgende Berechnung an:

100 lpi × 2 × (12/23) = 104 dpi

104 dpi müssten demnach genügen, um das Bild in zufrieden stellender Qualität zu digitalisieren. Erhalten Sie ein bereits digitalisiertes Bild, rechnen Sie es am besten in Photoshop über die Befehlsfolge *Bild > Bildgröße* auf das benötigte Ausgabeformat herunter. Die Neuberechnung schalten Sie dazu am besten ganz aus. Bei diesem Vorgehen ändert sich nicht die Gesamtpixelanzahl, sondern die vorhandenen Pixel werden lediglich auf der neuen Strecke neu verteilt. Dadurch wird verhindert, dass durch Interpolation Pixel hinzugefügt oder entfernt werden. Falls die Dateigröße nicht erheblich ist, ist dies die sicherste Methode durch Qualitätsverlust durch Interpolation.

Beim Vergrößern müssen Sie abwägen, ob Sie die Neuberechnung aktivieren. Ist die Ausgangsauflösung ausreichend, geben Sie die neuen Maße in Photoshop ohne Neuberechnung ein. Wenn die Ausgangsauflösung nicht ausreicht, kommen Sie um das Hinzufügen von Bildpixeln nicht herum. Aktivieren Sie dann die Neuberechnung mit der Interpolationsmethode *Bikubisch* und wirken Sie der dadurch entstandenen Weichzeichnung mit *Filter > Scharfzeichnungsfilter > Unscharf maskieren* entgegen.

Grafiken ins Layout einsetzen

Es gibt verschiedene Möglichkeiten, eine Grafik in den vorbereiteten Rahmen zu setzen.

Der übliche Weg, der auch am meisten Features bietet, führt über *Datei > Platzieren*. Diese Technik bietet den Vorteil, dass Sie den Import der Grafik je nach Dateiformat genau steuern können.

Bei aktiviertem Grafikrahmen wählen Sie *Datei > Platzieren* oder Strg/⌘ + D . Suchen Sie die gewünschte Grafikdatei heraus. Klicken Sie das Kontrollkästchen *Importoptionen anzeigen* an, damit Sie im nächsten Schritt die verschiedenen Importoptionen festlegen können. Auf diese gehen wir ab Seite 168 ein.

Das Kontrollkästchen *Ausgewähltes Objekt ersetzen* aktivieren Sie, wenn der ausgewählte Rahmen bereits eine Grafik enthält und Sie diesen Inhalt mit der neuen Grafikdatei ersetzen möchten. Die Grafik wird mit 100 % Skalierung in den Rahmen eingefügt. Ist der Rahmen kleiner als die Grafik, erscheint diese standardmäßig rechts und/oder unten abgeschnitten.

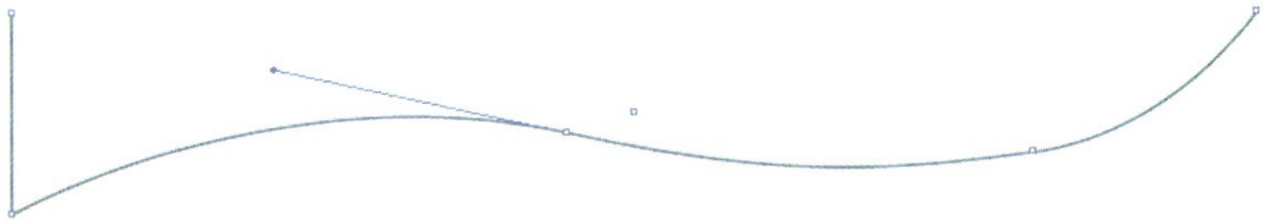

Abbildung 3.28 Auch in einem offenen Pfad …

Abbildung 3.29 … können Sie eine Grafikdatei platzieren.

Alternativ platzieren Sie eine Grafik, ohne zuvor einen Rahmen auszuwählen: Vergewissern Sie sich, dass in Ihrem Dokument nichts ausgewählt ist. Wählen Sie wieder *Datei/Platzieren* und suchen Sie die gewünschte Grafik heraus. Nachdem Sie mit der Schaltfläche *Öffnen* bestätigt haben, erscheint der Mauszeiger in Form eines Pinselsymbols. Sie haben nun verschiedene Möglichkeiten:

▶ Klicken Sie an eine freie Stelle der Seite, um einen rechteckigen Grafikrahmen in der Originalgröße der importierten Grafik zu erstellen und diese gleich in den Rahmen einzufügen.
▶ Oder Sie ziehen einen Rahmen in der gewünschten Größe auf. Sobald Sie die Maustaste loslassen, wird die Grafik in diesen eingefügt.

Eine Grafik in ihren Rahmen einpassen

Nur selten passt eine importierte Grafik genau in den vorbereiteten Rahmen. Wie Sie gesehen haben, wird die Grafik in 100-%-Skalierung in der linken oberen Ecke des Grafikrahmens platziert. Bei Bedarf geben Sie der Grafik jedoch exakt die Größe ihres Rahmens.

Klicken Sie die Grafik dazu mit dem Auswahl- oder Direktauswahl-Werkzeug an und wählen Sie *Objekt > Inhalt an Rahmen anpassen*.

Weitere Optionen in diesem Menü sind:

▶ *Inhalt zentrieren:* Der Inhalt wird im Rahmen horizontal und vertikal zentriert, ohne dass eine Größenänderung stattfindet.
▶ *Inhalt proportional anpassen:* Die Abmessungen des Rahmeninhalts werden so geändert, dass er in seinen Rahmen passt. Dabei werden die Proportionen aber beibehalten, sodass Leerflächen im Rahmen entstehen können.
▶ *Rahmen proportional füllen:* Das Objekt wird so vergrößert, dass der Rahmen keine Leerfläche mehr enthält. Das Objekt behält seine Proportionen, sodass Teile von ihm eventuell abgeschnitten werden.

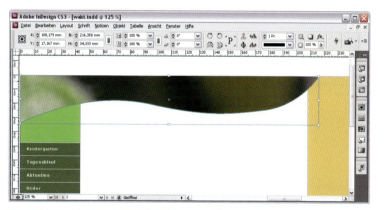

Abbildung 3.30 Das Bild (oben) wird zunächst in Originalgröße in den Rahmen eingefügt (links).

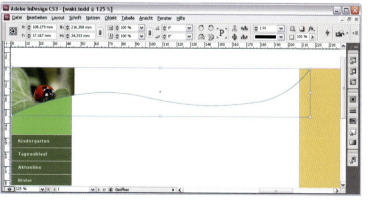

Abbildung 3.31 Mit *Inhalt proportional anpassen* skaliert InDesign das Bild so herunter, dass es vollständig in den Rahmen passt – der Rahmen ist zum Teil ungefüllt.

Abbildung 3.32 Der Befehl *Inhalt an Rahmen anpassen* ist in diesem Fall ebenfalls keine Lösung – das Bild wird ungeachtet seiner Proportionen in den Rahmen gezwungen

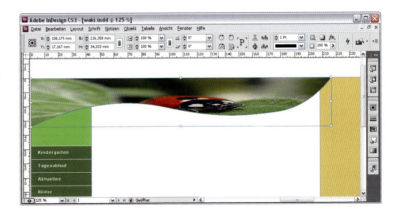

Abbildung 3.33 Mit *Rahmen proportional füllen* erzielen Sie hingegen das gewünschte Ergebnis.

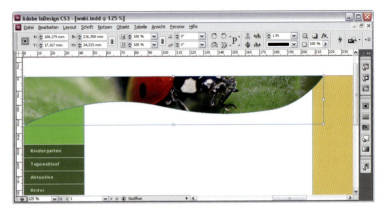

Mehrere Grafikdateien platzieren und ihre Größe anpassen

ID Neu in InDesign CS3

Neu in InDesign CS3 ist die Möglichkeit, in einem Zug mehrere Grafikdateien zu platzieren und ihnen dabei sogar gleich die richtige Größe zu verleihen – das heißt, dass sie automatisch korrekt in die zuvor vorbereiteten Rahmen eingepasst werden.

Markieren Sie dazu alle Grafikrahmen, die Sie mit Bildern füllen möchten, und wählen Sie *Objekt > Anpassen > Rahmeneinpassungsoptionen*.

Aus dem Popup-Menü *Einpassen* wählen Sie den entsprechenden Eintrag, beispielsweise *Rahmen proportional füllen*, wenn die Bilder den Rahmen vollständig ausfüllen und dabei korrekt proportioniert bleiben sollen (siehe folgendes Bild).

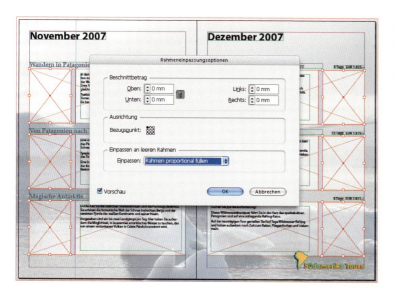

Abbildung 3.34 Bei ausgewählten Grafikrahmen wurde das Dialogfeld *Rahmeneinpassungsoptionen* geöffnet.

Sollen die Bilder zudem automatisch um einen bestimmten Wert beschnitten werden, geben Sie für jede Kante den entsprechenden Beschnittbetrag ein.

Ändern Sie gegebenenfalls den Bezugspunkt über das Schaubild in der Mitte des Dialogfelds und bestätigen Sie mit *OK*.

Lassen Sie die Bildrahmen ausgewählt und wählen Sie *Datei > Platzieren*. Markieren Sie alle Bilder, die Sie in die Rahmen einfügen möchten, und klicken Sie auf *Öffnen*.

Setzen Sie den Bezugspunkt in die Mitte, werden alle geladenen Bilder mittig platziert.

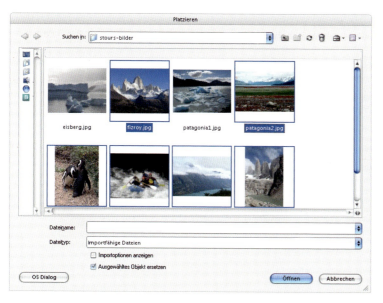

Abbildung 3.35 Markieren Sie alle Bilder, die Sie einfügen möchten.

Haben Sie zwischendrin ein Bild versehentlich im falschen Rahmen platziert, wählen Sie *Bearbeiten* > *Rückgängig* (Strg/⌘ + Z).

Abbildung 3.36 Die Bilder wurden in die Rahmen eingefügt und automatisch skaliert.

Übrigens können Sie den Cursor mit den geladenen Bildern auch „nachfüllen". Das heißt, dass Sie das Dialogfeld Platzieren erneut öffnen, während noch Grafiken am Cursor hängen, und weitere Dateien auswählen.

Außerdem können Sie auch verschiedene Elementtypen in den Cursor laden – beispielsweise Text- und Bilddateien.

Das erste Bild hängt am Mauszeiger. Zusätzlich sehen Sie eine eingeklammerte Zahl, die Ihnen mitteilt, wie viele Bilder Sie ausgewählt haben. Klicken Sie in den Rahmen, in den Sie das erste Bild einfügen möchten.

Das nächste Bild erscheint am Mauszeiger. Klicken Sie erneut in den für dieses Bild vorbereiteten Grafikrahmen. Fahren Sie so fort, bis Sie alle Bilder eingefügt haben. Sie werden automatisch auf die richtige Größe skaliert.

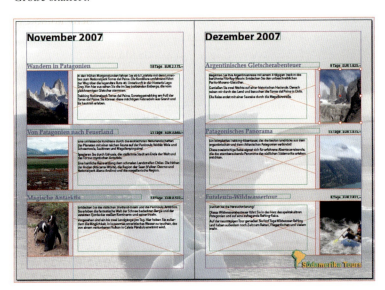

Eine Grafikdatei per Drag&Drop importieren

Auch per Drag&Drop lässt sich eine Grafik in Ihr InDesign-Dokument einfügen – diese Methode hat allerdings den Nachteil, dass Sie keine Importoptionen festlegen können.

Zeigen Sie den Finder bzw. Windows Explorer oder Adobe Bridge mit der gewünschten Grafikdatei an. Ziehen Sie die Datei mit gedrückter Maustaste in Ihr InDesign-Dokument. Sie wird in einen rechteckigen Rahmen in der tatsächlichen Größe der Grafik eingefügt.

Oder Sie öffnen die Grafik in Ihrem Bildbearbeitungs-/Zeichenprogramm, wählen sie dort aus und ziehen sie in das InDesign-Dokument bzw. kopieren sie mit Strg/⌘ + C und fügen sie in InDesign mit Strg/⌘ + V ein.

Bei der zuletzt genannten Methode erhalten Sie in InDesign häufig ein unbefriedigendes Ergebnis, da die Grafik nicht in voller Auflösung importiert wird.

Grafikformate

In InDesign lassen sich eine große Anzahl Grafikformate importieren:

Illustrator-Dateien

Vektorgrafiken aus Illustrator Vektorgrafiken ab Illustrator 5.5 können Sie direkt in Ihr Layout einfügen. Die Objekte, vorausgesetzt, sie sind nicht zu komplex, werden als bearbeitbare Rahmen in InDesign eingefügt, wobei sogar Transparenzen erhalten bleiben. Sehr komplexe Vektoren importiert InDesign als EPS.

Obwohl die Zeichenwerkzeuge von Adobe Illustrator und InDesign einander sehr ähnlich sind, sind diejenigen von Illustrator deutlich leistungsfähiger. In vielen Fällen ist es daher besser, wenn Sie eine bestimmte Vektorillustration oder einen Rahmen in Illustrator anfertigen und anschließend in InDesign einfügen.

Dieser Austausch geht ganz einfach und unkompliziert vonstatten: Wählen Sie die entsprechenden Objekte in Illustrator aus und ziehen Sie sie mit gedrückter Maustaste in Ihr InDesign-Dokument.

Auch mit *Bearbeiten/Kopieren* und *Bearbeiten/Einfügen* (Strg/⌘ + C und Strg/⌘ + V) können Sie arbeiten.

Die Illustrator-Vektorobjekte erscheinen in InDesign als Gruppe von Rahmen. Um sie zu bearbeiten, zerlegen Sie sie mit *Objekt/Gruppierung aufheben* in ihre Einzelobjekte.

Auf der Buch-CD finden Sie das Video *Vektorgrafiken aus Illustrator* mit interessanten Details zum Import aus Illustrator.

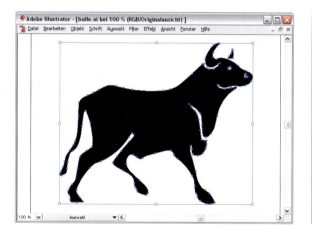
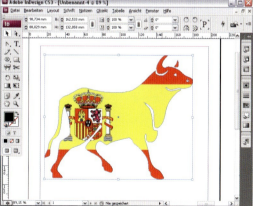

Abbildung 3.37 Links: Die Illustrator-Zeichnung. Rechts: wird als Rahmen in InDesign eingefügt und kann anschließend gefüllt werden.

Da PostScript-Dateien auf „normalem" Wege am Bildschirm nicht angezeigt werden können, erstellen die meisten Anwendungen beim EPS-Export ein Vorschaubild im Bitmap-Format, das dann im InDesign-Layout erscheint, sobald Sie die EPS-Datei platziert haben. Möchten Sie ein solches Dokument nun auf einem nicht postscriptfähigen Drucker ausgeben, gibt dieser lediglich das qualitativ geringwertigere Vorschaubild aus statt der eigentlichen EPS-Datei.

EPS-Dateien

EPS war bis vor kurzem das Standardformat für den Transfer von Bildern und vor allem von Vektordaten, zwischen Grafik- und DTP-Anwendungen. Sämtliche professionellen Programme auf diesem Sektor unterstützen den Import von EPS-Dateien. EPS-Dateien können sowohl Vektor- als auch Pixelgrafiken enthalten. EPS-Dateien, die Vektorgrafiken enthalten, können Sie in InDesign beliebig skalieren, ohne einen Qualitätsverlust zu erleiden. In EPS-Dateien enthaltene Pixelgrafiken hingegen sind nicht verlustfrei zu skalieren.

Wenn Sie in Photoshop oder Illustrator eine Grafik mit Volltonfarben gestaltet und als EPS exportiert haben, wird diese Farbe beim Platzieren der EPS-Datei in InDesign korrekt übernommen. Sie können dies im Bedienfeld *Farbfelder* überprüfen: Hier wird ein entsprechendes Vollton-Farbfeld angezeigt.

Abbildung 3.38 Diese in InDesign importierte Anzeige im EPS-Format verwendet zwei Volltonfarben, die im Bedienfeld *Farbfelder* angezeigt werden.

Beim Platzieren von EPS-Dateien können Sie verschiedene Importoptionen festlegen. Wählen Sie Befehlsfolge *Datei > Platzieren* und aktivieren Sie im folgenden Dialogfeld das Kontrollkästchen *Importoptionen anzeigen*, bevor Sie auf *Öffnen* klicken.

Eingebettete OPI-Bildverknüpfungen lesen

OPI ist die Abkürzung von Open Prepress Interface. Diese Anfang der 1990er Jahre von Aldus entwickelte Technologie hat folgenden Hintergrund: Man benötigte damals eine Möglichkeit, die Arbeit mit komplexen Layoutdateien zu beschleunigen. Der Layouter arbeitet mit einer niedrig aufgelösten Bildversion, die vom OPI-Server generiert wird. Wenn er dann später eine PostScript-Datei aus seiner Arbeit generiert, enthält diese nicht das Bild selbst, sondern nur sogenannte OPI-Kommentare, die dem Server die Bildparameter wie etwa Speicherort und Platzierung beschreiben. Bei der Druckausgabe setzt der OPI-Server auf der Basis dieser Anweisungen das hoch aufgelöste Bild ins Layout.

Auch heute noch hat die Arbeit mit der OPI-Technologie ihre Berechtigung, vor allem wenn es um bildlastige Medien wie etwa Magazine oder Kataloge geht. Das aktivierte Kontrollkästchen *Eingebettete OPI-Bildverknüpfungen lesen* sorgt dafür, dass InDesign die OPI-Bildverknüpfungen einliest.

Die Arbeit mit OPI und InDesign erfordert einiges Know-how, beispielsweise wenn es um Transparenzen geht; denn diese werden in der Grundeinstellung ohne jede Fehlermeldung mit dem Vorschaubild verrechnet. In diesem Fall müssen Sie gleich das Originalbild statt der Grobdaten laden.

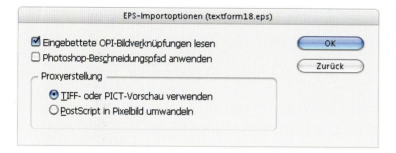

Abbildung 3.39 Aktivieren Sie das Kontrollkästchen *Eingebettete OPI-Bildverknüpfungen lesen*, wenn Sie mit einem OPI-Server arbeiten.

Sonstige Importoptionen

Das Kontrollkästchen *Photoshop-Beschneidungspfad anwenden* benötigen Sie, wenn Sie das Bild in Photoshop mittels eines Beschneidungspfads freigestellt haben. Weitere Informationen zu diesem Thema erhalten Sie ab Seite 202.

In der Gruppe *Proxyerstellung* entscheiden Sie, ob die im EPS vorhandene Pixelvorschau für die Anzeige des Bilds verwendet werden soll oder ob InDesign selbst eine Vorschau erstellen soll. Das bessere Ergebnis erhalten Sie mit dem Kontrollkästchen *PostScript in Pixelbild umwandeln*, allerdings ist die Bildschirmanzeige bei aktivierter Option *Tiff- oder Pict-Vorschau verwenden* deutlich schneller.

Beim Exportieren von EPS-Dateien aus Photoshop sollten Sie möglichst stets die TIFF- und nicht die PICT-Vorschau wählen. Der Grund: Gelegentlich zeigt InDesign nach dem Import einer EPS-Datei mit aktiviertem Optionsfeld Tiff- oder Pict-Vorschau verwenden das Vorschaubild nicht mit den üblichen 72 dpi, sondern nur mit 36 dpi an, wenn Sie die PICT-Vorschau gewählt haben.

DCS-EPS-Dateien

DCS (Desktop Color Separation) ist eine Entwicklung der Firma Quark, die es Anwendungen wie Photoshop ermöglichen sollte, vorseparierte Dateien zu erzeugen, die dann in QuarkXPress eingefügt werden können. Bei der CMYK-Ausgabe konnten kaum Probleme auftauchen: Da die Dateien schon separiert waren, konnte der RIP bei der Ausgabe keine Bildumrechnung mehr vornehmen.

InDesign ist in der Lage, DCS-Dateien zu platzieren. Beachten Sie jedoch, dass eine Komposit-CMYK-Ausgabe oder InRIP-Separation der DCS-Dateien (vgl. Seite 405) nicht möglich ist – auch nicht als Komposit-PDF – InDesign teilt Ihnen dies durch eine Warnmeldung mit. Dokumente mit platzierten DCS-Dateien müssen Sie als Separationen ausgeben. Auch Transparenzen und platzierte DCS-Dateien vertragen sich nicht.

Da Workflows heutzutage immer mehr auf die Ausgabe und den Transport von Komposit-PDFs abgestimmt werden, ist das Platzieren von DCS-Dateien nicht mehr besonders zeitgemäß.

PDF-Dateien

Lange Zeit exportierte man EPS-Dateien aus Seitenlayoutprogrammen, um Seitenelemente oder ganze Seiten in anderen Dokumenten wiederzuverwenden – zum Beispiel, um eine bestimmte Anzeige in verschiedenen Größen in unterschiedliche Layouts montieren zu können – und importierte sie dann wieder in die verschiedenen Dokumente.

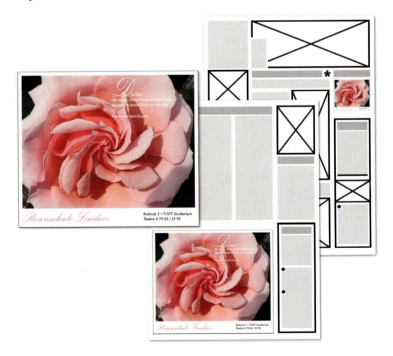

Abbildung 3.40 Früher war eine solche Mehrfachverwertung ein Fall für EPS, heute verwendet man üblicherweise PDF-Dateien. Die neueste Entwicklung ist die Möglichkeit, für diese Aufgaben InDesign-Dokumente im Layout zu platzieren.

In der Praxis stellt jedoch die Platzierung von PDF-Dateien im Layout die bessere Lösung dar (diese Möglichkeit wird nur noch vom Platzieren von InDesign-Dateien übertroffen – mehr darüber erfahren Sie auf Seite 262).

Die Vorteile von PDF- gegenüber EPS-Dateien

- PDF-Dokumente sind kleiner als EPS-Dateien. Da der PostScript-Code nicht geparsed werden muss, läuft der Import von PDF-Dokumenten schneller und reibungsloser als der von EPS-Dateien.
- Der PDF-Export aus InDesign ist sehr schnell und ergibt – die richtigen Einstellungen vorausgesetzt – eine qualitativ hochwertige und druckfertige Datei.
- Das Exportieren und Importieren von Transparenzen (mehr darüber ab Seite 303) verläuft reibungslos.
- Die PDF-Datei kann jederzeit ohne Vorbereitungen in Adobe Acrobat zu Kontrollzwecken betrachtet werden.

Auch ein PDF-Dokument setzen Sie mit dem Befehl *Datei > Platzieren* in Ihr Layout ein. Achten Sie auch hier darauf, dass das Kontrollkästchen *Importoptionen anzeigen* aktiviert ist, und klicken Sie auf *Öffnen*.

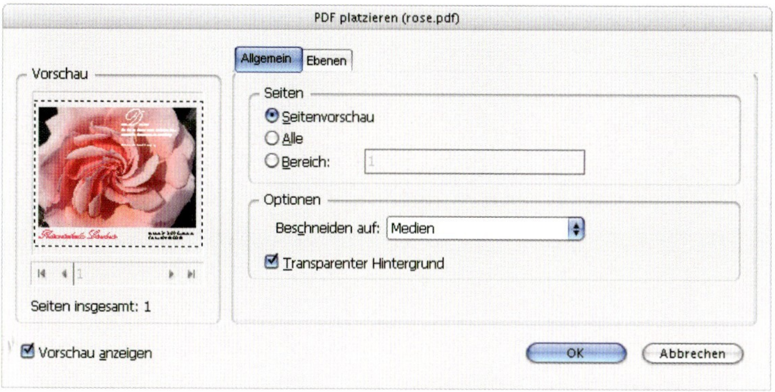

Wie Sie eine PDF-Datei für die Druckvorstufe und für andere Zwecke aus Ihrem InDesign-Dokument erzeugen, erfahren Sie in den Kapiteln 9 und 10.

Abbildung 3.41 Bei aktiviertem Kontrollkästchen *Importoptionen anzeigen* können Sie festlegen, wie InDesign Ihr PDF-Dokument im Layout platzieren soll.

- Bei mehrseitigen PDF-Dokumenten wählen Sie über die Steuerelemente unter der Vorschau, welche Seite Sie platzieren möchten.
- Im Popup-Menü *Beschneiden auf* geben Sie an, welche Begrenzungen für die platzierte Datei gelten sollen – das Endformat, das Endformat mit Beschnittzugabe, das Endformat mit Anschnitt oder nur die in der PDF-Datei vorhandenen Objekte. Links in der Vorschau sehen Sie jeweils die Wirkung Ihrer Auswahl.

▶ Aktivieren Sie das Kontrollkästchen *Transparenter Hintergrund*, haben Sie später die praktische Möglichkeit, das PDF-Bild mit einem anderen Hintergrund in Form eines Rahmens mit einer Flächenfarbe oder dergleichen zu hinterlegen.

▶ Das Register *Ebenen* verwenden Sie, wenn Sie nur einzelne Ebenen einer entsprechend ausgestatteten PDF-Datei importieren möchten. Mehr zu diesem Thema erfahren Sie im nächsten Abschnitt, denn auch bei Photoshop-PSD-Bildern können Sie einzelne Ebenen platzieren.

Photoshop-PSD-Dateien

Eines der besten Dateiformate für Bitmap-Daten, die Sie in InDesign platzieren möchten, ist das native Photoshop-PSD-Format. Der Austausch zwischen diesen beiden Anwendungen geht besonders elegant und reibungslos vonstatten – in Kapitel 4 erhalten Sie einige Beispiele dafür, zum Beispiel, wie Sie mit Ebenenmasken stufenlose Transparenzverläufe in Ihrem Layout gestalten. Hier erfahren Sie auch Details über die Importoptionen.

Auch ICC-Farbprofile können in Photoshop-Dateien eingebettet sein und InDesign kann bei aktiviertem Farbmanagement diese Farbinformationen verwenden. Ab Seite 175 erfahren Sie mehr darüber.

Zudem legen Sie gegebenenfalls fest, welche Ebenen der Photoshop-Datei sichtbar sein sollen, wenn das Bild in InDesign importiert wird. Dazu verwenden Sie das Register *Ebenen des Dialogfelds Bildimportoptionen*.

Vor den Ebenen, die in InDesign nicht angezeigt werden sollen, deaktivieren Sie das Augensymbol mit einem Klick. Vor den Ebenen, die angezeigt werden sollen, lassen Sie das Augensymbol aktiviert.

Im Popup-Menü *Beim Aktualisieren der Verknüpfung* bestimmen Sie, was passieren soll, wenn Sie das PSD-Bild in Photoshop ändern und anschließend in InDesign aktualisieren: Der Eintrag *Ebenensichtbarkeit von Photoshop verwenden* sorgt dafür, dass die Ebenensichtbarkeit aus dem PSD-Bild übernommen wird. Der Eintrag *Ebenensichtbarkeit beibehalten* lässt eine eventuell in Photoshop veränderte Ebenensichtbarkeit unberücksichtigt und verwendet die von Ihnen in InDesign vorgenommenen Einstellungen.

Möchten Sie die Ebenensichtbarkeit der bereits platzierten PSD-Datei ändern, markieren Sie sie und wählen Sie anschließend den Befehl *Objekt > Objektebenenoptionen*. Das nun angezeigte Dialogfeld gleicht dem oben besprochenen Register *Ebenen*. Bestimmen Sie hier, welche Ebenen Sie einblenden/ausblenden möchten, und weisen Sie die Änderungen mit *OK* zu.

Abbildung 3.42 Links: im Register *Ebenen* der Importoptionen für die Photoshop-Datei legen Sie fest, welche Ebenen in InDesign angezeigt werden sollen. Rechts: nur zwei der vier Ebenen der PSD-Datei werden in InDesign angezeigt.

TIFF-Dateien

Das TIFF-Format ist für Dateien, die gedruckt werden sollen, das am weitesten verbreitete Format, vor allem, weil es sehr flexibel ist. Denn TIFF unterstützt CMYK-, RGB-, Graustufen-, LAB- indizierte und Schwarzweißbilder sowie Alpha- und Schmuckfarbenkanäle. Von fast allen Mal-, Bildbearbeitungs- und Seitenlayoutprogrammen wird es unterstützt. Auch fast alle Desktop-Scanner können TIFF-Bilder produzieren.

Beim Platzieren von TIFF-Bildern mit Schmuckfarben verhält es sich wie bei PSD: InDesign übernimmt diese und zeigt sie im Bedienfeld *Farbfelder* an.

Haben Sie in der Photoshop-PSD-Datei mit Volltonfarben gearbeitet, übernimmt InDesign diese beim Import korrekt und führt sie im Bedienfeld *Farbfelder* auf.

JPEG-Dateien

Das JPEG-Format wird üblicherweise für die Darstellung von Fotos und anderen Halbtonbildern im Internet verwendet. Die Kompressionsrate ist ebenfalls relativ hoch, aber verlustbehaftet. Dafür komprimiert es im Echtfarbenmodus. Es unterstützt CMYK, RGB und Graustufenbilder.

Die meisten Digitalkamerabilder erhalten Sie im JPEG-Format. Wenn Sie JPEG-Bilder in Layouts, die für den professionellen Druck bestimmt sind, verwenden möchten, müssen Sie darauf achten, dass die Bilder mit 100-%-Qualität, also ohne Verluste, gespeichert sind. Nur solche JPEG-Dateien sind druckvorstufentauglich. Für einen reibungslosen Workflow mit JPEGs sollten Sie sich mit Ihrem Dienstleister besprechen.

Vermeiden Sie die nachträgliche Bearbeitung von JPEG-Dateien

Da die JPEG-Kompression, wie Sie gesehen haben, mit Qualitätsverlusten einhergeht, sollten Sie JPEG stets als Exportformat verwenden. Mit anderen Worten: Sie sollten Ihr Bild erst dann als JPEG-Datei speichern, wenn Sie sämtliche Bearbeitungen daran abgeschlossen haben. Denn jede erneute Speicherung bedeutet auch einen erneuten Detailverlust. Jedes Mal, wenn Sie eine JPEG-Datei öffnen, bearbeiten und erneut speichern, wird die Bildqualität schlechter – selbst bei maximaler Qualität. Deshalb sollten Sie stets eine Originaldatei im Photoshop- oder TIFF-Format bereithalten und diese bearbeiten.

Besonders problematisch ist dies bei Digitalkameras. Viele Geräte speichern die Bilder im JPEG-Format. Um das Problem zu reduzieren, speichern Sie das Bild erst in einem verlustfreien Format, zum Beispiel PSD, und bearbeiten es dann für das Web. Erst zum Schluss komprimieren Sie es in eine JPEG-Datei. Diese Komprimierung wird dennoch zu einem erneuten Qualitätsverlust führen. Um diesen möglichst gering zu halten, stellen Sie die Kompression möglichst niedrig ein.

Für die Druckvorstufe weniger geeignete Dateiformate

Dateiformat	Erläuterung
BMP	BMP ist ein typisches Windows-Pixelbildformat und wird für bestimmte Aufgabenbereiche wie z.B. das Speichern von Desktop-Hintergründen verwendet. Es unterstützt kein CMYK und ist damit nur eingeschränkt für die professionelle Druckvorstufe geeignet. Wenn Sie BMP-Daten erhalten, sollten Sie sie in Photoshop in das PSD- oder TIFF-Format konvertieren.

Dateiformat	Erläuterung
PICT	PICT ist das typische Macintosh-Bildformat. Bilder lassen sich in diesem Format sehr gut komprimieren, besonders wenn sie große einfarbige Flächen aufweisen. Auch PICT-Bilder eignen sich weniger für die professionelle Druckvorstufe.
GIF	Das GIF-Format ist eines der im Internet gebräuchlichsten Kompressionsformate. Es komprimiert Dateien sehr stark, hat aber den Nachteil, dass höchstens 256 Farben verwendet werden können. Dafür unterstützt es Transparenzen und sogar Animationen. GIF-Bilder sollten Sie ausschließlich für Layouts verwenden, die für die Betrachtung am Bildschirm gedacht sind.
WMF	Das WMF- und EMF-Format sind typische Windows-Grafikformate, die in semiprofessionellen Anwendungen vorzugsweise verwendet werden. WMF- und EMF-Grafiken können sowohl Bitmap- als Vektordaten enthalten. Verwenden Sie diese Dateiformate nur für Arbeiten, die auf normalen Bürodruckern oder für die Betrachtung am Bildschirm ausgegeben werden sollen. Für die Ausgabe auf Druckplattenbelichter und anderen hochauflösenden Ausgabegeräten eignen sie sich durch ihre schlechte Kurvenwiedergabe weniger.
PNG	Das PNG-Format (sprich: Ping) wird ebenfalls vor allem für Webgrafiken verwendet. Das PNG-Format vereint die Vorteile von GIF und JPEG ohne deren Nachteile: Transparenzen sind möglich, die Kompression kann ohne Qualitätsverluste erfolgen. Echtfarben sind möglich. Ein weiterer Vorteil des PNG-Formats ist, dass es lizenzfrei ist. Moderne Browser unterstützen dieses Format – allerdings nach wie vor nicht mit allen Features. Ältere Browser haben teilweise Probleme mit der PNG-Darstellung. Farbige PNG-Bilder sind immer RGB-Bilder, sodass sie nicht separiert werden können. Graustufen-PNGs können Sie auch für den Druck auf hochauflösenden Geräten verwenden.

Farbmanagement

Gerade im professionellen Electronic Publishing machen Farben häufig Probleme, da Auftraggeber mitunter schon kleinste Farbabweichungen reklamieren. Das Thema „Farbmanagement" ist deshalb im Produktionsprozess extrem wichtig. Gleichzeitig ist es jedoch so komplex, dass nicht wenige Kreative und Produktioner sich gerne „davor drücken". Einer der häufigsten Gründe für Farbabweichungen im Desktop Publishing sind unterschiedliche Farbräume – zum Beispiel der geräteabhängige RGB-Farbraum von Monitoren und Scannern, der CMYK-Farbraum für den Druck.

Der CMYK-Farbraum ist kleiner ist als der RGB-Farbraum. Trotzdem enthält der CMYK-Farbraum Farben, die im RGB-Farbraum nicht darstellbar sind, denn die Farbräume liegen nicht deckungsgleich. Farben, die außerhalb des Bereichs eines Geräts liegen, können von diesem nicht dargestellt werden. Sogar im gleichen Modus – zum

Beispiel RGB – kann der Farbumfang zweier Geräte, zum Beispiel einer Digitalkamera und eines Monitors, etwas unterschiedlich sein. Das Ergebnis ist, dass Farben sich unter Umständen optisch verändern, wenn Sie sie auf ein anderes Gerät übertragen. Dadurch kann es passieren, dass ein von Ihnen gescanntes oder digital fotografiertes Bild auf dem langen Weg über Bildbearbeitungsprogramm, Layoutrogramm und die Postscript-Ausgabe bis hin zum Satzbelichter Ihres Reproinstituts und schließlich zum Offsetdrucker ganz andere Farben zeigt als ursprünglich am Monitor.

Vierfarbige Drucksachen werden im CMYK-Farbraum ausgegeben. Für die Anzeige desselben Layouts am Monitor sowie für die Erfassung der enthaltenen Abbildungen per Scanner oder Digitalkamera verwenden Sie hingegen den RGB-Farbraum. Daher kann es in verschiedenen Anwendungsprogrammen zu einem bekannten Phänomen kommen: Sie erstellen am Bildschirm eine Grafik inleuchtenden Farben. Danach drucken Sie sie aus oder lassen sie im Offsetdruck reproduzieren – und der Druck entspricht überhaupt nicht Ihren Vorstellungen. Besonders Blau- und Grüntöne wirken am Bildschirm häufig viel lebhafter und leichter als im Ausdruck. Somit ist es sehr schwer vorauszusagen, welche Farben Sie im Druck tatsächlich erhalten. Die Farben am Bildschirm haben in vielen Programmen nicht viel mit den Farben im Druck zu tun.

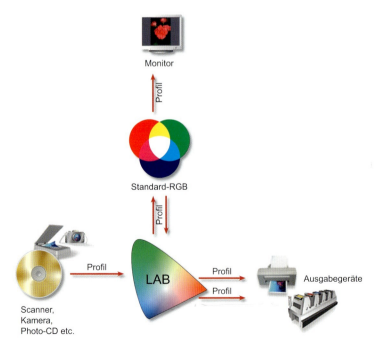

Abbildung 3.43 Überblick über die Abläufe beim Farbmanagement

Das Ziel der Farbverwaltung ist es, die Parameter für die Ein- und Ausgabegeräte so einzustellen, dass eine enge Übereinstimmung zwischen den Farben auf dem Bildschirm und den gedruckten Farben erzielt wird.

In diesem Zusammenhang werden Farbmanagementsysteme (Color Management Systems, CMS) verwendet. Diese interpretieren und übertragen Farben auf verschiedenen Geräten korrekt. Dabei wird der Farbraum, in dem eine Farbe erzeugt wurde (zum Beispiel eines Scanners), mit dem Farbraum des Ausgabegeräts (zum Beispiel eines Druckers) verglichen und eventuell angepasst, sodass die Farben auf den beteiligten Geräten so identisch wie möglich aussehen. Zu diesem Zweck werden so genannte Profile verwendet, auf die wir auf der nächsten Seite näher eingehen.

Wie die Abbildung 3.43 zeigt, wird das eingelesene Bild vom Treiber des Scanners in Standard-RGB umgewandelt. Seine Farben werden für den verwendeten Monitor korrigiert und sie werden für das jeweilige Ausgabegerät vierfarbsepariert bzw. in den RGB-Ausgabefarbraum konvertiert. Die Abbildung zeigt auch, dass Lab im Farbmanagement als Referenzfarbraum verwendet wird. Wenn beispielsweise RGB in CMYK umgerechnet wird, geschieht dies über die Zwischenstation Lab. Der Anwender bemerkt davon nichts.

ICC-Profile

Für die Farbverwaltung werden Geräteprofile für die beteiligte Soft- und Hardware verwendet, zum Beispiel für Eingabegeräte wie Scanner und Digitalkamera, für den Monitor und für Ausgabegeräte, zum Beispiel gewöhnliche Bürodrucker oder auch Druckplattenbelichter. Korrekt eingerichtet, kann ein Workflow mit ICC-Profilen zwar nicht alle, aber doch sehr viele Farbprobleme beheben. Ein solches Farbmanagement koordiniert die Farbdarstellung bereits auf Betriebssystemebene, damit die Farben im gesamten Produktionsprozess auf jedem Ausgabegerät korrekt dargestellt werden.

ICC ist die Abkürzung für International Color Consortium – von diesem wurde das ICC-Profil als plattformübergreifender Standard für das Farbmanagement vorgeschlagen und definiert. ICC-Profile sind kleine Dateien, die sich einer allgemeinen Sprache bedienen, um zu beschreiben, wie ein bestimmtes Gerät Farbe reproduziert. Die Algorithmen zur Umrechnung auf die Geräteeigenschaften sind in den CMMs (Color-Matching-Modulen) gespeichert. Ein Profil enthält Informationen zum Gerät, zur Reproduktionsart und zu den verwendeten Medien.

Eine ICC-taugliche Anwendung (wie etwa die Adobe-Anwendungen InDesign, Photoshop, Illustrator und Acrobat) verknüpft die Profile so, dass eine exakte Umrechnung der Farben zwischen verschiedenen Farbräumen möglich ist, zum Beispiel dem eines bestimmten Monitors und dem eines bestimmten Druckers. Das Ergebnis ist eine möglichst hohe Farbübereinstimmung in der Farbdarstellung dieser beiden Geräte.

Eine wichtige Eigenschaft von ICC-Profilen ist, dass Sie sie in Bilder einbetten können. Wenn ein solches Bild mit einem eingebetteten Profil auf einem anderen Computer geöffnet wird, wird die entsprechende ICC-fähige Anwendung „wissen", wie die Farben des Bilds für den Monitor und Drucker dieses Computers umgerechnet werden müssen. In den meisten Fällen werden Sie Ihre Bilder in den Arbeitsfarbraum Ihres Programms umrechnen und dieses Profil einbetten. Im Produktionsprozess werden solche ICC-Profile etwa folgendermaßen eingesetzt:

▶ In der Druckerei wird ein Profil für die verwendete Drucktechnik, das verwendete Papier eingerichtet.
▶ Dieses wird an sämtliche an der Produktion Beteiligte weitergegeben, unter anderem an Sie als Gestalter.
▶ Sie können das Profil dann für Ihre Arbeit mit InDesign verwenden.

Es gibt drei Geräteprofilvarianten: Eingabeprofile für Scanner, Kameras, Monitorprofile und Ausgabeprofile für Drucker, Druckmaschinen. Jedes Gerät in der Produktionskette muss über ein entsprechendes Profil verfügen, soll der Farbmanagement-Workflow funktionieren. Das Ausgabeprofil wird den Daten meistens erst am Ende der Produktionskette gemäß dem verwendeten Ausgabegerät zugewiesen.

Wenn die benötigten Profile vorhanden sind, müssen Sie InDesign noch mit ihnen bekannt machen. Nur dann kann das Programm die Farben richtig umrechnen. Sie können auch Standardprofile, die in InDesign bereits vordefiniert sind, verwenden. Für viele Anwendungen sind diese völlig ausreichend.

Praxisprobleme

Leider läuft es in der Praxis selten so reibungslos ab. Der beschriebene Workflow funktioniert nur, wenn alle beteiligten Geräte gewissenhaft charakterisiert und mit individuellen Geräteprofilen versehen werden

– und das ist im oft hektischen Produktionsalltag durchaus nicht die Regel. Zu diesem Zweck benötigt man eine Profilierungssoftware und spezielle Messwerkzeuge oder man betraut einen Color-Management-Consultant mit dieser Aufgabe, der gleichzeitig eine Schulung für die Beteiligten durchführt.

Zudem ist auch ein perfekt eingerichtetes Farbmanagement keine hundertprozentige Garantie für absolut exakte und konsistente Farbe. Jeder Monitor altert, Druckfarben und Papier können variieren – es gibt viele Fehlerquellen, Schwankungen und Abweichungen.

Die Kalibrierung des Monitors

Für die meisten Geräte stellen die Hersteller Standardprofile zur Verfügung. Viele dieser Profile reichen für gängige Anwendungen auch aus. Bei Monitoren sieht es etwas anders aus – naturgemäß ist Ihr Bildschirm der Ausgangspunkt für die Sicherung korrekter Farben. Für den Monitor sollten Sie also auf jeden Fall ein eigenes Profil erstellen – und zwar in regelmäßigen Abständen – denn hier spielt nicht nur das Alter des Bildschirms eine Rolle, sondern auch die Lichtverhältnisse in der Umgebung. Ob Sie sich die notwendigen Kenntnisse aneignen, um dieses Profil selbst zu erstellen, oder ob Sie einen Consultant damit beauftragen, ist unter anderem eine Frage des Geldbeutels.

Zur Kalibrierung in Eigenregie verwenden Sie entweder eine Software wie Adobe Gamma – dann erhalten Sie allerdings kein allzu genaues Profil. Besser ist es, eines der leicht bedienbaren Kalibriergeräte für Ihren Monitor und die passende Software zu erwerben. Die Kosten für solche Lösungen beginnen bei etwa 80 Euro. Diese Systeme – mittlerweile nicht nur für Röhrenmonitore, sondern auch für TFT-Displays erhältlich – messen mithilfe eines Spektrophotometers oder eines Colorimeters ein Geräteprofil ein und stellen es dem Betriebssystem zur Verfügung. Wenn Sie mit einem Macintosh arbeiten, wird das Geräteprofil an ColorSync übergeben, das die Bildschirmeinstellung dann dementsprechend vornimmt.

Proof-Monitore werden häufig bereits mit einem entsprechenden Kalibrierungsgerät geliefert.

Die Kalibrierung von Drucker und Scanner

Die Hersteller-Standardprofile sind bei den verschiedenen Druckern qualitativ sehr unterschiedlich. Allerdings stellen die Kalibrierung und die Profilierung von Druckern ein recht komplexes Thema dar und pro Papiersorte sollte ein eigenes Profil erstellt werden. Wahrscheinlich ist hier die Unterstützung eines Experten notwendig. Anders die Profilierung üblicher Flachbettscanner – diese lässt sich sehr einfach selbst bewerkstelligen und lohnt sich daher auf jeden Fall.

Farbverwaltung

Da Farbmanagement ein sehr komplexes Thema ist, sollten Sie es nicht auf eigene Faust angehen, da hier viele Fehlerquellen existieren. Sprechen Sie sich vielmehr mit Ihren Produktionspartnern ab, um einen konsistenten Farb-Workflow zu erzielen. Anderenfalls ist es meist besser, das Farbmanagement deaktiviert zu lassen und die endgültige Farbeinstellung Ihrem Dienstleister zu überlassen.

Standardmäßig ist die Farbverwaltung in InDesign – genau wie in den anderen Anwendungen der Creative Suite – aktiviert.

Wählen Sie *Bearbeiten > Farbeinstellungen*. Am Kopf des Dialogfelds finden Sie in der Grundeinstellung die Mitteilung, dass die Farbeinstellungen für alle Creative Suite-Anwendungen synchronisiert sind. Das bedeutet, dass die Farben in allen Anwendungen der Creative Suite identisch wiedergegeben werden.

> Wenn Sie ein Farbmanagement einrichten möchten, sollten Sie auch die hoch auflösende Bildschirmdarstellung verwenden, um die Farben möglichst genau anzuzeigen. Die hohe Auflösung stellen Sie über *Ansicht > Anzeigeleisteung > Anzeige mit hoher Qualität* ein.

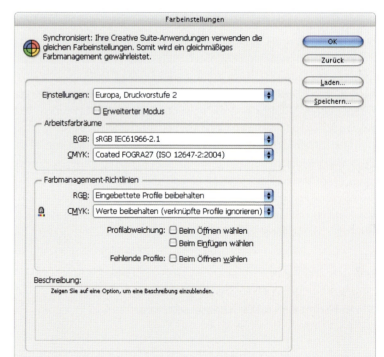

Abbildung 3.44 Die Grundeinstellungen für die Farbverwaltung nehmen Sie im Dialogfeld *Farbeinstellungen* vor.

Sollte statt dieses Hinweises eine Warnmeldung erscheinen und Sie arbeiten mit mehreren Creative Suite-Anwendungen, dann sollten die Sie Farbeinstellungen synchronisieren (dazu benötigen Sie aber die komplette Creative Suite und nicht nur einzelne Anwendungen).

1 Klicken Sie rechts oben im Steuerungsbedienfeld auf die Schaltfläche Gehe zu Bridge.
2 Anschließend wählen Sie *Bearbeiten > Creative Suite-Farbeinstellungen*. Nun wählen Sie die gewünschte Farbeinstellung (mehr darüber gleich im nächsten Abschnitt) und klicken auf *Anwenden*.

Abbildung 3.45 Zur Synchronisierung der Creative-Suite-Farbeinstellungen benötigen Sie Adobe Bridge.

Arbeiten Sie nur mit InDesign, ist eine Synchronisation nicht notwendig.

Die Farbmanagement-Einstellungen

Arbeitsfarbraum und CMM (Color Matching Module = Farbabstimmungsmodul) können Sie direkt im Dialogfeld *Bearbeiten > Farbeinstellungen* von InDesign festlegen. Das CMM simuliert die Farben, die außerhalb des Quellgerät-Gamuts liegen, durch möglichst ähnliche Farben innerhalb des Zielgerät-Gamuts.

Die Arbeitsfarbräume bestimmen

CSF-Dateien werden nicht nur in InDesign verwendet, sondern in allen Anwendungen der Creative Suite in Acrobat, Illustrator und Photoshop. Dies ermöglicht innerhalb der Adobe-Produktfamilie eine identische Bildschirmdarstellung von farbigen Objekten, ob es sich nun um Pixelbilder, Vektorgrafiken oder Schriften handelt.

Im Gegensatz zu den Geräteprofilen sollen Arbeitsfarbräume keine individuellen Eigenschaften von bestimmten Geräten darstellen – sie sollen vielmehr Einheitlichkeit in jeder Situation schaffen. Aus dem Popup-Menü *Einstellungen* wählen Sie eine der vorgegebenen Konfigurationen – das sind vordefinierte CSF-Dateien. Die darunter dargestellten Optionen werden entsprechend angepasst.

Voraussetzung ist, dass Sie in den anderen Programmen dieselben Arbeitsfarbräume festgelegt bzw. das Farbmanagement synchronisiert haben. Die Grundeinstellung in diesem Popup-Menü – *Europa, Druckvorstufe 2* – eignet sich für Druckwerke, die im europäischen Raum im Offsetdruckverfahren auf gestrichenem Papier ausgegeben werden sollen, da man sich hier auf diesen Standard geeinigt hat.

Am Mac können Sie auch die Einstellung *ColorSync Workflow* auswählen, wenn Sie auf Ihrem Rechner mit der ColorSync-Technologie Farbprofile definiert haben. Dann verwendet InDesign die Profile, die Sie im Kontrollfeld *ColorSync* ausgewählt haben.

Alternativ – zum Beispiel, wenn ein bestimmtes Ausgabegerät verwendet werden soll – richten Sie die gewünschten Arbeitsfarbräume manuell ein, indem Sie aus den Popup-Menüs der Optionsgruppe *Arbeitsfarbräume* die entsprechenden Einträge wählen. Sie können für RGB und CMYK getrennte Arbeitsfarbräume festlegen.

RGB-Arbeitsfarbräume

▶ Den standardmäßig eingestellten Farbraum *sRGB*, der einen „Durchschnittsmonitor" simuliert, sollten Sie nur verwenden, wenn Sie ausschließlich für das Web produzieren, da er für die meisten anderen Anforderungen einen zu geringen Umfang hat.

▶ Wenn Sie mit einem kalibrierten Monitor arbeiten (was eine wichtige Voraussetzung für das Farbmanagement ist), können Sie den Eintrag *Monitor RGB – [Kalibriertes Profil]* wählen.

▶ Der Adobe-RGB-Arbeitsfarbraum ist für die Produktion von Bildschirmmedien gut geeignet. Bei Printmedien führt er mitunter zu einem Blaustich.

CMYK-Arbeitsfarbräume

▸ Der voreingestellte CMYK-Arbeitsfarbraum *Coated Fogra 27* ist normalerweise eine gute Wahl für den Offsetdruck auf gestrichenem Papier.
▸ Für ungestrichenes Papier können Sie beispielsweise *Euroscale Uncoated* verwenden.

Alternativ zu den Adobe-Vorgaben finden Sie auf der Website *www.eci.org* der European Color Initiative professionelle Druckausgabe-Profile.

Benutzerdefinierte CSF-Dateien verwenden

Falls Ihr Druckdienstleister eine geeignete CSF-Datei zur Verfügung stellt, die genau auf den geplanten Workflow zugeschnitten ist, sollten Sie diese statt der Standardarbeitsfarbräume verwenden. Falls Sie sie an einem beliebigen Ort auf Ihrer Festplatte gespeichert haben, laden Sie sie über die Schaltfläche *Laden* des Dialogfelds *Farbeinstellungen*.

Damit die CSF-Datei hingegen gleich im Popup-Menü *Einstellungen* angezeigt wird, speichern Sie sie im Standardordner für Einstellungen. Sie finden diesen heraus, indem Sie im Dialogfeld *Farbeinstellungen* auf die Schaltfläche *Speichern* klicken.

Das Farbmanagement ausschalten bzw. deaktivieren

Bei ausgewähltem Eintrag *Farbmanagement aus* simuliert InDesign das Verhalten von Anwendungen ohne Farbmanagementunterstützung. Da die wenigsten Endnutzer von Bildschirmpräsentationen ein Farbmanagement auf ihrem Rechner eingerichtet haben, ist dieser Eintrag nützlich für die Erstellung von Medien, die ausschließlich auf dem Monitor betrachtet werden.

Die Farbmanagement-Richtlinien

Dieser Bereich bezieht sich darauf, wie InDesign mit abweichenden Farbprofilen in platzierten Dateien verfahren soll. Mehr über eingebettete Profile in Bildern erfahren Sie auf Seite 187.

In einem CMYK-Workflow können Sie im Bereich *Farbmanagement-Richtlinien* für RGB den Eintrag *In Arbeitsfarbraum umwandeln* wählen. Für CMYK gewährleistet der Eintrag *Werte beibehalten (verknüpfte Profile ignorieren)* einen sicheren CMYK-Workflow. Das heißt, dass die Farbwerte von CMYK-Farben beim Platzieren etwa von Illustrator-Bildern unverändert übernommen werden. Möchten Sie die Werte hingegen gemäß dem eingebetteten Profil anpassen, wählen Sie *Eingebettete Profile beibehalten*.

Im Bereich *Profilabweichung* haben Sie zwei Möglichkeiten: *Profilfehler beim Öffnen wählen* zeigt eine Konfliktmeldung beim Öffnen von Dateien mit abweichendem Profil. *Beim Einfügen wählen* zeigt eine Konfliktmeldung beim Platzieren oder Einfügen von Bilddaten mit abweichendem Profil.

Fehlende Profile beim Öffnen wählen zeigt eine Konfliktmeldung beim Öffnen von Dateien ohne Profil.

Das CMM bestimmen

Die Color-Engine (CMM = Color Matching Module), die außerhalb des Quellgerät-Gamuts liegende Farben durch Farben im Farbbereich des Zielgeräts simuliert, bestimmen Sie über den Bereich *Konvertierungsoptionen*. Sie schalten diese hinzu, indem Sie im oberen Bereich des Dialogfelds das Kontrollkästchen *Erweiterter Modus* aktivieren.

Abbildung 3.46 Über die Umwandlungsoptionen legen Sie die verwendete Color-Engine fest.

Für die meisten Fälle empfiehlt sich die Auswahl der *Adobe Color Engine (ACE)* – auch Photoshop, Illustrator und Acrobat arbeiten mit dieser Engine. Darunter wählen Sie die gewünschte Priorität aus. Sie haben die Wahl zwischen *Wahrnehmung*, *Sättigung*, *Relativ* und *Absolut farbmetrisch*.

Die Priorität bestimmt die Art, wie die Farben von einem in den anderen Farbumfang umgerechnet werden. Vor allem wenn Sie Farben von einem größeren in einen kleineren Gamut umrechnen müssen, etwa RGB in CMYK, entstehen Farbabweichungen. Überlegen Sie, ob Ihnen die Wahrung der Farbverhältnisse untereinander wichtiger ist als eine möglichst große Farbgenauigkeit und umgekehrt (im Anschluss erhalten Sie dazu noch einige Hinweise). In diesem Zusammenhang sind die vier Möglichkeiten zu sehen. Welche Sie wählen, hängt ganz von der Art Ihres Dokuments ab. Da InDesign die Einstellungen des Dialogfelds, wie gesagt, speichert, sollten Sie die Priorität für jedes mit Farbmanagement versehene Dokument prüfen:

- Die Priorität *Wahrnehmung* eignet sich für Dokumente, in denen fotografische Abbildungen überwiegen. Denn dabei wandelt InDesign die Farben bei einer Konvertierung in einen kleineren Ziel-Gamut so um, dass die Verhältnisse der Farben zueinander beibehalten werden und legt dabei auf absolute Farbgenauigkeit weniger Wert als auf ein natürliches Erscheinungsbild der Farben.
- Die Priorität *Sättigung* hingegen verwenden Sie für Dokumente, in denen Vektorgrafiken und andere Abbildungen mit plakativen Farbtönen überwiegen, deren Intensität und Lebhaftigkeit beibehalten werden, soll. Die Farbgenauigkeit steht auch hier nur an zweiter Stelle.
- *Relativ farbmetrisch* wahrt die Farbgenauigkeit und eignet sich daher ebenfalls eher für Vektorgrafiken mit wenigen Farben.

Ihre fertigen Einstellungen können Sie nun mit einem Klick auf die Schaltfläche *Speichern* sichern und anschließend in der gesamten Creative Suite verwenden. Gehen Sie zur Synchronisierung vor wie oben beschrieben. Sie finden Ihre eigenen Einstellungen an letzter Stelle in der Liste des Dialogfelds *Suite-Einstellungen* in Adobe Bridge.

Wenn Sie das Dialogfeld *Farbeinstellungen* mit *OK* bestätigen, sehen Sie eventuell einen Unterschied in der Darstellung Ihres Dokuments. Beachten Sie, dass Sie lediglich die Anzeige der Dokumentfarben geändert haben und nicht die Farben selbst. Außerdem ist diese Darstellung bzw. ihre Relevanz abhängig von der korrekten Profilierung Ihres Monitors und anderer beteiligter Geräte.

Lassen Sie das Kontrollkästchen *Tiefenkompensierung verwenden* aktiviert, um Fehldarstellungen zu vermeiden. Die Tiefenkompensierung sorgt dafür, dass die Differenzierung der Bildtiefen erhalten bleibt, indem die dunkelste neutrale Farbe des Quellfarbraums mit der dunkelsten neutralen Farbe des Zielfarbraums abgestimmt wird. Der Hintergrund dabei ist, dass durchaus nicht jedes Ausgabegerät ein so tiefes Schwarz ausgeben kann, wie es etwa im Lab-Farbraum definiert werden kann. Würde man beispielsweise wenn der Zielfarbraum Zeitungsdruck-CMYK ist auf die Tiefenkompensierung verzichten, wäre ein ausgewaschenes Bild das Ergebnis.

Kapitel 3: Grafische Elemente einfügen

Quellprofile auswählen

Nun fehlen noch die Quellprofile. Beim Speichern bettet InDesign die hier definierten Arbeitsfarbräume ein, allerdings nur für Layoutelemente oder importierte Grafiken ohne eigene eingebettete Profile. So eignet sich dieses Dialogfeld auch für Dokumente ohne Farbmanagement, die Sie nachträglich mit Farbprofilen versehen möchten.

Nicht verwendet werden diese Quellprofile, wenn Sie in InDesign ein Bild importieren, in das bereits ein Farbprofil eingebettet ist – dann wird dieses verwendet und nicht das in InDesign definierte Quellprofil. Sie können das in das Bild eingebettete Profil allerdings auch überschreiben, wie auf der nächsten Seite dargestellt.

1 Wählen Sie *Bearbeiten/InDesign > Profile zuweisen*.
2 Im folgenden Dialogfeld aktivieren Sie sowohl für das RGB- als auch das CMYK-Profil jeweils das Optionsfeld *Aktuellen Arbeitsfarbraum zuweisen*.

Sie finden hier die im Dialogfeld *Farbeinstellungen* vorgenommenen Einstellungen wieder.

Bei den Prioritäten müssen Sie eventuell Einstellungen vornehmen. Je nachdem, welche Art Bilder Sie in Ihrem Layout platzieren, verwenden Sie eine der beschriebenen Prioritäten.

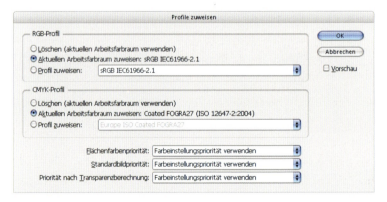

Abbildung 3.47 Im Dialogfeld *Profile zuweisen* bestimmen Sie unter anderem, welche Arbeitsfarbräume für Bilder ohne eingebettetes Profil verwendet werden sollen.

Hier kommen einige Einstellungen hinzu: *Flächenfarbenpriorität*, *Standardbildpriorität* und *Priorität nach Transparenzberechnung*.

Für die *Flächenfarbenpriorität* eignet sich der Eintrag *Relativ farbmetrisch*, um die Farbgenauigkeit zu wahren. Für die *Standardbildpriorität* und die *Priorität nach Transparenzberechnung* lassen Sie jeweils den Eintrag *Farbeinstellungspriorität verwenden* ausgewählt, um fotografische Abbildungen in natürlichen Farben wiederzugeben.

Fertigstellen des Farbmanagements

Nachdem Sie diese Maßnahmen getroffen haben, können Sie davon ausgehen, dass Ihr Dokument so farbgetreu dargestellt wird wie möglich. Vergewissern Sie sich, dass Ihr Dokument in optimierter Darstellung angezeigt wird.

Platzierte Bilder und Farbmanagement

Beim Platzieren von Bildern in InDesign bestimmen Sie, auf welche Weise das von Ihnen eingerichtete Farbmanagement angewandt werden soll. Hat das im Layout platzierte Bild beispielsweise ein eigenes eingebettetes Profil und eine eigene Render-Priorität, können Sie diese Einstellungen übernehmen. Das eingebettete Profil des Bilds und das Farbmanagement des Dokuments werden auf das Bild angewandt.

Ein Bild ohne eingebettetes Profil versieht InDesign beim Importieren mit dem Standard-Quellprofil, je nach Bildtyp dem CMYK-, RGB- oder Lab-Profil. Das Standard-Quellprofil gilt auch für die Farben aller Layoutobjekte, die Sie direkt in InDesign erstellen.

Bei platzierten Illustrator-Bildern wird in der Grundeinstellung ein eingebettetes Profil ignoriert, solange der so genannte sichere CMYK-Workflow aktiviert ist. Das heißt, dass Sie in dem ab Seite 180 erläuterten Dialogfeld *Farbeinstellungen* als *CMYK-Farbrichtlinie Werte beibhalten (verknüpfte Profile ignorieren)* gewählt haben. Sie haben also für Bilder zwei Optionen:

▶ Entweder Sie betten das benötigte Profil bereits in Photoshop bzw. Illustrator in Ihr Bild ein oder
▶ Sie betten in Photoshop bzw. Illustrator kein Profil in das Bild ein und weisen das benötigte Profil erst in InDesign zu.

Sind Sie nicht sicher, ob ein bestimmtes Bild in Ihrem Layout mit einem eingebetteten Profil versehen ist, wählen Sie *Datei > Preflight* und öffnen die Kategorie *Verknüpfungen und Bilder*. In der rechten Spalte der Liste sehen Sie, ob die Bilder über eingebettete ICC-Profile verfügen.

Mehr über die Preflight-Funktion erfahren Sie in Kapitel 8.

Ein Profil in ein Photoshop-Bild einbetten

In Photoshop wählen Sie *Bearbeiten > Farbeinstellungen*. Wählen Sie hier die entsprechenden Einstellungen, die denen in InDesign entsprechen.

Betten Sie das so bestimmte Profil nun ein, indem Sie *Datei/Speichern unter* wählen und im Dialogfeld das Kontrollkästchen *ICC-Profil* aktivieren. Platzieren Sie das Bild nun in Ihrem Layout. Das eingebettete Profil wird ohne Nachfrage in InDesign übernommen.

Auch ein bereits in InDesign platziertes Bild können Sie nachträglich noch in Photoshop mit einem Profil versehen: Im Bedienfeld *Verknüpfungen* wählen Sie es dazu aus und klicken dann auf die Schaltfläche *Original bearbeiten*. Weisen Sie in Photoshop wie oben beschrieben das Profil zu. Das Bild wird in InDesign automatisch aktualisiert.

Ein Bild in InDesign mit einem Profil versehen

Sie können ein Bild ohne eingebettetes Profil auch noch während des Imports in InDesign mit einem Profil versehen.

Auch nachträglich – das heißt, wenn das Bild schon im Layout platziert ist – können Sie es noch mit einem Profil versehen oder das bestehende Profil ändern.

1 Wählen Sie *Datei > Platzieren* und aktivieren Sie das Kontrollkästchen *Importoptionen anzeigen*.
2 Klicken Sie auf *Öffnen* und zeigen Sie das Register *Farbe* an.
3 Aktivieren Sie hier das Kontrollkästchen *Farbmanagement aktivieren* und wählen Sie das gewünschte Profil und eine geeignete Renderpriorität aus.
4 Wählen Sie das Bild im Layout aus.
5 Wählen Sie *Objekt > Farbeinstellungen für Bild*. Die Einstellungen in diesem Dialogfeld gleichen denen des zuvor besprochenen Registers *Farbe* im Dialogfeld *Bildimportoptionen*.

Grafiken im Text verankern

Beim Mengensatz bedeutet es eine große Zeitersparnis, wenn Sie Abbildungen, die in der Hauptspalte sitzen sollen, direkt in den Textrahmen einfügen. Wenn Sie dann nämlich den Text erweitern oder etwas aus ihm herauslöschen, wandern die Grafiken im Layout mit und Sie müssen sie nicht neu platzieren, um sie der veränderten Textlänge anzupassen.

In InDesign CS3 lassen sich Objekte im Text verankern. Der Vorteil ist, dass ein solches verankertes Objekt fest mit der Stelle verbunden ist, an der sich der zugehörige „Anker" befindet. Mit Verankerungen fügen Sie beispielsweise Grafiken direkt in den Text ein, positionieren Elemente in Marginalspalten und vieles mehr. Dieses Verhalten lässt sich schließlich in einem Objektstil (mehr darüber ab Seite 228) speichern, sodass Sie es schnell und bequem jederzeit zuweisen können.

Die verankerten Objekte werden (je nach Einstellung) mit „ihrer" Textstelle nach unten bzw. auf die nächste Seite/in den nächsten Rahmen verschoben, wenn Sie vor dieser Textstelle etwas einfügen. Wenn Sie den Textrahmen, in dem sie verankert sind, drehen oder neigen, wird diese Transformation standardmäßig auch dem verankerten Objekt zugewiesen.

Abbildung 3.48 In InDesign lassen sich Bilder auch direkt in den Text einfügen – ein unschätzbarer Vorteil beim Mengensatz.

Abbildung 3.49 Ändert man etwas am Text – hier wurden ein paar Absätze gelöscht – verschieben sich die eingefügten Bilder mit.

Positionieren Sie den Cursor an der Stelle, wo Sie die Grafik einfügen möchten. Verankern Sie die gewünschte Grafik anschließend mit *Datei > Platzieren* an der Stelle der Einfügemarke.

Beachten Sie, dass das Objekt auf der Grundlinie des Textes eingefügt wird und denselben Zeilenabstand erhält. Falls Sie einen fixen Zeilenabstand angegeben haben, wird die Grafik deshalb nach oben ragen und Teile des Textes verdecken. In diesem Fall entfernen Sie beispielsweise den Zeilenabstand über das Feld *Zeilenabstand* des Bedienfelds *Zeichen*, nachdem Sie es wie ein Textzeichen ausgewählt haben. Auch sonst können Sie die verankerte Grafik wie ein Schriftzeichen formatieren und sie erhält stets die Absatzformatierungen des Absatzes, in den sie eingefügt ist.

Wenn Sie den verankerten Grafikrahmen als solchen bearbeiten möchten, um beispielsweise seine Form und Größe zu ändern, wählen Sie ihn mit dem *Auswahl*-Werkzeug oder dem *Direktauswahl*-Werkzeug statt mit dem *Text*-Werkzeug aus.

Verankerte Objekte aus dem Textfluss herausnehmen

Das verankerte Objekt muss sich nicht unbedingt im Textfluss befinden. Für die Gestaltung etwa von Marginalbildern können Sie es auch aus diesem herausnehmen.

Klicken Sie das in den Text eingefügte Objekt mit dem *Auswahl*-Werkzeug an und wählen Sie den Befehl *Objekt > Verankertes Objekt > Optionen* (der Befehl *Verankertes Objekt* ist auch im Kontextmenü des Rahmens verfügbar).

Im folgenden Dialogfeld nehmen Sie die gewünschten Einstellungen für die Positionierung des verankerten Objekts vor und weisen diese mit einem Klick auf *OK* zu.

Damit Sie die Verankerungsstellen leichter identifizieren können, zeigen Sie den Anker mit *Schrift > Verborgene Zeichen einblenden* ([Strg]/[⌘] + [Alt] + [I]) an. Zusätzlich können Sie das Objekt mit der Verankerungsstelle visuell verbinden, indem Sie das Objekt anklicken und anschließend *Ansicht > Textverkettungen einblenden* wählen. Wenn Sie das verankerte Objekt mit dem Auswahl-Werkzeug anklicken, dann beispielsweise ausschneiden und an anderer Stelle einfügen, gehen seine Verankerungseigenschaften verloren.

Abbildung 3.50 Im Dialogfeld *Optionen für verankertes Objekt* bestimmen Sie, wo das Objekt positioniert werden soll.

Die Optionen des Dialogfelds

Im oberen Popup-Menü des Dialogfelds legen Sie zunächst fest, ob das Objekt *Eingebunden* oder *Über Zeile* oder *Benutzerdefiniert* positioniert werden soll.

- *Eingebunden* bedeutet, dass das Objekt an der Grundlinie der Textzeile, in die es eingefügt wird, ausgerichtet wird. Es steht mit dem Text in der Zeile.
- *Über Zeile* bedeutet, dass das Objekt über der Textzeile, in die es eingefügt wird, ausgerichtet wird.

Diese beiden Optionen verwenden Sie etwa für Abbildungen innerhalb der Textspalte, *Benutzerdefiniert* für mitlaufende Abbildungen in der Marginalspalte.

Eingebunden oder Über Zeile

Haben Sie das Optionsfeld *Eingebunden* aktiviert, damit das Objekt mit dem Text auf der Grundlinie steht, ändern Sie bei Bedarf den *Y-Offset* – mit anderen Worten, wie weit es über bzw. unter der Grundlinie stehen soll. Statt über das Dialogfeld lässt sich das eingebundene Objekt auch mit der Maus nach oben oder unten schieben. Bei aktiviertem Optionsfeld *Über Zeile* gibt es mehr Einstellmöglichkeiten.

▶ Bestimmen Sie, ob das Objekt in der Textspalte *Links*, *Rechts* oder *Zentriert* ausgerichtet werden soll.

▶ Im selben Popup-Menü *Ausrichtung* finden Sie auch noch die Optionen *Am Rücken* und *Nicht am Rücken*. Mit dem zuerst genannten Eintrag werden die Objekte auf ungeraden Seiten linksbündig ausgerichtet, auf geraden Seiten rechtsbündig (jeweils zum Bund hin). Wählen Sie *Nicht am Rücken*, verhält es sich gerade umgekehrt: Objekte auf ungeraden Seiten werden rechtsbündig ausgerichtet, Objekte auf geraden Seiten linksbündig.

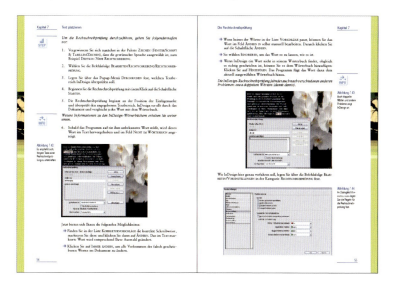

Abbildung 3.51 Diese Bilder sind *Nicht am Rücken* ausgerichtet.

▶ Der letzte Eintrag *Textausrichtung* bewirkt, dass die Textausrichtung des Absatzes, in den das Objekt eingebunden ist, übernommen wird.

Abbildung 3.52 Die benutzerdefinierte Positionierung verwenden Sie vor allem für Objekte in der Marginalspalte von Büchern.

▸ Über die Felder *Abstand vor* und *Abstand nach* geben Sie an, wie groß der Abstand zwischen Objekt und vorheriger Textzeile einerseits sowie der Textzeile, in der das Objekt verankert ist, andererseits sein soll. Auch hier können Sie sowohl positive als auch negative Werte angeben (Letztere bis zur Objekthöhe).

▸ *Benutzerdefiniert:* Wie oben erwähnt, ist das benutzerdefinierte Positionieren besonders geeignet für Bilder und andere Objekte, die Sie außerhalb des Textrahmens positionieren möchten und die trotzdem mit dem zugehörigen Text verschoben werden sollen – also etwa Marginalien in Fachpublikationen. Gerade bei benutzerdefinierter Positionierung empfiehlt sich die Aktivierung des Kontrollkästchens *Vorschau* am unteren Rand des Dialogfelds.

▸ Auch beim benutzerdefinierten Positionieren haben Sie die Möglichkeit, die Verankerung *Relativ zum Rücken* festzulegen, hier in Form eines Kontrollkästchens. Damit sorgen Sie bei einem spiegelbildlich angeordneten Satzspiegel dafür, dass das verankerte Objekt immer korrekt in der Marginalspalte positioniert bleibt, auch wenn es sich durch Einfügen oder Löschen von Text auf die nächste oder vorherige Seite verschiebt.

▸ Im Schaubild *Verankertes Objekt – Ursprung* legen Sie mit einem Klick fest, wo der Referenzpunkt des verankerten Objekts liegen soll. Dieser wird als schwarzes Quadrat dargestellt. Am Referenzpunkt richtet InDesign das Objekt aus.

▸ Im Schaubild *Verankerte Position – Ursprung* wählen Sie hingegen, wie das Objekt an dem im nächsten Schritt ausgewählten Seitenelement ausgerichtet werden soll.

▸ Aus dem Popup-Menü *x relativ zu* wählen Sie das Element, an dem das verankerte Objekt horizontal ausgewählt werden soll – etwa *Seitenrand* oder *Textrahmen*.

▸ Analog dazu wählen Sie aus dem Popup-Menü *y relativ zu* das Seitenelement, an dem das Objekt in der Vertikalen ausgerichtet werden soll – etwa *Zeile (Grundlinie)*, um das Objekt an der Grundlinie der Textzeile, in der es verankert ist, auszurichten.

Mit den y-Einträgen *Relativ zu Seitenrand*, *Textrahmen*, *Spaltenrand* und *Seitenkante* erzeugen Sie ein verankertes Objekt, das seine Position behält, solange sich der zugehörige Text auf derselben Seite/in derselben Spalte/in demselben Textrahmen befindet. Erst wenn dieser Text in die nächste Seite/Spalte/den nächsten Textrahmen umgebrochen wird, positioniert sich das verankerte Objekt ebenfalls dort. Wählen Sie einen der Zeileneinträge, wandert das Objekt mit der zugehörigen Textzeile mit.

▶ Für das Feintuning geben Sie einen positiven oder negativen *x-Offset* und/oder *y-Offset* an, um das Objekt um den angegebenen Wert in der Horizontalen und/oder Vertikalen zu verschieben.

▶ Damit Ihr Satzspiegel nicht nach oben oder unten überschritten wird, aktivieren Sie das Kontrollkästchen *Nicht aus oberen/unteren Spaltengrenzen herausbewegen*.

Die Verankerung aufheben

Ein verankertes Objekt lässt sich nachträglich wieder aus dem Textfluss herausnehmen. Wählen Sie einfach den Befehl *Objekt > Verankertes Objekt > Lösen*. Es ist nun unabhängig von dem Text, in dem es verankert ist, und wird nicht mehr mit diesem verschoben.

3.1 Grafiken transformieren

Damit Sie eine Grafik in einem Rahmen frei skalieren und positionieren können, müssen Sie sie mit dem *Direktauswahl*-Werkzeug auswählen (ein Klick mit dem *Auswahl*-Werkzeug würde den Rahmen auswählen). Dass Sie die Grafik selbst ausgewählt haben und nicht ihren Rahmen, sehen Sie an dem dunkelroten Auswahlrechteck (im Gegensatz zum blauen bei ausgewähltem Rahmen). Zudem wird der Mauszeiger zu einer Hand.

Abbildung 3.53 Sobald Sie die Grafik mit dem *Direktauswahl*-Werkzeug angeklickt haben, transformieren Sie sie unabhängig von ihrem Rahmen.

Die Grafik in ihrem Rahmen transformieren

Nun können Sie alle Transformationsmöglichkeiten auf die Grafik innerhalb des Rahmens anwenden.

Verwenden Sie für exakte Transformierungen die entsprechenden Felder zum Skalieren, Drehen, Verbiegen und Spiegeln im Steuerungsbedienfeld oder die entsprechenden Schaltflächen im Werkzeugbedienfeld.

Sie können im Steuerungsbedienfeld zwischen einer proportionalen und einer nicht proportionalen Skalierung wählen. Bei der proportionalen Skalierung müssen Sie nur in eines der beiden zusammengehörenden Felder einen Wert eingeben, der andere wird automatisch angepasst.

Abbildung 3.54 Schnelle und exakte Transformierungen führen Sie über das Steuerungsbedienfeld durch.

Für eine proportionale Skalierung schließen Sie das Kettensymbol neben den Feldern mit einem Klick. Für eine nicht proportionale Skalierung öffnen Sie das Kettensymbol mit einem Mausklick.

Die Transformation wiederholen

Die an einem Objekt vorgenommene Transformation können Sie an einem oder mehreren Objekten wiederholen. Mit dieser zeitsparenden Methode sorgen Sie beispielsweise dafür, dass bestimmte Objekte in einem Zug um denselben Wert gedreht und skaliert werden:

Nehmen Sie an einem der Objekte die gewünschten Transformationen vor. Wählen Sie dann das/die andere(n) Objekt(e) aus, an dem/denen Sie die Transformationen ebenfalls vornehmen möchten. Wählen Sie den Befehl *Objekt > Erneut transformieren*. Aus dem Untermenü wählen Sie den gewünschten Eintrag, um die Transformationen sofort zuzuweisen.

▶ Mit *Erneut transformieren* wird nur die zuletzt vorgenommene Transformierung den ausgewählten Objekten zugewiesen. Die Objekte werden dabei wie gruppiert behandelt.
▶ *Erneut transformieren – Einzeln* wirkt wie der zuletzt genannte Befehl – mit dem Unterschied, dass jedes der ausgewählten Objekte einzeln transformiert wird. Die beiden nächsten Abbildungen illustrieren den Unterschied.
▶ Mit *Erneut transformieren – Abfolge* und *Erneut transformieren – Abfolge, einzeln* weisen Sie alle nacheinander am ersten Objekt vorgenommenen Transformierungen zu.

Einen Grafikrahmen unabhängig von seinem Inhalt transformieren

Allerdings lässt sich der Rahmen auch unabhängig von seinem Inhalt transformieren:

Klicken Sie mit dem *Direktauswahl*-Werkzeug auf den Rand des Grafikrahmens. Drücken Sie die Alt -Taste und klicken Sie erneut auf den Rahmen. Alle Transformierungen, die Sie nun ausführen, werden nur auf den Rahmen angewandt; sein Inhalt behält seine Position und/oder Skalierung.

3.1 Die Bilddarstellung steuern

Auf der einfachsten Ebene steuern Sie die Anzeige Ihres Dokuments und der darin enthaltenen Bilder über die Befehlsfolge *Ansicht > Anzeigeoptionen*. Sie haben die Wahl zwischen den drei Befehlen *Schnelle Anzeige*, *Typische Anzeige* und *Anzeige mit hoher Qualität*.

Diese Einstellung hat keine Auswirkungen auf die Ausgabeauflösung des Dokuments beim Export oder im Druck, sondern nur auf die Bildschirmdarstellung.

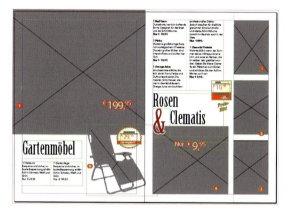

Abbildung 3.55 Die schnelle Ansicht stellt Pixel- und Vektorgrafiken als graue Fläche dar und sichert so eine schnelle Darstellung auch vieler Abbildungen oder Transparenzeffekten. Rechts: Die typische Ansicht zeigt die Bilder in niedriger Auflösung.

Um das richtige Gleichgewicht zwischen Darstellungsqualität und -geschwindigkeit zu finden, können Sie jedoch auch noch im Dialogfeld *Bearbeiten/Indesign > Voreinstellungen > Anzeigeleistung* festlegen, in welcher Qualität Pixel- und Vektorgrafiken sowie Transparenzen dargestellt werden:

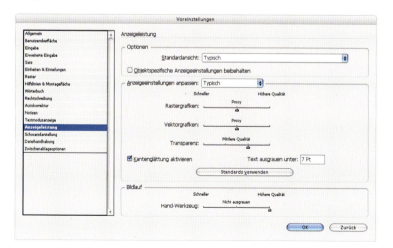

Abbildung 3.56 Über die Voreinstellungen nehmen Sie eine Feinabstimmung der Anzeigeleistung vor.

- Wählen Sie in der Gruppe *Optionen*, welche der drei oben vorgestellten Ansichten standardgemäß eingestellt sein soll.
- Aktivieren Sie das Kontrollkästchen *Objektspezifische Ansichtseinstellungen beibehalten,* wenn Sie – wie nachfolgend beschrieben – imstande bleiben möchten, ausgewählten Grafiken in Ihren Dokumenten individuelle Einstellungen zuzuweisen.
- In der Gruppe *Anzeigeeinstellungen anpassen* wählen Sie aus den Optionsfeldern diejenige Gruppe, die Sie danach individuell anpassen möchten.
- Stellen Sie darunter über die Regler die Qualität ein, in der die einzelnen Grafiktypen dargestellt werden sollen.
- Bei aktiviertem Kontrollkästchen *Kantenglättung aktivieren* werden Texte, Flächen und Konturen mit Anti-Aliasing versehen.

Mit Proxy ist eine Bildauflösung von 72 dpi gemeint.

Abbildung 3.57 Links: Text ohne Anti-Aliasing, rechts: Text mit Anti-Aliasing

Über das Eingabefeld *Text ausgrauen unter* bestimmen Sie, bis zu welchem Schriftgrad Text in Form von grauen Zeilenbändern dargestellt werden soll.

Abbildung 3.58 Bei einer Zoomstufe von 50 % werden Texte unter 11 Punkt nur noch in Form von grauen Balken wiedergegeben.

Mit einem Klick auf die Schaltfläche *Standards verwenden* stellen Sie die jeweiligen Grundeinstellungen wieder her.

Die Darstellung einzelner Bilder steuern

Nehmen wir an, Sie haben aus dem Menü *Ansicht > Anzeigeoptionen* die Einstellung *Typisch* gewählt. Nun möchten Sie aber ein bestimmtes Bild oder eine bestimmte Transparenz in Ihrem Dokument genauer in Augenschein nehmen. In diesem Fall haben Sie die Möglichkeit, dieses unabhängig von der gerade gewählten Ansicht in besserer Qualität darzustellen. Damit das funktioniert, muss – wie oben beschrieben – in der Kategorie *Anzeigeoptionen* des Dialogfelds *Voreinstellungen* das Kontrollkästchen *Objektspezifische Ansichtseinstellungen beibehalten* aktiviert sein.

1. Wählen Sie die betreffende Grafik aus.
2. Öffnen Sie das Kontextmenü auf der Grafik und wählen Sie *Anzeigeoptionen*.
3. Wählen Sie den gewünschten Anzeigemodus für Ihr Bild.

Achten Sie darauf, dass Sie das Bild vor dem Öffnen des Kontextmenüs tatsächlich mit dem *Auswahl*- oder dem *Direktauswahl*-Werkzeug angeklickt haben. Wählen Sie nichts aus, gilt die gewählte Anzeigeoption für das gesamte Dokument.

3.1 Verknüpfungen bearbeiten

InDesign bindet platzierte Bilder in der Grundeinstellung nicht fest in das Dokument ein, sondern legt eine Verknüpfung vom Dokument zur Bilddatei an. Im Layout sehen Sie lediglich eine Voransicht des Bilds.

Die Verknüpfung enthält den Pfad zum Ablageort der Bilddatei. Sobald Sie das Dokument dann drucken oder exportieren, verwendet InDesign die Originalbilddatei. Aus diesem Zusammenhang ergibt sich, dass Sie bei der Weitergabe eines InDesign-Dokuments oder beim Verschieben in einen anderen Ordner auf Ihrem Datenträger die Bilder mitliefern müssen, damit InDesign sie wieder finden kann.

Bilder mit einer geringen Dateigröße bis zu 48 Kbyte werden in InDesign nicht verknüpft, sondern gleich in das Layout eingebettet. Solche Grafiken werden im Bedienfeld *Verknüpfungen* erst gar nicht aufgeführt.

Sämtliche Bildverknüpfungen in Ihrem Dokument werden im Bedienfeld *Verknüpfungen* (Befehlsfolge *Fenster > Verknüpfungen*) angezeigt und verwaltet. Auch Umsteiger von QuarkXPress freunden sich bestimmt schnell mit diesem permanent auf dem Bildschirm sichtbaren Bedienfeld *Verknüpfungen* an.

Das Bedienfeld zeigt Ihnen auf einen Blick, ob die Verknüpfungen in Ihrem Dokument in Ordnung sind:

▶ Möchten Sie schnell feststellen, wie der Dateiname eines bestimmten Bilds lautet, klicken Sie dieses einfach im Layout an. Im Bedienfeld *Verknüpfungen* wird der Bildname umgehend hervorgehoben.

Standardmäßig ist das Bedienfeld *Verknüpfungen* alphabetisch sortiert. Sie können das ändern: Öffnen Sie das Bedienfeldmenü ▼≡ und wählen Sie zwischen *Nach Name sortieren*, *Nach Seite sortieren*, *nach Typ sortieren* und *Nach Status sortieren*.

Platzierte Grafiken und Bilder lassen sich jederzeit aktualisieren oder neu verknüpfen, falls Sie sie auf der Festplatte verschoben oder verändert und neu gespeichert haben. InDesign bemerkt solche Veränderungen selbstständig.

- Ein rotes Fragezeichen neben dem Bildnamen weist daraufhin, dass das Originalbild am angegebenen Speicherort nicht gefunden wurde – vielleicht haben Sie es versehentlich auf Ihrer Festplatte verschoben?
- Ein gelbes Warndreieck teilt Ihnen mit, dass das Bild zwar am angegebenen Ort vorhanden ist, in der Zwischenzeit aber – beispielsweise in Photoshop – geändert wurde, ohne dass es im InDesign-Dokument aktualisiert wurde. Das Vorschaubild zeigt demnach noch den alten Stand.
- Am Ende der Zeile jedes Bildnamens sehen Sie, auf welcher Seite Ihres Dokuments das Bild platziert wurde. Ein Bild, das Sie auf der Montagefläche abgelegt haben, erhält keinen Seitennamen, sondern die Bezeichnung *MF*.

Bilder im Layout auffinden

Leider behält das Programm dabei die aktuelle Zoomeinstellung nicht bei, sondern versucht offensichtlich, das Bild möglichst groß darzustellen.

Ein Klick auf ein Bild im Layout genügt, um seinen Namen im Bedienfeld *Verknüpfungen* hervorzuheben. Umgekehrt können Sie im Bedienfeld *Verknüpfungen* ein bestimmtes Bild auswählen und dann auf die Schaltfläche *Gehe zu Verknüpfung* klicken. InDesign springt sofort zur Seite mit diesem Bild und zeigt es an.

Geänderte Bilder im Layout aktualisieren

InDesign zeigt Ihnen im Bedienfeld *Verknüpfungen* neben einer Datei, die Sie seit ihrer letzten Platzierung im Layout verändert haben, ein gelbes Warndreieck.

Wenn Sie ein Dokument mit einer solchen veränderten Grafik öffnen, sehen Sie übrigens schon dabei eine Warnung, die Ihnen gleichzeitig Gelegenheit gibt, das Bild zu aktualisieren. Dasselbe gilt für fehlende Verknüpfungen, die InDesign beim Öffnen des Dokuments feststellt.

Falls das neu verknüpfte Bild größer ist als das bisherige, kann es sein, dass es nicht mehr in den Rahmen passt und daher mit diesem beschnitten wird. In diesem Fall können Sie es mit dem Kontextmenübefehl *Anpassen/Inhalt proportional anpassen* auf die richtige Größe bringen. Hier ist natürlich darauf zu achten, dass die Auflösung des neuen Bilds zur Größe des Bildrahmens passt.

Um eine Verknüpfung mit einer geänderten Datei im Bedienfeld *Verknüpfungen* auf den neuesten Stand zu bringen, gehen Sie folgendermaßen vor:

1. Wählen Sie das Bild mit dem Warndreieck im Bedienfeld *Verknüpfungen* aus.
2. Klicken Sie am unteren Rand des Bedienfelds auf die Schaltfläche *Verknüpfung aktualisieren*.
3. Das Bild wird im Layout aktualisiert.

Fehlende Bilder neu verknüpfen

Zeigt InDesign Ihnen im Bedienfeld neben einem Bild ein rotes Fragezeichen, kann das Programm diese Datei nicht an der durch die Verknüpfung angegebenen Stelle finden.

In diesem Fall verwenden Sie die Schaltfläche *Erneut verknüpfen* am unteren Rand des Bedienfelds.

Mit dieser Schaltfläche arbeiten Sie folgendermaßen:

1 Wählen Sie das Bild mit dem Fragezeichen aus. Sie können auch ein anderes, von InDesign einwandfrei identifiziertes Bild auswählen, um es mit einer neuen Verknüpfung zu versehen und es damit auch im Layout auszutauschen.
2 Klicken Sie auf die Schaltfläche *Erneut verknüpfen*.
3 Wählen Sie die Bilddatei aus und bestätigen Sie mit *Öffnen*. Das Fragezeichensymbol verschwindet. Dies signalisiert, dass die Bildverknüpfung nun korrekt ist.

Im Bedarfsfall reparieren Sie alle fehlenden Verknüpfungen auf einmal, indem Sie sie mit gedrückter ⇧- bzw. Strg-Taste auswählen und dann auf die Schaltfläche *Erneut verknüpfen* klicken.

Die Verknüpfungsinformationen

Ein schneller Weg, Bilddateien zu überprüfen, ist der Doppelklick auf ihren Namen. InDesign zeigt Ihnen daraufhin das Dialogfeld *Verknüpfungsinformationen*, in dem Sie nicht nur die wichtigsten Informationen über das platzierte Bild abrufen, sondern es auch mit der korrekten Bilddatei *Erneut verknüpfen* können.

Über die Schaltflächen *Zurück* und *Weiter* blättern Sie durch die im Bedienfeld aufgeführten Bilder und zeigen für jedes das Dialogfeld *Verknüpfungsinformationen* an.

Bilder aus InDesign heraus im Bildbearbeitungsprogramm öffnen

Sehr praktisch ist auch die Möglichkeit, Bilder direkt aus InDesign heraus im Bildbearbeitungsprogramm zu öffnen. Damit erübrigt sich das oft ermüdende Aufsuchen des Bilds im Explorer/Finder – Sie bleiben einfach in InDesign, starten von hier aus Ihre Bildbearbeitungsanwendung, bearbeiten und speichern das Bild und aktualisieren es in InDesign.

So geht es:

1 Wählen Sie das Bild im Bedienfeld *Verknüpfungen* aus und klicken Sie auf die Schaltfläche *Original bearbeiten*.
2 Das Bild wird im entsprechenden Editor geöffnet – das ist dasjenige Programm, das auf Ihrem Rechner dem Dateityp als Standardbearbeitungsprogramm zugewiesen ist – also das Programm, das startet, wenn Sie das Bild mit einem Doppelklick im Explorer oder Finder öffnen.
3 Sie können den Editor für ein verknüpftes Bild übrigens auch starten, indem Sie mit dem *Auswahl*-Werkzeug und gedrückter Alt -Taste einen Doppelklick darauf ausführen.

3.1 Bilder einbetten

In der Grundeinstellung werden wie erläutert sämtliche Bilder, bis auf Dateien mit einer Dateigröße von höchstens 48 Kbyte, lediglich mit Ihrem Dokument verknüpft. Der Vorteil sind geringe Dateigrößen Ihrer Arbeitsdatei und damit eine hohe Bearbeitungsgeschwindigkeit.

Ein Nachteil der Arbeit mit verknüpften Dateien ist, dass Sie bei der Weitergabe Ihrer Arbeit an den Dienstleister sicherstellen müssen, dass Sie alle verknüpften Bilddaten mitliefern. InDesign hilft Ihnen dabei ein wenig: Bevor Sie Ihre fertige Arbeit zum Dienstleister geben, sollten Sie den Befehl *Datei > Verpacken* wählen. Dann erstellt InDesign einen eigenen Ordner mit allen für den Druckauftrag benötigten Dateien einschließlich Bildern.

Falls Sie die Bilder in Ihr Dokument lieber fest einbetten möchten, sodass es gleichgültig ist, ob Sie sie auf Ihrer Festplatte verschieben oder löschen, können Sie auch das tun. Allerdings erhalten Sie dann je nach verwendetem Bildmaterial eine relativ große Layoutdatei.

Um ein Bild fest in das Layout einzubetten, öffnen Sie das Bedienfeldmenü ▼≡ des Bedienfelds *Verknüpfungen* und wählen Sie den Befehl *Datei einbetten*.

Im Bedienfeld erscheint neben der Seitenzahl des Bilds ein kleines Einbettungssymbol.

Um die Einbettung wieder aufzuheben, wählen Sie aus dem Bedienfeldmenü ▼≡ den Befehl *Einbettung der Datei aufheben*. Im folgenden Dialogfeld klicken Sie auf *Ja*, um die Verknüpfung wiederherzustellen.

4 Grafiken gestalten

Grafiken lassen sich in InDesign auf vielfältige Weise gestalten. Dieses Kapitel zeigt Ihnen, wie Sie die tollen neuen Effekte von InDesign CS3 anwenden, wie Sie mit Beschneidungspfaden und Volltonfarben Pfiff in Ihre Layouts bringen.

4.1 Die rechteckigen Bildbegrenzungen durchbrechen

Pixelgrafiken sind stets rechteckig. Nun möchten Sie aber ein Motiv mit einem einfarbigen Hintergrund in das Layout einfügen – und zwar so, dass es sich nahtlos in den Hintergrund einfügt, auch wenn dieser eine ganz andere Farbe oder sogar einen Farbverlauf hat. Auf normalem Weg ist das nicht möglich. Selbst wenn Sie das Motiv in Photoshop freistellen, behält das Bild doch seine rechteckigen Konturen. InDesign bietet Ihnen verschiedene Möglichkeiten, dieses Problem anzugehen.

Beschneidungspfade

Die einfachste Lösung ist ein sogenannter Beschneidungspfad, manchmal auch Freistellpfad genannt. Wenn Sie einen Bildabschnitt verbergen möchten, zum Beispiel den Hintergrund, erstellen Sie Beschneidungspfade, um die unerwünschten Elemente zu verstecken. Es handelt sich dabei um einen Vektorpfad, der bestimmte Bildbereiche maskiert. Grundsätzlich bieten sich Ihnen zwei Möglichkeiten:

▶ Eingebettete Pfade
▶ InDesign bietet eine eigene Möglichkeit, auf einfache Weise so genannte Beschneidungspfade zu erstellen.

Wenn Sie eingebettete Pfade verwenden möchten, sollten Sie die Grafikformate EPS, TIFF, PICT, PNG oder PSD verwenden – denn diese unterstützen mindestens eines dieser Features oder gleich beide.

Die besten Ergebnisse erzielen Sie mit Vektorpfaden, wenn die Kanten des Bilds einen hohen Kontrast zwischen Vorder- und Hintergrund aufweisen. Beide Möglichkeiten eignen sich vor allem für grafische Elemente mit ausgeprägten Konturen, weniger für fotografische Motive mit weichen Kanten. Denn Pfade – ob sie nun in Photoshop oder in InDesign erzeugt wurden – wirken trotz größter Sorgfalt immer etwas scherenschnittartig.

Beschneidungspfade aus Bildern mit einfarbigem oder transparentem Hintergrund erstellen

Die folgende Abbildung zeigt Ihnen ein im Bildbearbeitungsprogramm bereits freigestelltes Bild mit weißem Hintergrund. Hier kann ein Beschneidungspfad problemlos verwendet werden. Dasselbe gilt übrigens für Bilder mit weißem Hintergrund.

Die rechteckigen Bildbegrenzungen durchbrechen

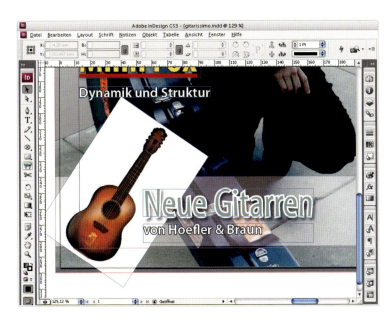

Abbildung 4.1 Bei klar konturierten Objekten auf einfarbigem Hintergrund können Sie es mit einem Beschneidungspfad versuchen.

1. Wählen Sie eine möglichst gute Bilddarstellung: *Ansicht > Anzeigeoptionen > Anzeige mit hoher Qualität*.
2. Markieren Sie den Rahmen mit der Grafik und wählen Sie *Objekt > Beschneidungspfad > Optionen*.

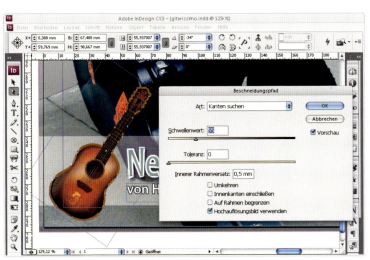

Abbildung 4.2 Im Dialogfeld *Beschneidungspfad* stellen Sie ein, welche Bereiche des Bilds maskiert werden sollen.

3. Im folgenden Dialogfeld wählen Sie aus dem Popup-Menü *Art* den Eintrag *Kanten suchen*, damit InDesign einen Beschneidungspfad um sämtliche farbigen Pixel legt und damit die weißen Pixel ausblendet.

4. Aktivieren Sie das Kontrollkästchen *Vorschau*, um die Auswirkungen Ihrer Einstellungen überprüfen zu können.
5. Sollten Sie mit den vorgegebenen Einstellungen kein exaktes Ergebnis erzielen können, passen Sie den *Grenzwert* an. Sie können über den Regler Werte zwischen 0 und 255 einstellen. Dieser Wert bestimmt, wie hoch der Farbwert (RGB) eines Pixels sein kann, damit InDesign ihn noch als zur Hintergrundfarbe gehörig betrachtet.
6. Noch genauer wird der Pfad durch die Justierung des *Toleranz*-Reglers. Dieser legt fest, wie ähnlich der Helligkeitswert eines Pixels dem Grenzwert sein darf, damit es nicht von der Maske verdeckt wird.
7. Falls dennoch einige unerwünschte Pixel am Rand verbleiben, geben Sie einen *inneren Rahmenversatz* an. Es genügt hier meist ein minimaler Wert, um den der Pfad dann nach innen versetzt wird, zum Beispiel 0,1. Korrigieren Sie mit diesem Regler – vorsichtig eingesetzt – einen zu „pixelig" geratenen Beschneidungspfad.
8. *Innenkanten einschließen* aktivieren Sie, wenn Ihr Objekt geschlossene Innenbereiche aufweist, deren Weiß ebenfalls in den Beschneidungspfad eingeschlossen werden soll.
9. Nur wenn Sie das Kontrollkästchen *Hochauflösungsbild verwenden* aktiviert lassen, erhalten Sie einen exakten Beschneidungspfad, da dieser sonst aufgrund des Vorschaubilds in InDesign berechnet wird.
10. Sobald Sie ein zufriedenstellendes Ergebnis erzielt haben (Sie können es nachträglich noch anpassen), bestätigen Sie das Dialogfeld mit *OK*.

Falls die Genauigkeit des Beschneidungspfads trotzdem noch zu wünschen übrig lässt, er also irreguläre Kanten aufweist, verwenden Sie das *Direktauswahl*- und eventuell noch das *Zeichenstift*-Werkzeug, um seine Punkte zu bearbeiten.

Da es sich um einen Vektorpfad handelt, können Sie ihn sogar über die Befehlsfolge *Objekt > Schlagschatten* mit einem weichen Schatten oder – ebenfalls über das Menü *Objekt* – mit einer *Weichen Kante* versehen. Letzteres ist gut geeignet, wenn die Kanten zu hart ausgefallen sind.

Die beiden folgenden Abbildungen zeigt Ihnen: Wenn Sie ein solches Bild im Bedienfeld *Konturenführung* mit der Option *Konturenführung um Objekt herum* ausstatten, zieht InDesign für das Umfließen nicht die rechteckigen Rahmenformen heran, sondern die Form des Beschneidungspfads.

Die rechteckigen Bildbegrenzungen durchbrechen

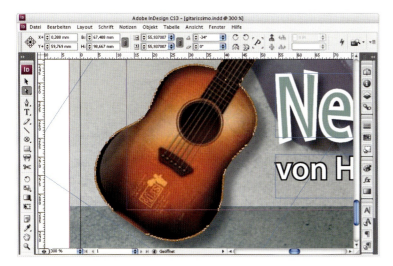

Abbildung 4.3 Mit einem Schlagschatten wirkt die Integration in den Hintergrund realistischer.

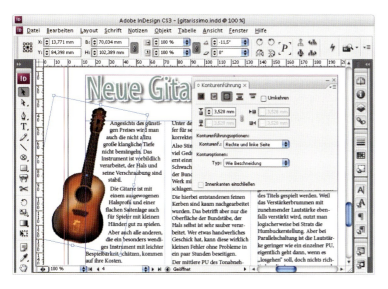

Abbildung 4.4 InDesign umfließt nicht den Bildrahmen, sondern den Beschneidungspfad.

Die exaktere Variante: den Beschneidungspfad in Photoshop vorbereiten

Bei weniger klaren Vorder-/Hintergrundverhältnissen, aber trotzdem ausgeprägten Konturen, erzielen Sie mit der geschilderten Vorgehensweise weniger gute bis unbrauchbare Ergebnisse. Daher sollten Sie den Beschneidungspfad in diesem Fall in Photoshop vorbereiten.

Abbildung 4.5 Bei Bildern wie diesem hat es keinen Sinn, in InDesign eine Freistellung via Beschneidungspfad zu versehen – Sie müssen hier in Photoshop die entsprechende Vorarbeit leisten.

1 Wählen Sie das Objekt in Photoshop mit einem geeigneten Auswahlwerkzeug sorgfältig aus.
2 Öffnen Sie mit *Fenster > Pfade* das Bedienfeld *Pfade* und klicken Sie auf die Schaltfläche *Arbeitspfad aus Auswahl erstellen*.
3 Wandeln Sie den Arbeitspfad in einen regulären Pfad um, indem Sie ihn auf die Schaltfläche *Neuen Pfad erstellen* 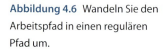 am unteren Rand des Bedienfelds *Pfade* ziehen.

Abbildung 4.6 Wandeln Sie den Arbeitspfad in einen regulären Pfad um.

4 Öffnen Sie das Bedienfeldmenü ▾≡ und wählen Sie den Befehl *Beschneidungspfad*.
5 Im folgenden Dialogfeld öffnen Sie das Popup-Menü *Pfad* und wählen Sie Ihren Pfad aus.
6 Geben Sie in das Feld *Kurvennäherung* einen Wert zwischen 0,2 und 100 ein. Dieser bestimmt, auf welche Weise die Kurve vom Ausgabegerät berechnet werden soll. Geben Sie hier überhaupt keinen Wert an, wird das Bild in der Ausgabegerät-Standardeinstellung ausgegeben. Diese Option ist überhaupt in den meisten Fällen zu empfehlen. Geben Sie einen niedrigen Wert ein, setzt sich die Kurve aus vielen geraden Linien zusammen und wirkt glatter und genauer. Geben Sie einen hohen Wert ein, erhalten Sie eine grobe Kurve.
7 Bestätigen Sie mit *OK*. Dass ein Beschneidungspfad erzeugt wurde, erkennen Sie an der Fettschrift im Bedienfeld *Pfade* (auch wenn der Pfad im Bedienfeld nicht markiert ist).
8 Speichern Sie Ihr Bild nun als Photoshop-PSD- oder als TIFF-Datei.

Nun platzieren Sie das Bild in InDesign. Sie sehen, dass das Programm das Vorhandensein des Beschneidungspfads selbst bemerkt und das Bild freistellt.

Abbildung 4.7 InDesign stellt das Bild mit dem eingebetteten Pfad selbstständig frei. Wie die Abbildung zeigt, kann auch der eingebettete Pfad nachträglich bearbeitet werden.

Beschneidungspfade mit Alphakanälen erstellen

Alphakanäle sind Bitmap-Masken mit Transparenz. Sie weisen sowohl transparente als auch undurchsichtige Bereiche auf. Mit einem Alphakanal speichern Sie eine Auswahl in Ihrem Bild als Graustufenmaske. Üblicherweise werden Alphakanäle im Photo- oder Video-Compositing verwendet. InDesign erzeugt bei Bedarf einen Beschneidungspfad aus den im Bild gespeicherten Alphakanalinformationen.

Damit die Alphakanalinformationen beim Einsetzen des Bilds in InDesign verfügbar sind, speichern Sie Ihr Bild in Photoshop in einem der folgenden Dateiformate:

▶ Adobe Photoshop (PSD)
▶ Adobe Acrobat (PDF)
▶ TIFF

1 Wählen Sie sorgfältig den Bildbereich aus, der in InDesign sichtbar sein soll.
2 Speichern Sie die fertige Auswahl als Alphakanal , indem Sie im Bedienfeld *Kanäle* auf die Schaltfläche *Auswahl als Kanal speichern* klicken.

Kapitel 4: Grafiken gestalten

3   Speichern Sie das Bild im TIFF-, PSD- oder einem anderen geeigneten Format (siehe oben).
4   Platzieren Sie das Bild im Layout.
5   Wählen Sie *Objekt > Beschneidungspfad*.
6   Aus dem Popup-Menü *Art* des folgenden Dialogfelds wählen Sie den Eintrag *Alpha-Kanal*, aus dem Popup-Menü *Alpha* den vorhin erzeugten Alphakanal.

Abbildung 4.8 Wählen Sie aus dem Popup-Menü *Art* den Eintrag *Alpha-Kanal* und darunter den in Photoshop erstellten Alphakanal.

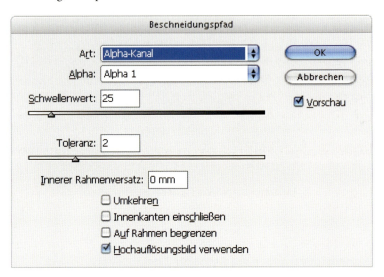

7   Legen Sie die übrigen Einstellungen fest. Wenn Sie mit Alphakanälen arbeiten, sollten Sie mit einem geringen Grenzwert beginnen.

Die geschilderte Vorgehensweise bietet keinen wirklichen Vorteil gegenüber der Arbeit mit eingebetteten Pfaden, weil auch der Alphakanal in InDesign als Vektorpfad angelegt wird. Möchten Sie echte Halbtransparenzen und weiche Auswahlkanten aus Photoshop in InDesign importieren, müssen Sie Ebenenmasken verwenden, wie im nächsten Abschnitt beschrieben.

Bilder mit Ebenenmasken im Layout platzieren

Bei manchen Bildern – wie dem nachfolgend gezeigten – ist ein Vektorpfad keine geeignete Lösung. Zumindest der Lockenkopf der Gitarristin ließe sich damit nicht befriedigend freistellen. Hier ist eine etwas intensivere Arbeit im Bildbearbeitungsprogramm gefragt, die der Fotograf oder Bildbearbeiter in Ihrem Workflow für Sie vornehmen sollte, falls Sie selbst kein Photoshop-Profi sind.

Eine Ebenenmaske ist ein sogenannter Alphakanal, der wie eine Schablone wirkt, mit der Sie Teile einer Ebene abdecken. Der Vorteil dieser Vorgehensweise ist, dass die Ebenenpixel durch die Bearbeitung der Ebenenmaske nicht verändert werden. Sie können also frei experimentieren, ohne befürchten zu müssen, dass Sie den Inhalt der Ebene zerstören könnten. Die Ebenenmaske wird als Graustufenbild angelegt.

Nachdem der Ebene eine Maske zugewiesen wurde, können Sie bei Bedarf in der Ebenenmaske die Sichtbarkeit der Ebene verändern. Dazu ist beispielsweise das Verlaufswerkzeug gut geeignet, da Sie so eine Verlaufstransparenz des Ebeneninhalts erstellen können. Der Bildbereich auf der Ebene scheint dadurch stufenlos in den Bildbereich der anderen Ebenen überzugehen.

In der Miniatur der Ebenenmaske stellen dabei schwarze Flächen die transparenten Ebenenbereiche dar, weiße Flächen die sichtbaren Bereiche der Ebene. Graue Farben signalisieren eine Halbtransparenz, je heller das Grau ist, desto höher ist auch die Transparenz.

Abbildung 4.9 Hier wäre ein Vektorpfad keine geeignete Lösung.

1 Öffnen Sie das Bild in Photoshop.
2 Da Sie Ebenenmasken nicht auf die Hintergrundebene, sondern nur auf eine „normale" Ebene anwenden können, konvertieren Sie die Hintergrundebene mit einem Doppelklick auf ihr Symbol im *Ebenen*-Bedienfeld in eine normale Ebene.
3 Wählen Sie das Motiv sorgfältig aus – verwenden Sie dazu in Photoshop CS3 am besten zunächst das *Schnellauswahlwerkzeug* bzw. den *Zauberstab*, den Sie in der Eigenschaftsleiste mit dem Modus *Der Auswahl hinzufügen* versehen. Anschließend nehmen Sie die Feinarbeiten mit dem *Lasso* vor, ebenfalls im Modus *Der Auswahl hinzufügen*.

Das *Schnellauswahlwerkzeug* finden Sie im Photoshop-Werkzeugbedienfeld im selben Fach wie das *Zauberstab*-Werkzeug. Sie klicken mit diesem Werkzeug in den auszuwählenden Bereich und bewegen die Auswahl anschließend vorsichtig in verschiedene Richtungen. Sie sehen, wie Photoshop die Auswahl dynamisch anpasst: Das Programm sucht aufgrund der Farbe und des Kontrasts des mit der Maus überfahrenen Bereichs selbstständig nach Konturen und nimmt die Pixel innerhalb dieser Konturen in die Auswahl auf. Für die Feinarbeit zoomen Sie sich weiter in das Bild hinein und klicken auf die Stellen, die Sie in die Auswahl aufnehmen möchten.

Stellen Sie fest, dass Sie zu viel ausgewählt haben, lassen Sie die Maustaste los, halten sie dann erneut gedrückt und drücken zusätzlich die Alt-Taste. Fahren Sie über den Bereich, den Sie wieder aus

Abbildung 4.10 Links: Wählen Sie das Motiv sorgfältig aus. Rechts: Die neu erstellte Ebenenmaske spiegelt die Auswahl wider.

der Auswahl entfernen möchten. Haben Sie den Eindruck, dass das Schnellauswahlwerkzeug zu grob arbeitet, verringern Sie über das entsprechende Popup-Menü in der Optionenleiste die Pinselgröße.

Auch nachträglich lässt sich die Auswahl in Photoshop CS3 verbessern: Sie finden dazu in der Optionenleiste der Auswahlwerkzeuge die Funktion *Kante verbessern*.

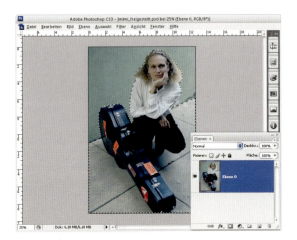
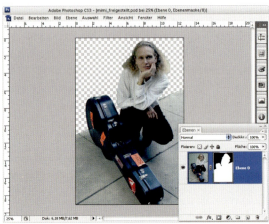

4 Klicken Sie anschließend im *Ebenen*-Bedienfeld auf das Symbol *Ebenenmaske erstellen* . Die Maske wird direkt neben dem Eintrag im *Ebenen*-Bedienfeld als Miniatur in Graustufen dargestellt.

5 Speichern Sie das Bild anschließend als Photoshop-PSD-Datei.

Nun können Sie das Bild in das InDesign-Layout einfügen. Wie Sie sehen, werden die Transparenzen vollständig übernommen.

Bevor Sie Ihre Layouts mit Transparenzen, Ebenenmodi, weichen Schatten oder weichen Kanten ausgeben, sollten Sie Kapitel 8 lesen. Denn bei der Ausgabe von Transparenzen gilt es, einiges zu beachten.

Abbildung 4.11 Das in Photoshop per Ebenenmaske freigestellte Bild fügt sich nahtlos in den Hintergrund ein.

4.2 Duplex-Bilder in InDesign

Duplex-Bilder (oder Triplex-, Quadruplex-Bilder mit drei bzw. vier Farben) verwenden Sie beispielsweise für zweifarbige Drucke mit Volltonfarben, wenn neben Schwarz eine Akzentfarbe bzw. Sonderfarbe verwendet werden soll.

Durch Duplex werden Graustufenbilder mit einer oder mehreren Farben ergänzt. So kann man einem Graustufenbild eine warme oder kühle Tönung verleihen. Gelegentlich werden Duplex-Bilder mit einer schwarzen und einer grauen Druckfarbe gedruckt, wobei Schwarz für die Tiefen und Grau für die Mitteltöne und Lichter verwendet wird. Häufiger wird aber beim Duplex-Druck für die Lichter eine farbige Druckfarbe verwendet. Bei dieser Technik entsteht ein Bild mit einer Farbtönung und das Bild wirkt plastischer. Außerdem können Sie mit derselben Technik auch den gestalterischen Ausdruck eines Duplex-bilds simulieren und es dann in CMYK-Farbe ausgeben.

Die Verwendung von Sonderfarben sollten Sie stets mit Ihrer Druckerei absprechen.

Duplex-Bilder in Photoshop erzeugen

Die erste Technik, wenn Sie Duplex-Bilder in InDesign verwenden möchten, ist die Vorbereitung in Photoshop.

1. Wandeln Sie das Bild in Photoshop mit *Bild > Modus > Graustufen* in Graustufen um.
2. Wählen Sie dann *Bild > Modus > Duplex*.
3. Achten Sie darauf, dass im folgenden Dialogfeld das Kontrollkästchen *Vorschau* aktiviert ist, damit Sie sich gleich ein Bild von Ihren Einstellungen machen können.
4. Im Popup-Menü *Bildart* wählen Sie, ob Sie ein Simplex- (Eintrag *1 Sonderfarbe*), ein Duplex-, Triplex- oder Quadruplex-Bild erstellen möchten. Damit bestimmen Sie, wie viele Farben in dem Bild verwendet werden sollen.
5. Darunter bestimmen Sie in den Farbfeldern, welche Farben verwendet werden sollen. Klicken Sie dazu das Farbfeld mit der entsprechenden Druckfarbe an.

Da Sie für Duplex-Bilder ein Graustufenbild mit möglichst optimaler Tonwertverteilung benötigen, sollten Sie in Photoshop CS3 das Bild gegebenenfalls zunächst in RGB konvertieren und dann den Befehl *Bild > Anpassungen > Schwarzweiß* wählen, bevor Sie das Dokument mit *Bild > Modus > Graustufen* endgültig in Graustufen konvertieren.

Denn mit diesem neuen Befehl kann das Programm Ihnen die besten Konvertierungseinstellungen für das individuelle Bild vorschlagen. Klicken Sie dazu im Dialogfeld des Befehls auf die Schaltfläche *Auto*. Auf der Grundlage dieser Einstellungen können Sie anschließend eine Feinabstimmung vornehmen.

Abbildung 4.12 Über das Dialogfeld *Duplex-Optionen* legen Sie fest, welche Farben im Bild verwendet werden sollen.

6 Im daraufhin angezeigten Dialogfeld klicken Sie auf die Schaltfläche *Eigene* und wählen Sie aus dem oberen Popup-Menü *Farbtafeln* die gewünschte Volltonfarbsammlung aus.
7 Wählen Sie die gewünschte Farbe.
8 Klicken Sie auf OK, um wieder in die Dialogfeld *Duplex-Optionen* zu gelangen. Im Farbfeld sehen Sie die ausgewählte Druckfarbe und daneben im Textfeld ihren Namen.

Beachten Sie: Möchten Sie gesättigte Farben im Druckergebnis erzielen, müssen die dunklen Farben vor den hellen gedruckt werden. Diese Reihenfolge bestimmen Sie bereits in der Dialogfeld *Duplex-Optionen*, indem Sie im obersten Farbfeld die dunkelste Farbe festlegen und dann, absteigend, die hellste Farbe unten.

Links neben dem Farbfeld sehen Sie ein weiteres Feld mit der Duplex-Kurve. Diese bestimmt, wie die Druckfarbe in den Lichtern und Tiefen des Bilds verteilt werden soll. Jeder Graustufe im Bild wird ein prozentualer Druckfarbenwert zugeordnet.

Ist die Linie diagonal, sind die Werte gleich; die Druckfarbe wird gleichmäßig verteilt.

Die Duplex-Kanäle bearbeiten

Klicken Sie auf das Feld links neben dem Farbfeld, um das Dialogfeld *Duplexkurve* zu öffnen. Im linken Bereich der Dialogfeld sehen Sie nun die Duplex-Kurve, die standardgemäß gerade und diagonal durch das Gitter verläuft. Die Geradheit der Linie signalisiert, dass momentan der Graustufenwert jedes Pixels denselben Prozentwert der Druckfarbe erhält. So bekommt beispielsweise ein 30 %-Grau im Druck einen 30 %-igen Punkt der Druckfarbe zugeordnet, ein volles 100 %-Schwarz enthält auch einen 100 %-igen Punkt der Druckfarbe.

Sie können die Duplex-Kurve nun verändern:

1 Klicken Sie einen der Punkte im Gitter an.
2 Ziehen Sie ihn an eine andere Stelle. Ziehen Sie beispielsweise die Duplex-Kurve der Tiefen nach unten und die der Lichter nach oben, um die Farbverteilung zu verbessern.
3 Sofern Sie Im Dialogfeld *Duplex-Optionen* das Kontrollkästchen *Vorschau* angeklickt hatten, sehen Sie die Auswirkungen gleich am Bild.

Alternativ geben Sie Werte für den Prozentsatz der Druckfarbe in die Textfelder ein. Auf diese Weise fügen Sie den vorgegebenen Punkten im Diagramm weitere Punkte hinzu.

Das Gitter ist in 10 mal 10 Felder unterteilt. Auf der horizontalen Achse sind von links nach rechts die Lichter des Bilds bis zu den Tiefen dargestellt. Sie können das auch an dem Verlaufsbalken unter dem Gitter ablesen. Auf der vertikalen Achse des Gitters ist die Dichte der Druckfarbe dargestellt. Nach oben hin nimmt die Dichte zu.

Entscheiden Sie sich, die Kurve direkt im Diagramm zu verändern, sehen Sie, wie sich die Werte in den Eingabefeldern entsprechend ändern. Dasselbe gilt für den umgekehrten Fall; geben Sie in die Eingabefelder Werte ein, wird die Kurve des Diagramms neu berechnet. Außerdem werden weitere Punkte hinzufügt, sobald Sie Werte in leere Felder eingeben.

Die Werte in den Textfeldern geben den Prozentsatz der Druckfarbe an, der zum Drucken des entsprechenden Grauwerts verwendet wird. Geben Sie beispielsweise in das Textfeld *50 %* den Wert *70* ein, so wird im Druck ein 70 % großer Punkt für die 50 %-igen Mitteltöne verwendet.

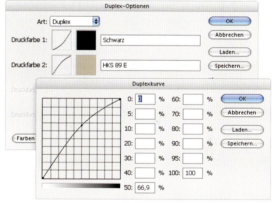

Abbildung 4.13 Die Duplex-Kurve kann bei Bedarf manuell verändert werden. Die Bearbeitung (unten) hat die Tiefen und Lichter gegenüber dem Original (oben) deutlich herausgearbeitet.

213

Das Duplex-Bild in InDesign platzieren

Das fertige Duplex-Bild speichern Sie als *Photoshop EPS*. In InDesign wählen Sie dann *Datei > Platzieren*, um die EPS-Datei einzufügen.

Speichern Sie Ihre Arbeit und betrachten Sie das Bedienfeld *Farbfelder*. InDesign hat ihr ein neues Farbfeld mit den von Ihnen in Photoshop festgelegten Volltonfarben hinzugefügt.

Abbildung 4.14 Beim Import des Duplex-Bilds wird die HKS-Farbe korrekt übernommen.

Schwarzweiß- und Graustufenbilder einfärben

Auch direkt in InDesign können Sie zweifarbige Bilder erstellen, bei Bedarf mit Volltonfarben – allerdings fehlen hier die Einstellmöglichkeiten für die einzelnen Farbkanäle.

Dieses Verfahren funktioniert nur, wenn das Bild keine Transparenzen enthält. In Bildern mit Transparenzen wird nur die Transparenz mit der ausgewählten Farbe gefüllt. Deshalb verwenden Sie hier die zuerst beschriebene Technik und bereiten das Bild in Photoshop vor.

1 Speichern Sie das Bild in Ihrem Bildbearbeitungsprogramm als Graustufenbild oder 1-Bit-(Schwarzweiß-)Bild.
2 Importieren Sie das Bild in InDesign.
3 Wählen Sie den Grafikrahmen mit dem *Auswahlwerkzeug* aus. Wählen Sie in den Farbfeldern eine Flächenfarbe, die den Lichtern (den hellen Teilen) des Bilds zugewiesen wird.
4 Anschließend markieren Sie das Bild mit dem *Direktauswahlwerkzeug*. Wenn Sie nun aus den Farbfeldern eine Flächenfarbe wählen, wird diese den schwarzen Partien des Bilds zugewiesen.

4.3 Objekttransparenzen und -effekte

InDesign weist Ihren Objekten völlig problemlos und flexibel weiche Schatten, weiche Kanten, plastische und ähnliche Effekte zu. Sie verwenden dazu das Bedienfeld *Effekte* oder den Menübefehl *Objekt > Effekte* finden.

Diese Effekte lassen sich getrennt auf Kontur, Fläche und Text des Objekts anwenden. So ist es beispielsweise möglich, ein Objekt mit einer teiltransparenten Fläche und einer deckenden Kontur zu erzeugen.

1   Wählen Sie dazu im Bedienfeld *Effekte* das gewünschte Rahmenelement aus, bevor Sie einen Effekt zuweisen.

Abbildung 4.15 Umriss und Text des Rahmens haben eine Deckkraft von 100 %, die Fläche des Rahmens hat nur 40 % Deckkraft.

Soll das gesamte Objekt denselben Effekt erhalten, markieren Sie *Objekt*.

2   Um das gewählte Element mit einem Effekt zu versehen, führen Sie im Bedienfeld einen Doppelklick auf das Element aus oder Sie klicken am unteren Bedienfeldrand auf das fx-Symbol *fx* und wählen aus dem Menü den gewünschten Effekt.
3   Das folgende Dialogfeld ist Ihnen sicherlich vertraut, wenn Sie auch mit Photoshop arbeiten. Hier gibt es die neuen InDesign-Effekte schon länger.
4   Zur Auswahl stehen die Effekte *Schlagschatten, Schatten nach innen, Schein nach aussen, Schein nach innen, Abgeflachte Kante und Relief, Glanz, einfache weiche Kante, direktionale Weiche Kante* und *Weiche Verlaufskante*. Aktivieren Sie das Kontrollkästchen *Vorschau*, damit Sie die Wirkung des ausgewählten Effekts gleich beurteilen können.

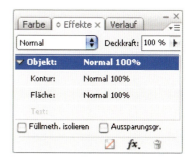

Abbildung 4.16 Kontur und Fläche des markierten Objekts besitzen noch keine Transparenzen und keine Effekte.

5   Klicken Sie auf die gewünschte Kategorie im linken Bereich und justieren Sie den Effekt über die Felder und Regler des rechten Bereichs.

Abbildung 4.17 Für eine reliefartige Hervorhebung oder Einsenkung verwenden Sie die Kategorie *Abgeflachte Kante und Relief*.

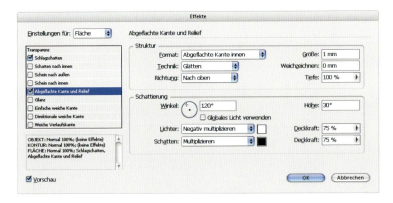

Abbildung 4.18 Neben der Abgeflachten Kante und Relief hat das Objekt auch einen Schlagschatten erhalten (siehe nächster Abschnitt).

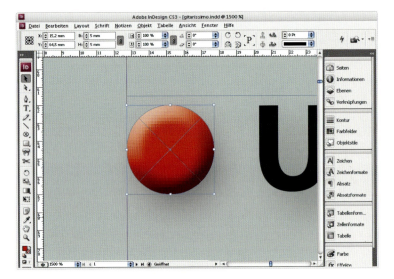

Falls Sie in Ihrem Layout mehrere Objekte mit Relief-, Schlagschatten- oder anderen Effekten mit einer ausgerichteten Lichtquelle erzeugen möchten, sollten Sie das Kontrollkästchen *Globales Licht verwenden* aktivieren. Dann müssen Sie sich nicht um die Einstellung des Beleuchtungseinfalls kümmern, weil dieser automatisch angepasst wird.

Schlagschatten

Schattenwürfe sind beliebte grafische Hilfsmittel. Ob auf Zeitschriftentiteln oder in Prospekten – die weichen Schatten sind allgegenwärtig. Um ein Objekt mit einem weichen Schatten zu versehen, gehen Sie folgendermaßen vor:

1 Wählen Sie das gewünschte Objekt aus und führen Sie im Bedienfeld Objekte einen Doppelklick darauf aus.
2 Im folgenden Dialogfeld aktivieren Sie dann die Kategorie *Schlagschatten*.

Abbildung 4.19 Im Dialogfeld *Effekte* aktivieren Sie zunächst die Kategorie *Schlagschatten*, um an die verschiedenen Einstellmöglichkeiten zu gelangen.

3 Wählen Sie aus dem Popup-Menü den gewünschten Modus. Diese Füllmodi werden weiter unten genauer beschrieben. Der zugewiesene Füllmodus beschreibt, wie der Farbauftrag – in diesem Fall der weiche Schlagschatten – mit dem Untergrund – hier den Objekten, auf die der Schatten fällt – verrechnet wird. Der am besten geeignete Modus für einen Schatten ist *Multiplizieren*.
4 Verändern Sie die *Deckkraft*, bis Sie einen für Ihren Zweck geeigneten Wert gefunden haben. Auf hellen Untergründen verwenden Sie nur leichte Schatten, die eine Deckkraft von zirka 25 bis 50 % haben. Auf dunklen Untergründen dürfen es durchaus auch einmal 90 % sein.
5 Über die Felder *x-Versatz* und *y-Versatz* legen Sie den Abstand zwischen Objekt und Schattenkante fest. Auch negative Werte können Sie hier eingeben, um die Richtung des Schattenfalls zu steuern.
6 Zum Weichzeichnen der Schattenkante verwenden Sie das gleichnamige Eingabefeld. Je höher der eingegebene Wert, desto diffuser wirkt der Schatten.

Probieren Sie als Schattenfarbe statt des üblichen Schwarz einmal Dunkelblau aus, das wirkt lebhafter (auf Gemälden finden Sie häufig dunkle Blautöne in Schatten).

Kapitel 4: Grafiken gestalten

Abbildung 4.20 Geben Sie den Versatz des Schattens gegenüber dem Vordergrundobjekt ein.

Abbildung 4.21 Oben: Schatteneffekte im Retro-Look erzeugen Sie mit dem Dialogfeld *Duplizieren und versetzt einfügen*. Sie können auch mehrere Duplikate mit einem sehr geringen Versatz eingeben. Rechts: Das Ergebnis ist ein 3D-Effekt im Retro-Look.

Diese weichen Schatten sind für Arbeiten im Retro-Look weniger geeignet. Hier verwenden Sie besser die herkömmliche Methode: Erstellen Sie das gewünschte Objekt, lassen Sie es ausgewählt und wählen Sie *Bearbeiten > Duplizieren und versetzt einfügen*. Als *Horizontalen* und *Vertikalen Offset* geben Sie den gewünschten Versatz des Schattens gegenüber dem Vordergrundobjekt ein.

Nachdem Sie mit *OK* bestätigt haben, müssen Sie das Vordergrundobjekt nur noch entsprechend formatieren.

Probieren Sie auch einmal, in das Dialogfeld *Duplizieren und versetzt einfügen* eine ganze Reihe von Duplikaten mit einem sehr geringen Versatz einzugeben und dem letzten (oben liegenden) Duplikat dann eine andere Farbe zu geben.

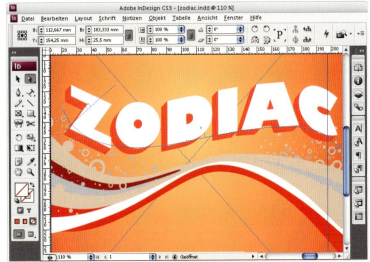

Schlagschatten nach innen

Auch nach innen kann ein Schatten weisen; Sie erhalten dann eine Art Stanzeffekt.

1 Erstellen Sie einen rechteckigen Rahmen, den Sie mit einer beliebigen Flächenfarbe füllen.
2 Legen Sie einen weiteren Rahmen darüber. (Es kann sich auch um einen Text handeln, den Sie anschließend mit *Schrift > In Pfade umwandeln* in Vektoren konvertieren.)
3 Wählen Sie beide Objekte aus und wählen Sie *Objekt > Pathfinder > Überlappung ausschließen*.

Objekttransparenzen und -effekte

4 Wenden Sie auf das kombinierte Objekt einen Schlagschatten an.

Eventuell hinterlegen Sie das Ganze nun noch mit einem weiteren rechteckigen Rahmen, in dem Sie eine Grafik platzieren oder den Sie mit einer Flächenfarbe füllen.

Abbildung 4.22 Legen Sie einen in Pfade konvertierten Text über einen rechteckigen Rahmen.

Transparenzen und Füllmethoden

Sämtliche Layoutobjekte – einschließlich importierte Texte und Pixelgrafiken – können Sie mit Transparenzen und Transparenzverläufen versehen: Bilder verschmelzen miteinander, überlappende Bereiche gehen transparent ineinander über und vieles mehr.

Für transparente Effekte bietet InDesign Ihnen mehrere Techniken, die Sie auch miteinander kombinieren können:

Abbildung 4.23 Unterlegen Sie zum Schluss eventuell eine Grafik oder eine Flächenfüllung.

- Durch die Herabsetzung der Deckkraft eines Objekts im Vordergrund lassen Sie dahinterliegende Objekte durchscheinen.
- Durch das Anwenden einer Füllmethode auf das Vordergrundobjekt legen Sie fest, wie dieses mit den darunterliegenden Objekten verrechnet wird. Auf diese Weise erzielen Sie interessante Überblendeffekte.
- Mit den Kategorien *Einfache weiche Kante*, *Direktionale weiche Kante* und *Weiche Verlaufskante* im bereits gezeigten Dialogfeld *Effekte* versehen Sie Ihre Objekte mit verschiedenen Transparenzverläufen, die Sie aber Ihren Wünschen entsprechend einrichten können.

Falls Sie Photoshop- oder Illustrator-Anwender sind, kennen Sie diese Techniken bestimmt. Der einzige Unterschied zur Anwendung von Transparenzen und Füllmethoden liegt darin, dass diese Effekte in InDesign nicht auf eine Ebene angewandt werden, sondern auf einzelne Objekte.

Die Transparenz eines Objekts einstellen

Damit das ausgewählte Objekt transparent wird, geben Sie in das Feld *Deckkraft* in der Steuerungsleiste einen Prozentwert unter hundert ein. Je weiter Sie die Deckkraft herabsetzen, desto transparenter wird das Objekt.

Abbildung 4.24 Die Deckkraft eines ausgewählten Objekts stellen Sie am schnellsten über das Steuerungsbedienfeld ein.

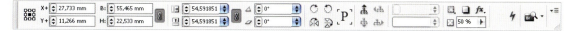

Mit dieser Vorgehensweise erhalten alle Bestandteile des Objekts dieselbe Transparenz. Möchten Sie die Transparenz für Fläche und Kontur gesondert festlegen, klicken Sie im Bedienfeld *Effekte* auf *Fläche* bzw. auf *Kontur*. Handelt es sich um einen Textrahmen, können Sie hier zudem noch den *Text* gesondert mit einer Transparenz versehen.

Zu weit sollten Sie die Deckkraft eines Objekts nicht herabsetzen – im Offsetdruck verschwinden Objekte mit Tonwerten bis zu etwa 6 % bis 7 %. Passen Sie besonders auf, wenn Sie ohnehin helle Objekte noch mit Transparenzen versehen möchten.

Eine Füllmethode auf ein Objekt anwenden

Durch das Anwenden einer Füllmethode auf ein Objekt im Vordergrund erzeugen Sie teilweise hochinteressante Effekte, die eher an ein Bildbearbeitungs- oder Grafikprogramm als an eine Layoutanwendung denken lassen.

Nachdem Sie das Objekt markiert haben, legen Sie im Bedienfeld *Effekte* fest, welchen Teil des Objekts Sie mit der Füllmethode versehen möchten. Wählen Sie anschließend aus dem Popup-Menü *Füllmethode* den gewünschten Überblendmodus.

Die Füllmethoden im Einzelnen

Wie sich die einzelnen Füllmethoden auswirken, hängt stark von der Art und Farbe der miteinander verrechneten Objekte ab.

▶ Wenn Sie nichts anderes einstellen, hat das Objekt den Modus *Normal*. Dabei finden keinerlei Berechnungen statt und je nach der im Popup-Menü *Deckkraft* eingestellten Transparenz scheint das/die darunterliegende(n) Objekt(e) durch.

▶ Wählen Sie den Modus *Multiplizieren*, wenn die Farbinformationen der beiden Objekte miteinander multipliziert werden sollen. Auf diese Weise erhalten Sie dunkle Farben, etwa so, als wenn Sie zwei Dias übereinanderlegen. Wird eine Farbe mit Schwarz multipliziert, entsteht wieder Schwarz, wird eine Farbe mit Weiß multipliziert, ergibt sich Weiß.

Sie verwenden diesen Modus beispielsweise, um überbelichtete oder flaue Fotos zu verbessern: Legen Sie zwei Rahmen mit demselben Bild übereinander und wenden Sie auf das obere den Modus *Multiplizieren* an. Reduzieren Sie dann die Deckkraft des Objekts entsprechend, bis Sie mit dem Ergebnis zufrieden sind.

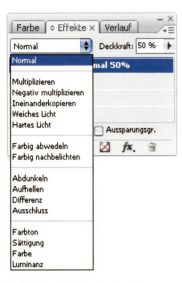

Abbildung 4.25 InDesign bietet Ihnen im Großen und Ganzen dieselben Füllmethoden wie Photoshop (nur ein paar weniger).

Objekttransparenzen und -effekte

Abbildung 4.26 An diesen beiden übereinander platzierten Pixelbildern (die oben liegende Gitarre besitzt eine Deckkraft von 100 %) probieren wir verschiedene Füllmodi aus.

- Der Modus *Negativ multiplizieren* verhält sich genau umgekehrt zum Modus *Multiplizieren*, sodass der Bereich aufgehellt wird.
- Der Modus *Ineinanderkopieren* veranlasst, dass die normalen oder umgekehrten Farbwerte ausgehend von den Objektoriginalfarben multipliziert werden. Dabei bleiben die Lichter und Tiefen des unten liegenden Objekts erhalten. Die Farben des unten liegenden Objekts vermischen sich mit denen des oben liegenden Objekts (sie werden also nicht ersetzt). Auf diese Weise spiegeln sich die hellen und dunklen Bereiche des unten liegenden Objekts wider.
- Im Modus *Weiches Licht* werden die Farben abgedunkelt oder aufgehellt, je nachdem, welche Farben aufgetragen wurden. Das Objekt wirkt, als sei es mit diffusem Licht beleuchtet. Solange die Lichtquelle (das ist die Füllfarbe) heller ist als 50 % Grau, wird das Bild heller. Ist die Farbe hingegen dunkler als 50 % Grau, wird das Bild abgedunkelt.
- Im Modus *Hartes Licht* wirkt das Objekt wie mit einem grellen Spot beleuchtet. Auf diese Weise fügen Sie zum Beispiel Glanzlichter und Schatten hinzu. Hier gilt: Ist die Füllfarbe heller als 50 % Grau, wird das Bild heller, ansonsten dunkler.
- Im Modus *Farbig abwedeln* wird das unten liegende Objekt aufgrund seiner Farbinformationen aufgehellt, um die Farben des oben liegenden Objekts zu reflektieren.
- Im Modus *Farbig nachbelichten* wird das unten liegende Objekt aufgrund der Farbinformationen in den einzelnen Kanälen abgedunkelt, um das oben liegende Objekt zu reflektieren.
- Im Modus *Abdunkeln* wird anhand der Farbinformationen aus dem unten und dem oben liegenden Objekt die dunklere Farbe als Ziel-

Abbildung 4.27 Links: Mit Füllmethoden verrechnen Sie die beiden Bilder auf unterschiedliche Weise miteinander: *Ineinanderkopieren*. Mitte: *Farbig nachbelichten*. Rechts: *Farbig abwedeln*.

farbe gewählt. Bereiche, die heller sind als der Farbauftrag, werden ersetzt; Bereiche, die dunkler sind als der Farbauftrag, bleiben unverändert.
- Der Modus *Aufhellen* stellt die Umkehr des Modus *Abdunkeln* dar.
- Der Modus *Differenz* subtrahiert anhand der Farbinformationen die Farbe (entweder des unten oder des oben liegenden Objekts) mit dem niedrigeren Helligkeitswert von der mit dem höheren Helligkeitswert.
- Der Modus *Ausschluss* erzeugt einen Effekt, der dem Modus *Differenz* ähnelt, aber kontrastärmer ist. Füllen mit Weiß kehrt die Ausgangsfarbenwerte um. Füllen mit Schwarz ergibt keine Änderung.
- Der Modus *Farbton* erzeugt eine Zielfarbe aus Luminanz und Sättigung der Originalfarben des unten liegenden und dem Farbton des oben liegenden Objekts. Verwenden Sie diese Methode, wenn Sie die Struktur des unten liegenden Objekts erhalten möchten.
- Der Modus *Sättigung* erzeugt eine Zielfarbe aus Helligkeit und Farbton der Originalfarbe des unten und der Sättigung des oben liegenden Objekts.
- Im Modus *Farbe* wird eine Ergebnisfarbe mit der Helligkeit des unten und dem Farbton und der Sättigung des oben liegenden Objekts erzielt. Die Graustufen bleiben erhalten, sodass Sie Monochrom-Bilder kolorieren und Farbbildern einen Farbstich zuweisen können.
- Der Modus *Luminanz* erzeugt eine Ergebnisfarbe mit dem Farbton und der Sättigung des unten und der Helligkeit des oben liegenden Objekts. Dieser Modus hat die umgekehrte Wirkung des Modus *Farbe*.

Die auf Seite 221 gezeigte Abbildungsreihe soll Ihnen vor allem zeigen, wie viele Kombinationen möglich sind. Je nach Art der beiden übereinandergelegten Objekte können die Ergebnisse stark von den hier gezeigten abweichen.

Die Darstellung von Transparenzen fordert viel Rechenleistung von Ihrem Computer. Nutzen Sie gegebenenfalls die verschiedenen Darstellungsqualitäten, die Sie über die Befehlsfolge *Ansicht > Anzeigeoptionen* einstellen können.

Füllmethoden isolieren

Im unteren Bereich des Bedienfelds *Transparenz* finden Sie das Kontrollkästchen *Füllmethode isolieren*.

Dieses Kontrollkästchen ist nur interessant, wenn Sie eine Füllmethode auf eine Objektgruppe anwenden. Denn dann wird nicht die Objektgruppe mit dem darunterliegenden Objekt verrechnet, sondern die Elemente der Gruppe selbst. Das darunterliegende, nicht zur Gruppe gehörende Objekt bleibt unverändert.

Weiche Kanten

InDesign bietet Ihnen drei Arten von Transparenzverläufen – das heißt Verläufen, die von einer deckenden Farbe bis zu einer teilweisen oder vollständigen Transparenz reichen.

Der wichtigste dieser Effekte ist sicherlich die *Weiche Verlaufskante*, denn damit können Sie nun direkt in InDesign Bilder oder Grafiken langsam in den Hintergrund überblenden, ohne zuvor einen Photoshop-Alphakanal erzeugen zu müssen.

Wie bei den zuvor besprochenen Effekten – *Schlagschatten* und *Abgeflachte Kante und Relief* – können Sie auch die weiche Verlaufskante über das Bedienfeld *Effekte* entweder dem gesamten *Objekt* oder nur seiner *Fläche* oder *Kontur* bzw. dem eventuell enthaltenen *Text* zuweisen. Doppelklicken Sie im Bedienfeld auf das entsprechende Element, um das bekannte Dialogfeld *Effekte* zu öffnen.

Mit einem Klick auf die Kategorie *Weiche Verlaufskante* gelangen Sie an die Einstellmöglichkeiten für diesen Effekt. Sie kontrollieren hier den Typ des Verlaufs und wie schnell er nach transparent verläuft.

Abbildung 4.28 Das Kontrollkästchen *Füllmethode isolieren* bezieht sich nur auf mit Füllmethoden versehene Gruppen.

▶ Anhand des Verlaufsbalkens im oberen rechten Bereich des Dialogfelds ändern Sie den aktuellen Transparenzübergang. Die Markierungen zeigen dabei den Transparenzgrad, der an einer bestimmten Stelle verwendet wird. In der Grundeinstellung sehen Sie auf dem Verlaufsbalken einen stufenlosen linearen Transparenzverlauf, der von vollständig deckend (schwarze Farbmarke, links) bis vollständig transparent (weiße Farbmarke, rechts) reicht. Diese Marken können Sie verschieben, um die Transparenzverteilung zu ändern. Alternativ klicken Sie eine Marke an und geben ihre Position in das zugehörige Feld ein.

▶ Um den Marken einen anderen Transparenzgrad als die standardmäßigen 0 % bzw. 100 % zuzuweisen, klicken Sie eine Marke an und geben die Deckkraft für diese Marke in das darunterliegende Feld ein.

Um eine Marke aus dem Verlauf zu löschen, markieren Sie sie am Verlaufsbalken und ziehen sie mit gedrückter Maustaste nach unten.

- Sie können auch weitere Transparenzmarken einfügen: Zeigen Sie unterhalb des Verlaufsbalkens auf eine freie Fläche zwischen den Marken und klicken Sie. Damit legen Sie eine neue Marke an, für die Sie die Transparenz wieder im Feld *Deckkraft* angeben können.
- Unter *Optionen* wählen Sie zwischen linearen und radialen Transparenzverläufen. Über das Feld *Winkel* oder das Schaubild links daneben legen Sie den Verlaufswinkel fest.

Abbildung 4.29 Je dunkler der Regler, desto deckender ist das Objekt an dieser Position.

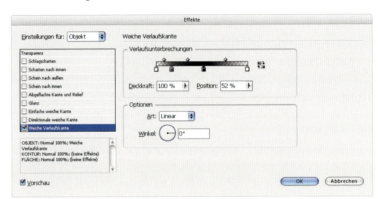

Abbildung 4.30 Links: Die rechte und die linke Kante des platzierten Bilds sollen weich in den Hintergrund ausgeblendet werden. Rechts: Nun integriert sich das Foto nahtlos in den schwarzen Hintergrundrahmen.

Klicken Sie auf das Kettensymbol, damit Sie für die einzelnen Kanten unterschiedliche Werte eingeben können.

Bei der *Direktionalen weichen Kante* arbeiten Sie nicht mit einem Verlaufsregler, sondern stellen den Transparenzverlauf bei Bedarf für alle vier Kanten gesondert ein.

Am wenigsten Einstellmöglichkeiten bietet die *Einfache weiche Kante*. Hier geben Sie einen einzigen für alle vier Kanten identischen Wert ein.

Effekte und Transparenzen in einem Objektstil speichern

Einmal gestaltete Objekteffekte speichern Sie am besten in einem Objektstil, wenn Sie sie häufiger benötigen. Dann können Sie ihn künftig allen weiteren Objekt mit einem einzigen Klick zuweisen. Natürlich funktioniert diese Technik auch mit „normal" gestalteten Objekten, die Sie beispielsweise mit einer bestimmten Konturart und -farbe versehen haben.

1. Markieren Sie das gestaltete Objekt.
2. Im Bedienfeld des Bedienfelds *Objektstile* klicken Sie auf die Schaltfläche *Neues Format erstellen* am unteren Rand des Bedienfelds. Wenn Sie beim Klick auf das Symbol *Neues Format erstellen* gleich das Dialogfeld anzeigen möchten, halten Sie zusätzlich die Tastenkombination [Alt] + [⇧] gedrückt. Hier benennen Sie Ihren neuen Objektstil, versehen ihn mit einer Tastenkombination und definieren seine Formatierungsmerkmale.
3. Der neue Objektstil trägt in des Bedienfelds den Namen *Objektstil 1*.
4. Doppelklicken Sie auf den neuen Stil und geben Sie in das Feld *Formatname* einen beschreibenden Namen ein.
5. Sehr praktisch ist die Möglichkeit, einen bestehenden Objektstil als Grundlage für einen anderen zu verwenden. Durch solche Abhängigkeiten können Sie die Objektstile Ihres Dokuments so geschickt hierarchisch gestalten, dass sich die Elemente beim Anlegen quasi von selbst formatieren. Wählen Sie dazu aus dem Menü *Basiert auf* im Dialogfeld *Objektstiloptionen* den entsprechenden Stil aus.
6. Bei Bedarf versehen Sie den Stil mit einer Tastenkombination, mit der Sie den Stil später zuweisen können. Klicken Sie dazu in das Feld *Tastaturbefehl*. Am Mac drücken Sie eine der Tasten [Alt] oder [⇧] und dazu eine der Zifferntasten auf dem numerischen Block Ihrer Tastatur. Unter Windows schalten Sie die [Num]-Taste ein und drücken dann eine der Tasten [Strg], [Alt] oder [⇧] und ebenfalls eine Zifferntaste auf dem Num-Block.
7. Überprüfen Sie im Bereich *Formateinstellungen* die Formatierungsmerkmale des neuen Objektstils.
8. Sobald alles stimmt, bestätigen Sie das Dialogfeld mit *OK*.
9. Mit einem Klick weisen Sie den Elementen Ihres Layouts den vordefinierten Effekt zu.

Falls Sie nicht zufrieden sind, können Sie die Formatierung jetzt noch ändern, indem Sie im linken Bereich des Dialogfelds die gewünschte Kategorie wählen. Sie haben hier sämtliche Möglichkeiten zur Formatierung, die InDesign Ihnen bietet.
Gegebenenfalls deaktivieren Sie die Kontrollkästchen vor den Kategorien, die im Objektstil nicht enthalten sein sollen, das heißt, deren Merkmale durch das Zuweisen des Stils an einem bestimmten Objekt nicht geändert werden sollen.

Abbildung 4.31 Sobald Sie den Effekt als Objektstil gespeichert haben, lässt er sich schnell mehreren Objekten zuweisen.

Ein Konflikt kann auftreten, wenn Sie einem bereits formatierten Element einen Objektstil zuweisen möchten. In diesem Fall erzielen Sie mit dem Zuweisen des Stils eventuell nicht das gewünschte Aussehen. In einem solchen Fall sehen Sie vor dem Namen des Objektstils im Bedienfeld ein Pluszeichen. Dasselbe passiert übrigens auch, wenn Sie die Gestaltung eines mit einem Stil versehenen Elements nachträglich manuell verändern. Dieser Umstand kann etwas verwirrend wirken.

Um eine einwandfreie Zuweisung des Objektstils und gleichzeitige Löschung sämtlicher vorheriger Formatierungen zu erzielen, halten Sie beim Anklicken des gewünschten Objektstils im Bedienfeld zusätzlich die [Alt]-Taste gedrückt. Mit diesem Befehl wird der reine Objektstil zugewiesen.

Wenn Sie einen Objektstil nachträglich bearbeiten, das heißt, wenn Sie die Elemente in Ihrem Layout schon mit den Objektstilen formatiert haben, ändert sich das Aussehen der Elemente anschließend entsprechend. Das ist der große Vorteil von Objektstilen: Mit wenigen Handgriffen passen Sie die Gestaltung Ihres Layouts an geänderte Vorgaben an.

Objektstile, die Sie noch in weiteren Dokumenten benötigen, können Sie sehr schnell in jedes beliebige Dokument übertragen.

1 Öffnen Sie das Dokument, in das Sie die Stile eines bestehenden Dokuments importieren möchten.
2 Öffnen Sie das Bedienfeldmenü ▾≡ des Bedienfelds *Objektstile*.
3 Wählen Sie den Befehl *Objektstile laden*.
4 Wählen Sie das Dokument aus, das die gewünschten Stile enthält.
5 Die Objektstile erscheinen im Bedienfeld Ihres aktuellen Dokuments und sind damit einsatzbereit.

Im Bedienfeld gibt es sowohl für Grafik- als auch für Textrahmen jeweils einen Standardstil. Wenn Sie in InDesign einen neuen Grafik- oder Textrahmen erstellen, erhält dieser den jeweiligen Standardstil. Die Standardstile ändern Sie genauso wie selbst erstellte Objektstile mit einem Doppelklick auf den Stilnamen im Bedienfeld.

5 Umfangreiche Dokumente bearbeiten

Der Umgang mit Dokumenten, in denen viele hundert Elemente platziert werden müssen, gehört zum „täglichen Brot" vieler Mediengestalter. InDesign ist in diesem Bereich besonders leistungsfähig, wie Sie in diesem Kapitel erfahren.

5.1 Objektstile und Formate richtig einsetzen

Das gute, ausgewogene Erscheinungsbild eines Dokuments basiert maßgeblich auf der Anordnung des Textes auf den Seiten, der Form der Absätze, der Formatierung der Buchstaben und dem Gebrauch von Linien und Rahmen. Alle diese Elemente sind Formatierungsmerkmale, die Sie während der Arbeit mit InDesign definieren

Formate

Genauso wichtig sind Lesbarkeit und Einheitlichkeit Ihres Dokuments. Wenn das Erscheinungsbild Ihres Dokuments seinem Inhalt entspricht, ist es für den Leser einfacher, die enthaltenen Informationen aufzunehmen.

Abbildung 5.1 Um bei solchen und ähnlichen Dokumenten auf jeder Seite eine konsistente Typografie zu erzielen, sind Formate ein ideales Hilfsmittel.

InDesign stellt Ihnen Werkzeuge zur Verfügung, mit denen sich die Formatierung Ihres Dokuments sehr einfach gestaltet: Absatz- und Zeichenformate. Sie sparen damit eine Menge Zeit, besonders auch dann, wenn sich einzelne Formatierungsvorgaben für Ihr Dokument nachträglich noch ändern sollten.

Was ist ein Format?

Ein Format ist ein Satz von Formatierungsanweisungen, der unter einem eindeutigen Namen gespeichert ist und unter diesem jederzeit abgerufen werden kann. Alle Texte, denen Sie dasselbe Format zuweisen, werden exakt identisch formatiert. Wenn Sie an einem Format eine Änderung vornehmen, wird gleichzeitig das Aussehen aller Texte, die mit diesem Format formatiert sind, neu definiert.

Im vorigen Kapitel haben Sie bereits die Objektstile kennengelernt. Formate sind das auf Texte bezogene Äquivalent dazu. Ein Format kann die verschiedensten Formatierungsmerkmale beinhalten – zum Beispiel:

- Schriftart, -grad und -schnitt
- Absatzausrichtung
- Zeilen- und Absatzabstände
- Einzüge und Tabulatoren
- Grundlinienraster (siehe unten)

Zwei verschiedene Arten von Formaten

Es gibt es zwei verschiedene Arten von Formaten:

- *Absatzformate* werden stets dem gesamten Absatz, in dem die Einfügemarke steht, zugewiesen. Dieser Formattyp enthält neben Definitionen der Schriftart eventuell auch Tabstopps, Einzüge und sonstige Absatzformatierungen.
- *Zeichenformate* werden der ausgewählten Textpassage zugewiesen. Dieser Formattyp kann beispielsweise Definitionen des Schriftgrads und Schriftschnitts enthalten. Mit einem Zeichenformat lassen sich bestimmte Wörter oder auch einzelne Buchstaben in einem Absatz mit einer eigenen Schriftformatierung gestalten, auch wenn dem Absatz selbst ein Absatzformat zugewiesen wurde.

Nehmen wir als Beispiel ein Computerbuch wie das vorliegende: Hier werden etwa Überschriften, Aufzählungen und Bildunterschriften mit Absatzformaten formatiert, Menübefehle und Tastenkombinationen hingegen mit Zeichenformaten.

Für die Farben Ihres Dokuments gilt dasselbe wie für die erläuterten Text- und Objektformatierungen: Besonders wenn Sie umfangreiche Werke mit immer wiederkehrenden Elementen gestalten, sollten Sie die Farben nicht über das Bedienfeld *Farbe* bzw. einen Doppelklick auf das Vorder- und Hintergrundfarbfeld in der Werkzeugleiste zuweisen, sondern über das Bedienfeld *Farbfelder*.

Absatzformate erzeugen

Sie können Absatzformate von Grund auf neu erstellen. Praktischer finden wir es allerdings, sich zunächst ein Textmuster anzufertigen und dieses dann in ein Absatzformat zu konvertieren.

Beispiel: Ein registerhaltiges Absatzformat erzeugen

Falls Sie die Texte und Abbildungen Ihres Buchs am Grundlinienraster ausrichten möchten, sollten Sie dieses einrichten und aktivieren, sobald Sie Zeilenabstand und Schriftgröße des Grundtextes für Ihr Buch festgelegt haben. Mit dem Grundlinienraster stellen Sie die Registerhaltigkeit des Grundtextes sicher, das heißt, dass er in sämtlichen Textspalten auf denselben Grundlinien steht – und zwar auf jeder Seite des Dokuments.

Dies ist neben der optischen Ausgeglichenheit vor allem deshalb wichtig, da der Widerdruck – die Rückseite der gedruckten Buchseite – bei vielen Papieren durch den Schöndruck auf der Vorderseite hindurchschimmert. Die fehlende Registerhaltigkeit stört dann das harmonische Bild der Zeilenbänder.

Abbildung 5.2 Links: Hier fehlt die Registerhaltigkeit – die Rückseite schimmert durch und die Textzeilen stören das Erscheinungsbild der Vorderseite. Rechts: Ist die Registerhaltigkeit gewahrt, stört der durchschimmernde Widerdruck längst nicht so sehr.

Sie richten das Grundlinienraster stets so ein, dass es denselben Zeilenabstand aufweist wie die Absätze des Grundtextes Ihres Dokuments. Das Grundlinienraster, das Sie mit *Ansicht > Raster & Hilfslinien > Grundlinienraster einblenden* bzw. der Tastenkombination [Strg]/[⌘] + [Alt] + [ß] anzeigen, lässt Ihr Dokument aussehen wie ein Blatt aus einem linierten Notizblock.

Dieses horizontale Raster bestimmt den Zeilenabstand des Fließtextes, indem seine Grundlinien daran ausgerichtet werden.

Es ist genauso möglich, ohne Grundlinienraster zu layouten – in Büchern kann die Verwendung des Grundlinienrasters aber sehr hilfreich sein und ein sauberes Erscheinungsbild der Seiten unterstützen.

In der Grundeinstellung wird das Grundlinienraster nur dann eingeblendet, wenn die Ansicht des Dokuments mindestens auf 75 % gezoomt ist. Das ist recht sinnvoll, da Ihnen das Grundlinienraster bei kleinerer Ansicht bloß den Blick auf das Layout verstellen würde. Bei Bedarf ändern Sie diese Einstellung trotzdem, indem Sie *Bearbeiten/InDesign > Voreinstellungen > Raster* wählen und in das Feld *Anzeigeschwellenwert* einen anderen Prozentsatz eingeben.

Das Grundlinienraster verwandelt Ihr Dokument optisch in ein Blatt liniertes Schreibpapier.

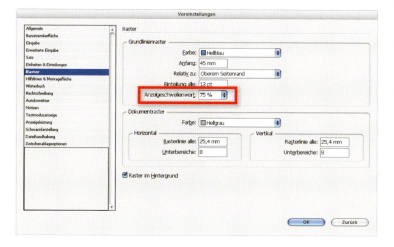

Abbildung 5.3 Über die Voreinstellungen ändern Sie den Anzeigeschwellenwert für das Grundlinienraster

Bevor Sie Ihren Text am Grundlinienraster ausrichten können, müssen Sie ein paar Dinge überprüfen.

1. Wählen Sie *Layout > Ränder und Spalten*.
2. Betrachten Sie den eingestellten oberen Rand.

Abbildung 5.4 Maßgeblich für die Einrichtung des Grundlinienrasters ist die Einstellung für den oberen Rand.

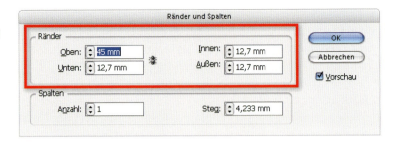

3   Klicken Sie in einen Absatz des Grundtextes und betrachten Sie den Zeilenabstand im *Zeichen*-Modus.

Abbildung 5.5 Ebenso wichtig ist der Zeilenabstand des Grundtextes.

Anhand dieser Werte richten Sie nun das Grundlinienraster ein.

4   Wählen Sie *Bearbeiten/InDesign > Voreinstellungen > Raster*.
5   Im Bereich *Grundlinienraster* des folgenden Dialogfelds geben Sie in das Feld *Anfang* den Wert des oberen Seitenrands ein – im Beispiel 45 mm.
6   In das Feld *Einteilung alle* geben Sie den Zeilenabstandswert ein. In unserem Beispiel sind es *13 pt*.

Abbildung 5.6 Als *Anfang* geben Sie den oberen Seitenrand ein, als *Einteilung alle* den Zeilenabstand des Grundtextes.

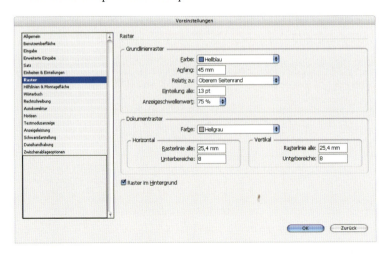

7   Schließen Sie das Dialogfeld mit *OK*.

Zeigen Sie das Grundlinienraster über *Ansicht > Raster & Hilfslinien > Grundlinienraster einblenden* an. Ihr Dokument erinnert nun an einen Notizblock, sobald Sie es über den in den Voreinstellungen angegebenen Anzeigeschwellenwert zoomen.

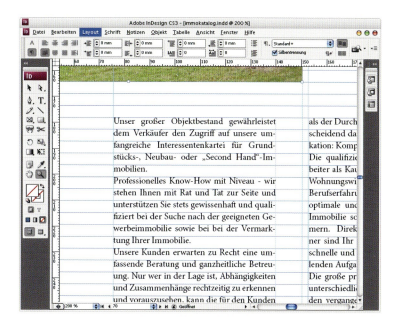

Abbildung 5.7 Das Grundlinienraster wird zwar im Dokument angezeigt, doch noch ist der Text nicht daran ausgerichtet.

Den Text am Grundlinienraster ausrichten

Bereiten Sie einen Musterabsatz für den Grundtext vor. Klicken Sie hinein und klicken Sie anschließend im *Absatz*-Modus des Steuerungsbedienfelds auf die Schaltfläche *An Grundlinienraster ausrichten*. Die Grundlinien der Schriftzeichen liegen nun auf dem Grundlinienraster.

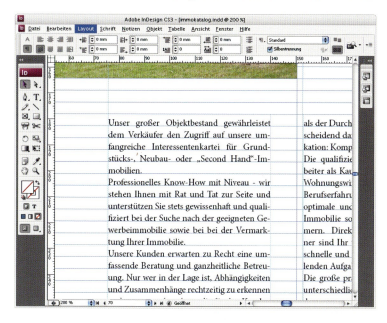

Abbildung 5.8 Nun ist der Text auf dem Grundlinienraster ausgerichtet.

Beachten Sie, dass InDesign trotz Ihrer manuellen Absatzabstandseinstellung stets das Grundlinienraster für die Abstände zwischen Absätzen verwendet – notfalls ein Vielfaches vom Grundlinienrasterabstand:

Haben Sie beispielsweise ein Grundlinienraster von 13 Punkt eingestellt und legen Sie einen Absatzabstand von 18 Punkt fest, erhöht InDesign diesen automatisch auf 26.

Möchten Sie diese Eigenschaft für bestimmte Absätze (zum Beispiel Überschriften) deaktivieren, schalten Sie die Ausrichtung am Grundlinienraster über das Symbol *Nicht am Grundlinienraster ausrichten* im *Absatz*-Modus des Steuerungsbedienfelds aus.

Das Grundlinienraster für einzelne Textrahmen einstellen

In manchen Fällen sollen nur einzelne Textrahmen mit einem Grundlinienraster versehen werden oder das Grundlinienraster mancher Textrahmen soll vom Grundlinienraster des Haupttexts abweichen.

Wählen Sie den gewünschten Textrahmen aus oder klicken Sie hinein und wählen Sie den Befehl *Objekt > Textrahmenoptionen*. Zeigen Sie das Register *Grundlinienoptionen* an. Aktivieren Sie das Kontrollkästchen *Benutzerdefiniertes Grundlinienraster verwenden*.

Nehmen Sie die Einstellungen vor wie im vorigen Abschnitt beschrieben.

Abbildung 5.9 Einer der Vorteile des Grundlinienrasters im Textrahmen: Beim Drehen des Rahmens geht das Raster mit.

Wenn Sie wissen möchten, wie viele Zeilen Ihnen nach dem Einrichten des Grundlinienrasters auf der Seite zur Verfügung stehen, wählen

Sie *Bearbeiten > Voreinstellungen > Einheiten & Einteilungen*. Wählen Sie anschließend aus dem Popup-Menü *Vertikal* den Wert *Benutzerdefiniert* und geben Sie dahinter die Weite des Grundlinienrasters in Punkt ein – für Manuskriptberechnungen eine sehr praktische Funktion.

Den Grundlinientext als Absatzformat speichern

Nehmen Sie die übrigen Zeichen- und Absatzformatierungen vor, die den Grundtext Ihres Buchs auszeichnen sollen. Anschließend speichern Sie diese Merkmale in einem Absatzformat:

1 Lassen Sie die Einfügemarke in dem Absatz stehen und wählen Sie *Schrift > Absatzformate*.
2 Am unteren Rand des angezeigten Bedienfelds klicken Sie auf das Symbol *Neues Format erstellen*. Das neue Format wird automatisch mit der Bezeichnung *Absatzformat 1* versehen, wenn Sie zuvor noch keine Absatzformate eingefügt haben.
3 Doppelklicken Sie anschließend auf das neue Format, um das Dialogfeld *Absatzformatoptionen* zu öffnen.

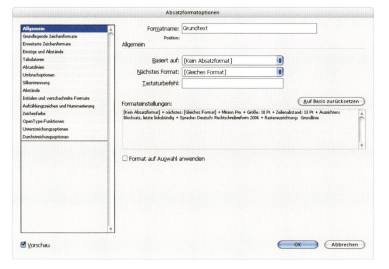

Abbildung 5.10 Im Dialogfeld *Absatzformatoptionen* bestimmen Sie die Merkmale Ihres neuen Absatzformats.

Wenn Sie beim Klick auf das Symbol *Neues Format erstellen* gleich das Dialogfeld anzeigen möchten, halten Sie zusätzlich die Tastenkombination `Alt` + `⇧` **gedrückt. Hier können Sie Ihr neues Format benennen, es mit einer Tastenkombination versehen und die Formatierungsmerkmale einstellen.**

4 Geben Sie in das Feld *Formatname* einen beschreibenden Namen ein.
5 Bei Bedarf versehen Sie das Format mit einer Tastenkombination, mit dem Sie es später zuweisen können. Klicken Sie dazu in das Feld *Tastaturbefehl*. Am Mac drücken Sie eine der Tasten `Alt`

oder ⇧ und dazu eine der Zifferntasten auf dem numerischen Block Ihrer Tastatur. Unter Windows schalten Sie die Num-Taste ein und drücken dann eine der Tasten Strg, Alt oder ⇧ und ebenfalls eine Zifferntaste auf dem numerischen Block.

6 Überprüfen Sie im Bereich *Formateinstellungen* die Formatierungsmerkmale des neuen Formats.

7 Falls Sie nicht zufrieden sind, können Sie die Formatierung jetzt noch ändern, indem Sie im linken Bereich des Dialogfelds die gewünschte Kategorie wählen. Sie haben hier sämtliche Möglichkeiten zur Absatz- und Zeichenformatierung, die InDesign Ihnen bietet.

8 Sobald alles stimmt, bestätigen Sie das Dialogfeld mit OK.

Abbildung 5.11 Das neue Format erscheint mit seinem korrekten Namen im Bedienfeld *Absatzformate* und kann nun jedem markierten Absatz mit einem Klick zugewiesen werden.

Nun müssen Sie nur noch die entsprechenden Absätze markieren und ihnen das neue Format mit einem Klick auf seinen Namen im Bedienfeld *Absatzformate* zuweisen. Wenn Sie nach dem letzten mit dem Absatzformat formatierten Absatz die ↵-Taste drücken und weitere Texte eingeben, sind diese automatisch mit dem Absatzformat ausgestattet und werden am Grundlinienraster ausgerichtet.

Ein Absatzformat von Grund auf neu erstellen

Nicht immer möchten Sie zuerst einen Absatz gestalten und auf dessen Grundlage das Format definieren. Vielleicht bekommen Sie einen Style Guide, nach dem Sie arbeiten müssen. In diesem Fall ist es eventuell einfacher, die Formate von Grund auf neu anhand der enthaltenen Vorgaben zu definieren.

ID Neu in InDesign CS3
Lange Dokumente enthalten unter Umständen Dutzende von unterschiedlichen Formaten, wodurch das Bedienfeld extrem unübersichtlich werden kann.
Eine große Hilfe sind die neuen Formatgruppen. Eine Formatgruppe erzeugen Sie über das Symbol 📁 am unteren Bedienfeldrand. Anschließend ziehen Sie die gewünschten Stile mit gedrückter Maustaste in die neue Formatgruppe. Mit dem Pfeilsymbol ▷ lässt sich der Inhalt der Formatgruppe expandieren und wieder ausblenden. Diese Funktion ist auch für Objektstile verfügbar.

1 Sorgen Sie dafür, dass in Ihrem Dokument nichts ausgewählt ist.

2 Klicken Sie im Bedienfeld *Absatzformate* auf das Symbol *Neues Format erstellen* und öffnen Sie die Optionen mit einem Doppelklick.

3 Im Dialogfeld *Absatzformatoptionen* geben Sie dem neuen Format einen Namen und nehmen Sie die entsprechenden Einstellungen vor. Bestätigen Sie mit *OK*, um das Format zu definieren.

Aufeinander basierende Formate erstellen

Sie haben die sehr praktische Möglichkeit, ein bestehendes Format als Grundlage für ein anderes zu verwenden. Durch solche Abhängigkeiten können Sie die Formate Ihres Dokuments so geschickt hierarchisch gestalten, dass sich die Absätze bei der Texteingabe direkt in InDesign quasi von selbst formatieren.

Mit importierten Textformaten funktioniert diese Technik allerdings nicht.

Nehmen wir etwa an, Sie möchten die Absätze des Grundtextes durch Erstzeileneinzüge kennzeichnen. Der erste Absatz im Textrahmen und der erste Absatz nach einer Überschrift, einem Bild oder einer Aufzählung soll von diesem Erstzeileneinzug ausgenommen sein.

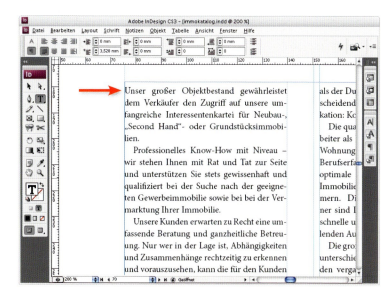

Abbildung 5.12 Der erste Absatz des Textrahmens soll im Gegensatz zu den übrigen Absätzen keine Überschrift erhalten.

Demnach benötigen Sie zwei Absatzformate für den Textkörper:

1 Erstellen Sie zunächst ein Format für den Textkörper ohne Einzüge. Geben Sie ihm den Namen *Grundtext*.
2 Achten Sie darauf, dass Sie in Ihrem Dokument nichts markiert haben, und klicken Sie am unteren Rand des Bedienfelds *Absatzformate* auf *Neues Format erstellen*.
3 Doppelklicken Sie auf den neuen Stil und geben Sie ihm den Namen *Grundtext mit Einzug*.
4 Öffnen Sie das Popup-Menü *Basiert auf* und wählen Sie das Format *Grundtext*.

Abbildung 5.13 Aus dem Popup-Menü *Basiert auf* wählen Sie das Format, auf dem Ihr neuer Stil basieren soll.

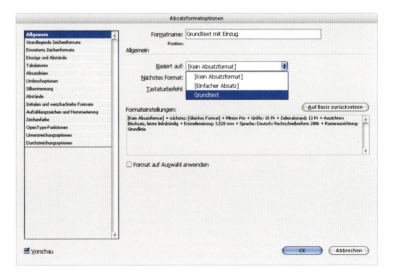

In der Kategorienliste wählen Sie dann *Einzüge und Abstände* und legen Sie den gewünschten Erstzeileneinzug fest.

Abbildung 5.14 Erstzeileneinzüge legen Sie in der Kategorie *Einzüge und Abstände* fest.

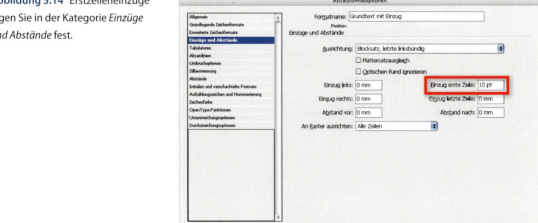

Bevor Sie mit *OK* bestätigen, überprüfen Sie die Auswirkungen dieser Arbeitsschritte noch einmal, indem Sie auf die Kategorie *Allgemein* klicken. Im Abschnitt *Formateinstellungen* finden Sie eine Beschreibung der Formateigenschaften.

Wenn Sie sich entschließen, dem Format *Grundtext* eine andere Schriftart zuzuweisen, ändert sich das Format *Grundtext mit Einzug* gleich mit. Es ändern sich alle Parameter, die in beiden Formaten übereinstimmen. Nur die abweichenden bleiben unverändert.

Objektstile und Formate richtig einsetzen

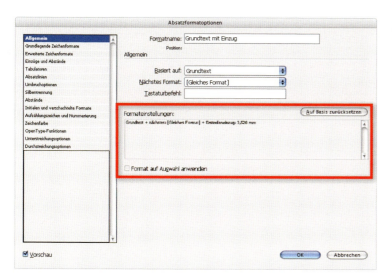

Abbildung 5.15 In dem Abschnitt *Formateinstellungen* finden Sie die Eigenschaften Ihres Formats aufgelistet.

Mit der Schaltfläche *Auf Basis zurücksetzen* löschen Sie alle Formatierungen des untergeordneten Formats (im Beispiel *Grundtext mit Einzug*); zurückbleiben die Formatierungen des übergeordneten Formats (im Beispiel *Grundtext*).

Das Folgeformat festlegen

Zusätzlich können Sie auch ein Folgeformat bestimmen. Um bei unserem Beispiel zu bleiben: Nach dem Absatz, der auf dem Format *Grundtext* beruht – also keinen Erstzeileneinzug aufweist –, soll ein Absatz mit dem Format *Grundtext mit Einzug* folgen. Aus diesem Grund verknüpfen Sie nun das Format *Grundtext* so mit dem Format *Grundtext mit Einzug*, dass beim Drücken der ⏎-Taste nach einem *Grundtext*-Absatz automatisch das Format *Grundtext mit Einzug* aktiviert wird.

1 Doppelklicken Sie im Bedienfeld *Absatzformate* auf das vorher angelegte Format *Grundtext*.
2 Öffnen Sie das Popup-Menü *Nächstes Format* und wählen Sie das Format *Grundtext mit Einzug*.

Auch dies funktioniert nur, wenn Sie den Text direkt in InDesign eingeben – nicht mit importiertem Text. Bei diesem müssen Sie die Absatzformate manuell zuweisen.

Abbildung 5.16 Die Auswahl eines Folgeformats ist bei der Texterfassung sehr nützlich.

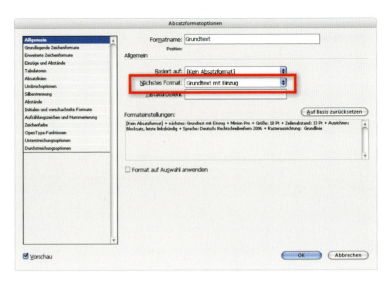

Wenn Sie jetzt den Absatz mit der Formatierung *Grundtext* durch Drücken der ⏎-Taste abschließen, erhält der folgende Absatz automatisch die Formatierung *Grundtext mit Einzug*.

Mehrere Absätze in einem Zug formatieren

Wenn Sie konsequent mit dieser Funktion gearbeitet haben, also grundsätzlich aufeinanderfolgenden Formaten ein Folgeformat zugewiesen haben, können Sie diese sogar in einem Zug zuweisen – beispielsweise eine Überschrift, den darauffolgenden Untertitel und Fließtext.

1 Wählen Sie die Absätze, die Sie mit den Formaten ausstatten möchten, aus. In der folgenden Abbildung etwa sollen die nummerierten Zeilen mit dem Format *Beschreibung* formatiert werden, die darauffolgenden Absätze mit dem Format *BestNrPreis*. Das Format *BestNrPreis* wurde aus diesem Grund als Folgeformat für *Beschreibung* definiert.
2 Öffnen Sie im Bedienfeld *Absatzformate* das Kontextmenü auf dem ersten Format (im Beispiel *Beschreibung*).
3 Wählen Sie *[Formatname]* und dann *Nächstes Format anwenden*.

Objektstile und Formate richtig einsetzen

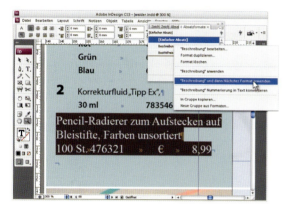
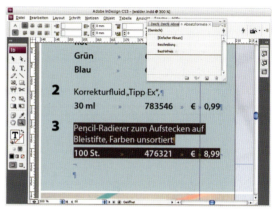

Eine starke Funktion – was hier anhand von zwei Formaten demonstriert wurde, klappt auch mit mehr aufeinanderfolgenden Formaten!

Zeichenformate erstellen

Wir haben mit den Absatzformaten begonnen, weil Sie diese im InDesign-Alltag besonders häufig benötigen. Ganz ähnlich erstellen Sie jedoch auch Zeichenformate, die Sie ausgewählten Textpassagen zuweisen. Es handelt sich dabei um Formatierungsmuster, die nicht gleich für ganze Absätze, sondern nur für markierte Zeichen gelten.

Ein Zeichenformat kann alle möglichen Merkmale enthalten, die Sie über das Bedienfeld *Zeichen* einstellen. Sie wirkt sich also auf Merkmale wie Schriftart und -größe, Schriftschnitt oder Farbe aus.

Abbildung 5.17 Obere Reihe: Für das folgende Beispiel wurde dem Absatzformat *Beschreibung* das Folgeformat *BestNrPreis* zugewiesen. Untere Reihe links: Der Absatz mit der Beschreibung und der Absatz mit dem entsprechenden Absätze wurden ausgewählt und die aufeinanderfolgenden Formate wurden zugewiesen. Rechts: Das Ergebnis sind zwei korrekt formatierte Absätze.

Walnusslikör

Zutaten
für 2 Flaschen mit 1 l Inhalt

❦

8 grüne Walnüsse
7 Gewürznelken
1 Zimstange
½ l 70%iger Weingeist
400 g Zucker

Abbildung 5.18 Die gesamte Zutatenliste – einschließlich des Worts „Zutaten" – ist mit dem Absatzformat *Zutaten* formatiert. Das Zeichenformat hat keine eigene Schriftart erhalten, sondern lediglich den Schnitt *Bold*.

Walnusslikör

Zutaten
für 2 Flaschen mit 1 l Inhalt

❦

8 grüne Walnüsse
7 Gewürznelken
1 Zimstange
½ l 70%iger Weingeist
400 g Zucker

Abbildung 5.19 Nachdem die Schriftfarbe des Absatzformats geändert wurde, wird auch die des Worts „Zutaten" angepasst.

Damit lassen sich Zeichen in einem Absatz mit einer eigenen Schriftart gestalten, auch wenn dem Absatz selbst ein Absatzformat zugewiesen wurde. Eventuell bereits zugewiesene Absatzformate bleiben davon unberührt.

Bei automatischem Zeilenabstand kann ein versehentlich in einer abweichenden Schriftgröße formatiertes Zeichenformat den Zeilenabstand der Zeile verändern. Wenn dies nur Abweichungen von einem Punkt betrifft, kann es bei der Korrektur mitunter unbemerkt bleiben und erst im Druck auffallen.

Das Erzeugen eines Zeichenformats funktioniert analog zum Erstellen eines Absatzformats:

1 Formatieren Sie Ihren Text entsprechend und markieren Sie die Textpassage, die als Grundlage für das neue Zeichenformat dienen soll.
2 Wählen Sie *Schrift > Zeichenformate* bzw. die Tastenkombination ⇧ + F11 .
3 Im Bedienfeld *Zeichenformate* klicken Sie auf *Neues Format erstellen*. InDesign zeigt das neue Format unter dem Namen *Zeichenformat 1* im Bedienfeld.
4 Doppelklicken Sie auf das Format, um das Dialogfeld *Zeichenformatoptionen* zu öffnen.

Überprüfen Sie – wie bei den Absatzformaten beschrieben – die Formatierungsmerkmale und ändern Sie sie gegebenenfalls. Bestätigen Sie mit *OK*.

Rechts haben Sie gesehen, dass Sie einem Zeichenformat nicht unbedingt eine eigene Schriftart zuweisen müssen. Wenn das Zeichenformat mit keiner eigenen Schriftart versehen ist, bleibt die Schriftart des mit dem Zeichenformat formatierten Texts unverändert.

Etwas gefährlich ist diese Vorgehensweise schon: Wenn Sie nur einen Schriftschnitt auswählen, zum Beispiel *Italic*, und der Absatz, in dem sich der mit diesem Zeichenformat formatierte Text befindet, in einer Schrift formatiert ist, die keine Kursive kennt, erhalten Sie die Markierung für eine fehlende Schrift (siehe auch Seite 133). Denn im Gegensatz zu vielen semiprofessionellen Programmen oder auch zu QuarkXPress generiert InDesign keine unechten Kursive und andere Pseudo-Schriftschnitte, die lediglich aus schräggestellten oder verdickten Buchstaben bestehen.

Objektstile und Formate richtig einsetzen

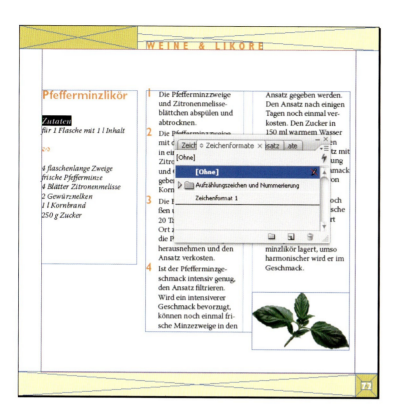

Abbildung 5.20 Nachdem Sie die gewünschten Zeichen ausgewählt haben, erstellen Sie das Format mit einem Klick auf die Schaltfläche *Neues Format erstellen*.

Abbildung 5.21 Im Dialogfeld *Zeichenformatoptionen* definieren Sie Ihr neues Format genauer.

Auch hier können Sie beim Klick auf die Schaltfläche *Neues Format erstellen* zusätzlich die Tastenkombination Alt + ⇧ **gedrückt halten, um gleich das Dialogfeld *Zeichenformatoptionen* zu öffnen.**

Ein Konflikt kann auftreten, wenn Sie einen bereits formatierten Text mit einem Format versehen möchten. In diesem Fall erzielen Sie mit dem Zuweisen des Formats eventuell nicht das gewünschte Aussehen. In einem solchen Fall sehen Sie vor dem Namen des Formats im Bedienfeld ein Pluszeichen. Dasselbe passiert übrigens auch, wenn Sie die Gestaltung eines mit einem Format versehenen Textes nachträglich manuell verändern.

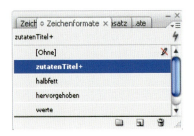

Abbildung 5.22 Dem ausgewählten Text sind offenbar außer dem Format *zutatenTitel* noch andere Formatierungen zugewiesen, wie Sie an dem Pluszeichen erkennen.

Ib Neu in InDesign CS3

Damit Sie eine einwandfreie Zuweisung des Formats und gleichzeitige Löschung sämtlicher vorheriger Formatierungen erzielen, halten Sie beim Anklicken des gewünschten Formats im Bedienfeld zusätzlich die Alt-Taste gedrückt.

Die Zuweisung Ihrer Formate lässt sich übrigens im Textmodus (vgl. auch Seite 76) besonders gut überprüfen.

Ein Format schnell anwenden

Eine besonders benutzerfreundliche Funktion ist das Bedienfeld *Schnell anwenden*.

Denn hier finden Sie alle Zeichen- und Absatzformate sowie Objektstile des aktuellen Dokuments in einer Liste vereint. Sie öffnen diese mit dem Befehl *Bearbeiten > Schnell anwenden* (Tastenkombination Strg/⌘ + ↵) oder einem Klick auf das Blitzsymbol ⚡ am rechten Rand des Steuerungsbedienfelds.

Geben Sie nun einfach die ersten Buchstaben des gewünschten Formats/Stils ein, um in der Liste zu den entsprechenden Einträgen zu navigieren. Mit einem Klick wenden Sie das Format/den Stil an.

Neu in der Version CS3 ist, dass im Bedienfeld *Schnell zuweisen* nicht nur Formate und Objektstile, sondern auch Menübefehle abrufbar sind.

Ein Format beim Löschen durch ein anderes Format ersetzen

InDesign CS3 bietet eine sehr praktische Funktion, mit der Sie Absatz- und Zeichenformate beim Löschen ersetzen können. Markieren Sie das Format, das Sie entfernen möchten, und klicken Sie am unteren Rand auf die Schaltfläche *Ausgewählte Formate löschen*.

Falls dieses Format in Ihrem Dokument im Einsatz ist, haben Sie nun die Möglichkeit, das gelöschte Format durch ein anderes vorhandenes Format zu ersetzen. Die bisher mit dem gelöschten Format versehenen Texte erhalten ebenfalls das neue Format zugewiesen.

Formate zwischen Dokumenten austauschen

Formate erscheinen nur in den *Format*-Bedienfeldern desjenigen Dokuments, in dem Sie sie erstellt haben. Fertige Formate, die Sie noch in weiteren Dokumenten benötigen, können Sie jedoch sehr schnell in jedes beliebige Dokument übertragen. Das funktioniert sowohl mit Zeichen- als auch mit Absatzformaten.

1. Öffnen Sie das Dokument, in das Sie die Stile eines bestehenden Dokuments importieren möchten.
2. Öffnen Sie das Bedienfeldmenü ▾≡ *Absatzformate* bzw. *Zeichenformate* und wählen Sie den Befehl *Absatzformate laden* bzw. *Zeichenformate laden*.
3. Wählen Sie das Dokument aus, das die gewünschten Formate enthält, und aktivieren Sie die Formate, die Sie in das Dokument importieren möchten. Klicken Sie auf OK.
4. Die Formate erscheinen im Bedienfeld Ihres aktuellen Dokuments und sind damit einsatzbereit.

Fast genauso häufig kommt folgender Fall vor: Sie haben beispielsweise eine Serie von Dokumenten angefertigt, die alle mit denselben Formaten gestaltet sind. Als Grundtext haben Sie *Times* verwendet. Nun möchten Sie aber für alle Dokumente *Warnock Pro* statt *Times* verwenden. Auch hier lässt sich die Formatersetzung sinnvoll verwenden:

1. Öffnen Sie eines der Dokumente.
2. Doppelklicken Sie im entsprechenden Formatbedienfeld auf das Format, das Sie ändern möchten.
3. Wählen Sie die neuen Formatierungseinstellungen aus und bestätigen Sie mit *OK*.
4. Speichern Sie das Dokument.
5. Öffnen Sie eines der anderen Dokumente und wählen Sie aus dem Bedienfeldmenü ▾≡ des entsprechenden Formatbedienfelds den Befehl *Absatzformate laden* bzw. *Zeichenformate laden*.
6. Im folgenden Dialogfeld aktivieren Sie das Format, die Sie importieren möchten. In der Spalte *Konflikte mit vorhandenen Formaten* weist InDesign Sie darauf hin, dass im Zieldokument bereits ein Format mit diesem Namen, aber anderen Formatierungseinstellungen, besteht.
7. Mit dem Standardeintrag *Geladene Formatdefinition verwenden* würde der Import des aktualisierten Formats fehlschlagen – InDesign würde weiterhin die Formatdefinition des Zieldokuments verwenden. Wählen Sie deshalb den Eintrag *Autom. umbenennen*.
8. Sie erhalten im *Format*-Bedienfeld daraufhin ein Duplikat des Formats mit dem Namen *[Formatname] Kopie*. Diese Kopie entspricht den im Quelldokument angelegten Formatdefinitionen. Verwenden Sie diese Kopie entweder direkt zur Neuformatierung oder löschen Sie das bestehende Format und ersetzen Sie es dabei durch die Kopie.

Abbildung 5.23 Lösen Sie den Konflikt durch Auswahl des Eintrags *Autom. umbenennen*.

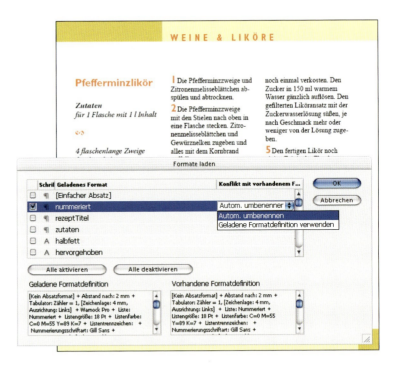

Auch beim Import von Formaten aus Textverarbeitungsprogrammen wie Microsoft Word stehen Ihnen die beschriebenen Möglichkeiten zur Behebung von Konflikten zwischen im InDesign-Dokument vorhandenen und im importierten Word-Dokument vorhandenen Formaten zur Verfügung.

Verschachtelte Formate

Unter „verschachtelten Formaten" versteht InDesign Formate, die beispielsweise die ersten paar Wörter eines Absatzes in einer anderen Schriftart formatieren als den Rest dieses Absatzes.

Am einfachsten ist es, wenn Sie zunächst einen Absatz als Vorlage formatieren. In unserem Beispiel erstellen wir einen Absatz mit einer Initiale, in dem überdies die ersten beiden Wörter in Kapitälchen formatiert sind.

Diese Formatierung – Initiale und die ersten beiden Wörter in Kapitälchen formatiert – soll anschließend so in Formate gespeichert werden, dass sie mit einem Klick auf beliebige Absätze übertragen werden kann.

Eine Initiale erhalten Sie, wenn Sie in den entsprechenden Absatz klicken und anschließend im *Absatz*-Modus des Steuerungsbedienfelds in das Feld *Initialhöhe* einen entsprechenden Wert eingeben.

Objektstile und Formate richtig einsetzen

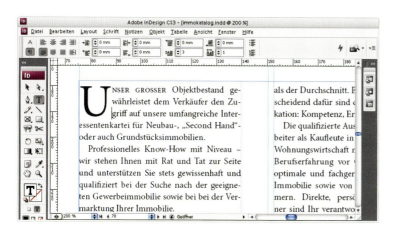

Abbildung 5.24 Formatieren Sie sich einen Probeabsatz – wenn Sie unserem Beispiel folgen möchten mit einer Initiale und den ersten zwei Wörtern in Kapitälchen.

Nachdem Sie den Absatz formatiert haben, wählen Sie den Initialbuchstaben aus und rufen im Bedienfeldmenü ▾≡ des Bedienfelds *Zeichenformate* den Befehl *Neues Zeichenformat* auf. Geben Sie dem neuen Format einen passenden Namen – im Beispiel *Initiale* – und bestätigen Sie mit *OK*.

Wählen Sie eines der drei in Kapitälchen gesetzten Wörter aus und erstellen Sie daraus auf die gleiche Weise ein weiteres Zeichenformat. Nach diesen Vorbereitungen erstellen Sie das verschachtelte Format.

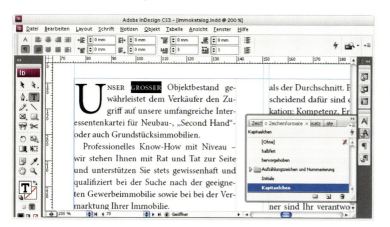

Abbildung 5.25 Erstellen Sie ein Format für den Initialbuchstaben und eines für die in Kapitälchen formatierten Zeichen am Beginn des Absatzes.

1 Klicken Sie in den Absatz und wählen Sie aus dem Bedienfeldmenü ▾≡ des Bedienfelds *Absatzformate* den Befehl *Neues Absatzformat*.
2 Geben Sie dem neuen Format einen passenden Namen. Im Beispiel heißt es *Textkoerper*.
3 Im Bedienfeld *Absatzformatoptionen* aktivieren Sie die Kategorie *Initialen und verschachtelte Formate*.

4 Legen Sie im Feld *Zeilen* fest, wie viele Zeilen die Initiale hoch sein soll. Daneben wählen Sie das vorhin definierte Zeichenformat *Initiale* aus.

5 Klicken Sie anschließend auf die Schaltfläche *Neues verschachteltes Format*. Öffnen Sie das Popup-Menü *[Ohne]*, um das zugehörige Popup-Menü darzustellen. Aus diesem wählen Sie das Zeichenformat, das Sie für die Formatierung der ersten drei Wörter in Kapitälchen erstellt haben.

6 Aus dem nächsten Popup-Menü wählen Sie *bis* und rechts daneben geben Sie *2 Wörter* ein, da die ersten zwei Wörter des Absatzes in Kapitälchen formatiert werden sollen. Bestätigen Sie mit *OK*.

Probieren Sie es aus: Stellen Sie die Einfügemarke in einen nicht formatierten Absatz und weisen Sie ihm Ihr neues Absatzformat zu – InDesign weist nicht nur die Formatierung dieses Formats zu, sondern auch die darin verschachtelte Initiale und die beiden Wörter in Kapitälchen.

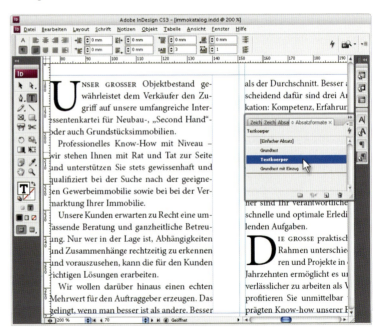

Abbildung 5.26 Mit einem einzigen Klick erhält ein anderer Absatz seine vollständige Formatierung.

Ein Schritt weiter – verschachtelte Formatschleifen

Neu in InDesign CS3

Ein absolutes High-End-Feature ist in der Version CS3 die Möglichkeit, verschachtelte Formate in einer Schleife zu wiederholen.

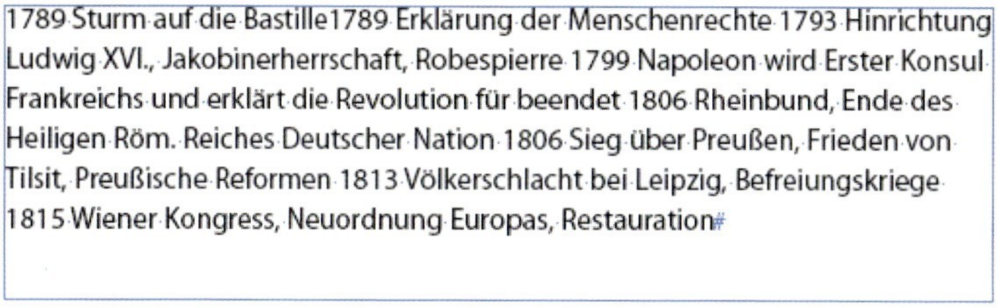

> 1789 Sturm auf die Bastille 1789 Erklärung der Menschenrechte 1793 Hinrichtung Ludwig XVI., Jakobinerherrschaft, Robespierre 1799 Napoleon wird Erster Konsul Frankreichs und erklärt die Revolution für beendet 1806 Rheinbund, Ende des Heiligen Röm. Reiches Deutscher Nation 1806 Sieg über Preußen, Frieden von Tilsit, Preußische Reformen 1813 Völkerschlacht bei Leipzig, Befreiungskriege 1815 Wiener Kongress, Neuordnung Europas, Restauration#

Abbildung 5.27 Alle Zahlen sollen automatisch rot und fett formatiert werden.

Im Beispiel verwenden wir als Wechselzeichen Ziffern und Buchstaben. Weiterhin sind im Popup-Menü auch Zeichen wie Tabstopps, im Text eingebundene Grafiken, Geviertzeichen verfügbar. Alternativ geben Sie Ihr eigenes Wechselzeichen direkt in das Feld ein.

1. Erzeugen Sie zunächst ein Zeichenformat mit den Formatierungseigenschaften für die Zahlen. Im Beispiel erhält es den Namen *Zahlen*.
2. Anschließend erzeugen Sie ein neues Absatzformat, in dem Sie das verschachtelte Format anlegen.
3. In der Kategorie *Initialen und verschachtelte Formate* des Dialogfelds *Absatzformatoptionen* klicken Sie auf die Schaltfläche *Neues verschachteltes Format*. In diesem ersten verschachtelten Format legen Sie fest, wie der Text zwischen zwei Zahlen formatiert werden soll: Im ersten Popup-Menü lassen Sie *[Ohne]* stehen, weil dieser Text kein Zeichenformat erhalten soll. Aus dem nächsten Popup-Menü wählen Sie *bis*, geben in das nächste Feld *1* ein und wählen aus dem letzten Popup-Menü das entsprechende Wechselzeichen *Ziffern*. Damit definieren Sie, dass die Formatierung *[Ohne]* bis zur nächsten Ziffer beibehalten werden soll.
4. Klicken Sie erneut auf die Schaltfläche *Neues verschachteltes Format*. Legen Sie hier fest, wie die Zahlen formatiert werden sollen: Wählen Sie aus dem ersten Popup-Menü das vorhin definierte Zeichenformat – *Zahlen* –, dann wieder *bis, 1* und schließlich wählen Sie als Wechselzeichen *Buchstaben*. Im Klartext wird der Text ab der ersten Ziffer bis zum nächsten Buchstaben mit dem Zeichenformat *Zahlen* formatiert.
5. Bis hierhin gleicht die Vorgehensweise dem im vorigen Abschnitt geschilderten Verfahren. Nun kommt die neue, leistungsfähige Funktion ins Spiel: Legen Sie ein drittes verschachteltes Format an und wählen Sie aus dem ersten Popup-Menü den Eintrag *[Wiederholen]* – damit richten Sie die Schleife ein. Geben Sie in der dritten Spalte an, wie viele Formate wiederholt werden sollen, im Beispiel 2.

In Katalogen, Zeitschriften oder anderen Druckwerken, in denen sich ein Formatierungsschema standardisieren lässt, sind verschachtelte Formate ein ungemein wertvolles Hilfsmittel.

Das einzige Manko ist, dass Sie auch in InDesign CS3 den automatischen Wechsel nur zwischen Zeichenformaten vollziehen können.

Hier schafft das Plug-in SmartStyles von Woodwing Abhilfe, denn mit diesem sind auch automatische Wechsel zwischen Absatzformaten, Rahmen- und Tabellenattributen möglich.

Kapitel 5: Umfangreiche Dokumente bearbeiten

Abbildung 5.28 So legen Sie die verschachtelten Formate für das Beispiel an.

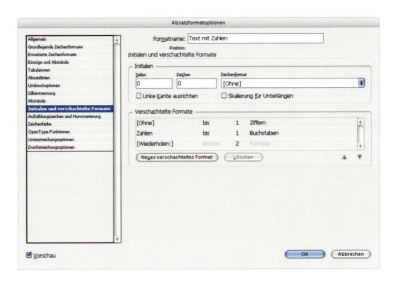

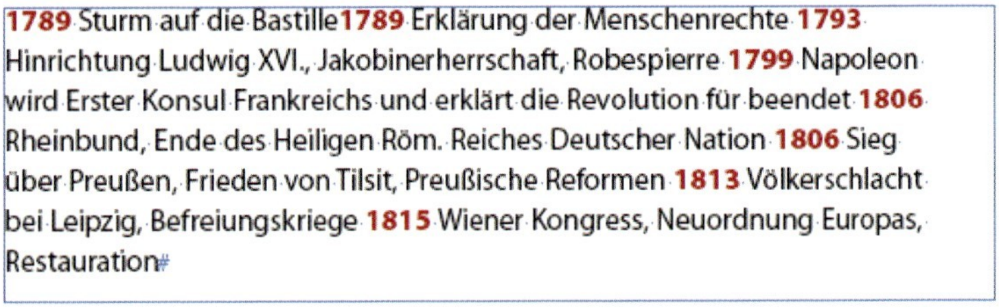

Abbildung 5.29 Dank der verschachtelten Formate hat sich der Absatz quasi selbst formatiert.

Die verschachtelten Formate werden nun automatisch bis zum Ende des Absatzes wiederholt.

Überschriften und Bildbeschriftungen nummerieren

Neu in InDesign CS3

Die Absatzformate sind auch der Schlüssel zur in InDesign CS3 neuen Möglichkeit, Überschriften, Bildbeschriftungen, Tabellenbeschriftungen und andere Elemente automatisch durchzunummerieren. Diese Funktion kann Ihnen gegebenenfalls viele Stunden Arbeit ersparen, besonders, wenn nachträglich Überschriften gelöscht bzw. eingefügt werden müssen.

Im Beispiel sollen sowohl die Überschriften als auch die Bildbeschriftungen eines Buchkapitels automatisch durchnummeriert werden.

1 Wählen Sie *Layout > Nummerierungs- und Abschnittsoptionen*. Falls es sich um das erste Kapitel des Buchs handelt, achten Sie darauf, dass das Optionsfeld *Kapitelnummer* aktiviert ist, und geben Sie *1* ein.

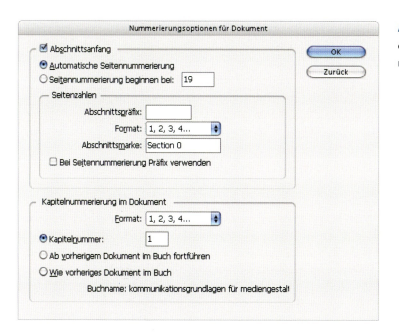

Abbildung 5.30 Versehen Sie das erste Dokument mit der Kapitelnummer 1.

2. Wiederholen Sie diesen Vorgang auch für die übrigen Kapitel des Buchs.
3. Aktivieren Sie dann wieder das erste Dokument und wählen Sie *Schrift > Aufzählungs- und nummerierte Listen > Listen definieren*. Klicken Sie auf *Neu*.
4. Geben Sie einen Namen für die Liste zur Überschriftenformatierung ein – im Beispiel *Überschriften*. Achten Sie auf die aktivierten Kontrollkästchen *Nummerierung über Textabschnitte hinweg fortführen* sowie *Nummerierung von vorherigem Dokument im Buch fortführen*. Das erste Kontrollkästchen sorgt dafür, dass die Nummerierung auch fortgeführt wird, wenn sich die Elemente in nicht miteinander verketteten Textrahmen befinden.
5. Klicken Sie auf *OK*.

Wenn Sie, wie es sich für Bücher empfiehlt, mit der Buchfunktion arbeiten, öffnen Sie das Dialogfeld bei geöffnetem *Buch*-Bedienfeld. Sie haben dann Zugriff auf das Optionsfeld *Ab vorherigem Dokument im Buch fortführen*, das Sie ab dem zweiten Kapiteldokument aktivieren können, statt die Kapitelnummer manuell einzugeben.

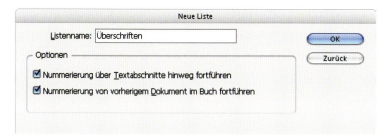

Abbildung 5.31 Definieren Sie eine Liste für die Überschriftennummerierung.

Abbildung 5.32 Definieren Sie für jedes Element, das Sie nummerieren möchten, eine Liste.

6 Definieren Sie mit den Schritten 1 bis 5 ebenfalls eine Liste für die Bildbeschriftungen. Geben Sie ihr den Namen *Bildunterschriften*.
7 Sie haben nun zwei Listen definiert, die unabhängig voneinander nummeriert werden können. Klicken Sie auf *OK*.
8 Öffnen Sie das Bedienfeld *Absatzformate* und doppelklicken Sie auf das Absatzformat für die Überschriftebene 1.
9 Zeigen Sie die Kategorie *Aufzählungszeichen und Nummerierung* an. Als *Listentyp* wählen Sie *Zahlen*.
10 Darunter wählen Sie die zuvor definierte Liste *Überschriften* aus und vergewissern sich, dass rechts daneben die *Ebene 1* angegeben ist.
11 Im Feld *Anzahl* definieren Sie das Erscheinungsbild der Nummer: Klicken Sie auf den Pfeil rechts vom Popup-Menü und wählen Sie *Zahlenplatzhalter einfügen > Kapitelnummer*. (Sie könnten die so erzeugten Sonderzeichen übrigens auch von Hand eintippen.)
12 Anschließend wählen Sie über den Pfeil neben dem Popup-Menü *Sonderzeichen > Tabstopp*, damit die Kapitelnummer ordnungsgemäß von der Überschrift abgesetzt ist.
13 Falls Sie für die Zahlen zuvor ein bestimmtes Zeichenformat erzeugt haben, können Sie dieses nun über das Popup-Menü *Zeichenformat* auswählen. Mit dieser Funktion haben Sie etwa die Möglichkeit, die Zahl farbig und/oder in einer anderen Schriftart zu gestalten wie den Rest der Überschrift.

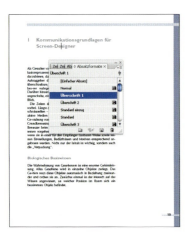

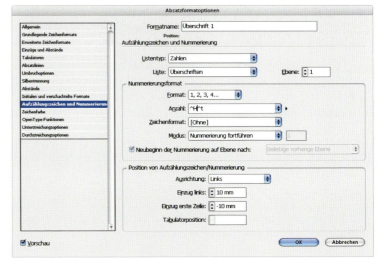

Abbildung 5.33 Rechts: So definieren Sie das Format für die Kapitelnummer. Links: Die Hauptüberschrift des Kapitels ist korrekt formatiert.

14 In der Gruppe *Position von Aufzählungszeichen/Nummerierung* geben Sie die Werte für den hängenden Einzug, also für den Abstand von der Überschrift zur Kapitelnummer, an.

15 Klicken Sie auf *OK*. Die Hauptüberschrift des Kapitels ist damit korrekt formatiert.

Doppelklicken Sie im Bedienfeld *Absatzformate* auf das Format für die nächste Überschriftenebene.

1 Auch hier wählen Sie den Listentyp *Zahlen* sowie die vorhin definierte Liste *Überschriften*.

2 Als *Ebene* geben Sie dieses Mal *2* ein.

3 Wieder definieren Sie im Feld *Anzahl* das Erscheinungsbild der Nummer. Für die Überschrift der Ebene 2 geben Sie ^H.^#^t ein:

▶ ^H. ist die Kapitelnummer, gefolgt von einem Punkt,
▶ ^# ist die Nummer der aktuellen Ebene und
▶ ^t ist das darauffolgende Tabulatorzeichen.

4 Legen Sie gegebenenfalls den Einzug fest und klicken Sie auf *OK*.

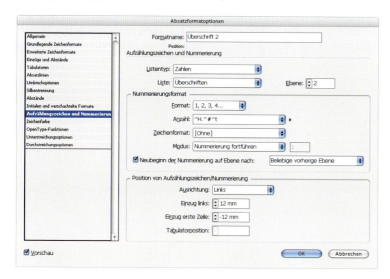

Abbildung 5.34 Auch die Überschriftebene 2 ist nun korrekt nummeriert.

Nach diesem Schema formatieren Sie alle Überschriftenebenen. Die Überschrift der Ebene 3 würde beispielsweise folgendermaßen aussehen:

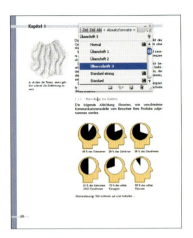

Abbildung 5.35 Die Formatierung der Überschriftebene 3

Nun zur automatischen Nummerierung der Bildbeschriftungen.

1 Doppelklicken Sie im Bedienfeld *Absatzformate* auf das Format, das Sie zur Formatierung der Bildbeschriftungen verwendet haben.
2 In der Kategorie *Aufzählungszeichen und Nummerierung* wählen Sie als Listentyp *Zahlen* und die zuvor für die Bildbeschriftungen angelegte Liste aus. In das Feld *Anzahl* geben Sie Folgendes ein:

Abbildung ^H.^#:^>

Abbildung 5.36 So definieren Sie die Nummerierung der Bildbeschriftungen.

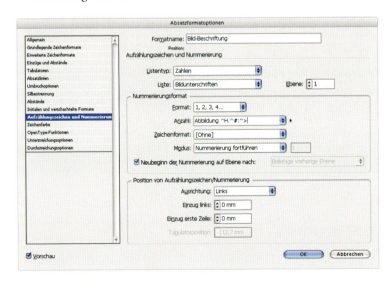

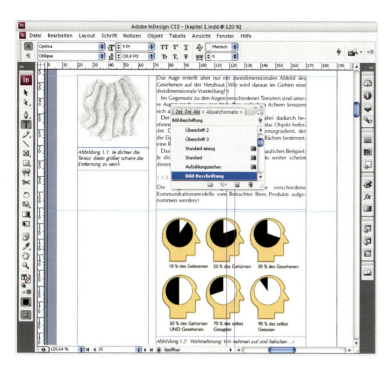

Abbildung 5.37 Auch die Bildbeschriftungen erscheinen jetzt richtig nummeriert.

Wenn Sie Bildbeschriftungen in der Marginalie anbringen möchten, beachten Sie Folgendes: Verankern Sie alle Bildbeschriftungen mit der Haupttextspalte. Nur dann ist eine korrekte Durchnummerierung der Bildbeschriftungen gewährleistet!

Das bedeutet: Zuerst fügt InDesign das Wort „Abbildung" ein, gefolgt von der Kapitelnummer mit darauffolgendem Punkt (^H.), dann die Ebenennummer, gefolgt von einem Doppelpunkt (^#:) und schließlich ein Halbgeviert (^>). Diese Zeile können Sie entweder über den Pfeil ▶ zusammenklicken oder direkt eingeben.

Marginalien zeitsparend mit Objektstilen setzen

Gerade haben Sie gesehen, wie Sie mit Absatzformaten arbeiten. Ab Seite 225 informieren Sie sich über die Verwendung von Objektstilen. Mit einer Kombination beider Methoden gestalten Sie schnell und rationell Marginalien, wie sie nicht nur in wissenschaftlichen und Sachbüchern, sondern auch in Katalogen und Zeitschriften häufig verwendet werden.

Objektverankerung

Der Schlüssel dazu ist die Objektverankerung. Ein verankertes Objekt ist fest mit der Stelle verbunden, an der sich der zugehörige „Anker" befindet. Mit Verankerungen fügen Sie beispielsweise Grafiken direkt in den Text ein.

Das Besondere daran: Die verankerten Objekte werden (je nach Einstellung) mit „ihrer" Textstelle nach unten bzw. auf die nächste Seite/ in den nächsten Rahmen verschoben, wenn Sie vor dieser Textstelle etwas einfügen. Wenn Sie den Textrahmen, in dem sie verankert sind, drehen oder neigen, wird diese Transformation standardmäßig auch dem verankerten Objekt zugewiesen.

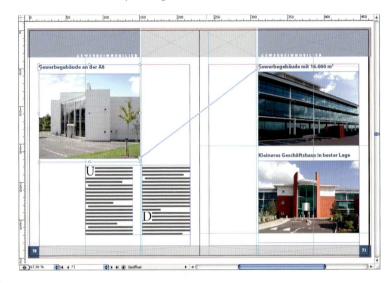

Abbildung 5.38 Die blauen Headlines und die zugehörigen Fotos wurden direkt in die beiden verbundenen Textrahmen eingefügt. Neben jeder Headline soll eine Objektbeschreibung gezeigt werden.

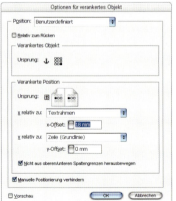

Abbildung 5.39 Im Dialogfeld *Optionen für verankertes Objekt* bestimmen Sie, wo das Objekt positioniert werden soll.

1 Erzeugen Sie zunächst einen Rahmen mit der Breite der Marginalie und geben Sie in diesen den gewünschten Text ein. Formatieren Sie den Text und speichern Sie die Formatierung in einem Absatzformat.

2 Wählen Sie den Rahmen mit dem *Auswahl*-Werkzeug aus und schneiden Sie ihn aus.

3 Klicken Sie im Haupttextrahmen an den Anfang des Absatzes, neben dem die Marginalie ausgerichtet werden soll. Betätigen Sie die Tastenkombination ⌜Strg⌝/⌘ + ⌜V⌝, um den Marginaltextrahmen einzufügen.

4 Klicken Sie das in den Text eingefügte Objekt mit dem *Auswahl*-Werkzeug an und wählen Sie *Objekt > Verankertes Objekt > Optionen* (der Befehl *Verankertes Objekt* ist auch im Kontextmenü des Rahmens verfügbar).

5 Im folgenden Dialogfeld aktivieren Sie das Kontrollkästchen *Vorschau* und wählen als *Position Benutzerdefiniert*.

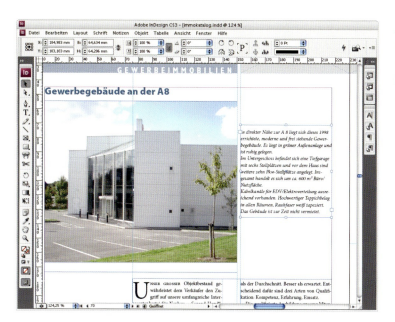

Abbildung 5.40 Erzeugen Sie zuerst einen Textrahmen in der gewünschten Breite. Seine genaue Platzierung ist momentan gleichgültig.

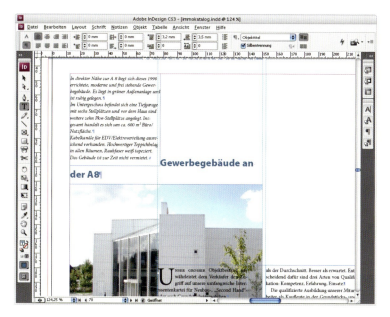

Abbildung 5.41 Der ausgeschnittene Rahmen wurde in den Textfluss eingefügt.

Eingebunden im Popup-Menü *Position* bedeutet, dass das Objekt an der Grundlinie der Textzeile, in die es eingefügt wird, ausgerichtet wird. Es steht mit dem Text in der Zeile. *Über Zeile* bedeutet, dass das

Objekt über der Textzeile, in die es eingefügt wird, ausgerichtet wird. Diese beiden Optionen verwenden Sie etwa für Abbildungen innerhalb der Textspalte. Haben Sie das Optionsfeld *Eingebunden* aktiviert, damit das Objekt mit dem Text auf der Grundlinie steht, ändern Sie bei Bedarf den *Y-Offset* – mit anderen Worten, wie weit es über bzw. unter der Grundlinie stehen soll. Statt über das Dialogfeld lässt sich das eingebundene Objekt auch mit der Maus nach oben oder unten schieben.

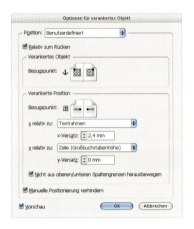

Abbildung 5.42 Die benutzerdefinierte Positionierung verwenden Sie vor allem für Objekte in der Marginalspalte von Büchern.

6 Aktivieren Sie das Kontrollkästchen *Relativ zum Rücken*, damit das verankerte Objekt bei einem spiegelbildlich angeordneten Satzspiegel immer korrekt in der Marginalspalte positioniert bleibt, auch wenn es sich durch Einfügen oder Löschen von Text auf die nächste oder vorherige Seite verschiebt.

7 In der Positionsdarstellung *Verankertes Objekt – Ursprung* legen Sie mit einem Klick fest, wo der Referenzpunkt des verankerten Objekts liegen soll. Dieser wird als schwarzes Quadrat dargestellt. An diesem Referenzpunkt richtet InDesign das Objekt aus. In dem Schaubild *Verankerte Position – Ursprung* wählen Sie hingegen, wie das Objekt an dem im nächsten Schritt ausgewählten Seitenelement ausgerichtet werden soll. In unserem Beispiel klicken wir auf das innere Quadrat, weil sich die Randspalte in unserem Layout innen befindet.

8 Aus dem Popup-Menü *x relativ zu* wählen Sie das Element, an dem das verankerte Objekt horizontal ausgewählt werden soll – im Fall einer Marginalie wählen Sie *Textrahmen*.

9 Analog dazu wählen Sie aus dem Popup-Menü *y relativ zu* das Seitenelement, an dem das Objekt in der Vertikalen ausgerichtet werden soll – hier *Zeile (Großbuchstabenhöhe)*, damit die Oberkante der Marginalie mit der Oberkante des Textes in der Hauptspalte abschließt.

Mit den y-Einträgen *Relativ zu Seitenrand, Textrahmen, Spaltenrand* und *Seitenkante* erzeugen Sie ein verankertes Objekt, das seine Position behält, solange sich der zugehörige Text auf derselben Seite/in derselben Spalte/in demselben Textrahmen befindet. Erst wenn dieser Text in die nächste Seite/Spalte/den nächsten Textrahmen umbrochen wird, positioniert sich das verankerte Objekt ebenfalls dort. Wählen Sie einen der Zeileneinträge, wandert das Objekt mit der zugehörigen Textzeile mit.

- In das Feld *x-Offset* geben Sie den Wert des Zwischenraums zwischen Haupt- und Marginalspalte ein.
- Damit Ihr Satzspiegel nicht nach oben oder unten überschritten wird, aktivieren Sie das Kontrollkästchen *Nicht aus oberen/unteren Spaltengrenzen herausbewegen*. Und damit die Position der Marginalie nicht versehentlich geändert werden kann, aktivieren Sie auch noch das Kontrollkästchen *Manuelle Positionierung verhindern*.

Klicken Sie nun auf *OK*. Die erste Marginalie ist damit korrekt positioniert.

Abbildung 5.43 Die erste Marginalie wurde positioniert.

Damit Sie die Verankerungsstellen leichter identifizieren können, zeigen Sie den Anker mit dem Befehl *Schrift > Verborgene Zeichen einblenden* (Strg/⌘ + Alt + I) an. Zusätzlich können Sie das Objekt mit der Verankerungsstelle visuell verbinden, indem Sie das Objekt anklicken und anschließend *Ansicht > Textverkettungen einblenden* wählen.

Wenn Sie das verankerte Objekt mit dem *Auswahl*-Werkzeug anklicken, dann beispielsweise ausschneiden und an anderer Stelle einfügen, gehen seine Verankerungseigenschaften verloren.

Ein verankertes Objekt lässt sich nachträglich wieder aus dem Textfluss herausnehmen. Wählen Sie einfach den Befehl *Objekt > Verankertes Objekt > Lösen*. Es ist nun unabhängig von dem Text, in dem es verankert ist, und wird nicht mehr mit diesem verschoben.

Die Verankerung in einem Objektstil speichern

Zeigen Sie nun das Bedienfeld *Objektstile* an (Strg + F7). Markieren Sie den verankerten Textrahmen mit dem *Auswahl*-Werkzeug und klicken Sie am unteren Rand des Bedienfelds auf das Symbol *Neuen Objektstil erstellen*.

Öffnen Sie den Objektstil mit einem Doppelklick und geben Sie im Dialogfeld *Objektstiloptionen* einen passenden Namen ein. Klicken Sie auf *OK*.

Um nun weitere Marginalien zu erzeugen, geben Sie den entsprechenden Text in einen neuen Rahmen ein, fügen diesen wie eingangs beschrieben am Anfang des Bezugsabsatzes ein und klicken im Bedienfeld *Objekstile* auf den neuen Stil. Das im Stil gespeicherte Absatzformat und die Positionierung werden dem Textrahmen zugewiesen.

Abbildung 5.44 Mit dem neuen Objektstil lassen sich alle Marginalien schnell und komfortabel positionieren.

Formate beim Textimport korrekt übernehmen

Die meisten Texte und Tabellen erhalten Sie vom Kunden in Form von Excel- und Word-Tabellen und Sie müssen sie anschließend in Ihr Dokument importieren. Es wichtig, dass im Word-Dokument eventuell vorhandene Formatvorlagen richtig in InDesign-Formate konvertiert werden, damit sich der Nachbearbeitungsbedarf in Grenzen hält.

1. Klicken Sie in den vorbereiteten Textrahmen und wählen Sie Text *Datei > Platzieren*. Um Kontrolle über die Formatierung des eingefügten Textes zu erhalten, wählen Sie die vorbereitete Datei aus und aktivieren das Kontrollkästchen *Importoptionen anzeigen*.
2. Bestätigen Sie das Dialogfeld mit *OK*. Nun bestimmen Sie, wie Sie mit den einzelnen Formatierungen des Originaldokuments verfahren möchten. Sie können hier bestimmen, welche Formatierungen Sie übernehmen möchten und welche nicht.
3. Kommt es zu Konflikten (die im Word-Dokument vorhandenen Formatvorlagen haben bereits Entsprechungen im InDesign-Dokument), entscheiden Sie, ob Sie die Word-Formatvorlagen verwenden möchten oder ob die entsprechenden InDesign-Formate verwendet werden sollen.
4. Über die Option *Formatimport anpassen* lassen sich sogar einzelne Word-Formatvorlagen durch ausgewählte InDesign-Formate ersetzen.
5. Bei Bedarf speichern Sie Ihre Einstellungen als Vorgabe. Beim nächsten Mal rufen Sie diese dann im Bedarfsfall über das Popup-Menü *Vorgabe* am Kopf des Dialogfelds ab.

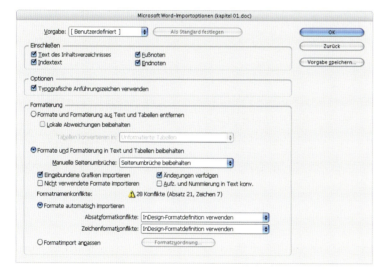

Abbildung 5.45 Im Dialogfeld *Importoptionen* bestimmen Sie, welche Formatierungen übernommen werden sollen.

6. Bestätigen Sie mit *OK*.
7. Der Text wird eingefügt – je nach Ihren Angaben mit den korrekten Formatierungen.

5.2 Texte und ganze Dokumente verknüpfen

In der Grundeinstellung werden importierte Texte fest in das Layout eingebettet. Sie können den Text stattdessen aber auch lediglich verknüpfen. Der größte Vorteil dieser Vorgehensweise ist, dass Sie den Text dann jederzeit in der Ursprungsanwendung ändern und speichern und anschließend in InDesign aktualisieren können. Dies ist besonders komfortabel, wenn Sie mit Kunden zusammenarbeiten, die ihre Texte auch nachträglich noch in Word ändern möchten.

1 Wählen Sie *Bearbeiten > Indesign > Voreinstellungen > Eingabe*.

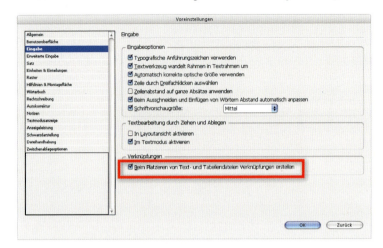

Abbildung 5.46 In den Voreinstellungen aktivieren Sie die Verknüpfung von importierten Texten und Tabellen.

2 Aktivieren Sie das Kontrollkästchen *Beim Platzieren von Text- und Tabellendateien Verknüpfungen erstellen*.
3 Importieren Sie Ihren Text auf die beschriebene Weise.
4 Zeigen Sie das Bedienfeld *Verknüpfungen* an. Die Textverknüpfung wird hier aufgeführt.

Wenn Sie den Text nun im Ursprungsdokument geändert und anschließend gespeichert haben, erscheint im Bedienfeld *Verknüpfungen* neben dem Dokumentnamen ein gelbes Warndreieck.

Mit einem Klick auf die Schaltfläche *Verknüpfungen aktualisieren* im Bedienfeld *Verknüpfungen* bringen Sie den Text in InDesign auf den neuesten Stand.

InDesign-Dokumente verknüpfen

Neu in InDesign CS3

Aber nicht nur einzelne Texte, sondern sogar ganze InDesign-Dokumente können Sie mit Ihrem Dokument verknüpfen. Mit dieser Vorgehensweise sind Sie nicht nur für schnelle Änderungen gerüstet, platzieren und ändern schnell gestaltete Anzeigen in Ihrem Layout, sondern erzeugen auch auf unkomplizierte Weise unterschiedliche Versionen Ihres Layouts. In Zeitschriften können vorgefertigte Artikel schnell ausgetauscht werden.

Abbildung 5.47 Die linke Seite dieser Prospektdoppelseite soll als Anzeige in ein Zeitschriftenlayout integriert werden.

1 Wählen Sie *Datei > Platzieren* und aktivieren Sie das Kontrollkästchen *Importoptionen anzeigen*. Wählen Sie das gewünschte InDesign-Dokument und klicken Sie auf *Platzieren*.

Abbildung 5.48 Die Optionen zum Platzieren von InDesign-Dokumenten gleichen denen beim Platzieren von EPS-Dateien.

2 Legen Sie über den Regler unter der Vorschau fest, welche Seite(n) Sie platzieren möchten (wenn Sie hier mehrere Seiten wählen, „hängen" diese nacheinander am Mauszeiger, analog zum Platzieren von mehreren Bildern), und unter *Optionen*, ob und wie das Dokument beschnitten werden soll.

3 Klicken Sie auf *OK*, um das InDesign-Dokument wie ein normales Bild zu importieren.

Abbildung 5.49 Die Anzeige ist wie eine normale Grafik oder PDF/EPS-Datei in das Layout importiert worden. Das Bedienfeld *Verknüpfungen* zeigt neben der InDesign-Datei selbst auch die im Layout der Anzeige verwendeten Bilder.

Sogar Verschachtelungen sind möglich: Sie können auch InDesign-Dateien platzieren, in denen wiederum InDesign-Dateien platziert sind.

Müssen Sie anschließend etwas in dem platzierten Dokument ändern, öffnen Sie das Kontextmenü darauf und wählen *Original bearbeiten*.

Die andere Möglichkeit ist, das platzierte Dokument direkt in InDesign zu öffnen und es zu ändern. Wenn Sie dann die Datei öffnen, in die Sie das nun geänderte Dokument eingebunden haben, fragt InDesign Sie wie üblich, ob Sie die Verknüpfungen aktualisieren möchten.

5.3 Texte suchen und ersetzen

Bei der Arbeit an längeren Dokumenten müssen Sie oft nach einem bestimmten Begriff, einer Textpassage oder einem Abschnitt suchen, um dort Bearbeitungen durchzuführen. Dazu bietet InDesign Ihnen eine leistungsfähige Suchfunktion, mit der Sie gezielt nach Zeichenfolgen und anderen Elementen im Dokument suchen können.

Eine Suche nach einer bestimmten Zeichenfolge durchführen

Wählen Sie *Bearbeiten > Suchen/Ersetzen* Strg/⌘ + F und geben Sie im Register *Text* die gesuchte Zeichenfolge ein. Alternativ kopieren

Sie diese aus dem Dokument und fügen sie mit ⌈Strg⌉/⌈⌘⌉ + ⌈V⌉ in das Feld *Suchen nach* ein. Das Feld *Ändern in* nimmt die Zeichenfolge auf, in die Sie das Gesuchte ändern möchten.

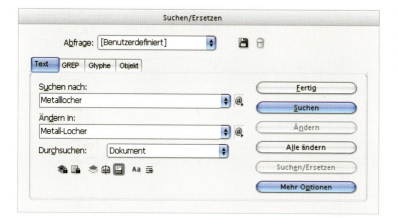

Abbildung 5.50 Im Dialogfeld *Suchen/Ersetzen* suchen Sie nach Wörtern oder sonstigen Zeichenfolgen.

Möchten Sie nur einen bestimmten Abschnitt durchsuchen, klicken Sie diesen im Dokument an und wählen aus dem Popup-Menü *Durchsuchen* den Eintrag *Textabschnitt*.

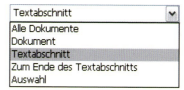

Abbildung 5.51 Im Popup-Menü *Durchsuchen* bestimmen Sie, welchen Teil Ihres Dokuments Sie durchsuchen möchten.

- Aktivieren Sie die Schaltfläche *Ganzes Wort*, betrachtet InDesign die von Ihnen eingegebene Zeichenkette als einzelnes Wort. Suchen Sie beispielsweise ohne weitere Angaben nach dem Wort *Symbol*, würde InDesign bei *nicht aktiviertem* Kontrollkästchen auch die Wörter *Symbole* sowie *symbolisch* finden. Bei aktivierter Funktion *Ganzes Wort* hingegen hält InDesign tatsächlich nur nach dem Wort *Symbol* Ausschau.
- Aktivieren Sie die Schaltfläche *Groß- > Kleinschreibung*, veranlassen Sie InDesign, während der Suche auf die Groß-/Klein-Schreibweise der gesuchten Zeichen zu achten. So könnten Sie beispielsweise die veraltete Schreibweise *im allgemeinen* bei aktiviertem Kontrollkästchen durch die richtige Schreibweise *im Allgemeinen* ersetzen.
- Über die anderen Schaltflächen können Sie zusätzlich *Ebenen*, *Fußnoten*, *Musterseiten* sowie *gesperrte Ebenen* und *Textabschnitte* durchsuchen.

Wenn Sie alles eingerichtet haben, starten Sie den Suchvorgang mit *Suchen*. InDesign geht das Dokument bzw. die ausgewählten Elemente durch und findet das erste Vorkommen der gesuchten Zeichenfolge, die daraufhin im Text hervorgehoben wird.

Abbildung 5.52 Der gefundene Begriff wird im Text in kontrastierender Farbe hinterlegt.

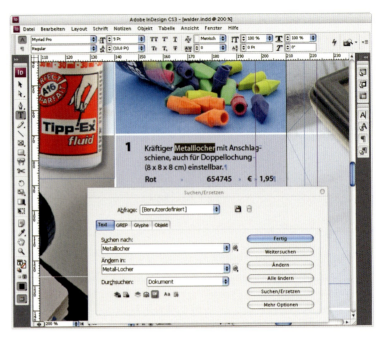

Während der Suchprozedur bleibt das Dialogfeld geöffnet, d.h., Sie können nach wie vor parallel an Ihrem Dokument arbeiten. Um den Suchvorgang fortzuführen, also die nächste Stelle mit der gesuchten Zeichenfolge zu finden, klicken Sie auf *Weitersuchen*.

Nachdem Sie die gesuchte Zeichenfolge gefunden haben, können Sie diese durch eine andere Zeichenfolge ersetzen, indem Sie auf *Ändern* klicken. Soll InDesign nach dem Ändern gleich nach dem nächsten Vorkommen des Begriffs suchen, klicken Sie stattdessen auf *Ersetzen > Suchen*.

Möchten Sie die gesuchte Zeichenfolge durchgehend im ganzen Dokument ersetzen, können Sie den Vorgang beschleunigen, indem Sie auf die Schaltfläche *Alle ersetzen* klicken. Dann führt InDesign die ganze Prozedur automatisch durch, ohne dass Sie bei jeder Stelle die *Ändern* bzw. die *Ersetzen > Suchen*-Schaltfläche bestätigen müssen.

Gezielte Suche nach Formatierungen

Die erweiterten Suchfunktionen des Registers *Text* können für viele Aufgaben sehr hilfreich sein. Klicken Sie dazu auf *Mehr Optionen,* um das Dialogfeld nach unten zu erweitern.

Texte suchen und ersetzen

Abbildung 5.53 Das Dialogfeld *Suchen > Ersetzen* wurde erweitert.

InDesign bietet Ihnen nicht nur die Möglichkeit, nach Zeichenfolgen zu suchen, sondern Sie können auch gezielt nach Formatierungen, wie z.B. Unterstrichen, Fett, nach Schriftarten suchen. Dabei können Sie sowohl nach einem Wort in einer bestimmen Formatierung oder aber auch nur nach einer bestimmten Formatierung suchen.

Ein Beispiel dafür wäre: Sie haben ein bestimmtes Wort im gesamten Dokument kursiv formatiert und entscheiden danach, dass es doch eher fett gedruckt werden sollte. Oder aber Sie möchten in einem Text alle in der Schriftart *Myriad Pro* und der Schriftgröße *14 pt* formatierten Absätze mit dem Format *Überschrift 1* formatieren:

1. Klicken Sie im erweiterten Zustand des Dialogfelds *Suchen/Ersetzen* neben *Formateinstellungen suchen* auf die Schaltfläche *Format*.
2. Eine Liste mit verschiedenen Formatierungsmöglichkeiten wird angezeigt.
3. Wählen Sie beispielsweise den Eintrag *Zeichen*, erscheint ein Dialogfeld, in dem Sie Schriftart, Auszeichnungen, Schriftgröße und Effekte auswählen können.
4. Weiterhin sehen Sie im unteren Bereich des Dialogfelds verschiedene Kontrollkästchen. Mit diesen bestimmen Sie weitere Formatierungsmerkmale des gesuchten Textes. Hier kann jedes Kontrollkästchen drei verschiedene Zustände annehmen:

▶ *Aktiviert* (Häkchen): Der gesuchte Text muss die aktivierte Formatierung aufweisen.
▶ *Minus/Kästchen*: Die Formatierung ist unbedeutend für die Suche.
▶ *Deaktiviert*: Der gesuchte Text darf die gewünschte Formatierung nicht aufweisen.

Beachten Sie auch: Wenn Sie in einem der Felder keine Eingabe vornehmen, also zum Beispiel keine Größe bestimmen, jedoch festlegen, dass der zu suchende Text in der Schrift *Myriad Pro* formatiert sein soll, findet InDesign alle Textteile in der Schriftart Arial, ungeachtet des Schriftschnitts.

Wenn Sie im Feld *Suchen nach* des Dialogfelds *Suchen > Ersetzen* keine Angabe machen, findet InDesign alle Zeichenfolgen, auf die Ihre Auswahlkriterien zutreffen. Wenn Sie hingegen eine Zeichenfolge eingegeben haben, werden nur diejenigen Zeichenfolgen, auf die zusätzlich die angegebenen Formatmerkmale zutreffen, gefunden.

Sonderzeichen und Glyphen ersetzen

Auch Sonderzeichen können Sie suchen und ersetzen, beispielsweise Geviert- durch Halbgeviertstriche ersetzen.

Hier werden für die Suche verschiedene Steuerzeichen eingesetzt, die Sie über die Popup-Menüs der Schaltflächen *Sonderzeichen für Suche* und *Sonderzeichen für Ersetzung* komfortabel auswählen können.

Neu in InDesign CS3

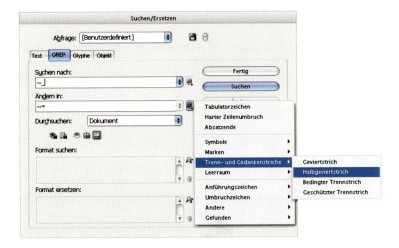

Abbildung 5.54 Über die Schaltflächen *Sonderzeichen für Suche* und *Sonderzeichen für Ersetzung* ersetzen Sie beispielsweise Geviert- durch Halbgeviertstriche.

Wenn Ihnen die Zeichen einmal vertraut sind, können Sie sie auch direkt in die Felder *Suchen nach* und *Ändern in* eingeben.

Texte suchen und ersetzen

In einem langen Text, der mehrfach den Namen „Meier" enthält, ist dieser Name auf verschiedene Arten falsch geschrieben worden – einmal zum Beispiel „Meyer", dann wieder „Maier" oder „Mayer". Mit Sonderzeichen lässt sich dieser Fehler ohne langwieriges Suchen und Herumprobieren schnell beheben.

Alle Schreibweisen des Namens beginnen stets mit dem Buchstaben „M" und enden mit der Buchstabenkombination „er". Dazwischen stehen stets zwei Buchstaben, die jedoch nicht festgelegt sind.

Geben Sie in das Feld Suchen nach ein „M" ein und klicken Sie auf die Schaltfläche *Sonderzeichen für Suche*. Wählen Sie *Platzhalter > Beliebiger Buchstabe*. Wiederholen Sie diesen Vorgang für den zweiten nicht festgelegten Buchstaben. Geben Sie anschließend in das Feld *Suchen nach* „er" ein.

Geben Sie in das Feld *Ändern* die korrekte Schreibweise „Meier" ein und führen Sie den Ersetzungsvorgang durch.

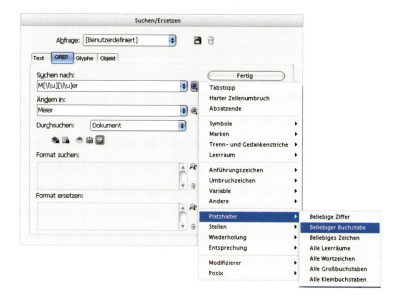

Abbildung 5.55 Die Steuerzeichen lassen sich auch mit normalen Buchstaben kombinieren.

Arbeiten Sie mit dem Register *Glyphen* des Dialogfelds *Suchen/Ersetzen*, wenn Sie ein bestimmtes Zeichen durch eine andere Glyphe ersetzen möchten.

Im oberen Bereich definieren Sie die Glyphe, nach der Sie suchen möchten, im unteren Bereich wählen Sie die Glyphe aus, durch die Sie die Fundstellen ersetzen möchten. In der folgenden Abbildung soll in einem aus Word importierten Text das Asterisk durch ein korrektes Multiplikationszeichen ersetzt werden:

Abbildung 5.56 Im Register *Glyphe* des Dialogfeld *Suchen/Ersetzen* können Sie nach Sonderzeichen suchen und diese ersetzen.

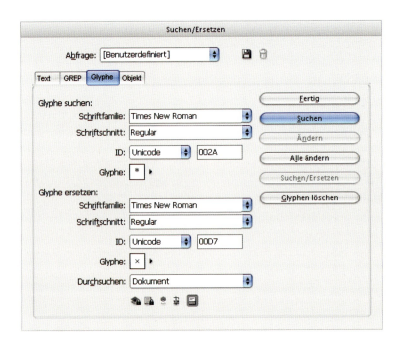

Eine Suche mit GREP durchführen

Neu in InDesign CS3

Bis hierhin ist alles noch ziemlich einfach. Wenn Sie die richtige Zeichenfolge für Ihre Suche eingeben, haben Sie schon ein recht leistungsfähiges Werkzeug in der Hand. Richtig interessant wird es aber, wenn Sie spezielle Suchfunktionen wünschen. Diese stehen Ihnen offen, wenn Sie im Dialogfeld *Suchen/Ersetzen* das Register *GREP* aktivieren.

GREP ist ursprünglich ein UNIX-Tool, um in Dateien nach bestimmten Mustern zu suchen.

Im neuen Register *GREP* des Dialogfelds *Suchen/Ersetzen* suchen Sie mit Hilfe von „regulären Ausdrücken" nach bestimmten Textmustern. So wäre eine GREP-Suche beispielsweise geeignet, um alle E-Mail-Adressen in einem Dokument aufzuspüren und sie blau und unterstrichen zu formatieren.

Die regulären Ausdrücke können Sie entweder direkt in das Feld *Suchen nach* eingeben oder über die Schaltflächen *Sonderzeichen für Suche* und *Sonderzeichen für Ersetzung* aus den Menüs auswählen.

Die folgende Tabelle zeigt Ihnen ein paar einfache Beispiele für GREP-Suchausdrücke:

[-]	Zeichenklasse	Die Suche nach € [1-3],-- findet € 1,--, € 2,--, € 3,--, nicht aber € 4,--. Die Suche nach [F-H]alle findet Falle, Galle und Halle, aber nicht Kalle.
\<	Wortbeginn	Die angegebene Zeichenkette muss am Wortanfang stehen, um gefunden zu werden. Beispiel: \<wer findet werden, aber nicht Ingwer.
\>	Wortende	Funktioniert wie vorher, nur mit dem Wortende statt dem Wortanfang. versorgung\> findet Wasserversorgung, aber nicht Versorgungslücke.
[]	Zeichenliste	Hiermit werden Textstellen gefunden, die an der angegebenen Position eines der Zeichen in der Liste enthalten. Beispiel: H[au]nd findet sowohl Hand als auch Hund.
{n}	Zeichen genau n-mal	Das Zeichen vor dem Operator muss genau n-mal vorkommen. Beispiel: Mit \<\u{2} finden Sie alle Vorkommen eines doppelten Großbuchstabens am Wortanfang (zum Beispiel ZEichen), wie es durch schnelles Tippen häufig vorkommt: \< ist das Zeichen für den Wortbeginn (siehe oben) \u (ist das Zeichen für einen Großbuchstaben
{n;m}	Zeichen n bis m mal	Das Zeichen vor dem Operator muss n-mal bis m-mal vorkommen. Beispiel: Mit € 10{1,5} finden Sie € 10, € 100, € 1000 und € 100000. 12000

Zwei praktische Fälle

Nehmen wir einmal an, Sie haben für Ihre Firma eine Dokumentation für ein Softwareprogramm gesetzt. Darin kommen viele Bezeichnungen von Symbolleisten vor. Diese sind in der Form *Format-Symbolleiste* oder *Standard-Symbolleiste* eingegeben.

Nun sollen alle Symbolleistenbezeichnungen in die Form *Symbolleiste Format* oder *Symbolleiste Standard* geändert werden. Was ist zu tun?

Überlegen Sie, welche Gemeinsamkeiten alle Symbolleistenbezeichnungen haben – das Wort *Symbolleiste*. Geben Sie dieses zuerst sowohl in die *Suchen nach*- als auch in die *Ändern in*-Zeile ein.

Eine weitere Gemeinsamkeit, die allerdings nur beim Suchen auftritt – nicht beim Ersetzen –, ist der Bindestrich. Geben Sie diesen im Feld *Suchen nach* vor dem Wort *Symbolleiste* ein. Der Rest der Suchabfrage ist variabel; Sie stellen ihn deshalb aus Ausdrücken zusammen.

Wie lässt sich das Wort vor dem Bindestrich kennzeichnen? Sie wissen, dass es sich um ein einzelnes Wort handelt – also um eine Zeichenfolge, die ausschließlich aus Buchstaben besteht und nicht durch Leerzeichen oder ähnliche Zeichen durchbrochen ist.

Geben Sie deshalb vor dem Bindestrich im Feld *Suchen nach* [\l\u] ein, gefolgt von einem Pluszeichen. Die ganze Anweisung im Feld *Suchen nach* sieht nun folgendermaßen aus:

[\l\u]+-Symbolleiste

▸ [\l\u] ist das Platzhalterzeichen für einen beliebigen Buchstaben. Sie erreichen es auch über das Untermenü *Platzhalter* der Schaltflächen *Sonderzeichen für Suche*.

▸ Das Pluszeichen ist das Wiederholungszeichen für *Ein oder mehrere Male*. Sie erreichen es auch über das Untermenü *Wiederholung* der Schaltflächen *Sonderzeichen für Suche*.

Im Klartext lautet die Anweisung also: Suche eine Zeichenfolge, die mit einem oder mehreren Buchstaben beginnt, gefolgt von einem Bindestrich und dem Wort *Symbolleiste*. Wenn Sie nun auf *Suchen* klicken, findet InDesign die erste nach diesem Muster aufgebaute Symbolleistenbezeichnung. Allerdings benötigen Sie den gefundenen Symbolleistennamen für den späteren Ersetzungsvorgang. Aus diesem Grund müssen Sie ihn in Klammern setzen, damit er für die Ersetzung gespeichert wird.

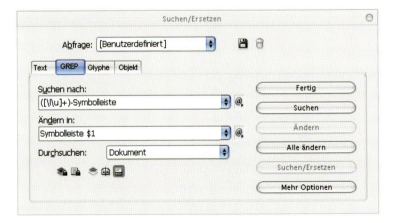

Abbildung 5.57 Die Suchabfrage ist fertig.

Texte suchen und ersetzen

Nun zum Feld *Ändern in*. Geben Sie hier nach dem Wort *Symbolleiste* den Ausdruck *$1* ein. Dieser lässt sich auch über die Schaltfläche *Sonderzeichen für Ersetzung* aus dem Untermenü *Gefunden* auswählen. Der Befehl lautet *1 Stelle gefunden*. Sie fügen damit das, was InDesign durch die im Feld *Suchen nach* in Klammern gesetzte Suchabfrage gefunden hat, an dieser Stelle ein.

Sie erhalten ein Dokument, in dem sämtliche Bilder mit Bildunterschriften versehen sind. Diese Bildunterschriften sollen entfernt werden. Für die Bildunterschriften wurde kein Absatzformat verwendet, sodass Sie nicht nach Formaten suchen können. Dafür beginnen alle Bildunterschriften mit dem Wort „Bild", gefolgt von einer laufenden Nummer und einem Doppelpunkt.

**Weitere Beispiele und Anleitungen zur Verwendung von GREP bietet Ihnen Adobe auf *www.adobe.com/go/learn_id_grep_de*.
Eine gute Referenz zu den regulären Ausdrücken finden Sie auf www.regular-expressions.info/**

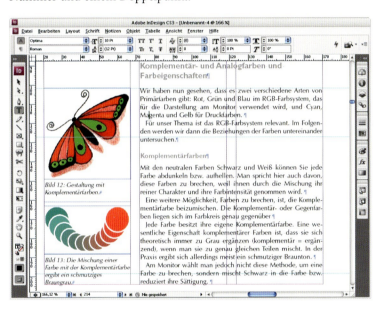

Abbildung 5.58 In diesem aus QuarkXPress importierten Dokument müssen alle manuell durchnummerierten Bildbeschriftungen entfernt werden – eine Aufgabe für GREP.

Verwenden Sie die folgende GREP-Abfrage: ^.*(Bild \d+:).*$
Das Feld *Ändern in* lassen Sie leer, damit der Inhalt der gefundenen Absätze gelöscht wird.

- ▶ \d ist der Platzhalter für eine beliebige Ziffer.
- ▶ + bedeutet, dass die Ziffer einmal oder mehrfach an dieser Stelle erscheinen kann.
- ▶ Der Punkt (.) ist der Platzhalter für ein beliebiges Zeichen.
- ▶ * bedeutet, dass das vorangehende Zeichen (im Beispiel der Punkt) nullmal oder mehrere Male an dieser Stelle erscheinen muss.
- ▶ Und $ ist der Platzhalter für das Absatzende.

Abbildung 5.59 Mit dieser GREP-Abfrage finden Sie alle Absätze, die die Zeichenfolge *Bild [Nummer]:* enthalten.

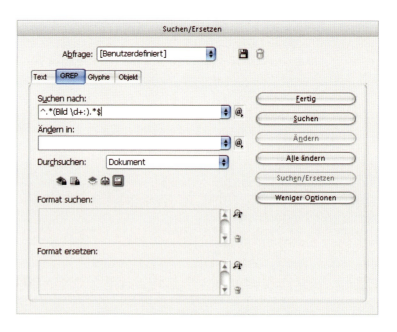

Objekteigenschaften suchen und ändern

Neu in InDesign CS3

Das Register *Objekt* verwenden Sie, wenn Sie bestimmte Objekteigenschaften lokalisieren und ersetzen möchten. In einem Katalog sind einige Bilder fälschlicherweise mit einem 2-Punkt- statt mit einem 1-Punkt-Rahmen versehen worden. Um dies im gesamten Katalog schnell zu reparieren, klicken Sie neben dem Bereich *Objektformat suchen* auf die Schaltfläche *Suchattribute angeben* .

Aktivieren Sie die Kategorie *Kontur* und geben Sie in das Feld *Stärke 2 pt* ein. Bestätigen Sie mit *OK*.

Aktivieren Sie die Kategorie *Kontur* und geben Sie in das Feld *Stärke 2 pt* ein. Bestätigen Sie mit *OK*.

Klicken Sie neben dem Bereich *Objektformat ersetzen* auf die Schaltfläche *Änderungsattribute angeben* . Definieren Sie die *Stärke 1 pt*. Klicken Sie auf *OK*.

Vergewissern Sie sich, dass im Popup-Menü *Durchsuchen Dokument* ausgewählt ist. Öffnen Sie das Popup-Menü *Art* und wählen Sie *Grafikrahmen*, wenn Sie verhindern möchten, dass auch andere Rahmentypen in den Ersetzungsvorgang einbezogen werden.

Texte suchen und ersetzen

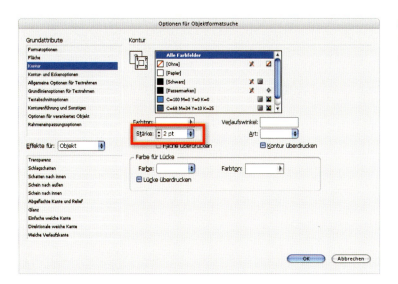

Abbildung 5.60 Auch nach bestimmten Objekteigenschaften können Sie nun suchen.

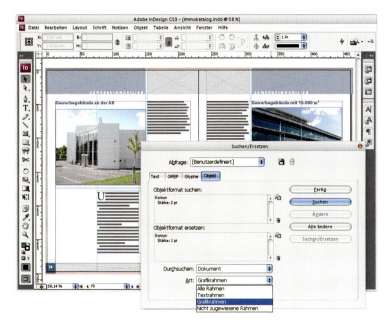

Abbildung 5.61 Hier sollen alle 2-pt-Konturen durch 1-pt-Konturen ersetzt werden.

Abfragen erzeugen

Wenn Sie einen mehr oder weniger komplizierten Such-/Ersetzungsvorgang zusammengestellt haben und diesen auch später noch verwenden möchten, speichern Sie ihn am besten als Abfrage. Die Suche lässt sich dann komfortabel über das Popup-Menü *Abfrage* in oberen Bereich sämtlicher Register des *Suchen/Ersetzen*-Dialogfelds abrufen.

Übrigens können Sie Ihre als XML-Dateien gespeicherten Suchabfragen auch an andere Workflow-Mitglieder weitergeben bzw. von anderen geschriebene Abfragen in Ihre Anwendung integrieren.

Die XML-Datei muss dazu in den folgenden Ordner eingefügt werden:

▶ Am Mac: *\Users\[Benutzername]\Library\Preferences\Adobe InDesign\[Version]\Suchen-Ersetzen-Abfragen\[Abfrageart]*
▶ Unter Windows XP: *\Dokumente und Einstellungen\[Benutzername]\Anwendungsdaten\Adobe\InDesign\[Version]\Suchen-Ersetzen-Abfragen\[Abfrageart]*
▶ Unter Windows Vista: *\Benutzer\[Benutzername]\Anwendungsdaten\Roaming\Adobe\InDesign\[Version]\Find-Change Queries\[Abfrageart]*

Klicken Sie auf die Schaltfläche *Abfrage speichern* 💾, vergeben einen passenden Namen und klicken auf *OK*.

Aber auch bereits vordefinierte Abfragen sind im Popup-Menü *Abfrage* zu finden, zum Beispiel zum Ändern von Formaten für Telefonnummern, für Zeichensetzungsformate oder zum Lokalisieren von Objekten mit Schlagschatten.

Abbildung 5.62 Das Popup-Menü *Abfragen* enthält bereits verschiedene vordefinierte Abfragen.

5.4 Die Rechtschreibprüfung

Vor allem längere Texte sollten Sie einer Rechtschreibprüfung unterziehen. Damit machen Sie schnell Wörter im Dokument ausfindig, die nicht mit den im integrierten Wörterbuch eingetragenen Begriffen übereinstimmen.

Sind Sie wegen eines Wortes unsicher, kann InDesign Ihnen Alternativschreibweisen zeigen. Das Programm durchsucht sein Wörterbuch nach passenden Begriffen und zeigt Ihnen eine Liste anderer Schreibweisen.

Um die Rechtschreibprüfung durchzuführen, gehen Sie folgendermaßen vor:

1 Vergewissern Sie sich zunächst im Bedienfeld *Zeichen* (*Fenster > Schrift & Tabellen > Zeichen*), dass die gewünschte Sprache ausgewählt ist, zum Beispiel *Deutsch: Rechtschreibreform 2006*.
2 Wählen Sie *Bearbeiten > Rechtschreibprüfung*.
3 Legen Sie über das Popup-Menü *Durchsuchen* fest, welchen Textbereich InDesign überprüfen soll.
4 Die Rechtschreibprüfung beginnt an der Position der Einfügemarke und überprüft den angegebenen Textbereich. InDesign scrollt durch das Dokument und vergleicht jedes Wort mit dem Wörterbuch. Mehr über die Wörterbücher erfahren Sie weiter unten.

Die Rechtschreibprüfung gibt Ihnen ein gewisses Maß an Sicherheit, dass Ihre Arbeit korrekt ist. Passen Sie trotzdem auf. Keine Rechtschreibprüfung kann Ihnen mitteilen, wenn Sie Wörter falsch verwendet haben, beispielsweise das Wort „dass" mit einfachem statt mit doppeltem „s" geschrieben haben. Die Rechtschreibprüfung kann also das Korrekturlesen nicht ersetzen, sondern nur ergänzen.

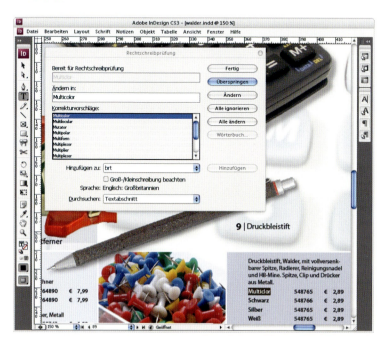

Abbildung 5.63 Machen Sie es sich zur Gewohnheit, vor allem längere oder unübersichtliche Texte einer Rechtschreibprüfung zu unterziehen.

5. Sobald das Programm auf ein ihm unbekanntes Wort stößt, wird dieses Wort im Text hervorgehoben und im Feld *Nicht im Wörterbuch* angezeigt.

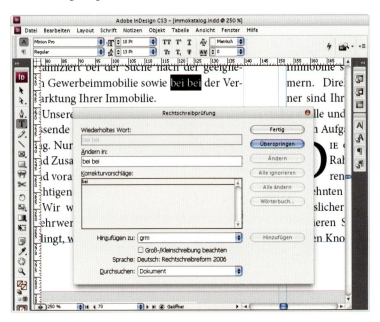

Abbildung 5.64 Das Programm findet auch doppelte Wörter.

Jetzt bieten sich Ihnen die folgenden Möglichkeiten:

- Finden Sie in der Liste *Korrekturvorschläge* die korrekte Schreibweise, markieren Sie diese und klicken Sie dann auf *Ändern*. Das im Text markierte Wort wird entsprechend Ihrer Auswahl abgeändert.
- Klicken Sie auf *Alle ändern*, um alle Vorkommen des falsch geschriebenen Worts im Dokument zu ändern.
- Wenn keines der Wörter in der Liste *Korrekturvorschläge* passt, können Sie das Wort im Feld *Ändern in* selbst manuell bearbeiten. Danach klicken Sie auf die Schaltfläche *Ändern*.
- Oder Sie wählen *Überspringen*, um das Wort so zu lassen, wie es ist.
- Wenn InDesign ein Wort nicht in seinem Wörterbuch findet, obgleich es richtig geschrieben ist, können Sie es dem Wörterbuch hinzufügen: Klicken Sie auf *Hinzufügen*. Das Programm fügt das Wort dann dem aktuell ausgewählten Wörterbuch hinzu.

Die InDesign-Rechtschreibprüfung fahndet auch nach verschiedenen anderen Problemen, etwa doppelten Wörtern *(damit damit)*. Wie das Programm hier genau verfahren soll, legen Sie über *Bearbeiten > InDesign > Voreinstellungen* in der Kategorie *Rechtschreibung* fest.

Abbildung 5.65 Im Dialogfeld *Voreinstellungen* legen Sie die Regeln für die Rechtschreibprüfung fest.

Ein kleines Meldungsfenster zeigt an, wenn die Rechtschreibprüfung am Ende des Dokuments oder des von Ihnen gewählten Bereichs angelangt ist.

Sie können die Rechtschreibprüfung anhalten, um Ihr Dokument zu bearbeiten, ohne das Dialogfeld *Rechtschreibprüfung* zu schließen. Verschieben Sie das Dialogfeld, sodass Sie die zu bearbeitende Stelle sehen können. Klicken Sie in das Dokument, um das Dokumentfenster zu aktivieren. Nachdem Sie das Dokument bearbeitet haben, klicken Sie im Dialogfeld *Rechtschreibprüfung* auf die Schaltfläche *Starten*, um die Rechtschreibung fortzusetzen.

Die Wörterbücher bearbeiten

Wenn Sie häufig mit technischen oder anderen Fachtexten arbeiten, moniert die Rechtschreibprüfung viele Begriffe, die nicht zum gängigen Wortschatz gehören, weil das Programm sie nicht in seinem Wörterbuch findet – egal, ob Sie diese richtig oder falsch geschrieben haben. Kein Problem: Über die Schaltfläche *Hinzufügen* in der Rechtschreibprüfung können Sie das Wort im Wörterbuch ergänzen, sodass es von nun an nicht mehr als fehlerhaft angezeigt wird.

Haben Sie bereits eine Liste mit Fachausdrücken, die besonders häufig vorkommen, können Sie die Rechtschreibprüfung von vornherein so einstellen, dass diese Begriffe nicht reklamiert werden.

Wählen Sie dazu *Bearbeiten > Rechtschreibprüfung > Wörterbuch.* Im Popup-Menü *Ziel* legen Sie fest, welches Wörterbuch Sie ergänzen möchten. Sie können hier entscheiden, dass die neuen Begriffe dem globalen InDesign-Wörterbuch oder nur denen eines der momentan geöffneten Dokumente hinzugefügt werden sollen. Darunter ändern Sie gegebenenfalls die Sprache.

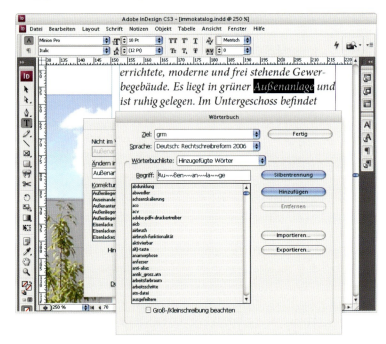

Abbildung 5.66 Fügen Sie dem Wörterbuch bei Bedarf weitere Begriff hinzu.

Vergewissern Sie sich, dass im Popup-Menü *Wörterbuchliste* der Eintrag *Hinzugefügte Wörter* aktiviert ist. Geben Sie den entsprechenden Begriff ein. Mit einem Klick auf die Schaltfläche *Silbentrennung* können Sie noch die richtige Trennung für dieses Wort einstellen. Sie verwenden dazu Tilde-Symbole (~): Eine Tilde bezeichnet die optimale bzw. einzige Trennungsmöglichkeit im Wort, zwei Tilden die zweitbeste Möglichkeit und drei Tilden die drittbeste. Ein Wort, das nie getrennt werden soll, lassen Sie mit einer Tilde – AltGr + + (Windows) bzw. Alt + N (Mac) – beginnen.

Klicken Sie anschließend auf die Schaltfläche *Hinzufügen.*

Achten Sie jetzt besonders darauf, dass Sie alle Wörter korrekt schreiben, denn diese Schreibweise dient InDesign von nun an als Grundlage für die Rechtschreibprüfung.

5.5 Vorgegebene Elemente praktisch organisieren und verwalten

Wenn Sie schon einmal Kataloge oder Anzeigen mit Sonderangeboten gesetzt haben, wissen Sie, wie mühselig diese Arbeit sein kann. Etwas komfortabler wird es, wenn sie sämtliche immer wiederkehrenden Elemente wie Abbildungen, Textkästen, Datentabellen und Logos an einem zentralen Ort aufbewahren und dann bei Bedarf einfach in das Dokument ziehen.

Mit den Bibliotheken bietet InDesign hier eine ideale Lösung. Die verschiedensten Objekttypen lassen sich in Bibliotheken verwalten – ob es sich nun um Textrahmen, Bilder, Vektorgrafiken, Tabellen oder sogar Hilfslinien und ganze Seiten handelt.

Eine Bibliothek ist eine spezielle Dateiart mit der Endung *.indl*. Bibliotheken werden als Bedienfelder angezeigt und enthalten Miniaturbilder oder die Namen der enthaltenen Objekte.

Abbildung 5.67   Der Satz von solchen Prospekten mit vielen kleinen Elementen kann recht zeitraubend und auch frustrierend sein, wenn der Kunde immer wieder Änderungen wünscht, …

Eine Bibliothek aufbauen

Erstellen Sie eine Seite mit sämtlichen in einem bestimmten Projekt häufig wiederkehrenden Elementen und wählen Sie *Datei > Neu > Bibliothek*.

Im folgenden Dialogfeld wählen Sie Dateipfad und Dateiname. Der gewählte Dateiname wird später im Register des Bedienfelds *Bibliothek* als Name angezeigt. Bestätigen Sie mit *Speichern*. Die neue Bibliothek wird als Bedienfeld angezeigt.

Abbildung 5.68   … doch Sie können sich die Arbeit mit Bibliotheken, die sämtliche wiederkehrenden Elemente enthalten, vereinfachen.

Objekte zur Bibliothek hinzufügen

Das Hinzufügen von Elementen zur Bibliothek ist denkbar einfach: Ziehen Sie sie einfach aus dem Dokument in das Bedienfeld *Bibliothek*. Alternativ markieren Sie das/die gewünschte(n) Objekt(e) und klicken Sie am unteren Rand des Bedienfelds *Bibliothek* auf das Symbol *Neues Bibliothekselement* .

Auch über das Bedienfeldmenü ▾≡ fügen Sie ausgewählte Objekte hinzu. Hier haben Sie zusätzlich die Möglichkeit, mit dem Befehl *Elemente auf Seite ... hinzufügen* sowie *Elemente auf Seite ... als separate Objekte hinzufügen* sämtliche Objekte auf der Seite in die gerade aktive Bibliothek aufzunehmen.

> Die in die Bibliothek gezogenen Objekte haben nichts mehr mit den Objekten im Ursprungsdokument zu tun. Sie sind nicht mehr mit ihnen verknüpft.

Hilfslinien in der Bibliothek speichern

Selbst einen Satz Hilfslinien können Sie in einer Bibliothek speichern. Das kann sinnvoll sein, wenn Sie ein komplexes Raster erstellt haben, das Sie in verschiedenen Dokumenten benötigen.

1. Wählen Sie das Hilfslinienraster aus, indem Sie mit dem Auswahl-Werkzeug ein Rechteck darum aufziehen (es genügt, wenn das Rechteck alle Hilfslinien schneidet; sie müssen nicht komplett darin enthalten sein).
2. Wählen Sie aus dem Bedienfeldmenü ▾≡ Ihres *Bibliothek*-Bedienfelds den Eintrag *Objekt hinzufügen* oder klicken Sie auf das Symbol *Neues Bibliothekselement* .

> Achten Sie darauf, dass das Auswahlrechteck keine Layoutelemente schneidet, da sonst diese statt der Hilfslinien ausgewählt werden – die gleichzeitige Auswahl von Hilfslinien und Layoutobjekten in InDesign ist nicht möglich.

Oben haben Sie gesehen, wie Sie ganze InDesign-Seiten in Ihr Layout einfügen. Diese platzierten INDD-Dateien können Sie ebenfalls in die Bibliothek ziehen.

Objektinformationen anlegen

Zu jedem Bibliotheksobjekt fügen Sie bei Bedarf einen Namen und eine Beschreibung hinzu. Doppelklicken Sie in der Bibliothek auf das gewünschte Objekt.

Das Popup-Menü zum Einstellen der Objektart können Sie getrost ignorieren – InDesign findet die jeweiligen Objektart selbst heraus und stellt sie korrekt ein.

Bereits beim Erstellen eines Bibliotheksobjekts können Sie dieses Dialogfeld aufrufen, indem Sie beim Hinzufügen die `Alt`-Taste gedrückt halten.

Abbildung 5.69 Für jedes Element in der Bibliothek können Sie Name und Beschreibung einstellen.

Bibliotheken öffnen und schließen

Das Bedienfeld einer momentan nicht benötigten Bibliothek können Sie schließen und dann bei Bedarf mit der Befehlsfolge *Datei > Öffnen* wieder auf den Bildschirm holen. InDesign-Bibliotheken haben die Dateiendung *.indl* und lassen sich unter dem Dateityp *InDesign* öffnen.

Ein Element aus der Bibliothek in das Dokument einfügen

Um ein Objekt in einer angezeigten Bibliothek zu verwenden, ziehen Sie dieses einfach aus dem Bibliotheksbedienfeld auf die entsprechende Seite. Alternativ klicken Sie das gewünschte Element in der Bibliothek an und wählen aus dem Bedienfeldmenü den Befehl *Objekt(e) platzieren*.

Ein Element aus der Bibliothek löschen

Benötigen Sie ein Bibliothekselement nicht mehr, wählen Sie es aus und klicken auf das Papierkorbsymbol am rechten unteren Rand des Bedienfelds. Die im Dokument platzierten Elemente werden davon nicht beeinflusst.

Ein Element in eine andere Bibliothek kopieren

Bei Bedarf stellen Sie Ihre Bibliotheken neu zusammen, indem Sie Elemente zwischen ihnen austauschen: Zeigen Sie die benötigten Bibliotheken an und ziehen Sie eine davon an ihrem Register aus der Bedienfeldgruppe. Ordnen Sie beide Bedienfelder nebeneinander an. Nun können Sie die Elemente per Drag&Drop zwischen den Bibliotheken austauschen.

Mit gedrückter Alt-/⌘-Taste kopieren Sie die Elemente nicht zwischen den Bibliotheken, sondern verschieben sie gleich.

Objekte suchen und sortieren

Manche Bibliotheken werden recht umfangreich. InDesign versorgt Sie aus diesem Grund mit komfortablen Funktionen zum Sortieren und Durchsuchen der Bibliothekselemente.

- ▶ Möchten Sie alle Objekte der Bibliothek in alphabetischer Reihenfolge anzeigen, wählen Sie aus dem Bedienfeldmenü ▾≡ den Befehl *Listenansicht*.
- ▶ Mit dem Befehl *Miniaturansicht* oder *Große Miniaturansicht* zeigen Sie die Vorschaubilder wieder an.

Die Sortierreihenfolge ändern

Eine weitere Möglichkeit, sich einen Überblick über die Elemente der Bibliothek zu verschaffen, ist das Ändern der Sortierreihenfolge. Wählen Sie aus dem Bedienfeldmenü ▾≡ den Befehl *Objekte sortieren* und klicken Sie auf das gewünschte Sortierkriterium.

Nur Objekte mit bestimmten Kriterien anzeigen

Am unteren Rand des Bedienfelds *Bibliothek* sehen Sie ein Fernglassymbol. Dieses eröffnet Ihnen recht interessante Suchmöglichkeiten: Statt die gesamte Bibliothek durchzublättern, zeigen Sie nur Objekte an, auf die bestimmte Kriterien zutreffen.

1 Über die beiden Optionsfelder bestimmen Sie, ob Sie die gesamte Bibliothek durchsuchen möchten oder nur die momentan angezeigten Elemente (dies ist nur dann relevant, wenn Sie die Elemente bereits durch eine Untergruppe gefiltert haben und die Suche nun verfeinern möchten).

2 Unter *Parameter* geben Sie die Vergleichskriterien an. Möchten Sie beispielsweise nur Elemente anzeigen, die Sie nach dem 4. Januar 2007 erstellt haben, wählen Sie aus dem ersten Popup-Menü den Eintrag *Erstellungsdatum,* aus dem nächsten *Grösser als* und in das Eingabefeld rechts davon geben Sie *04.01.2007* ein. Somit filtert InDesign alle Elemente, die Sie nach dem 04.01.2007 erstellt haben, heraus.

Über die Schaltfläche *Mehr Optionen* legen Sie bis zu fünf Bedingungen fest, die sämtlich zutreffen müssen, damit die entsprechenden Elemente herausgefiltert werden. Nach einem Klick auf *OK* stellt InDesign das Suchergebnis – eine sogenannte Untergruppe – im Bedienfeld dar. Mit dem Befehl *Alle einblenden* aus dem Bedienfeldmenü ▾≡ erhalten Sie wieder alle Bibliothekselemente.

Abbildung 5.70 Hier werden alle Elemente herausgefiltert, die sowohl ein Bild sind als auch nach dem 01.01.2007 erstellt wurden.

5.6 Die Alternative: Snippets und Bridge

Eine Alternative zur Arbeit mit Bibliotheken sind die Snippets, die Sie in Adobe Bridge ablegen können.

Als Besitzer der gesamten Creative Suite profitieren Sie besonders von der Adobe Bridge, denn diese verbindet sämtliche Programme der Suite. Sie können damit die Dokumente auf Ihrem Computer oder im Netzwerk nicht nur betrachten, sondern auch verwalten. Sie müssen das Programm nicht extra erwerben; es ist ein Bestandteil von InDesign, Photoshop und Illustrator bzw. der Creative Suite 3. Das Programm eignet sich unter anderem zur effektiven Verwaltung der verschiedensten Elemente, die Sie für das Gestalten von Druck- und Bildschirmmedien mit der Creative Suite benötigen.

Auf der Buch-CD finden Sie zwei interessante Video-Trainings zum Zusammenspiel zwischen Adobe Bridge und InDesign: *Dateien in der Bridge stapeln* und *Aus der Bridge platzieren.*

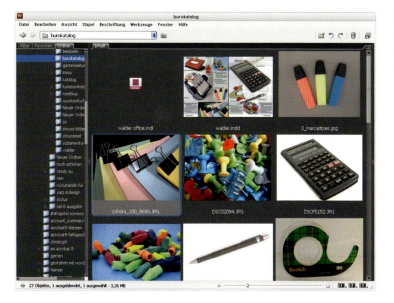

Abbildung 5.71 In Bridge lassen sich Ordnerinhalte sehr viel komfortabler darstellen als etwa im Explorer oder Finder.

Obwohl Bridge nicht mehr so langsam ist wie in den Vorversionen, kann das Programm gerade auf einem Rechner mit geringer Leistungsstärke recht schleppend arbeiten. Normalerweise greift der Bridge-Cache auf die Festplatte mit dem Betriebssystem zu. Sollte diese relativ voll sein, verwenden Sie besser ein anderes, leeres Laufwerk: Wählen Sie in Bridge Bearbeiten > Voreinstellungen > Erweitert. Geben Sie als Cache-Speicherort einen Pfad auf einem anderen Laufwerk mit viel freiem Speicher an.

In der Creative Suite 3 arbeitet Adobe Bridge schneller als in den Vorversionen. Sie starten das Programm mit einem Klick auf das Bridge-Symbol im rechten Bereich des Bedienfelds *Steuerung*. Der Umgang mit dem Programm ist fast intuitiv. Sie können mit Adobe Bridge nicht nur Ihre InDesign-Dateien betrachten und verwalten, sondern auch Bilddateien, AI- und PDF-Dateien.

Im linken oberen Bereich finden Sie das Arbeitsplatzsymbol, das Ihnen auf einen Klick den Inhalt Ihrer Datenträger zeigt. Damit navigieren Sie wie im Windows Explorer bzw. im Finder (Mac). Sobald Sie einen Ordner mit entsprechenden Dateien geöffnet haben, erscheint im großen Fenster der Inhalt dieses Ordners.

Dateien aus Bridge in InDesign öffnen bzw. einfügen

Mit einem Doppelklick öffnen Sie die jeweilige Datei in der ihr zugeordneten Anwendung – PSD-Dateien beispielsweise in Photoshop, INDD-Dateien in InDesign.

Aber auch das Platzieren von Bilddateien in einem InDesign-Dokument ist über Adobe Bridge möglich: Ziehen Sie die Datei(en) einfach mit gedrückter Maustaste aus dem Bridge- in das InDesign-Fenster. Sie erleichtern sich diese Aufgabe, indem Sie zuerst die gewünschten Bilder auswählen und dann am rechten oberen Rand des Bridge-Fensters auf das Symbol *In Kompaktmodus wechseln* klicken. Anschließend ziehen Sie die ausgewählten Bilder mit gedrückter Maustaste in das InDesign-Fenster.

Alternativ wählen Sie *Datei > Platzieren > In InDesign*. Auch hier können Sie – wie ab Seite 164 beschrieben – mehrere Dateien in einem Zug im Layout platzieren.

Snippets in Bridge erzeugen

Auch der umgekehrte Weg ist möglich und bietet eine echte Alternative zur Arbeit mit Bibliotheken:

1 Zeigen Sie in Bridge den Ordner an, in dem Sie Snippets – also einzelne Layoutelemente, die Sie immer wieder benötigen – ablegen möchten.
2 Wählen Sie ein oder mehrere Element(e) in Ihrem InDesign-Layout aus.
3 Ziehen Sie das oder die Element(e) mit gedrückter Maustaste in das Bridge-Inhaltsfenster.

Das so erzeugte Snippet hat ebenso positive Eigenschaften wie ein Bibliotheksobjekt: Die Position der darin enthaltenen Objekte bleibt relativ zueinander bestehen, wenn Sie das Snippet aus Bridge wieder in ein InDesign-Layout ziehen. Alternativ fügen Sie das Snippet mit *Datei > Platzieren* (`Strg`/`⌘` + `D`) ein.

Darstellung der Bilder in Adobe Bridge ändern

Per Drag&Drop ziehen Sie die Vorschaubilder frei im Bridge-Fenster umher und ordnen sie so beliebig an.

Bei Bedarf verändern Sie die Größe und Darstellungsweise der Miniaturen. Die entsprechenden Befehle finden Sie im Menü *Ansicht* bzw. hinter dem Pfeil an den Zahlensymbolen in der rechten unteren Fensterecke.

Oder Sie regulieren die Darstellungsgröße der Miniaturen über den Regler am unteren Fensterrand.

Die Darstellung von Adobe Bridge anpassen

Bei Bedarf blenden Sie die linken Teilfenster des Bridge-Fensters aus. Führen Sie dazu einen Doppelklick auf den senkrechten Trennbalken zwischen Vorschaubereich und Teilfenstern aus. Damit maximieren Sie den Ansichtsbereich für die Vorschaubilder. Mit einem weiteren Doppelklick auf den linken Bridge-Fensterrand blenden Sie die Teilfenster wieder ein.

Bilder, Grafiken und Layouts in Adobe Bridge bewerten

Jede Datei kann eine Bewertung in Form von einem bis fünf Sternen sowie farbige Markierungen erhalten. Nutzen Sie diese Möglichkeit beispielsweise, um Bilder für ein bestimmtes Projekt blau zu kennzeichnen, die für ein anderes Projekt grün.

1 Um eine Datei zu bewerten oder zu markieren, öffnen Sie das Menü *Beschriftung*.
2 Wählen Sie die gewünschte Bewertung von * bis *****.

Bilder, Grafiken und Layouts filtern und sortieren

Die Sortier- und Filterfunktion wurde in Adobe Bridge CS3 vollständig überarbeitet. Sie können mit dieser Funktion die Auflistung der Daten beeinflussen. Falls das Filter-Teilfenster gerade nicht angezeigt

Sie können sogar entscheiden, ob das Objekt an der Position, an der Sie es ursprünglich in InDesign erzeugt hatten, oder an der Position des Mauszeigers platziert werden soll. Dazu wählen Sie *Bearbeiten/ Indesign > Voreinstellungen*. In der Kategorie *Dateihandhabung* aktivieren Sie das Optionsfeld *An Originalposition platzieren*.

Neu in CS3

Kapitel 5: Umfangreiche Dokumente bearbeiten

wird, wählen Sie *Fenster > Filter-Fenster*. Das Filter-Fenster wird in Form eines Registers am linken Fensterrand dargestellt.

1   Klicken Sie direkt unter den Registern auf den Link *Sortieren nach...* neben dem Ordnersymbol. Aus dem Popup-Menü wählen Sie, nach welchen Kriterien Sie den Ordnerinhalt sortieren möchten.
2   Adobe Bridge zeigt nur noch diejenigen Dateien an, auf die das gewählte Kriterium zutrifft.

Mit der Filterfunktion zeigen Sie nur bestimmte Dateien an, zum Beispiel nur die InDesign-Dokumente eines Ordners oder Dateien mit einem bestimmten Erstell- oder Änderungsdatum. Klicken Sie dazu einfach auf eines der Kriterien im Filterfenster. Die Darstellung im Hauptfenster passt sich entsprechend an.

Abbildung 5.72 Eine Sortierung eines Ordners durchführen

Abbildung 5.73 Nach einem Klick auf den Dateityp *InDesign-Dokument* im Filterfenster werden nur noch die Layoutdatei und die Bibliotheksdatei in diesem Ordner angezeigt.

Die Zahlen hinter den Kriterien zeigen, wie viele Dateien in dem Ordner dem jeweiligen Kriterium entsprechen.

Suchen in Bridge

Auch eine Suchfunktion bietet Adobe Bridge. Verwenden Sie dazu den Befehl *Bearbeiten > Suchen*. Nach der Durchführung der Suche wählen Sie den Befehl erneut und klicken auf die Schaltfläche *Als Kollektion speichern*. Damit fassen Sie die Funde in einer neuen Sammlung zusammen, die Sie von nun an jederzeit parat haben.

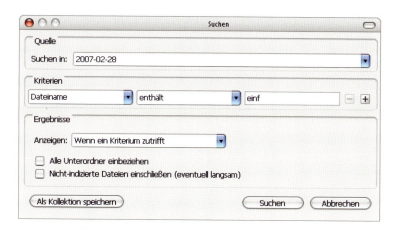

Abbildung 5.74 Die Dokumente lassen sich nach den verschiedensten Kriterien durchsuchen.

Mehrere Dateien gleichzeitig umbenennen

Sehr praktisch ist die Funktion, mehrere Dateien in Adobe Bridge in einem Zug umzubenennen. Es ist beispielsweise möglich, alle Dateien in einem bestimmten Ordner umzubenennen.

1 Wählen Sie den entsprechenden Ordner in Adobe Bridge. Oder wählen Sie im Vorschaubereich mehrere Dateien.
2 Rufen Sie anschließend den Befehl *Werkzeuge > Stapel-Umbenennung* auf.
3 Wählen Sie gegebenenfalls einen neuen *Zielordner*, in dem die umbenannten Dateien gespeichert werden. Alternativ belassen Sie sie im aktuellen Ordner.
4 Legen Sie die *Neuen Dateinamen* fest. Betrachten Sie dazu die Vorschau des neuen Dateinamens am unteren Dialogfeldrand.

Den Vorschaubereich nutzen

Im Vorschaubereich von Adobe Bridge im rechten oberen Fensterbereich sehen Sie das momentan im Inhaltsfenster ausgewählte Dokument. Wählen Sie mit [Strg]/[⌘] bzw. [⇧] mehrere Dateien aus, erscheinen diese allesamt im Vorschaufenster. Ist Ihnen die Vorschau zu klein, ziehen Sie ihr Register mit gedrückter Maustaste auf das Inhaltsfenster.

Außerdem steht Ihnen im Vorschaufenster eine Lupe zur Verfügung: Klicken Sie einfach auf das Vorschaufenster und betrachten Sie einen um 200 % vergrößerten Bildausschnitt, den Sie mit der Maus verschieben können.

Abbildung 5.75 Ein Klick in das Vorschaufenster öffnet eine Lupe, die das Dokument in 200-prozentiger Vergrößerung zeigt.

Metadaten nutzen

Vor allem bei Digitalfotos werden Metadaten häufig genutzt. Mit Metadaten können Sie hier Zusatzinformationen wie Belichtungszeit, Blitzeinstellungen oder Blende mit dem digitalen Bild speichern. Auch für InDesign-Dateien gibt es Metadaten: Hier sehen Sie die im Dokument verwendeten Schriften und Farbfelder.

Praktisch: Adobe Bridge listet nicht alle im Dokument angelegten Farben auf, sondern nur diejenigen, die tatsächlich in Verwendung sind.

Die Metadaten werden in der Standardansicht im rechten unteren Fensterbereich von Adobe Bridge angezeigt. Sollten die Metadaten nicht angezeigt werden, wählen Sie *Fenster > Metadaten*. Klicken Sie die gewünschte InDesign-Datei an und scrollen Sie im Metadaten-Bereich nach unten zur Anzeige der Schriften und Farbfelder.

Abbildung 5.76 Die Metadaten eines InDesign-Dokuments enthalten unter anderem Schriften und Farben.

Kontaktabzüge erstellen

Klicken Sie in Adobe Bridge eine Reihe von Grafik- und PDF-Dateien an und wählen Sie *Werkzeuge > InDesign > InDesign-Kontaktabzug erstellen*. Legen Sie im folgenden Dialogfeld das Layout des Kontaktabzugs fest und klicken Sie auf *OK*.

Adobe Bridge erzeugt eine InDesign-Datei und platziert die ausgewählten Bilder gemäß Ihren Layoutvorgaben.

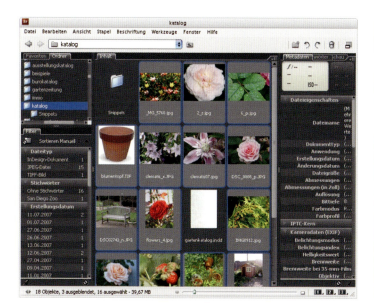
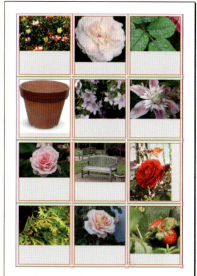

Abbildung 5.77 Bridge und InDesign im Zusammenspiel: Ausgewählte Bilder lassen sich automatisch in einem InDesign-Layout anordnen.

5.7 Das Layout mit Ebenen unterschiedlichen Anforderungen anpassen

Die Arbeit mit Ebenen in InDesign bietet verschiedene Vorteile, die von der besseren Performance beim Layouten bis hin zur Gestaltung mehrsprachiger Dokumente reichen.

Das Ebenenprinzip von InDesign unterscheidet sich deutlich von dem von Photoshop. Sie können Ebenen weder mit Füllmethoden noch mit Ebenenmasken versehen. Das Grundprinzip der Ebenen ist einfach – sie funktionieren wie ein Satz Overheadfolien, die Sie übereinanderlegen, um das Gesamtbild zu erhalten. Wenn Sie allerdings ein Objekt auf einer InDesign-Ebene mit einer Transparenz versehen, scheinen die Objekt in den darunter liegenden Ebenen nicht durch dieses transparente Objekt hindurch.

Die Verwendung von Ebenen

Gut geeignet sind Ebenen beispielsweise, wenn Sie ein Dokument – zum Beispiel eine Gebrauchsanleitung, ein Datenblatt oder dergleichen – gleich in mehreren Sprachen setzen müssen. Dann könnten Sie eine eigene Ebene für jede Sprache anlegen, wobei Sie sämtliche Abbildungen, Logos und andere Elemente, die in jeder Sprachversion enthalten sein sollen, wiederum auf eine eigene Ebene legen.

Abbildung 5.78 Links: Für die englischsprachige Dokumentversion sind lediglich die Ebenen *Bild* und *Englisch* eingeblendet. Rechts: Für die französischsprachige Version sind die Ebenen *Bild* und *Französisch* eingeblendet.

Allerdings müssten Sie dann auch bei der Ausgabe des Dokuments darauf achten, dass immer nur die richtigen Ebenen ausgegeben werden. Standardmäßig gibt InDesign aber sowieso nur die momentan angezeigten Ebenen aus – sowohl beim Druck als auch beim Export. Am Ende des Kapitels gibt es noch einige Informationen dazu. Die folgenden Abbildungen demonstrieren diese Vorgehensweise:

▶ Für jede der drei Sprachen wurde eine eigene Ebene angelegt.
▶ Sämtliche Elemente, die auf jeder Ebene sichtbar sein sollen, befinden sich auf der Ebene *Bild*.

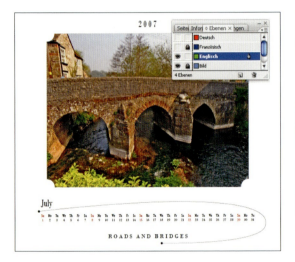
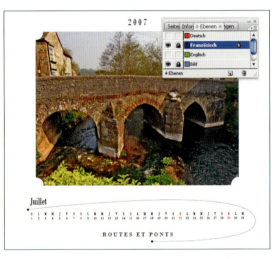
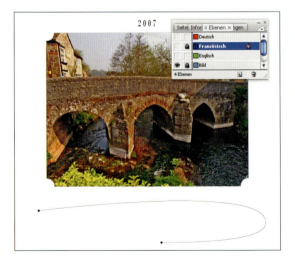
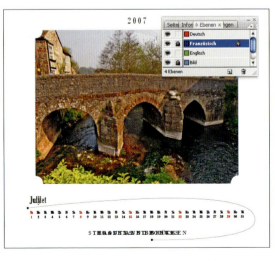

Abbildung 5.88 Links: Auf der Ebene *Bild* befinden sich alle Elemente, die in jeder Version benötigt werden. Rechts: So sieht das Dokument aus, wenn alle Ebenen eingeblendet sind.

Sind alle Ebenen eingeblendet, sieht das Ganze folgendermaßen aus: Auch bei sehr komplexen einsprachigen Dokumenten mit vielen Bildern (zum Beispiel Katalogen) kann die Arbeit mit Ebenen sehr hilfreich sein.

Während Sie die Texte des Dokuments bearbeiten, können Sie dann beispielsweise die Produktfotos ausblenden, um den Grafikprozessor zu entlasten und damit eine schnellere Arbeitsgeschwindigkeit zu erzielen.

Auch bei vielen übereinanderlagernden Objekten bietet sich die Arbeit mit Ebenen an – die Auswahl einzelner Elemente wird Ihnen dann viel leichter fallen.

Oder Sie entwerfen ein Dokument mit mehreren alternativen Hintergrundbildern – mit ein paar Klicks lässt sich die Wirkung der unterschiedlichen Varianten am Bildschirm vergleichen.

Abbildung 5.79 Bei diesem umfangreichen Katalog könnte der Einsatz von Ebenen sinnvoll sein, um den Grafikprozessor während der Arbeit an den Texten zu entlasten.

Das Bedienfeld »Ebenen«

Für die Arbeit mit Ebenen benötigen Sie das gleichnamige Bedienfeld, das über das Menü *Fenster* abrufbar ist. Ein neues InDesign-Dokument besteht zunächst einmal aus einer einzigen Ebene mit dem Namen *Ebene 1*. Vor diesem Ebenennamen sehen Sie ein blaues Quadrat. Dessen Farbe bestimmt auch die Farbe der im Layout angezeigten Text-, Grafik- und sonstigen Rahmen.

Doppelklicken Sie auf den Ebenennamen. Im folgenden Dialogfeld können Sie die Ebenenfarbe (und damit die Rahmenfarbe der auf dieser Ebene platzierten Layoutelemente) ändern. Unter anderem ändern Sie hier die Farbe der Layoutrahmen einer Ebene.

Abbildung 5.80 Jedes neue Dokument weist eine einzige Ebene mit dem Namen *Ebene 1* auf.

Abbildung 5.81 Hier ist nur die Ebene *Abbildungen* eingeblendet. Die Layoutrahmen sind rot.

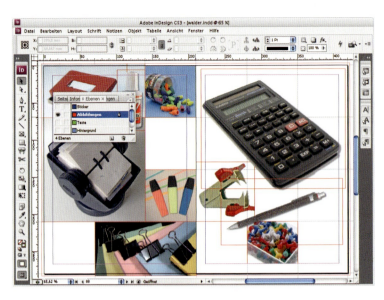

Zudem bietet Ihnen das Dialogfeld *Ebenenoptionen* die folgenden Möglichkeiten:

▶ Über das Eingabefeld versehen Sie Ihre Ebene gegebenenfalls mit einem sinnvollen Namen.
▶ Deaktivieren Sie das Kontrollkästchen *Ebene einblenden*, wird die Ebene unsichtbar.
▶ Das aktivierte Kontrollkästchen *Ebene sperren* bedeutet, dass Sie die Ebene nicht mehr bearbeiten können.
▶ Über die beiden *Hilfslinien*-Kontrollkästchen blenden Sie die Hilfslinien auf dieser Ebene ein oder aus bzw. schützen sie vor Änderungen.

Ebenen erstellen

Um eine neue Ebene für Ihr Dokument zu erstellen, gehen Sie folgendermaßen vor:

1 Klicken Sie im Bedienfeld *Ebenen* auf das Symbol an ihrem unteren Rand .
2 Die neue Ebene wird an oberster Stelle angelegt und erhält den Standardnamen *Ebene*, gefolgt von einer fortlaufenden Nummer.
3 Mit einem Doppelklick auf diesen Namen öffnen Sie das oben erläuterte Dialogfeld. Legen Sie hier die gewünschten Optionen fest.

Mit dem Bedienfeld »Ebenen« arbeiten

Mit einem einfachen Klick gelangen Sie von einer Ebene in die andere. Die Objekte, die Sie im Layout anlegen, werden immer in der gerade aktiven Ebene erstellt.

Mit einem Klick auf das Papierkorbsymbol löschen Sie ausgewählte Ebenen mitsamt den darin enthaltenen Objekten.

Stapelordnung und Ebenen

Objekte auf im Bedienfeld weiter oben angezeigten Ebenen werden stets über Objekten auf weiter unten angezeigten Ebenen platziert. Zum Ändern der Stapelreihenfolge von Objekten in verschiedenen Ebenen können Sie die Befehle des Menübefehls *Objekt > Anordnen* nicht verwenden, sie sind in diesem Zusammenhang wirkungslos.

Hier müssen Sie vielmehr über die Ebenen-Stapelordnung gehen: Ziehen Sie die Ebene mit den Objekten, die Sie im Vordergrund Ihres Layouts platzieren möchten, einfach im Bedienfeld *Ebenen* nach oben. Aber auch einzelne Layoutrahmen lassen sich zwischen Ebenen verschieben:

1. Wählen Sie den betreffenden Rahmen im Layout aus.
2. Im Bedienfeld *Ebenen* wird automatisch die Ebene, in der er sich befindet, markiert. Rechts vom Stiftsymbol der markierten Ebene erscheint ein kleines Quadrat in der Ebenenfarbe.
3. Dieses kleine Quadrat ziehen Sie nun mit gedrückter Maustaste auf den Namen der Ebene, in die das Objekt eingefügt werden soll.

Hilfslinien und Ebenen

Gerade haben Sie gesehen, dass die Hilfslinien nicht dem Dokument selbst, sondern der aktuellen Ebene zugeordnet sind. Das bedeutet in der Praxis, dass Hilfslinien auf einer ausgeblendeten Ebene im Dokument ebenfalls nicht mehr sichtbar sind.

Das hat sowohl Vor- als auch Nachteile: Zum einen können Sie Hilfslinien auf mehreren Ebenen anlegen und somit auch nur die jeweils benötigten Hilfslinien anzeigen. Durch diese Vorgehensweise halten Sie Ihr Layout übersichtlich.

Andererseits sollten Sie daran denken, dass Sie bei der Arbeit im Dokument immer benötigte Hilfslinien – also gleichgültig, welche Ebenen Sie gerade ausgeblendet haben – auf einer eigenen Hilfslinienebene erstellen sollten. Beachten Sie in diesem Fall, dass Sie den verschiedenen Hilfslinienebenen gut voneinander unterscheidbare Farben geben – dann arbeiten Sie beim Ein- und Ausblenden der gerade gebrauchten Hilfslinien rascher.

Die Spalten- und Randhilfslinien und das Grundlinienraster gehören zum Dokument, das heißt, dass sie immer sichtbar sind, gleichgültig, welche Ebenen gerade ausgeblendet sind.

Ebenen sperren und ausblenden

Oben haben wir erwähnt, dass es eine schnellere Möglichkeit gibt, Ebenen ein- und auszublenden sowie zu sperren, als Kontrollkästchen im Dialogfeld *Ebenenoptionen*. Verwenden Sie dazu die beiden quadratischen Felder vor dem Ebenennamen:

- ▶ Über das linke Feld blenden Sie die jeweilige Ebene mit einem Klick aus und wieder ein. Eine eingeblendete Ebene erkennen Sie an dem Augensymbol in dem Kästchen.
- ▶ Über das rechte Feld schützen Sie die Ebene vor Bearbeitungen und entsperren sie auch wieder. Eine gesperrte Ebene erkennen Sie an dem Schlosssymbol.

Ebenen reduzieren

Bei Bedarf fügen Sie mehrere Ebenen zu einer einzigen zusammen, beispielsweise dann, wenn Sie mit dem Layouten fertig sind.

Gehen Sie folgendermaßen vor:

1 Wählen Sie die gewünschten Ebenen mit gedrückter ⌃Strg/⌘-Taste aus.
2 Öffnen Sie das Bedienfeldmenü ▾≡ des Bedienfelds *Ebenen* und wählen Sie den Befehl *Auf eine Ebene reduzieren*.

Die Ausgabe von Dokumenten mit Ebenen

InDesign gibt beim Drucken (vgl. Kapitel 9) standardmäßig alle momentan eingeblendeten Ebenen aus. Dasselbe gilt für die Ausgabe als PDF-Dokument. Falls Sie Ihrem Dienstleister „offene" InDesign-Dokumente statt PostScript-Dateien liefern, müssen Sie aufpassen und Ihre Produktionspartner darüber informieren, dass Sie mit Ebenen gearbeitet haben und dass an der Ebenenein-/-ausblendung in diesem Dokument nichts geändert werden darf.

5.8 Zusammenarbeit mit anderen Workflow-Mitgliedern

Gerade wenn – wie es heute immer häufiger vorkommt – die Zeitfenster für die Produktion immer enger werden, müssen Sie vielleicht noch recht spät in der Layoutphase eng mit Autoren, Übersetzern oder Lektoren zusammenarbeiten.

Es ist praktisch, wenn diese Workflow-Mitglieder gleich in das InDesign-Layout hineinarbeiten können, sodass Sie nicht noch kurz vor Schluss Texte neu importieren und formatieren müssen.

InDesign CS3 arbeitet sehr gut mit InCopy CS3 zusammen: Der gesamte InCopy-Workflow kann nun auch offline stattfinden, das heißt, dass Sie dem Bearbeiter des Textes ein Aufgabenpäckchen schnüren und es ihm beispielsweise per E-Mail übermitteln. Der Empfänger öffnet das Päckchen in InCopy, erledigt seine Textbearbeitungen und übergibt es Ihnen oder dem nächsten Mitglied der Produktionskette. Wenn Sie schließlich das Paket wieder in Empfang nehmen, können Sie die darin vorgenommenen Änderungen ganz einfach in Ihr Layout einfließen lassen – etwa so, als wenn Sie ein geändertes Bild über die Palette *Verknüpfungen* aktualisieren.

Notizen einsetzen

Eine Neuerung in InDesign CS3, die Sie entweder im Zusammenspiel mit Incopy oder auch einfach für sich selbst einsetzen können, sind Notizen. Diese werden mit dem InDesign-Dokument gespeichert und können auch in InCopy übertragen werden.

1 Bevor Sie mit Notizen arbeiten, wählen Sie *Datei > Benutzer* und geben Ihren Namen ein. Wählen Sie auch eine individuelle Farbe für sich aus.
2 Klicken Sie an die Stelle, an der Sie die Notiz einfügen möchten, und wählen Sie *Notizen > Notizenmodus.*
3 Öffnen Sie das Bedienfeld *Fenster > Notizen* und geben Sie Ihre Notiz ein.
4 Möchten Sie eine weitere Notiz hinzufügen, klicken Sie an die entsprechende Stelle im Layout und dann im Bedienfeld *Notizen* auf das Symbol *Neue Notiz* am unteren Bedienfeldrand

Alle Notizen werden im Layout in Form einer nicht druckenden Eieruhr in der zuvor festgelegten Benutzerfarbe dargestellt.

ID Neu in InDesign CS3

Abbildung 5.82 Geben Sie Ihren Kommentar in das Bedienfeld *Notizen* ein.

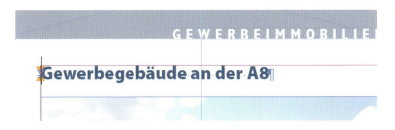

Abbildung 5.83 Notizen werden durch ein eieruhrförmiges Symbol dargestellt.

Abbildung 5.84 Wenn Sie in den Textrahmen wechseln, erscheinen die Notizen wie in der nebenstehenden Abbildung.

Leider können Sie nur Texte mit Notizen ausstatten, keine anderen Elemente wie beispielsweise Bilder. Ein weiteres Manko ist, dass Sie die Notizen beim Export nicht in PDF-Kommentare konvertieren können (dies ist etwas merkwürdig, weil diese Funktion in InCopy durchaus enthalten ist).

Wenn Sie mit dem Textwerkzeug auf die obere Hälfte des eieruhrförmigen Symbols zeigen, wird der Mauszeiger zu einer Browser-Hand. Klicken Sie und das Bedienfeld *Notizen* öffnet sich mit dem Text dieser Notiz sowie dem Erstellernamen und dem Erstelldatum.

Beachten Sie die Schaltflächen am unteren Rand des Bedienfelds *Notizen*: Sobald die Einfügemarke in einem beliebigen Textrahmen steht, können Sie über diese Schaltflächen durch die Notizen blättern, die aktuell angezeigte Notiz im Layout ansteuern, neue Notizen hinzufügen und Notizen löschen.

InCopy und InDesign

Neu in InDesign CS3

Das Programm Adobe InCopy bietet die Möglichkeit, dass mehrere Redakteure gemeinsam an einem InDesign-Layout arbeiten. Vor der Version CS3 gestaltete sich die Zusammenarbeit zwischen InCopy und InDesign recht aufwändig, wenn man keine Software von Drittanbietern hinzunahm. In CS3 ist die Zusammenarbeit zwischen beiden Programmen hingegen sehr gut gelöst: Als InDesign-Anwender können Sie Ihr Layout mit allen Dateien, die die Empfänger benötigen, in ein InCopy-Paket verpacken und weiterleiten. Die Workflow-Mitarbeiter öffnen das Paket in InCopy und bearbeiten die gewünschten Texte. Sie können in der Zwischenzeit problemlos am Layout des Dokuments weiterarbeiten. Schließlich erhalten Sie das Paket mit den bearbeiteten Texten zurück und öffnen es mit einem Doppelklick. Die neuen Texte fließen automatisch in Ihr InDesign-Layout ein.

Eine Aufgabe erzeugen

Die folgenden Absätze zeigen Ihnen die wichtigste neue Funktion im Zusammenspiel von InDesign CS3 und InCopy CS3. Gehen Sie als InDesign-Anwender folgendermaßen vor, wenn Sie Ihr Layout an InCopy-Anwender zur Bearbeitung weitergeben möchten:

Sorgen Sie dafür, dass jedes Workflow-Mitglied über einen Benutzernamen verfügt. Den Benutzernamen legen Sie über *Datei > Benutzer* an.

1 Wählen Sie *Fenster > Aufgaben*.
2 Klicken Sie in Ihrem Layout auf den ersten Rahmen in der Textkette, die in die Aufgabe aufgenommen werden soll.
3 Ziehen Sie sie auf das Symbol *Neue Aufgabe* am unteren Rand.

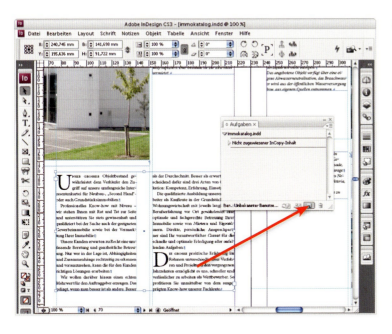

Abbildung 5.85 Der Rahmen mit der Firmenvorstellung wird auf das Symbol *Neue Aufgabe* gezogen.

Bevor Sie das Paket schnüren können, müssen Sie eine oder mehrere Aufgabe(n) festlegen. Mit dieser/diesen teilen Sie mit, welche Texte bearbeitet werden sollen. InDesign fügt auf Wunsch nur die Druckbögen, die diese Texte enthalten, in die Aufgabe ein. Die Grafiken werden als niedrig aufgelöste Vorschau mitgeliefert, damit der Bearbeiter den Kontext sieht, in dem die zu bearbeitende Textkette steht.

4 Im folgenden Dialogfeld versehen Sie die Aufgabe mit einem aussagekräftigen Namen. Darunter geben Sie den Bearbeiter für diese Aufgabe an und entscheiden, welche Elemente in das Paket aufgenommen werden sollen.

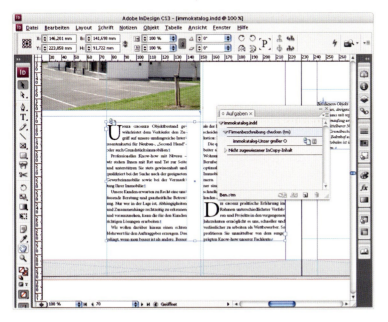

Abbildung 5.86 Die Aufgabe wurde definiert.

Wenn Sie der vorhandenen Aufgabe nun weitere Texte hinzufügen möchten, ziehen Sie diese einfach aus dem Layout auf den Namen der Aufgabe.

Nachdem Sie eine Aufgabe für einen anderen Bearbeiter erzeugt haben, können Sie an der in diese Aufgabe aufgenommenen Textkette nichts mehr ändern. Damit verhindern Sie, dass die Texte versehentlich bearbeitet werden.

Das InCopy-Paket schnüren

Nun können Sie das Paket erzeugen, das der Bearbeiter in InCopy öffnen wird. Wählen Sie dazu die gewünschte Aufgabe aus dem Bedienfeld und aus dem Bedienfeldmenü den Befehl *Für InCopy verpacken*.

InDesign erzeugt daraufhin eine einzelne komprimierte Datei mit der Endung *incp*. Diese enthält neben der Aufgabendatei die Texte und Bilder, die Sie der Aufgabe hinzugefügt haben. Nun können Sie die fertige *incp*-Datei dem Bearbeiter per FTP oder per E-Mail übermitteln.

Der Empfänger des Pakets muss nun nur noch auf die incp-Datei doppelklicken. Die Datei wird in InCopy geöffnet und der Empfänger kann die Texte auschecken und bearbeiten. Während dieser Zeit können Sie bei Bedarf unbesorgt weiter an Ihrem Originallayout arbeiten.

Abbildung 5.87 Mit einem Doppelklick auf die *incp*-Datei wird diese in InCopy geöffnet.

Anschließend öffnet er das Bedienfeld *Aufgaben* in InCopy und leitet die Aufgabe über das Bedienfeldmenü entweder als *incp*-Datei an einen anderen InCopy-Nutzer weiter oder gibt es als InDesign-Paket mit der Endung *indp* an Sie zurück.

Nachdem Sie das *indp*-Paket zurückerhalten und mit einem Doppelklick geöffnet haben, öffnet InDesign automatisch das Layout, zu dem die Aufgabe gehört, checkt die Textkette wieder ein und versieht alle geänderten Textketten in der Aufgabe mit einem gelben Warndreieck. Sie können diese nun mit einem Klick auf das Symbol *Inhalt aktualisieren* am unteren Bedienfeldrand auf den aktuellen Stand bringen.

6 Bücher gestalten

In diesem Kapitel beleuchten wir weniger die kreative Seite von InDesign. Es geht vielmehr um eine Reihe praktischer Automatisierungen, die Ihnen besonders willkommen sein werden, wenn Sie Bücher oder andere längere, strukturierte Dokumente gestalten. Denn diese seitenstarken Dateien erfordern ein besonderes Management, damit sie rationell gesetzt werden können.

6.1 Automatisierungen durch Textvariablen

Wie Sie auf die herkömmliche Weise Seitenzahlen über das Dialogfeld *Layout > Nummerierungs- und Abschnittsoptionen* in Ihr Dokument einfügen, haben Sie bereits in Kapitel 1 erfahren.

Eine hochwillkommene Neuerung gerade für Buchgestalter ist die Möglichkeit, mit Textvariablen zu arbeiten. Damit lassen sich neben Seitenzahlen Dateinamen, dem aktuellen Datum und ähnlichen Angaben auch auf sehr komfortable Weise lebende Kolumnentitel gestalten.

Zum Beispiel: Kolumnentitel

Neu in InDesign CS3

Bei einem lebenden Kolumnentitel, wie er vor allem in Fach- und Sachbüchern verwendet wird, findet man in der Kolumne der linken (geradzahligen) Seite meist die Kapitelangabe, in der rechten (ungeraden) Kolumne Informationen zum Seiteninhalt – häufig die letzte Hauptüberschrift.

Abbildung 6.1 Lebende Kolumnentitel werden vor allem in Fach- und Sachbüchern verwendet.

So gestalten Sie einen lebenden Kolumnentitel, der jeweils die letzte Überschrift der Ebene 2 anzeigt:

1. Im Bedienfeld *Seiten* öffnen Sie mit einem Doppelklick die Musterseiten.
2. Zeigen Sie die rechte Musterseite an.
3. Klicken Sie an die Stelle, an der Sie den lebenden Kolumnentitel einfügen möchten.
4. Wählen Sie *Schrift > Textvariablen > Definieren*. Im folgenden Dialogfeld klicken Sie auf *Neu*.
5. Nachdem Sie einen aussagekräftigen Namen vergeben haben, wählen Sie als *Art* den Eintrag *Laufende Kopfzeile (Absatzformat)*.

Abbildung 6.2 So definieren Sie eine lebende Kolumne.

Automatisierungen durch Textvariablen

6 Aus dem Popup-Menü *Format* wählen Sie das Überschriftformat, mit dem Sie die Überschrift der Ebene 2 formatiert haben.
7 Aus dem Popup-Menü *Verwenden* wählen Sie *Letztes auf Seite*.
8 Klicken Sie auf *OK*, auf *Einfügen* und auf *Fertig*.
9 Das Steuerzeichen für den lebenden Kolumnentitel wird an der Stelle der Einfügemarke eingefügt.

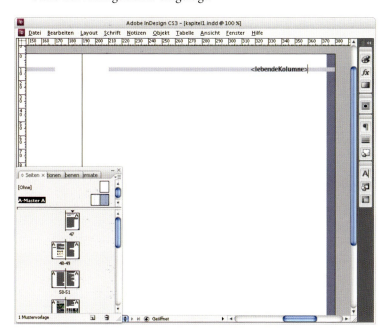

Abbildung 6.3 In die Musterseite wird ein Steuerzeichen für den Kolumnentitel eingefügt.

Auf der linken Seite soll die Kapitelnummer nach dem Wort „Kapitel" erscheinen:

1 Zeigen Sie die linke Musterseite an und geben Sie in die Kolumne *Kapitel* und ein Leerzeichen ein.
2 Wählen Sie *Schrift > Textvariablen > Textvariable definieren* . Klicken Sie auf *Neu*.
3 Geben Sie einen passenden Namen ein und wählen Sie als Art *Kapitelnummer*.
4 Als *Text davor* geben Sie *Kapitel* sowie ein Leerzeichen ein.

Klicken Sie auf *OK*, auf *Einfügen* und auf *Fertig*. Die Kapitelnummer wird bereits in der Musterseite richtig angezeigt.

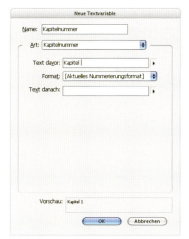

Abbildung 6.4 Definieren Sie eine Textvariable für die tote Kolumne.

Abbildung 6.5 In die Dokumentseiten wird das Steuerzeichen durch die Kapitelnummer ersetzt.

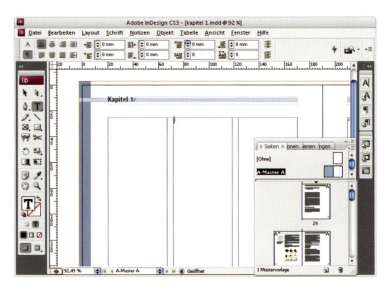

Sollte in der Kolumne die falsche Kapitelnummer erscheinen, überprüfen Sie, ob Ihr Dokument richtig nummeriert ist: Schließen Sie die Musterseite und wählen Sie *Layout > Nummerierungs- & Abschnittsoptionen*. Im unteren Teil des Dialogfelds geben Sie die richtige Kapitelnummer ein.

Abbildung 6.6 Vergewissern Sie sich, dass die Kapitelnummer stimmt.

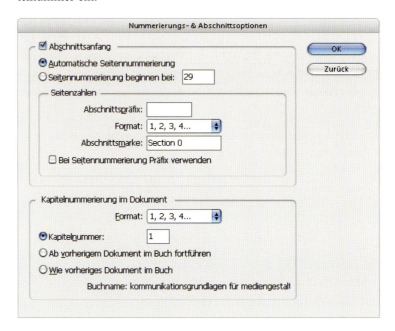

Schließen Sie die Musterseite.

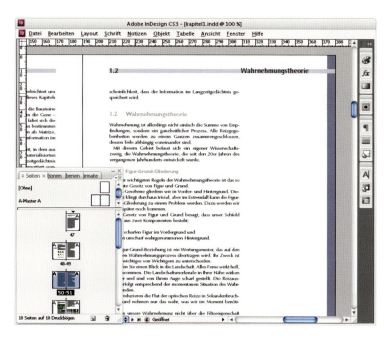

Abbildung 6.7 Auf den Dokumentseiten erscheint der jeweils korrekte lebende Kolumnentitel.

Eine weitere wichtige Automatisierung ist die Möglichkeit, durch Dateizusammenführung Seriendokumente zu erzeugen. Betrachten Sie dazu das Video *Dateien zusammenführen* auf der Buch-CD.

6.2 Fußnoten

Seit langem werden Fußnoten in wissenschaftlichen Abhandlungen verwendet, um zusätzliche Informationen über ein Thema oder einen Verweis anzubringen. Mit Fußnoten können Sie es vermeiden, den Fließtext mit allen notwendigen Informationen vollstopfen zu müssen. Stattdessen fügen Sie zusätzliche Bemerkungen als Fußnotentext ein. Da es für jede Fußnote im Text einen Verweis gibt, ist es einfach, diese zusätzlichen Informationen im Bedarfsfall aufzufinden.

Gleichgültig, ob Sie Fußnoten bereits während der Texteingabe oder erst nachträglich einfügen, ob Sie in der richtigen Reihenfolge vorgehen oder immer wieder einmal eine Fußnote einschieben: Die Fußnotennummer wird stets sofort aktualisiert und der Text wird in der richtigen Reihenfolge eingereiht.

Für die Länge von Fußnoten gibt es keine Vorschriften. Falls Sie sehr viele und/oder sehr lange Fußnoten verwenden, setzt InDesign CS3 diese auf der Folgeseite fort.

Im vorigen Kapitel haben Sie bereits gesehen, dass Fußnoten aus Word-Dokumenten korrekt in InDesign umgesetzt werden. Sie können anschließend genauso bearbeitet werden wie direkt in InDesign eingegebene Fußnoten. Fußnoten sind in InDesign CS3 recht schnell erstellt:

Leider ist es auch in InDesign CS3 nicht möglich, Querverweise einzufügen. Es gibt aber zwei Plug-ins, mit denen Sie diese Aufgabe automatisieren können:
- Das Plug-in *Cross-References* von DTP-Tools und
- das Plug-in *InXref* von Virginia Systems.

Auf der CD-ROM zum Buch finden Sie die Testversionen.

1 Klicken Sie zunächst hinter dem Wort, das Sie mit der Fußnote ausstatten möchten.

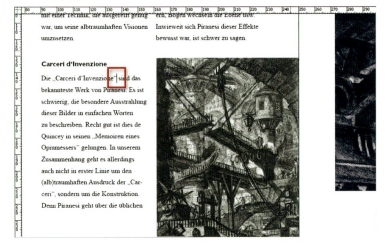

Abbildung 6.8 Klicken Sie hinter das Wort, das die Fußnote erläutern soll ...

2 Wählen Sie *Schrift > Fußnote einfügen*. InDesign fügt am Fuß der Seite eine waagerechte Linie und darunter die entsprechende Fußnotennummer ein. Geben Sie dahinter den Fußnotentext ein.
3 Fügen Sie bei Bedarf weitere Fußnoten ein. Mit *Schrift > Gehe zu Fußnotenverweis* navigieren Sie dabei jeweils vom Fußnotentext zurück zum aktuellen Fußnotenverweis im Text.

Abbildung 6.9 ... und erstellen Sie die Fußnote mit *Schrift > Fußnote einfügen*.

Haben Sie sich einmal geirrt und möchten Sie eine Fußnote löschen, wählen Sie die Fußnotennummer aus und entfernen diese. Der Fußnotentext wird ebenfalls gelöscht.

Zum Löschen einer Fußnote wählen Sie die Fußnotenverweisnummer im Text aus und drücken die ←-Taste oder die Entf-Taste. Wenn Sie lediglich den Fußnotentext löschen, bleiben die Fußnotenverweisnummer und die Fußnotenstruktur erhalten.

Beachten Sie, dass durch die Fußnoten der Textrahmen nicht nach unten erweitert wird. Vielmehr dehnt sich der Fußnotenbereich mit jeder neuen Fußnote weiter nach oben aus.

Wenn Sie sehr viele oder sehr lange Fußnoten auf einer Seite erstellen, sodass der Fußnotenbereich die Zeile mit dem letzten Fußnotenverweis erreicht, werden die Fußnoten in den nächsten Textrahmen umbrochen.

Abbildung 6.10 Erstellen Sie weitere Fußnoten, dehnt sich der Fußnotenbereich nach oben aus, sodass der Bereich für den eigentlichen Text kleiner wird.

Fußnoten gestalten

Um die Fußnoten zu gestalten, wählen Sie *Schrift > Optionen für Dokumentfußnoten*. Das Dialogfeld bietet Ihnen Formatierungsmöglichkeiten, die grundsätzlich für alle Fußnoten auf sämtlichen Dokumentseiten gelten (auch wenn Sie nur eine davon ausgewählt haben).

1   Beginnen wir auf der Registerkarte *Nummerierung und Formatierung*. Hier finden Sie Optionen, die die Formatierung des Fußnotentextes und des Fußnotenzeichens betreffen.

Abbildung 6.11 Zur Gestaltung von Fußnoten verwenden Sie das Dialogfeld *Fußnotenoptionen*.

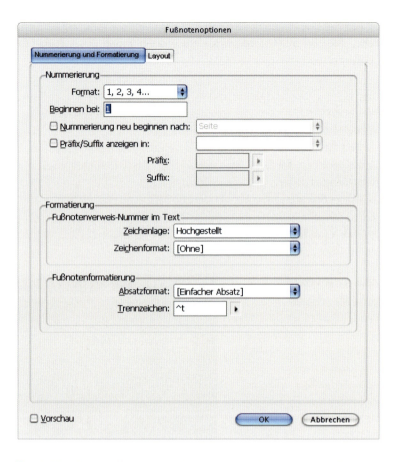

zione"[2] sind

von Piranesi.

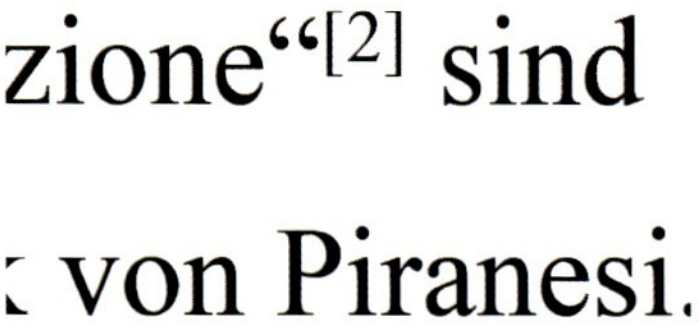

Abbildung 6.12 Dieses Fußnotenzeichen verfügt über ein Präfix – [– und ein Suffix –].

2   Stellen Sie im oberen Bereich die Nummerierung ein – neben verschiedenen Zahlenformaten können Sie hier auch Symbole wie *, **, ***, **** aussuchen.

3   Außerdem bestimmen Sie über die Option *Beginnen bei*, mit welcher Nummer die Fußnotennummerierung beginnen soll. Darunter legen Sie fest, ob die Nummerierung auf jeder Seite, in jedem Textabschnitt oder Druckbogen neu beginnen soll.

4   Sie versehen Fußnotenzeichen bzw. Fußnotentext im Bedarfsfall mit *Präfixen* oder *Suffixen* – es kann sich dabei auch um Leerzeichen handeln, um mehr Abstand zwischen Text und Fußnotenzeichen zu gewinnen. Sie bestimmen die Hochstellung (*Zeichenlage*) des Fußnotenzeichens und versehen es gegebenenfalls mit einem Zeichenformat.

Für den Fußnotentext können Sie analog dazu ein Absatzformat verwenden. Als *Trennzeichen* ist standardmäßig ein Tabstopp (^t) eingestellt. Möchten Sie stattdessen etwa ein Geviert verwenden, geben Sie ^m ein. Die folgende Tabelle zeigt Ihnen die wichtigsten Sonderzeichen:

Trennzeichen	
Geviert-Leerzeichen	^m
1/2-Geviert-Leerzeichen	^>
Ausgleichsleerzeichen	^f
1/24-Geviert-Leerzeichen	^|
Geschütztes Leerzeichen	^s
1/8-Geviert-Leerzeichen	^<
Ziffernleerzeichen	^/
Interpunktionsleerzeichen	^.
Tabulatorzeichen	^t

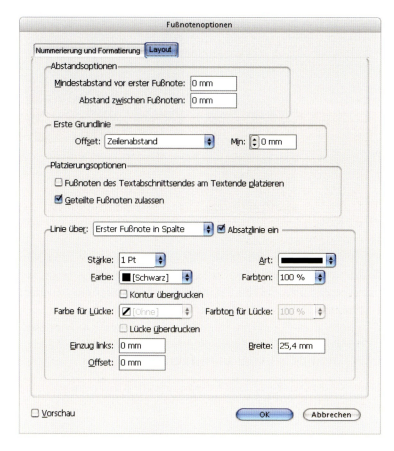

Abbildung 6.13 Im Register *Layout* bestimmen Sie Abstände, Linieneigenschaften für alle Fußnotenbereiche.

Im Register *Layout* bestimmen Sie das Layout des Fußnotenbereichs.

1 Regeln Sie hier den *Mindestabstand* zwischen Textkörperende und Fußnotenbereich, den *Abstand zwischen Fußnoten*, den Abstand zwischen Fußnotentrennlinie und erster Fußnotezeile (*Offset*).
2 Aktivieren Sie das Kontrollkästchen *Fußnoten des Textabschnittsendes am Textende platzieren*, erscheinen die Fußnoten in der letzten Textspalte nicht am unteren Rahmenrand, sondern gleich nach dem Text.
3 Bei aktiviertem Kontrollkästchen *Geteilte Fußnoten zulassen* werden sehr lange Fußnoten, die den letzten Fußnotenverweis erreichen, in der nächsten Spalte weitergeführt.

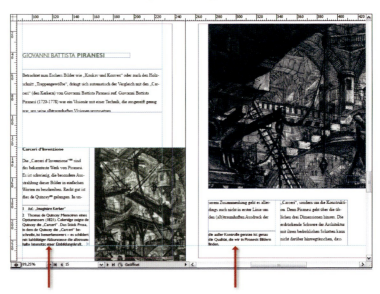

Abbildung 6.14 Weil der Textrahmen nicht lang genug ist, wird die Fußnote geteilt, sobald sie auf Höhe der Zeile mit dem letzten Fußnotenzeichen angekommen ist.

4 Im unteren Bereich des Dialogfelds bestimmen Sie Design und Stand der Linie, die Fußnotenbereich und Textkörper voneinander trennt.

6.3 Die Buchfunktion nutzen

Wenn Sie ein Handbuch, eine wissenschaftliche Arbeit, einen Katalog oder dergleichen erstellen, teilen Sie Ihr umfangreiches Werk vielleicht in mehrere Dokumente auf.

Sie speichern diese Dokumente einzeln und öffnen immer nur den Textteil (etwa das Kapitel), an dem Sie gerade arbeiten. Auf diese Weise gewährleisten Sie eine schnelle Bearbeitung.

Die Buchfunktion nutzen

Der Nachteil dieser Vorgehensweise ist unter anderem, dass es etwas mühsam ist, ein automatisiertes Inhaltsverzeichnis, durchgehende Seitenzahlen oder einen Komplettindex für das Gesamtwerk zu erstellen. Auch wenn Sie ein Absatz- oder Zeichenformat ändern müssen, ist es lästig, dies in jedem einzelnen Dokument zu tun.

Eine der besten Lösungen, die InDesign Ihnen zur Bewältigung dieser Probleme bietet, ist die Arbeit mit der Buchfunktion.

Unter einem Buch versteht InDesign eine umfassende Datei mit der Endung .indb. Der Inhalt dieser Datei besteht lediglich aus Verweisen auf die zum Gesamtdokument gehörenden Dateien, z.B. sämtliche Einzelkapitel eines Handbuchs.

Besonders praktisch an dieser Technik ist, dass Sie die einzelnen Dokumente sowohl einzeln als auch in ihrer Gesamtheit über die Buchdatei paginieren oder umstellen können. Dazu müssen Sie nur die .indb-Datei laden und diese benötigt sehr wenig Speicher.

Ein Buch kann über 100 Dokumente enthalten.

Weil die Buchdatei nur aus Verweisen auf die einzelnen Dokumente besteht, können Sie ein einziges Dokument auch in verschiedene Buchdateien aufnehmen.

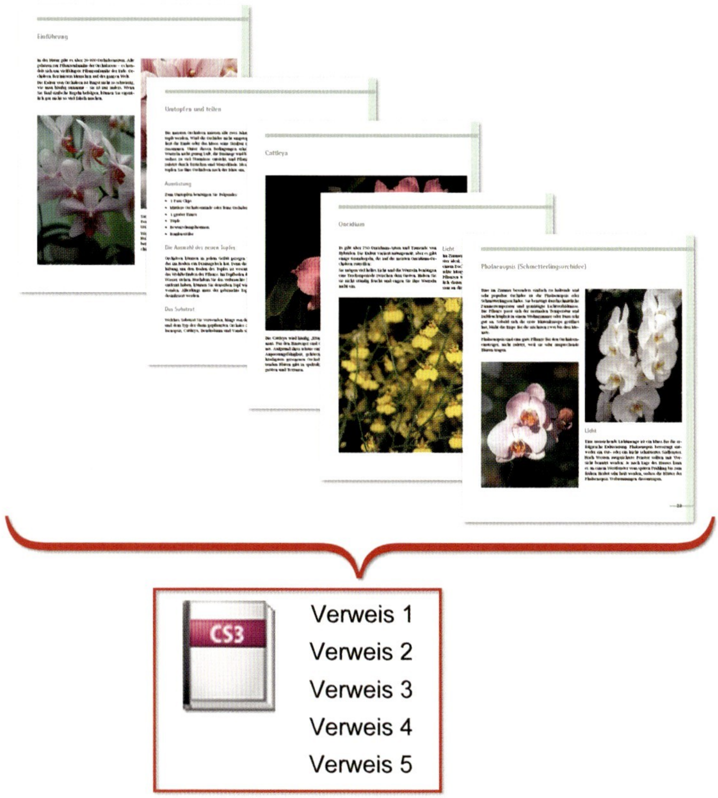

Abbildung 6.15 Die Buchdatei hat eine sehr geringe Dateigröße, weil sie nur aus Verweisen auf die einzelnen Dokumente des Buchs besteht – aus diesem Grund können Sie ein einziges Dokument auch in verschiedene Buchdateien aufnehmen.

Gleichgültig, ob die Einzelkapitel Ihres Buchs schon vorliegen oder ob diese erst gestaltet werden müssen – am besten arbeiten Sie von Anfang an mit der Buchfunktion.

Ein Buch erstellen

Um mehrere Dateien zu einem Buch zusammenzufassen, gehen Sie prinzipiell folgendermaßen vor:

1 Wählen Sie *Datei > Neu > Buch*. Geben Sie dem Buch einen Namen und wählen Sie einen Ablageort.
2 Nachdem Sie mit *Speichern* bestätigt haben, zeigt InDesign auf dem Bildschirm das Bedienfeld *Buch* an. Dieses noch leere Bedienfeld enthält als Registernamen den soeben vergebenen Buchnamen.
3 Fügen Sie über das Symbol *Dokumente hinzufügen* sämtliche Dokumente zum Bedienfeld hinzu, die Sie in Ihr Buch aufnehmen möchten. Wie üblich, nehmen Sie mit der ⇧- bzw. der Strg/⌘-Taste eine Mehrfachauswahl vor. Falls die Buchkapitel mit einer älteren InDesign-Version bearbeitet wurden, werden diese in das CS3-Format umgewandelt und müssen anschließend neu gesichert werden (Sie erhalten jeweils eine entsprechende Aufforderung).

Abbildung 6.16 InDesign zeigt die Buchdatei in Form eines Bedienfelds.

Abbildung 6.17 Bei Bedarf fügen Sie mehrere Dokumente in einem Zug zum *Buch*-Bedienfeld hinzu.

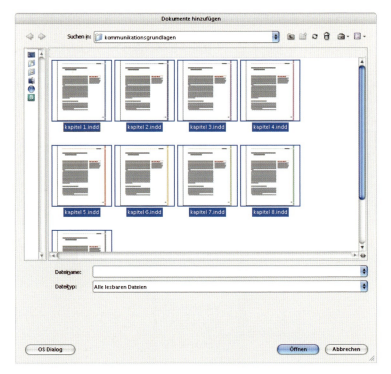

4 Wenn Sie mit der Schaltfläche *Hinzufügen* bestätigen, erscheinen die Bücher in der ausgewählten Reihenfolge im Bedienfeld.

Die einzelnen Kapitel werden nun gemäß ihrem Seitenumfang und ihrer Reihenfolge automatisch paginiert (es ist dabei gleichgültig, ob in den Einzelkapiteln schon Pagina-Marken vorhanden sind oder nicht) – auf jeden Fall, wenn Sie bezüglich der Paginierung in den einzelnen Dokumenten bisher noch nichts unternommen hatten. In der Grundeinstellung beginnt das erste Dokument mit der Seitennummer 1.

Abbildung 6.18 Alle ausgewählten Dokumente wurden in das *Buch*-Bedienfeld aufgenommen.

Die Buchdateien organisieren

Bei Bedarf ändern Sie die Reihenfolge der Kapitel per Drag&Drop. Die Seitennummerierung ändert sich dann entsprechend – und zwar sowohl im *Buch*-Bedienfeld als auch in den automatischen Seitenzahlen, die Sie auf der Musterseite definiert haben.

Über die Schaltfläche *Dokumente entfernen* entfernen Sie im Bedienfeld ausgewählte Dokumente gegebenenfalls wieder. Dabei werden nur die Buchliste und die Pagina aktualisiert; der Datei auf der Festplatte geschieht nichts.

Durch einen Doppelklick auf ein Dokumentsymbol im Bedienfeld öffnet sich die entsprechende Datei. Welche Buchdokumente gerade geöffnet sind, zeigt das Bedienfeld Ihnen am Buchsymbol in der Zeile des jeweiligen Dokuments.

Abbildung 6.19 Per Drag&Drop bringen Sie die Kapitel in die richtige Reihenfolge.

Einzelne Bücher speichern Sie über das Bedienfeldmenü mit dem Befehl *Buch speichern* bzw. – wenn Sie eine Kopie anfertigen möchten – *Buch speichern unter*.

Der ebenfalls im Bedienfeldmenü verfügbare Befehl *Buch speichern* sichert lediglich die Buchdatei selbst und nicht die einzelnen Buchdokumente.

Ein Buchdokument, das Sie bearbeitet und gespeichert haben, ohne das *Buch*-Bedienfeld geöffnet zu haben, oder bei dem Sie die Paginierung geändert haben, erhält im Bedienfeld ein gelbes Warndreieck.

Buchdokumente, die die Buchdatei nicht finden kann – die Sie also etwa auf der Festplatte verschoben, umbenannt oder ganz gelöscht haben –, erhalten ein Fragezeichensymbol. Ein solches Dokument klicken Sie im Bedienfeld an und wählen aus dem Kontextmenü den Befehl *Dokument ersetzen*. Im folgenden Dialogfeld suchen Sie das Dokument heraus.

Die Seitennummerierung

Für das so zusammengefasste Buch bearbeiten Sie bei Bedarf die durchgängige Seitennummerierung.

Wie Sie gesehen haben, beginnt in der Grundeinstellung die Seitennummerierung in dem im *Buch*-Bedienfeld an erster Stelle angezeigten Dokument mit der Seitenzahl 1. Beim Ändern der Reihenfolge der Dokumente im *Buch*-Bedienfeld werden die Seitenzahlen der Teildokumente entsprechend angepasst.

Die Seitennummerierung für das gesamte Buch ändern

Wählen Sie aus dem Bedienfeldmenü ▾≡ den Befehl *Seitennummerierungsoptionen für Buch*. Im folgenden Dialogfeld lassen Sie das Kontrollkästchen *Automatische Paginierung* aktiviert, wenn die Buchdateien automatisch durchnummeriert werden sollen.

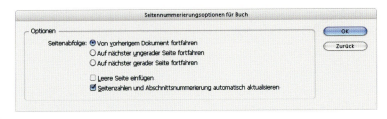

Abbildung 6.20 Das Dialogfeld *Seitennummerierungsoptionen für Buch* hilft Ihnen bei der durchgängigen Paginierung der Buchdokumente.

Vakatseiten

In Büchern beginnen Kapitel für gewöhnlich auf einer ungeraden (rechten) Seite, sodass die davor liegende gerade (linke) Seite gelegentlich leer bleibt, falls das vorherige Kapitel ebenfalls auf einer ungeraden Seite endet.

Damit Sie sich darum nicht kümmern und eventuell manuell Vakatseiten (leere Seiten) zwischen den einzelnen Kapiteln einfügen müssen, bestimmen Sie über die Optionsfeldergruppe *Seitenabfolge*, wie die Nummerierung beim Wechsel von einem zum anderen Dokument fortgeführt werden soll:

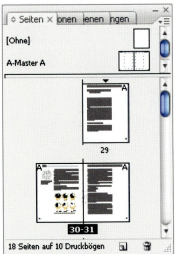

Abbildung 6.21 Buchkapitel beginnen normalerweise stets auf einer ungeraden Seite.

▶ Bei aktiviertem Optionsfeld *Von vorherigem Dokument fortfahren* hängt InDesign die Kapitel einfach ohne Vakatseiten aneinander, gleichgültig, ob sie dann auf einer geraden oder einer ungeraden Seite fortgeführt werden. Bei doppelseitigem Layout mit spiegelbildlich angeordnetem Satzspiegel kann es dabei natürlich zu entsprechenden Layoutfehlern kommen, sodass Sie diese Option hier nicht wählen sollten.

- Entscheiden Sie sich für das Optionsfeld *Auf nächster ungerader Seite fortfahren*, wenn Sie das in Büchern übliche, oben geschilderte Layout mit Kapitelanfängen ausschließlich auf ungeraden Seiten benötigen.
- *Auf nächster gerader Seite fortfahren* funktioniert gerade umgekehrt – die Kapitel beginnen stets auf geraden Seiten. Diese Funktion wird beispielsweise verwendet, wenn der Kapitelaufmacher doppelseitig gestaltet ist.

Abbildung 6.22 Hier beginnt jedes Kapitel auf einer ungeraden Seite und im Bedarfsfall werden automatisch Vakatseiten eingefügt.

Die Seitennummerierung für ein einzelnes Dokument ändern

Möchten Sie die Seitennummerierung für ein einzelnes Dokument abändern, doppelklicken Sie im *Buch*-Bedienfeld auf die Seitennummern des entsprechenden Dokuments. Im folgenden Dialogfeld aktivieren Sie das Optionsfeld *Seitennummerierung beginnen bei* und nehmen in der Gruppe *Seitennummerierungsoptionen* Ihre Einstellungen vor.

Bei regulären Kapiteln lassen Sie am besten das Optionsfeld *Automatische Seitennummerierung* aktiviert, damit sie im Stil der übrigen Kapitel fortlaufend nummeriert werden.

Soll ein Dokument hingegen anders als die übrigen Dokumente formatiert werden – möglich wäre das beispielsweise bei Anhängen oder Inhaltsverzeichnissen – aktivieren Sie das Kontrollkästchen *Seitennummierung beginnen bei* und geben hier ein, bei welcher Ziffer die Nummerierung beginnen soll (verwenden Sie unbesorgt eine arabische Ziffer, auch wenn Sie gleich im Anschluss ein anderes Zahlenformat wählen werden).

Aus dem Popup-Menü *Format* wählen Sie ein Zahlenformat – Sie können sich etwa für große oder kleine lateinische Ziffern und dergleichen entscheiden. Bei Bedarf fügen Sie über das Eingabefeld *Abschnittspräfix* die Kapitelnummer o. Ä. ein.

Abbildung 6.23 Auch für einzelne Dokumente ändern Sie bei Bedarf die Seitennummerierung.

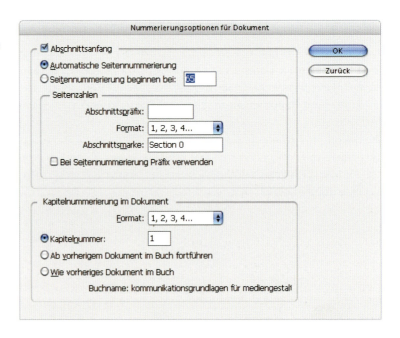

Die Formatquelle

Alle Dokumente der Buchdatei sollten sich dieselben Zeichen- und Absatzformate, Objektstile sowie dieselben Farbfelder teilen – erst dann ist ein wirklich komfortables Arbeiten mit dem Buch gewährleistet. Wenn Sie beispielsweise ein Format aktualisieren, greift diese Änderung im gesamten Buch.

In diesem Zusammenhang ist die sogenannte *Formatquelle* wichtig. Es handelt sich dabei um eines der Dokumente in der Buchdatei – und zwar dasjenige, welches Sie als Erstes importiert haben. Sie erkennen die Formatquelle an dem kleinen Symbol neben dem Dokumentsymbol.

Das als Formatquelle verwendete Dokument können Sie jederzeit ändern, indem Sie einfach in das Kästchen links neben einem anderen Dokumentsymbol klicken. Nun werden die Formate und Farbfelder aus diesem Dokument entnommen.

Die Buchdokumente mit der Formatquelle synchronisieren

Damit alle Dokumente des Buchs mit den Formaten, Objektstilen und Farbdefinitionen der Formatquelle ausgestattet werden, „synchronisieren" Sie sie mit der Formatquelle:

Wählen Sie die entsprechenden Dokumente dazu im *Buch*-Bedienfeld aus und klicken Sie anschließend auf das Symbol *Formate und Farbfelder mit Formatquelle synchronisieren* am unteren Rand des Bedienfelds. Die Formate, Objektstile und Farbfelder aus der Formatquelle werden nun in sämtliche Dokumente des Buchs übernommen.

Sie können hier aber auch genauer differenzieren: Wählen Sie aus dem Bedienfeldmenü den Befehl *Synchronisierungsoptionen*, um das gleichnamige Dialogfeld zu öffnen. Legen Sie hier fest, welche Features aus der Formatquelle übertragen werden sollen und welche nicht.

Abbildung 6.24 Bei der Synchronisierung gleicht InDesign unter anderem Formate, Farben, Variablen und Musterseiten der einzelnen Dokumente miteinander ab.

6.4 Inhaltsverzeichnisse und Indizes

Damit der Leser Ihres Buchs sich schnell in Ihrem Werk zurechtfindet, sollten Sie es sowohl mit einem Inhalts- als auch einem Stichwortverzeichnis bzw. Index versehen. Solche Arbeiten lassen sich in InDesign problemlos und schnell erledigen. Auch nachträgliche Überarbeitungen dieser Verzeichnisse bereiten keine Schwierigkeiten.

Ein Inhaltsverzeichnis erstellen

Mit der Inhaltsverzeichnisfunktion erstellen Sie automatisch ein komplettes, übersichtlich gestaltetes Inhaltsverzeichnis. Für die Zusammenstellung des Inhaltsverzeichnisses werden üblicherweise die Überschriften des Dokuments verwendet. Damit diese Arbeit zu einem Kinderspiel wird, treffen Sie zunächst einige Vorbereitungen.

Vorbereitungen: Absatzformate zuweisen

Formatieren Sie Ihr Dokument bzw. dessen Überschriften komplett mit Absatzformaten, wie in Kapitel 5 beschrieben.

Abbildung 6.25 Vergewissern Sie sich, dass Sie für alle Überschriften Absatzformate verwendet haben.

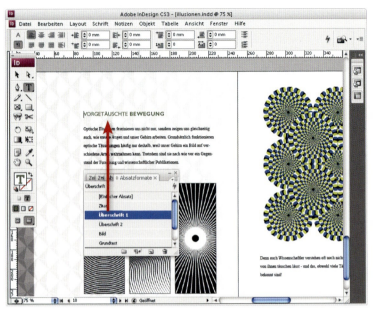

Abbildung 6.26 Neben den *Überschrift*-Formaten zur Formatierung der Überschriften im Dokument haben wir nun auch *Inhalt*-Formate zur Formatierung der Inhaltsverzeichniseinträge erstellt. *Inhalt Überschrift 1* entspricht dem Inhaltsverzeichniseintrag für mit dem Format *Überschrift 1* formatierte Absätze.

Im abgebildeten Beispiel etwa verwenden wir zwei Überschriftebenen – das Format *Überschrift 1* für die Kapitelüberschrift und das Format *Überschrift 2* für die nachgeordnete Überschriftebene.

Absatzformate für das Inhaltsverzeichnis erstellen

In den meisten Fällen sollen die Inhaltsverzeichniseinträge anders formatiert werden als die Überschriften im Text. Aus diesem Grund legen Sie nun auch für die Inhaltsverzeichniseinträge Formate an.

Diese Formate für die Verzeichniseinträge sollten Sie mit entsprechenden Tabstopps für die Seitenzahlen versehen. Setzen Sie zwischen die Verzeichniseinträge und die Seitenzahlen zur leichteren Orientierung Füllzeichen – Punkte sind hierfür bestens geeignet. Auch dies legen Sie gleich für die Formate fest.

Der Vorteil dieser Vorgehensweise ist unter anderem, dass Sie dem einmal erstellten Inhaltsverzeichnis gegebenenfalls sehr schnell ein neues Aussehen verleihen können, indem Sie einfach die verwendeten Formate abändern.

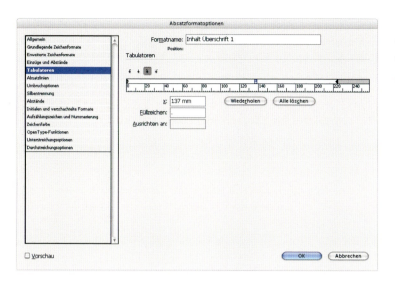

Abbildung 6.27 Es empfiehlt sich, für die Formate der Verzeichniseinträge gleich Tabstopps mit dem entsprechenden Füllzeichen anzulegen.

Ein neues Dokument für das Inhaltsverzeichnis erstellen

Erzeugen Sie ein neues Dokument für das Inhaltsverzeichnis und speichern Sie es. Fügen Sie es der Buchdatei hinzu und ziehen Sie es an die erste Stelle. Passen Sie die Paginierung gegebenenfalls an.

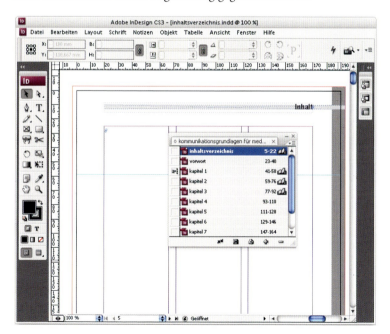

Abbildung 6.28 Erstellen Sie ein neues Dokument für das Inhaltsverzeichnis und fügen Sie es über die Schaltfläche *Dokumente hinzufügen* Ihrem Buch hinzu.

Vergewissern Sie sich, dass Sie als Formatquelle das Dokument mit den Absatzformaten für die Verzeichniseinträge gewählt haben. Dann synchronisieren Sie sämtliche Buchdokumente, um sicherzustellen, dass auch wirklich alle Dokumente dieselben Formate verwenden.

Das Layout des Inhaltsverzeichnisses festlegen

Legen Sie nun fest, wie das Inhaltsverzeichnis aussehen soll:

1 Wählen Sie *Layout > Inhaltsverzeichnis*.
2 Im folgenden Dialogfeld geben Sie den Titel für das Inhaltsverzeichnis ein und wählen das Format, mit dem dieser Titel formatiert werden soll.
3 Im Feld *Andere Formate* wählen Sie die Format, mit denen Absätze formatiert sein müssen, damit sie in das Inhaltsverzeichnis aufgenommen werden, und klicken jeweils auf die Schaltfläche *Hinzufügen*. So nehmen Sie sie in das Feld *Absatzformate einschließen* auf.

Sie sehen, dass die Formate in der Reihenfolge des Hinzufügens untereinander eingerückt werden. Dies stellt auch die Hierarchie des fertigen Inhaltsverzeichnisses dar. Gegebenenfalls platzieren Sie die Einträge per Drag&Drop um. Alternativ klicken Sie auf die Schaltfläche *Mehr Optionen* und nehmen die hierarchische Sortierung der Formate über das Eingabefeld *Stufe* vor – die *1* steht für die oberste Überschriftebene, die *2* für die nächste.

4 Legen Sie fest, welche Formate zur Formatierung der Inhaltsverzeichniseinträge verwendet werden sollen. Im Abschnitt „Absatzformate für das Inhaltsverzeichnis erstellen" dieses Kapitels haben Sie diese ja bereits angelegt: Wählen Sie den ersten Eintrag in der Liste *Absatzformate einschließen* aus und wählen Sie aus dem Popup-Menü *Eingabeformat* in der Gruppe *Format* das entsprechende Format.
5 Die Schaltfläche *Mehr Optionen* schaltet weitere Einstellmöglichkeiten hinzu – neben der erwähnten Möglichkeit der hierarchischen Umsortierung der Formate legen Sie hier beispielsweise auch fest, an welcher Stelle die Seitenzahlen positioniert und ob sie gegebenenfalls auch mit einem Zeichenformat formatiert werden sollen.

Wichtig ist nun, dass Sie das Kontrollkästchen *Buchdokumente einschließen* aktivieren, damit InDesign tatsächlich ein Gesamtinhaltsverzeichnis für das komplette Buch erstellt.

Inhaltsverzeichnisse und Indizes

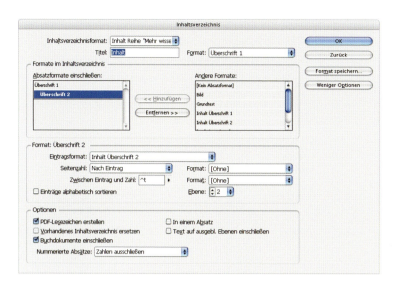

Abbildung 6.29 Aktivieren Sie das Kontrollkästchen *Buchdokumente einschließen*, um ein Gesamtinhaltsverzeichnis für Ihr Buch zu erstellen.

6 Aktivieren Sie auf jeden Fall das Kontrollkästchen *PDF-Lesezeichen erstellen*, wenn Sie ein Dokument für die Anzeige am Bildschirm planen. Dann werden sämtliche Inhaltsverzeichniseinträge im fertig exportierten PDF-Dokument zu Lesezeichen, mit deren Hilfe der Benutzer im Dokument navigieren kann.

7 Sobald Sie mit *OK* bestätigen, überprüft InDesign alle Dokumente des Buchs und stellt das Inhaltsverzeichnis zusammen.

Mit einem Klick fügen Sie es in das noch geöffnete Inhaltsverzeichnisdokument ein.

Mehr zum Export bildschirmtauglicher PDF-Dokumente aus InDesign erfahren Sie in Kapitel 10.

Das Inhaltsverzeichnis aktualisieren

Bei Bedarf lässt sich das Inhaltsverzeichnis jederzeit aktualisieren, wenn Sie die Überschriften in Dokumenten geändert haben. Dazu wählen Sie die Befehlsfolge *Layout > Inhaltsverzeichnis aktualisieren*. Ein Dialogfeld informiert Sie über die Aktualisierung des Inhaltsverzeichnisses.

Ein Inhaltsverzeichnisformat erstellen

Wenn Sie immer dasselbe Buchdesign layouten, erstellen Sie Inhaltsverzeichnisformate, die Sie anschließend für beliebig viele Dokumente verwenden können.

Abbildung 6.30 Das Gesamtinhaltsverzeichnis schließt alle Buchdokumente ein.

Wählen Sie dazu die Befehlsfolge *Layout > Inhaltsverzeichnisformate*. Im folgenden Dialogfeld klicken Sie auf die Schaltfläche *Neu* und geben dem neuen Format einen Namen. Das folgende Dialogfeld *Inhaltsverzeichnisformat* kommt Ihnen bekannt vor – es gleicht dem zuvor besprochenen Dialogfeld *Inhaltsverzeichnis*. Nehmen Sie die entsprechenden Einstellungen vor und bestätigen Sie mit *OK*. Falls Sie bereits ein fertiges Inhaltsverzeichnis erstellt haben, das Ihnen gefällt, ist der folgende Weg wahrscheinlich der geeignetere:

1 Öffnen Sie das Dokument mit dem Inhaltsverzeichnis und wählen Sie *Layout > Inhaltsverzeichnis*.
2 Kontrollieren Sie noch einmal, ob alle Optionen korrekt eingestellt sind und klicken Sie dann auf die Schaltfläche *Format speichern*.
3 Speichern Sie das Format unter einem aussagekräftigen Namen.

Abbildung 6.31 Geben Sie dem Format einen aussagekräftigen Namen.

Von nun an ist es für alle InDesign-Dokumente verfügbar und kann über das Popup-Menü *Inhaltsverzeichnisformat* des Dialogfelds *Inhaltsverzeichnis* bzw. über das Dialogfeld *Inhaltsverzeichnisformate* mit der Befehlsfolge *Layout > Inhaltsverzeichnisformate* abgerufen werden.

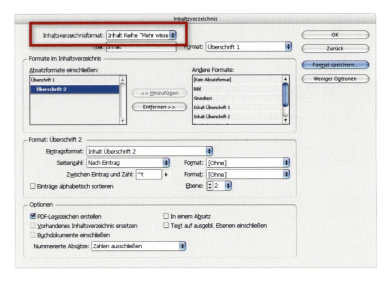

Abbildung 6.32 Das neue Format lässt sich über das Popup-Menü *Inhaltsverzeichnisformat* buchübergreifend abrufen.

Indizes erstellen

In langen Dokumenten aller Art ist ein Index unverzichtbar, der wichtige Stichwörter alphabetisch sortiert mit der entsprechenden Seitenzahl auflistet. Dies gilt besonders für Fachliteratur.

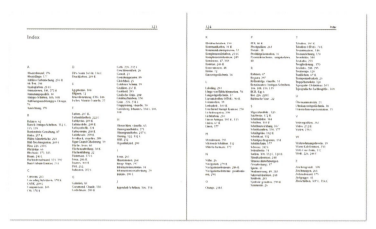

Abbildung 6.33 Ein Index sollte in keiner Fachpublikation fehlen.

In InDesign erstellen Sie sowohl einfach gegliederte als auch wissenschaftliche Indizes mit Hierarchien und Querverweisen.

Mit dem Bedienfeld »Index« arbeiten

Zum Zusammenstellen der Indexeinträge benötigen Sie das Bedienfeld *Index*. Öffnen Sie diese mit *Fenster > Schrift & Tabellen > Index*.

Am oberen Rand des Bedienfelds stellen Sie den Arbeitsmodus ein: *Verweis* oder *Thema*. Im Allgemeinen arbeiten Sie bei aktiviertem Kontrollkästchen *Verweis*, um normale Indexeinträge zu erstellen. Nur in diesem Modus zeigt das Bedienfeld die Seitenzahl(en) an, auf der/denen der jeweilige Begriff vorkommt, während Sie im Modus *Thema* die Einträge thematisch bearbeiten (manche Anwender finden es praktisch, zunächst im Modus *Thema* die Themen anzulegen und später im Modus *Verweis* zu arbeiten, weil es ihnen dann leichter fällt, einen konsistenten Index zu erzeugen).

Die Indexeinträge definieren

Aktivieren Sie zunächst im Bedienfeld *Index* das Kontrollkästchen *Buch*. Dann berücksichtigt InDesign automatisch sämtliche Buchdokumente für den Index.

Nachdem Sie den Modus *Verweis* aktiviert haben, wählen Sie das Wort, das Sie indizieren möchten, aus und klicken Sie am unteren Rand des Bedienfelds *Index* auf das Symbol *Neuen Indexeintrag erstellen*.

ACHTUNG:
Bei Drucklegung dieses Buchs weist InDesign CS3 einen sehr ärgerlichen Bug auf – Indizes für Buchdateien werden nicht korrekt generiert: Seitenzahlen werden durcheinandergewürfelt; manche Indexeinträge fehlen komplett.
Der einzige Workaround besteht darin, dass Sie zunächst ein neues, leeres Dokument anlegen, dann die einzelnen Buchkapitel öffnen und mit dem Befehl *Seiten verschieben* im Bedienfeldmenü des *Seiten*-Bedienfelds in das neue Dokument verschieben. Erzeugen Sie den Gesamtindex anschließend aus diesem Dokument.
Diese Vorgehensweise funktioniert, weil der Bug nur bei der Arbeit mit Buchdateien auftritt. Aus Einzeldokumenten lässt sich problemlos ein Index generieren.

Abbildung 6.34 Um einen neuen Indexeintrag zu erstellen, markieren Sie den entsprechenden Begriff im Text und klicken Sie anschließend auf die Schaltfläche *Neuen Indexeintrag erstellen*.

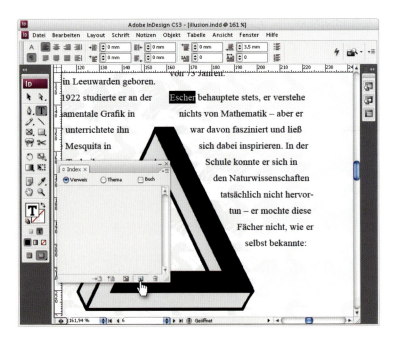

Im Dialogfeld *Neuer Seitenverweis* sehen Sie das ausgewählte Wort im Feld 1 der Themenstufen. Möchten Sie einen mehrgliedrigen Index wie in Fachbüchern erstellen, können Sie jetzt noch einen oder auch mehrere Untereinträge festlegen, die Sie in die Felder *Themenstufen* eingeben.

Abbildung 6.35 Das Feld 1 der Themenstufen stellt stets den Haupteintrag dar.

Auch wenn Sie bereits einen Eintrag mit Untereintrag erstellt haben, können Sie diesem weitere Untereinträge hinzufügen. Geben Sie dazu im Dialogfeld *Neuer Seitenverweis* in das Feld 1 erneut den Haupteintrag ein und darunter den neuen Untereintrag.

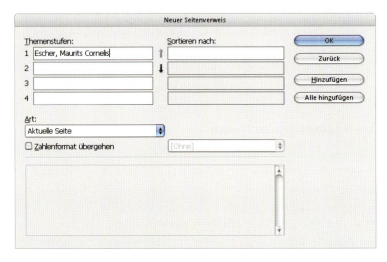

Weitere Optionen für Indexeinträge

Für professionelle Indizes wie z.B. in Fachbüchern stellt InDesign noch weitere Optionen zur Verfügung.

- Soll sich der Indexeintrag nur auf die aktuelle Seite beziehen, lassen Sie im Popup-Menü *Art* den Eintrag *Aktuelle Seite* stehen.
- Häufig sieht man in Indizes, dass ganze Seitenbereiche angegeben werden, z.B. *Drahtmodelle; 104-116*. Für diese Darstellungsweise bietet InDesign gleich eine ganze Reihe von Optionen, die Sie allesamt im Popup-Menü *Art* finden – *Bis Dokumentende* weitet den Seitenbereich beispielsweise von der Auswahl bis zum Ende des Dokuments aus.
- Querverweise gehören ebenfalls zu einem guten Index. Nehmen wir an, in Ihrem Dokument verwenden Sie den Begriff *Dinosaurier*, dann sollten Sie auch einen Querverweis von dem Begriff *Saurier* einfügen, da die Leser im Index vielleicht eher nach diesem Wort suchen werden. Dazu wählen Sie im Popup-Menü unter den verschiedenen *Siehe auch*-Einträgen.

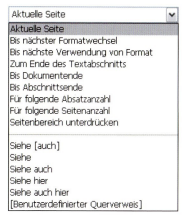

Abbildung 6.36 Im oberen Abschnitt des Popup-Menüs finden Sie die Einträge für Verweise auf Seitenbereiche, im unteren Abschnitt die Einträge für Querverweise.

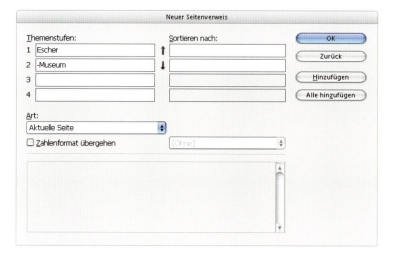

Abbildung 6.37 Erst durch *Siehe*-Querverweise erhält ein Stichwortverzeichnis die notwendige Komplexität.

Klicken Sie auf *OK*, um den Indexeintrag in das Bedienfeld einzufügen. Im Bedienfeld *Index* erscheint eine alphabetische Liste und der gerade hinzugefügte Eintrag wird – gegebenenfalls mit seiner Seitenzahl – unter dem richtigen Buchstaben einsortiert.

Über die grauen Pfeile ▽ klappen Sie Einträge und Buchstaben auf die gewohnte Weise ein und expandieren sie wieder. Fügen Sie auf diese Weise sämtliche Indexeinträge hinzu.

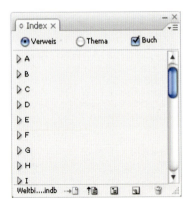

Abbildung 6.38 Zur besseren Übersicht lassen sich die Einträge im Bedienfeld *Index* expandieren und wieder einklappen.

Beachten Sie, dass InDesign einerseits die Groß-/Kleinschreibung berücksichtigt, andererseits nur ganze Wörter aufnimmt. Haben Sie *Löwe* ausgewählt, werden beispielsweise *Löwenzahn* oder *Löwen* nicht aufgenommen.

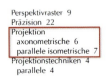

Abbildung 6.39 Ein Beispiel für einen verschachtelten Index

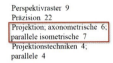

Abbildung 6.40 Dieser Index wurde mit der Option *In einem Absatz* erstellt.

Für einfache Indexeinträge mit Seitenverweis und ohne weitere Optionen können Sie übrigens auch einfach die Tastenkombination ⇧ + Strg/⌘ + Alt + ü betätigen. Dann öffnet InDesign das Dialogfeld gar nicht erst, sondern fügt den Indexeintrag direkt dem Bedienfeld hinzu. Mit ⇧ + Strg/⌘ + Alt + ö erzeugen Sie auf dieselbe Weise einen Indexeintrag für Eigennamen: Markieren Sie beispielsweise die beiden Wörter *Henry Miller* und betätigen die genannte Tastenkombination, erhalten Sie den Indexeintrag *Miller, Henry*.

Alle Vorkommen eines bestimmten Suchbegriffs zum Index hinzufügen

InDesign bietet Ihnen eine besonders praktische Funktion, die Ihnen eine Menge Arbeit spart: Bei Bedarf fügen Sie alle Vorkommen eines bestimmten Suchbegriffs im Buch oder Einzeldokument zum Index hinzu. Wählen Sie hier nur ausgesprochene Fachbegriffe, da bei der Verwendung von Wörtern, die sehr häufig vorkommen, der Index unter Umständen unübersichtlich erscheint.

1 Wählen Sie den entsprechenden Suchbegriff im Dokument aus.
2 Im Bedienfeld *Index* klicken Sie auf das Symbol *Neuen Indexeintrag erstellen*.
3 Klicken Sie im Dialogfeld auf die Schaltfläche *Alle hinzufügen*. InDesign durchsucht das gesamte Dokument/sämtliche Buchdateien und legt jedes Mal, wenn es eine Entsprechung für den ausgewählten Text findet, einen weiteren Indexeintrag fest.

Bei dieser Vorgehensweise kann es zu Dopplungen kommen – InDesign setzt an einer Stelle, an der Sie bereits manuell einen Indexeintrag definiert haben, einen weiteren Indexeintrag. Im fertigen Index wirkt sich das aber nicht aus, d.h., InDesign erstellt nur einen einzigen Verweis auf dieselbe Seite.

Den Index erzeugen

Generieren Sie nun den Index. Legen Sie am besten ein neues Indexdokument dafür an, das sich üblicherweise am Ende des Buch-Bedienfelds befinden sollte. Möchten Sie ein Einzeldokument indizieren, bereiten Sie am Schluss des Dokuments eine leere Seite vor.

1. Klicken Sie im Bedienfeld *Index* auf das Symbol *Index generieren* . Diesen Befehl finden Sie auch im Bedienfeldmenü ▾≡.
2. Geben Sie im oberen Bereich des Dialogfelds den Titel für den Index ein und weisen Sie ihm ein Format zu. Falls Sie ein Buch erstellt haben, aktivieren Sie das Kontrollkästchen *Buchdokumente einschließen*.
3. Schalten Sie über die Schaltfläche *Mehr Optionen* weitere Auswahlmöglichkeiten hinzu.
4. Der Eintrag *Verschachtelt* im Popup-Menü darunter sorgt dafür, dass Sie einen wissenschaftlichen Index mit Untereinträgen erstellen. In diesem Fall wählen Sie über den Bereich *Stufenformat* die Formate für die verschiedenen Einrückungen aus.
5. Wählen Sie hingegen *In einem Absatz* aus dem Popup-Menü, werden mehrgliedrige Einträge so formatiert, wie es die nebenstehende Abbildung zeigt.

Weitere Formatierungen nehmen Sie über die Gruppen *Stufenformat* und *Indexformat* vor.

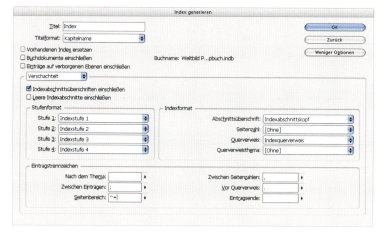

Abbildung 6.41 Das Dialogfeld *Index generieren* bietet vielfältige Formatierungsmöglichkeiten.

▶ In der Gruppe *Stufenformat* wählen Sie für die Indexeinträge der einzelnen Stufen separate Absatzformate, wenn Sie selbst gestaltete Formate einsetzen möchten. InDesign bietet Ihnen auch automatisch generierte Formate mit den *Indexstufen 1* bis *4*.
▶ Auch in der Gruppe *Indexformat* gibt InDesign automatische Formate vor, die Sie bei Bedarf über die Popup-Menüs durch eigene Formate austauschen.

Das Kontrollkästchen *Indexabschnittsüberschriften einschließen* aktivieren Sie, damit InDesign vor jedem neuen alphabetischen Abschnitt den entsprechenden Buchstaben einfügt.

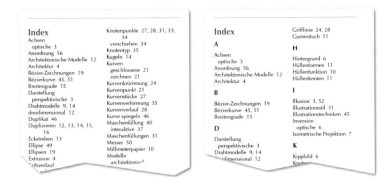

Abbildung 6.42 Ein Index ohne Indexabschnittsüberschriften (links) ist zwar platzsparender, aber nicht so übersichtlich wie ein Index mit Abschnittsüberschriften (rechts).

Aktivieren Sie zusätzlich das Kontrollkästchen *Leere Indexabschnitte einschließen*, wenn Sie auch Buchstaben ohne Indexeinträge mit einer Indexüberschrift ausstatten möchten.

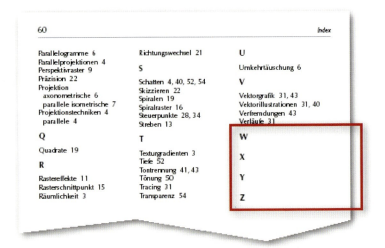

Abbildung 6.43 Bei aktivierter Option *Leere Indexabschnitte einschließen* fügt InDesign auch für Buchstaben ohne Indexeinträge Abschnittsüberschriften hinzu.

In der Gruppe *Eintragskennzeichen* geben Sie die Zeichen an, durch die Sie die einzelnen Stufen trennen möchten. Neben Zeichen wie Kommata oder Strichpunkten können Sie hier auch verschiedene Geviertabstände und -striche verwenden. Wählen Sie diese entweder über die jeweiligen Popup-Menüs aus oder geben Sie das entsprechende Sonderzeichen direkt in die Eingabefelder ein. Die Tabelle auf der rechten Seite informiert Sie über die hier möglichen Sonderzeichen.

Erstellen Sie den Index anschließend mit einem Klick auf die Schaltfläche *OK*. Fügen Sie den Index mit einem Klick in einen vorhandenen Textrahmen ein oder erstellen Sie einen neuen Textrahmen mit einem Mausklick oder durch Klicken und Ziehen.

Sonderzeichen	Eintragskennzeichen
^8	Aufzählungszeichen
^p	Absatzende
^n	Harter Zeilenumbruch
^t	Tabulatorzeichen
^h	Ende des verschachtelten Formats
^_	Geviertstrich
^m	Geviertleerzeichen
^=	Halbgeviertstrich
^>	Halbgeviertleerzeichen
^f	Ausgleichsleerzeichen
^|	1/24-Geviertleerzeichen
^s	Geschütztes Leerzeichen
^<	Achtelgeviertleerzeichen
^-	Bedingter Bindestrich
^~	Geschützter Trennstrich

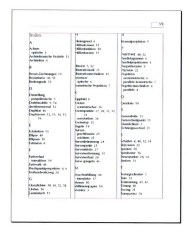

Abbildung 6.44 Der Index wurde in einen dreispaltigen Textrahmen eingefügt.

Indizes aktualisieren

Mitunter kommt es vor, dass Sie die Indexeinträge nachträglich erweitern oder verändern möchten. Öffnen Sie das besprochene Dialogfeld neu und achten Sie darauf, dass das Kontrollkästchen *Vorhandenen Index ersetzen* aktiviert ist.

Sie können auch Indizes beim Export als bildschirmtaugliche PDF-Dokumente mit Hyperlinks versehen, indem Sie im PDF-Export-Dialogfeld die Option *Hyperlinks* aktivieren. Mehr über den Export von InDesign-Dokumenten als bildschirmtaugliche PDF-Dateien erfahren Sie in Kapitel 10.

Abbildung 6.45 Das aktivierte Kontrollkästchen *Vorhandenen Index ersetzen* gewährleistet, dass der bestehende Index aktualisiert wird.

Damit werden neue Indexeinträge hinzugefügt, gelöschte entfernt und die Seitenzahlen aktualisiert.

6.5 Bücher drucken und exportieren

Nicht nur die Paginierung und Formatierung von Büchern ist komfortabel, sondern auch der Druck bzw. Export. Das *Buch*-Bedienfeld

Kapitel 6: Bücher gestalten

Details über Preflight, Export und Druck erfahren Sie ab Kapitel 8.

bietet Ihnen Funktionen zum Preflight, Verpacken, Exportieren und Drucken von Büchern, sodass Sie alle Dokumente Ihres Buchs bei Bedarf gleichzeitig diesbezüglich verarbeiten können. Verwenden Sie dazu die dritte Befehlsgruppe im Bedienfeldmenü ▼≡.

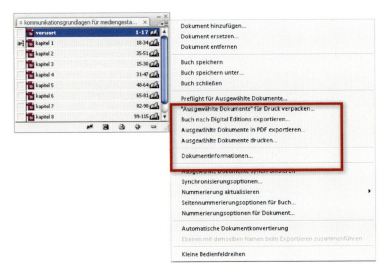

Abbildung 6.46 Sehr praktisch sind die Funktionen zum Exportieren und Ausgeben aller zum Buch gehörenden Dokumente.

7 Routinearbeiten durch Skripte automatisieren

Mit Skripten lässt sich der Funktionsumfang von InDesign CS3 fast unbegrenzt erweitern. Kreative InDesign-Anwender möchten meist nicht unbedingt selbst in die Programmierung einsteigen. Aber auch ohne eigene Scripting-Ambitionen müssen Sie nicht auf die Vorteile von Skripten verzichten.

7.1 Fertige Skripte verwenden

In vielen Fällen ist es auch gar nicht mehr notwendig, „das Rad neu zu erfinden". Da es die Möglichkeit, InDesign-Skripte zu erstellen, bereits seit der Version 1.5 gibt, existieren mittlerweile mengenweise fertige, in AppleScript, JavaScript oder VBA/VBScript geschriebene Skripts für die verschiedenen Praxisaufgaben.

Wo finden Sie einsatzbereite Skripte?

Eine gute Quelle für vorgefertigte, nützliche Skripte ist InDesign CS3 selbst. Sie finden diese im Bedienfeld *Automatisierung > Skripten* in der Gruppe *Anwendung > Samples.* Ein Doppelklick auf den Skriptnamen startet die Anwendung des Skripts, meist mit einem Dialogfeld zur Eingabe eigener Werte.

Abbildung 7.1 Oben: Das Bedienfeld *Skripten* enthält von vornherein eine Reihe nützlicher und interessanter Skripte. Rechts: Die vorgefertigten Skripte MakeGrid.jsx und Neon.jsx …

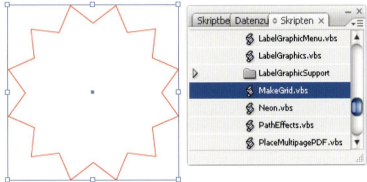

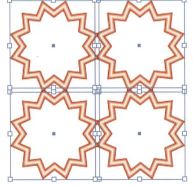

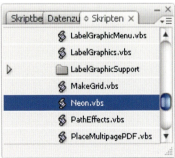

Abbildung 7.2 … versehen Ihr Objekt mit einem leuchtenden Rahmen in einer wählbaren Farbe und kacheln es in einer wählbaren Anzahl.

Unter anderem sind die folgenden Skripte vorhanden:

- *AddGuides*: Dieses Skript erstellt Hilfslinien um das/die ausgewählte(n) Objekt(e).

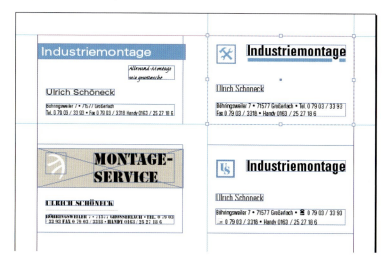

Abbildung 7.3 Das Skript *Align to Page* hat in InDesign CS3 keine Bedeutung mehr, weil Sie Objekte mittlerweile an der Seite ausrichten können.

Abbildung 7.4 *AddGuides* versieht ausgewählte Objekte automatisch mit Hilfslinien.

- *AddPoints*: Dieses Skript fügt dem ausgewählten Pfad Knotenpunkte hinzu. (Um den Effekt zu sehen, wählen Sie den Pfad mit dem Werkzeug *Direktauswahl* aus, bevor Sie das Skript mit einem Doppelklick darauf anwenden.)

Abbildung 7.5 AddPoints verdoppelt bei jedem Anwenden per Doppelklick die Punkte des ausgewählten Pfads.

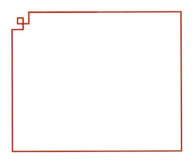

Abbildung 7.6 Bei Bedarf versehen Sie nur einen Punkt des Pfads mit dem Eckeneffekt.

Abbildung 7.7 CropMarks versieht das bzw. die ausgewählten Objekte mit Schneidemarken – gut für Visitenkarten und ähnliche Druckwerke.

Abbildung 7.8 Im Dialogfeld des Skripts PathEffects wählen Sie, auf welche Weise die Punkte des gewählten Pfads versetzt werden sollen.

- *AdjustLayout:* Versetzt die Objekte im angegebenen Seitenbereich um den eingegebenen Wert. Dabei können die Werte für die geraden und die ungeraden Seiten unterschiedlich sein.
- *Align to Page* richtet die ausgewählten Objekte an der Seite aus. Dieses Skript ist in InDesign CS3 im Grunde genommen überflüssig geworden, weil Sie hier Objekte durchaus an der Seite oder auch am Druckbogen ausrichten können.
- *BreakFrame* entfernt den ausgewählten Textrahmen und seinen Inhalt.
- *CornerEffects* weist einem beliebigen, ausgewählten Pfad die bekannten Eckeneffekte zu. Im Unterschied zum Menübefehl *Objekt > Eckenoptionen* wählen Sie nach dem Doppelklick auf das Skript aber noch aus, ob der Effekt dem gesamten Pfad oder nur dem gewählten Punkt zugewiesen werden soll.
- *CreateCharacterStyle* erstellt ein Zeichenformat aufgrund des ausgewählten Textes.
- *CropMarks* versieht das/die ausgewählten Objekte mit Schneidemarken.
- *ExportAllStories* erstellt aus allen verknüpften Textrahmen einzelne Textdateien.
- *ImageCatalog* fügt alle Bilder eines bestimmten Ordners in ein neues Dokument ein.
- *MakeGrid* kachelt die ausgewählten Objekte regelmäßig.
- *Neon* versieht das/die ausgewählt(n) Objekte mit einem Überblendeffekt.
- *PathEffects* versetzt die Punkte des ausgewählten Pfads auf unterschiedliche Art. Das Ergebnis sind verschiedenartige, kreative Effekte (siehe Abbildungen unten).
- *PlaceMultipagePDF* platziert alle Seiten eines ausgewählten PDF im Dokument.

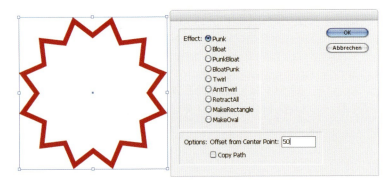

Abbildung 7.9 Das Ergebnis sind verschiedene regelmäßige Verzerrungen.

- *SelectObjects* wählt alle Objekte eines bestimmten Typs auf dem aktuellen Druckbogen aus.
- *SortParagraphs* sortiert die Absätze in der Auswahl alphabetisch.
- *SplitStory* teilt verbundene Textrahmen in einzelne, nicht verbundene Textrahmen auf.
- *TabUtilities* versieht den ausgewählten Text mit Tabstopps und Einzügen.

Skripte auf der InDesign-DVD

Auf Ihrer Programm-DVD finden Sie eine weitere wertvolle Quelle: Die Beispielskripte des Handbuchs für die Skriptprogrammierung. Entpacken Sie dazu das Archiv *Scripting Guide Scripts CS3* im Ordner *Dokumentation\Skripterstellung*.

Skripte aus dem Internet

Auf *http://www.adobe.de/products/indesign/samplescripts.html* finden Sie ältere Beispielskripte von den Vorversionen.

Sie müssen diese fertigen Skripte nur noch an die entsprechende Stelle auf Ihrer Festplatte kopieren und dann ausführen:

1 Laden Sie die Skriptdatei aus dem Web auf Ihre Festplatte herunter bzw. kopieren Sie sie von der CD-ROM auf Ihre Festplatte.
2 Kopieren Sie sie in den Unterordner *Scripts\Scripts Panel\Samples\JavaScript* Ihres InDesign CS3-Programmordners, wenn es sich um ein JavaScript handelt, in den Ordner *Scripts\Scripts Panel\Samples\VBScript*, wenn es sich um ein VB-Script handelt.

Gehen Sie anschließend folgendermaßen vor:

1 Wählen Sie *Fenster > Automatisierung > Skripten*.
2 Das Bedienfeld *Skripten* erscheint. Es zeigt das soeben kopierte Skript an.

3 Führen Sie einen Doppelklick auf das gewünschte Skript aus.
4 InDesign führt die darin enthaltenen Anweisungen aus.

Damit ältere VB-, VBA- und AppleScript-Skripte in der Version CS3 auch noch funktionieren, müssen Sie sie ein klein wenig abändern, genauer gesagt: Sie müssen explizit mitteilen, dass diese Skripte sich auf InDesign CS3 beziehen sollen.

Öffnen Sie Ihr VB- oder VBA-Skript in Ihrem Texteditor, beispielsweise dem Windows Editor. Suchen Sie die Zeile `Set myInDesign` ... heraus. Am Ende dieser Zeile sehen Sie die Versionsbezeichnung, für die dieses Skript erstellt wurde, beispielsweise *CS* bei einem Skript, das für InDesign CS geschrieben wurde. Ändern Sie diese Bezeichnung in *CS3*.

Dieser Schritt ist sehr wichtig, da das Skript sonst versuchen würde, die angegebene, ältere InDesign-Version zu öffnen und die Befehle in dieser Version auszuführen.

Übrigens müssen Sie Ihre Skripte nicht im Skriptordner speichern. Sie können sich vielmehr an einer beliebigen Stelle auf Ihrem Rechner befinden. Ein solches Skript können Sie aber nicht aus InDesign heraus aufrufen; Sie müssen es vielmehr aus dem Explorer oder Finder heraus mit einem Doppelklick öffnen. Daraufhin wird InDesign CS3 aktiviert und führt die im Skript notierten Anweisungen aus.

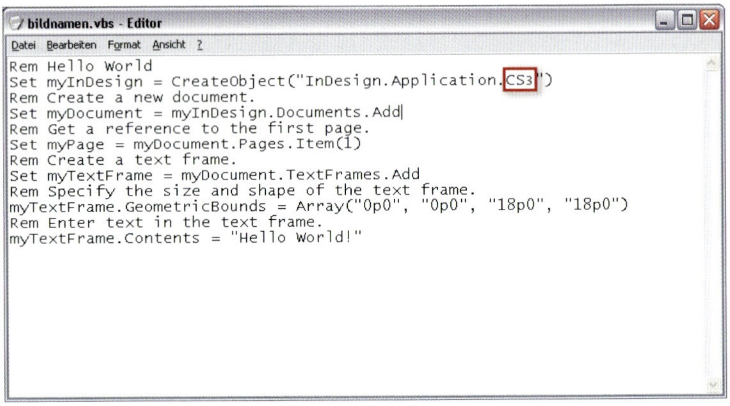

Abbildung 7.10 So ändern Sie vorhandene ältere Skripte auf die Version CS3 um.

Vom Adobe StudioExchange (*http://share.studio.adobe.com/default.asp*) können Sie sich sehr viele Skripte herunterladen. Findige JavaScript-, AppleScript- und VB-Programmierer haben diese Skripte programmiert und stellen sie der Allgemeinheit zur Verfügung. Weil diese Skripte von sehr unterschiedlicher Qualität sind, sollten Sie sie deshalb immer zuerst an Testdokumenten ausprobieren und nicht an Ihren kostbaren Originalsatzdateien!

7.2 Eigene Skripte erstellen

Vorab sei gesagt, dass Grundkenntnisse im Bereich der Programmierung sicher vorteilhaft sind, wenn Sie Skripte erstellen möchten. Aber auch für den ungeübten Anwender mit ein wenig Geduld und der Lust, etwas Neues zu lernen, ist das Erstellen eines Skripts durchaus zu bewerkstelligen.

Allerdings ist es gerade in diesem Bereich häufig nicht ganz einfach, einen roten Faden für den Einstieg zu finden – der Inhalt dieses Kapitels setzt voraus, dass Sie zumindest grundlegende Programmierkenntnisse mitbringen, und zwar in einer der Skriptsprachen AppleScript, JavaScript oder VBA/VBScript.

Am besten beginnen Sie einfach mit der Programmierung von ein paar einfachen Skripten und analysieren dann einige Skripte, die Sie sich aus dem Internet oder der InDesign-CD kopiert haben.

Ein gutes Forum für Scripting und InDesign finden Sie bei *www.hilfdirselbst.ch.*

Grundprinzipien

Bevor Sie mit dem Skripten beginnen, müssen Sie sich entscheiden, welche Sprache Sie verwenden möchten. Wenn Sie in einer der drei zur Auswahl stehenden Sprachen bereits Vorkenntnisse haben, verwenden Sie selbstverständlich diese. Gehen Sie davon aus, dass Ihre auf dem PC erstellten Skripte auch am Mac verwendet werden sollen bzw. umgekehrt, sollten Sie in JavaScript skripten.

Am besten legen Sie sich ein gutes Lehrbuch für die von Ihnen favorisierte Skriptsprache zu. Auch der Scripting-Guide von Adobe, den Sie auf Ihrer InDesign-Programm-CD-ROM finden, lässt sich zum Lernen verwenden. Allerdings schafft er den Spagat zwischen Totalanfänger und Fortgeschrittenem nicht besonders gut; das heißt, dass die Instruktionen für den fortgeschrittenen Einsteiger zu kurz kommen.

Ein empfehlenswertes JavaScript-Lehrbuch ist *JavaScript. Einstieg für Anspruchsvolle* **von Ralph Steyer, ISBN 978-3827324665.**
Für VBA-Neulinge eignet sich *Windows Scripting lernen* **von Holger Schwichtenberg, ISBN 978-3827324245.**

Obwohl sich die drei Skriptsprachen JavaScript, VBA und AppleScript voneinander unterscheiden, gibt es einige Grundprinzipien, die allen dreien gemeinsam sind.

Dazu gehören die Syntaxregeln, die festlegen, wie Skripte von ihrer „Grammatik" her konstruiert sein müssen, damit der Computer sie versteht. Weiter unten gehen wir zu diesem Thema noch etwas ins Detail.

Eine weitere Gemeinsamkeit sind die Objekthierarchien. Damit Sie auf das richtige Objekt bzw. auf die richtige Variable zugreifen, müssen Sie wissen, wo sich dieses Element befindet. Die Hierarchie der Objekte kann man sich ähnlich einem Baum vorstellen.

Wenn Sie ein Objekt in InDesign ansprechen möchten, beispielsweise einen Textrahmen, verweisen Sie nicht direkt auf diesen Textrahmen, sondern zuerst auf das Dokument, dann auf eine Seite dieses Dokuments und schließlich auf einen Rahmen auf dieser Seite.

JavaScript-Skripte erstellen

JavaScript wurde von Sun Microsystems entwickelt. Die Skriptsprache erfreute sich schnell ungeheurer Popularität – einer der Hauptgründe ist, dass sie auf vielen unterschiedlichen Computertypen läuft, beispielsweise auf Windows-Rechnern, am Mac und unter Unix. JavaScript basiert weitgehend auf dem objektorientierten Ansatz und ist daher für den Nicht-Programmierer eventuell nicht ganz leicht anzuwenden.

Beim Programmieren von JavaScript helfen Ihnen verschiedene Editoren, die meist von kleinen Firmen entwickelt wurden und werden. Ständig kommen neue Programme hinzu bzw. werden bestehende überarbeitet, sodass es schwierig ist, Empfehlungen für einen JavaScript-Editor auszusprechen.

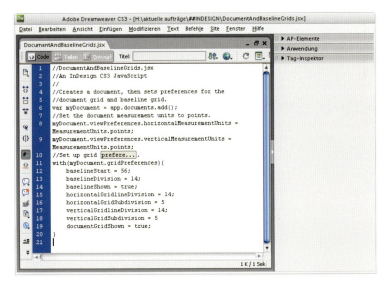

Abbildung 7.11 Ein JavaScript-Skript in Dreamweaver CS3

Statt eines eigenen JavaScript-Editors können Sie aber auch einen HTML-Editor zum Schreiben und Bearbeiten von JavaScript-Skripten verwenden, zum Beispiel Adobe Dreamweaver oder GoLive.

Jedoch finden Sie hier normalerweise keine ausgefeilten JavaScript-Debugging-Tools vor, die Ihnen bei der Fehlersuche und -behebung helfen könnten. Allerdings formatieren Dreamweaver und GoLive das Skript für Sie (die entsprechenden Einzüge werden erstellt und Schlüsselwörter hervorgehoben). Allein schon dadurch sehen Sie, ob Ihr Skript vom Grundprinzip her in etwa in Ordnung ist.

In dem über hundert Seiten starken Skripthandbuch, das Sie als PDF-Dokument auf Ihrer Adobe-InDesign-CD finden, wird die Programmierung für InDesign ausführlich erläutert. Es enthält unter anderem eine Reihe von Skriptbeispielen.

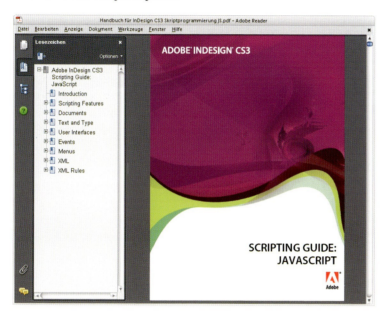

Abbildung 7.12 Mithilfe des Skripthandbuchs auf der InDesign-CD werden Sie sicherlich schon bald Ihre ersten nützlichen Skripte verfasst haben.

AppleScript-Skripte erstellen

InDesign kann sowohl mit Nur-Text-AppleScript-Skripten als auch mit binären (kompilierten) Skripten umgehen. Die von Apple entwickelte Skriptsprache AppleScript orientiert sich weitestmöglich an üblichem Englisch.

Das Ziel bei der Entwicklung dieser Sprache war es, dass auch der Durchschnittsanwender ohne Programmierkenntnise imstande ist, AppleScript zum Kontrollieren seines Mac zu verwenden. Von allen drei Skriptsprachen ist AppleScript am einfachsten zu verstehen. Viele Anweisungen lesen sich fast wie Sätze in normalem Englisch:

```
set applied font of myCharacterStyle to "Times"
```

Auch über AppleScript in Zusammenhang mit InDesign finden Sie eine ausführliche Dokumentation im InDesign-Skripthandbuch auf der Adobe-InDesign-CD-ROM. Zusätzlich können Sie sich auf *www.apple.com/applescript* ausführlich über die Skriptsprache informieren.

Abbildung 7.13 Ein AppleScript-Skript im Skripteditor

Prinzipiell könnten Sie AppleScript-Skripte mit einem normalen Texteditor schreiben. Komfortabler ist allerdings der Skripteditor, der mit Mac OS ausgeliefert wird und den Sie im AppleScript-Ordner Ihres Anwendungsordners finden, denn er enthält verschiedene praktische Features für Skriptprogrammierer.

Der von Apple mitgelieferte Skripteditor bietet keine ausführlichen Werkzeuge zur Fehlersuche. Hier müssen Sie sich mit dem AppleScript Event Log Window behelfen. Für mehr Komfort beim Skripten empfehlen sich etwa die Programme FaceSpan, RealBasic oder AppleScript Studio. Hiermit sind auch umfassendere Skripte mit Eingabefeldern und Buttons angenehm zu erstellen.

Programme vieler Drittanbieter wie Scripter oder Script Debugger bieten weit mehr Test- und Debugging-Fuktionen als der Skripteditor. Weitere Informationen zu Scripter von Main Event Software erhalten Sie auf *www.mainevent.com* und zum von Late Night Software angebotenen Script Debugger auf *www.latenightsw.com*.

Nachdem Sie Ihr Skript fertiggestellt haben, können Sie beispielsweise auf die Schaltfläche *Übersetzen* klicken. Findet der Skripteditor nun einen Syntaxfehler, erhalten Sie eine Warnmeldung und der Fehler wird hervorgehoben. Ist das Skript korrekt, wird es kompiliert und ist damit zum Testen bereit.

Dazu klicken Sie einfach auf *Ausführen*. InDesign wird aktiviert und die Skriptanweisungen werden durchgeführt. Wenn alles korrekt verlaufen ist, wählen Sie im Skript-Editor *Ablage > Sichern*.

Am besten speichern Sie das Skript im entsprechenden *Skripte*-Unterordner des InDesign-Programmordners, damit es nach einem Neustart von InDesign im oben erläuterten Bedienfeld *Skripten* angezeigt wird.

VBA-Skripte erstellen

Vielen Windows-Anwendern liegt VBA am nächsten, weil sie es bereits für das Anpassen der Office-Anwendungen oder AutoCAD verwenden. Die „abgespeckte" Ausführung VBScript ist die Microsoft-Technologie für das Programmieren von Skripten und eigenständigen Programmen. InDesign arbeitet sowohl mit VBA als auch mit VBScript.

Wenn Sie Ihre Skripte in Visual Basic schreiben möchten, sollten Sie schon einige Programmierkenntnisse haben bzw. sich solide Kenntnisse in diesem Bereich aneignen, da die Sprache deutlich abstrakter ist als das einfache AppleScript. Befehlszeilen wie

```
Set myInDesign = CreateObject ("InDesign.
→ Application.CS3")
Set myDocument = myInDesign.ActiveDocument
→ myDocument.Selection.Item(1).RotationAngle = 90
```

erschließen sich dem ungeübten Anwender nicht so unmittelbar wie die äquivalenten AppleScript-Befehle.

Der gezeigte Codeabschnitt beispielsweise fügt dem ersten Druckbogen im ersten Dokument einen Textrahmen hinzu.

Umfassende Informationen über VBA im Zusammenspiel mit InDesign erhalten Sie im Scripting-Guide auf Ihrer Adobe-InDesign-CD.

Die notwendigen Utensilien

Sind die Microsoft-Office-Anwendungen, Visio oder AutoCAD auf Ihrem Rechner installiert, haben Sie schon alles beisammen, was Sie zum Programmieren von VBA-Skripten benötigen. Denn diese Anwendungsprogramme beinhalten bereits eine Oberfläche, mit der Sie Visual Basic-Skripte erstellen können.

Sie öffnen die VBA-Oberfläche in diesen Anwendungsprogrammen über den Befehl *Extras > Makro > Microsoft Script Editor* oder *Visual Basic Editor* o. ä. (je nachdem, auf welcher Plattform welches Microsoft-Produkt installiert ist) in der Menüleiste. Im Skripteditor können Sie Skripte erstellen, sie bearbeiten, den Code testen und Fehler beheben. Die folgende Abbildung zeigt den Editor mit einem Beispielskript.

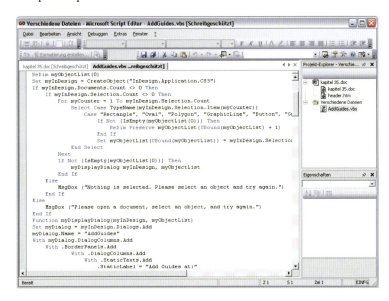

Abbildung 7.14 Ein VB-Script im Microsoft Script Editor

Beachten Sie, dass Sie unter Windows über Administratorrechte verfügen müssen, um Skripte ausführen zu können.

Wenn Sie mit dem Schreiben und Testen Ihres Skripts im Skripteditor fertig sind, wählen Sie den Befehl *Datei > Speichern*. Geben Sie Ihrem Skript einen Namen und wählen Sie den gewünschten Speicherort. Am besten ist es, das Skript im *Scripts*-Ordner im InDesign-Programmordner zu speichern, sodass es im Bedienfeld *Skripten* angezeigt wird.

Neben dieser Möglichkeit bietet Ihnen Microsoft online eine vereinfachte Visual Basic-Version zum freien Download an. Diese Version ist auf der Microsoft-Website unter der Bezeichnung Visual Basic 5.0 Control Creation Edition zu finden.

Als dritte Möglichkeit können Sie mittels eines beliebigen Texteditors wie beispielsweise WordPad oder den Windows-Editor VB-Skripte verfassen und diese dann mittels Windows Scripting Host (wscript.exe) ausführen. Der Windows Scripting Host wird normalerweise mit Windows installiert, kann aber auch von der Microsoft-Website heruntergeladen werden.

Näheres hierzu finden Sie unter:
http://msdn.microsoft.com/archive/en-us/wsh/htm/wsrunwskript.asp

Um ein VBA-, Visual Basic- oder VBScript-Programm auszuführen, doppelklicken Sie einfach auf die Datei im Explorer oder auf dem Desktop. Sie können das Skript auch direkt aus der Anwendung, in der Sie das VBA- oder Visual Basic-Skript erstellt haben, ausführen, beispielsweise aus dem Microsoft Script Editor oder – für VBScript-Skripte – aus der Scripting Host-Anwendung. InDesign wird dann aktiviert und führt die Anweisungen aus, die es durch das Skript erhält.

7.3   Ein Beispiel

Nachfolgend erstellen wir ein sehr einfaches Beispielskript. Es ist übrigens den InDesign-Skript-Beispielen von Adobe entnommen und ein wenig abgewandelt. Das Skript führt die folgende Aktion aus: Der ausgewählte Rahmen wird 4 Pica rechts vom Nullpunkt und 12 Pica unterhalb des Nullpunkts positioniert.

Wenn Sie in JavaScript oder VBScript arbeiten möchten, öffnen Sie nun Ihren Texteditor. Möchten Sie AppleScript verwenden, öffnen Sie den Skripteditor. Geben Sie das Skript in der gewünschten Skriptsprache wie unten abgedruckt ein, wobei Sie darauf achten sollten, dass Sie jede Zeile mit der ⏎-Taste beenden.

InDesign benutzt zur Positionsbestimmung x- und y-Koordinaten. Es gibt allerdings einen entscheidenden Unterschied zum aus Schulzeiten bekannten kartesischen Koordinatensystem. In InDesign wird auf der y-Achse unterhalb des Nullpunkts positiv und oberhalb negativ gezählt.

Vergessen Sie nicht, jedes Skript ausgiebig zu testen, bevor Sie es an wichtigen Daten anwenden!

Den Rahmen per JavaScript versetzen

Wenn Sie mit JavaScript skripten möchten, geben Sie nun Folgendes ein:

```
with(app){
    mySelection = selection[0];
    mySelection.move([„4p", „12p"]);
}
```

Speichern Sie die Textdatei unter dem Namen *objektVersetzen.jsx* im Unterordner *Scripts\Scripts Panel\Samples\JavaScript* Ihres InDesign CS3-Programmordners. Als VBScript-Programmierer geben Sie Folgendes in den Texteditor ein:

```
Set myInDesign = CreateObject („InDesign.
↪ Application.CS3")
    Set myDocument = myInDesign.ActiveDocument
    ↪ myDocument.Selection.Item(1).Move
Array(„4p","12p")
```

Anschließend speichern Sie das Textdokument unter dem Namen *objektVersetzen.vbs* im Unterordner *Scripts\Scripts Panel\Samples\VB-Script* Ihres InDesign CS3-Programmordners. Wichtig ist die Dateiendung *vbs*, damit die Datei als VBScript erkannt wird!

Im Macintosh-Skripteditor notieren Sie Folgendes:

```
tell application „InDesign CS3"
set mySelection to item 1 of selection
move mySelection to {„4p", „12p"}
end tell
```

Auch hier speichern Sie die Datei unter dem Namen *objektVersetzen* im Unterordner *Scripts\Scripts Panel\Samples* Ihres InDesign CS3-Programmordners. Eine Dateiendung müssen Sie im Skripteditor nicht angeben.

Die erste Zeile dieser Skripte ruft in der jeweiligen Sprache die Anwendung InDesign auf. Diese Zeile ist zwingend notwendig, damit das Skript „weiß", in welcher Anwendung es die darauffolgenden Befehle ausführen soll.

Die nächsten Zeilen adressieren die aktuelle Auswahl im aktiven Dokument und bewegen diese schließlich um die angegebenen Werte.

Das Skript testen

Probieren Sie Ihr Skript nun aus:

1. Erstellen Sie ein neues Dokument.
2. Platzieren Sie an beliebiger Stelle verschiedene Rahmen.
3. Aktivieren Sie einen der Rahmen und führen Sie das Skript aus.
4. Der Rahmen wird an die angegebene Stelle gesetzt.
5. Klicken Sie den nächsten Rahmen an. Auch dieser wird an dieselbe Stelle gesetzt.

Sie könnten ein solches Skript beispielsweise brauchen, wenn Sie wiederholt querformatige Bilder platzieren müssen, die im Hochformat eingescannt und gespeichert wurden.

Mit einigen wenigen Handgriffen ließen sich diese Skripte so abwandeln, dass sie den ausgewählten Rahmen samt Inhalt nicht versetzen, sondern auf einen bestimmten Drehgrad setzen – hier auf 90 Grad. Sie verwenden hier die für die jeweilige Skriptsprache gültige Methode zum Festlegen des Rotationswinkels des Objekts.

JavaScript

```
with(app){
mySelection = selection[ 0];
mySelection.rotationAngle = 90;
}
```

VBScript

```
Set myInDesign = CreateObject ("InDesign.
→ Application.CS3")
Set myDocument = myInDesign.ActiveDocument
→ myDocument.Selection.Item(1).RotationAngle = 90
```

AppleScript

```
tell application "InDesign CS3"
set mySelection to item 1 of selection
rotate mySelection by 90
end tell
```

An diesem simplen Beispiel sehen Sie, wie einfach sich Skripte abwandeln lassen. Verwenden Sie dazu die Referenz des Scripting-Handbuchs auf der InDesign-CD.

Diese kurzen Beispielskripte sind natürlich nicht als Einführung in das Skripten mit InDesign gedacht. Sie sollen Ihnen vielmehr zeigen, dass die Grundprinzipien einfacher sind, als mancher kreativer, visuell orientierter InDesign-Anwender annimmt, und zum eigenen Experimentieren anregen.

Schreiben Sie zunächst einfache Skripte, die Sie mit der Zeit immer anspruchsvoller gestalten. Das Skripthandbuch auf der CD-ROM ist dabei ein hilfreicher Begleiter. Irgendwann bereiten Ihnen auch schwierige Skripte keine Probleme mehr.

8 Vorbereitung auf die Reproduktion

InDesign bietet Ihnen eine Vielfalt von Ausgabemethoden – zum Beispiel HTML, PDF und die letztendlich wichtigste Methode: den Druck.

Vor der eigentlichen Ausgabe bereiten Sie alle zugehörigen Dateien und das Dokument für eine beliebige Ausgabeart vor – von der Schwarzweißfotokopie bis zum mehrfarbigen Druck auf einer Offsetdruckmaschine.

Besonders, wenn Sie Ihre Arbeit professionell reproduzieren lassen wollen, sollten Sie vor dem Drucken einige wichtige Vorbereitungen treffen.

8.1 Der Arbeitsbereich »Druckausgabe und Proofs«

Neu in InDesign CS3

InDesign CS3 bietet Ihnen für alle Belange der Druckvorbereitung einen eigenen Arbeitsbereich. Aktivieren Sie diesen mit *Fenster > Arbeitsbereich > Druckausgabe und Proofs*. Nun haben Sie einen raschen Zugriff auf alle für die Druckvorbereitung wichtigen Funktionen, denn das Programm zeigt Ihnen nur noch die Bedienfelder, die für diesen Aufgabenkreis relevant sind. Außerdem werden in den Menüs alle für die Druckvorstufe wichtigen Funktionen hervorgehoben.

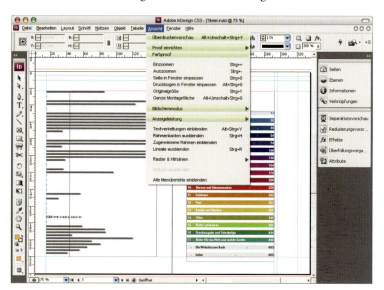

Abbildung 8.1 In den InDesign-Menüs werden alle für die Druckvorstufe relevanten Funktionen gelb hervorgehoben.

8.2 Verknüpfungen kontrollieren

Bevor Sie Ihr Dokument in die Produktion geben, sollten Sie einige Dinge kontrollieren. Dazu gehört beispielsweise, ob alle Verknüpfungen im Dokument vorhanden sind. Verwenden Sie dazu das Bedienfeld *Verknüpfungen*, das bei aktiviertem Arbeitsbereich *Druckausgabe und Proofs* am Bildschirm sichtbar ist.

Nach dem Öffnen dieses Bedienfelds sehen Sie auf einen Blick, ob alle Bilder ordnungsgemäß verknüpft sind – denn eventuelle Probleme werden standardmäßig ganz oben in der Bedienfeldliste gezeigt (sollte dies bei Ihnen nicht so sein, öffnen Sie das Bedienfeldmenü und wählen den Befehl *Nach Status sortieren*.

Verknüpfungen kontrollieren

- Sollte InDesign Ihnen neben einem Bildnamen ein rotes Fragezeichen ❓ zeigen, zeigt dies an, dass das Originalbild am angegebenen Speicherort nicht gefunden wurde – vielleicht haben Sie es versehentlich auf Ihrer Festplatte verschoben.
- Ein gelbes Warndreieck ⚠ teilt Ihnen mit, dass das Bild zwar am angegebenen Ort vorhanden ist, in der Zwischenzeit aber – beispielsweise in Photoshop – geändert wurde, ohne dass es im InDesign-Dokument aktualisiert wurde. Das Vorschaubild zeigt demnach noch den alten Stand.
- Am Ende der Zeile jedes Bildnamens sehen Sie, auf welcher Seite Ihres Dokuments das Bild platziert wurde. Ein Bild, das Sie auf der Montagefläche abgelegt haben, erhält keinen Seitennamen, sondern die Bezeichnung *MF*.

Haben Sie ein solches Bildproblem ausgemacht, können Sie es im Bedienfeld *Verknüpfungen* anklicken und dann am unteren Bedienfeldrand auf das Symbol *Gehe zu Verknüpfung* klicken. InDesign springt sofort zur Seite mit diesem Bild und zeigt es an. Das Programm behält dabei allerdings die aktuelle Zoomeinstellung nicht bei, sondern versucht, das Bild möglichst groß und zentriert darzustellen.

Abbildung 8.2 Das Problem – ein fehlendes Bild – wird an erster Stelle angezeigt.

Abbildung 8.3 Ein Klick auf die Schaltfläche *Gehe zu Verknüpfung* bringt Sie sofort zu dem im Bedienfeld ausgewählten Bild. Dieses wird möglichst groß gezoomt.

Geänderte Bilder im Layout aktualisieren

Wie oben bereits erwähnt, zeigt InDesign im Bedienfeld *Verknüpfungen* neben einer Datei, die seit ihrer letzten Platzierung im Layout verändert wurde, ein gelbes Warndreieck ⚠.

Öffnen Sie ein Dokument mit einer solchen veränderten Grafik, zeigt InDesign Ihnen übrigens schon dabei eine Warnung, die Ihnen gleichzeitig Gelegenheit gibt, das Bild zu aktualisieren. Dasselbe gilt für fehlende Verknüpfungen, die InDesign beim Öffnen des Dokuments feststellt.

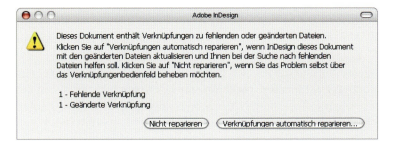

Abbildung 8.4 Bereits beim Öffnen des Dokuments zeigt InDesign Ihnen Verknüpfungsprobleme, die Sie auch mit einem Klick auf die Schaltfläche *Verknüpfungen automatisch reparieren* beheben können.

Um eine Verknüpfung mit einer geänderten Datei im Bedienfeld *Verknüpfungen* auf den neuesten Stand zu bringen, gehen Sie folgendermaßen vor:

1 Wählen Sie das Bild mit Warndreieck im Bedienfeld *Verknüpfungen* aus.
2 Klicken Sie am unteren Rand des Bedienfelds auf die Schaltfläche *Verknüpfung aktualisieren*.
3 Das Bild wird im Layout aktualisiert.

Falls das neu verknüpfte Bild größer ist als das bisherige, kann es sein, dass es nicht mehr in den Rahmen passt und daher beschnitten wird. In diesem Fall können Sie es mit dem Kontextmenübefehl *Anpassen > Inhalt proportional anpassen* auf die richtige Größe bringen.

Fehlende Bilder neu verknüpfen

Zeigt InDesign Ihnen im Bedienfeld neben einem Bild ein rotes Fragezeichen, kann das Programm diese Datei nicht an der durch die Verknüpfung angegebenen Stelle finden.

Hier verwenden Sie die Schaltfläche *Erneut verknüpfen* am unteren Rand des Bedienfelds. Wählen Sie die Bilddatei aus und bestätigen Sie mit *Öffnen*. Das Fragezeichensymbol verschwindet. Dies signalisiert, dass die Bildverknüpfung nun korrekt ist.

Im Bedarfsfall reparieren Sie alle fehlenden Verknüpfungen auf einmal, indem Sie sie mit gedrückter ⇧- bzw. Strg/⌘-Taste auswählen und dann auf die Schaltfläche *Erneut verknüpfen* klicken.

Findet InDesign im Verzeichnis weitere Bilder, die zu im Dokument fehlenden Verknüpfungen gehören, repariert InDesign diese automatisch.

Die Verknüpfungsinformationen

Ein schneller Weg, Bilddateien zu überprüfen, ist der Doppelklick auf ihren Namen. InDesign zeigt Ihnen daraufhin das Dialogfeld *Verknüpfungsinformationen*, in dem Sie nicht nur die wichtigsten Informationen über das platzierte Bild abrufen, sondern es auch mit der korrekten Bilddatei *erneut verknüpfen* können.

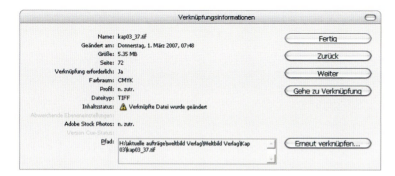

Abbildung 8.5 Das praktische Dialogfeld *Verknüpfungsinformationen* bietet Ihnen Detailinformationen über platzierte Bilder.

Über die Schaltflächen *Zurück* und *Weiter* blättern Sie durch die im Bedienfeld aufgeführten Bilder und zeigen für jedes das Dialogfeld *Verknüpfungsinformationen* an.

8.3 Linienstärken kontrollieren

Eine typische Fehlerquelle bei Dateien, die im Offsetdruck ausgegeben werden sollen, sind zu dünne Konturen und Linien. Solche Striche sind im Druckergebnis gegebenenfalls kaum oder gar nicht mehr zu erkennen. Eine Linie sollte deshalb immer mindestens 0,3 pt breit sein.

Dieses Problem machen Sie über das Dialogfeld *Suchen/Ersetzen* ausfindig:

ID Neu in InDesign CS3

1 Wählen Sie *Bearbeiten > Suchen/Ersetzen* ([Strg]/[⌘] + [F]).
2 Aktivieren Sie das Register *Objekt*.
3 Klicken Sie auf das Lupensymbol neben *Objektformat suchen*.
4 Aktivieren Sie die Kategorie *Kontur*.

5 Wählen Sie aus dem Popup-Menü *Linienstärke* die gewünschte Stärke – typischerweise etwa 0,25, denn eine so magere Linie ist erfahrungsgemäß im Offsetdruck problematisch.
6 Klicken Sie auf *OK*.
7 Anschließend klicken Sie auf die Lupe neben *Objektformat ersetzen*. Wählen Sie die gewünschte Stärke aus, etwa 0,5.

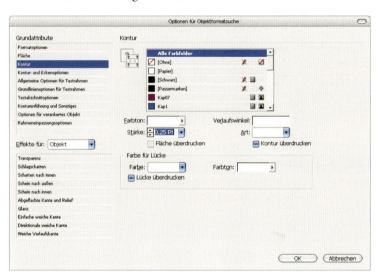

Abbildung 8.6 Zu dünne Linien finden und ersetzen Sie über das Dialogfeld *Suchen/Ersetzen*.

Klicken Sie auf die *Suchen*-Schaltfläche, um die erste 0,5-Punkt-Linie anzuzeigen. Mit einem Klick auf die Schaltfläche *Ändern* ersetzen Sie sie durch eine 0,5-Punkt-Linie. Anschließend klicken Sie auf *Weitersuchen*, um die Suche fortzusetzen.

Mit einem Klick auf *Alle Ändern* lassen sich überdies sämtliche 0,25-Punkt-Linien ohne vorherige Kontrolle umfärben.

Leider müssen Sie gegebenenfalls mehrere Suchdurchläufe durchführen – nachdem Sie alle 0,25-Punkt-Linien ersetzt haben, könnten Sie beispielsweise anschließend eine Suche nach 0,2-Punkt-Linien starten.

8.4 Verwendete Farben kontrollieren

Für den Vierfarb-Offsetdruck, sollten alle Farben als CMYK-Farben definiert sein. Im Bedienfeld *Farbfelder* (Taste F5) sind solche Farben durch ein kleines Vierfarbsymbol ▨ gekennzeichnet.

Ist hier eine Volltonfarbe- oder eine RGB-Farbe aufgelistet, obwohl Sie im Prozess-Vierfarbdruck ausgeben möchten, sollten Sie dies vor der Ausgabe korrigieren.

Verwendete Farben kontrollieren

1 Zeigen Sie das Bedienfeld *Farbfelder* an. Hier werden alle für das Dokument definierten Farben angezeigt. Welche davon im Layout verwendet werden, stellen Sie fest, indem Sie das Bedienfeldmenü ▼≡ öffnen und den Befehl *Alle nicht verwendeten auswählen* wählen. Alle Farben, die in Ihrem Layout nicht verwendet werden, werden markiert und lassen sich mit einem Klick auf das Papierkorbsymbol gefahrlos löschen.
2 Die im Bedienfeld verbleibenden Farben werden allesamt im InDesign-Dokument verwendet.

Nun haben Sie verschiedene Möglichkeiten:

▸ Zum einen können Sie die Volltonfarbe automatisch in ihre CMYK-Entsprechung umrechnen lassen.
▸ Oder Sie ersetzen die Farbe durch einen manuell definierten CMYK-Wert (bei Volltonfarben ist diese Methode vorzuziehen, weil Sie dann eine bessere Kontrolle haben).

Die Farbe von InDesign umrechnen lassen

Zur automatischen Umrechnung der Farbe öffnen Sie das Bedienfeldmenü ▼≡ des Bedienfelds *Farbfelder*. Wählen Sie den Befehl *Druckfarben-Manager*.

Aktivieren Sie das Kontrollkästchen *Alle Volltonfarben in Prozessfarben umwandeln* und klicken Sie auf *OK*.

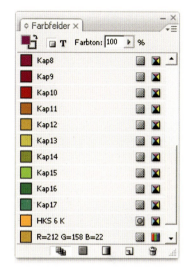

Abbildung 8.7 Das Bedienfeld *Farbfelder* zeigt: Im Layout werden eine RGB- und eine Volltonfarbe verwendet, obwohl das Dokument in Vierfarb-Prozessfarben ausgegeben werden soll.

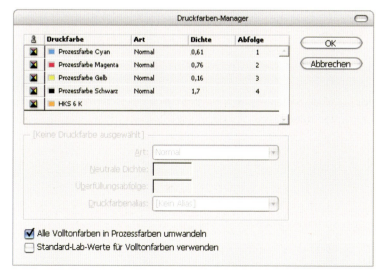

Abbildung 8.8 Im Druckfarben-Manager wird die zusätzliche Volltonfarbe angezeigt.

Kapitel 8: Vorbereitung auf die Reproduktion

Die Volltonfarbe manuell ersetzen

Sicherer ist es jedoch, die Volltonfarbe auf die folgende Weise in eine Prozessfarbe umzuwandeln, da Sie hier eine bessere Kontrolle haben:

1 Markieren Sie die unerwünschte Volltonfarbe im Bedienfeld *Farbfelder* und klicken Sie auf die Schaltfläche *Neues Farbfeld*.
2 Die folgende Meldung bestätigen Sie mit *Ja*.
3 Führen Sie einen Doppelklick auf das neue Vollton-Farbfeld aus.
4 Aus dem Popup-Menü *Farbtyp* wählen Sie *Prozess*.
5 InDesign versucht, die Volltonfarbe bestmöglich in ihre CMYK-Werte umzurechnen. Passen Sie gegebenenfalls die CMYK-Werte noch an.
6 Im Feld *Farbfeldname* vergeben Sie einen passenden Namen und bestätigen Sie mit *OK*.

Abbildung 8.9 Oben: Erzeugen Sie ein neues Farbfeld. Rechts: Passen Sie die CMYK-Werte gegebenenfalls an.

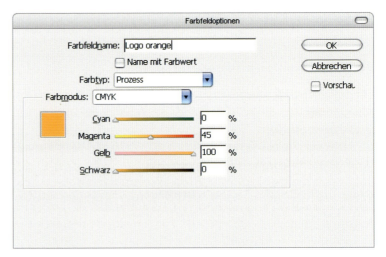

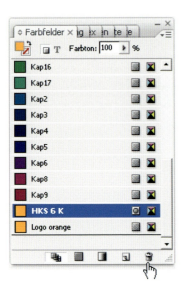

Abbildung 8.10 Im Bedienfeld *Farbfelder* löschen Sie das Vollton-Farbfeld.

Nun löschen Sie das Vollton-Farbfeld und ersetzen alle Objekte, die momentan diese Farbe aufweisen, durch die neue Prozessfarbe:

1 Klicken Sie im Bedienfeld *Farbfelder* die Volltonfarbe an.
2 Klicken Sie auf das Papierkorbsymbol am unteren Rand des Bedienfelds.

Möchten Sie vorab sehen, welche Objekte die Volltonfarbe aufweisen, gehen Sie folgendermaßen vor:

1 Wählen Sie *Bearbeiten > Suchen/Ersetzen*.
2 Aktivieren Sie das Register *Objekt*.

Verwendete Farben kontrollieren

3. Klicken Sie auf das **Lupensymbol** neben *Objektformat suchen*.
4. Möchten Sie alle Objekte finden, die mit der Volltonfarbe gefüllt sind, **aktivieren Sie die Kategorie** *Fläche;* möchten Sie alle Objekte mit einer Kontur in der Volltonfarbe finden, aktivieren Sie die Kategorie *Kontur*.
5. **Markieren Sie in der Liste im rechten Bereich des Dialogfelds das Vollton-Farbfeld**.
6. Klicken Sie auf *OK* und dann auf *Suchen*.

Abbildung 8.11 Löschen Sie die Volltonfarbe und ersetzen Sie sie durch die neue Prozessfarbe.

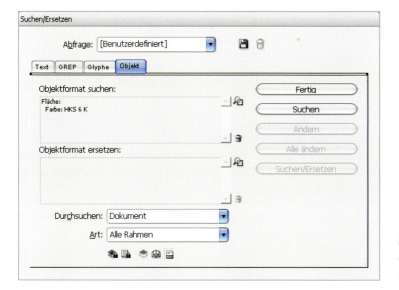

Abbildung 8.12 Die Zuweisungen der Volltonfarbe spüren Sie über das Dialogfeld *Suchen/Ersetzen* auf.

Über das Lupensymbol neben *Objektformat ersetzen* können Sie bei Bedarf die gefundenen Objekte auch mit der entsprechenden, zuvor angelegten Prozessfarbe umfärben. Ein Klick auf dieses Symbol bringt Sie zum Dialogfeld *Optionen für Objektformatersetzung*, das auf dieselbe Weise funktioniert wie das zuvor erläuterte Dialogfeld *Optionen für Objektformatsuche*.

Nachdem Sie hier die Ersatzfarbe für die Flächenfüllung festgelegt und das Dialogfeld mit *OK* verlassen haben, ersetzen Sie die Farbe des über die *Suchen*-Schaltfläche gefundenen Objekts mit einem Klick auf die Schaltfläche *Ändern*. Anschließend klicken Sie auf *Weitersuchen*, um die Suche fortzusetzen.

Mit einem Klick auf *Alle Ändern* lassen sich überdies sämtliche mit der gesuchten Farbe gefüllten Objekte ohne vorherige Kontrolle umfärben.

8.5 Fehlende und nicht freigegebene Schriften ausfindig machen

Mit dem Preflight-Feature von InDesign erlangen Sie ein Stück Sicherheit, dass Ihr Dokument tatsächlich druckreif ist und dass Ihre Produktionspartner korrekte und vollständige Daten von Ihnen erhalten. Beispielsweise stellt es sicher, dass alle notwendigen Grafik- und Schriftdateien verfügbar sind. Typische Fehler wie fehlende Schriften oder nicht korrekt in CMYK umgewandelte Bilder gehören damit der Vergangenheit an. Auch wenn die Preflight-Funktion Ihnen keine absolute Garantie für eine reibungslose Belichtung bzw. einen reibungslosen Druck geben kann, ist sie doch eine sinnvolle Unterstützung bei der Druckvorbereitung.

Sie führen mit dem Preflight-Tool einen Test durch, um z.B. unterschiedliche Farbräume im Dokument oder fehlende Schriften ausfindig zu machen. Dabei werden auch Objekte in ausgeblendeten Ebenen untersucht, nicht hingegen Objekte, die Sie auf die Montagefläche gezogen haben (nur die Schriftarten in solchen Objekten werden überprüft). Als Ergebnis der Prüfung erhalten Sie auf Wunsch einen Bericht im Textformat.

Beachten Sie, dass Sie – außer dem Ersetzen von fehlenden Schriften und der Aktualisierung von fehlenden bzw. geänderten Bildern – von der Preflight-Überprüfung gefundene Fehler im Preflight-Fenster selbst nicht korrigieren können.

1. Nachdem Sie das gewünschte Dokument geöffnet haben, wählen Sie *Datei > Preflight*, um das Dokument zu analysieren.
2. Nach diesem Vorgang zeigt InDesign Ihnen ein Dialogfeld mit einer Zusammenfassung der Preflight-Überprüfung.

Abbildung 8.13 Das Dialogfeld *Preflight* zeigt Ihnen in der Kategorie *Übersicht* eine Zusammenfassung der Preflight-Prüfung.

3. Ein gelbes Warndreieck zeigt Ihnen im Dokument eventuell auftretende Probleme. In der obigen Abbildung sind es beispielsweise die Bilder – diese wurden noch nicht in CMYK konvertiert.

4 Nachdem Sie die Kategorie *Übersicht* betrachtet haben, bearbeiten Sie die hier gegebenenfalls angezeigten Probleme in fünf Kategorien. Um ausschließlich problematische Bereiche anzuzeigen, können Sie in den Kategorien *Schriften* sowie *Verknüpfungen & Bilder* das Kontrollkästchen Nur Probleme anzeigen aktivieren. Bei komplexen Dokumenten bleibt die Ergebnisliste so übersichtlicher.

Auch für zu einem Buch zusammengefasste Dokumente können Sie einen Preflight durchführen: Wählen Sie dazu aus dem Bedienfeldmenü ▾≡ des Buchs den Befehl *Preflight für Buch*.

In der Kategorie *Schriftarten* listet InDesign die im Dokument verwendeten Schriften und deren verschiedene Schnitte auf. Ein Klick auf die Schaltfläche *Nur Probleme anzeigen* sorgt dafür, dass nur die nicht auf dem System installierten Schriften in der Liste erscheinen sowie Schriften, die aufgrund bestimmter Einbettungs-Flags nicht in PostScript- oder PDF-Dokumente eingebettet werden können.

Die Einbettung einer TrueType- oder OpenType-Schrift in ein PostScript- oder PDF-Dokument funktioniert nur, wenn der Schrifthersteller sie zum Einbetten freigibt. Dafür sind die Einbettungs-Flags verantwortlich. Es gibt die folgenden Flags:

▸ *Restricted License embedding*: Die Schrift darf überhaupt nicht eingebettet werden.
▸ *Print and preview embedding*: Die Schrift darf nur für den Ausdruck sowie die Darstellung am Bildschirm eingebettet werden.
▸ *Editable embedding*: Die eingebettete Schrift darf bearbeitet werden.
▸ *Installable embedding*: Die eingebettete Schrift darf extrahiert und auf dem Rechner installiert werden.

Neben technischen Aspekten müssen Sie bei der Fonteinbettung auch rechtliche Gesichtspunkte beachten. Wenn Sie eine Schrift kaufen, erwerben Sie für gewöhnlich nur ein begrenztes Nutzungsrecht an ihr – es sei denn, die Schrift wurde exklusiv für Sie gestaltet. Die Rechtslage ist mit der beim Kauf von Software vergleichbar. Wie hier gibt es beim Kauf von Schriften Lizenzbedingungen. Ebenso wenig wie Software, dürfen Sie Schriften kopieren und weitergeben – auch nicht an Ihren Druckdienstleister.

Außerdem zeigt InDesign Ihnen Schriften, die in importierten Grafiken oder PDF-Dateien vorhanden sind. Diese Schriften haben im Preflight-Fenster den Status *Eingebettet*. Darunter sehen Sie, auf welcher Seite sich die importierte Grafik/PDF-Datei befindet und wie ihr Dateiname lautet.

Abbildung 8.14 Die Schrift Agfa Rotis Serif mit dem Status *Eingebettet* befindet sich in einer importierten PDF-Datei. Unter *Aktuelle Schriftart* sehen Sie, auf welcher Seite sich diese PDF-Datei befindet und wie ihr Dateiname lautet.

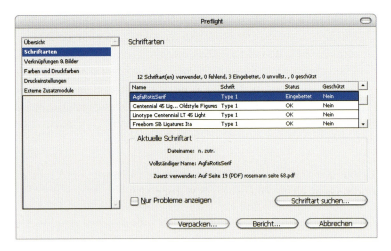

Mit einem Klick auf die Schaltfläche *Schriftart suchen* lokalisieren Sie auf Ihrem System fehlende Schriften und ersetzen diese gegebenenfalls durch andere Fonts:

Die fehlenden Schriften werden an oberster Stelle der Liste mit einem vorangestellten Ausrufezeichensymbol ⚠ angezeigt.

1 Markieren Sie eine der Schriftarten und klicken Sie auf *Suche starten*.
2 InDesign zeigt Ihnen das erste Vorkommen der fehlenden Schrift im Dokument.

Abbildung 8.15 Die Schriftersetzung lässt sich über das Dialogfeld *Preflight* vornehmen.

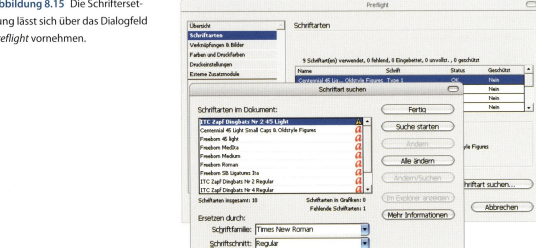

3 Wählen Sie aus den Popup-Menüs *Schriftfamilie* und *Schriftschnitt* die Schrift, die Sie statt des fehlenden Fonts verwenden möchten.
4 Klicken Sie auf *Ändern* (wenn Sie nur die Schrift der aktuellen Fundstelle austauschen möchten) bzw. auf *Alle ändern*, um die Schrift im gesamten Dokument auszutauschen.

Eine Alternative zur Schriftersetzung über das Preflight-Dialogfeld ist der Befehl *Schrift > Schriftart suchen*. Hier taucht manchmal ein eigenartiges Problem auf, das aber schnell erklärt ist:

Obwohl Sie diese Schriftart überhaupt nicht bewusst in Ihrem Layout verwenden, spürt InDesign in Ihrem Dokument die Times auf und versieht sie mit einem gelben Warndreieck.

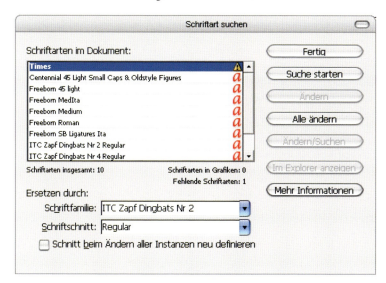

Abbildung 8.16 Obwohl die Times im Layout nicht verwendet wurde, erhalten Sie im Dialogfeld *Schriftart suchen* eine entsprechende Warnmeldung.

Der Fehler kommt zustande, wenn Sie in Ihrem Layout einen normalen Rechteckrahmen-, Ellipsen- oder Polygonrahmen aufgezogen und versehentlich mit dem Textwerkzeug hineingeklickt haben. InDesign betrachtet den Rahmen nun als Textrahmen und verwendet für ihn automatisch die Schriftart Times. Bei der Ausgabe kann dies zu einem Problem führen. Lösen Sie dieses folgendermaßen:

1 Klicken Sie im Dialogfeld *Schriftart suchen* auf die Schaltfläche *Mehr Informationen*.
2 Klicken Sie auf die *Times* und dann auf die Schaltfläche *Suche starten*. InDesign bringt Sie auf die Seite mit dem versehentlich umgewandelten Rahmen. Die Einfügemarke steht ebenfalls in diesem Rahmen.
3 Schließen Sie das Dialogfeld *Schriftart Suchen* mit *Fertig*.

In der Kategorie *Schriftarten* des *Preflight*-Dialogfelds wird die fehlende Times nicht angezeigt!

4 Klicken Sie den Rahmen mit dem *Auswahl*-Werkzeug an und öffnen Sie das Kontextmenü. Wählen Sie *Inhalt > Grafik* oder *Inhalt > Nicht zugewiesen*.

Das Problem der versehentlichen Umwandlung in einen Textrahmen können Sie übrigens schon im Vorfeld beheben. Wählen Sie dazu *Bearbeiten/InDesign > Voreinstellungen > Eingabe* und deaktivieren Sie das Kontrollkästchen *Textwerkzeug wandelt Rahmen in Textrahmen um*.

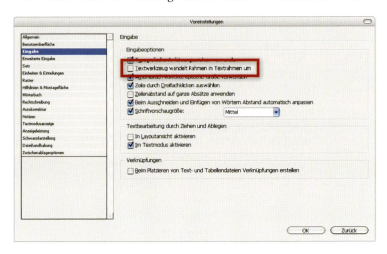

Abbildung 8.17 Bei deaktiviertem Kontrollkästchen *Textwerkzeug wandelt Rahmen in Textrahmen um* erübrigt sich das oben beschriebene Problem.

Weitere Möglichkeiten im Dialogfeld »Preflight«

In der Kategorie *Verknüpfungen & Bilder* des Dialogfelds *Preflight* sehen Sie alle mit Ihrem Dokument verknüpften Bilder und sonstigen Elemente.

Bitmap-Bilder, die kleiner sind als 48 K, werden nicht angezeigt: Sie besitzen keine Verknüpfung, sondern sind direkt in das Dokument eingebettet.

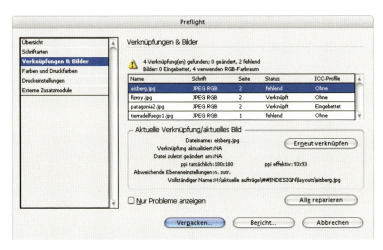

Abbildung 8.18 Zwei der Bilder findet InDesign nicht am angegebenen Ort. Deshalb erscheint in der Spalte *Status* die Meldung *Fehlend*. Außerdem sind die Bilder RGB-JPEGs und sollten vor der Druckausgabe in CMYK konvertiert werden.

Probleme in dieser Kategorie können entstehen, wenn Bilder nach dem Verknüpfen mit dem Dokument verschoben werden und dadurch der Link auf einen falschen Ort verweist. Dann sehen Sie in der Spalte *Status* die Meldung *Fehlend*. Mit einem Klick auf die Schaltfläche *Neu verknüpfen* reparieren Sie einzelne fehlende Verknüpfungen, mit einem Klick auf *Alle reparieren* gleich sämtliche.

Ein weiteres Problem stellen nicht korrekt in CMYK umgewandelte Bilder dar. Die Preflight-Funktion zeigt Ihnen auch, in welchem Farbraum die einzelnen verknüpften Bilder gespeichert sind und stellt RGB-Bilder als Problem dar. Sie müssen solche RGB-Bilder in Photoshop oder einem anderen Bildbearbeitungsprogramm in CMYK-Bilder umwandeln und dann die Verknüpfung mit dem InDesign-Dokument aktualisieren.

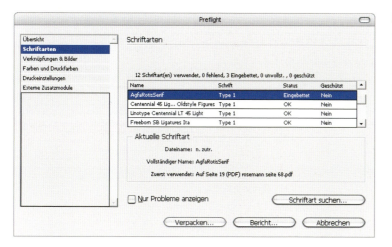

Abbildung 8.19 Die Kategorie *Farben und Druckfarben* dient nur zur Kontrolle, nicht zur Korrektur der Farben Ihres Dokuments. Hier wird neben den vier Prozessfarben noch die Volltonfarbe HKS 6 K verwendet.

In der Kategorie *Farben und Druckfarben* kontrollieren Sie, dass die Druckfarbenverwendung mit der von Ihnen gewählten Drucktechnik übereinstimmt. Wenn Sie Schmuckfarben verwenden, sollten Sie dies auch mit Ihren Produktionspartnern abgesprochen haben.

Sollte hier eine Volltonfarbe aufgelistet sein, obwohl Sie im Prozess-Vierfarbdruck ausgeben möchten, sollten Sie dies vor der Ausgabe korrigieren.

In der Kategorie *Druckeinstellungen* des Preflight-Fensters kontrollieren Sie, ob Sie die geeigneten Ausgabeparameter eingestellt haben.

In der Kategorie *Externe Zusatzmodule* führt InDesign gegebenenfalls die Konfiguration der die für die Ausgabe erforderlichen Zusatzmodule auf. Diese Zusatzmodule sind dann beim Produktionspartner ebenfalls zur Ausgabe notwendig. Die Konfiguration der Zusatzmodule erfolgt über *InDesign/Hilfe > Zusatzmodule konfigurieren*.

Die Angaben in dieser Kategorie sind die im Druckdialog vorgenommenen Einstellungen – mehr darüber lesen Sie im nächsten Kapitel.

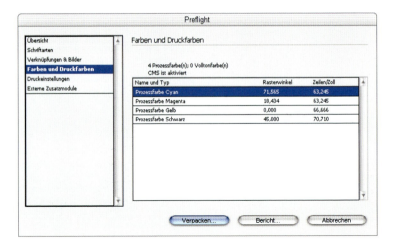

Abbildung 8.20 Die Kategorie *Farben und Druckfarben* informiert über die in der Datei verwendeten Farben.

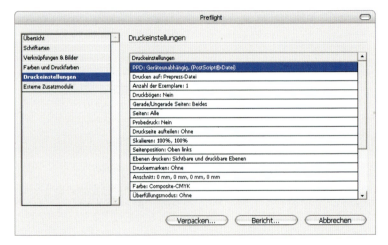

Abbildung 8.21 Die Kategorie *Druckeinstellungen* dient ebenfalls ausschließlich zur Kontrolle.

Nachdem Sie alle Optionen des Dialogfelds kontrolliert haben, speichern Sie seine Inhalte gegebenenfalls mit einem Klick auf die Schaltfläche *Bericht* als Textdatei auf Ihrer Festplatte.

8.6 Proofen

Wenn Sie Ihren Monitor richtig kalibriert und das Farbmanagement für Ihr Dokument korrekt eingerichtet haben (siehe auch Seite 179), macht es auch Sinn, einen sogenannten Softproof (= Monitorproof) anzuzeigen, bevor Sie Ihre Dateien an Ihren Produktionspartner weitergeben.

Beachten Sie, dass der Softproof nicht so genau ist wie ein Andruck, da hier mehrere Kriterien eine Rolle spielen, zum Beispiel Kalibrierung des Monitors und auch die Lichtverhältnisse an Ihrem Arbeitsplatz. Der Softproof ist nicht besonders zuverlässig, wenn ein Monitor nicht richtig kalibriert ist – Farbstiche und falsche Graustufen könnten das Ergebnis sein und dem Softproof seinen Nutzen nehmen. Wenn Sie ICC-Profile für Ihren Monitor verwenden, werden die Farben genauer angezeigt.

Auch bei korrekt eingerichtetem Farbmanagement wird Ihr Softproof nicht farbecht sein, aber Sie erhalten wenigstens einen Eindruck von Leuchtkraft und Sättigung der Farben.

Ein Softproof ist nur so gut wie die Kalibrierung des Monitors!

Adobe InDesign unterstützt zum Durchführen von Softproofs dasselbe ACE (Adobe Colour Engine)-System wie Photoshop, Illustrator und Acrobat.

Einen Softproof anzeigen

Bevor Sie einen Softproof anzeigen, vergewissern Sie sich noch einmal, dass Sie die richtigen Farbmanagement-Einstellungen vorgenommen haben.

1   Wählen Sie dann *Ansicht > Proof einrichten > Benutzerdefiniert*.

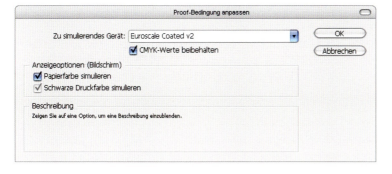

Abbildung 8.22 Im Dialogfeld *Proof-Bedingung anpassen* lässt sich unter anderem die Farbe des Bedruckstoffs beim Proofen berücksichtigen.

2   Im Popup-Menü *Zu simulierendes Gerät* wählen Sie aus, welches Farbprofil für den Druck verwendet werden soll.
3   Mit dem Kontrollkästchen *Papierfarbe simulieren* simulieren Sie die Farbe des Druckpapiers, das durch das Dokumentprofil definiert ist. Sie werden gleich feststellen, dass die Lichter Ihrer Bilder dunkler werden, weil das Papier nicht so hell strahlt wie der Monitor. Bei manchen Profilen, die etwa für die Monitorausgabe bestimmt sind, ist das Kontrollkästchen deaktiviert.

4 Das Kontrollkästchen *Schwarze Druckfarbe simulieren* simuliert die schwarze Druckfarbe auf dem Monitor. Sie bekommen damit einen Eindruck, wie die schwarze Druckfarbe aussehen wird – denn Schwarz erscheint auf dem Bildschirm stets viel tiefer als später im Druck. Dies gilt besonders für mattes Papier.

5 Bestätigen Sie mit *OK* und aktivieren Sie *Ansicht > Farbproof*, um den Softproof auf dem Bildschirm anzuzeigen.

Möchten Sie den Proof wieder ausschalten, deaktivieren Sie im Menü *Ansicht* den Befehl *Farbproof*.

Hardproof

Auch einen Hardproof können Sie mit InDesign erstellen, selbst auf einem gewöhnlichen Tintenstrahldrucker ohne PostScript-Fähigkeit. Sie verwenden dazu das Dialogfeld *Drucken*.

Ein solcher Proof kann an einen hochqualitativen Farbproof nicht heranreichen, kommt dem endgültigen Auflagendruck aber trotzdem näher als eine normale Druckausgabe. Voraussetzung ist, dass Sie über ein gutes ICC-Profil für Ihren Drucker verfügen.

1 Wählen Sie *Bearbeiten > Farbeinstellungen* und vergewissern Sie sich, dass das Farbmanagement korrekt eingerichtet ist.

2 Wählen Sie *Ansicht > Proof einrichten > Benutzerdefiniert* und nehmen Sie die gewünschten Einstellungen vor.

3 Wählen Sie *Datei > Drucken*.

4 In der Kategorie *Farbmanagement* aktivieren Sie in der Gruppe *Drucken* das Optionsfeld *Proof*.

5 Als *Druckerprofil* wählen Sie das ICC-Profil Ihres Druckers.

6 Die Priorität stellen Sie auf *Absolut farbmetrisch*.

Der so erzeugte Ausdruck stellt nur eine Annäherung dar, die mit einem echten Farbproof nicht vergleichbar ist. Vor dem endgültigen Druck der Auflage empfiehlt es sich daher, trotzdem noch einen Proof oder Andruck von Ihrem Dienstleister anfertigen zu lassen.

8.7 Den Farbauftrag messen

Auch den Farbauftrag auf dem Papier können Sie über das Bedienfeld *Separationsvorschau* prüfen. Wenn Sie zu viel Farbe auftragen – die maximale Menge ist von Druckmaschine zu Druckmaschine unterschiedlich – kann das Papier aneinander kleben, wellen oder die Druckmaschine stoppen.

Bis vor kurzem galt ein Farbauftrag von 350 % noch als akzeptabel, mittlerweile geht man aber eher von einem maximalen Farbauftrag von 300 % (mit Unbuntaufbau) aus.

1 Nachdem Sie sich in der Druckerei nach dem maximalen Farbauftrag erkundigt haben, wählen Sie *Fenster > Ausgabe > Separationsvorschau*.
2 Aus dem Popup-Menü *Ansicht* wählen Sie *Farbauftrag* und daneben den maximal möglichen Farbauftrag.

Gehen Sie Ihr Dokument durch, vor allem die eingefügten Bilder. Alle Elemente werden in Graustufen dargestellt; nur die Stellen, an denen der Farbauftrag über dem von Ihnen festgelegten Prozentsatz liegt, werden rot hervorgehoben.

Nun wissen Sie, welche Bilder Sie gegebenenfalls noch bearbeiten (lassen) müssen, um einen zu hohen Gesamtfarbauftrag zu vermeiden.

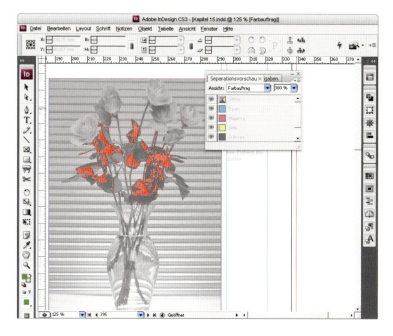

Abbildung 8.23 Auf den roten Partien ist der Farbauftrag zu stark.

8.8 Überfüllen und Überdrucken

Im Bereich der Überfüllungen (des Trapping) ist InDesign besonders stark. Die Überfüllungs-Engine von InDesign ist sehr effizient und sicher. Verwenden Sie entweder vordefinierte oder aber eigene Überfüllungsvorgaben, die Sie auf einzelne Seiten Ihres Dokuments anwenden können.

Was sind Überfüllungen?

Überfüllungen werden notwendig, wenn farbige Objekte aneinander grenzen oder sich überlappen. Nur mit Überfüllungen können leichte Ungenauigkeiten, die durch die Eigenschaften der Offsetdruckfarben einerseits und die Arbeitsweise der Druckmaschine andererseits fast unausweichlich sind, ausgeglichen werden.

Ihr Farbtintenstrahldrucker druckt die gesamte Farbe in einem Arbeitsgang auf das Papier. Im Vierfarb-Offsetdruck hingegen durchläuft jedes Blatt den Andruckzylinder der Maschine viermal – für jede der Farben Cyan, Magenta, Gelb und Schwarz einzeln. Hierbei entstehen technisch bedingt leichte Ungenauigkeiten. Die Bögen werden mit rasanter Geschwindigkeit verarbeitet und sind dabei einem ungeheuren Druck ausgesetzt. Dadurch kann es passieren, dass sich ein Bogen minimal verschiebt. Eine solche minimale Verschiebung genügt schon, um das Papierweiß an den Farbrändern sichtbar werden zu lassen. Auch wenn diese „Blitzer" nur minimal sind: Das menschliche Auge nimmt sie wahr.

Solche „Blitzer" sind deshalb möglich, weil Offsetdruckfarben nicht vollständig deckend, sondern lasierend sind. Wenn Sie zwei Offsetdruckfarben in hundertprozentiger Intensität übereinanderlegen, verändert sich der Ton der oben liegenden Farbe, weil die untere hineingemischt wird. Aus diesem Grund wird bei übereinanderliegenden Objekten die Form des oben liegenden Objekts aus dem unteren ausgespart.

Es liegt nahe, dass durch dieses Verfahren bei Passungenauigkeiten sehr schnell die Aussparung im unten liegenden Objekts als „Blitzer" an der Kante des oben liegenden Objekts erscheint.

Schwarz ist die einzige Farbe, die InDesign in der Grundeinstellung nicht ausspart: InDesign überdruckt schwarze Druckfarben standardmäßig. Meistens ist das auch angebracht, um ein schönes, sattes Schwarz zu erzielen. Falls Ihr Dienstleister Sie bittet, *Schwarz überdrucken* auszuschalten, wählen Sie *Bearbeiten/InDesign > Voreinstellungen* und zeigen die Kategorie *Allgemein* an. Deaktivieren Sie hier das Kontrollkästchen *Farbfeld [Schwarz] 100 % überdrucken*.

Um dem Problem der Passungenauigkeiten entgegenzuwirken, arbeiten Sie mit Überfüllungen. Während Sie früher Überfüllungen mühevoll manuell vornehmen oder sich auf Drittprogramme Ihres Dienstleisters verlassen mussten, richten Sie die Überfüllungen nun direkt in InDesign ein. Aber auch hier kommt es für ein gutes Ergebnis auf die richtigen Einstellungen an.

Abbildung 8.24 Die Libelle wurde auf einem blauen Hintergrund platziert.

Abbildung 8.25 Für den Offsetdruck wird die Libellenform aus der blauen Fläche ausgespart.

Beim Überfüllen werden die kleinen Verschiebungen in der Druckmaschine kompensiert, indem entlang der Farbkanten aufeinandertreffender Objekte kleine Bereiche von überlappenden Farben gedruckt werden. Wenn sich dann eine Farbe leicht verschiebt, wird kein papierweißer Zwischenraum zwischen den verschiedenfarbigen Objekten sichtbar.

Die Überfüllungs-Engine sucht selbstständig die Farbkanten in Ihrem Dokument und untersucht sie auf die neutrale Dichte – die Helligkeit oder Dunkelheit – der angrenzenden Farben. Aufgrund dieser Parameter erstellt InDesign die Überfüllung.

Wenn Sie korrekt ausgeführt wird – was InDesign automatisch für Sie erledigen kann – ist die leichte Farbüberlappung im fertigen Druckerzeugnis nicht sichtbar. Sie verhindert dennoch zuverlässig, dass „Blitzer" erscheinen.

Abbildung 8.26 Durch Verschiebungen während der Druckdurchläufe kann es rasch zu „Blitzern" kommen.

Wann sind Überfüllungen überflüssig?

Es gibt verschiedene Techniken, um das Problem mit den Passungenauigkeiten zu lösen. Sie können beispielsweise schon bei der Farbgestaltung Ihres Layouts darauf achten, dass keine unterschiedlichen Farbkanten zu dicht aufeinandertreffen. Solange sich genügend Abstand zwischen den verschiedenfarbigen Elementen befindet, fällt eine Passungenauigkeit normalerweise nicht auf.

Wenn Sie ausschließlich Prozessfarben verwenden, können Sie in vielen Fällen auf eine Überfüllung verzichten – auf jeden Fall, wenn Sie darauf achten, dass angrenzende Farben bestimmte Farbanteile gemeinsam verwenden. Denn dann werden bei Passungenauigkeiten die Lücken mit dem gemeinsamen Farbanteil (und zwar dem geringeren Prozentsatz) gefüllt statt mit dem Papierweiß. In sehr vielen Fällen ist das kaum zu sehen – in jedem Fall fällt es weniger auf als weiße Blitzer.

Das Überfüllen von Dokumenten in Volltonfarben ist hingegen immer angebracht. Aber auch hier sollten Sie nicht auf eigene Faust vorgehen, sondern in der Druckerei die entsprechenden Erkundigungen über die für Ihr individuelles Dokument geforderten Überfüllungsparameter einholen.

Überfüllungsmethoden

In der Grundeinstellung werden Ihre InDesign-Dokumente mit der internen Standard-Überfüllungseinstellung überfüllt. Wenn Sie von Ihrer Druckerei keine anderen Anweisungen erhalten, sollten Sie diese Einstellung so belassen – denn ebenso wie das Farbmanagement ist die Überfüllung ein Bereich, der viele Fehlerquellen birgt.

Besonders wichtig ist die Absprache mit Ihrer Druckerei dann, wenn Sie Lacke, metallische oder sonstige Sonderdruckfarben verwenden möchten. Weiter unten in diesem Kapitels erhalten Sie hierzu noch einige Hinweise.

Die Standardüberfüllungseinstellungen können Sie über *Fenster > Ausgabe > Überfüllungsvorgaben* kontrollieren. Dasselbe Bedienfeld verwenden Sie auch, wenn Sie eigene Überfüllungseinstellungen erzeugen und anwenden möchten.

InDesign erzeugt solche Überfüllungen jedoch nur, wenn Sie Separationen ausgeben. Drucken Sie hingegen einen Composite-Proof, also eine Gesamtfarbdatei, auf Ihrem Drucker oder geben Sie Ihr Dokument als Composite-PDF aus, werden die integrierten Überfüllungseinstellungen von InDesign nicht angewandt. Wenn Sie Ihre Composite-Datei an die Druckerei weiterleiten, wird die Überfüllung bei der Separation von der Software der Druckerei vorgenommen und die integrierten Überfüllungseinstellungen werden nicht berücksichtigt.

Mit der In-RIP-Überfüllung und der integrierten Überfüllungsfunktion enthält InDesign zwei mächtige automatische Überfüllungsmethoden.

Einige Funktionen sind nur mit der Adobe-In-RIP-Überfüllung, nicht aber mit der integrierten Überfüllungsfunktion möglich:

▶ Überfüllung von in InDesign erzeugten Verläufen
▶ Verwendung von Überfüllungsbreiten über 4 Punkt
▶ Verwendung mit In-RIP-Separationen
▶ Verwendung mit den meisten OPI- oder DCS-Workflows
▶ Erzeugung von Überfüllungen innerhalb von Farbbildern von Überfüllungen, an denen InDesign-Objekte und Bilder in DCS-, EPS- oder PDF-Dateien beteiligt sind
▶ Überfüllung von importierten Vektorgrafiken oder Schriften in PDF- oder EPS-Dateien

Die integrierte Überfüllungsfunktion wird den Ansprüchen der meisten Dokumente und Drucktechniken gerecht. Benötigen Sie für Ihr Dokument jedoch eines der oben aufgeführten Merkmale, sollten Sie sich für die In-RIP-Überfüllung entscheiden. Diese funktioniert nur auf High-End-PostScript-Ausgabegeräten mit eingebauter Überfüllungsfunktion. PostScript-Level-3-Geräte sollten hierzu in der Lage sein. Verwendet Ihr Produktionspartner PostScript-Level-2-Geräte, sollten Sie mit ihm absprechen, ob diese über eine eingebaute Überfüllungsfunktion verfügen. Des Weiteren funktioniert die In-RIP-Überfüllung nur, wenn Sie auch In-RIP-Farbseparationen verwenden.

Gleichgültig, welche Methode Sie verwenden: Sie können die Überfüllungseinstellungen in jedem Fall selbst definieren und auf die einzelnen Bestandteile Ihres Dokuments gesondert anwenden.

Die Überfüllung einstellen

InDesign nimmt Ihnen also den größten Teil der Arbeit mit den Überfüllungen ab. Das Programm arbeitet auch in diesem Bereich sehr effizient.

Wie die Überfüllung eingerichtet werden sollte, hängt von verschiedenen Faktoren ab: zum Beispiel von der Anzahl der überlappenden Objekte, ob im Dokument importierte Bilder überlagern und ob Farbverläufe vorhanden sind.

Wie schon bei den Transparenzen nimmt InDesign Ihnen auch auf diesem Gebiet die Entscheidung für die eine oder andere Option durch diverse Voreinstellungen weitestgehend ab. Nach der Auswahl einer Überfüllungsvorgabe analysiert InDesign die in der entsprechenden Seite enthaltenen Objekte und berechnet die Überfüllungen entsprechend der aufeinandertreffenden Objektfarben. Auch platzierte Bilder werden dabei berücksichtigt. Objekte, die unterschiedliche Farben enthalten, können ebenfalls sicher überfüllt werden.

Wie wird überfüllt?

- Pixelbilder, die Überfüllungen benötigen, speichern Sie am besten im PSD- oder TIFF-Format.
- Mit im Layout platzierten EPS-Vektorgrafiken funktioniert die integrierte Überfüllung nicht, mit Vektor-PDFs sowie direkt in InDesign erstellten Vektorformen hingegen schon.
- Die Überfüllung von InDesign-Text funktioniert problemlos. Allerdings ist zu berücksichtigen, dass schlecht überfüllter Text mehr auffällt als eine schlechte Überfüllung anderer Elemente. Zu große Überfüllungen wirken sich besonders bei Serifenschriften in kleinen Graden besonders unschön aus. Hier ist also etwas Vorsicht angebracht. Allerdings überfüllt InDesign Buchstaben nur so weit, wie sie in angrenzende Objekte hineinragen.

Auch InDesign-Elemente, die Sie auf einer EPS-Vektorgrafik platziert haben, können nicht überfüllt werden. Um hier trotzdem ein gutes Ergebnis zu erzielen, müssen Sie mit der Adobe In-RIP-Überfüllung arbeiten, über die Sie sich in der InDesign-Hilfe informieren.

Mit Überfüllungsvorgaben arbeiten

InDesign enthält eine Standard-Überfüllungsvorgabe, die in den meisten Fällen gut funktioniert. Fragen Sie Ihren Druckdienstleister, ob Sie Überfüllungen einstellen sollen und, wenn ja, ob er mit den Standard-Überfüllungsvorgaben von InDesign einverstanden ist. Je nach Papiertyp, Druckfarbenauftrag und Druckmaschine können auch andere Einstellungen nötig werden. Die Parameter der Standard-Überfüllungsvorgabe sehen Sie folgendermaßen ein:

Kapitel 8: Vorbereitung auf die Reproduktion

Abbildung 8.27 Das Bedienfeld *Überfüllungsvorgaben* enthält zunächst lediglich zwei Einträge.

1 Wählen Sie *Fenster > Ausgabe > Überfüllungsvorgaben*. Das angezeigte Bedienfeld enthält zunächst nur zwei Einträge: *[Keine Überfüllungsvorgabe]* und *[Standard]*.

2 Ein Doppelklick auf den Eintrag *Standard* bringt Sie in das Dialogfeld *Überfüllungsvorgaben ändern*. Hier sehen Sie die Eigenschaften des Standard-Überfüllungsformats. Ändern sollten Sie es jedoch nicht, denn InDesign überschreibt es kurzerhand ohne Nachfrage. Wie Sie ein eigenes Überfüllungsformat anlegen, erfahren Sie im folgenden Abschnitt.

Abbildung 8.28 Das Standard-Überfüllungsformat sollten Sie nicht ändern, weil InDesign es ohne Nachfrage überschreibt.

Bei der InDesign-internen Überfüllung ist der höchstmögliche Wert für die Überfüllung (sowohl für *Standard* als auch für *Schwarz*) 2,822 mm (4 Punkt).

Etwas tückisch ist unter Umständen das Überfüllen von PDF-Dokumenten, die später in einem Layout platziert werden sollen: Denn beim Skalieren verändert sich die Überfüllungsbreite mit. Achten Sie daher darauf, dass PDF-Dokumente gleich in der Zielgröße exportiert werden.

Die Überfüllungsbreite

▶ Im Dialogbereich *Überfüllungsbreite* sehen Sie, wie breit die Überfüllung sein wird. Wie Sie erkennen können, handelt es sich in der Grundeinstellung um sehr kleine Werte, die aber für die meisten Fälle tatsächlich ausreichen. Je nach verwendeter Papiersorte, Rasterweite und anderen Parametern können hier auch andere Überfüllungsbreiten notwendig sein.

▶ Die Überfüllungen aller Farben außer 100 %-Schwarz legen Sie im Feld *Standard* fest.

▶ Wenn Sie mit einem Tiefschwarz arbeiten, also einem Schwarz, das neben 100 %-K auch noch andere Farben enthält, legt der Wert im Feld *Schwarz*, das sogenannte Zurückhaltungsmaß, einen Rand in 100 % K um die Kanten von tiefschwarzen Objekten. Damit vermeiden Sie, dass Blitzer aus den übrigen für das Tiefschwarz verwendeten Farben in angrenzenden andersfarbigen Objekten erscheinen. Sie bestimmen mit diesem Wert, welche Farbe InDesign als Schwarz oder als Tiefschwarz betrachtet. Üblicherweise verwenden Sie hier das 1,5- bis 2-Fache des im vorigen Punkts genannten Standardwerts für die Überfüllungsbreite.

Bilder überfüllen

Im Bereich *Bilder* legen Sie fest, wie platzierte Bilder behandelt werden sollen. In diesem Zusammenhang sind mit „Bildern" übrigens nicht nur Pixelgrafiken, sondern alle importierten Grafiken gemeint. Bestimmen Sie über die Kontrollkästchen, ob Objekte mit Bildern, überlappende Bilder oder Bilder in sich überfüllt werden sollen.

- Im Popup-Menü *Überfüllungsplatzierung* bestimmen Sie, wo auf den kritischen Bereichen die Überfüllung platziert werden soll.
- Die Einstellung *Unterfüllen* sorgt dafür, dass Vektorobjekte, die gegen Pixelobjekte überfüllt werden, in das Bitmap-Bild erweitert werden. *Übergriff* hingegen führt dazu, dass die Pixelgrafik in das Vektorbild erweitert wird. Üblicherweise überfüllt man hell gegen dunkel, das heißt, dass helle Bereiche in dunkle hinein erweitert werden.
- *Neutrale Dichte* sollten Sie bei angrenzenden Vektor- und Pixelbildern nicht verwenden, da es hier zu unschönen Kanteneffekten kommen kann. Mit *Neutrale Dichte* weisen Sie die Überfüllung auf der Grundlage der Schwarzdichte der aneinandergrenzenden Farben zu.
- Aktivieren Sie das Kontrollkästchen *Objekte mit Bildern überfüllen,* damit Bereiche, an denen InDesign-Objekte mit importierten Bildern zusammenstoßen, mit einer automatischen Überfüllung versehen werden. InDesign verwendet zur Überfüllung dieser Objekte die aus dem Pop-up-Menü *Überfüllungsplatzierung* gewählte Methode.
- Ist das Kontrollkästchen *Bilder mit Bildern überfüllen* aktiviert, erzeugt InDesign in den Bereichen, an denen zwei Bitmap-Bilder aneinanderstoßen, eine Überfüllung.

Abbildung 8.29 Der Bereich *Bilder* bestimmt, wie platzierte Pixelgrafiken überfüllt werden.

▶ Wenn Sie das Kontrollkästchen *Bilder intern überfüllen* aktivieren, erhalten farbige Bereiche in importierten Bitmap-Bildern eine In-RIP-Überfüllung. Die meisten gescannten Bilder/Fotos benötigen keine Überfüllung. In den meisten Fällen sollte das dritte Kontrollkästchen in der Liste deaktiviert bleiben, um Darstellungsfehler zu vermeiden.

▶ Schalten Sie die Option *1-Bit-Bilder überfüllen* ein, um Zweitonbilder in InDesign-Objekte zu überfüllen.

Die Gehrungsoptionen

In der Gruppe *Erscheinungsbild der Überfüllung* legen Sie fest, wie die Ecken und Abschlüsse der Überfüllungen behandelt werden sollen. Verwenden Sie dazu die Popup-Menüs *Eckenformat* und *Abschlussformat*.

Abbildung 8.30 In der Gruppe *Erscheinungsbild der Überfüllung* legen Sie die Form der Überfüllungsecken und -enden fest.

Überfüllungsgrenzwerte

Besonders die Überfüllungsgrenzwerte sind ein komplexes Thema, bei dem es sich ebenfalls lohnt, mit dem Dienstleister zu sprechen. Sie finden in diesem Bereich die folgenden Kontrollkästchen:

Zu niedrige Werte erzeugen zu viele Überfüllungen (unter anderem erhöht sich dadurch die Rechenzeit), zu hohe Werte zu wenige.

▶ *Farbdifferenz*: Mit der Farbdifferenz geben Sie vor, wie stark sich aneinandergrenzende Farben überhaupt unterscheiden müssen, damit InDesign sie überfüllt. Aneinandergrenzende Farben wie Rot und Magenta müssen beispielsweise nicht überfüllt werden, da Magenta im Rot enthalten ist, die Farben sich also stark ähneln und dadurch keine Probleme auftauchen sollten. Der Standardwert 10 % stellt ein gutes Mittel dar. Würden Sie in Ihrem Dokument beispielsweise die beiden Prozessfarben 20 M, 80 C und 25 M, 75 C verwenden, würden diese Farben beim Standardwert 10 % nicht überfüllt, weil sich die beiden Farben zu ähnlich sind. Würden Sie den Wert im Feld *Farbdifferenz* hingegen auf 5 % setzen, würden die Objekte überfüllt, weil die einzelnen Farbkomponenten jeweils um diesen Wert voneinander abweichen.

Abbildung 8.31 In der Gruppe *Überfüllungsgrenzwerte* bestimmen Sie, wann InDesign Objekte überfüllen soll.

- *Schwarze Farbe*: Die schwarze Farbe sollte mindestens auf 70 % eingestellt sein. Sie bestimmen damit, welche Farbe InDesign als Schwarz bzw. Tiefschwarz ansieht – genauer gesagt, wie viel schwarze Druckfarbe vorhanden sein muss, damit die Einstellung im Feld *Überfüllungsbreite: Schwarz* angewandt wird. Bei einem Wert von 100 % erhalten Sie bei Objekten, die 100 % schwarze Druckfarbe enthalten, eine solche schwarze Kontur. Wenn Sie den Wert verringern, erhalten Sie auch bei Farben, die weniger Schwarz enthalten, eine solche Kontur. Wenn Sie auf qualitativ geringwertigem Papier wie Zeitungspapier drucken müssen, sollten Sie hier mit Ihrer Druckerei die Einstellungen genau durchsprechen (es können niedrigere Werte sinnvoll sein); sonst lassen Sie den Standardwert von 100 % am besten stehen.

   Als Tiefschwarz bezeichnet man eine Prozessfarbe, die aus Schwarz und einer oder mehreren weiteren CMYK-Komponenten gebildet wird.

- *Schwarzdichte*: InDesign überfüllt die Farben in Ihrem Dokument auf der Grundlage der neutralen Dichten. Allgemein werden hellere in dunklere Farben überfüllt. Dadurch ist die Überfüllung im fertigen Druckergebnis weniger offensichtlich. Sie können beeinflussen, wie InDesign die Objekte überfüllt, indem Sie die neutralen Dichten im Dialogfeld *Druckfarben-Manager* ändern (mehr darüber weiter unten). Oder Sie verwenden das Feld *Schwarzdichte*, um die Dichte neu zu definieren, die InDesign für schwarz hält. Standardmäßig ist die Schwarzdichte auf *1,6* gesetzt.

- *Fließende Überfüllung*. Stoßen beispielsweise zwei Farbverläufe aneinander, variieren die Farben an den Kanten der Verläufe. Würde InDesign auf der gesamten Länge der Verlaufsgrenzen eine einfarbige Über- oder Unterfüllung verwenden, erhielten Sie an bestimmten Stellen eine offensichtliche Überfüllung. Dieses Problem lässt sich durch eine fließende Überfüllung lösen. Diese bewegt sich je nach der Schwarzdichte der aneinanderstoßenden Farben von einer Überfüllung über eine Mittellinienüberfüllung bis hin zu einer Unterfüllung. Der Wert, den Sie in das Feld *Fliessende Überfüllung* eingeben, definiert den Punkt, ab dem die Überfüllung von einer Überfüllung zu einer Mittellinienüberfüllung und dann zu einer Unterfüllung wechselt. Wenn Sie *100 %* eingeben, verwendet InDesign auf der gesamten Länge zwischen den Verläufen eine Überfüllung. Geben Sie *0 %* ein, verwendet InDesign auf der gesamten Länge eine Mittellinienüberfüllung. Andere Werte – zum Beispiel die standardmäßigen *70 %* – weisen fließende Überfüllungen zu.

▶ *Reduktion der Überfüllfarbe.* Der Wert im Feld *Reduktion der Überfüllfarbe* definiert die von InDesign beim Aufbau der Überfüllungen verwendeten Farben. Beträgt der Wert in diesem Feld *100 %*, können sich je nach Farbkombination Überfüllfarben ergeben, die dunkler sind als die Originalfarben. Tritt dieses Problem auf, verringern Sie den Wert in diesem Feld. Wird der Wert auf *0* gesetzt, wird die Schwarzdichte der von der Überfüllung erzeugten Objekte auf die Schwarzdichte der dunkelsten Farbe gesetzt.

Ein eigenes Überfüllungsformat definieren

Sprechen Sie sich mit Ihrer Druckerei ab, ob das soeben betrachtete Standard-Überfüllungsformat für Ihren Auftrag geeignet ist. Falls nicht, legen Sie in Abstimmung mit Ihrem Dienstleister ein eigenes Überfüllungsformat an:

1 Klicken Sie am unteren Rand des Bedienfelds *Überfüllungsvorgaben* auf das Symbol *Neue Überfüllungsvorgabe erstellen*.

2 Das neue Format wird im Bedienfeld angelegt. Doppelklicken Sie auf den Standardnamen *Überfüllungsvorgabe 1*, um das bereits bekannte Dialogfeld *Überfüllungsvorgabeoptionen ändern* zu öffnen.

3 Vergeben Sie einen aussagekräftigen Namen und nehmen Sie – wie oben erläutert – die erforderlichen Einstellungen vor.

4 Bestätigen Sie mit *OK*, um das neue Format zu speichern.

Dokumentseiten mit einem Überfüllungsformat ausstatten

Bei Bedarf statten Sie jede einzelne Seite Ihres Dokuments mit einem anderen Überfüllungsformat aus. So können Sie zum Beispiel die Überfüllung für bestimmte Seiten ausschalten, um die Ausgabe des Dokuments zu beschleunigen, etwa wenn diese Seiten nur schwarzen

Text oder keine überlappenden Objekte enthalten. Bei der Zuweisung der Überfüllungsvorgaben empfiehlt sich allerdings besondere Vorsicht:

1. Öffnen Sie das Bedienfeldmenü ▾≡ des Bedienfelds *Überfüllung* und wählen Sie *Überfüllungsvorgabe zuweisen*.
2. Im Dialogfeld *Überfüllungsvorgaben zuweisen* wählen Sie aus, welchen Seiten Sie ein bestimmtes Format zuweisen möchten.

Eine kontinuierliche Folge von Seiten geben Sie z.B. in der Form 2-7 an. Eine unterbrochene Folge von Seiten geben Sie in der Form 4,9,3 an.

Beachten Sie, dass die Verarbeitungsdauer Ihres Druckauftrags mit der Anzahl der Seiten, für die Sie Überfüllungen festgelegt haben, steigt. Nutzen Sie deshalb die Möglichkeit, nur bestimmte Seiten zu überfüllen, und lassen Sie Seiten, die ausschließlich Text auf weißem Grund oder ähnlich unkritische Bereiche enthalten, weg.

3. Im Popup-Menü *Überfüllungsformat* wählen Sie das Format aus, das Sie den angegebenen Seiten zuweisen möchten. Möchten Sie die Überfüllung für die angegebenen Seiten ganz deaktivieren, wählen Sie aus dem Popup-Menü den Eintrag *[Keine Überfüllungsvorgabe]*.

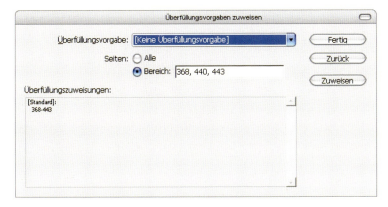

Abbildung 8.32 Überfüllungsvorgaben weisen Sie den Seiten Ihres Dokuments einzeln zu. Hier sollen drei Seiten des Dokuments überhaupt keine Überfüllung erhalten.

In der Liste *Überfüllungszuweisungen* sehen Sie stets, welche Formate Sie welchen Seiten zugewiesen haben.

4. Klicken Sie auf die Schaltfläche *Zuweisen*, um das ausgewählte Überfüllungsformat auf die Seiten anzuwenden.
5. Fahren Sie so fort, bis Sie allen Seiten Ihres Dokuments das jeweils notwendige Überfüllungsformat zugewiesen haben.
6. Danach verlassen Sie das Dialogfeld *Überfüllungsvorgaben zuweisen* mit einem Klick auf die Schaltfläche *Fertig*.

Überfüllungsvorgaben importieren

Im Bedarfsfall importieren Sie Überfüllungsvorgaben aus anderen Dokumenten – dann ist es nicht nötig, diese neu anzulegen:

Verwenden Sie dazu im Bedienfeldmenü ▼≡ den Befehl *Überfüllungsvorgaben laden.*

Überfüllungseinstellungen für Lacke und sonstige Sonderdruckfarben

Sie haben gesehen, dass bei allen automatischen Überfüllungsmethoden die Überfüllungsfarbe gemäß der Druckfarben der angrenzenden Objekte festgelegt wird. Normalerweise werden hellere in dunklere Druckfarben ausgedehnt. InDesign entscheidet anhand der neutralen Dichtewerte der einzelnen Objekte, welche Druckfarben heller oder dunkler sind. Bei Vollton-, RGB- oder LAB-Farben rechnet InDesign die Farben zur Bestimmung der neutralen Dichte intern in CMYK um.

Normalerweise funktioniert dieser Ansatz sehr gut. In manchen Fällen sollten Sie die Schwarzdichtewerte aber dennoch bearbeiten, zum Beispiel bei Lacken, Metallic- und sonstigen Sonderfarben.

1 Öffnen Sie das Bedienfeldmenü ▼≡ des *Farbfelder*-Bedienfelds und wählen Sie *Druckfarben-Manager.*
2 Wählen Sie die Druckfarbe, die Sie bearbeiten möchten.
3 Öffnen Sie das Pop-up-Menü *Art*. Wählen Sie die gewünschte Option.

Mit diesen Optionen teilen Sie dem Überfüllungssystem mit, dass eine bestimmte Druckfarbe, beispielsweise ein Lack, eine Metallic- oder Pastellfarbe nicht den üblichen Überfüllungsregeln entspricht.

▶ Für Prozess- und die meisten Volltonfarben lassen Sie den Eintrag *Normal* aktiviert.
▶ Für Lacke und sehr helle Volltonfarben wählen Sie den Eintrag *Transparent*.
▶ Für sehr deckende Druckfarben wie Metallicfarben wählen Sie den Eintrag *Deckend*.
▶ Soll eine Farbe beim Überfüllen komplett ignoriert werden – ein Beispiel wären nicht transparente Metallicfarben –, wählen Sie *Deckend ignorieren*.

Überfüllen und Überdrucken

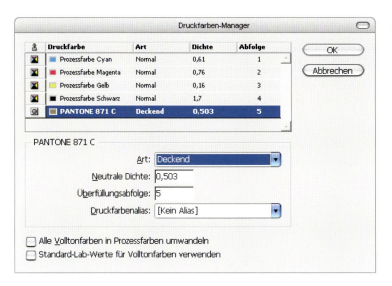

Abbildung 8.33 Die Metallicfarbe wurde auf *Deckend* gesetzt.

Haben Sie im Pop-up-Menü Art *Normal* gewählt, geben Sie in das Feld *Neutrale Dichte* einen Wert ein. Damit lässt sich definieren, auf welche Weise diese Druckfarben einander überfüllen sollen:

▶ Weil ein Lack stets die hellste Druckfarbe sein sollte, setzen Sie seinen Neutraldichtewert auf *0*, damit er auf jeden Fall in angrenzende Objekte überfüllt wird.

▶ Pastellvolltonfarben sind sehr hell und sollten ähnlich wie die gerade beschriebenen Lacke behandelt werden. Eine *Neutrale Dichte* von *0,15* dürfte passend sein.

▶ Metallicvolltonfarben decken stärker als andere Druckfarben und sind auch etwas reflektierend. Wenn Sie eine Metallicfarbe in einen angrenzenden Bereich einer anderen Farbe überfüllen, wird die Überfüllung höchstwahrscheinlich offensichtlich. Aus diesem Grund sollten Sie die *Neutrale Dichte* der Metallicdruckfarbe auf mindestens *1,7*, den Wert der schwarzen Druckfarbe, setzen. Dann wird die Metallicfarbe als dunkelste Druckfarbe auf der Seite betrachtet und alle anderen Druckfarben werden in die Metallicfarbe ausgedehnt.

▶ Fluoreszierende Volltonfarben decken ebenfalls stärker als andere Druckfarben und sind sehr hell. Deshalb sollten normalerweise alle anderen Druckfarben in die fluoreszierende Farbe ausgedehnt werden. Setzen Sie die Schwarzdichte der fluoreszierenden Farbe deshalb auf einen hohen Wert, zum Beispiel auf *1,6*.

Viele Dienstleister ziehen es vor, Überfüllungen erst am Ende des Workflows zuzuweisen – zum Beispiel mit Trapping-Software wie Trapwise. In diesem Fall liefern Sie PostScript- oder PDF-Dokumente ohne Überfüllungen. Denn das eigenmächtige Erstellen von Überfüllungen kann zu vielen Schwierigkeiten und Folgekosten führen, wenn es nicht korrekt durchgeführt wird, der Dienstleister die Überfüllungen nachträglich reparieren und die Datei erneut ausgeben muss. Wenn Sie sich für Überfüllungen entscheiden, muss Ihr Dienstleister das auf jeden Fall wissen!

Abbildung 8.34 Überfüllungen können Sie lediglich mit Separationen ausgeben.

Das Dokument mit den Überfüllungen ausgeben

Nachdem Sie den einzelnen Seiten Ihres Dokuments die entsprechenden Überfüllungsvorgaben zugewiesen haben, müssen Sie diese bei der Ausgabe noch aktivieren: Zwar erhalten Dokumente automatisch die Überfüllungsvorgabe *Standard*, mit ausgegeben wird diese Überfüllung jedoch nur, wenn Sie dies explizit angeben.

1 Wählen Sie *Datei > Drucken* und wählen Sie Ihren PostScript-Druckertreiber aus (vgl. auch Kapitel 9).
2 Zeigen Sie die Kategorie *Ausgabe* an. Da Sie Überfüllungen – wie gesagt – nur in Separationen und nicht in Composite-Dateien ausgeben können, wählen Sie aus dem Popup-Menü Farbe einen der Einträge *Separationen* oder *In-RIP-Separationen*.
3 Wählen Sie für eine Überfüllung mit der internen InDesign-Überfüllungs-Engine aus dem Popup-Menü *Überfüllung* den Eintrag *Anwendungsintegriert* (bzw. *Adobe In-RIP* für eine Adobe In-RIP-Überfüllung). Sie aktivieren damit die im Abschnitt „Dokumentseiten mit einem Überfüllungsformat ausstatten" zugewiesenen Überfüllungseinstellungen.

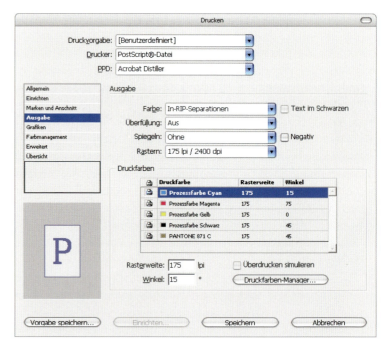

4 Wenn an dieser Stelle alle Fragen mit Ihrem Druckereibetrieb geklärt sind, bestätigen Sie mit *Speichern* bzw. mit *Drucken*.

Überfüllungen am Bildschirm betrachten

In einem Workflow mit Adobe Acrobat haben Sie auch den Vorteil, dass Sie die Überfüllungen direkt am Bildschirm begutachten können:

Dazu erstellen Sie ein In-RIP-separiertes PDF-Dokument, das Sie in Adobe Acrobat anzeigen. Bei einer In-RIP-Separation handelt es sich um eine PostScript-Composite-Datei mit einigen zusätzlichen Befehlen, die den RIP anweisen, aus jeder Seite die entsprechende Anzahl Auszüge, basierend auf den verwendeten Druckfarben, zu erstellen.

1. Weisen Sie die entsprechenden Überfüllungen zu und wählen Sie *Datei > Drucken*.
2. Wählen Sie als Drucker *PostScript-Datei* und als PPD den Acrobat Distiller.
3. In der Kategorie *Ausgabe* wählen Sie im Popup-Menü *Farbe* den Eintrag *In-RIP-Separationen* und als Überfüllung *Anwendungsintegriert*.

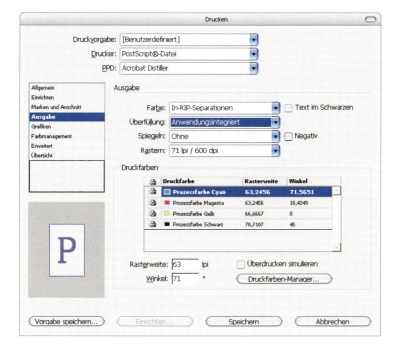

Abbildung 8.35 So erzeugen Sie eine Voransicht Ihrer Überfüllungen.

4. Klicken Sie auf *Speichern* und erstellen Sie anschließend über den Distiller aus der erzeugten PostScript-Datei ein PDF-Dokument.
5. Beurteilen Sie die Überfüllungen in Acrobat.

Über den PDF-Direktexport können Sie keine Überfüllungen aus InDesign erstellen.

Farben überdrucken

Bei übereinanderliegenden Objekten spart InDesign die Form des oben liegenden Objekts aus dem unteren aus. Das ist deshalb notwendig, weil Offsetdruckfarben lasierend, das heißt nicht vollständig deckend sind. Ohne die beschriebene Aussparung würde es zu fehlerhaften Mischfarben kommen, wo die beiden Farben übereinanderliegen.

Eine Ausnahme von dieser Regel sind hundertprozentig schwarze Texte oder in InDesign erstellte Objekte – diese *überdruckt* InDesign in der Grundeinstellung. Das bedeutet, dass die Form des oben liegenden schwarzen Objekts nicht aus dem unteren Objekt ausgespart wird.

Damit ein schwarzes Objekt tatsächlich überdruckt, weisen Sie ihm die Farbe *[Schwarz]* aus dem *Farbfelder*-Bedienfeld zu.

Bevor die leistungsfähigen Optionen zum Überfüllen entwickelt wurden, verwendete man das Überdrucken häufig für manuelle Überfüllungen, was mittlerweile fast unnötig ist. Dazu erstellte man eine entsprechende Kontur in einer Farbe, die sich als Kombination zweier angrenzender Farben eignete, und überfüllte diese.

Durch Überdrucken können Sie aber auch interessante Farbüberlagerungen aus den beiden übereinandergedruckten Farben erzielen.

Abbildung 8.36 Für ein überdruckendes schwarzes Objekt wählen Sie die Farbe *[Schwarz]* aus dem Bedienfeld *Farbfelder*.

Objekte überdrucken

InDesign bietet sich Ihnen mit dem Bedienfeld *Attribute* die Möglichkeit, die Voreinstellungen für das Überdrucken für einzelne Objekte zu ändern.

Gehen Sie folgendermaßen vor:

1 Öffnen Sie das Bedienfeld *Attribute*.
2 Wählen Sie das Objekt aus, das Sie überdrucken möchten, und aktivieren Sie das Kontrollkästchen *Fläche überdrucken*.
3 Bei mit einem Umriss versehenen Objekten können Sie auch die Kontur *überdrucken*.

Direkt im Layout wird das Überdruckergebnis natürlich nicht dargestellt, da die Objekte auf dem Bildschirm – anders als im Druck – vollständig deckend sind.

Um das Überdruckergebnis zu betrachten, verwenden Sie das Bedienfeld *Separationsvorschau*:

4 Wählen Sie die *Fenster > Ausgabevorschau > Separationen*.
5 Wählen Sie aus dem Popup-Menü *Ansicht* den Eintrag *Separationen* und vergewissern Sie sich, dass *CMYK* aktiviert ist.

Schwarz

Das gerade erwähnte, stets auf *Überdrucken* gesetzte Standardschwarz mit dem Namen *[Schwarz]* besteht aus 0 % der Cyan-, Magenta- und Gelbdruckfarbe und 100 % der schwarzen Druckfarbe. Im Dialogfeld Voreinstellungen (*Bearbeiten > Voreinstellungen > Schwarzdarstellung*) trägt diese Farbe den Namen „100 % K Schwarz".

In der Druckpraxis ist eine hundertprozentig schwarze Druckfarbe nicht besonders schwarz. Vielmehr ergibt sich im Offset-Druck ein sehr dunkles Grau. Um dieses Problem zu lösen, mengt man dem Schwarz Anteile der übrigen Druckfarben bei. Das Ergebnis ist ein sogenanntes Tiefschwarz. Ein solches Schwarz wirkt stets dunkler und gesättigter als eines, das über das [Schwarz]-Farbfeld des Farbfelder-Bedienfelds definiert wird.

Ein typisches Einsatzgebiet für Tiefschwarz sind große einfarbig schwarze Flächen. Diese würden mit normalem 100 %-K-Schwarz (0 C, 0 M, 0 Y, 100 K) nicht nur dunkelgrau wirken, sondern es würde auch die Gefahr bestehen, dass sie im Druck wolkig oder streifig herauskommen. Bei einem Tiefschwarz tritt dieses Problem nicht mehr auf.

Auch im Digitaldruck wird wegen der Gefahr, dass das Schwarz wolkig oder streifig wirkt, häufig zu einem Tiefschwarz statt einem 100 %-K-Schwarz geraten.

Auch wenn farbige Objekte ein schwarzes Objekt überlappen und auf *Überdrucken* gesetzt sind, sollten Sie statt des normalen 100 %-K-Schwarz ein Tiefschwarz verwenden. Bei der Verwendung eines normalen 100 %-K-Schwarz käme es im Druck zu Farbunterschieden zwischen den überlappenden und den nicht überlappenden schwarzen Bereichen (wie in der rechten Abbildung gezeigt).

Sehr kleine schwarze Bereiche, wie kleine Texte, sollten Sie nicht als Tiefschwarz definieren. Kommt es auf der Druckmaschine zu Registerproblemen, werden die einzelnen Farben also nicht exakt aufeinandergedruckt, erscheinen die Cyan-, Magenta- oder Gelbkomponenten, aus denen Sie das Tiefschwarz aufgebaut haben, vielleicht minimal außerhalb der Zeichenkonturen. Selbstverständlich kann dies bei jedem Schriftgrad passieren; am auffälligsten ist es aber bei kleinen Größen.

Verschiedene Tiefschwarzvarianten

▶ Eine klassische Mischung für Tiefschwarz wäre beispielsweise 100 K und 70 C. Hier sollte kein Cyanstich im fertigen Druckergebnis auszumachen sein (bei der Ausgabe auf einem Tintenstrahl- oder Farblaserdrucker könnte dies hingegen schon passieren).

Abbildung 8.37 Weil 100 %-K-Schwarz immer auf *Überdrucken* gesetzt ist, die schwarze Druckfarbe aber nicht 100 % deckend ist, kann es bei Überlappungen zu deutlichen Farbunterschieden kommen.

Kapitel 8: Vorbereitung auf die Reproduktion

- ▶ Aber auch andere Mischungen mit zusätzlichem Magenta- und Gelbanteil sind möglich:
- ▶ Eine weitere typische Kombination enthält Prozentsätze aller vier Druckfarben, z.B. 60 C, 50 M, 50 Y, 100 K.
- ▶ Oder Sie definieren ein „warmes Schwarz" (z.B. 0 C, 60 M, 30 C, 100 K).

Zu beachten ist lediglich, dass das Ink-Limit (der maximale Farbauftrag) für den jeweiligen Bedruckstoff nicht überschritten wird. Beim erwähnten „warmen Schwarz" etwa beträgt der Gesamtfarbauftrag 60 M + 30 Y + 100 K = 190.

Beim Körpersiebdruck kann es durch einen zu hohen Farbauftrag sehr schnell zum Abblättern oder zum Schmieren der Farbe kommen. Im Offset-Druck kann ein zu hoher Gesamtauftrag zu Trocknungsproblemen und Ähnlichem führen. Ein typisches Ink-Limit im Farb-Offset-Druck ist 300 % (bis vor kurzem noch 350 %).

Abbildung 8.38 Links: *[Schwarz]*, rechts: Tiefschwarz mit 70 C, 100 K

Die Schwarzdarstellung ändern

In der Grundeinstellung erscheinen von Ihnen definierte Schwarzvarianten am Monitor und beim Druck auf einem nicht PostScript-fähigen Drucker identisch. Der Monitor zeigt beide Varianten als das dunkelste Schwarz, das er darstellen kann: 0 % Rot, 0 % Grün, 0 % Blau.

Diese Tatsache hat schon häufig Ärger verursacht, weil Schwarzprobleme erst nach der endgültigen Ausgabe wahrgenommen wurden.

InDesign gibt Ihnen aber ab der Version CS2 die Möglichkeit, diese Unterschiede zwischen hundertprozentigem [Schwarz] und dem von Ihnen definierten Tiefschwarz am Monitor und beim Tintenstrahldruck zu visualisieren. Diese Einstellungen ändern lediglich das Erscheinungsbild Ihres Dokuments. Die tatsächlichen Farbwerte bleiben unverändert.

1. Wählen Sie *Bearbeiten/InDesign > Voreinstellungen > Schwarzdarstellung*.
2. Das Dialogfeld *Voreinstellungen* wird mit der Kategorie *Schwarzdarstellung* geöffnet.
3. Aus der Liste *Am Bildschirm* wählen Sie *Alle Schwarztöne korrekt anzeigen*. Schwarze Farben mit 100 % Schwarz werden dann am Bildschirm als dunkles Grau angezeigt.

4 Aus der Liste *Beim Druck/Export* wählen Sie *Alle Schwarztöne korrekt ausgeben*. Wenn Sie nun auf einem Nicht-PostScript-Drucker drucken oder in ein RGB-Dateiformat ausgeben, wird reines CMYK-Schwarz mit den im Dokument verwendeten Farbwerten ausgegeben.

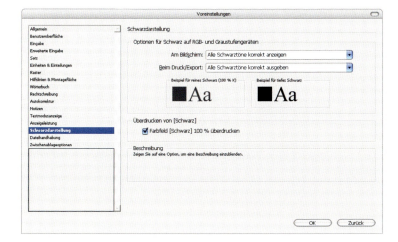

Abbildung 8.39 Die verschiedenen Schwarzvarianten lassen sich auch am Bildschirm und auf Nicht-PostScript-Druckern ausgeben.

8.9 Dateien mit Transparenzen ausgeben

Ein weiteres wichtiges Thema, mit dem Sie sich vor der endgültigen Ausgabe beschäftigen sollten, sind Transparenzen. Transparenzen erhalten Sie, wenn Sie Ihren Objekten Effekte wie Schlagschatten oder weiche Kanten zuweisen. Aber auch beim Import von Illustrator-Grafiken mit Gaußschem Weichzeichner oder Photoshop-Bildern mit einer Ebenenmaske können sich Transparenzen in Ihr Dokument „schleichen".

So kontrollieren Sie, ob Ihr Dokument Transparenzen enthält:

1 Wählen Sie *Fenster > Ausgabevorschau > Reduzierungsvorschau*.
2 Dieses Bedienfeld Ihnen Gelegenheit, im Dokument transparente Bereiche ausfindig zu machen. Diese Dokumentteile können rot hinterlegt dargestellt werden, der Rest des Dokuments wird in Graustufen dargestellt. Wählen Sie aus dem Popup-Menü den Eintrag *Transparente Objekte*, um alle Objekte mit transparenten Bereichen vollständig zu markieren – auch Bilder mit Alphakanälen.

Abbildung 8.40 Das Bedienfeld *Reduzierungsvorschau* dient zum Überprüfen der Transparenzreduzierung Ihres Dokumets.

Wenn Sie mit Transparenzen in Ihren InDesign-Dokumenten arbeiten, sollten Sie Ihre Produktionspartner auf jeden Fall auf diesen Umstand hinweisen, damit sie die Daten entsprechend verarbeiten können.

Abbildung 8.41 Objekte mit Transparenzen …

Abbildung 8.42 … druckt PostScript einfach deckend übereinander.

Die meisten Ausgabegeräte wie RIPs und Drucker arbeiten mit PostScript, der Standardseitenbeschreibungssprache der Druckindustrie. Und diese Sprache kennt keine Transparenzen. Objekte mit Transparenzen werden stattdessen einfach deckend übereinandergedruckt. Möchten Sie dennoch ein Layout mit transparenten Objekten ausgeben, ist ein Trick notwendig: die sogenannte Transparenzreduzierung (englisch *Transparency Flattening*).

Im optimalen Fall kann das Ausgabesystem mit Transparenzen umgehen, z.B. RIPs mit einem Adobe CPSI-Interpreter ab Version 3015 sowie Harlequin ScriptWorks ab Version 6. Solche Systeme können die vor der Ausgabe stets notwendige Transparenzreduzierung selbst vornehmen. Aber auch die einfache Tatsache, dass das System Ihres Produktionspartners mit einer Adobe CPSI Version 3015 oder höher arbeitet, ist noch keine Garantie für eine reibungslose Verarbeitung von PDF-Daten mit Transparenz.

Nicht nur der RIP selbst muss die Anforderungen erfüllen, sondern auch das vorgeschaltete Workflow-System. Kann dieses keine Transparenzen verarbeiten, kommt es ebenfalls zu Problemen.

Wenn Sie Ihr Dokument mit Transparenzen als PDF-Datei exportieren möchten, sollten Sie sich deshalb zuerst bei Ihren Produktionspartnern erkundigen, ob deren Geräte mit Transparenzen zurechtkommen. Ist dies der Fall, können Sie Ihre Datei als PDF ab Version 1.4 ausgeben. Dann lassen sich die Transparenzen voll editieren. Ein weiterer günstiger Effekt ist, dass die PDF-Dateien meist deutlich kleiner sind, da Vektorobjekte mit Transparenzen nicht mehr in speicherplatzintensive Rasterbilder umgewandelt werden müssen.

Keines der aktuellen PDF/X-Formate erlaubt Transparenzen, sodass Sie beim Erstellen von PDF/X-Dokumenten immer eine Transparenzreduzierung durchführen müssen.

Der richtige Umgang mit Transparenzen

Am sichersten ist es, wenn Sie die Transparenzen in Ihrem Dokument vor der Ausgabe herausrechnen. Transparente werden in deckende Objekte umgewandelt, ohne dass sich deren Aussehen verändert: Das Ergebnis wirkt nach wie vor transparent. Die Objekte sind es in Wirklichkeit aber nicht, sondern werden entsprechend den Transparenzanteilen zerlegt.

InDesign erledigt diese Aufgabe mehr oder weniger automatisch für Sie: In einem aus InDesign gedruckten oder als PDF, SVG oder EPS exportierten Dokument werden die Transparenzen „reduziert".

Man spricht auch von „Flattening". Das bedeutet, dass Indesign transparente Elemente in mehrere Teile zerlegt, wobei das Programm einige als Vektorobjekte belässt, während es andere aufrastert.

Sie müssen nur die geeigneten Einstellungen vornehmen. Dann erhalten Sie normalerweise ein einwandfreies Ergebnis. Um diese Einstellungen geht es in diesem Abschnitt.

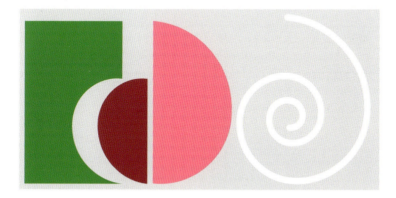

Abbildung 8.43 Bei der Transparenzreduzierung zerlegt InDesign die übereinanderliegenden, transparenten Objekte gemäß der Überlappungen.

Abbildung 8.44 Links: Ebenfalls unkompliziert sind übereinanderlagernde Pixelbilder. Mitte: Bei überlagernden Vektor- und Pixelbildern können Sie Einfluss auf die Umrechnung nehmen. Rechts: Ganz unproblematisch ist die Transparenzreduzierung von überlagernden Vektorobjekten, die mit einer soliden Farbe gefüllt sind.

Transparenzreduzierung und Objekttypen im Einzelnen

Wie InDesign Ihr Dokument umrechnet, hängt stark vom Typ der enthaltenen Objekte ab. Je komplexer Ihr Dokument aufgebaut ist, d.h., je verschiedenartiger die überlappenden Bereiche sind, desto mehr Komplikationen sind besonders bei der Druckausgabe einer hoch auflösenden Datei möglich.

▶ Ganz ohne Komplikationen bewerkstelligt InDesign die Transparenzreduzierung von überlappenden Vektorobjekten mit einer Flächenfarbe.

▶ Übereinandergelegte Pixelbilder mit Transparenzen bereiten InDesign ebenfalls keine Schwierigkeiten, selbst wenn die Pixelbilder unterschiedliche Auflösungen haben. Je nach ausgewählter Transparenzreduzierungseinstellung – mehr darüber weiter unten – verrechnet InDesign die sich überlagernden Bilder zu einem neuen Einzelbild.

▶ Interessant wird es bei einer Kombination aus Vektor- und Pixelgrafiken, zum Beispiel einem Vektorobjekt, das auf einem Hintergrund in Form einer Pixelgrafik liegt. Hier kann die Umrechnung sehr unterschiedlich ausfallen – Vektorobjekte können als solche erhalten bleiben oder in Pixelgrafiken umgewandelt werden. An den Kanten zwischen Vektor- und Pixeldaten kommt es gelegentlich zu Darstellungsfehlern. Wie die Umrechnung erfolgt und Sie das genannte Problem vermeiden, legen Sie über das im folgenden Abschnitt besprochene Transparenzreduzierungsformat fest.

Der Transparenzfarbraum

Bei der Erstellung von Dokumenten für den professionellen Druck wählen Sie zunächst *Bearbeiten > Transparenzfarbraum* und vergewissern sich, dass der Eintrag *Dokument-CMYK* ausgewählt ist. Wenn InDesign bei der Transparenzreduzierung Objekte aufrastern muss, stellen Sie damit sicher, dass die resultierenden Bitmap-Objekte im CMYK-Modus aufgerastert werden.

Möchten Sie Dokumente für Bildschirmpräsentationen bzw. das World Wide Web erstellen, ist der Eintrag *Dokument-RGB* richtig.

Transparenzreduzierungsformate

Für viele Zwecke reichen die drei internen *Transparenzreduzierungsformate* von InDesign aus. Mit diesen Transparenzreduzierungsformaten optimieren Sie die Art, wie InDesign transparente Elemente ausgibt.

Ein vordefiniertes Transparenzreduzierungsformat anwenden

In der Grundeinstellung verwendet InDesign das Transparenzreduzierungsformat *Mittlere Auflösung*, das für die Ausgabe auf einem Belichtungsgerät jedoch in den meisten Fällen keine ausreichende Qualität erzeugt.

Um ein anderes Transparenzreduzierungsformat einzustellen, gehen Sie folgendermaßen vor:

1 Wählen Sie *Datei > Drucken* oder *Datei > Exportieren*, je nachdem, ob Sie eine PostScript-Datei, eine PDF- oder eine EPS-Datei benötigen. Falls Sie ein Buch erstellt haben, wählen Sie aus dem Bedienfeldmenü ▾≡ des Buchs *Buch drucken* bzw. *Buch in PDF exportieren*.
2 In der Kategorie *Erweitert* des Druck- oder Export-Dialogfelds wählen Sie aus dem Popup-Menü im Bereich *Transparenzreduzierung* eines der vordefinierten Transparenzreduzierungsformate: *Niedrige Auflösung, Mittlere Auflösung* oder *Hohe Auflösung*.
3 Drucken oder exportieren Sie das Dokument bzw. das Buch mit einem Klick auf die entsprechende Schaltfläche.

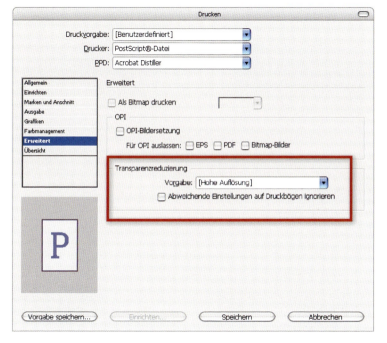

Abbildung 8.45 Im Bereich *Transparenzreduzierung* wählen Sie aus einem der vordefinierten Formate.

Soll das Dokument auf einem hoch auflösenden Gerät wie einem Belichter ausgegeben werden oder möchten Sie beispielsweise hochwertige Farbproofs auf Thermosublimationsdruckern erstellen, wählen Sie die Voreinstellung *Hohe Auflösung*. Möchten Sie Ihr Werk hingegen selbst auf Ihrem PostScript-Farbdrucker drucken, wählen Sie den Eintrag *Mittlere Auflösung*. Für die Ausgabe als SVG-Datei für die Bildschirmansicht oder für Probedrucke auf Laserdruckern wählen Sie die niedrige Auflösung.

Bei der hohen Auflösung behält InDesign mehr transparente Objekte als Vektorobjekte bei. Dadurch erhöhen sich Speicherbedarf und Druckdauer, weil InDesign mehr Objekte erstellen muss. Bei der mittleren und der niedrigen Auflösung rastert InDesign mehr Objekte, wodurch sich die Ausgabequalität unter Umständen verringert.

Kapitel 8: Vorbereitung auf die Reproduktion

Das Transparenzreduzierungsformat kontrollieren und nachbearbeiten

Kontrollieren Sie das Ergebnis in Zusammenarbeit mit Ihrem Dienstleister. Falls es nicht die erforderliche Qualität hat – diese beispielsweise für ein hoch auflösendes Ausgabegerät nicht ausreicht –, bearbeiten Sie die vordefinierten Einstellungen und speichern sie unter einem anderen Namen an einem beliebigen Speicherplatz auf Ihrer Festplatte.

Diese Einstellung geben Sie an Ihren Dienstleister weiter. Dieser kann das Format dann wiederum im Dialogfeld *Drucken* unter *Erweitert* auswählen und damit bei der Ausgabe auf Ihr Dokument anwenden.

Wenn Sie eines der vordefinierten Transparenzreduzierungsformate bearbeiten möchten, gehen Sie folgendermaßen vor:

1 Wählen Sie *Bearbeiten > Transparenzreduzierungsvorgaben* und klicken Sie auf den Stil, der am ehesten Ihren Anforderungen entspricht.

Um ein geeignetes Transparenzreduzierungsformat zu erhalten, sollten Sie sich mit Ihrem Produktionspartner verständigen. Ohne eine Reihe von ausgiebigen Tests sollten Sie selbst definierte Einstellungen auf jeden Fall nicht verwenden.

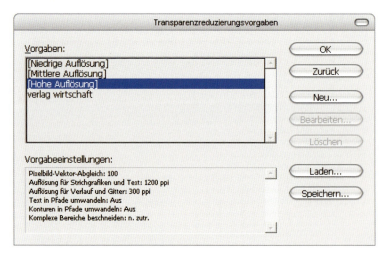

Abbildung 8.46 Über das Dialogfeld *Transparenzreduzierungsvorgaben* legen Sie bei Bedarf ein neues Format an.

2 Klicken Sie auf die Schaltfläche *Neu*, um das Dialogfeld *Transparenzreduzierungsformat* anzuzeigen.

3 Geben Sie dem neuen Format einen passenden Namen, zum Beispiel den Namen des Belichtungsgeräts.

4 Über den Regler *Pixelbild-Vektor-Abgleich* stellen Sie ein, wie komplex ein Vektorobjekt sein muss, damit InDesign es in ein Bitmap-Objekt umwandelt. Bei Dokumenten, die professionell belichtet und ausgegeben werden sollen, sollten Sie den Regler normalerweise an den rechten Anschlag ziehen, damit so viele Objekte wie möglich als Vektorobjekte beibehalten werden. Wie gesagt, erhöht sich dadurch allerdings die Ausgabedauer des Dokuments. Objekte mit unterschiedlichen Farbverläufen müssen trotzdem aufgerastert werden. Die Pixelgrafik wird dabei in einen Pfad eingebettet. Ziehen Sie den Regler hingegen ganz nach links – diese Einstellung ist zum Beispiel für Webgrafiken geeignet –, wird die gesamte Grafik zu einem Pixelbild. Stellen Sie auch hier anhand ausgiebiger Tests sicher, dass die gewünschte Qualität erzielt wird.

5 Als *Auflösung für Strichgrafiken und Text* wählen Sie für gewöhnlich die Auflösung des Belichtungsgeräts. Bei hoch auflösenden Geräten reicht die Hälfte der Maximalauflösung in vielen Fällen aus – fragen Sie auch hier im Zweifelsfall bei Ihrem Produktionspartner nach. Diese Einstellung bestimmt, in welcher Auflösung Vektorobjekte ausgegeben werden, die durch die Transparenzreduzierung in Pixelbilder umgewandelt wurden. Je höher die hier angegebene Auflösung, desto genauer werden die Objekte wiedergegeben.

6 Mit der *Auflösung für Verlauf und Gitter* bestimmen Sie, in welcher Auflösung Schlagschatten, weiche Kanten und andere Verläufe ausgegeben werden. Normalerweise reichen hier 150 bis 300 dpi aus – ein Mehr führt nicht zu einem besseren Ergebnis, sondern zu einer unnötig großen Datei und zu langen Ausgabezeiten. Unterstützt das Ausgabegerät PostScript Level 3 und Smooth Shading, werden die Objekte nicht aufgerastert, sondern in Formen konvertiert.

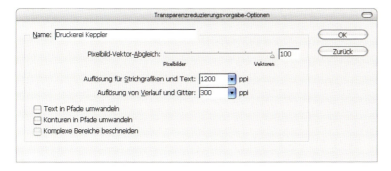

Abbildung 8.47 Im Dialogfeld *Transparenzreduzierungsvorgabe-Optionen* nehmen Sie die Einstellungen für Ihr neues Format vor.

Die drei Kontrollkästchen im unteren Bereich des Dialogfelds haben erheblichen Einfluss auf die Dateigröße.

▶ Das aktivierte Kontrollkästchen *Text in Pfade umwandeln* sorgt dafür, dass Texte auf transparenten Objekten zu Vektorpfaden werden. Dies gilt auch dann, wenn sonst durch den eingestellten Pixelbild-Vektor-Abgleich überlappende Objekte in Pixelgrafiken

Beachten Sie bitte, dass die umgewandelten Schriften besonders in kleinen Graden beim Betrachten in Adobe Acrobat oder bei der Ausgabe auf Bürodruckern etwas stärker wirken. Im professionellen Druck tritt dieses Problem nicht auf. Ein Nachteil bei der Aktivierung des Kontrollkästchens *Gesamten Text in Pfade umwandeln* besteht in einer längeren Verarbeitungsdauer.

umgewandelt würden. In manchen Fällen ist es sinnvoll, dieses Kontrollkästchen zu aktivieren: Manchmal „reagiert" Text, der in die Nähe von transparenten Objekten gesetzt wurde mit diesen, obwohl die Elemente gar nicht überlappen. Das Ergebnis sind z.B. ungleichmäßige starke Textkonturen. Eine Lösungsmöglichkeit ist, mit *Objekt > Anordnen > In den Vordergrund* die Stapelreihenfolge zu verändern und den Text an die oberste Position zu bringen *(Objekt > Anordnen > In den Vordergrund)*. Die andere Möglichkeit ist die Umwandlung über das Kontrollkästchen *Text in Pfade umwandeln*.

▶ Mit aktiviertem Kontrollkästchen *Konturen in Pfade umwandeln* erzwingen Sie, dass sämtliche Konturen auf Druckbögen, die Transparenzen aufweisen, in Vektoren konvertiert werden. Feine Konturen werden dadurch etwas verstärkt. Außerdem verbessern Sie dadurch die Darstellung aufgerasterter Objekte, weil InDesign um diese einen Pfad legt.

▶ Bei aktiviertem Kontrollkästchen *Komplexe Bereiche beschneiden* werden die Grenzen zwischen Vektorgrafiken und Pixelbildern auf die Objektpfade verlagert. Häufig kommt es beim Aufeinandertreffen von Pixel- und Vektorgrafiken, die aus einem Objekt erstellt wurden, zu feinen weißen Linien (*Stitching*). Das Problem tritt vor allem bei komplexen Überlagerungen mit Transparenzen auf. Geben Sie ein Dokument mit solchen Stitching-Effekten auf einem PostScript-kompatiblen Gerät mit einer Auflösung über 300 dpi aus, ist dieses Problem normalerweise nicht sichtbar. Wenn doch, können Sie mit aktiviertem Kontrollkästchen *Komplexe Bereiche beschneiden* versuchen, dieses Problem zu vermeiden. Bei der Voreinstellung *Hohe Auflösung* ist dieses Kontrollkästchen automatisch aktiviert.

Bei einem *Pixelbild-Vektor-Abgleich* von 100 % ist das Kontrollkästchen *Komplexe Bereiche beschneiden* deaktiviert.
In Acrobat lässt sich die Anzeige der „Stitching"-Effekte verhindern, wenn Sie *Bearbeiten > Grundeinstellungen* wählen, die Kategorie *Seitenanzeige* aktivieren und das Kontrollkästchen *Vektorgrafiken glätten* deaktivieren.

Und noch einen weiteren Vorteil bietet das Aktivieren des Kontrollkästchens *Komplexe Bereiche beschneiden*: Bei komplexen Überlappungen mehrerer Objekte kann es passieren, dass ein bestimmtes Objekt teilweise in eine Pixel-, teilweise in eine Vektorgrafik umgewandelt wird, was oft zu Farbabweichungen oder sonstigen Auffälligkeiten im Druckergebnis führt. Mit der Beschneidung komplexer Bereiche verhindern Sie dieses Problem.

Dieses Kontrollkästchen erhöht die Komplexität des Druckbogens erheblich – manchmal kann er von einem bestimmten Ausgabegerät nicht einmal mehr verarbeitet werden.

Mit der Reduzierungsvorschau arbeiten

Im Bedienfeldmenü ▾≡ wählen Sie nun die von Ihnen für die aktuelle Arbeit benötigte Transparenzreduzierungsvorgabe.

Aktivieren Sie eventuell noch das Kontrollkästchen *Autom. aktualisieren*, damit InDesign bei Änderungen die Anzeige umgehend aktualisiert.

Falls Sie auf einzelnen Druckbögen gesonderte Reduzierungsvorgaben festgelegt haben, diese bei der Reduzierungsvorschau aber nicht berücksichtigen möchten, aktivieren Sie das Kontrollkästchen *Abweichg. für Druckbg. Ignorieren*.

Danach bestimmen Sie, was die Reduzierungsvorschau hervorheben soll.

- Bei ausgewähltem Eintrag *In Pixelbilder umgewandelte komplexe Bereiche* markieren Sie alle Dokumentbereiche, die Sie gemäß dem Regler *Pixelbild-Vektor-Abgleich* in Pixelbilder konvertieren.
- Wählen Sie den Eintrag *Transparente Objekte*, um alle Objekte mit transparenten Bereichen vollständig zu markieren – auch Bilder mit Alphakanälen.
- Der Eintrag *Alle betroffenen Objekte* markiert vollständig alle Objekte mit transparenten Bereichen und alle Objekte, die von transparenten Objekten überlagert werden.
- Mit *Betroffene Grafiken* markieren Sie nur im Layout platzierte Grafiken, die transparent sind oder von transparenten Objekten überlagert werden.
- Mit dem Eintrag *In Pfade umgewandelte Konturen* hinterlegen Sie gemäß der Transparenzreduzierungsoption *Alle Konturen in Pfade umwandeln* sämtliche Konturen, die InDesign in Pfade umwandelt.
- Mit dem Eintrag *In Pfade umgewandelter Text* markieren Sie alle Texte, die in Pfade umgewandelt werden.
- Wählen Sie den Eintrag *Text und Konturen mit Pixelbildfüllung*, sehen Sie alle Texte und Konturen, die InDesign nach dem Reduzieren mit einer Pixelbildfüllung versieht.
- Bei ausgewähltem Eintrag *Alle in Pixelbilder umgewandelten Bereiche* markiert InDesign sämtliche Objekte, die bei der Transparenzreduzierung in Pixeldaten konvertiert werden.

So verwenden Sie das neue Format

Beim Drucken oder Exportieren wählen Sie das neue Format nun in der Kategorie *Erweitert* aus.

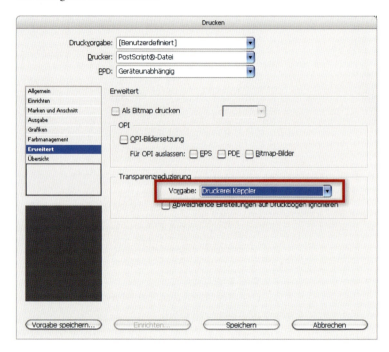

Abbildung 8.48 Das neue Format lässt sich von nun an in der Kategorie *Erweitert* des Druck- oder Exportdialogs auswählen.

Besonderheiten

Je komplexer Ihr Dokument aufgebaut ist, das heißt, je verschiedenartiger die überlappenden Bereiche sind, desto mehr Komplikationen bei der Druckausgabe sind möglich, besonders bei einer hoch auflösenden Ausgabe. Eine Beratung mit Ihrem Dienstleister ist hier in jedem Fall erforderlich.

Nachfolgend einige Informationen zu Spezialfällen:

Volltonfarben

Probleme können entstehen, wenn Volltonfarben ins Spiel kommen, zum Beispiel wenn ein Schlagschatten über ein Objekt mit einer Volltonfarbe fällt. Da InDesign hier neue (Prozess-)Farben errechnen muss, sind Farbsprünge am Übergang zwischen der Vollton- und der neuen Farbe vorprogrammiert – negativ wirkt sich das bei vierfarbseparierten PostScript-Dateien aus.

Zeigen Sie ein solches Dokument in Acrobat an, wird die Fläche unter dem Schlagschatten eventuell komplett ausgespart. Es handelt sich hierbei um ein Darstellungsproblem, das Sie in Acrobat auf die folgende Weise beheben können: Wählen Sie in Acrobat 8 *Erweitert > Druckproduktion > Überdrucken-Vorschau*. Nun wird das Dokument korrekt angezeigt.

Bei der Ausgabe des Dokuments kann es zu Problemen kommen, sobald das Ausgabegerät mit den Überdrucken-Einstellungen nicht klarkommt. Fragen Sie Ihren Druckpartner, ob sein Belichtungsgerät bei der Ausgabe Schwierigkeiten bereiten kann. Am sichersten ist es stets, statt der Vollton- eine Prozessfarbe zu verwenden. Mit dem Druckfarben-Manager im Bedienfeldmenü ▾≡ des Farbfelder-Bedienfelds wandeln Sie Volltonfarben vor dem Export in die entsprechenden Prozessfarben um.

Abbildung 8.49 Transparenzen und Füllmethoden in Verbindung mit Volltonfarben können im Druck zu unerwarteten Ergebnissen führen – hier die InDesign-Satzdatei …

PDF-Dokumente mit transparenten Objekten erstellen

Wenn Sie Ihr Dokument mit Transparenzen als PDF-Datei exportieren möchten, sollten Sie sich zuerst bei Ihren Produktionspartnern erkundigen, ob deren Geräte mit den Acrobat-Versionen 5.0 bzw. 6.0 (PDF 1.4 bzw. 1.5) zurechtkommen. Dies ist vorteilhaft, da sich in diesen Versionen Transparenzen voll editieren lassen. In diesem Fall ist zu überlegen, ob Sie das Dokument als PDF ab der Version 1.4 exportieren. Dies hat auch den günstigen Effekt, dass die PDF-Dateien meist deutlich kleiner sind, da Vektorobjekte mit Transparenzen nicht mehr in rechenintensive Rasterbilder umgewandelt werden müssen.

Sollte ein Export in ein Format ab PDF 1.4 nicht möglich sein – wenn Sie also in das PDF-Format 1.3 exportieren müssen – ist Vorsicht und genaue Kontrolle der transparenten Objekte angesagt, da InDesign die Transparenz des Dokuments dann automatisch reduziert. Bei PDFs für den Bildschirm aktivieren Sie in der Kategorie *Erweitert* des Dialogfelds *PDF exportieren* das Kontrollkästchen *Überdrucken simulieren*, damit die Transparenzen und Volltonfarben exakt dargestellt werden.

Für den Vierfarbdruck muss dieses Kontrollkästchen deaktiviert bleiben, da Sie damit sämtliche Volltonfarben in die entsprechenden Prozessfarben umwandeln.

Abbildung 8.50 … und hier das Ausgabeergebnis in Acrobat; beachten Sie auch die Verfärbung des Schattens auf der orangeroten Volltonfläche.

Für PDF-Dokumente, die ohne die Funktion *Überdrucken simulieren* exportiert wurden, können Sie übrigens in Adobe Acrobat eine Überdrucken-Vorschau einschalten (*Erweitert > Überdrucken-Vorschau*), um sich ein Bild vom Aussehen des gedruckten Dokuments zu machen.

Transparenzen im OPI-Workflow

Die OPI-Technologie stellt ein spezielles niedrig aufgelöstes Bild zur Verfügung, das ein schnelles Layouten ermöglicht. Erst bei der Belichtung oder beim Druck wird das hoch aufgelöste Bild vom OPI-Server automatisch ersetzt.

Damit ist auch schon klar, wo das Problem bei der Verwendung von Transparenzen im Zusammenhang mit OPI liegt: Sie können die Transparenzen in InDesign zwar dem Bild im Layout zuweisen und dann auch eine Reduzierung durchführen. Doch hier liegt gerade die Gefahr. Denn durch die Reduzierung fallen die OPI-Kommentare weg, die den Server anweisen, die hoch aufgelösten Bilder einzusetzen – die Ausgabe erfolgt deshalb mit den niedrig aufgelösten Bildern.

Aus diesem Grund sollten Sie Bilder mit Transparenzen auch in einem OPI-Workflow als endgültige PostScript-Bilder in das Layout einsetzen. Wenn Sie die EPS-Bilder im Layout platzieren, aktivieren Sie zu diesem Zweck zunächst im Dialogfeld *Platzieren* das Kontrollkästchen *Importoptionen anzeigen* und im nächsten Dialogfeld das Kontrollkästchen *Eingebettete OPI-Bildverknüpfungen lesen*.

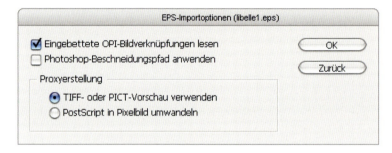

Abbildung 8.51 Aktivieren Sie das Kontrollkästchen *Eingebettete OPI-Bildverknüpfungen lesen*, wenn Sie mit Transparenzen in einem OPI-Workflow arbeiten.

Weitere Informationen über das Platzieren von EPS-Bildern finden Sie auf Seite 168.

Auch bei der Ausgabe sind bestimmte Einstellungen notwendig: Im Druck- oder Exportdialog aktivieren Sie in der Kategorie *Erweitert* das Kontrollkästchen *OPI-Bildersetzung > Für OPI auslassen*.

Das Format speichern und weitergeben

Wie erwähnt, sollten Sie Ihr eigenes Format Ihrem Dienstleister bzw. anderen am Workflow Beteiligten mitgeben, damit er es bei der Ausgabe Ihres Dokuments verwenden kann. Dazu verwenden Sie im Dialogfeld *Bearbeiten > Transparenzreduzierungsvorgaben* die Schaltfläche *Speichern*. Jetzt können Sie einen Dateinamen und Speicherort für die Vorgabe auswählen.

Die Produktionspartner, denen Sie diese Vorgabe weitergegeben haben, klicken im Dialogfeld *Transparenzreduzierungsvorgaben* auf die Schaltfläche *Laden*, um Ihre Reduzierungsdatei mit der Endung *.flst* zu laden und einsetzen zu können.

Einzelne Druckbögen reduzieren

Falls an diesem Punkt des Workflow die Transparenzen im Dokument nicht wie beabsichtigt ausgegeben werden, wird Ihr Produktionspartner wahrscheinlich die Vorgaben für das Dokument zugunsten von Vorgaben für den einzelnen problematischen Druckbogen aufheben.

Das funktioniert folgendermaßen:

1 Wählen Sie den betreffenden Druckbogen im Bedienfeld *Seiten* aus.
2 Aus dem Bedienfeldmenü ▾≡ wählen Sie *Druckbogen reduzieren > Keine (Transparenz ignorieren)*.

Eine andere Möglichkeit, die Einstellungen des Dokuments für einen einzelnen Druckbogen zu übergehen, ist der Befehl *Benutzerdefiniert*.

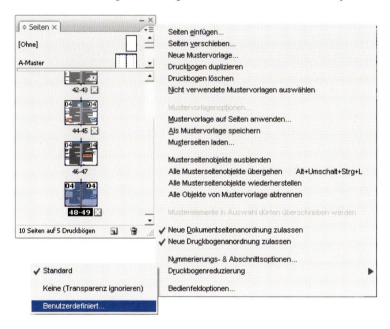

Abbildung 8.52 Für jeden Druckbogen lassen sich eigene Reduzierungseinstellungen festlegen.

Mit diesem Befehl öffnen Sie das Dialogfeld *Benutzerdefinierte Druckbogen-Reduzierungseinstellungen*, das dem bekannten Dialogfeld *Transparenzreduzierungsvorgabe-Optionen* gleicht.

Nachdem Sie die Einstellungen für einzelne Druckbögen geändert haben, müssen Sie sich im Druck- oder Exportdialog in der Kategorie *Erweitert* vergewissern, dass das Kontrollkästchen *Abweichende Einstellungen auf Druckbögen ignorieren* deaktiviert ist.

Abbildung 8.53 Damit die eigenen Reduzierungseinstellungen für die Druckbögen wirksam werden, muss im Export- oder Druckdialog das Kontrollkästchen *Abweichende Einstellungen auf Druckbögen ignorieren* deaktiviert sein.

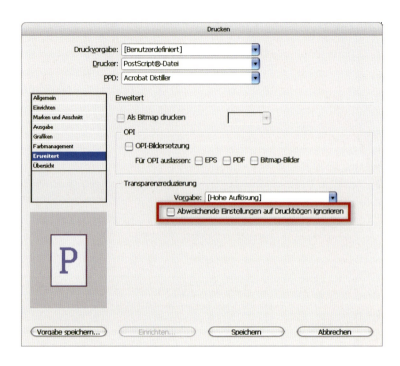

Abbildung 8.54 Das Bedienfeld *Reduzierungsvorschau* dient zum Überprüfen der Transparenzreduzierung Ihres Dokuments.

Die Reduzierungsvorschau

Das bereits erwähnte Bedienfeld *Reduzierungsvorschau* (*Fenster > Ausgabe > Reduzierungsvorschau*) bietet Ihnen Gelegenheit, im Dokument die Bereiche aufzuspüren, die von der Reduzierung betroffen sind. Diese Dokumentteile können rot hinterlegt dargestellt werden, der Rest des Dokuments wird in Graustufen dargestellt. Wenn Sie die Transparenzreduzierungseinstellungen ändern, ändert sich auch diese Anzeige.

Das Bedienfeld *Reduzierungsvorschau* zeigt Bereiche an, die von der Transparenzreduzierung betroffen sind. Allerdings sehen Sie nicht die genaue Darstellung des Ergebnisses.

9 Dokumente ausgeben

Nachfolgend geht es um die Druckausgabe Ihrer InDesign-Dokumente. Dieses Gebiet umfasst nicht nur den Ausdruck auf einem gewöhnlichen Tintenstrahl- oder Laserdrucker, sondern auch die Ausgabe einer PDF- oder PostScript-Datei: In der Praxis geben Sie Ihr Dokument häufig als PostScript- oder gleich als PDF-Datei aus und leiten es an den Dienstleister weiter. Auch dabei handelt es sich um einen Druckvorgang, nur dass der Druck in eine Datei umgeleitet wird.

Kapitel 9: Dokumente ausgeben

9.1 Zwei Möglichkeiten

Zur Ausgabe Ihres Dokuments haben Sie grundsätzlich zwei Möglichkeiten: *Datei > Drucken* oder *Datei > Exportieren*.

Mit *Datei > Exportieren* erzeugen Sie die PDF-Datei ohne den Umweg über den Acrobat Distiller. Auch dieser Befehl ist für die Erzeugung von High-End-PDF-Dokumenten aus InDesign geeignet, da das Ergebnis des Exports qualitativ sehr gut ist.

Falls beim Generieren von PDF-Dateien über das *Exportieren*-Dialogfeld Probleme auftreten, bleibt die Möglichkeit, wie oben beschrieben über den Druckbefehl eine PostScript-Datei zu erstellen und aus dieser mit Hilfe des Acrobat Distiller ein PDF-Dokument zu erzeugen.

> Mit dem zuerst genannten Befehl erzeugen Sie neben der eigenen, direkten Druckausgabe zunächst eine PostScript-Datei, die Sie anschließend über den Acrobat Distiller in ein PDF-Dokument umwandeln können.

9.2 Die Ausgabe über den Befehl »Datei > Drucken«

Im Prinzip stellt sich das Drucken in InDesign als sehr einfacher Vorgang dar, der sich in vielem kaum vom Drucken aus anderen Anwendungen heraus unterscheidet. Prinzipiell gehen Sie folgendermaßen vor: Sie wählen *Datei > Drucken* (Strg / ⌘ + P), stellen die gewünschten Parameter ein und klicken anschließend auf die Schaltfläche *Drucken*. InDesign sendet den Druckjob mit den aktuellen Einstellungen an den gewählten Druckertreiber. Alle sichtbaren Ebenen werden mit ausgegeben.

Der Druckdialog bietet Ihnen mit seinen acht Kategorien eine Menge Einstellmöglichkeiten, die wir nachfolgend erläutern.

> **Neu in InDesign CS3**
> InDesign CS3 gibt Ihnen die Möglichkeit, noch im Dialogfeld *Drucken* festzulegen, welche Ebenen ausgegeben werden sollen. Verwenden Sie dazu das Popup-Menü *Ebenen drucken* in der Kategorie *Allgemein*.

Den Druckertreiber auswählen

Im Popup-Menü *Drucker* im oberen Bereich des Dialogfelds wählen Sie den gewünschten Druckertreiber – entweder den Ihres lokalen oder eines Netzwerkdruckers.

Für die professionelle Ausgabe beispielsweise im Offsetdruck erstellen Sie über das Popup-Menü *Druckvorgabe* eine PostScript-Datei. Dann wird der Druck in eine Datei umgeleitet, die Sie Ihrem Dienstleister direkt zur Weiterverarbeitung übergeben können oder aus der Sie zu diesem Zweck zuvor über den Acrobat Distiller eine PDF-Datei erstellen.

Oder Sie wählen als Druckertreiber direkt *Adobe PDF*. Dann wird eine PostScript-Datei erzeugt und direkt anschließend vom Acrobat Distiller in ein PDF-Dokument umgewandelt.

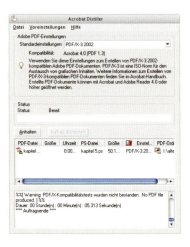

Abbildung 9.1 Wenn Sie als Druckertreiber *Adobe PDF* wählen, sollten Sie zunächst Ihren Distiller entsprechend einrichten.

Möchten Sie so vorgehen, ist es wichtig, dass Sie zunächst den Acrobat Distiller öffnen und die gewünschte Voreinstellung auswählen, z. B. *PDF/X-3:2002*. Diese Einstellung verwendet InDesign, sobald Sie ein Dokument mit dem Druckertreiber *Adobe PDF* ausgeben.

Mehr über PDF/X erfahren Sie auf Seite 413.

Geräteunabhängige und geräteabhängige PostScript-Dateien

Man unterscheidet zwischen geräteunabhängigen und geräteabhängigen PostScript-Dateien. Geräteunabhängige PostScript-Dateien sind immer Composite-CMYK, eventuell mit Volltonfarben, und sie haben den großen Vorteil, dass sie keinerlei Geräte- und Treiberinformationen enthalten, sodass sie auf jedem postscriptfähigen Gerät ausgegeben werden können. Wenn möglich, sollten Sie also geräteunabhängige PostScript-Dateien bevorzugen. In manchen Fällen ist das allerdings nicht möglich – Manchmal sind spezielle Funktionen, Rasterformen oder Überfüllungen notwendig, die sich auf ein bestimmtes Ausgabegerät beziehen.

In diesem Fall erstellen Sie eine geräteabhängige PostScript-Datei, für die Sie allerdings die entsprechende PPD von Ihrem Druckdienstleister benötigen (mehr darüber im Anschluss). Auch hier wird der Druck in eine Datei umgeleitet. Diese PPD wählen Sie nach der korrekten Installation aus dem gleichnamigen Popup-Menü aus.

Geräteabhängige PostScript-Dateien können Sie nicht nur als Composite-Datei, sondern auch als Separationen ausgeben und mit Überfüllungen versehen. Mehr zu diesem Thema folgt im Anschluss.

Eine PPD – PostScript Printer Definition – ist eine Druckerbeschreibungsdatei für ein bestimmtes Ausgabegerät. Ein Druckertreiber generiert zunächst lediglich allgemeine PostScript-Befehle für die Ausgabe. Die PPD ergänzt diese um Informationen zum Verhalten Ihres Druckertreibers, z.B. zu Schriften, Papierformaten oder Auflösung.

Vergewissern Sie sich, dass Sie die richtige PPD-Datei für Ihren Druckauftrag gewählt haben. Eventuell händigt Ihr Druckdienstleister Ihnen auch eine PPD für sein Ausgabegerät aus.

Beachten Sie, dass InDesign keine PostScript-Level 1-Drucker unterstützt.

Allgemeine Einstellungen

Die grundlegenden Druckeinstellungen nehmen Sie in der Kategorie *Allgemein* vor. In der Gruppe *Seiten* legen Sie fest, welche Bereiche Ihres Dokuments Sie drucken möchten: Aktivieren Sie das Kontrollkästchen *Bereich*, wenn Sie selbst bestimmen möchten, welche Seiten Ihres Dokuments gedruckt werden sollen. Geben Sie die entsprechenden Seitenzahlen anschließend in das zugehörige Textfeld ein – und

Kapitel 9: Dokumente ausgeben

zwar entweder einen aufeinanderfolgenden Seitenbereich (in der Form *1-7* für die Seiten eins bis sieben) oder nicht aufeinanderfolgende Seiten (in der Form *1, 3, 7*).

Im Popup-Menü *Abfolge* wählen Sie den Eintrag *Alle Seiten*, damit InDesign sämtliche Seiten Ihres Dokuments ausgibt. Oder Sie entscheiden sich für die Einträge *Nur gerade Seiten* bzw. *Nur ungerade Seiten*, um eben nur gerade bzw. ungerade Seiten zu drucken. Diese beiden Optionen eignen sich beispielsweise sehr gut, wenn Sie Dokumente, die mit gegenüberliegenden Seiten eingerichtet wurden, in zwei Druckdurchgängen auf Ihrem Drucker ausgeben möchten.

Wenn Sie im Popup-Menü *Abfolge* den Eintrag *Alle Seiten* wählen und das Kontrollkästchen *Druckbögen* aktivieren, wird jede Doppelseite auf ein einziges Blatt gedruckt.

Bei aktiviertem Kontrollkästchen *Musterseiten drucken* geben Sie nicht die Dokumentseiten, sondern die Musterseiten aus.

Im Feld *Exemplare* geben Sie an, in welcher Auflage Sie das Dokument drucken möchten. In der Gruppe *Optionen* bestimmen Sie, was Sie genau drucken möchten – neben dem eigentlichen Dokument beispielsweise auch nicht druckbare Objekte und Hilfslinien. Letzteres ist ideal für Kontrollzwecke.

Die Vorschau im rechten unteren Bereich – sie ist in jeder Kategorie des Dialogfelds sichtbar – zeigt Ihnen die Auswirkungen der jeweils eingestellten Optionen. Sie sehen hier vor allem, ob das Dokument auf das ausgewählte Format passt. Wiederholte Klicks auf die Vorschau lassen diese zwischen den drei Darstellungsweisen Standardansicht, Textansicht und Einzelblattansicht wechseln.

Abbildung 9.2 Mit wiederholten Klicks in den Vorschaubereich wechseln Sie zwischen Standardansicht (links), Textansicht (Mitte) und Einzelblattansicht (rechts).

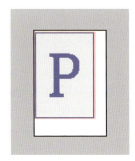 

Die Kategorie »Einrichten«

Normalerweise übernehmen Sie in der Kategorie *Einrichten* das von der PPD vorgegebene Papierformat, indem Sie den Eintrag *Durch Treiber definiert* wählen. Sie können das Papierformat für die Ausgabe aber auch selbst festlegen. Wählen Sie den Eintrag *Benutzerdefiniert*, wenn Sie nicht auf eines der vorgegebenen DIN-Formate zurückgreifen möchten, und geben Sie die Abmessungen in die zugehörigen

Textfelder ein. In der Grundeinstellung übernimmt die Einstellung *Benutzerdefiniert* die Abmessungen des InDesign-Dokuments.

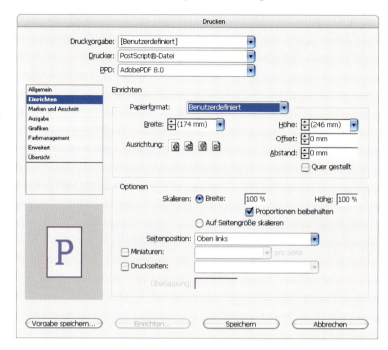

Abbildung 9.3 In der Kategorie *Einrichten* positionieren Sie das Layout unter anderem auf dem Ausgabemedium.

Besondere Vorsicht ist angebracht, wenn Sie Ihrem Dokument Beschnittzugaben und/oder Marken hinzufügen müssen (mehr darüber auf Seite 402). Wählen Sie in diesem Fall, nachdem Sie die Beschnittzeichen in der Kategorie *Marken und Anschnitt* aktiviert haben, als Papierformat die Einstellung *Benutzerdefiniert* und ändern Sie in den Popup-Menüs für die *Breite* und *Höhe* nichts. So stellen Sie sicher, dass alle Marken sowie Anschnitt und Infobereich auf die Seite passen.

Diese Option verlangsamt die Ausgabe deutlich, besonders wenn Sie viele Bögen auf einer Seite unterbringen möchten.

Das Dokument für den Ausdruck skalieren

Nachdem Sie im Bedarfsfall die Ausrichtung gewählt haben, können Sie dann in der Gruppe *Optionen* noch eine Skalierung des Layouts vornehmen:

Aktivieren Sie das Optionsfeld *Miniaturen*, wenn Sie die Seiten eines mehrseitigen Dokuments verkleinert nebeneinander auf eine Seite drucken möchten. Diese Möglichkeit ist zum Beispiel sinnvoll, wenn Sie sich einen Überblick über den Inhalt eines Buchkapitels, eines Magazins oder dergleichen verschaffen möchten.

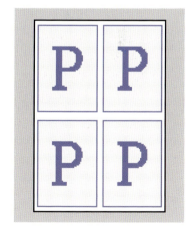

Abbildung 9.4 Die Vorschau zeigt es an: Hier sollen zwei Mal zwei Miniaturen auf eine Seite gedruckt werden.

Marken und Anschnitt festlegen

Bevor Sie Ihr in eine PostScript- oder PDF-Datei gedrucktes Dokument abliefern, müssen Sie eventuell Marken hinzufügen. Mithilfe von Marken kann Ihr Dienstleister für den Proof die Farbdichte eines Films messen, Separationsfilme ausrichten und das Papier zuschneiden. Ob und welche Marken Sie hinzufügen müssen, erfragen Sie bei Ihrer Druckerei. Viele Dienstleister bevorzugen es, mit speziellen Programmen die Marken erst am Ende des Workflow selbst einzufügen.

Anschnitt

Obwohl es vom layouttechnischen Gesichtspunkt her besser ist, wenn Sie den Anschnitt gleich beim Einrichten des Layouts berücksichtigen (vgl. auch Kapitel 1), können Sie ihn auch hier noch hinzugeben. Deaktivieren Sie dazu das Kontrollkästchen *Beschnittzugabe-Einstellungen des Dokuments verwenden* und stellen Sie über die vier Eingabefelder für jede Seite die benötigten Beschnittzugaben ein. Häufig verwendet man an allen vier Seiten Beschnittzugaben von 3 mm.

> Wenn Sie Marken hinzufügen, sollten Sie als Papierformat *Benutzerdefiniert* wählen, damit die Marken auf das Ausgabeformat passen. Kontrollieren Sie vorsichtshalber in der Vorschau. Die Marken werden nicht in das Dokument selbst eingefügt, sondern nur in die PostScript-Ausgabe. Art und Stärke der Marken können Sie über die Felder im rechten Bereich selbst einstellen.

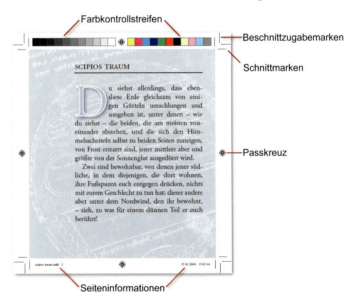

Abbildung 9.5 Für diesen Ausdruck sind alle Marken aktiviert worden.

Die Ausgabeeinstellungen

In der Kategorie *Ausgabe* bestimmen Sie vor allem die Separationseinstellungen, unter anderem aber auch zur Auswahl, ob Sie eine Composite-Ausgabe oder Separationen wünschen.

Im Popup-Menü *Farbe* bestimmen Sie, ob Sie Separationen oder Composite drucken möchten.

Composite- oder vorseparierte PostScript-Dateien?

Sie geben Ihre PostScript-Datei (oder PDF-Datei, mehr darüber weiter unten) auf drei grundsätzliche Arten aus:

- Composite
- Separationen
- In-RIP-Separationen

Welche Möglichkeit geeignet ist, hängt von den verwendeten Farben und der von Ihrem Dienstleister verwendeten Software bzw. dem RIP ab. Vielen Dienstleistern mit moderner Ausstattung ist es lieber, wenn Sie eine unseparierte PDF- oder PostScript-Datei anliefern, statt einer separierten.

An den einzelnen Workflow-Stationen ist es häufig auch leichter, mit einer Composite-Datei zu arbeiten – gerade Beteiligte, die nicht unmittelbar in der Druckindustrie beschäftigt sind, können mit einer separierten PDF-Datei meist nicht allzu viel anfangen.

Vorseparierte Dateien

Eine vorseparierte PostScript-Datei enthält eine gesonderte Druckplatte für jede Dokumentfarbe. Ein normaler Druckjob in Prozessfarben hat vier Platten mit den Farbinformationen für jede CMYK-Farbe. Jede zusätzliche Volltonfarbe erfordert eine weitere Platte. Ein doppelseitiger Druckauftrag in CMYK-Farben erfordert also acht Platten. Wenn Sie aus der PostScript-Datei anschließend über den Distiller ein PDF-Dokument erstellen, können Sie in Adobe Acrobat die Platte für jede Druckfarbe betrachten (siehe Abbildugnen auf der nächsten Seite).

Composite

Eine Composite-Datei enthält alle Farbinformationen auf einer einzigen Seite. Sie kann als Composite betrachtet oder gedruckt werden. Ihr Dienstleister erstellt in diesem Fall die Farbseparationen erst ganz am Ende des Workflow auf dem RIP.

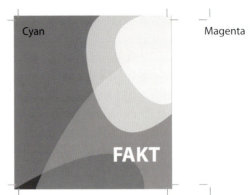

Abbildung 9.6 Oben: Die Composite-Datei enthält alle Farben auf einer Seite.

Abbildung 9.7 Rechts: Die vier farbseparierten Auszüge eines Druckjobs in CMYK-Prozessfarben

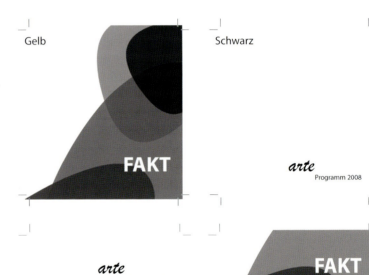

Abbildung 9.8 Die Farbseparationen eines Druckjobs mit Schwarz und einer HKS-Volltonfarbe.

Abbildung 9.9 Selbstverständlich können Sie auch Dokumente mit Volltonfarben als Composite-Datei ausgeben – die Volltonfarben bleiben als solche erhalten.

Der Unterschied zwischen In-RIP-Separationen und Composite-CMYK

Vom Prinzip her gleichen sich Composite-CMYK-Dateien und In-RIP-Separationen. Jedoch enthält eine In-RIP-Separation zusätzliche Befehle, die den RIP anweisen, aus jeder Seite die entsprechende Anzahl Platten basierend auf den verwendeten Druckfarben zu erstellen.

Für welche Option sollen Sie sich nun entscheiden? Fragen Sie nach, was Ihr Dienstleister bevorzugt. Denn alle Ausgabearten haben ihre Vorteile: Eine Composite-Datei ist kompakter als eine vorseparierte Datei – sie besteht aus weniger Seiten. Composite-Dateien können Sie und Ihr Dienstleister am Bildschirm betrachten, um sie zu überprüfen.

Manche Dokumente müssen aber zwingend vorsepariert werden, damit eine korrekte Arbeit mit ihnen möglich ist. Das trifft beispielsweise auf DCS-Bilder (vgl. auch Kapitel 3) und Duplex-Bilder zu.

Auch wenn Sie Ihrem Dienstleister Composite-Dateien liefern müssen, sollten Sie vielleicht Farbseparationen zu Proof-Zwecken auf dem eigenen Drucker, als PDF oder in der InDesign-eigenen Separationsvorschau erstellen. Dann können Sie sehen, ob Ihre Composite-Datei sich korrekt auf die gewünschte Anzahl Druckplatten separieren lässt.

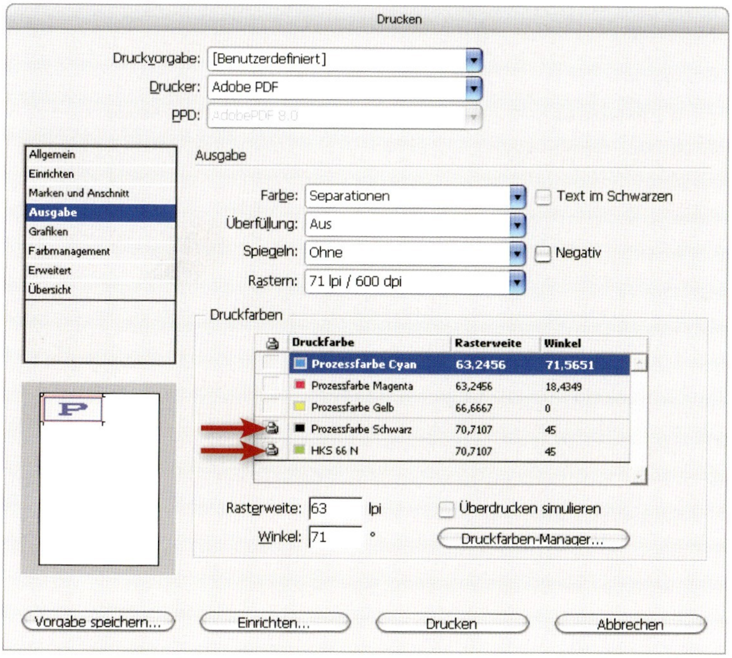

Abbildung 9.10 Hier werden nur Prozessschwarz- und die HKS-Farbe ausgegeben; die übrigen drei Farben wurden deaktiviert.

Die Druckfarben

Wenn Sie sich für Separationen oder In-RIP-Separationen entschieden haben, eröffnen sich Ihnen unter dem Popup-Menü *Farbe* verschiedene weitere Möglichkeiten:

So können Sie beispielsweise die Ausgabe der einzelnen Druckplatten steuern, sich etwa entscheiden, bestimmte Platten nicht mit auszugeben, indem Sie auf das Druckersymbol vor der jeweiligen Farbe klicken (siehe Abbildung auf Seite 405).

Der Druckfarben-Manager

Mit einem Klick auf die Schaltfläche *Druckfarben-Manager* öffnen Sie ein Dialogfeld, in dem Sie die Ausgabe der Platten noch genauer steuern können.

Eine der wichtigsten Möglichkeiten im Druckfarben-Manager ist die Option, zwei Volltonfarben zu einer einzigen zusammenzufassen. Das kann beispielsweise interessant sein, wenn Sie in Ihrem Dokument etwa ein Duplex-Bild mit einer falsch benannten Volltonfarbe verwendet haben. Die korrekte Volltonfarbe ist im Dokument ebenfalls vorhanden, z. B. in einer in InDesign erstellten Headline.

Ohne weitere Vorkehrungen würden jetzt fälschlicherweise zwei Volltonplatten statt einer ausgegeben.

	Druckfarbe	Art	Dichte	Abfolge
	Prozessfarbe Cyan	Normal	0,61	1
	Prozessfarbe Magenta	Normal	0,76	2
	Prozessfarbe Gelb	Normal	0,16	3
	Prozessfarbe Schwarz	Normal	1,7	4
	HKS 66 N	Normal	0,336	5
	HKS 66	Normal	0,336	6

Abbildung 9.11 Das Dokument enthält fälschlicherweise zwei Volltonfarben, wovon die eine – fehlerhaft benannte – aus einem platzierten Zweitonbild stammt.

Lösen Sie das Problem folgendermaßen:

1. Wählen Sie die falsch benannte Volltonfarbe aus.
2. Öffnen Sie das Popup-Menü *Druckfarbenalias* und wählen Sie den Namen der korrekten Volltonfarbe aus.
3. Das war es schon; nun erstellt InDesign für beide Volltonfarben nur eine Platte mit dem richtigen Namen.

	Druckfarbe	Art	Dichte	Abfolge
	Prozessfarbe Cyan	Normal	0,61	1
	Prozessfarbe Magenta	Normal	0,76	2
	Prozessfarbe Gelb	Normal	0,16	3
	Prozessfarbe Schwarz	Normal	1,7	4
	HKS 66 N	Normal	0,336	5
	HKS 66	<HKS 66 N>		

Abbildung 9.12 Nachdem Sie der falsch benannten Volltonfarbe den Namen der richtigen Farbe als Alias zugewiesen haben, erstellt InDesign nur noch eine einzige Volltonplatte.

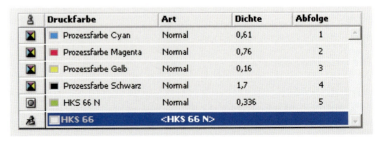

Am Dokument selbst ändert sich nichts, nur bei der Druckausgabe werden die richtigen Farben verwendet.

Eine andere wichtige Möglichkeit in diesem Dialogfeld ist das Kontrollkästchen *Alle Volltonfarben in Prozessfarben umwandeln*. Verwenden Sie dieses beispielsweise, wenn im für den Vierfarbdruck bestimmten Dokument versehentlich eine Volltonfarbe verwendet wurde. Sicherer ist es jedoch, die Volltonfarbe schon im Layout in eine Prozessfarbe umzuwandeln, da Sie hier eine bessere Kontrolle haben.

Überfüllungen festlegen

Weiter oben in der Kategorie *Ausgabe* des Dialogfelds *Druckausgabe* legen Sie über das Popup-Menü *Überfüllung* die Überfüllungseinstellungen für die Ausgabe fest. Über dieses Thema konnten Sie sich in Kapitel 8 ab Seite 365 informieren.

Spiegeln

Ob das Spiegeln des Dokuments notwendig ist oder nicht, erfragen Sie bei Ihrem Dienstleister, da dies von der verwendeten Druckmaschine abhängig ist, genauer gesagt davon, ob die Emulsionsschicht auf der Ober- oder der Unterseite liegt. Üblicher ist hierzulande die Verwendung von nicht gespiegelten Dokumenten.

Das Raster

Die von Ihnen ausgewählte PPD hält einige empfohlene Rasterweiten bereit. Die PPDs für Belichtungsgeräte bieten üblicherweise eine große Auswahl an vordefinierten Rasterweiten, die Sie aus dem Popup-Menü *Rastern* wählen.

Hier eine Übersicht über gebräuchliche Rasterweiten:

Rasterweite (lpi)	Rasterweite (Linien/cm)	Verwendung
60	24	Zeitung, raue Oberfläche
75	30	Zeitung, glatte Oberfläche
85	34	Zeitung, satinierte Oberfläche
100	40	Zeitung, Illustrationsdruck, maschinenglatt und satiniert

Selbst definierte Rasterweiten für die einzelnen Platten legen Sie fest, indem Sie die entsprechende Platte auswählen und dann in das Feld *Rasterweite* den entsprechenden Wert eingeben.

Rasterweite (lpi)	Rasterweite (Linien/cm)	Verwendung
120	48	Naturpapier, Kunstdruckpapier, gut satiniert
135	54	Normales Kunstdruckpapier, gut satiniert
150	60	Bestes Kunstdruckpapier, gut satiniert
200	80	Besonders hochwertige Drucksachen, gut satiniert

Die Rasterwinkel

Bei Vierfarbdrucken muss für jede der vier Druckfarben Cyan, Magenta, Gelb und Schwarz ein eigener Film und später eine eigene Druckplatte erstellt werden.

Würde man in der Farbreproduktion die Raster auf allen vier Filmen einheitlich winkeln, würden im Druck alle Rasterpunkte übereinanderliegen. Das würde sich auf die Farbmischung ungünstig auswirken. Außerdem müssten die einzelnen Druckformen äußerst exakt eingepasst werden, was praktisch unmöglich ist. Schon bei geringster Abweichung kommt ein geometrisches, changierendes Muster, das Moiré, ins Druckbild. Dieses Moiré muss durch Rasterdrehungen für die einzelnen Farben so gering gehalten werden, dass es optisch nicht mehr stört. Das ist bei der optimalen Winkeldifferenz von zirka 30° (je nach verwendeter Rasterweite) der Fall. Wenn eine Farbe, meist die auffälligste Hauptfarbe (Schwarz oder Magenta) auf 45° bzw. 135° gelegt wird, ergeben sich im Abstand von jeweils zirka 30° die beiden Stellungen zirka 15° und zirka 75°. Die Anfangsstellung von 0° wird meistens für die optisch hellste Farbe Gelb verwendet, der „schrägste" Winkel wegen der schlechteren Erfassbarkeit diagonaler Linien für die dunkelste Farbe reserviert.

In InDesign sind die Rasterwinkel schon entsprechend voreingestellt. Fragen Sie Ihren Dienstleister, ob er diese eingestellten Rasterwinkelungen empfiehlt.

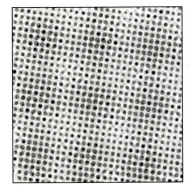

Abbildung 9.13 Bei der Wahl ungeeigneter Rasterwinkelungen bilden sich schnell unschöne Moiré-Muster.

Abbildung 9.14 Durch die Wahl der richtigen Rasterwinkel ergibt sich ein moiréfreies Rosettenmuster.

Abbildung 9.15 Beispiele für Rasterwinkelungen im Vierfarbdruck bei 100 lpi; von links nach rechts: Gelb, Magenta, Cyan, Schwarz.

Rasterelemente gibt es in verschiedenen Formen: Kornstrukturen, Texturen (Gewebe), Linien, Wellen, Spirallinien, runde, elliptische und quadratische Punkte. In Standardabläufen sind ausschließlich Punktraster gebräuchlich, die eine gleichmäßige Gitterstruktur aufweisen und deren Mittelpunktabstände von Element zu Element konstant sind. Man nennt solche Raster „autotypisch", da sie „selbstbildend" Halbtöne zerlegen.

Grafiken und Schriften

Zeigen Sie die Kategorie *Grafiken* an, um festzulegen, wie Bilder und Schriften verarbeitet werden sollen.

In der Gruppe *Bilder* bestimmen Sie beispielsweise, dass für zeitsparende Probedrucke Bilder gar nicht oder nur in geringer Auflösung von 72 dpi (*Proxy*) gedruckt werden sollen. Oder Sie wählen die optimierte Abtastauflösung, damit InDesign nicht mehr und nicht weniger Daten sendet als für das jeweilige Ausgabegerät für ein optimales Ergebnis nötig sind. Dann ist es gleichgültig, wie hoch die Auflösung der Bilder im Layout ist – zum Beispiel erhält ein Laserdrucker im Konzeptdruckmodus nur so viele Daten, dass er die Bilder in der Auflösung 150 dpi drucken kann.

In der Gruppe *Schriften* legen Sie fest, ob InDesign nur Untergruppen der verwendeten Schriften (das heißt nur die tatsächlich verwendeten Zeichen einer bestimmten Schrift), die gesamten Schriften oder überhaupt keine Schrift einbetten soll.

Die Bildung von Untergruppen lohnt sich nur, wenn Sie von bestimmten Schriften nur wenige Buchstaben im Dokument verwenden. Sonst sollten Sie stets die gesamte Schrift einbetten. Lassen Sie das Kontrollkästchen *PPD-Schriftarten herunterladen* aktiviert, denn nur dann werden sämtliche Schriften, die im Dokument verwendet werden, noch einmal heruntergeladen. So stellen Sie sicher, dass es keine Schriftfehler gibt. Am Popup-Menü *PostScript-Level* ändern Sie nichts, da InDesign dieses selbst anhand der PPD auswählt.

Abbildung 9.16 Da die Visitenkarte nur vier Buchstaben der Schreibschrift enthält, muss nicht der gesamte Font eingebettet werden.

Farbmanagement

In der Kategorie *Farbmanagement* legen Sie fest, wie InDesign mit Ihren Dokumentfarben umgeht. Achten Sie darauf, dass für die endgültige Ausgabe in dieser Kategorie das Optionsfeld *Dokument* aktiviert ist. Normalerweise sollten Sie für die Ausgabe einer PostScript-Datei für Ihren Druckdienstleister unter *Farbhandhabung* den Eintrag *InDesign bestimmt Farben* wählen.

Wie Sie das Farbmanagement in InDesign einrichten, erfahren Sie in Kapitel 3.

Erweiterte Einstellungen

Schließlich legen Sie unter *Erweitert* noch einige Optionen fest.

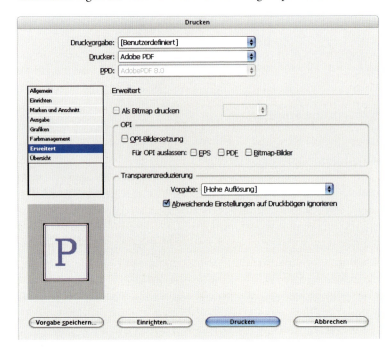

Abbildung 9.17 Die Kategorie *Erweitert* des Dialogfelds *Drucken*

OPI

In Kapitel 3 haben Sie bereits Informationen zum Thema OPI erhalten. Die Kontrollkästchen im Bereich *OPI* beziehen sich auf verknüpfte Grafiken, nicht auf eingebettete.

Sie können über die Kontrollkästchen bestimmen, dass bestimmte Grafiktypen nicht ausgegeben werden, sondern nur die zugehörigen OPI-Kommentare, damit das entsprechende hoch auflösende Bild auf dem OPI-Server gefunden wird. Dies ist für verknüpfte EPS-, PDF- und Bitmap-Daten möglich. Das Kontrollkästchen *OPI-Bildersetzung* sollten Sie normalerweise deaktiviert lassen, damit der OPI-Server die Bildersetzung korrekt durchführen kann.

Die Transparenzreduzierung

Wenn in Ihrem Dokument transparente Objekte enthalten sind (das gilt auch für Schlagschatten und weiche Kanten), müssen Sie diese *reduzieren*. Bei diesem Vorgang werden transparente Bereiche in eigene Objekte aufgetrennt. Nach der Reduzierung werden überlappende Transparenzbereiche im Bild entweder als Vektordaten gedruckt oder aufgerastert. Wählen Sie die passende Voreinstellung.

Wie Sie mit diesen Voreinstellungen umgehen, haben Sie ab Seite 383 erfahren.

Übersicht

In der Kategorie *Übersicht* erhalten Sie noch einmal eine Zusammenfassung der von Ihnen vorgenommenen Druckeinstellungen.

Sichern Sie diese bei Bedarf mit einem Klick auf die Schaltfläche *Übersicht speichern* im Textformat, um sie beispielsweise an Ihre Produktionspartner zu übermitteln.

Eigene Druckvorgaben erstellen

Mit einem Klick auf die Schaltfläche *Drucken* starten Sie den Druckauftrag. Oder nutzen Sie die Möglichkeit, mit Druckformaten zu arbeiten. Das ist eine sehr praktische Methode, beispielsweise um Druckaufträge für eine bestimmte Druckerei mit stets konsistenten Einstellungen abzuliefern. Denn dann müssen Sie künftig nur noch die selbst eingerichtete Druckvorgabe in der Liste *Druckvorgaben* im oberen Bereich des Dialogfelds *Drucken* bzw. über *Datei > Druckvorgaben* öffnen und können den Auftrag sofort starten, ohne noch irgendwelche Einstellungen vornehmen zu müssen.

1 Nachdem Sie alles nach Ihren Wünschen eingerichtet haben, klicken Sie auf die Schaltfläche *Vorgabe speichern*.
2 Es folgt ein kleines Dialogfeld. Hier müssen Sie lediglich einen Dateinamen vergeben und mit *OK* bestätigen.
3 Der neue Stil lässt sich von nun an im Menü *Datei > Druckvorgaben* abrufen.

Auf diese Weise legen Sie beliebig viele eigene Druckvorgaben mit speziellen Einstellungen an, um in Zukunft Zeit zu sparen.

Der Austausch von Druckvorgaben zwischen allen im Workflow Beteiligten bietet sich an:

1 Wählen Sie *Datei > Druckvorgaben > Definieren*.
2 Wählen Sie die gewünschte Vorgabe und klicken Sie auf *Speichern*.
3 Geben Sie Dateiname und Speicherort an und bestätigen Sie erneut mit *Speichern*.

Mit einem Klick auf die Schaltfläche *Laden* in demselben Dialogfeld lassen sich Druckvorgaben, die Sie beispielsweise von Ihrem Dienstleister erhalten haben, laden.

9.3 Die Ausgabe über den Befehl »Datei > Exportieren«

Gehen Sie für den PDF-Export direkt aus InDesign so vor:

1 Öffnen Sie das Dokument, das Sie in eine PDF-Datei umwandeln möchten, und wählen Sie *Datei > Exportieren* (Strg/⌘ + E).
2 Im Dialogfeld *Exportieren* suchen Sie den gewünschten Ablageort heraus und vergeben einen Dateinamen. Als *Dateityp* müsste bereits *Adobe PDF* eingestellt sein; wenn nicht, wählen Sie diesen Eintrag aus.
3 Ein Klick auf *Speichern* öffnet das Dialogfeld *PDF exportieren*. Wie Sie sehen, sind die hier angebotenen Optionen mit denen im Acrobat Distiller fast identisch.

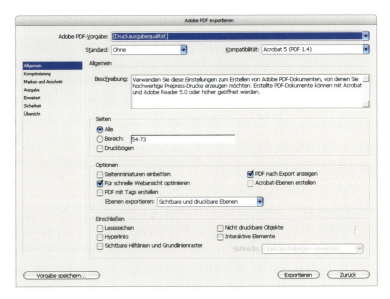

Abbildung 9.18 In diesem Dialogfeld nehmen Sie die Einstellungen für den PDF-Export vor.

Die PDF-Exporteinstellungen

Nachfolgend beschäftigen wir uns mit den allgemeinen Einstellungen für den PDF-Export. Details zum Export von PDF-Dateien für das Internet erhalten Sie in Kapitel 10.

Am einfachsten ist es, wenn Sie aus dem Popup-Menü *Vorgabe* eine der vordefinierten Einstellungsdateien wählen. Die vordefinierten Einstellungen eignen sich für die meisten üblichen Verwendungsgebiete wie zum Beispiel die Druckvorstufe (Einstellung *[Druckausgabequalität]*).

PDF/X

Wenn Sie Dokumente nach den PDF/X1a- bzw. PDF/X3-Kriterien erstellen möchten, benötigen Sie das Popup-Menü *Standard*. Wählen Sie hier zwischen *PDF/X-1a*, *PDF/X-3* oder *PDF/X-4*.

Nachfolgend einige Regeln für PDF/X-konforme Dateien:

- Sämtliche verwendete Schriften müssen im Dokument eingebettet sein.
- Sämtliche Bilder müssen in voller Auflösung in die PDF-Datei eingebettet sein.
- Die PDF-Datei darf keine externen Referenzen wie z.B. OPI-Kommentare enthalten.
- Rastereinstellungen dürfen vorgenommen werden – in der Weiterverarbeitung der PDF/X-Datei müssen diese aber nicht verwendet werden.
- Es muss angegeben werden, ob die Datei überfüllt wurde oder nicht.
- Kommentare, Formularfelder, Schaltflächen und Verknüpfungen dürfen nicht innerhalb der druckbaren Seite angebracht werden.
- Keine LZW-Kompression
- Verschlüsselungen dürfen nicht verwendet werden.

Im Augenblick sind nur PDF/X-1a und PDF/X-3 relevant. PDF/X-4 wird in der Druckvorstufe momentan noch kaum verwendet. PDF/X-1a gilt seit Oktober 99 als US-Standard für den digitalen Datenaustausch. In PDF/X-1a sind nur CMYK- und Spotfarben zugelassen, während Sie mit PDF/X-3 ein medienneutrales PDF/X definieren, das auch Lab- und Cal-RGB-Farbräume zulässt. Zudem können Sie in PDF/X-3 ICC-Profile einbinden. In Europa wird momentan meist PDF/X-3 verwendet.

Es ist klar, welche Vorteile PDF/X bietet: Da das Dokument nach genau definierten Kriterien genormt wird und dies mit der Preflight-Funktion überprüft werden kann, erstellen Sie mit PDF/X PDF-Dokumente, welche die Anforderungen im Druckvorstufenbereich genau treffen.

Wenn Sie ein PDF/X-3-Dokument direkt aus InDesign exportieren möchten, wählen Sie aus dem Popup-Menü *Adobe PDF-Vorgabe* den Eintrag *[PDF/X-3:2002]*. Wie Sie sehen, wird als Kompatibilität automatisch *Acrobat 4.0 (PDF 1.3)* eingestellt, d. h., dass Transparenzen aus dem Dokument herausgerechnet werden. Deshalb ist es wichtig, dass Sie ein geeignetes Transparenzreduzierungsformat verwenden – entweder eines der vordefinierten Formate oder ein selbst erzeugtes (siehe voriges Kapitel).

Bei PDF/X handelt es sich um ein ISO-standardisiertes Format für den professionellen Druck. Mit diesem Format gehen Sie sicher, dass Ihr PDF-Dokument bestimmten Kriterien entspricht, die ein korrektes Druckergebnis gewährleisten. Denn längst nicht jedes PDF-Dokument ist für die professionelle Druckvorstufe geeignet. Vielmehr müssen eine ganze Reihe von Voraussetzungen erfüllt sein, damit eine reibungslose, fehlerfreie Druckproduktion gewährleistet ist. Gerade die unglaubliche Vielseitigkeit von Adobe Acrobat und leider auch einander teilweise widersprechende Einstellungen sorgen dafür, dass dieses Ziel für viele Benutzer gar nicht so einfach zu erreichen ist. Aus diesem Grund wurden von der ISO-Kommission für die Grafische Industrie mehrere ISO-Normen mit den Minimalanforderungen, Einschränkungen und Voraussetzungen für geeignete Vorlagen für die digitale Druckvorstufe vorgelegt, die unter dem Begriff PDF/X zusammengefasst wurden. Die Grundlage für diese PDF/X-Normen ist die PDF-Spezifikation, die von Adobe veröffentlicht wurde.

Das Transparenzreduzierungsformat für den Export der Datei wählen Sie in der Kategorie *Erweitert* des Dialogfelds *Adobe PDF exportieren*.

Eigene Einstellungssätze speichern

Finden Sie unter den vordefinierten Einträgen nicht das Geeignete für Ihre Zwecke, erstellen Sie eigene Einstellungssätze und speichern sie. Dazu nehmen Sie als Grundlage am besten die vorhandene Einstellung, die Ihren Anforderungen am ehesten entspricht, ändern sie entsprechend und klicken dann links unten im Dialogfeld auf die Schaltfläche *Vorgabe speichern*. Von nun an ist die neue Voreinstellung im Popup-Menü *Vorgabe* verfügbar und kann zur Erzeugung von PDF-Dokumenten verwendet werden.

Zum Speichern einer Vorgabe wählen Sie *Datei > Adobe-PDF-Vorgaben > Definieren*. Im folgenden Dialogfeld wählen Sie die gewünschte Vorgabe aus und klicken auf die Schaltfläche *Speichern unter*.

Ihr Produktionspartner lädt die Vorgabe dann über dasselbe Dialogfeld mit einem Klick auf die Schaltfläche *Laden*. Nun kann er sie für Ihre Druckaufträge verwenden.

Bei Bedarf geben Sie die Vorgabe an Ihre Produktionspartner weiter. So wird zum Beispiel eine Druckerei oder ein anderer Produktionspartner eventuell eine eigene Vorgabendatei haben, die einen reibungslosen Workflow gewährleistet, und diese an Sie weitergeben, damit Sie Ihre Dateien korrekt abliefern.

Die Einstellungen in der Kategorie »Allgemein«

Über das Kontrollkästchen *Druckbögen* bestimmen Sie, dass jeder Druckbogen (normalerweise ist das eine Doppelseite, wobei ein Druckbogen auch bis zu zehn Seiten umfassen kann – vgl. dazu Kapitel 5) als einzelne PDF-Seite exportiert wird.

Über die Optionsfelder und das Kontrollkästchen der Gruppe *Seiten* bestimmen Sie, welche Seiten Ihres Dokument in das PDF-Dokument aufgenommen werden sollen.

Abbildung 9.19 Bei aktiviertem Kontrollkästchen *Druckbögen* wird jeder InDesign-Druckbogen …

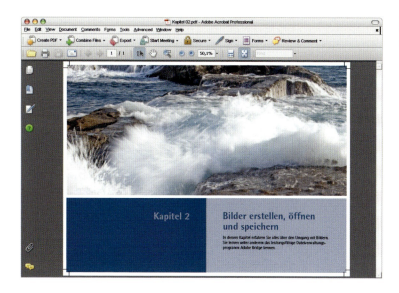

Abbildung 9.20 … im PDF-Dokument zu einer einzigen Seite.

Einstellungen in der Kategorie »Komprimierung«

Diese Kategorie bestimmt die Komprimierung der Bilder in Ihrer PDF-Datei. Für jeden Bildtyp, also Farb-, Graustufen- und Schwarzweißbilder, enthält die Kategorie *Komprimierung* eine eigene Optionsgruppe. Sie finden in jeder Optionsgruppe in etwa dieselben Auswahlmöglichkeiten:

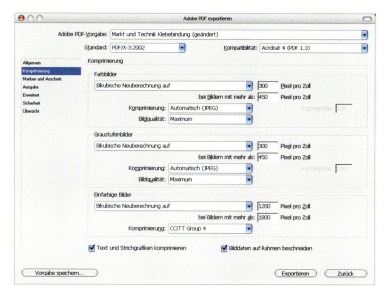

Abbildung 9.21 Die Kategorie *Komprimierung* ist für die Berechnung und Komprimierung der Grafiken in Ihrer PDF-Datei zuständig.

Die Neuberechnung

Falls die Bilder im InDesign-Dokument mit zu hoher Auflösung eingescannt oder wenn sie im Layout verkleinert wurden, erhalten Sie eine unnötig große PDF-Datei. In diesem Fall rechnen Sie die Bildauflösung in der Kategorie *Komprimierung* herunter. Sie können dazu im Popup-Menü *Neuberechnung* zwischen drei verschiedenen Methoden auswählen:

> Die bikubische Neuberechnung bringt zwar ein gutes Ergebnis – noch besser ist es aber, wenn Sie schon von vornherein die richtige Bildauflösung einstellen. Bedenken Sie, dass jede bikubische Neuberechnung eine gewisse Weichzeichnung verursacht.

- Die Methoden *Durchschnittliche Neuberechnung auf* sowie *Subsampling auf* arbeiten relativ schnell. Das Ergebnis ist dafür von der Qualität her geringwertiger als bei der im nächsten Punkt erläuterten Methode *Bikubische Neuberechnung auf.*
- Bilder in Dokumenten für die professionelle Druckvorstufe sollten Sie immer mit der *Bikubischen Neuberechnung* herunterrechnen. InDesign verwendet einen gewichteten Mittelwert und erhält damit auch die Detailzeichnungen in den Bildern.

In das Eingabefeld neben dem Popup-Menü für die Neuberechnungsmethode geben Sie einen dpi-Wert ein, der der Idealauflösung für den Verwendungszweck des PDF-Dokuments entspricht: also beispielsweise 300 dpi für den Offsetdruck oder zirka 100 dpi für die Darstellung am Monitor. Auf diesen Wert werden die Bilder heruntergerechnet. In das Feld *bei Bildern ab* geben Sie ein, ab welcher Auflösung Bilder überhaupt heruntergerechnet werden sollen.

Das Kompressionsverfahren

Einer der größten Vorteile der PDF-Technologie ist, dass PDF-Dateien – gerade bei Seiten mit größerem Bildinhalt – um ein Vielfaches kleiner sind als PostScript-Dokumente. Diese geringe Dateigröße wird durch verschiedene Kompressionsmethoden erzielt, die Sie für die unterschiedlichen Grafiktypen in Ihrem Dokument im Popup-Menü *Komprimierung* festlegen.

> Beachten Sie, dass InDesign Graustufenbilder, die Sie in InDesign in Prozessfarben eingefärbt haben (vgl. Kapitel 4), mit den Farbbild-Komprimierungseinstellungen komprimiert. Graustufenbilder, die Sie in Volltonfarben eingefärbt haben, komprimiert InDesign wie Graustufenbilder.

Für Farb- und Graustufenbilder stellt InDesign Ihnen die Kompressionsverfahren *ZIP*, *JPEG* und *Automatisch (JPEG)* zur Verfügung. Bei der letzteren Option sucht InDesign sich automatisch die für das individuelle Bild beste Komprimierung heraus.

Reine Schwarzweißbilder können Sie mit den Verfahren *CCITT Group 3*, *CCITT Group 4*, *Lauflänge* oder *ZIP* komprimieren.

Das ZIP-Kompressionsverfahren, das für alle drei Bildtypen verfügbar ist, bedient sich der LZW-Komprimierung. LZW ist die Abkürzung von „Lempel-Ziv-Welch" – das sind die Erfinder des LZW-

Kompressionsalgorithmus. Auch das GIF-Format verwendet LZW zum Komprimieren von Bildern. Dieses Kompressionsverfahren sucht nach sich wiederholenden Abfolgen – also z.B. einer Reihe gleichfarbiger Bildpunkte – und beschreibt diese dann mit einem Verweis auf eine Folge. Ohne diese Kompressionsart würde jedes Pixel einzeln in Bezug auf Position und Farbe beschrieben. Die LZW-Komprimierung wird als verlustfrei bezeichnet, praktisch sind aber im Druck leichte Farbunterschiede zwischen komprimierten und unkomprimierten Bildern erkennbar.

Die ZIP-Komprimierung ist vor allem für Dokumente, die in erster Linie flächige Bilder enthalten, geeignet – weniger für Dokumente mit vielen fotografischen Darstellungen. Aus diesem Grund ist die ZIP-Komprimierung auch für reine Schwarzweiß-(1-Bit-)Bilder verfügbar – hier funktioniert die ZIP-Kompression ebenfalls gut, besonders bei Schwarzweißbildern mit sich wiederholenden Mustern.

Einen anderen Ansatz verfolgt die JPEG-Komprimierung:

Die Kompression geht mit Qualitätsverlusten einher; dafür wird die Farbtiefe nicht reduziert, sondern es wird der gesamte TrueColor-Farbraum mit 16,7 Millionen Farben reserviert. Im Gegensatz zur ZIP-Komprimierung gehen Bildinformationen verloren, die Sie nicht mehr wiederherstellen können. In guten Qualitätsstufen (weniger komprimiert) nimmt das Auge diesen Informationsverlust allerdings wenig bis gar nicht wahr. In niedrigeren Qualitätsstufen (stärker komprimiert) kann es zu groben Unschärfen und Fehlfarben kommen.

Für die Kompression von Bildern mit scharfen Kanten ist JPEG ungeeignet; hier sollten Sie eher den ZIP-Algorithmus verwenden. Je weicher hingegen die Kanten sind, desto besser die Kompression, sprich, desto kleiner wird das resultierende JPEG-Bild.

Haben Sie im Popup-Menü *Komprimierung* den Eintrag *JPEG* gewählt, können Sie im darunterliegenden Popup-Menü *Bildqualität* zwischen fünf Qualitäten von *Minimum* bis *Maximum* wählen. Je geringer die Bildqualität, desto kleiner wird das JPEG-Bild. Für hochwertige PDF-Dokumente, die für den Druck bestimmt sind, sollten Sie selbstverständlich eine gute bis sehr gute Bildqualität einstellen bzw. ausschließlich mit der ZIP-Methode komprimieren.

Für Schwarzweißbilder bietet InDesign etwas andere Komprimierungsmöglichkeiten als für Farb- und Graustufenbilder. Bei Schwarzweißbildern müssen Sie in der Regel eine deutlich höhere Auflösung als bei Graustufen- und Farbbildern wählen, um ein gutes Ergebnis zu erzielen. Außerdem ist hier keine Verwendung der JPEG-Komprimierung möglich. Die JPEG-Komprimierung wäre aus den oben genannten Gründen für die scharfrandigen Strichgrafiken ungeeignet.

> Sie können Bilder sogar im verlustfreien JPEG2000-Format komprimieren. Bei JPEG2000 handelt es sich um einen neuen internationalen Standard für die Bildkomprimierung. Damit Sie im Popup-Menü *Komprimierung* Zugriff auf die Option JPEG2000 haben, müssen Sie im Popup-Menü *Kompatibilität* der Kategorie *Allgemein* den Eintrag *Acrobat 6.0 (PDF 1.5)* ausgewählt haben. Leider hat sich JPEG2000 bei den Dienstleistern noch kaum durchgesetzt.

> **Die beste Kompression erzielen Sie mit der Einstellung *CCITT Group 4*** CCITT ist die Abkürzung von *Comité Consultatif International Télégraphique et Téléphonique*. Der Name lässt bereits erahnen, dass dieses verlustfreie Kompressionsverfahren, das nur auf Schwarzweiß-Bitmaps anwendbar ist, aus dem Faxbereich stammt.

Verwenden Sie stattdessen die Kompressionsarten *CCITT Group 3*, *CCITT Group 4*, *Lauflänge* sowie *ZIP*.

Auch bei *Lauflänge* handelt es sich um eine verlustfreie Komprimierungsmethode. Sie ist für Bilder mit großen schwarzen oder weißen Flächen geeignet.

Nicht alle Dokumente enthalten ausschließlich gleichartige Farb- oder Graustufenbilder. In Dokumenten mit heterogener Bildzusammenstellung müssen Sie abwägen, welche Kompressionsmethode die beste ist. Wenn Sie gleichzeitig Farbfotos mit weichen Übergängen und farbige Grafiken mit harten Kanten und großen Flächen platziert haben, entsteht ein Konflikt: Ersteres ist eher für die Kompression als JPEG geeignet, Letzteres eher für die Komprimierung mit LZW.

Schalten Sie in solchen Fällen die Komprimierung der Bilder eventuell ganz aus. Hierbei vergrößert sich allerdings die Dateigröße. Bei der Ausgabe für den Druck ist die Qualität von höherer Bedeutung als die Dateigröße, wenn Sie aber Dokumente etwa für das Web erstellen, bietet es sich an, die Bilder vor dem Export in Photoshop manuell neu zu berechnen und zu komprimieren und dann erneut in Ihr Layout einzufügen.

Sonstige Optionen

Bei aktiviertem Kontrollkästchen *Text- und Strichgrafiken komprimieren* wendet InDesign für alle Texte und Strichgrafiken die ZIP-Komprimierung an. Dabei gibt es keine Qualitätsverluste.

Auch das Kontrollkästchen *Bilddaten auf Rahmen beschneiden* sollten Sie in den meisten Fällen aktiviert lassen. Denn nur dann werden Bilder, die größer sind als ihr Rahmen, auf diesen Rahmen zugeschnitten, was weitere Einsparungen bezüglich der Dateigröße ergibt. Allerdings ist dann die Nachbearbeitung des Bilds in Acrobat entsprechend eingeschränkt.

Einstellungen in der Kategorie »Marken und Anschnitt«

In der Kategorie *Marken und Anschnitt* legen Sie alle für den professionellen Druck wichtigen Optionen fest. Detaillierte Informationen zu diesem Thema haben Sie im ersten Teil dieses Kapitels erhalten.

Einstellungen in der Kategorie »Ausgabe«

In der Gruppe *Farbe* der Kategorie *Erweitert* geben Sie an, wie die Farben Ihres InDesign-Dokuments in PDF umgerechnet werden sollen.

Wenn Sie ein PDF/X-3 erzeugen möchten, sollten Sie die Einstellungen in dieser Kategorie keineswegs ändern. Wichtig ist vor allem, dass im Popup-Menü *Farbkonvertierung* der Eintrag *Keine Farbkonvertierung* ausgewählt ist. Das heißt, dass alle Farben unverändert beibehalten werden.

Voraussetzung für ein gutes Ergebnis ist deshalb, dass Sie zuvor – wie im vorigen Kapitel erläutert – die in Ihrem Dokument verwendeten Farben geprüft haben. Sie können dies aber auch jetzt noch über die Schaltfläche *Druckfarben-Manager* nachholen.

Wenn Sie sich hingegen entscheiden, die Farben in das im Popup-Menü *Ziel* festgelegte Zielprofil zu konvertieren, können Sie die *Werte beibehalten* – dann werden die Farben nur dann konvertiert, wenn ihre eingebetteten Profile sich vom Zielprofil unterscheiden. Farben ohne Profil werden überhaupt nicht umgewandelt. Das Popup-Menü *Ziel* ist nur aktiv, wenn Sie sich für eine Farbkonvertierung entschieden haben. Hier legen Sie fest, in welches Zielprofil die Farben konvertiert werden sollen. Die RGB-Optionen eignen sich nur für PDF-Dokumente, die für das Internet aufbereitet werden sollen. Für separierbare PDF-Dateien wählen Sie eine der CMYK-Optionen, beispielsweise *Europe ISO Coated FOGRA 27*.

Über das Popup-Menü *Berücksichtigung der Profile* legen Sie fest, ob Sie das ICC-Profil mit in die Datei einbinden möchten. Viele weiterverarbeitende Anwendungen können die eingebetteten Profile dann benutzen.

In der Kategorie Ausgabe bestimmen Sie unter anderem, wie InDesign die Farben Ihres Dokuments exportieren soll.

Das Ausgabemethodenprofil

Als *Ausgabemethodenprofil* werden standardmäßig die im Farbmanagement ausgewählten Einstellungen verwendet. Belassen Sie diese Einstellungen.

Einstellungen in der Kategorie »Erweitert«

In der Kategorie *Erweitert* regeln Sie unter anderem, wie InDesign beim Exportieren mit den verwendeten Schriften umgeht.

Ein wichtiger Grund für die weite Verbreitung des PDF-Formats ist die Tatsache, dass grafisches Erscheinungsbild und Layout inklusive aller typografischen Merkmale beibehalten werden können. Eine Voraussetzung dafür ist die Einbettung der verwendeten Schriften in die Quelldatei. Denn nur dann stehen die Original-Schriftinformationen zur Verfügung. In der Gruppe *Schriftarten* brauchen Sie nichts zu ändern – InDesign bettet die Schriften beim PDF-Export grundsätzlich ein.

Eine JDF-Datei beschreibt, was mit dem Druckjob geschehen soll. Diese Spezifikationen können bei der Produktion des Druckwerks verwendet werden. JDF-Dateien enthalten Daten wie beispielsweise Bedruckstoff- und Druckfarbenanforderungen, die Anordnung der Seiten, Auflage und Produktbeschreibungen. Weiterhin enthält die JDF-Datei bestimmte Informationen, die für die Erzeugung von Adobe PDF-Dateien für den Produktionsprozess notwendig sind. Dazu gehören die PDF-Konvertierungseinstellungen und Preflight-Profile.

Außerdem finden Sie in der Kategorie *Erweitert* das Kontrollkästchen *JDF*. Beim PDF-Export kann InDesign eine JDF (Job Definition Format)-Datei für Sie anlegen, also eine Informationsdatei mit Anweisungen für Ihren Dienstleister – vorausgesetzt, Sie haben mindestens Adobe Acrobat 7.0 auf Ihrem Rechner installiert.

Die JDF-Datei und die verknüpften PDF-Dateien werden gemeinsam als Teil des JDF-Workflows versandt.

Nachdem Sie das Kontrollkästchen *JDF-Datei mit Acrobat erstellen* aktiviert und die Datei exportiert haben, öffnet sich Acrobat mit dem Dialogfeld *JDF-Auftragsdefinitionen*.

Abbildung 9.22 Nach dem Export öffnet sich Acrobat mit der JDF-Auftragsdefinition.

Achten Sie darauf, dass die korrekte JDF ausgewählt ist, und klicken Sie im oberen Bereich dieses Dialogfelds auf die Schaltfläche *Bearbeiten*. Nehmen Sie in den Registern die gewünschten Anpassungen vor und klicken Sie auf *OK*.

Nicht jede Schrift kann eingebettet werden

Leider können Sie nicht jede Schrift in Ihr PDF-Dokument einbetten. Dies funktioniert nur, wenn der Schrifthersteller sie zum Einbetten freigibt.

Kann eine Schrift nicht eingebettet werden, verwendet InDesign die rudimentär vorliegenden Schriftinformationen, die in der PDF-Datei gespeichert sind, die Fontmetrik der verwendeten Schrift (den Namen, die Breite der verschiedenen Buchstaben und Formatierungsmerkmale), um die benötigten Schriften in dem System zu finden, auf dem das PDF-Dokument angezeigt wird. Wenn überhaupt keine Schriften gefunden werden, wird anhand des vorliegenden Fontdeskriptors das Erscheinungsbild der im PDF-Dokument verwendeten Schriften simuliert. (Der Fontdeskriptor ist eine Datenstruktur, die die wichtigsten Merkmale der Schrift beschreibt – etwa die Ober- und Unterlängen, den Zeichensatz, die Laufweite und ob sie Serifen besitzt oder nicht.)

Dazu werden beim Export die nachfolgenden integrierten Grundschriften verwendet:

- Courier in den Schnitten Normal, Fett, Kursiv, Fett kursiv
- Adobe SansMM (eine serifenlose Schrift, ähnlich wie Helvetica und Arial)
- Adobe SerifMM (eine Serifenschrift, ähnlich wie Times und Times New Roman)
- Adobe Pi
- Symbol

Durch diese Ersatzschriften, die auf eine identische Laufweite mit der fehlenden Schrift gebracht werden, bleiben im PDF-Dokument wenigstens Zeilen- und Seitenumbrüche erhalten, sodass das Layout nicht zerstört wird. Wenn Sie Schreibschriften oder sonstige außergewöhnliche Schriften verwendet haben, kann das natürlich trotzdem unschön aussehen.

> Die Fähigkeit, die Laufweite der tatsächlich verwendeten an die Laufweite der fehlenden Schrift anzupassen, wird erst durch die Multiple-Master-Technologie ermöglicht (das *MM* hinter Adobe SansMM und Adobe SerifMM steht für *Multiple Master*). Bei Multiple-Master-Fonts handelt es sich um anpassbare PostScript-Schriften. Mit Multiple-Master-Schriften können Sie eine Vielzahl von unterschiedlichen Stärkegraden, Größen und Stilen für eine Schrift erstellen.

9.4 Die PDF-Datei prüfen

Leider bietet die Auswahl der Voreinstellung PDF/X-3:2002 noch keine Gewähr, dass Sie eine Datei erhalten, mit der Ihre Druckerei zufrieden ist. So können in der aus InDesign exportierten PDF/X-Datei durchaus RGB-Bilder, Haarlinien, schwarzer 4C-Text und andere Probleme enthalten sein. Mit anderen Worten: Auch aus einer fehlerhaften Datei lässt sich eine PDF/X-Datei erzeugen.

> Acrobat 8 bietet hervorragende Werkzeuge zum Prüfen und gegebenenfalls Reparieren Ihrer Druckdateien, auch wenn diese mit reinen Preflight-Tools wie Pitstop Enfocus nicht ganz vergleichbar sind.

Preflight in Acrobat 8

Im Menü *Erweitert* von Acrobat 8 finden Sie den Befehl *Preflight*. Dieser ist – wenn Sie die richtigen Einstellungen vorgenommen haben – sehr viel leistungsfähiger als der InDesign-Preflight. Neu in Acrobat 8 ist die Möglichkeit, ein Dokument per Preflight nicht nur zu prüfen, sondern es auch tatsächlich zu reparieren. In den Vorversionen konnte der Preflight lediglich Fehler herausfinden und anzeigen. Sobald Sie das Preflight-Fenster geöffnet haben, sehen Sie eine Liste mit Profilgruppen. Im Beispiel soll das Dokument auf seine Tauglichkeit für den Bogenoffsetdruck mit Vierfarb-Prozessfarben geprüft werden. Wählen Sie dazu aus der Gruppe *Druckvorstufe* den Eintrag *Bogenoffset (CMYK)*.

> **ID** Neu in Acrobat 8

- Profile mit einem farbigen Lupensymbol und einem ausgegrauten Schraubenschlüssel signalisieren, dass Sie zwar einen Preflight-Bereich erhalten, das Profil die PDF-Datei aber nicht ändern wird.

▶ Ein farbiger Schraubenschlüssel und ein ausgegrautes Preflight-Profil-Symbol bedeuten, dass das Profil die Datei ändern, aber keinen Bericht erzeugen wird.

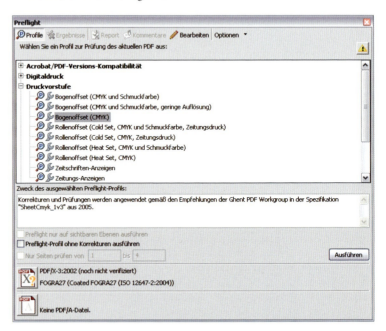

Abbildung 9.23 Wählen Sie ein zu den Ausgabebedingungen passendes Prüfprofil.

Möchten Sie genau sehen, welche Prüfungen und/oder Korrekturen ein bestimmtes Profil durchführen wird, markieren Sie es und klicken Sie anschließend auf die Schaltfläche *Bearbeiten*. Aktivieren Sie im linken Bereich die Kategorie *Zusammenfassung*.

Im rechten Bereich erhalten Sie eine Übersicht über alle Prüfungen und Korrekturen des angewählten Profils. Beim Profil *Bogenoffset (CMYK)* stellen Sie beispielsweise fest, dass unter anderem geprüft wird, ob Linien unter 0,14 Punkt verwendet werden, ob Schriften kleiner sind als 5 Punkt und vieles mehr. Außerdem sehen Sie, dass das Dokument, wenn möglich, nach PDF/X-1a konvertiert wird. Bei Bedarf ändern Sie die Einstellungen des Prüfprofils. Möchten Sie etwa, dass das Dokument nach PDF/X-3 konvertiert wird, aktivieren Sie im linken Bereich die Kategorie *Konvertieren zu PDF/X oder PDF/A*. Hier aktivieren Sie das Optionsfeld *PDF/X-3*.

Zurück im Preflight-Fenster entscheiden Sie, ob Sie das Dokument nur überprüfen oder die entsprechenden Korrekturen ebenfalls ausführen möchten. Soll Preflight das Dokument nur prüfen, aktivieren Sie das Kontrollkästchen *Preflight-Profil ohne Korrekturen ausführen*. Anderenfalls lassen Sie das Kontrollkästchen deaktiviert.

Die PDF-Datei prüfen

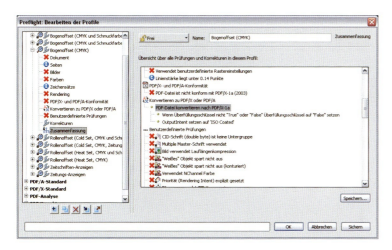

Abbildung 9.24 Wenn Sie es genau wissen möchten, klicken Sie im Dialogfeld *Preflight* auf die Schaltfläche *Bearbeiten*. Das folgende Dialogfeld zeigt Ihnen, welche Prüfungen und Reparaturen das gewählte Profil vornimmt.

Klicken Sie anschließend auf *Ausführen*, um das Prüfprofil auf das aktuell geöffnete PDF-Dokument anzuwenden. Preflight führt die Analyse durch und versucht, eventuelle Probleme zu reparieren. Nicht immer ist das möglich, wie die folgende Abbildung zeigt.

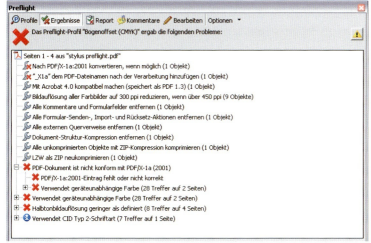

Abbildung 9.25 Beim Preflight dieses Dokuments ergaben sich verschiedene Probleme, die Preflight nicht reparieren konnte.

Sie sehen, dass die im unveränderten Prüfprofil *Bogenoffset (CMYK)* enthaltene Konformität dieses Dokuments mit dem PDF/X-1a-Standard nicht hergestellt werden konnte, unter anderem, weil das Dokument geräteunabhängige Farben verwendet. Bei PDF/X-3 wäre dies kein Grund zur Beanstandung.

Nachdem das Prüfprofil entsprechend geändert wurde, wurde das Dokument in PDF/X-3-2003 konvertiert.

Es ist eine gute Sache, wenn Sie nach dem Abschluss des Preflight auf die Schaltfläche *Report* klicken. Sie erhalten dann einen Preflight-Bericht im PDF-Format, den Sie Ihren Produktionspartnern zusammen mit der Druckdatei liefern können. Bei eventuell auftretenden Problemen fallen Kommunikation und Analyse dann leichter. Die Ergebnisse des Preflight lassen sich als PDF-Datei abspeichern.

Ein Preflight-Droplet erzeugen

Wenn Sie öfter in Acrobat einen Preflight nach bestimmten Kriterien durchführen müssen, verwenden Sie am besten ein sogenanntes Preflight-Droplet. Dabei handelt es sich um eine ausführbare Datei mit einem bestimmten Prüf- oder Korrekturprofil, das Sie beispielsweise auf Ihrem Desktop ablegen können. Dann müssen Sie das Programm Acrobat nicht mehr extra öffnen, um die Dateien zu prüfen oder zu korrigieren. Ziehen Sie die Datei(en) einfach auf das Droplet, um auf die darin gespeicherten Analyse- und Korrekturfunktionen zuzugreifen. Verfügen Ihre Produktionspartner ebenfalls über Acrobat 8 Professional, können Sie die Droplets auch an diese weitergeben und so sicherstellen, dass alle Beteiligten die gleichen Preflight-Einstellungen verwenden.

> Ein Preflight-Droplet ist eine praktische Sache, wenn Sie häufig dieselben Prüfungen an Ihrem Dokument durchführen möchten.

1   Wählen Sie aus dem Preflight-Fenster zuerst das Profil, das Sie in einem Droplet ablegen möchten.
2   Klicken Sie am oberen Rand des Preflight-Fensters auf die Schaltfläche *Optionen* und wählen Sie *Preflight-Droplet erstellen*.
3   Im folgenden Dialogfeld aktivieren Sie in der Gruppe *Bei Erfolg* das Kontrollkästchen vor dem Pull-down-Menü *in den Erfolgsordner*. Vergewissern Sie sich, dass hier der Eintrag *Verschiebe PDF-Datei* ausgewählt ist.
4   Klicken Sie auf die Schaltfläche *Erfolgsordner* und wählen Sie den Ordner, in den die korrigierte PDF-Datei verschoben werden soll.
5   Im Bedarfsfall können Sie einen Bericht über die Korrektur erstellen lassen. Dazu aktivieren Sie in derselben Optionsgruppe das Kontrollkästchen *Report erzeugen und im Erfolgsordner sichern*. Legen Sie im folgenden Dialogfeld fest, wie der Bericht aufgebaut sein soll. Klicken Sie auf *OK*, um das Dialogfeld zu schließen.
6   Nun definieren Sie, wie das Droplet Dateien behandeln soll, die nicht erfolgreich verarbeitet wurden. Dazu wiederholen Sie die Schritte 4 bis 5 mit der Optionsgruppe *Im Fehlerfall*.
7   Klicken Sie auf *Speichern*. Eine gute Praxis besteht darin, das Droplet auf dem Desktop zu speichern.

Das Droplet einsetzen

Ziehen Sie einfach eine PDF-Datei aus einem Ordner auf das Droplet-Symbol. Acrobat wird geöffnet, verarbeitet die Datei und verschiebt sie in den bei der Droplet-Definition angegebenen Ordner. In Acrobat wird anschließend ein Preflight-Bericht angezeigt, der Sie über den Erfolg bzw. das Fehlschlagen der Aktion informiert.

Noch praktischer ist die im Folgenden beschriebene Möglichkeit, ganze Ordner auf das Droplet-Symbol zu ziehen.

1 Kopieren Sie alle Dateien, die vom Droplet verarbeitet werden sollen, in einen Ordner.
2 Öffnen Sie den Ordner und wählen Sie alle darin enthaltenen Dateien aus (`Strg`/`⌘` + `A`).
3 Ziehen Sie Ihre Auswahl auf das Droplet-Symbol. Acrobat verarbeitet nun die Dokumente nacheinander.

9.5 Broschüren und Plakate für Kundenpräsentationen drucken

Im Allgemeinen müssen Sie Ihre InDesign-Dokumente nicht selbst ausschießen, bevor Sie sie an die Druckerei liefern. Das würde auch kaum Sinn machen, weil das Ausschießschema je nach verwendetem Papier und anderen Parametern variiert. Die Druckerei übernimmt diese Aufgabe für Sie.

Anders sieht es aus, wenn Sie auf Ihrem eigenen Tintenstrahldrucker Broschüren oder Booklets drucken möchten, beispielsweise um sie Ihrem Kunden zu präsentieren.

Neu in InDesign CS3

Broschüren und Booklets drucken

Wenn Sie bereits mit den InDesign-Vorversionen gearbeitet haben, kennen Sie vielleicht das Plug-in *InBooklet SE*. Dieses war ein Hilfsmittel zum Ausschießen von einfachen Dokumenten. In InDesign ist diese Funktion über den Befehl *Datei > Broschüre drucken* verfügbar.

Das Dialogfeld *Broschüre drucken* öffnet sich mit der Kategorie *Einrichten*. Sie sehen, dass Sie über das Popup-Menü *Broschürentyp* verschiedene Broschürenlayouts ausschießen können: *Rückenheftung in zwei Nutzen, Klebebindung in zwei Nutzen, Zwei, Drei* und *Vier Nutzen, fortlaufend*. Die *Rückenheftung mit zwei Nutzen* eignet sich für mehrseitige Booklets aller Art.

Wie Sie erkennen können, eignen sich die Funktionen nur für einfache Broschüren. Dafür gibt es ausgefeilte Funktionen wie den Seitenversatz, der die Tatsache ausgleicht, dass die inneren Seiten in einem dicken Booklet schmaler sein müssen als die äußeren.

Im Gegensatz zu dem früheren Zusatzmodul erzeugt der Befehl *Broschüre drucken* kein neues Dokument, sondern der Ausschießvorgang ist ein Teil des Druckprozesses. Zur besseren Kontrolle lässt sich das Dokument jedoch jederzeit in eine PDF-Datei ausgeben.

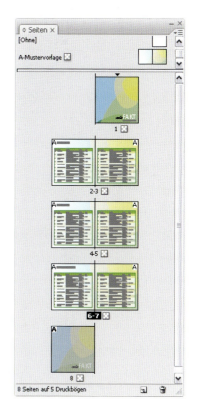

Abbildung 9.26 Das achtseitige Booklet wurde in acht Einzelseiten angelegt.

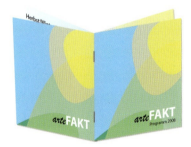

Abbildung 9.27 Seite 1 und Seite 8 müssen auf ein Blatt gedruckt werden, damit das fertige Booklet eine Rückenheftung erhalten kann.

Abbildung 9.28 Das Dokument wurde in eine PDF-Datei geschrieben und kann nun ausgedruckt, geschnitten, gefalzt und geheftet werden.

Gehen wir davon aus, dass Sie eine achtseitige Broschüre mit Rückenheftung anfertigen möchten.

Wählen Sie den Eintrag *Rückenheftung in zwei Nutzen* aus dem Popup-Menü *Broschürentyp* und wählen Sie die Kategorie *Vorschau*.

Klicken Sie auf die Schaltfläche *Druckeinstellungen*. Das bekannte Dialogfeld *Drucken* öffnet sich. Wählen Sie den gewünschten Drucker. In der Kategorie *Einrichten* wählen Sie als *Seitenformat* den Eintrag *Benutzerdefiniert*. Fügen Sie gegebenenfalls über *Marken und Anschnitt* die gewünschten Schnitt- und sonstigen Marken hinzu.

Klicken Sie auf *OK*. In der Vorschau sehen Sie nun das Ausschießschema Ihrer Broschüre.

Mit einem Klick auf die Schaltfläche *Drucken* geben Sie das Dokument aus. Die Seiten erscheinen in der richtigen Reihenfolge und müssen nur noch beschnitten, gefalzt und geheftet werden.

Enthält Ihr Dokument eine ungerade Seitenzahl, fügt die Funktion *Broschüre drucken* übrigens automatisch eine Vakatseite hinzu.

Der Druck der Broschüre aus Acrobat

Wenn Sie im Dialogfeld *Broschüre Drucken* auf die Schaltfläche *Druckeinstellungen* klicken, ist der Bereich *Seiten* deaktiviert. Das stellt für den doppelseitigen Druck auf Ihrem Drucker scheinbar ein Hindernis dar.

Sie können es aber ohne große Schwierigkeiten lösen, indem Sie das Dokument in eine PDF-Datei drucken. Dazu wählen Sie einfach als Drucker *Adobe PDF*. Dann wird Ihre Broschüre in ein PDF-Dokument gedruckt.

In Adobe Acrobat wählen Sie anschließend *Datei > Drucken* und aus dem Popup-Menü *Drucken* in der Gruppe *Druckbereich* den Eintrag *Nur ungerade Seiten*.

Starten Sie nun den Ausdruck, wenden Sie anschließend das Papier und legen Sie es wieder in den Drucker ein. Drucken Sie erneut und wählen Sie dabei *Nur gerade Seiten*.

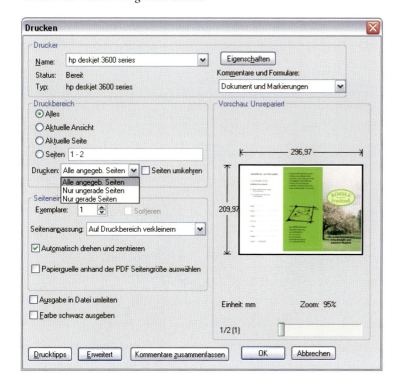

Abbildung 9.29 Auch in Acrobat bietet sich die Möglichkeit, die ungeraden und die geraden Seiten des Dokuments in zwei Durchgängen zu drucken.

Der Seitenversatz

Bei Broschüren mit wenigen Seiten wie im obigen Beispiel sind weitere Einstellungen nicht notwendig.

Wenn Sie aber ein dickes Booklet – eventuell noch auf stärkerem Papier – ausdrucken und anschließend beschneiden möchten, müssen die äußeren Seiten weiter nach außen gerückt sein als die inneren, damit sich ein regelmäßiges Erscheinungsbild ergibt.

Kapitel 9: Dokumente ausgeben

Die entsprechenden Einstellungen nehmen Sie über das Eingabefeld *Seitenversatz* vor. Geben Sie hier den maximalen Seitenversatz ein. Geben Sie bei einer 16-seitigen Broschüre beispielsweise „4 mm" ein, bedeutet dies, dass die erste/zweite und die vorletzte/letzte Seite jeweils 4 mm breiter sind als die innersten Seiten. Die übrigen Seiten werden entsprechend angeglichen.

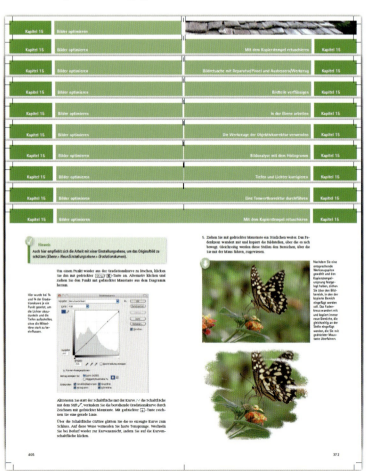

Abbildung 9.30 Diese Abbildung zeigt Ihnen das unbeschnittene Druckergebnis bei eingestelltem Versatz. Das vorderste Blatt liegt bei der Heftung obenauf.

Für eigene Drucke empfiehlt es sich auf jeden Fall, über die Schaltfläche *Druckeinstellungen*, Register *Marken und Anschnitt* die Schnittmarken zuzuschalten. Dann können Sie das Ergebnis des Seitenversatzes besser kontrollieren.

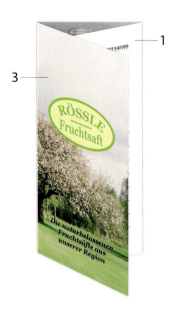

Abbildung 9.31 Prospekt im Wickelfalz

Ein Faltblatt im Wickelfalz ausschießen

Auch die häufig für kleinere Werbedrucksachen verwendeten Faltblätter können Sie mit der Funktion *Broschüre drucken* ausschießen.

Damit der Druck eines Faltblatts im Wickelfalz richtig funktioniert, müssen Sie in InDesign zunächst die richtige Seitenanordnung wählen.

Broschüren und Plakate für Kundenpräsentationen drucken

▶ Als Seite 1 Ihres InDesign-Dokuments gestalten Sie die Seite des Prospekts, den der Anwender nach dem Auffalten des Prospekts als Erstes zu Gesicht bekommt.
▶ Als Seite 2 gestalten Sie die Rückseite des gefalteten Prospekts.
▶ Als Seite 3 gestalten Sie die Vorderseite des gefalteten Prospekts.
▶ Die Seiten 4, 5 und 6 sind die Innenseiten des gefalteten Prospekts.

Abbildung 9.32 Links: Die Seiten 1 bis 3 des Prospekts. Rechts: Die Seiten 4 bis 6 des Prospekts

1 Nach diesen Vorbereitungen wählen Sie dann *Datei > Broschüre drucken*.
2 Als *Broschürentyp* wählen Sie *Drei Nutzen – Fortlaufend*.
3 Klicken Sie auf die Schaltfläche *Druckeinstellungen* und nehmen Sie die Druckeinstellungen wie beschrieben vor.
4 In der Kategorie *Vorschau* kontrollieren Sie, ob Ihr Dokument nun richtig angeordnet ist.
5 Bestätigen Sie schließlich mit *Drucken*.

Abbildung 9.33 Die Vorschau zeigt Ihnen die Anordnung der Seiten.

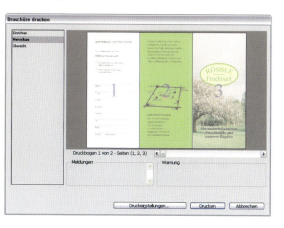
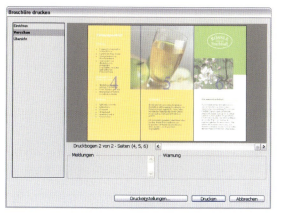

429

Plakate auf mehreren Seiten ausgeben

Die Option *Druckseiten* in der Kategorie *Einrichten* des Dialogfelds *Drucken* eignet sich für den „Hausgebrauch", wenn Sie nur über einen A4- oder A3-Drucker verfügen und auf diesem ein großes Plakat ausgeben möchten, um es etwa einem Kunden zu präsentieren. Die Teilseiten überlappen sich dabei, damit Sie das fertige Plakat besser montieren können.

Aktivieren Sie dazu das Kontrollkästchen *Druckseiten* und geben Sie in die Felder *Skalierung* die entsprechenden Werte ein.

Wenn Sie Pixelgrafiken im Layout platziert haben, ist beim Größerskalieren natürlich entsprechende Vorsicht angesagt.

Bei Bedarf skalieren Sie Ihr Dokument und drucken es auf mehreren, einander überlappenden Seiten aus.

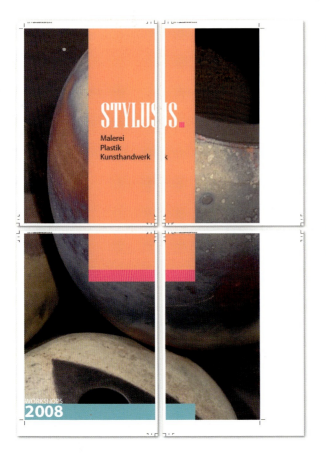
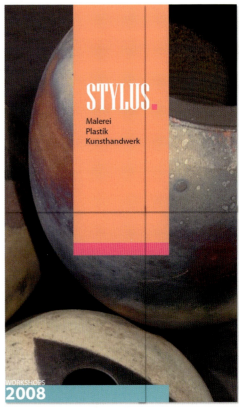

Abbildung 9.34 Das fertig ausgedruckte Dokument (links) lässt sich mithilfe der ebenfalls ausgedruckten Marken wieder korrekt zusammensetzen (rechts).

10 Layouts für das multimediale Zeitalter

Lesen Sie auf den folgenden Seiten, wie Sie Ihre Satzarbeiten auch für das Web nutzen und sich damit für alle Anforderungen des heutigen Mediendesigns fit machen. Vielleicht möchten Sie einen bestimmten Artikel gleichzeitig in einer gedruckten Zeitschrift, als PDF-Dokument und als Webseite oder als eBook veröffentlichen. InDesign vereinfacht Ihnen diese Aufgaben mit vielfältigen Exportmöglichkeiten.

10.1 Interaktive und multimediale E-Books gestalten

Die einzige Möglichkeit, ein umfangreicheres InDesign-Dokument in ein webtaugliches Format zu exportieren und dabei das Layout 1:1 beizubehalten, ist der PDF-Export. Im vorigen Kapitel haben Sie bereits erfahren, wie Sie InDesign-Dokumente als drucktaugliche PDF-Datei exportieren.

PDF-Dokumente werden im Web nach wie vor vorrangig für Dokumente verwendet, die der Anwender herunterladen und dann am Bildschirm betrachten oder ausdrucken kann. Anders als eine HTML-Datei gewährleistet PDF eine hundertprozentige Übereinstimmung mit dem Ursprungsdokument.

Zudem bietet PDF neben der Übernahme des Layouts und jeder gewünschten Schrift (solange sie eingebettet werden kann) zusätzliche Features, die mit HTML ebenfalls schwer zu verwirklichen sind: Der Anwender kann PDF-Dokumente zoomen, Vektorgrafiken werden in bester Qualität dargestellt; selbst Multimedia- und interaktive Elemente können integriert werden.

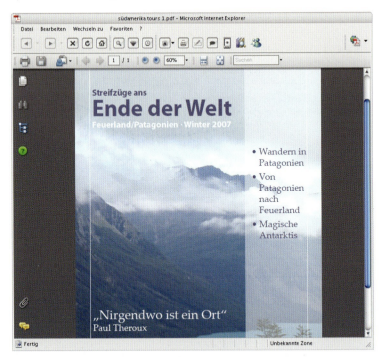

Abbildung 10.1 Legen Sie Wert darauf, dass das Erscheinungsbild Ihres Layouts auch in der Webpräsentation gewahrt bleibt, sollten Sie das PDF-Format verwenden.

Der deutlichste Vorzug von PDF-Dateien ist, dass Sie vorhandene Materialien – etwa Prospekte oder Kataloge – ohne großen Aufwand im Web veröffentlichen können. Sie layouten in InDesign ohne Einschränkungen und stellen die fertige Arbeit dann eins zu eins im WWW dar. HTML-Seiten werden in jedem Browser-Typ und in jedem Betriebssystemtyp ein wenig unterschiedlich angezeigt, während korrekt erstellte PDF-Dokumente stets so angezeigt werden, wie Sie sich das vorgestellt haben.

Zudem bieten Acrobat bzw. das Acrobat-Reader-Plug-in noch ein paar Besonderheiten, die Sie mit HTML-Seiten nicht so ohne Weiteres erreichen können: So hat der Leser Ihrer PDF-Dateien die Option, das Dokument zu zoomen. Damit kann er beispielsweise Abbildungen genauer studieren. Da PDF auf PostScript basiert, also auch Vektoren unterstützt, können Sie problemlos Vektorgrafiken darstellen. Typo ist im PDF-Dokument prinzipiell mit Anti-Aliasing versehen. Bei Bedarf versehen Sie Ihre Datei mit einem Kopierschutz und/oder verhindern, dass der Endnutzer sie ausdrucken kann.

Die Verwendung von PDF-Dokumenten birgt allerdings auch Nachteile: PDF-Dokumente sind normalerweise von der Dateigröße her umfangreicher als Webseiten auf HTML-Basis. Dies ist meist auch der stärkste Einwand gegen das Portable Document Format. Die Kritiker beachten jedoch häufig nicht, dass PDF-Dokumente gegenüber reinen HTML-Dokumenten einen deutlichen Mehrwert beinhalten. Der Kompressionsalgorithmus von PDF ist sehr gut den verschiedenen Anforderungen anzupassen.

Wenn Sie eine Vektorgrafik, beispielsweise in Illustrator, einerseits als GIF-Bild und auch als PDF-Dokument exportieren und beide Dateien vergleichen, werden Sie feststellen, dass die PDF-Datei häufig sogar deutlich kleiner ist als das GIF-Bild – obwohl das PDF-Dokument auch in der Vergrößerung noch eine sehr gute Darstellung bietet. Die GIF-Darstellung erreicht diese Qualität in der Vergrößerung nicht. Der Grund ist, dass Vektorgrafiken in PDF niemals komprimiert werden.

Abbildung 10.2 Diese Grafik wurde einmal als GIF-Datei und einmal als PDF-Dokument mit geeigneten Einstellungen exportiert. GIF- und PDF-Datei unterscheiden sich – geeignete PDF-Einstellungen vorausgesetzt – kaum in der Datei-größe.

Abbildung 10.3 Die PDF-Datei kann ohne Qualitätseinbußen nach Belieben gezoomt werden, während das GIF-Bild in der Vergrößerung nicht mehr optimal dargestellt wird.

Wenn PDF-Dateien zu groß geraten, sind häufig nicht alle Kompressionsmöglichkeiten voll ausgeschöpft. Mit individuellen PDF-Einstellungen und einer Vorbereitung für die Veröffentlichung im Web lassen sich relativ kleine Dateien erstellen.

Damit Sie die Vorteile des starken Kompressionsalgorithmus voll ausschöpfen können, müssen Sie im InDesign-Exportdialog die Einstellungen speziell für die Veröffentlichung im Web vornehmen. Schon vor dem Export, beim Layouten des für das Web bestimmten Dokuments, sollten Sie – genau wie beim Gestalten von HTML-Webseiten – alle Abbildungen überprüfen. Hierbei ist weniger mehr, eventuell können große Grafiken verkleinert oder bestimmte Abbildungen herausgelassen werden. Auch die Wahl der Schriften ist wichtig: Hierbei sollten nicht zu viele unterschiedliche Schriften eingesetzt werden und mit Untergruppen gearbeitet werden. Mehr darüber erfahren Sie auf Seite 409.

Navigationsmöglichkeiten einrichten

Bevor wir zeigen, wie Sie aus Ihrem InDesign-Layout ein webtaugliches PDF-Dokument erzeugen, beschäftigen wir uns mit den erweiterten Möglichkeiten, in InDesign interaktive Dokumente für den PDF-Export zu erzeugen.

Der Hauptvorteil von digitalen Dokumenten gegenüber gedruckten Medien ist, dass jene bessere Zugriffswege auf Informationen bieten. Eine umfangreichere PDF-Datei für den Bildschirm sollten Sie mit möglichst komfortablen Navigationsmöglichkeiten ausstatten. Denken Sie dabei an die Usability, verwenden Sie Strukturen, die vom Betrachter schnell nachvollzogen werden können.

InDesign bietet Ihnen in diesem Zusammenhang verschiedene Möglichkeiten, wie zum Beispiel Hyperlinks, Piktogramme und Lesezeichen.

Hyperlinks und Schaltflächen

Beim Erstellen von Hyperlinks auf Elemente wie beispielsweise Endnoten sollten Sie auch überlegen, wie Sie den Betrachter zurück an die Stelle bringen, von der aus er den Hyperlink angeklickt hat.

Ein Bereich, in dem elektronische Publikationen ihr Papieräquivalent übertreffen, sind Hyperlinks. In typischen, längeren PDF-Dokumenten sollten Sie Elemente wie Inhalts-, Abbildungs- und Tabellenverzeichnisse, Web- und E-Mail-Adressen, Fuß- und Endnoten und Index auf jeden Fall mit Hyperlinks versehen. Auch auf wichtige Informationsgrafiken (z.B. Stadtpläne), auf Überschriften und ähnliche Elemente sollten Sie Hyperlinks erstellen.

Von der optischen Seite her ist es günstig, wenn die Hyperlinks im gesamten Dokument auf einen Blick als solche erkennbar sind. Konsistenz ist hier ebenso wichtig wie in jedem anderen Design-Bereich – haben Sie sich beispielsweise entschieden, einen Hyperlinktext dunkelrot und kursiv darzustellen, sollten Sie diesen Stil im gesamten Dokument durchhalten. So sieht der Anwender stets auf einen Blick, was eine Verknüpfung ist und was nicht. Andererseits sollten Sie Hyperlinks auch nicht so stark hervorheben, dass der Lesefluss gestört wird.

Unterstreichungen sind für Textverknüpfungen vom Usability-Standpunkt her absolut empfehlenswert, besonders wenn der Linktext noch blau formatiert ist. Selbst ein Einsteiger im World Wide Web begreift in kürzester Zeit, dass blauer unterstrichener Text anklickbar ist – diese Merkmale sind zum Standard geworden. Leider stören diese Auszeichnungen eventuell Ihre Gestaltung. Wägen Sie dies je nach Zielgruppe Ihres Webauftritts ab.

Abbildung 10.4 Blaue, unterstrichene Hyperlinks sind im Web zum Standard geworden.

Sehr übersichtlich ist es, wenn Sie für interne, auf Seiten im aktuellen Dokument verweisende Links und externe Links verschiedene Farben verwenden.

Hyperlinkziele anlegen

Eine Verknüpfung besteht aus dem aktiven (anklickbaren) Objekt und einem Sprungziel, den eigentlichen Hyperlink. Als Sprungziel wählen Sie eine Seite bzw. eine Stelle im aktuellen Dokument oder eine beliebige Adresse im weltweiten Netz.

Als aktives Objekt verwenden Sie ein einzelnes Wort, mehrere Wörter, beliebige Textrahmen oder Grafiken. In InDesign selbst sind die Hyperlinks noch nicht aktiv, sie werden es erst, wenn Sie Ihr Dokument als PDF-Datei exportieren oder ein daraus erzeugtes Dreamweaver-Paket weiterverarbeiten.

Bevor Sie Ihr Dokument mit Hyperlinks versehen, erstellen Sie am besten zuerst die entsprechenden Hyperlinkziele – das sind die Seiten oder auch Webadressen (URLs), die angesteuert werden sollen, wenn der Benutzer auf einen Hyperlink klickt. Ein Hyperlinkziel kann ein Textanker sein (das ist ein bestimmtes Wort oder ein Absatzanfang im Dokument), eine Seite im aktuellen Dokument oder auch ein URL, also eine eindeutige Adresse im Internet.

Grundsätzlich gehen Sie zum Erstellen von Hyperlinkzielen folgendermaßen vor:

1 Öffnen Sie das Bedienfeld *Hyperlinks (Fenster > Interaktiv > Hyperlinks* und wählen Sie im Bedienfeldmenü ▾≡ den Befehl *Neues Hyperlinkziel.*

2 Im angezeigten Dialogfeld *Neues Hyperlinkziel* wählen Sie einen Hyperlinkziel-Typ aus.

Wir beginnen mit dem Erstellen eines Hyperlinkziels vom Typ *Seite*.

Ein Hyperlinkziel zu einer Seite im aktuellen Dokument anlegen

Wählen Sie im obersten Popup-Menü den Typ *Seite* aus. Im Feld *Seite* geben Sie die Seitenzahl, die Sie mit dem Hyperlink ansteuern möchten, ein. Möchten Sie die gewählte Seitenzahl automatisch als Name des Hyperlinkziels bestimmen, aktivieren Sie das Kontrollkästchen *Name mit Seitenzahl*. Ansonsten geben Sie den gewünschten Namen selbst ein.

Im Feld *Zoom-Einstellung* bestimmen Sie, in welcher Vergrößerungsstufe die angesteuerte Seite im fertigen PDF-Dokument dargestellt werden soll. Durch die Option, eine Zoomstufe anzugeben, eröffnen sich Ihnen interessante Möglichkeiten (Sie können bei einem Stadtplan beispielsweise einen Link auf ein Bilddetail anbringen):

Abbildung 10.5 Bevor Sie Hyperlinks erstellen, definieren Sie am besten das Hyperlinkziel – hier eine bestimmte Seite im aktuellen Dokument.

Mit dem Eintrag *Fixiert* zeigen Sie die aktuelle Vergrößerungsstufe und Seitenposition an. Mit dem Eintrag *Ansicht einpassen* wird der gesamte sichtbare Bereich der Seite, mit *In Fenster einpassen* die aktuelle Seite im Zielfenster dargestellt. *Breite einpassen* oder *Höhe einpassen* passt die Seite in der Breite bzw. in der Höhe in das Zielfenster ein. Mit *Sichtbaren Bereich einpassen* wird die Zielseite so vergrößert, dass ihre Ränder abgeschnitten werden. *Zoom übernehmen* bedeutet, dass die vom Anwender eingestellte Zoomstufe beibehalten wird.

Ein Hyperlinkziel zu einem Anker anlegen

Sprungziele müssen Sie nicht unbedingt durch eine feste Seitenzahl angeben. Das ist sogar eher unpraktisch, denn nach dem nachträglichen Löschen oder Einfügen von Seiten in Ihrem Dokument stimmen die Hyperlinks nicht mehr. Versehen Sie lieber eine bestimmte Position in Ihrem Dokument mit einem Namen und verwenden Sie diesen dann als Hyperlinkziel.

Bevor Sie ein Hyperlinkziel zu einem benannten Ziel anlegen können, müssen Sie in Ihrem Dokument einen Textanker erstellen. Wählen Sie dazu die entsprechende Textpassage aus. Wählen Sie dann wieder im Bedienfeldmenü ▼≡ des Bedienfelds *Hyperlinks* den Befehl *Neues Hyperlinkziel*. Im Popup-Menü *Typ* klicken Sie auf den Eintrag *Textanker*. Kontrollieren Sie den Namen – der in der Grundeinstellung Ihrer Textauswahl entspricht – und korrigieren Sie ihn gegebenenfalls.

Besonders vorteilhaft an benannten Zielen ist, dass Sie problemlos Seiten in einem Dokument hinzufügen oder löschen können, ohne dass sich die benannten Ziele ändern und damit die Hyperlinks zu ihnen ungültig würden.

Abbildung 10.6   Einen Textanker erstellen Sie, indem Sie den gewünschten Text auswählen und dann im Dialogfeld *Neues Hyperlinkziel* den gewünschten Namen eingeben.

Abbildung 10.7 Für einen URL-Hyperlink geben Sie die gesamte Webadresse einschließlich *http://* ein. Dies ist besonders wichtig, da anders als bei Ihrem Browser das *http://* nicht automatisch hinzugefügt wird.

Ein Hyperlinkziel zu einer Adresse im Internet erstellen

Auch ein Hyperlinkziel zu einer Adresse im Internet können Sie einrichten. Das ist zum Beispiel in digitalen Katalogen und ähnlichen Dokumenten sehr praktisch, wenn Sie auf eine Webseite mit aktuellen Sonderangeboten oder Ähnliches verweisen möchten.

Bei einem Klick auf den damit ausgestatteten Link öffnet sich dann der Standardbrowser des Benutzers und steuert die angegebene URL an. Wählen Sie dazu aus dem Popup-Menü *Typ* die Option *URL* und geben Sie in das Feld *URL* die vollständige Internetadresse ein. Vergeben Sie einen passenden Namen.

Hyperlinkziele bearbeiten

Die Hyperlinkziele werden nicht im Bedienfeld *Hyperlinks* angezeigt. Um ein Hyperlinkziel zu bearbeiten, wählen Sie aus dem Bedienfeldmenü ▼≡ den Befehl *Hyperlinkzieloptionen*. Aus dem obersten Popup-Menü wählen Sie den Namen des Ziels, das Sie bearbeiten möchten. Nehmen Sie Ihre Änderungen vor und bestätigen Sie mit *OK*.

Hyperlinks definieren

Jetzt erstellen Sie die eigentlichen Hyperlinks.

Sie können dazu Layoutrahmen, Grafiken oder auch einzelne Wörter verwenden:

1 Wählen Sie das Element aus, das als Hyperlink dienen soll.
2 Klicken Sie im Bedienfeld *Hyperlinks* auf das Symbol *Neuen Hyperlink erstellen* . Das Dialogfeld *Neuer Hyperlink* wird angezeigt.
3 Ganz oben geben Sie den Hyperlinknamen ein. Solche Namen sind praktisch, da Sie mit ihrer Hilfe die einzelnen Links später leichter im Bedienfeld *Hyperlinks* identifizieren können.
4 Im Popup-Menü *Art* des Bereichs *Ziel* wählen Sie, welchen Hyperlinktyp Sie anlegen möchten.
5 Wählen Sie aus dem Popup-Menü *Name* eines der zuvor erzeugten Hyperlinkziele aus.

Hyperlinks automatisch aus URLs im Text generieren

Das Anlegen vieler manueller URL-Hyperlinks kann durchaus zeitraubend sein. Erfreulicherweise bietet InDesign Ihnen ein Feature, mit dem Sie, schnell und ohne die Schreibweise zu kontrollieren, aus in Ihrem Dokument vorkommenden http-Adressen funktionierende Hyperlinks erstellen: Wählen Sie die Webadresse im Text aus und wählen Sie aus dem Bedienfeldmenü ▾≡ des Bedienfelds *Hyperlinks* den Befehl *Neuer Hyperlink aus URL*.

Das Aussehen des Hyperlinks definieren

In der Grundeinstellung werden Hyperlinks in Form eines dünnen, schwarzen Rechtecks um die Auswahl dargestellt. Dieses Aussehen können Sie jederzeit ändern. Verwenden Sie dazu den unteren Teil des Dialogfelds *Neuer Hyperlink*.

Sie haben die Wahl zwischen verschiedenen Farben, Rahmenarten und -stärken. Eine weitere Möglichkeit ist, den Rahmen ganz auszublenden, was gerade in Fällen von Textlinks meist ein besseres Ergebnis bringt. In diesem Fall sollte der Hyperlinktext selbst aber beispielsweise farbig und/oder unterstrichen formatiert sein, damit er als solcher zu identifizieren ist.

Mit *Ansicht > Hyperlinks aus-/einblenden* blenden Sie die Anzeige der Hyperlinks in Ihrem Dokument vorübergehend aus und wieder ein.

Hyperlinks bearbeiten

Sämtliche Hyperlinks werden im Bedienfeld *Hyperlinks* angezeigt. Mit einem Doppelklick auf den Namen eines Hyperlinks öffnen Sie das Dialogfeld *Hyperlinkoptionen*, das dem bereits bekannten Dialogfeld *Neuer Hyperlink* gleicht.

Abbildung 10.8 Im Dialogfeld *Hyperlinkoptionen* legen Sie fest, was passieren soll, wenn der Benutzer auf den Link klickt.

Hyperlinks auf externe URLs aktualisieren Sie schnell, indem Sie aus dem Bedienfeldmenü ▾≡ den Befehl *Hyperlink aktualisieren* wählen.

Die Hyperlinks in InDesign testen

Einen angesteuerten URL-Hyperlink öffnet InDesign in dem auf Ihrem System definierten Standardbrowser.

Die so erstellten Hyperlinks können Sie nun direkt in InDesign testen: Wählen Sie einen Hyperlink im Bedienfeld aus und klicken Sie auf die Schaltfläche *Gehe zu Hyperlinkziel*. InDesign steuert das Hyperlinkziel an.

Klicken Sie auf die Schaltfläche *Gehe zu Hyperlinkquelle*, um zurück zum Quelldokument zu gelangen.

Schaltflächen

Statt Hyperlinks können Sie auch Schaltflächen verwenden. Der Vorteil von Schaltflächen gegenüber „normalen" Hyperlinks ist, dass Sie sie gegebenenfalls mit verschiedenen Mausverhalten versehen können, beispielsweise einer Farbänderung des Buttons, wenn dieser mit der Maus „berührt" oder angeklickt wird. Dieser Effekt wird als Rollover-Effekt bezeichnet.

Zudem lassen sich Schaltflächen auch für das Abspielen von Medienclips verwenden (mehr darüber weiter unten). So verwirklichen Sie auch anspruchsvolle Interaktionen in Ihren PDF-Dokumenten.

Besonders praktisch ist es, wenn Sie die Schaltflächen zur allgemeinen Navigation in Ihrem Dokument (beispielsweise *Vor, Zurück, Home*) auf der Musterseite Ihres Dokuments anbringen. Denn dann erscheinen sie im exportierten PDF-Dokument auf jeder Seite, die auf der entsprechenden Musterseite beruht.

1 Aktivieren Sie das *Schaltflächen*-Werkzeug in der Werkzeugleiste.
2 Ziehen Sie die Schaltfläche mit gedrückter Maustaste an der gewünschten Stelle und in der gewünschten Größe auf.

Da Sie in der Gestaltung von Schaltflächen mit dieser Technik relativ beschränkt sind, sollten Sie in vielen Fällen eher ein entsprechendes Objekt zeichnen oder aus einem Bildbearbeitungsprogramm importieren. Jedes InDesign-Objekt können Sie als Schaltfläche verwenden. Sie müssen es nur zuerst als solche definieren: Klicken Sie das Objekt an und wählen Sie *Objekt > Interaktiv > In Schaltfläche umwandeln*.

Die Schaltflächeneigenschaften definieren

Doppelklicken Sie mit dem *Auswahl*-Werkzeug auf Ihren Button, um das Dialogfeld *Schaltflächenoptionen* zu öffnen.

▶ In der Registerkarte *Allgemein* geben Sie der Schaltfläche einen Namen, fügen bei Bedarf eine Beschreibung hinzu – diese erscheint, wenn der Anwender in Acrobat mit der Maus auf den Button zeigt – und bestimmen Sie, ob er im exportierten PDF-Dokument sichtbar und/oder druckbar sein soll.

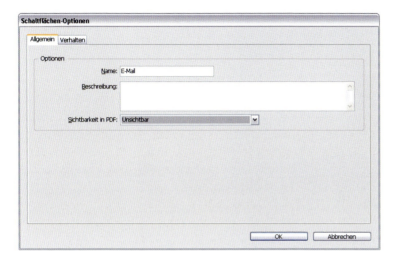

Abbildung 10.9 In der Registerkarte *Allgemein* geben Sie der Schaltfläche einen Namen und versehen sie gegebenenfalls mit einer Beschreibung.

▶ Im Register *Verhalten* bestimmen Sie, was geschehen soll, wenn der Benutzer auf den Button klickt.

Das Register »Verhalten« des Dialogfelds »Schaltflächen-Optionen«

Wählen Sie im oberen Popup-Menü bei *Ereignis* einen Auslöser – zum Beispiel das standardmäßig eingestellte Loslassen der Maustaste nach dem Klick (*Maustaste loslassen*). Weisen Sie darunter die Aktion zu, die ausgelöst werden soll, und klicken Sie auf die Schaltfläche *Hinzufügen*.

Hier haben Sie einen entscheidenden Vorteil von Schaltflächen gegenüber Hyperlinks: Bei Letzteren gibt es keine Möglichkeit, verschiedene Auslöser zu definieren; die Aktion wird immer beim Loslassen der Maustaste nach einem Klick auf den Hyperlink ausgeführt.

Bei Bedarf fügen Sie nun ein weiteres Verhalten hinzu, indem Sie einen anderen Auslöser wählen – zum Beispiel *Maus in Feld* – und eine entsprechende Aktion einstellen. Klicken Sie anschließend wieder auf die Schaltfläche *Hinzufügen*. Sogar ein und demselben Auslöser können Sie mehrere Aktionen zuweisen.

Die Auslöser im Einzelnen

Auslöser	Erläuterung
Maustaste loslassen	Die Aktion wird ausgeführt, sobald der Anwender nach dem Klick die Maustaste freigibt. Dies ist die Standardeinstellung und auch das, was der Anwender üblicherweise von einem interaktiven System erwartet. Wie beispielsweise unter Windows oder Mac OS hat der Benutzer dann auch die Option, es sich noch einmal anders zu überlegen, indem er den Mauszeiger von dem Hyperlink herunterzieht, ohne die Maustaste freizugeben.
Maustaste drücken	Die Aktion wird bereits ausgeführt, sobald der Anwender beim Klicken die Maustaste drückt (also bevor er sie freigibt). – Vorsicht, dieser Auslöser kann den Anwender irritieren.
Maus in Feld	Die Aktion wird ausgeführt, sobald der Benutzer auf den Button zeigt.
Maus aus Feld	Die Aktion wird ausgeführt, sobald der Mauszeiger auf den Button zeigt und diesen dann wieder verlässt.
Feld aktivieren	Die Aktion wird ausgeführt, sobald der Fokus durch eine Mausaktion oder mittels der Tabulatortaste auf den Button verschoben wird.
Feld deaktivieren	Die Aktion wird ausgeführt, sobald der Fokus auf einen anderen Button verschoben wird.

Die Verhalten im Einzelnen

Diesen Auslösern können Sie die folgenden Verhalten zuordnen:

Verhalten	Erläuterung
Schließen	Schließt das PDF-Dokument.
Beenden	Die Anwendung – Adobe Acrobat bzw. das Adobe-Reader-Plug-in – wird geschlossen.

Verhalten	Erläuterung
Gehe zu Anker	Das angegebene Lesezeichen bzw. der Hyperlinkanker im Dokument wird angesteuert.
Gehe zu erster Seite, Gehe zu letzter Seite, Gehe zu nächster Seite, Gehe zu vorheriger Seite	Mit diesen Aktionen steuern Sie ein Ziel im aktuellen PDF-Dokument an.
Gehe zu nächster Ansicht und Gehe zu vorheriger Ansicht	Diese beiden Aktionen gleichen von der Funktion her den Vorwärts- und Zurück-Schaltflächen im Browser: Wie hier wird auch im PDF-Dokument die Schaltfläche *Gehe zu nächster Ansicht* erst freigegeben, wenn der Benutzer schon einmal auf die Schaltfläche *Gehe zu vorheriger Ansicht* geklickt hat.
Gehe zu URL	Diese Aktion verwenden Sie, um eine Seite im Internet im Browser zu öffnen.
Film	Mit dieser Aktion spielen Sie einen bestimmten Movieclip ab, stoppen ihn oder lassen ihn pausieren (mehr über Movie- und andere Medienclips lesen Sie ab Seite 452).
Datei öffnen	Mit dieser Aktion öffnen Sie eine beliebige Datei, deren Anwendungsprogramm natürlich auf dem Rechner des Benutzers installiert sein muss.
Felder ein-/ausblenden	Mit dieser Aktion blenden Sie einen Bereich der aktuellen oder auch eine ganz andere Schaltfläche bei Bedarf ein und wieder aus. Im Anschluss finden Sie ein Beispiel dafür.
Audio	Mit dieser Aktion spielen Sie eine bestimmte Audiodatei ab, stoppen sie oder lassen sie pausieren (auch über Audiodateien erfahren Sie mehr ab Seite 452).
Ansichtszoom	Diese Aktion gibt Ihnen die Gelegenheit, eine Seite in einer bestimmten Zoomstufe und einem bestimmten Seitenlayout anzuzeigen.

Ein Beispiel: Das Verhalten »Felder ein-/ausblenden«

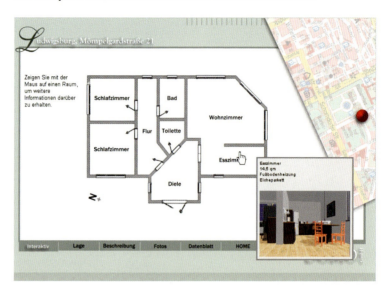

Abbildung 10.10 Mit dem Verhalten *Felder ein-/ausblenden* haben Sie unter anderem die Möglichkeit, eine zunächst unsichtbare Schaltfläche erst dann anzuzeigen, wenn Sie auf eine andere Schaltfläche zeigen.

Abbildung 10.11 In diesem Beispiel zeigen Sie im Grundriss mit der Maus auf einen der als Schaltflächen definierten Räume und machen damit jeweils eine andere Schaltfläche sichtbar, die ein 3D-Modellbild des jeweils angeklickten Raums zeigt. Bewegen Sie den Mauszeiger von dem Raum weg und auf einen anderen Raum, wird das bisherige Schaltflächenbild wieder ausgeblendet und das des neuen Raums angezeigt.

1 Wandeln Sie zunächst im Grundriss jeden Raum, für den es ein 3D-Modellbild gibt, mit *Objekt > Interaktiv > In Schaltfläche umwandeln* in eine Schaltfläche um.
2 Platzieren Sie die 3D-Modellbilder entsprechend und wandeln Sie jedes in eine Schaltfläche um. Geben Sie ihnen im Dialogfeld *Schaltflächen-Optionen* die Namen *popupFlur*, *popupDiele*, *popupEsszimmer* und *popupWohnzimmer*.

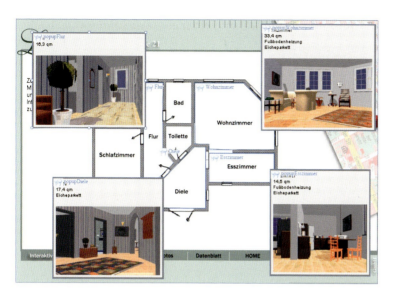

Abbildung 10.12 Ordnen Sie die 3D-Modellbilder entsprechend an und wandeln Sie jedes in eine Schaltfläche um.

3 Wählen Sie außerdem für jede Modellbild-Schaltfläche im Popup-Menü *Sichtbarkeit in PDF* den Eintrag *Unsichtbar*.

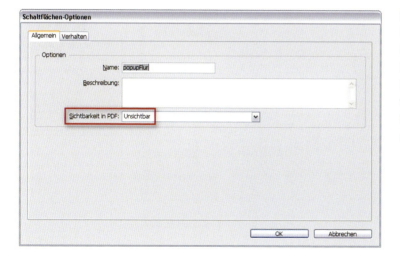

Abbildung 10.13 Mit dem Eintrag *Unsichtbar* im Popup-Menü *Sichtbarkeit in PDF* sorgen Sie dafür, dass die 3D-Modellbilder in der exportierten PDF-Datei zunächst nicht angezeigt werden. Im InDesign-Dokument bleiben die Schaltflächen hingegen sichtbar.

4 Öffnen Sie mit einem Doppelklick auf die erste Grundriss-Schaltfläche das Dialogfeld *Schaltflächen-Optionen*. Zeigen Sie das Register *Verhalten* an.

5 Aus dem Popup-Menü *Ereignis* wählen Sie *Maus in Feld*. Bei diesem Ereignis – also sobald der Mauszeiger auf die Schaltfläche zeigt – soll das zu diesem Raum gehörende 3D-Modellbild eingeblendet werden.

6 Wählen Sie daher als Verhalten *Felder ein-/ausblenden* und klicken Sie in der Liste der Schaltflächen auf das graue Kästchen vor der zugehörigen Modellbild-Schaltfläche. Ein geöffnetes Augensymbol erscheint. Mit diesem Symbol bestimmen Sie, dass die ausgewählte Schaltfläche sichtbar gemacht werden soll.

7 Fügen Sie das fertig definierte Verhalten mit einem Klick auf die Schaltfläche *Hinzufügen* zur Verhaltensliste im linken Bereich des Dialogfelds hinzu.

8 Wählen Sie aus dem Popup-Menü das Ereignis *Maus aus Feld* (sobald die Maus wieder von der Schaltfläche wegbewegt wird). Als Verhalten stellen Sie wieder *Felder ein-/ausblenden* ein.

9 Klicken Sie zweimal hintereinander auf das Kästchen vor der Schaltfläche des 3D-Modellbilds, sodass ein durchgestrichenes Auge erscheint. Mit diesem Symbol bestimmen Sie, dass die ausgewählte Schaltfläche unsichtbar gemacht werden soll.

10 Klicken Sie auf die Schaltfläche *Hinzufügen*, um auch dieses Verhalten zu erstellen.

Abbildung 10.14 Das Verhalten ist fertiggestellt – zeigt der Anwender mit der Maus auf die Schaltfläche *Wohnzimmer*, wird die Schaltfläche *popupWohnzimmer* eingeblendet, verlässt er sie wieder, wird die Schaltfläche *popupWohnzimmer* wieder ausgeblendet.

11 Verfahren Sie analog mit den übrigen Grundriss-Schaltflächen.

12 Exportieren Sie das Dokument mit *Datei > Exportieren* als PDF-Datei, wobei Sie im Register *Allgemein* das Kontrollkästchen *Interaktive Elemente* aktiviert lassen.

Weitere Details über den Export von Bildschirm-PDFs erfahren Sie ab Seite 455.

Die Tab-Reihenfolge einrichten

Sie kennen es von den Dialogfeldern Ihres Betriebssystems her: Mit der ⇥-Taste bzw. mit der Tastenkombination ⇧ + ⇥ navigieren Sie vorwärts bzw. rückwärts durch die einzelnen Elemente des Dialogfelds. Dasselbe ist auch mit Schaltflächen in PDF-Dokumenten möglich: Zeigen Sie in InDesign die Seite mit den Buttons an und wählen Sie *Objekt > Interaktiv > Aktivierreihenfolge festlegen*. Ziehen Sie die im Dialogfeld aufgelisteten Buttons in die Reihenfolge, in der sie angesteuert werden sollen. Alternativ arbeiten Sie mit den Schaltflächen *Nach oben* und *Nach unten*.

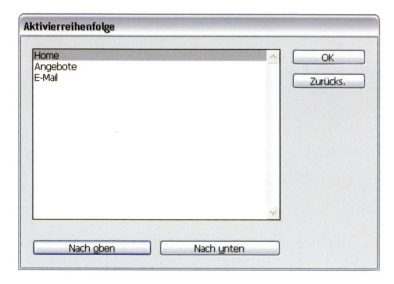

Abbildung 10.15 Über das Dialogfeld *Aktivierreihenfolge* legen Sie fest, in welcher Reihenfolge die Schaltflächen des Dokuments mit der ⇥-Taste angesteuert werden.

Beachten Sie bitte, dass Sie die Aktivierreihenfolge für Schaltflächen in der Musterseite und auf der Montagefläche nicht festlegen können.

Schaltflächenzustände einrichten

Sehr hilfreich ist es für den Anwender, wenn beim Zeigen auf eine Schaltfläche oder bei ihrem Anklicken „etwas passiert", wenn sie also beispielsweise eine andere Farbe erhält oder eingedrückt erscheint.

Jede Schaltfläche kann drei Zustände einnehmen:

▶ *Nicht aktiviert*, wenn sich kein Mauszeiger über der Schaltfläche befindet,
▶ *Cursor darüber*, wenn der Anwender den Mauszeiger auf der Schaltfläche positioniert, und
▶ *Aktiviert*, wenn der Anwender auf die Schaltfläche klickt.
▶ In der Grundeinstellung befindet sich ein gezeichneter Button im Zustand *Nicht aktiviert*.

Abbildung 10.16 Durch einfaches Ändern der Schattierung lassen Sie einen gezeichneten Button eingedrückt erscheinen.

Kapitel 10: Layouts für das multimediale Zeitalter

Abbildung 10.17 Zunächst verfügt jede Schaltfläche nur über einen Status – *Nicht aktiviert*.

Abbildung 10.18 Bei Bedarf fügen Sie zwei weitere Status hinzu.

Abbildung 10.19 Die Voreinstellungen nehmen Ihnen eventuell etwas Gestaltungsarbeit ab.

Möchten Sie weitere Status hinzufügen, verfahren Sie wie folgt:

1 Wählen Sie Ihre Schaltfläche aus und zeigen Sie das Bedienfeld *Status* an (*Fenster > interaktive > Status*).

2 Momentan wird hier nur der *Nicht aktiviert*-Zustand Ihrer Schaltfläche angezeigt. Klicken Sie auf das Symbol *Erstellt neuen optionalen Status*, wird im Bedienfeld zunächst der *Cursor darüber*-Zustand hinzugefügt. Ein weiterer Klick auf das Symbol komplettiert die Schaltfläche mit dem *Aktiviert*-Zustand.

3 Gestalten Sie die einzelnen Zustände nun, indem Sie aus dem Popup-Menü *Darstellung* eine Voreinstellung wählen. Wie Sie sehen, ändert sich das Erscheinungsbild aller drei Zustände automatisch.

Mehr Gestaltungsmöglichkeiten haben Sie, wenn Sie das Aussehen der Zustände manuell bestimmen oder die vordefinierten Status bearbeiten.

1 Bereiten Sie entsprechende Bilder für die Button-Zustände vor, die Sie auf Ihrer Festplatte speichern.

2 Wählen Sie den zu ändernden Zustand im Bedienfeld aus und wählen Sie aus dem Bedienfeldmenü den Befehl *Inhalt in Status platzieren*.

3 Sie erhalten das Dialogfeld *Platzieren*. Wählen Sie hier die entsprechende Grafik aus.

4 Verfahren Sie analog mit den übrigen Zuständen.

Um den Schaltflächentext für die verschiedenen Zustände festzulegen, wählen Sie den gewünschten Status im Bedienfeld aus, klicken mit dem Textwerkzeug T im Dokument in die Schaltfläche und geben den Text ein. Wiederholen Sie diesen Vorgang für die übrigen Status. Analog können Sie auch Füllung und/oder Umriss der einzelnen Schaltflächenzustände ändern.

Lesezeichen

Ein besonders effizienter Navigationsmechanismus sind die Lesezeichen. Diese bieten nicht nur einfachen Zugriff auf die einzelnen Abschnitte Ihrer PDF-Datei, sondern Sie haben gleichzeitig auch den angenehmen Nebeneffekt, dass der Benutzer den allgemeinen Aufbau des Dokuments immer im Auge behält.

Voraussetzung dafür ist, dass die Lesezeichen entsprechend sinnvoll angelegt sind – üblich und empfehlenswert sind etwa hierarchisch gegliederte Lesezeichen für die Überschriften im Dokument und vielleicht noch für wichtige Schaubilder und/oder Tabellen.

Verknüpfungen durch Lesezeichen eignen sich sehr gut für die Hauptnavigation in Ihrem Bildschirmdokument – der Umgang mit ihnen ist so komfortabel, dass auch Einsteiger in dieses Thema problemlos damit zurechtkommen.

Da Lesezeichen hierarchisch verschachtelt sein können und der Benutzer die Ebenen einzeln expandieren und einklappen kann, bieten sich vielfältige Möglichkeiten, die Struktur des Dokuments individuell anzuzeigen. Im Druck sind die Lesezeichen nicht sichtbar, sodass sie das Erscheinungsbild des gedruckten Dokuments nicht stören.

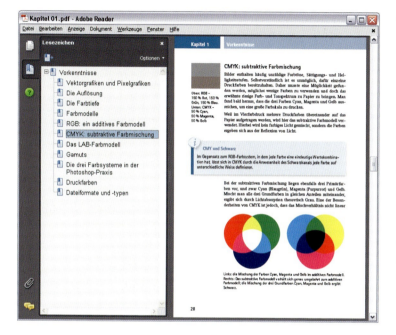

Abbildung 10.20 Dank Lesezeichen können die Benutzer am Bildschirm problemlos in Ihren PDF-Dokumenten navigieren.

In Acrobat bzw. im Reader zeigen Sie die Lesezeichen in einem Dokument an, indem Sie im Navigationsfenster auf das Register *Lesezeichen* klicken. (Sollte dieses gerade nicht sichtbar sein, wählen Sie *Anzeige* > *Navigationsfenster* > *Lesezeichen*. Danach können Sie bei Bedarf die Lesezeichen an das Navigationsfenster andocken, indem Sie *Anzeige* > *Navigationsfenster* > *Alle Fenster andocken* wählen.)

Statten Sie sämtliche wichtigen Bereiche Ihrer PDF-Datei mit Lesezeichen aus – dazu gehören etwa alle Kapitelüberschriften, das Inhaltsverzeichnis, der Index, wichtige Abbildungen oder Tabellen.

Allerdings sind Lesezeichen kein vollständiger Ersatz für ein Inhaltsverzeichnis. Die Lesezeichen eines längeren Dokuments ergeben eine lange Scrollliste. Ein detailliertes Inhaltsverzeichnis stellt die Überschriften des Dokuments übersichtlicher dar, selbst wenn es mehrere Seiten lang ist.

Das Inhaltsverzeichnis sollte auf keinen Fall weniger detailliert sein als die Lesezeichen. Viele Benutzer drucken das PDF-Dokument ohnehin lieber aus. Dann ist das Inhaltsverzeichnis unbedingt erforderlich, denn die Lesezeichen werden nicht mit ausgedruckt.

Vergessen Sie nicht, ein Lesezeichen anzubringen, das zum Inhaltsverzeichnis führt, damit der Benutzer dieses jederzeit ansteuern kann. Versehen Sie dieses Inhaltsverzeichnis am besten mit Hyperlinks (siehe **auch Seite 321**).

Positionieren Sie die Lesezeichen für Index und Inhaltsverzeichnis am Anfang der Liste, damit der Anwender schnell auf diese wichtigen Elemente zugreifen kann. Bei langen Indizes fügen Sie am besten Lesezeichen für die einzelnen Buchstaben des Index ein.

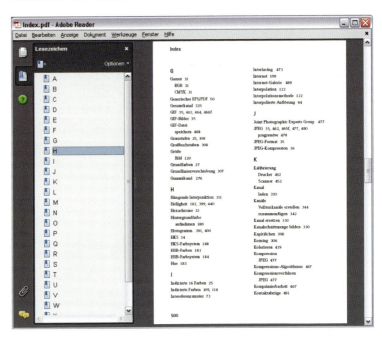

Abbildung 10.21 Bei längeren Stichwortverzeichnissen sollten Sie Lesezeichen für jeden Buchstaben einfügen.

Der Lesezeichentext sollte leicht verständlich und nicht zu lang sein. Das Navigationsfenster ist meist nicht breit genug, um komplette Überschriften darzustellen – eine QuickInfo zeigt aber den gesamten Lesezeichentext an, sobald Sie mit der Maus darauf zeigen. Text in Großbuchstaben ist weniger gut lesbar als in Groß- und Kleinbuchstaben geschriebener. Im ohnehin gedrängten Navigationsfenster sollten Sie sich daher für Groß- und Kleinschreibung entscheiden.

Lesezeichen erstellen

Es gibt zwei Möglichkeiten, Lesezeichen zu erstellen:

Auch die Benutzer eines PDF-Dokuments können dies tun – vorausgesetzt, Sie erlauben es in den Sicherheitsbestimmungen der Datei (mehr darüber auf Seite 458).

▶ Wenn Sie Ihr Dokument mit einem von InDesign erstellten Inhaltsverzeichnis versehen und dabei im Dialogfeld *Inhaltsverzeichnis* das Kontrollkästchen *PDF-Lesezeichen* aktivieren (vgl. auch **Seite 321**), werden die Inhaltsverzeichniseinträge automatisch zu Lesezeichen.

▶ Die aus dem Inhaltsverzeichnis erstellten Lesezeichen reichen bei einem gut gegliederten Dokument normalerweise zur Orientierung in einer PDF-Datei aus. Zusätzlich können Sie noch selbst Lesezeichen in Ihre Dokumente einfügen.

Solche zusätzlichen Lesezeichen verweisen etwa auf bestimmte Abbildungen oder Tabellen:

1 Zeigen Sie mit *Fenster > Interaktiv > Lesezeichen* das Bedienfeld *Lesezeichen* an.
2 Falls Ihr Dokument bereits Lesezeichen enthält, klicken Sie zuerst im Bedienfeld auf das Lesezeichen, unter dem das neue Lesezeichen eingefügt werden soll, anderenfalls wird dieses am Ende der Liste eingefügt.
3 Klicken Sie an die Stelle im Text, wo sich das neue Lesezeichen befinden soll, oder wählen Sie den Rahmen aus, den Sie mit einem Lesezeichen versehen möchten.
4 Klicken Sie im Bedienfeld *Lesezeichen* auf das Symbol *Neues Lesezeichen erstellen*. InDesign erstellt das Lesezeichen. Haben Sie eine Grafik ausgewählt oder einfach in den Text geklickt, erhält es den Namen *Unbenannt*. Wenn Sie einen Text ausgewählt haben, verwendet InDesign diesen als Namen für das Lesezeichen.
5 Überschreiben Sie den automatischen Namen mit einem aussagekräftigen Namen Ihrer Wahl und bestätigen Sie mit der ⏎-Taste.

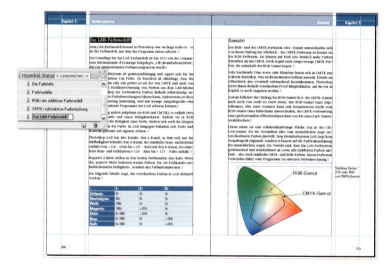

Abbildung 10.22 Markieren Sie die Überschrift, die Sie mit einem Lesezeichen versehen möchten, und klicken Sie auf das Symbol *Neues Lesezeichen erstellen*.

Verschachtelte Lesezeichen

Gegebenenfalls erstellen Sie über- und untergeordnete Lesezeichen – so können Sie etwa Unterkapitel unter den eigentlichen Kapitelüberschriften eingerückt platzieren. Damit bringen Sie mehr Struktur in Ihre Lesezeichen.

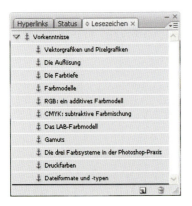

Abbildung 10.23 Mit verschachtelten Lesezeichen schaffen Sie Struktur.

Die folgenden Formate können Sie in Ihre PDF-Dokumente einfügen:

- WAV
- AIF
- MPEG
- SWF
- QuickTime
- AVI
- AU

**Damit Sie auf die volle Funktionalität des Multimedia-Imports in InDesign zugreifen können, sollten Sie QuickTime ab der Version 6.0 installiert haben.
Damit die Betrachter Ihrer PDF-Dokumente die Medienelemente uneingeschränkt betrachten können, ist Acrobat oder Adobe Reader ab der Version 6.0 notwendig. Für QuickTime- und AVI-Filme genügt auch Acrobat 5.0.**

- Wählen Sie die Lesezeichen aus, die Sie unterordnen möchten – wenn Sie mehrere Lesezeichen verschieben möchten, müssen Sie diese einzeln nacheinander auswählen und verschieben.
- Ziehen Sie das ausgewählte Lesezeichen bei gedrückter Maustaste auf das Lesezeichen, welches übergeordnet sein soll. Lassen Sie die Maustaste los.

Um die Liste der Lesezeichen zu verkürzen, blenden Sie bei Bedarf die untergeordneten Lesezeichen aus:

- Klicken Sie auf den Abwärtspfeil ▽, um die untergeordneten Lesezeichen auszublenden.
- Oder klicken Sie auf den Rechtspfeil ▷, um die untergeordneten Lesezeichen wieder einzublenden.

Multimedia

Mit Movie- bzw. Audioclips gestalten Sie Ihr PDF-Dokument interessanter und abwechslungsreicher. Das Abspielen eines integrierten Movieclips kann – etwa bei einem technischen Vorgang – sehr aufschlussreich sein und beim Benutzer zum besseren Verständnis beitragen. Audioclips können in einer Verkaufspräsentation oder dergleichen für die richtige Stimmung sorgen. Solche Medien-Clips können Sie einmal abspielen lassen oder auch als Endlosschleife einrichten.

Seit der Acrobat-Version 6.0 lassen sich die verschiedensten Multimedia-Formate komplett in PDF einbetten und auch abspielen. So können Sie nun ernstzunehmende Multimedia-Präsentationen auch im PDF-Format veröffentlichen. Der Vorzug der Einbettung im Gegensatz zur Verknüpfung ist, dass Sie die Multimedia-Dateien bei der Weitergabe des Dokuments nicht beifügen müssen, da sie vollständig in die PDF-Datei integriert sind.

Einen Medienclip einfügen

Einen Medienclip fügen Sie mit der folgenden Technik ein:

1 Wählen Sie *Datei > Platzieren* und suchen Sie die vorbereitete Mediendatei heraus.
2 Klicken Sie an die gewünschte Stelle, um den Clip in seinen Originalabmessungen einzufügen. Im Dokument erscheint eine Vorschau des Clips, den Sie nun wie jeden Rahmeninhalt positionieren können.

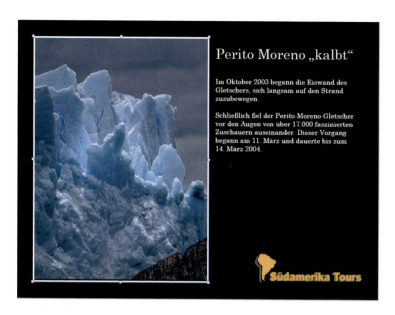

Abbildung 10.24 Eine Vorschau des Clips erscheint im Dokument.

Eine Vorschau des Clips betrachten Sie, indem Sie mit gedrückter Alt-Taste im Dokumentfenster einen Doppelklick darauf ausführen. Der Clip wird allerdings nicht im Dokumentfenster abgespielt, sondern in einem separaten Fenster im mit dem Medientyp verknüpften Player.

Der Medienclip erscheint genau wie etwa Bilder im Bedienfeld *Verknüpfungen*. Wenn Sie ein InDesign-Dokument mit Medienclips weitergeben, müssen Sie die Clips natürlich beifügen.

Eine Verknüpfung zu einem Clip im Internet erstellen

Statt einen lokalen Movieclip in Ihr Dokument einzufügen, können Sie auch eine Verknüpfung auf eine Streaming-Media-Datei im WWW erstellen.

Zeichnen Sie ein geeignetes Objekt, das als Container für den Clip dienen soll, und wählen Sie *Objekt > Interaktiv > Filmoptionen* bzw. *Audiooptionen*. In der Gruppe *Quelle* aktivieren Sie das Optionsfeld *URL angeben* und geben die entsprechende URL zur externen Mediendatei ein. Gehen Sie online und klicken Sie auf die Schaltfläche *URL und Bildgröße verifizieren*, um die Richtigkeit Ihrer Angabe zu überprüfen.

Die Wiedergabe des Medienclips einstellen

In der Grundeinstellung, wenn Sie also nichts anderes vorgeben, wird der Clip zunächst als Standbild angezeigt und erst abgespielt, wenn der Anwender mit der Maus darauf klickt. Der Clip wird einmal abgespielt, es sei denn, ein weiterer Klick hält ihn wieder an.

Im Dialogfeld *Filmoptionen* bzw. *Audiooptionen* legen Sie fest, wie sich der Clip im exportierten PDF-Dokument verhalten soll.

1 Wählen Sie das *Auswahl*-Werkzeug und doppelklicken Sie auf den Medienclip.
2 Im angezeigten Dialogfeld nehmen Sie die gewünschten Anpassungen vor.

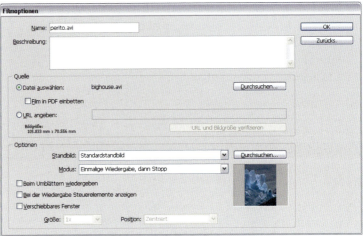

Abbildung 10.25 Bestimmen Sie im Dialogfeld *Filmoptionen/Audio-optionen* die Eigenschaften des Clips.

Bei Bedarf wählen Sie hier beispielsweise einen anderen Medienclip aus. Im Popup-Menü *Standbild* legen Sie das Vorschaubild für den Clip fest – Sie können hier etwa ein beliebiges Bild auswählen. Das Standardstandbild ist der erste Frame des aktuellen Movieclips.

Beachten Sie Folgendes: Wenn Sie Ihren Filmclip einbetten, müssen Sie die resultierende Datei als PDF 1.5 exportieren (mehr darüber weiter unten). Das bedeutet allerdings auch, dass die Betrachter der Datei Acrobat bzw. Adobe Reader 6.0 installiert haben müssen. Dokumente mit verknüpften Filmclips können Sie auch als PDF 1.4 exportieren.

Ein guter Service für Seh- bzw. Hörbehinderte ist es, wenn Sie den Medienclip mit einer Beschreibung versehen. Diese wird als Alternativtext verwendet, der beispielsweise angezeigt wird, wenn Sie im PDF-Dokument mit der Maus auf den Clip zeigen. Auch die Bildschirmlesegeräte von Sehbehinderten verwenden diese Beschreibung.

Bei aktiviertem Kontrollkästchen *Beim Umblättern wiedergeben* wird der Clip abgespielt, sobald die entsprechende Seite im PDF-Dokument angezeigt wird. Sie können den Clip über das Kontrollkästchen *Film > Sound in PDF einbetten* in das PDF-Dokument einbetten oder ihn lediglich mit diesem verknüpfen. Ein eingebetteter Clip ergibt eine größere PDF-Datei; allerdings müssen Sie nicht daran denken, die Mediendatei mitzuliefern, wenn Sie Ihre PDF-Datei verteilen.

Webtaugliche PDF-Dokumente aus InDesign-Dateien erzeugen

Die möglichst geringe Dateigröße ist für Dokumente, die der Benutzer von einem Webserver herunterladen muss, noch wichtiger als für Bildschirm-PDFs, die offline betrachtet werden. Neben den richtigen Exporteinstellungen sind hier auch eine gute Vorbereitung und eine entsprechende Nachbearbeitung der PDF-Dokumente von Bedeutung.

Der Export

Zum Exportieren Ihres Dokuments als bildschirmgeeignete PDF-Datei benötigen Sie das Dialogfeld *PDF exportieren*:

1 Wählen Sie *Datei > Exportieren*. Im folgenden Dialogfeld geben Sie Dateiname und Speicherort an und wählen als Dateityp *Adobe PDF*. Klicken Sie auf *Exportieren*.
2 Im Dialogfeld *PDF exportieren* wählen Sie die Voreinstellung *[Screen]*. Diese ist eine gute Grundlage für die Erzeugung webtauglicher PDF-Dokumente. In mancher Hinsicht greift diese Einstellung aber zu kurz – und deshalb sehen Sie in den nächsten Abschnitten, wie Sie sie abändern.

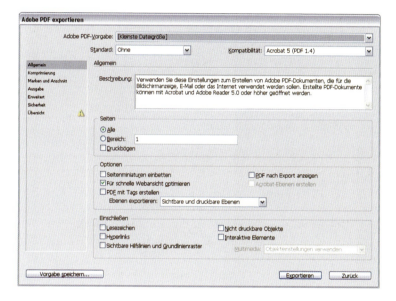

Abbildung 10.26 Eine geeignete Grundlage für webtaugliche PDF-Dokumente ist die Vorgabe *[Kleinste Dateigröße]*.

Die Kategorie »Allgemein« des Exportdialogs

In der Gruppe *Seiten* der Kategorie *Allgemein* geben Sie an, welche Seiten in das PDF-Dokument aufgenommen werden sollen.

Die richtigen Kompatibilitätseinstellungen

Im Popup-Menü *Kompatibilität* der Gruppe *Optionen* wählen Sie, in welche PDF-Version Sie das Dokument exportieren möchten. Bei Dokumenten, die für das World Wide Web gedacht sind, sollten Sie als Version höchstens *Acrobat 5.0 (PDF 1.4)* wählen, wenn auch Benutzer mit ganz alten Acrobat-Reader-Versionen Ihr Werk betrachten können sollen. Beachten Sie aber, dass Sie bei einer Kompatibilität bis zur PDF-Version 1.4 keine eingebetteten Filme und verknüpften Sounds abspielen können.

Seitenminiaturen einbetten oder nicht?

Das Kontrollkästchen *Seitenminiaturen einbetten* bettet die Vorschaubilder in das PDF-Dokument ein. Dies stellt zwar eine gute Hilfe für den Benutzer dar, vergrößert aber die Datei. Bei deaktiviertem Dialogfeld werden die Seitenminiaturen bei jedem Öffnen des Dokuments neu aufgebaut.

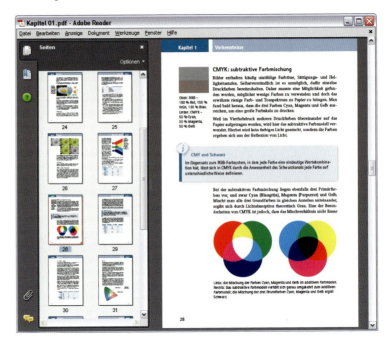

Abbildung 10.27 Auch bei deaktiviertem Kontrollkästchen *Seitenminiaturen einbetten* kann der Nutzer im PDF-Dokument über die Seitenminiaturen navigieren – sie werden allerdings bei jedem Öffnen des Dokuments neu aufgebaut.

Die schnelle Webanzeige

Die schnelle Webanzeige sollten Sie für Webdokumente auf jeden Fall einstellen – es handelt sich dabei um eine Maßnahme, die die Dateigröße beträchtlich reduzieren kann, ohne dass Qualitätseinbußen in der Darstellung auftreten. Denn es wird durch die Aktivierung dieses Kontrollkästchens nicht nur das Byteserving aktiviert, sondern es werden auch alle in der PDF-Datei mehrfach vorhandenen Elemente (zum Beispiel das Firmenlogo oder grafische Schmuckelemente) gelöscht, bis auf eine Instanz davon.

Für den Besucher soll die PDF-Seite so schnell wie möglich auf dem Bildschirm dargestellt werden. Durch die Byteserving-Technik wird das Dokument in der für den Endnutzer richtigen Reihenfolge vom Server geladen: Zuerst stellt der Browser die Texte und Bilder der ersten Seite dar. Im Hintergrund laden nach und nach die restlichen Elemente der PDF-Datei. Dies lässt sich in etwa mit dem Streamen von Video- oder Flash-Daten im Web vergleichen. Das Besondere an der Byteserving-Technologie ist, dass der Download noch nicht verfügbarer Seiten erst bei Bedarf erfolgt – klickt der Anwender auf der bereits angezeigten ersten Seite auf eine Verknüpfung, die zur Seite 20 führt, lädt diese umgehend vom Server.

Lesezeichen

Falls Ihr Dokument ein von InDesign generiertes Inhaltsverzeichnis enthält oder wenn Sie selbst Lesezeichen angelegt haben, wie auf Seite 448 erläutert wurde, sollte das Kontrollkästchen *Lesezeichen* aktiviert bleiben. Für kürzere Präsentationen mit multimedialen Elementen können Sie es hingegen deaktivieren. Letzteres verringert übrigens auch die Dateigröße.

Hyperlinks

Aktivieren Sie dieses Kontrollkästchen, wenn Sie Ihr Dokument mit Hyperlinks versehen haben, da diese sonst beim Export nicht angelegt werden.

Interaktive Elemente

Lassen Sie das Kontrollkästchen *Interaktive Elemente* aktiviert, damit InDesign die Schaltflächen und Medienclips in Ihrem Dokument in die PDF-Datei exportiert.

Beachten Sie, dass eingebettete Filme nur ab Acrobat 6.0 funktionieren. In den Versionen 4.0 und 5.0 müssen Sie die Filme verknüpfen, Audiodateien hingegen einbetten.

Das Popup-Menü *Multimedia* unter dem Kontrollkästchen ist entsprechend auch nur dann freigegeben, wenn Sie als Kompatibilität *Acrobat 6 (PDF 1.5)* gewählt haben. Über dieses Popup-Menü können Sie sich entscheiden, ob Sie die Mediendateien verknüpfen oder einbetten möchten oder ob Sie die Einstellungen, die Sie für die Medienelemente im Dialogfeld *Filmoptionen/Audiooptionen* vorgenommen haben, Verwendung finden sollen.

Farben und Schriften

Belassen Sie in der Kategorie *Erweitert* auf jeden Fall den Eintrag *RGB*. Arbeiten Sie mit Schriftuntergruppen, um das Dokument zu verkleinern. Zum Thema Untergruppenbildung von Fonts siehe **Seite 409**.

Geschützte PDF-Dokumente für das Web

In der Kategorie *Sicherheit* bietet InDesign Ihnen die Möglichkeit, das PDF-Dokument vor Änderungen, dem Ausdruck oder unbefugtem Kopieren von Textpassagen zu schützen.

Ob das sinnvoll ist, müssen Sie von Fall zu Fall entscheiden: Längere Datenblätter mit Tabellen etwa betrachtet der Benutzer meist nicht gerne am Bildschirm. Er sollte sie daher ausdrucken können. Geschäftsberichte und ähnliche Dokumente sollten Sie sperren, sodass der Benutzer sie nicht bearbeiten, sondern nur ausdrucken kann,. Prüfen Sie für jedes PDF-Dokument, welche Einstellungen sinnvoll sind.

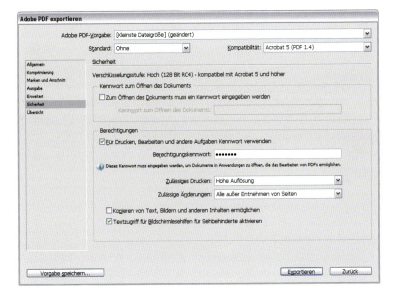

Abbildung 10.28 In der Kategorie *Sicherheit* entscheiden Sie, welche Aktionen der Benutzer mit Ihrer PDF-Datei durchführen darf.

▶ Möchten Sie, dass das Dokument prinzipiell nur von Anwendern, die über ein bestimmtes Kennwort verfügen, geöffnet werden kann, aktivieren Sie das Kontrollkästchen *Zum Öffnen des Dokuments muss ein Kennwort eingegeben werden*. Geben Sie in das Feld *Kennwort zum Öffnen des Dokuments* das entsprechende Kennwort ein.

- Soll jeder Anwender das Dokument zwar betrachten, es aber nicht unbedingt auch drucken oder Passagen herauskopieren können, aktivieren Sie das Kontrollkästchen *Für Drucken, Bearbeiten und andere Aufgaben Kennwort verwenden*. Geben Sie auch hier ein Kennwort ein. Dieses wird benötigt, um das Dokument in der Anwendung Adobe Acrobat, die zur Bearbeitung von PDF-Dokumenten geeignet ist, zu öffnen. Darunter bestimmen Sie, welche Aktionen der Anwender am Dokument vornehmen darf.

Das fertige PDF-Dokument in Adobe Acrobat weiter verkleinern

Auch fertige PDF-Dokumente lassen sich teilweise noch verkleinern, ohne dass sich das Erscheinungsbild der Datei auf dem Bildschirm verschlechtert. Acrobat bietet Ihnen dazu verschiedene Optionen. Die einfachste Maßnahme zur Verringerung der Dateigröße ist, das Dokument in Adobe Acrobat 8.0 mit *Datei > Speichern unter* neu zu sichern.

Zudem bietet Acrobat 8.0 mit *Dokument > Dateigröße verringern* eine hervorragende Methode, die Größe Ihrer Datei stark zu verringern. Nach der Auswahl des Befehls wählen Sie zuerst eine Kompatibilität aus. Je höher Sie die Version ansetzen, desto kleiner wird die Datei. Jedoch verringert sich die Anzahl der Anwender, die Ihr Dokument anzeigen können, ohne eigens das aktuelle Reader-Plug-in herunterzuladen. Bei dieser Vorgehensweise berechnet und komprimiert Acrobat die Grafiken neu, extrahiert die Schriften, komprimiert die Dokumentstruktur und entfernt doppelte Elemente sowie ungültige Lesezeichen.

PDF-Dokumente im Web veröffentlichen

Für die Benennung eines Webdokuments gibt es ein paar Regeln: Die Länge des Namens sollte nicht mehr als acht Zeichen betragen. Nach dem eigentlichen Dateinamen folgt ein Punkt, danach die Dateierweiterung PDF. Zudem sollten Sie beim Benennen Ihrer PDF-Datei die folgenden Zeichen vermeiden:

- Schrägstrich (/)
- Rückstrich (\)
- Punkt (.) – außer als Trennzeichen zwischen Dateiname und Dateierweiterung

- Bindestrich als Anfangszeichen (-)
- Pluszeichen (+)
- Doppelpunkt (:)

Verzichten Sie ebenfalls auf die folgenden Zeichen, da sie nicht auf jedem Server funktionieren:

- Bindestrich (-); verwenden Sie stattdessen Unterstriche
- Leerzeichen
- Kaufmännisches Und-Zeichen (&)

Zusammenspiel von HTML und PDF

Einen HTML-Hyperlink auf eine PDF-Datei setzen Sie in der üblichen Weise:

```
<a href="http://www.domo.de/expose.pdf">Katalog</a>
```

Selbstverständlich können Sie auch mit relativen Hyperlinks arbeiten:

```
<a href="expose.pdf">Katalog</a>
```

In vielen Fällen bietet es sich an, das PDF-Dokument in einem neuen Browser-Fenster zu öffnen, vor allem wenn es Zusatzinformationen bietet:

```
<a href="expose.pdf" target="_blank">Expose</a>
```

Versehen Sie eine HTML-Seite mit einem Hyperlink direkt auf das PDF-Dokument, kann der Anwender es im Browser über das Kontextmenü herunterladen.

Im HTML-Link (bei absoluten URLs) bestimmen Sie zudem die Darstellungsweise des PDF-Dokuments genauer – beispielsweise, dass der Reader das Dokument in einem bestimmten Zoomfaktor darstellt oder dass er eine bestimmte Seite anzeigt. Nachfolgend sind die möglichen Befehle aufgelistet, wobei Sie berücksichtigen sollten, dass nicht jedes Attribut in allen Browsern funktionstüchtig ist.

> Sie können auch mehrere der aufgeführten Parameter miteinander kombinieren, indem Sie sie durch ein kaufmännisches Und (&) trennen.

- `Nameddest:` führt einen Sprung zu einem bestimmten benannten Ziel aus.
- `page` führt einen Sprung zu einer bestimmten Seitenzahl aus
- `pagemode=bookmarks` bestimmt, dass das Dokument mit Lesezeichen dargestellt wird.
- `pagemode=thumbs` bestimmt, dass das Dokument mit Piktogrammen dargestellt wird.

- ▶ `pagemode=none` bestimmt, dass das Dokument ohne die beiden oben aufgeführten Elemente dargestellt wird.
- ▶ `scrollbar` ist ein boolescher Wert, mit dem Sie bestimmen, ob der Browser die Bildlaufleisten darstellen soll.
- ▶ `toolbar` ist ein boolescher Wert, mit dem Sie bestimmen, ob der Browser die Werkzeugleiste darstellen soll oder nicht.
- ▶ `zoom` stellt den Vergrößerungsfaktor ein.
- ▶ `view` richtet die Ansicht des PDF-Dokuments im Viewer ein. Es handelt sich dabei um Scrollwerte für links und oben usw. Die folgenden Möglichkeiten haben Sie hier:

Parameter für die Ansicht	Erläuterung
`view=Fit`	Die Seite passt sich an das Fenster an.
`view=FitH`	Die Breite der Seite passt sich an das Fenster an.
`view=FitV`	Die Höhe der Seite passt sich an das Fenster an.
`view=FitB`	Der sichtbare Seiteninhalt passt sich an das Fenster an.
`view=FitBH`	Die Breite des sichtbaren Seiteninhalts passt sich an das Fenster an.
`view=FitBV`	Die Höhe des sichtbaren Seiteninhalts passt sich an das Fenster an.

Hier ein Beispiel:

```
<a href="expose.pdf#page=4">Expose</a>
```

Diese Zeile führt einen Sprung zur Seite 4 des Dokuments *expose.pdf* aus.

```
<a href="expose.pdf#toolbar=0">Inhalt</a>
```

Hier wird die Reader-Symbolleiste ausgeblendet.

```
<a href="expose.pdf#pagemode=bookmarks&zoom=150">Inhalt</a>
```

Diese Zeile zeigt das Dokument mit einer Vergrößerungsstufe von 150 % an, wobei die Lesezeichen eingeschaltet sind.

Wenn Sie ein PDF-Dokument für den Download verfügbar machen wollen, sollten Sie dafür sorgen, dass dem Benutzer nicht gleich das PDF-Dokument angezeigt wird, sondern dass er zuerst eine HTML-Seite zu Gesicht bekommt, die entsprechende Details wie Seitenzahl und Dateigröße enthält.

10.2 XHTML-Seiten für das Web erstellen

Neu in InDesign CS3

Sie haben gesehen, wie einfach es ist, in InDesign vorbereitete Materialien im Netz zu publizieren – Sie geben die Dokumente einfach als webtaugliche PDFs aus und laden diese auf Ihren Server. Zugegebenermaßen ist diese Methode vom Zeit- und Kostenaufwand her die günstigste.

Aber PDF ist ursprünglich ein Format für den Druck. PDF-Inhalte sind demnach meist für DIN-A4-Seiten optimiert und nicht für die Anzeige in einem Browser-Fenster. Der PDF-Viewer im Browser zeigt – wenn das Dokument in einer einigermaßen lesbaren Größe dargestellt wird – normalerweise nur einen kleinen Ausschnitt der Seite an. Wenn es sich dann noch um ein kompliziertes Layout mit Spaltensatz, Kästen und Ähnlichem handelt, kann der Benutzer nicht mehr auf die einfache, lineare Weise scrollen, die er vom Web her gewohnt ist.

Ein weiteres Hindernis sind die im Vergleich zu HTML eingeschränkten Navigationsmöglichkeiten in PDF-Seiten. So fehlen die Möglichkeiten, sich innerhalb des Informationsraums relativ zum Rest der Site zu bewegen. Der große Umfang vieler PDF-Dokumente tut ein Übriges – viele Benutzer „springen ab", bevor sie sich Ihr Angebot angesehen haben.

Ein weiteres Argument, das gegen PDF spricht: PDF ist nicht das Standard-Webseitenformat. Das bedeutet, dass die Benutzer sich mit einem nicht standardisierten Interface beschäftigen müssen. Verschiedene Aktionen, wie das Scrollen oder das Vergrößern von Text funktionieren anders, als die Benutzer es vom Browser gewohnt sind.

Als Faustregel lässt sich sagen: Verwenden Sie PDF für Dokumente, die der Benutzer herunterladen und möglicherweise ausdrucken will, also in erster Linie für seitenstarke Dokumente – beispielsweise Gebrauchsanleitungen. Für kürzere Informationseinheiten sind im Browser unmittelbar darstellbare Formate wie (X)HTML sehr viel besser geeignet.

InDesign CS3 bietet Ihnen eine relativ geradlinige Möglichkeit, ein Dokument für das Web aufzubereiten und dabei eine kompromisslose Trennung von Inhalt, Layout und Logik zu erzielen. Dazu wird reines, striktes XHTML ganz ohne Formatierungselemente verwendet.

XHTML ist eine Neuformulierung von HTML und keine vollständig neue Markup-Sprache. Die Unterschiede zwischen XHTML und HTML sind relativ gering. Allerdings ist HTML im Gegensatz zu XHTML sehr tolerant, was die Notierung des Codes angeht. Es macht beispielsweise wenig aus, wenn das <p>-Tag nicht mit </p> geschlossen wird.

Die Zeile *<p>Hier ein Absatz* würde von HTML nicht moniert. XHTML hingegen verlangt für nicht leere Elemente korrekt geschlossene Tags: *<p>Hier ein Absatz.</p>*

Weiterhin wäre es in HTML OK, die Anführungszeichen um Attributwerte herum wegzulassen. In XHTML ist das nicht möglich. Die HTML-eigene „Lässigkeit" kann zu Problemen führen, wenn solche Dokumente von alternativen Ausgabegeräten wie Screenreadern, Suchmaschinen und Webphones gelesen werden sollen. XHTML ist für diese Geräte leichter lesbar. HTML-Dokumente sind auch nicht so vielseitig und vielleicht in nicht allzu ferner Zukunft nicht mehr besonders brauchbar.

Vorbereitungen in InDesign

Nicht praktikabel wäre es, ein differenziertes Layout in InDesign zu entwerfen und dieses als XHTML zu exportieren. Es ist nämlich keineswegs so, dass Sie das exportierte Dokument einfach in Ihrem Browser öffnen müssten und dann das Layout 1:1 vor sich sehen würden.

Abbildung 10.29 Es ist ein mühsames Unterfangen, ein solches Layout als XHTML-Datei zu exportieren und anschließend in Dreamweaver zu formatieren. Hier sollten Sie lieber ein PDF-Dokument erstellen.

Abbildung 10.30 Oben links: Dieses einfache Layout lässt sich recht gut in XHTML übertragen. Oben rechts: Das Ergebnis im Webbrowser ist ein unformatiertes, aber korrekt angeordnetes Dokument.

Abbildung 10.31 Rechts: Sie oder der damit beauftragte Webdesigner können es anschließend mithilfe von Cascading Stylesheets visuell gestalten.

Die wichtigste Forderung an ein zeitgemäßes Webdesign ist die vollständige Trennung von Struktur, Inhalt und Layout. Das erste Etappenziel in InDesign muss deshalb lauten, ein semantisch aufgebautes Dokument zu erzeugen:

▶ Vergewissern Sie sich, dass Sie die Absatz- und Zeichenformatierungen in Form von Formaten vorgenommen haben. Auch für Ihre Bilder sollten Sie Objektstile einsetzen. Dann hat es der Webdesigner später leichter, das visuelle Erscheinungsbild mittels Cascading Stylesheets zu optimieren.

XHTML-Seiten für das Web erstellen

Abbildung 10.32   Es empfiehlt sich, in InDesign mit Formaten zu arbeiten, die in Dreamweaver später mit CSS-Stilvorlagen umgesetzt werden können.

▶ Sorgen Sie für eine eindeutige Reihenfolge der Elemente. InDesign geht das Dokument beim XHTML-Export von oben nach unten und von links nach rechts durch.

▶ Gruppieren Sie zusammengehörige Elemente. Damit erleichtern Sie InDesign die Aufgabe, die richtige Reihenfolge der Layoutelemente umzusetzen.

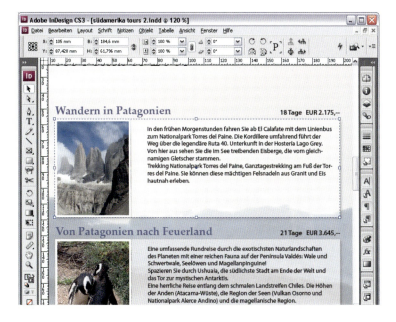

Abbildung 10.33   Zusammengehörige Elemente wie diese Text-Bild-Kombination sollten gruppiert werden.

Das InDesign-Dokument in XHTML konvertieren

Sobald Sie das Layout in InDesign fertiggestellt haben, wählen Sie *Datei > Medienübergreifender Export > XTHML > Dreamweaver*.

Im folgenden Dialogfeld wählen Sie einen Ordner oder erstellen Sie einen solchen. Vergeben Sie einen Dateinamen und wählen Sie den Speicherort. Bestätigen Sie mit *Speichern*.

Die Kategorie »Allgemein« des Dialogfelds »XHTML-Exportoptionen«

Im nun angezeigten Dialogfeld *XHTML-Exportoptionen* haben Sie die folgenden Möglichkeiten:

In der Registerkarte *Allgemein* entscheiden Sie, ob Sie die aktuelle *Auswahl (falls vorhanden)* oder *das gesamte Dokument* in XHTML konvertieren möchten.

Die Aufzählungszeichen Ihres Dokuments konvertieren Sie bei Bedarf in ungeordnete *(<ul>)-Listen*, die Nummerierungen in geordnete Listen. Alternativ konvertieren Sie sie in normalen Text.

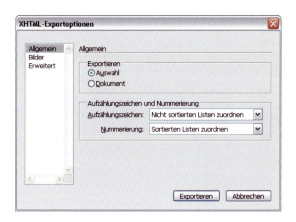

Abbildung 10.34 Links: Im Register *Allgemein* legen Sie fest, was Sie exportieren möchten, und Sie bestimmen, was mit Listen geschehen soll. Rechts: Im Register *Bilder* wählen Sie normalerweise *Optimiert* und aktivieren das Kontrollkästchen *Formatiert*.

Die Kategorie »Bilder«

Die Bilder Ihres InDesign-Dokuments erhalten im Paket einen eigenen Ordner namens `[ Dateiname] -Web-Images`.

Im Register *Bilder* legen Sie fest, ob und auf welche Weise Sie die Grafiken für diesen Ordner optimieren möchten. Bestimmen Sie hier, ob Sie die Originalbilder, die optimierten Bilder in Originalgröße oder die optimierten Bilder in der Größe, in der sie im InDesign-Dokument platziert sind, exportieren möchten.

„Optimiert" heißt, dass die Bilder in einem webtauglichen Format – GIF oder JPEG – gespeichert werden. Dieses Format geben Sie entweder explizit an – wenn Ihr Dokument nur wenige gleichartige Bilder enthält – oder Sie lassen InDesign von Bild zu Bild gesondert entscheiden.

Damit die Bilder dieselbe Größe wie im InDesign-Dokument erhalten, aktivieren Sie das Kontrollkästchen *Formatiert*. Dann werden zudem auch dem Bild zugewiesene Konturen und Effekte in das Bild hineingerechnet.

In den meisten Fällen wählen Sie also aus dem Popup-Menü *Bilder kopieren* den Eintrag *Optimiert* und aktivieren das Kontrollkästchen *Formatiert*.

GIF oder JPEG?

Der Export als GIF-Bild ist immer dann geeignet, wenn Ihr Dokument plakative Bilder, Bilder mit Schrift und in Vektorgrafikprogrammen erstellte Illustrationen enthält. Für größere Fotos sollte dieses Format nicht verwendet werden, setzen Sie hier stattdessen JPEG ein.

Bei der Wahl des GIF-Formats wählen Sie im Bereich *GIF-Optionen* eine Palette. GIF-Bilder können höchstens 256 Farben aufweisen und welche Farben dabei genau verwendet werden, regelt die gewählte Palette.

Die beste Browser-Kompatibilität erreichen Sie, wenn Sie aus dem Popup-Menü *Palette* den Eintrag *Web* wählen. Diese websichere Palette reserviert die 216 auf Windows- und Mac-Plattformen identisch darstellbaren Farben für das eigentliche Bild. Wenn Sie Ihr Bild mit der websicheren Palette abspeichern, entstehen manchmal Farbabweichungen, da die verwendeten Farben in den Webfarbraum verschoben werden. Es ist daher praktikabler, neue Grafiken gleich mit der Webfarbpalette zu erstellen.

Das Kontrollkästchen »Interlace«

Die Pixel einer GIF-Datei werden normalerweise von oben nach unten gespeichert. Wenn Sie Ihr Bild als Interlaced GIF (Kontrollkästchen *Interlace*) abspeichern, werden die Pixel nicht in linearer Reihenfolge, sondern gleich in größeren Blöcken gespeichert. Die Folge ist, dass das Bild beim Betrachten im Browser erst in einer groben Vorschau, dann in immer feineren Ansichten, in insgesamt drei Durchläufen, dargestellt wird, bis es schließlich vollständig und korrekt angezeigt wird. Dies ist bei großen GIF-Bildern von Vorteil, da der Surfer nicht lange die leere Fläche sieht, auf der das Bild erscheinen soll. Stattdessen kann er sich sozusagen die Zeit mit dem Betrachten der immer besser werdenden Vorschaubilder vertreiben und schon einmal einen groben Eindruck vom zu erwartenden Bild erhalten. Allerdings sind Dateien mit Interlacing etwas größer als GIFs ohne Interlacing. Man kann sagen, dass es sich ab einer Bildgröße von ca. 150x200 Pixel Interlacing lohnt.

JPEG-Bilder

Für größere Fotos, die im WWW publiziert werden sollen, eignet sich am besten das JPEG-Format mit der Dateiendung JPG. Weniger geeignet ist das Format für Bilder mit scharfen Kanten, großen Farbflächen und typografischen Elementen.

Wählen Sie aus dem Popup-Menü *Bildqualität* eine Qualität aus, mit der das Bild für das Web komprimiert werden soll. Beachten Sie dabei: Je besser Sie die Qualität einstellen, desto mehr Speicherplatz benötigt das Bild. Analog zum Interlacing bei GIF-Dateien legen Sie bei JPEG-Dateien über das Popup-Menü *Formatmethode* eine Progression fest. Das bedeutet, dass solche Bilder im Browser-Fenster in aufeinanderfolgenden Schritten verbessert werden, wobei zunächst nur eine ganz grobe Vorschau angezeigt und das Bild dann immer besser dargestellt wird. Wählen Sie dazu den Eintrag *Mehrere Durchgänge*.

Die Kategorie »Erweitert«

Aktivieren Sie zuletzt die Kategorie *Erweitert*. Hier bestimmen Sie, wie InDesign mit der Formatierung des Dokuments umgehen soll.

Mehr über den JPEG-Kompressionsalgorithmus und verwandte Themen erfahren Sie zum Ende dieses Kapitels.

Progressive JPEG-Bilder benötigen wie beim analogen GIF-Interlacing mehr Prozessorkapazität und die Dateien sind auch größer als die nicht progressiver JPEGs.

Abbildung 10.35 Links: In der Kategorie *Erweitert* bestimmen Sie, auf welche Weise das Exportmodul mit den Formatierungen des Dokuments umgehen soll. Rechts: Hier ist bereits eine CSS-Datei vorhanden, die in das Feld *Externe CSS-Datei* eingetragen wird.

 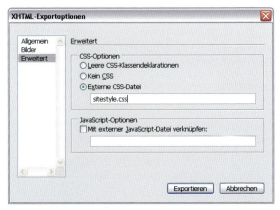

- Bei aktivierter Option *Leere CSS-Klassendeklaration* erzeugt InDesign im <Head> der HTML-Datei leere Klassen, die der Webdesigner später selbst mit Stildefinitionen füllen kann, um das Dokument zu formatieren. Diese Option besprechen wir weiter unten ausführlicher.
- Aktivieren Sie das Optionsfeld *Kein CSS*, exportiert InDesign nur die Inhalte des Dokuments, ganz ohne Formatierungsanweisungen.
- Hat der Webdesigner bereits Stile für das Dokument in einer externen CSS-Datei angelegt, aktivieren Sie das Kontrollkästchen *Externe CSS-Datei* und geben darunter den Dateinamen ein. Beachten Sie bitte, dass die Namen der Stildefinitionen den in InDesign verwendeten Zeichen- und Absatzformaten und Objektstilen entsprechen müssen, damit das Ganze funktioniert.

Nachdem Sie alles eingerichtet haben, klicken Sie auf *Exportieren*, um das Dokument und den zugehörigen Bilderordner zu erzeugen. Betrachten Sie das Dokument anschließend im Browser. Sie erkennen die korrekte Strukturierung, auch wenn der Text noch völlig unformatiert erscheint. Auch die Hyperlinks wurden korrekt übernommen.

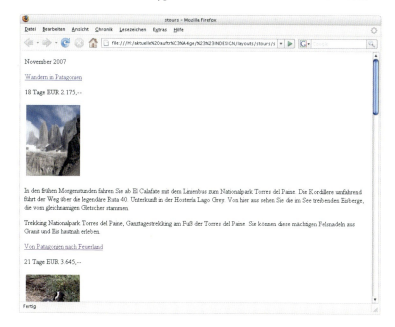

Abbildung 10.36 Sie erhalten ein korrekt strukturiertes XHTML-Dokument, das Sie im Browser betrachten und im Internet veröffentlichen können.

Das Dokument im Web-Editor nachbearbeiten

Das fertige XHTML-Dokument öffnen Sie nun in Ihrem Web-Editor. Wir verwenden Dreamweaver. Wenn Sie die Option *Leere CSS-Klassendeklaration* aktiviert haben, wählen Sie in diesem Programm *Ansicht > Code und Entwurf*.

Navigieren Sie in der Codeansicht nach oben, um den *<head>*-Tag des Dokuments zu betrachten. Sie erkennen hier – in der Dreamweaver-Grundeinstellung in rosa Schrift – die leeren CSS-Stil-Tags für sämtliche in InDesign angelegten Objektstile und Textformate.

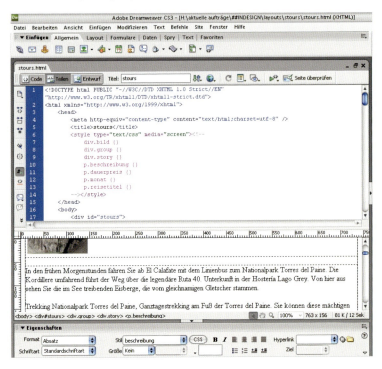

Abbildung 10.37 Beim Export wurden für alle Objektstile und Textformate leere CSS-Stil-Tags angelegt.

Ihre Aufgabe besteht nun darin, diese mit Inhalt zu füllen und das XHTML-Dokument dadurch zu formatieren.

Dreamweaver erleichtert Ihnen diese Aufgabe durch das Bedienfeld *CSS-Stile*.

Führen Sie im Bedienfeld einen Doppelklick auf einen der Stile aus – beispielsweise auf den zur Definition der Grafiken (in unserem Beispiel *div.bild*).

Verwenden Sie die acht Kategorien im linken Bereich des Dialogfelds, um das Aussehen der mit dem gewählten Stil formatierten Elemente festzulegen. Mit diesen Optionen können Sie fast alle möglichen CSS-Formateigenschaften einstellen. In der Dreamweaver-Hilfe finden Sie eine komplette Übersicht über die Möglichkeiten. Für die Bilder könnten Sie beispielsweise in der Kategorie *Rahmen* eine Konturart, -breite und -farbe bestimmen, in der Kategorie *Box* die Bildausrichtung.

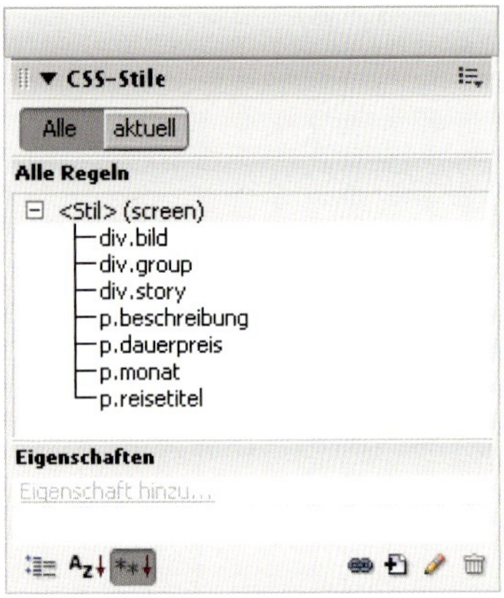

Abbildung 10.38 Im Bedienfeld *CSS-Stile* sehen Sie alle vordefinierten CSS-Stile aufgelistet.

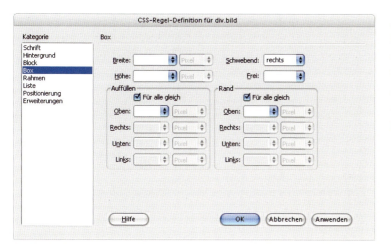

Abbildung 10.39 Im Dialogfeld *CSS-Regel-Definitionen für* legen Sie die Formatierungseigenschaften für den gewählten Stil fest. Hier wurden die Bildrahmen auf eine bestimmte Breite gesetzt und rechtsbündig auf der Seite ausgerichtet.

Wenn Sie fertig sind, betrachten Sie wieder das *<head>*-Tag Ihrer Seite. Sie erkennen, dass die Stildefinitionen nun mit den entsprechenden Inhalten gefüllt wurden.

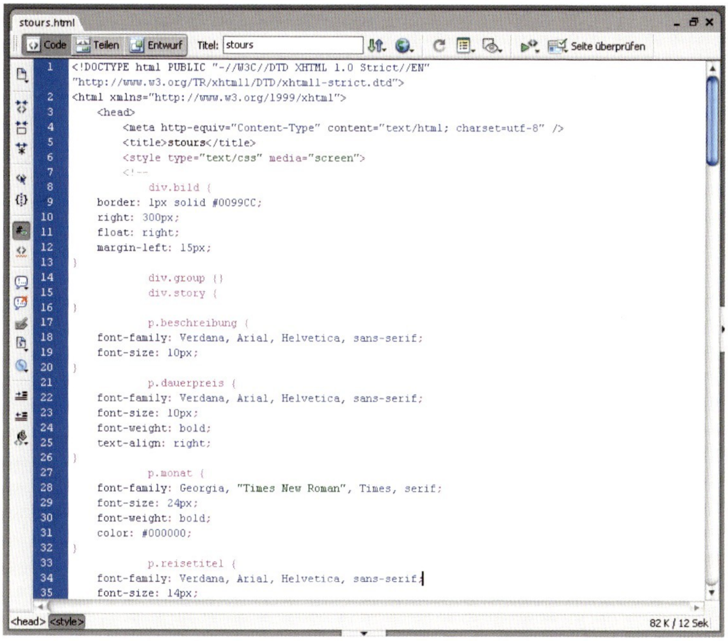

Abbildung 10.40 Die CSS-Stildefinitionen wurden mit den entsprechenden Inhalten gefüllt.

Mit der Taste F12 öffnen Sie die Seite aus Dreamweaver heraus in Ihrem Standardbrowser.

Abbildung 10.41 Im Browser zeigen sich die CSS-Formatierungen.

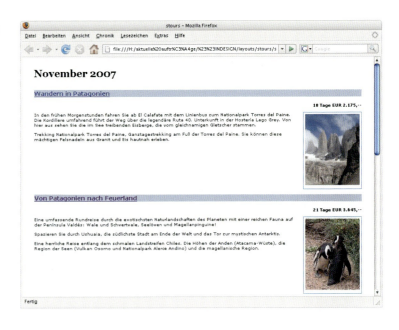

10.3 Layouts für Digital Editions exportieren

ID Neu in InDesign CS3

Mit dem kostenlosen, auf dem Flash Player 9 basierenden eBook-Anzeigeprogramm *Digital Editions* lassen sich eBooks und digitale Publikationen kaufen, lesen und verwalten.

Laden Sie sich Digital Editions von *www.adobe.com/products/digitaleditions* herunter. Alternativ steuern Sie gleich *http://www.adobe.com/products/digitaleditions/library/* an. Diese Bibliothek enthält verschiedene eBooks zum Download. Wenn Sie sich eines der Bücher herunterladen, wird Digital Editions automatisch installiert, sofern es auf Ihrem Rechner noch nicht vorhanden ist.

Außer PDF-Dateien werden XHTML-Dokumente unterstützt und auch interaktive Flash-Elemente können dargestellt werden. Adobe will mit dem Programm den Vertrieb elektronischer Bücher, Magazine und Zeitschriften vorantreiben.

InDesign CS3 eröffnet Ihnen die Möglichkeit, Ihr Layout für Digital Editions zu exportieren. Auch dabei ist die Grundlage XHTML und die Konvertierung komplexer Layouts bringt keine guten Ergebnisse. Greifen Sie für solche Dokumente lieber auf PDF zurück.

1 Wählen Sie *Datei > Medienübergreifender Export > XHTML/Digital Editions*. Möchten Sie gleich ein ganzes Buch exportieren, wählen Sie aus dem Bedienfeldmenü des Buch-Bedienfelds den Befehl *Buch nach XHMTL/Digital Editions exportieren*.

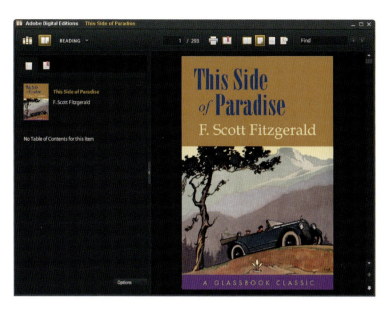

Abbildung 10.42 Wenn Sie sich eines der eBooks aus der Adobe-DigitalEditions-Bibliothek herunterladen, wird der Reader gleich mitinstalliert.

2. Wählen Sie Dateiname und Speicherort und klicken Sie auf *OK*.
3. In der Kategorie *Allgemein* aktivieren Sie das Kontrollkästchen *Metadaten* einbeziehen, um die Dokument-Metadaten mit zu exportieren.
4. Lassen Sie das Kontrollkästchen *Nur Formatnamen exportieren* deaktiviert, wenn Sie Wert auf eine bestmögliche Konvertierung des Erscheinungsbilds Ihrer Formate legen. Denn nur dann werden die im Dokument verwendeten Formate in CSS-Stile exportiert (wie immer sollten Sie Ihr Dokument unter Verwendung von Absatz- und Zeichenformaten formatiert haben). Sonst legt InDesign lediglich leere Stildefinitionen an.
5. In der Kategorie *Bilder* legen Sie die Konvertierungsoptionen für die im Layout platzierten Bilder fest (Details dazu ab Seite 467).
6. Mit einem Klick auf *Exportieren* erzeugt InDesign eine Datei mit der Endung *EPUB*. Diese enthält den XHTML-basierten Dokumentinhalt, die platzierten Bilder sowie ein JPEG-Thumbnail von der ersten Dokumentseite, das als Buchabbildung für die Bibliotheksansicht von Digital Editions verwendet wird.

Wenn Sie sehen möchten, welche Dateien InDesign genau erzeugt hat, lokalisieren Sie die Datei im Explorer bzw. Finder und benennen ihre EPUB-Erweiterung in ZIP um. Anschließend können Sie den Inhalt extrahieren und betrachten.

10.4 Grafiken für das Web erstellen

InDesign eignet sich auch zur Erzeugung von Webgrafiken, zum Beispiel, wenn Sie Werbebanner gestalten und gleich in das entsprechende Format exportieren möchten. In die folgenden webtauglichen Formate exportiert InDesign Ihre Arbeit:

- SVG (Scalable Vector Graphics)
- JPEG

Ein direkter Export als PNG- oder GIF-Bild ist nicht möglich. Zum Export von GIF-Bildern steht Ihnen aber der Weg offen, Ihr Layout, wie oben beschrieben, als Dreamweaver-XHTML zu exportieren, die Bilder dabei als GIF-Grafik zu exportieren und dann aus dem Paketordner herauszunehmen.

Aus technischen Gründen gibt es bei Webbildern leider keine Garantie, dass sie auf allen Bildschirmen genauso aussehen, wie Sie sie an Ihrem Monitor vorbereitet haben. Das bedeutet, dass jedes Bild auf den unterschiedlichsten Systemen und in unterschiedlichen Bildschirmauflösungen gut aussehen muss.

Ein wichtiger Unterschied zwischen gedruckten und am Monitor präsentierten Bildern ist das Problem der begrenzten Auflösung. Für Bildschirmpräsentationen sollten Sie daher keine Bilder verwenden, die zu detailreich sind. Ein einfaches Bilddesign kommt im Web am besten an, da der Benutzer die wichtigsten Bereiche dann schnell erfassen kann.

Verlieren Sie nicht die Dateigröße aus dem Auge. Durch immer weiter verbreitete Breitbandverbindungen wird das Problem der Dateigröße zwar immer kleiner, Bilder für das Web sollten dennoch nach wie vor nicht größer als 100 Kbyte sein. Wenn Sie auf einer Webseite mehrere Bilder anbieten, müssen Sie die Dateigrößen addieren, um die erwähnte Gesamtbilddateigröße nicht zu überschreiten.

Obwohl Bilder Sprachbarrieren überwinden können, lassen sie sich unterschiedlich interpretieren. Wichtig ist dieser Aspekt, wenn Sie Seiten für ein internationales Publikum entwickeln. Hier treffen unter Umständen verschiedene Kulturkreise aufeinander. Im Extremfall können manche Bilder, die uns ganz „normal" vorkommen, von Menschen anderer Kulturkreise missverstanden werden oder gar anstößig wirken. Denken Sie etwa an die Firma, die ein Kopfschmerzmittel in einem arabischen Land verkaufen will und eine Bilderfolge zeigt, die von links nach rechts verläuft. Bild 1: Ein Mann hält sich schmerzverzerrt den Kopf. Bild 2: Er schluckt die Kopfschmerztablette. Bild 3: Er lacht wieder. Der arabische Kulturkreis liest von rechts nach links .

Das SVG-Format

Beim Scalable-Vector-Graphics-Format (SVG) handelt es sich um einen offenen Standard für Vektorgrafiken. Das Format ermöglicht Ihnen die Erstellung von Webseiten mit hoch aufgelösten Grafiken – sogar mit Echtzeitdaten.

SVG basiert komplett auf XML, lässt sich aber nicht nur in XML-Anwendungen, sondern auch in HTML-Webseiten integrieren. SVG kennt drei Objekttypen: Bitmaps, Vektorgrafiken und Fonts, die sich frei gruppieren und verändern lassen. Auch Transparenzen, Verläufe und Antialiasing sind mit SVG möglich. Die Objekte lassen sich sogar per Skript animieren. SVG basiert auf dem Document Object Model (DOM).

Das Scalable-Vector-Graphics-Format erinnert in mancherlei Hinsicht an PDF: Genau wie dieses Format ist es skalierbar und unterstützt Farbprofile. Zudem lassen sich SVG-Dateien streamen. Aktuelle Browser können SVG-Grafiken anzeigen – am Mac benötigen Sie allerdings zusätzlich den SVG-Viewer (das gilt auch für ältere Browser unter Windows). Sie erhalten ihn auf *www.adobe.de* .

Über das *Export*-Dialogfeld exportieren Sie einzelne Seiten, Druckbögen oder auch ausgewählte Objekte in das SVG- oder das komprimierte SVGZ-Format.

1 Möchten Sie nur einzelne Objekte in Ihrem InDesign-Dokument exportieren, wählen Sie diese aus, bevor Sie *Datei > Exportieren* wählen.

2 Wählen Sie Speicherort und Dateiname. Als Dateityp wählen Sie *SVG* oder *Komprimierte SVG* – zu den Unterschieden erhalten Sie weiter unten nähere Erläuterungen. Der Exportdialog sieht für beide Formate identisch aus. Bestätigen Sie mit *Speichern*.

3 In der Gruppe *Seiten* des folgenden Dialogfelds legen Sie fest, ob Sie das gesamte Dokument, einen bestimmten Seitenbereich, eine eventuell vorgenommene Auswahl oder – wie es etwa auch beim PDF-Export möglich ist – eine Doppelseite (*Druckbögen*) exportieren möchten.

Jede einzelne Seite bzw. jeder einzelne Druckbogen wird als gesonderte SVG-Datei exportiert.

Abbildung 10.43 Im Dialogfeld *SVG-Optionen* legen Sie die Optionen für den SVG-Export fest.

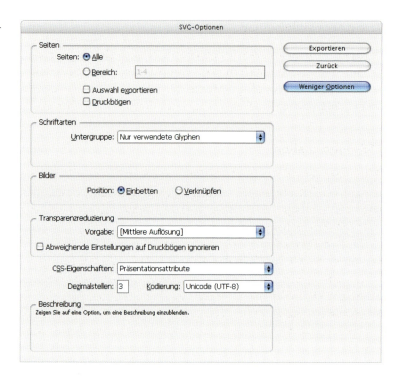

Weitere Informationen über Schriftuntergruppen finden Sie auf Seite 409.

Schriften

In der Gruppe *Schriftarten* bestimmen Sie, wie InDesign beim Export mit den verwendeten Schriften verfahren soll. Sie haben hier verschiedene Möglichkeiten der Schrifteinbettung. Für das Web am besten geeignet ist die Bildung von Untergruppen, denn durch die ausschließliche Einbindung von tatsächlich verwendeten Zeichen erhalten Sie eine kleinere Datei, als wenn Sie sämtliche Zeichen der verwendeten Schriften einbinden würden.

Bilder

Im Abschnitt *Bilder* bestimmen Sie, ob die enthaltenen Pixelbilder eingebettet oder lediglich verknüpft werden sollen. Entscheiden Sie sich für das Einbetten der Bilder, werden sämtliche Bilddaten in die SVG-Datei aufgenommen, wodurch sich die Dateigröße zwar ein wenig erhöht, Sie sich aber nicht mehr um fehlende Verknüpfungen sorgen müssen.

Falls keine weiteren Optionen in Ihrem Dialogfeld angezeigt werden, klicken Sie nun auf die Schaltfläche *Weitere Optionen*. Damit erweitern Sie das Dialogfeld nach unten.

Transparenzreduzierung

In Kapitel 9 konnten Sie sich bereits über das Thema „Transparenzreduzierung" informieren. Auch für SVG-Grafiken können Sie bestimmen, wie Transparenzen beim Export in eine SVG-Grafik verarbeitet werden sollen. Die Optionen gleichen den in diesem Kapitel besprochenen.

CSS-Eigenschaften

Bestimmen Sie im Popup-Menü *CSS-Eigenschaften*, wie die Formate in der SVG-Datei behandelt werden sollen. Gut geeignet ist die Auswahl des Eintrags *Präsentationsattribute*. Dann werden besonders viele CSS-Eigenschaften angewandt.

Im Feld *Dezimalstellen* geben Sie eine Zahl von *1* bis *7* an. Diese bestimmt die Genauigkeit der Vektoren. Der Wert 1 bringt die schlechteste Qualität, dabei aber auch die kleinste Datei. Der vorgegebene Wert 3 ist in den meisten Fällen brauchbar. Als Kodierung lassen Sie ebenfalls *Unicode UTF 8* stehen.

Erstellen Sie die SVG-Datei mit einem Klick auf die Schaltfläche *Export*.

Die fertige SVG- oder SVGZ-Datei können Sie sowohl im Browser (als Grafik) anzeigen als auch im Texteditor. Dann sehen Sie die XML-Struktur der Datei. Bei SVGZ-Dateien zeigt der Editor die verschlüsselten Daten, SVG-Dateien können Sie im Texteditor entsprechend bearbeiten.

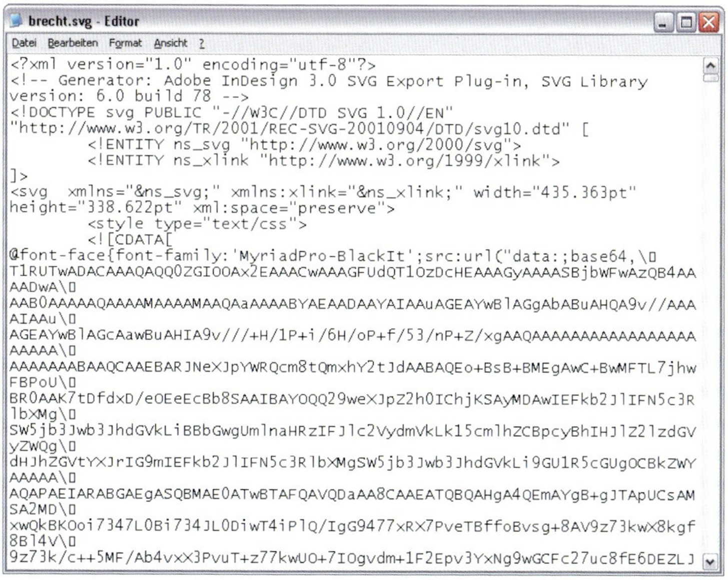

Abbildung 10.44 SVG-Grafiken lassen sich in einem Texteditor betrachten und auch bearbeiten.

Der Vorteil der Verschlüsselung von SVGZ-Dateien ist unter anderem die Sicherheit, dass Ihre Daten nicht aus der Datei extrahiert werden können – im Web durchaus ein wichtiger Aspekt.

Auf der grafischen Ebene können Sie Ihre fertige SVG-Datei in Illustrator bearbeiten, nachdem Sie sie in dieses Programm importiert haben.

Die HTML-Einbindung von SVG-Dateien

SVG-Dateien binden Sie nicht als Bilder mit dem `img`-Tag ein, sondern als Plug-in mit dem `embed`-Tag, zum Beispiel so:

```
<embed src="brecht.svg" width="246" height="205"></embed>
```

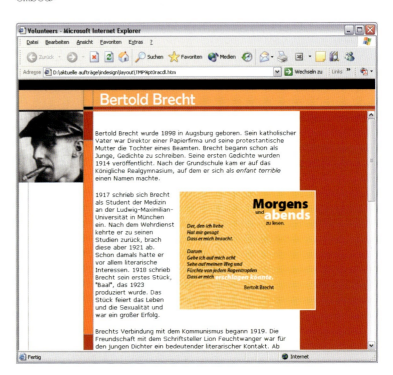

Abbildung 10.45 In HTML binden Sie SVG-Dateien als Plug-in ein.

Das JPEG-Format

Die andere Möglichkeit zum Exportieren von Grafiken für das World Wide Web ist die Verwendung des JPEG-Formats.

JPEG eignet sich vor allem für größere Halbtonbilder. Leider entstehen bei der Komprimierung Qualitätsverluste. Wenn Sie Ihre Bilder als JPEG 2000 speichern, ist es zwar möglich, verlustfrei zu komprimieren, aber die Dateien werden in der Regel für das Web zu groß.

Da JPEG im Grunde genommen kein Bildformat ist, sondern ein Kompressionsverfahren, gibt es einige Grafikformate, die sich dessen Kompressionsalgorithmus bedienen. Bei dieser Art Komprimierung werden die Helligkeitsinformationen von den Farbtönen getrennt. Dabei werden subtile Farbunterschiede, die vom Auge nicht erfasst werden können, gelöscht. Die Komprimierung findet bereichsweise statt, d.h., Flächen mit ähnlichen Farbtönen werden zusammengefasst. Je nach eingestellter Qualität variiert die Toleranzgrenze für „ähnliche" Pixel – eine hohe Qualität ergibt eine kleinere Komprimierung, aber die Dateigröße wird kaum reduziert. Pixel, die innerhalb der Toleranzgrenze für einen bestimmten Farbton liegen, werden an den Mittelwert der Gesamtfläche angepasst. Dieses Verfahren entfernt gegenüber dem Originalbild die subtilen Farbunterschiede. Daher sollten Sie mit den Komprimierungseinstellungen vorsichtig umgehen: Bei einer zu schlechten Qualität werden Störungen erkennbar – die sogenannten JPEG-Artefakte. Es kommt zu Unschärfen und Fehlfarben.

Stets gehen beim Export Bildinformationen verloren, die sich nicht mehr wiederherstellen lassen. Bei geringer Kompression nimmt das Auge diese Informationsverluste nicht wahr. Der große Vorteil von JPEG ist, dass es auch RGB-Echtfarben (24 Bit-)Bilder ohne Indizierung komprimieren kann. RGB kann Millionen von Farben darstellen – praktisch alle Farben des sichtbaren Spektrums. An dieser astronomischen Zahl erkennen Sie, dass das JPEG-Format nur für Bilder in Fotoqualität sowie die digitale Darstellung etwa von Kunstwerken benötigt wird. JPEG ermöglicht – allerdings bei schlechter Bildqualität – eine sehr hohe Kompressionsrate: ca. 10:1 bis 20:1 (die von GIF liegt bei solchen Bildern – je nach Motiv – bei ca. 3:1).

Die Datei für eine optimale JPEG-Kompression vorbereiten

Bilder mit scharf abgegrenzten Flächen lassen sich im JPEG-Format weniger gut komprimieren. Je weicher die Kanten Ihres Bilds, desto bessere Ergebnisse werden Sie erzielen. Daraus folgt, dass typografische Elemente und Strichzeichnungen für den JPEG-Export eher ungeeignet sind. Hier sollten Sie lieber das SVG-Format wählen oder die Datei als EPS exportieren, dann in Illustrator oder Photoshop einlesen und aus diesen Programmen wiederum als GIF-Datei exportieren.

Abbildung 10.46 Rechts oben: Wegen der scharfkantigen Typo und der geringen Farbanzahl ist dieses Dokument eher ungeeignet für den Export als JPEG-Grafik. Der Export als GIF-Grafik würde sich hier eher anbieten – exportieren Sie ein solches Dokument am besten als EPS und importieren Sie es in Photoshop oder Illustrator, um es hier als GIF-Datei zu speichern. Unten: Deutlich sind an der Schrift die typischen JPEG-Artefakte zu erkennen, die das Format für den Export von Typo und anderen scharf abgegrenzten Bildern eher ungeeignet machen.

Der Export

Auch hier wählen Sie bei Bedarf wieder die Objekte aus, die Sie als JPEG-Datei exportieren möchten. Wählen Sie *Datei > Exportieren* und legen Sie Ablageort, Dateiname und Dateityp (*JPEG*) fest. Klicken Sie auf *Exportieren*. Im Dialogfeld *JPEG exportieren* stehen Ihnen die folgenden Optionen zur Verfügung:

1 In der Gruppe *Exportieren* bestimmen Sie wieder, welche Bereiche Ihres Dokuments als JPEG-Datei exportiert werden sollen. Auch hier gilt: Jede Seite (bzw. jeder Druckbogen) erhält eine eigene JPEG-Datei.

2 Im Popup-Menü *Bildqualität* wählen Sie die gewünschte Bildqualität. Beachten Sie: Je besser die Qualität, desto größer auch die resultierende Datei. Im Popup-Menü *Formatmethode* wählen Sie, ob Sie eine „gewöhnliche" oder eine progressive JPEG-Datei erstellen möchten. Bei Bedarf wählen Sie auch eine Auflösung.

Im Dialogfeld JPEG exportieren legen Sie unter anderem die Bildqualität fest.

Wenn Sie eine JPEG-Datei mit einer Progression ausstatten, wird das Bild im Browser-Fenster in aufeinanderfolgenden Schritten dargestellt, wobei zunächst nur eine ganz grobe Vorschau angezeigt und das Bild dann immer besser dargestellt wird. Progressive JPEG-Dateien benötigen etwas mehr Prozessorkapazität und die Dateien sind auch größer als nicht progressive JPEGs. Der Vorteil ist aber, dass der Betrachter schon früh eine Vorschau des ladenden Bilds sehen kann.

10.5 Medienübergreifendes Publishing mit XML

Mit XML haben Sie die Möglichkeit, die Inhalte Ihres Dokuments eindeutig zu kennzeichnen, dann als Textdatei zu exportieren und in diesem Format weiterzugeben. Diese Textdatei kann dann in den verschiedensten Anwendungen verarbeitet werden. Dabei bleibt zwar nicht das Layout Ihres Dokuments erhalten, aber doch dessen Strukturierung, zum Beispiel Überschriften, Bilder, Bildbeschriftungen und deren Reihenfolge, vorausgesetzt, Sie haben Ihr Dokument in InDesign korrekt mit Tags ausgestattet. Dann schaffen Sie eine kompromisslose Trennung von Inhalt, Layout und Logik.

InDesign bietet Ihnen die Möglichkeit, Ihre Dokumente auf einfache und unkomplizierte Weise mit XML-Tags zu versehen, XML-Dokumente zu exportieren und zu importieren, ohne dass Sie sich dazu tiefer gehend mit XML, Tags oder anderen Dingen, die in den Codebereich fallen, befassen müssten. Sie sollten diese Möglichkeiten kennen – denn mit keiner anderen Technologie schaffen Sie es so unkompliziert, das Layout Ihrer Dokumente schnell unterschiedlichen Anforderungen anzupassen, zum Beispiel aus ein- und demselben Dokument in kürzester Zeit ein Print-, eine Bildschirm-PDF- und eine HTML-Version zu erstellen.

Abbildung 10.47 Mit XML und InDesign gar nicht schwierig: Der Transfer von Inhalten in verschiedene Layouts

In der Praxis noch wichtiger als die geschilderte Vorgehensweise ist die Möglichkeit, etwa aus einer Kundendatenbank exportierte Daten in Ihr InDesign-Layout zu holen. Voraussetzung ist auch hier wieder ein brauchbares XML, das Sie gegebenenfalls per XSL-Datei transformieren lassen.

Was ist XML?

Die Auszeichnungssprache XML (Extensible Markup Language) soll für einen reibungslosen Austausch zwischen Plattformen, Anwendungen und Medien sorgen. Ihre Spezifikation wurde Anfang 1997 vom W3C verabschiedet.

Obwohl HTML immer wieder erweitert wurde, ist diese Sprache dennoch ziemlich eingeschränkt – besonders was das Layout und die Gestaltung von Dokumenten angeht. Im Ergebnis wurden von den

Auch das InDesign-Interchange-Format (Datei > Exportieren, Dateityp InDesign Interchange-Format) basiert auf XML zuzüglich verschiedener proprietärer Tags. Verwenden Sie dieses Format, um in InDesign CS3 erzeugte Dokumente in älteren Versionen zu öffnen.

verschiedenen Browser-Herstellern browserspezifische Erweiterungen hinzugefügt. Leider konnten diese Erweiterungen nicht von jedem Browser gedeutet werden. Dieses Problem sollte XML in den Griff bekommen. Der Sinn hinter XML ist, dass Erweiterungen nicht mehr innerhalb von HTML definiert, sondern von einem neuen Verfahren übernommen werden. Die Strukturen dieses Verfahrens können in beliebigen Dokumenten untergebracht werden.

Bei XML handelt es sich – im Unterschied zu HTML – eigentlich nicht um eine eigene Seitenbeschreibungssprache. Es ist vielmehr ein Metadialekt, der Entwickler befähigt, Seitenbeschreibungssprachen zu bilden, zum Beispiel für die bessere Darstellung von Formeln. Die Grundlage von XML ist SGML (Standard Generalized Markup Language). Diese Seitenbeschreibungssprache liegt bereits seit über zehn Jahren als ISO-Norm vor.

XML folgt einem sehr einfachen Grundprinzip: Das Ziel der Sprache ist es, Informationen zu beschreiben. XML ist eine so genannte *Meta-Sprache*, weil sie anwendungsbezogen Inhalte und deren Strukturen beliebiger Art beschreibt. Neben dieser beschreibenden Funktion bietet XML flexible Mechanismen für die Aufbereitung von Inhalten für unterschiedlichste Medien.

Im Gegensatz zu vielen anderen Auszeichnungssprachen (z.B. HTML) erlaubt XML es Ihnen, eigene Tags für die Bestandteile Ihrer Dokumente zu erzeugen.

Dabei erhält jedes Dokument die drei Teile Inhalt, Struktur und Layout. Erst durch diese Trennung wird es möglich, Inhalte auf unterschiedliche Art und Weise darzustellen, ohne dass dazu etwas am zugrunde liegenden XML-Dokument geändert werden müsste. Ein XML-Dokument kann also sowohl in InDesign als auch in HTML dargestellt werden. Der große Vorteil dabei ist gerade, dass die XML-Datei keinerlei Informationen darüber enthält, wie sie dargestellt werden soll, sondern nur darüber, wie die enthaltenen Elemente hierarchisch aufeinander folgen und strukturiert sind. Dadurch lassen sich die XML-Daten mit äußerst geringem Aufwand in die verschiedensten Layouts integrieren.

Der Aufbau von XML-Dokumenten

XML-Dokumente können mit einfachen Texteditoren bearbeitet werden. Ein XML-Dokument besteht aus Elementen, die meist nodes oder Knoten genannt werden. Diese Knoten werden durch Tags beschrieben. Zwischen den Tags finden sich gegebenenfalls Attribute, wie Sie es eventuell auch von HTML kennen.

Die Struktur eines XML-Dokuments ist stammbaumähnlich hierarchisch. In Anlehnung an dieses Bild werden die untergeordneten Elemente auch als Kinder (*child nodes*) bezeichnet. Gleichgeordnete *child nodes*, die alle zu einem übergeordneten Knoten (*parent node*) gehören, nennt man Geschwister (*siblings*). Der oberste Knoten im XML-Dokument ist immer die Wurzel (*root*).

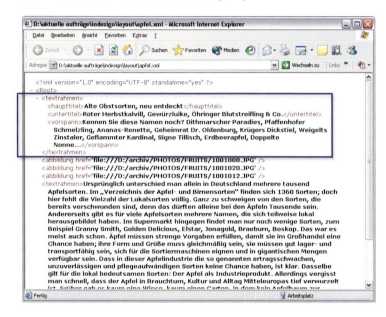

Abbildung 10.48 *<textrahmen>* ist der *parent node* zu *<haupttitel>*. Dieser wiederum verfügt über zwei *siblings* namens *<untertitel>* und *<vorspann>*.

XML und InDesign

Das Vorteilhafte an der Arbeit mit XML in InDesign ist, dass Sie Ihren gewohnten Layoutprozess *nicht* umstellen müssen – erst nach der Fertigstellung Ihrer Layoutarbeiten fügen Sie die XML-Tags hinzu. Und selbst dazu benötigen Sie keinerlei Programmierkenntnisse. Die grundsätzliche Vorgehensweise sieht folgendermaßen aus:

▶ Gestalten Sie Ihr Dokument. Zu diesem Zeitpunkt müssen Sie sich noch keine Gedanken über Kompatibilität, Gestaltungseinschränkungen machen, wie Sie es sicherlich tun würden, wenn Sie ein Dokument gestalten würden, das auch als HTML-Datei im World Wide Web publiziert werden soll.

▶ Es folgt das so genannte „Taggen" – übersetzt etwa „Etikettieren" – des Dokuments. Das bedeutet, dass Sie es nach einer Analyse, welche Elemente für die Struktur der Daten wichtig sind und wie sie hierarchisch aufgebaut sind, mit XML-Tags auszeichnen. Stellen Sie sich ein Tag am einfachsten vor wie ein Etikett, auf dem vermerkt ist, ob es sich bei einem Inhalt um eine Bildbeschriftung, eine Überschrift, eine Grafik o.Ä. handelt.

▶ Nachdem Sie das Dokument mit Tags versehen haben, speichern Sie es mitsamt seinen Strukturinformationen.

▶ Nun können Sie es als XML-Datei exportieren. Diese lässt sich anschließend in einem ganz gewöhnlichen Texteditor oder in einem Webbrowser oder dergleichen öffnen, da es sich im Grunde genommen um eine normale Textdatei handelt. Im Texteditor sieht man dann auch, dass das XML-Dokument keine Layoutanweisungen mehr enthält, sondern nur noch Strukturinformationen – die in spitze Klammern gesetzten Tags.

Die Vorgehensweise in InDesign

Anhand eines einfachen Beispiels zeigen wir nachfolgend die Vorgehensweise im Umgang mit XML in InDesign. Im wirklichen Produktionsablauf weichen die Umstände davon abweichen – meist existieren im Produktionsteam feste Vorgaben über die zu verwendenden Tags und die Anwendungsregeln.

Wir verwenden als Grundlage eine für den Druck bestimmte, in InDesign gestaltete Broschüre. Diese versehen Sie mit XML-Tags und exportieren anschließend eine XML-Datei. Danach statten Sie ein anderes, mit leeren Text- und Grafikrahmen versehenes Dokument mit korrespondierenden XML-Tags aus und importieren die XML-Daten in dieses Dokument.

Das Dokument analysieren

Beginnen Sie mit einer Analyse. Betrachten Sie das Dokument und überlegen Sie, welche Strukturinformationen wichtig sind. Das könnten zum Beispiel die verschiedenen Textrahmen, Grafikrahmen, Überschriften Ihres Dokuments sein.

Die Tags für das Dokument festlegen

Um Ihr Dokument mit den notwendigen Tags auszustatten, verfahren Sie folgendermaßen:

1 Zeigen Sie das Bedienfeld *Tags* an. Bis auf den standardmäßigen Eintrag *Root* ist es leer (falls Ihr Dokument noch nicht mit XML-Tags ausgestattet wurde).

Wichtig: Wenn Sie bestimmte Textteile innerhalb eines Rahmens – etwa Überschrift – mit Tags versehen möchten, müssen Sie den zugehörigen Rahmen ebenfalls mit einem Tag versehen.

2 Klicken Sie am unteren Rand des Bedienfelds auf die Schaltfläche *Neues Tag*.

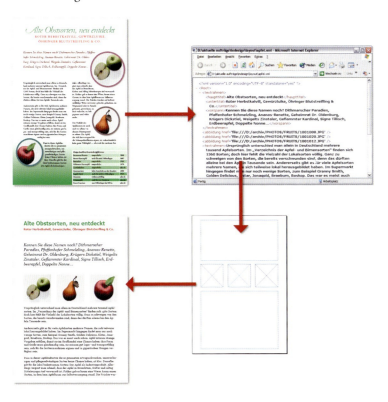

Abbildung 10.49 Nachfolgend versehen Sie ein fertig gestaltetes Dokument (links oben) mit Tags, exportieren eine XML-Datei und importieren diese schließlich in ein leeres, aber ebenfalls mit Tags ausgestattetes Dokument (rechts unten).

Verzichten Sie bei der Benennung von XML-Tags auf Umlaute, Sonderzeichen und dergleichen.

3 Geben Sie einen geeigneten Namen für Ihr erstes XML-Tag ein und betätigen Sie die ↵-Taste.
4 Erstellen Sie Tags für alle Elementarten, die für die Struktur des Dokuments wichtig sind.
5 Falls Sie innerhalb eines Textrahmens bestimmte Absätze, zum Beispiel Überschriften, mit Tags versehen möchten, erstellen Sie zusätzlich ein Tag, das Sie später dem gesamten Textrahmen mit diesen Absätzen zuweisen.

Alle von Ihnen erstellten Tags werden im Bedienfeld *Tags* angezeigt. Jedem ist zur besseren Unterscheidung eine eigene Farbe zugeordnet.

Wenn Sie in einem Produktionsteam arbeiten, legen Sie natürlich nicht auf eigene Faust Tags an. Vielmehr wird in einem solchen Workflow höchstwahrscheinlich bereits ein Satz XML-Tags existieren, den Sie für Ihr Dokument verwenden. Importieren Sie ihn zu diesem Zweck in Ihr Dokument, indem Sie im Bedienfeldmenü des Bedienfelds *Tags* den Befehl *Tags laden* wählen.

Abbildung 10.50 Für jedes Strukturelement, das in das andere Layout übertragen werden soll, wurde ein eigenes Tag erstellt.

Das Dokument „taggen"

Versehen Sie die zutreffenden Elemente Ihres Dokuments nun mit den angelegten Tags. Es gibt hier zwei Möglichkeiten – die manuelle Variante, die sich nur für kürzere Dokumente eignet, und die automatisierte Variante, die für lange Dokumente verwendet werden sollte. Wir beginnen mit der manuellen Vorgehensweise:

1 Zeigen Sie zunächst die Strukturansicht Ihres Dokuments am linken Fensterrand an, indem Sie die Befehlsfolge *Ansicht > Struktur > Struktur einblenden* wählen.
2 Wählen Sie mit dem *Auswahl*-Werkzeug den ersten Rahmen, den Sie mit einem Tag ausstatten möchten – zum Beispiel einen der Textrahmen.
3 Im Bedienfeld *Tags* klicken Sie auf das Tag, mit dem Sie den Rahmen ausstatten möchten – im Beispiel *textrahmen*.
4 Betrachten Sie die Struktur Ihres Dokuments im linken Programmfensterbereich. Das zugewiesene Tag wurde hinzugefügt. Die Struktur lässt sich über die kleinen Pfeile expandieren und wieder einklappen.
5 Weisen Sie auch dem anderen Textrahmen das Tag *textrahmen* zu.
6 Die Grafikrahmen versehen Sie jeweils mit dem Tag *abbildung*.

Nachdem Sie nun sämtliche Rahmen, die in die Struktur aufgenommen werden sollen, mit Tags versehen haben, taggen Sie auch noch einzelne Absätze innerhalb der Textrahmen.

Abbildung 10.51 Das Tag *textrahmen* wurde dem linken Textrahmen zugewiesen.

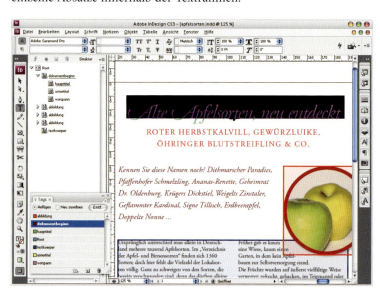

1   Wählen Sie den ersten Absatz, den Sie mit einem Tag versehen möchten, mit dem *Text*-Werkzeug aus.
2   Weisen Sie ihm das entsprechende Tag zu. Dieses wird in der Hierarchie unter dem Tag des zugehörigen Textrahmens verschachtelt.
3   Versehen Sie sämtliche Absätze, die Sie in die Struktur mit aufnehmen möchten, mit Tags.
4   Speichern Sie Ihr Dokument dann.

Tags im Dokument betrachten

Betrachten Sie nun die zugewiesenen Tags direkt im Dokument, indem Sie *Ansicht > Struktur > Rahmen mit Tags einblenden* wählen.

Dann sehen Sie auf einen Blick, welche Rahmen Sie mit Tags ausgestattet haben und welche nicht. Die Farbe des Rahmens entspricht der Farbe des ihm zugewiesenen Tags im Bedienfeld *Tags*. Mit Tags ausgestattete Absätze sind mit Tag-Klammern umgeben.

Ihr Dokument ist nun fast fertig. Bevor Sie es als XML-Datei exportieren, müssen Sie aber noch sicherstellen, dass sich die Hierarchien und Reihenfolgen der Elemente im Strukturbereich mit denen des Zieldokuments decken.

Dabei geht es nicht darum, an welcher Stelle im Dokument die Elemente im Originaldokument angeordnet sind. Vielmehr gilt als Maßstab für die Reihenfolge der Elemente das Layout des Zieldokuments.

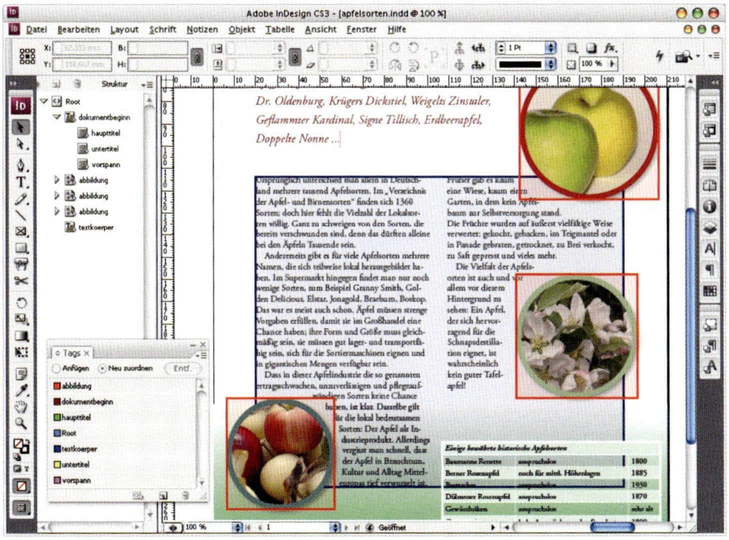

Das Wichtigste beim Taggen ist, dass Sie die Tags konsistent einsetzen – vermeiden Sie es, unterschiedlichen Elementen dasselbe Tag zuzuweisen oder einen bestimmten Inhaltstyp mit unterschiedlichen Tags zu versehen. Nicht jeder Rahmen muss mit Tags ausgestattet sein, sondern nur diejenigen, die in XML exportiert werden sollen.

Arbeiten Sie in einem Produktionsteam, gibt es sicherlich Vorgaben für die richtige Reihenfolge, die Sie zwingend einhalten müssen, um zu einem verwertbaren Ergebnis zu kommen.

Abbildung 10.52 Haben Sie die Ansicht *Rahmen mit Tags einblenden* gewählt, erhalten Sie einen schnellen Überblick darüber, welche Elemente Sie mit Tags ausgestattet haben und welche nicht. Die Rahmenfarbe entspricht der Tag-Farbe im Bedienfeld.

1   Klicken Sie zunächst das Tag, das Sie an eine andere Stelle verschieben möchten, an.

2 Ziehen Sie es in der Hierarchie an die gewünschte Stelle – beachten Sie dabei, dass Sie im Bedarfsfall durch Ziehen die Tags auch verschachteln können.

Die XML-Datei erstellen

Nach diesen Vorbereitungen erstellen Sie die XML-Datei. Diese kann danach – wie oben bereits ausgeführt – als Datenquelle für die verschiedensten Dokumente dienen.

1 Wählen Sie *Datei > Exportieren.*
2 Im folgenden Dialogfeld wählen Sie als Dateityp *XML* und außerdem den Dateinamen sowie den Speicherort.
3 Klicken Sie auf *Speichern* bzw. *Sichern.*
4 Wenn Sie das fertige XML-Dokument gleich betrachten möchten, aktivieren Sie im nächsten Dialogfeld das Kontrollkästchen *XML anzeigen mit* und wählen daneben das gewünschte Anzeigeprogramm – das kann etwa ein Webbrowser oder auch ein einfacher Texteditor sein.
5 InDesign speichert die Bilddateien Ihres Dokuments beim XML-Export in einem eigenen Ordner namens Bilder. Im Register Bilder des Dialogfelds *XML exportieren* legen Sie fest, auf welche Weise diese Bildkopien angelegt werden sollen. Bestimmen Sie hier, ob Sie die Originalbilder, die optimierten Bilder in Originalgröße und/oder die optimierten Bilder in der Größe, in der sie im InDesign-Dokument platziert sind, exportieren möchten. Wenn Sie die XML-Daten ausschließlich für weitere Druckwerke benötigen, können Sie das Kontrollkästchen *Originalbilder* aktiviert lassen. Benötigen Sie die Daten für das WWW, können Sie die Bilder optimieren lassen.

„Optimiert" heißt, dass die Bilder in einem webtauglichen Format – GIF oder JPEG – gespeichert werden. Dieses Format geben Sie entweder explizit an – wenn Ihr Dokument nur wenige gleichartige Bilder enthält – oder Sie lassen InDesign von Bild zu Bild gesondert entscheiden.

Wenn Sie Ihr XML-Dokument nun im Webbrower bertrachten, macht es bisher noch nicht viel her: Sie sehen die nackte Baumstruktur – vorausgesetzt, dass Ihr XML-Dokument wohlgeformt, also beispielsweise ordentlich strukturiert ist und alle Elemente geschlossen sind.

Die XML-Datei weiterverwenden

Dieses XML-Dokument können Sie nun für die verschiedensten Einsatzgebiete verwenden – zum Beispiel für das Webdesign oder für verschiedene Layouts in InDesign. Die Datei besitzt ein einfaches Layout mit zwei Text- und drei Grafikrahmen. Verfahren Sie mit diesem Dokument nun folgendermaßen:

1. Legen Sie über das Bedienfeld *Tags* dieselben Tags an, die Sie auch im anderen Dokument verwendet haben.
2. Weisen Sie den Rahmen die entsprechenden Tags zu – beachten Sie die Einhaltung der korrekten Reihenfolge gemäß Ihrer Quelldatei, damit die Inhalte aus der XML-Datei auch in die richtigen Rahmen eingefügt werden.
3. Haben Sie innerhalb der Rahmen Tags für Absätze verwendet, müssen Sie diese ebenfalls unter die entsprechenden Rahmen-Tags verschachteln. Dazu öffnen Sie das Kontextmenü auf dem entsprechenden Rahmen-Tag in der Struktur und wählen den Befehl *Neues Element*.

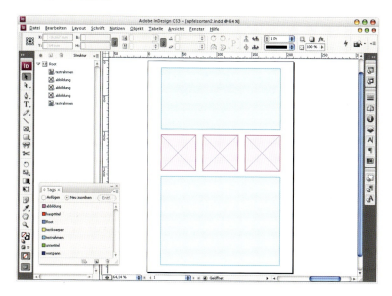

Abbildung 10.53 Legen Sie diese Elemente an wie die im ersten Layout verwendeten.

4. Wählen Sie nun Datei/XML importieren.
5. Im nächsten Dialogfeld wählen Sie die vorhin erstellte XML-Datei, aktivieren das Kontrollkästchen *XML-Importoptionen anzeigen* und bestätigen mit *Öffnen*.
6. Im Dialogfeld *XML-Importoptionen* können Sie unter anderem bestimmen, dass die XML-Datei nicht einfach fest eingebettet, sondern verknüpft wird. Wenn Sie danach etwas an der XML-Datei ändern, ändert sich der Inhalt des InDesign-Dokuments entsprechend. Gerade bei Datenblättern, in denen sich häufiger etwas ändert, ist das eine sehr praktische Funktion. Zudem können Sie beispielsweise überflüssige Elemente, für die Sie im Zieldokument keine Rahmen angelegt haben, beim Import gleich entfernen. Bestätigen Sie mit *OK*.

7 Weil Sie die leeren Rahmen im vorbereiteten Dokument korrekt getagged haben, fügt InDesign die Elemente des XML-Dokuments an der richtigen Stelle ein – allerdings noch völlig unformatiert.

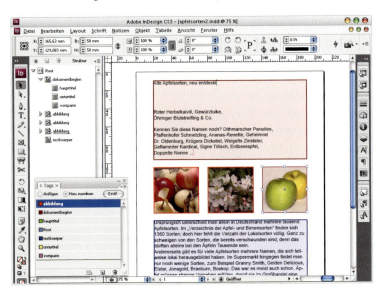

Abbildung 10.54 Die Elemente werden in der richtigen Reihenfolge importiert – allerdings völlig unformatiert.

Sämtliche Formatierungseinstellungen sind also verschwunden. Denn XML ist ja lediglich eine Auszeichnungssprache, die die Struktur eines Dokuments beschreibt und nicht seine Formatierung. Lediglich die Formatierungseinstellungen der Textrahmen selbst werden übernommen.

Statt die Rahmen für die XML-Elemente zuerst vorzubereiten, können Sie übrigens auch mit einem leeren Dokument starten. Nach dem Import der XML-Datei ziehen Sie die Elemente einfach aus dem Strukturfenster in das Dokument.

Tags mit Formaten verbinden

Der rationellste Weg, das Dokument entsprechend zu formatieren, führt über die Formate. Sie erstellen für alle mit Tags versehenen Elemente, die Sie formatieren möchten, Formate. Diese ordnen Sie dann den Tags zu und formatieren damit auf rationelle Weise die mit den Tags versehenen Elemente. Verfahren Sie folgendermaßen:

1 Erstellen Sie die entsprechenden Absatzformate, die Sie den einzelnen Tags zuweisen möchten, zum Beispiel für Haupttitel, Untertitel. Die Namen der Formate müssen nicht mit denen der Tags übereinstimmen, es ist aber praktischer und übersichtlicher, wenn dies der Fall ist. Falls das Dokument ähnlich aussehen soll wie das Ursprungsdokument, können Sie die Absatzformate auch aus diesem Dokument importieren.

In der Praxis erstellen Sie die Formate meist vor dem Import des XML-Dokuments, sodass die Texte automatisch formatiert werden.

2   Wenn Sie alle benötigten Formate generiert haben, öffnen Sie das Bedienfeldmenü des Bereichs *Struktur* und wählen Sie den Befehl *Tags zu Formaten zuordnen*.
3   Ordnen Sie in diesem Dialogfeld den Tags die entsprechenden Absatzformate zu. Falls sich die Namen der Formate mit denen der entsprechenden Tags decken, genügt dazu ein Klick auf die Schaltfläche *Nach Namen zuordnen*. Falls nicht, klicken Sie auf *[Nicht zugeordnet]*.
4   Bestätigen Sie mit *OK*.
5   Falls Sie noch nicht zufrieden sind, können Sie die Formate jederzeit nachträglich ändern, woraufhin InDesign den getaggten Text automatisch entsprechend aktualisiert.

Absätze auf der Grundlage von Formaten taggen

Oben haben wir es bereits kurz angesprochen: In längeren Dokumenten kann es etwas mühselig sein, wenn Sie jede einzelne Überschrift manuell mit einem Tag versehen müssen. Für solche Fälle bietet Ihnen das Bedienfeldmenü des Bereichs *Struktur* oder des Bedienfelds *Tags* die praktische Möglichkeit, alle Absätze mit bestimmten Formaten automatisch mit den im Bedienfeld *Tags* angelegten Auszeichnungen zu versehen. Dann weist InDesign den mit bestimmten Formaten versehenen Absätzen automatisch die entsprechenden Tags zu.

1   Vergewissern Sie sich, dass Sie im Bedienfeld *Tags* alle für die Dokumentstruktur benötigten Tags erstellt haben.
2   Wählen Sie aus dem Bedienfeldmenü den Befehl *Formate zu Tags zuordnen*.
3   Ordnen Sie die entsprechenden Formate den Tags zu.
4   Bestätigen Sie mit *OK*, tagged InDesign selbstständig alle mit den angegebenen Absatzformaten versehenen Absätze.

XML-Regelsätze

Bei seitenstarken Dokumenten, wie etwa Katalogen, die Sie mit Daten aus einer Kundendatenbank „füttern" möchten, wäre die geschilderte Vorgehensweise eher mühsam: Sie müssten viele hundert, wenn nicht gar tausend Seiten mit Tags versehen. Aus diesem Grund gibt es in InDesign CS3 die Möglichkeit, mit XML-Regelsätzen zu arbeiten. Dies sind Anweisungen, die der Programmierer Ihres Teams für Sie in einer der für das InDesign-Skripting geeigneten Sprache, also JavaScript, VBScript oder AppleScript verfasst.

ID Neu in InDesign CS3

Ein XML-Regelsatz durchsucht das XML-Dokument gemäß bestimmter in XPath geschriebener Bedingungen. Sobald eine Bedingung zutrifft, wird eine dieser Bedingung zugeordnete Aktion ausgeführt. Auf diese Weise ist es möglich, dass ein Layout völlig automatisch aus einer XML-Datei generiert wird:

Sobald die Regel beispielsweise auf einen direkt einem Bild folgenden Text stößt, kann sie diesen automatisch mit einem Bildunterschrift-Format ausstatten. Sogar ein Rahmen kann auf diese Weise automatisch generiert werden, sodass das Layout etwa eines umfangreichen Katalogs oder Programmhefts „wie durch Zauberhand" aufgebaut wird.

XML-Dateien für das Web aufbereiten

Wie Sie gesehen haben, ist das XML-Dokument reiner Inhalt und reine Struktur. Aus diesem Grund können Sie XML-Dokumente auch sehr gut für Webinhalte verwenden – vorausgesetzt, Sie treffen entsprechende Vorkehrungen für die Präsentation der Daten. Diese Präsentation lässt sich mit verschiedenen Technologien realisieren:

▶ Sie wandeln das XML-Dokument über eine XSL-Transformation – XSLT – beispielsweise in ein XHTML-Dokument um. Dieses Verfahren erfordert die Einarbeitung in eine dem typischen Designer meist noch nicht bekannte Sprache.

▶ Eine weitere Möglichkeit ist die Implementation eines Skripts für die Aufbereitung der XML-Datei auf dem Server (z.B. ein PHP-Skript, das die XML-Datei in ein HTML-Dokument konvertiert – ein Beispiel ist das Cocoon-Unterprojekt des Apache-Projekts).

▶ Die für Gestalter, die sich im Webdesign auskennen, am einfachsten zugängliche Methode ist die Verknüpfung des semantischen Markups des XML-Dokuments mit den Formatierungsanweisungen einer CSS-Datei, die für die Präsentation der Daten sorgt. Wenn Sie wissen, wie man HTML-Seiten mit externen Stylesheets ausstattet, ist die Vorgehensweise relativ einfach:

Cascading Stylesheets

Sie benötigen für jedes XML-Tag des Dokuments eine Formatanweisung. Dazu erstellen Sie eine neue CSS-Datei. Diese könnte für das obige Beispiel etwa folgendermaßen aussehen:

```
haupttitel {
        display:block;
        font-family: Georgia, „Times New Roman",
→ Times, serif;
        font-size: xx-large;
        font-weight: bold;
        color: #009900;
}
untertitel {
        font-family: Georgia, „Times New Roman",
→ Times, serif;
        font-size: medium;
        font-weight: bold;
        text-transform: uppercase;
        color: #CC3366;
        display: block;
        padding-bottom: 4em;
}
vorspann {
        font-family: Georgia, „Times New Roman",
→ Times, serif;
        font-size: medium;
        font-style: italic;
        font-weight: normal;
        color: #990000;
        padding-bottom: 2em;
        display: block;
}
abbildung {
        display: inline;
        border: medium solid #990000;
        margin-right: 1em;
}
textkoerper {
        font-family: Verdana, Arial, Helvetica,
→ sans-serif;
        font-size: small;
        font-style: normal;
        font-weight: normal;
        color: #000000;
        display: block;
```

```
        padding-top: 2em;
}
Root {
        margin: 5em;
}
```

Sie sehen hier, dass die einzelnen XML-Elemente Entsprechungen in Form von CSS-Formaten erhalten haben.

Anschließend verknüpfen Sie die beiden Dateien miteinander. Sie benötigen dazu eine PI (Processing Instruction), um die Sie den Kopf der XML-Datei erweitern:

```
<?xml version="1.0" encoding="UTF-8" ?>
<?xml-stylesheet type="text/css" href=
→ "apfelsorten.css"?>
```

Im Browser präsentiert sich die XML-Datei jetzt gleich viel angenehmer als das reine XML-Dokument.

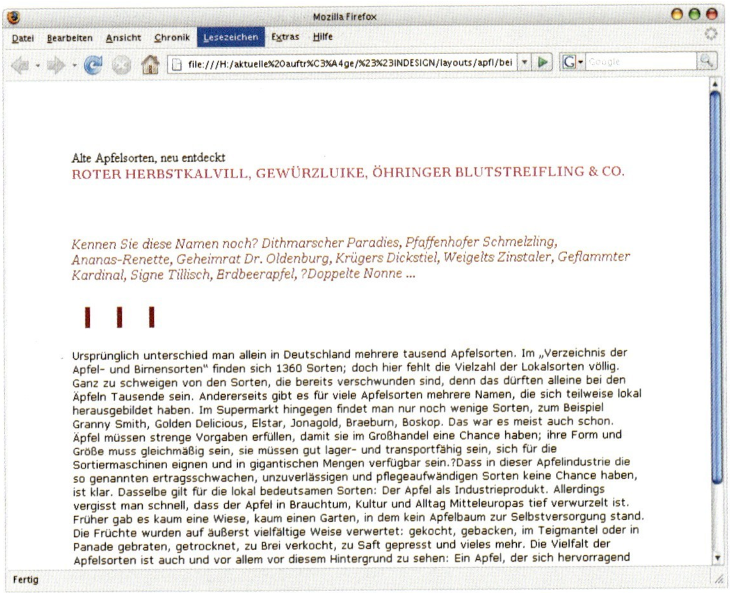

> **Beachten Sie bitte, dass XML im Gegensatz zu HTML case-sensitiv ist. Das bedeutet, dass Sie beim Anlegen der IDs darauf achten müssen, ob das entsprechende XML-Tag groß oder klein geschrieben ist.**

Abbildung 10.55 Bis auf die Darstellung der Bilder kann sich das XML-Dokument jetzt sehen lassen.

Mit der obigen CSS-Datei haben Sie für jedes einzelne verwendete XML-Tag einen CSS-Selektor erzeugt und diesen mit den entsprechenden Formatierungsanweisungen versehen. Sie können für die Formatierung der XML-Tags alle möglichen CSS-Elemente verwenden, beispielsweise Schriftart, -größe und -farbe, Ränder und Hintergrundfarben.

Achten Sie auf die Eigenschaft „display". Mit dieser bestimmen Sie die Darstellung des jeweiligen XML-Elements:

- Der Wert „block" trennt das Element durch Umbrüche von den benachbarten Elementen, „inline" verhindert gerade diesen Umbruch.
- Möchten Sie ein Element überhaupt nicht darstellen, verwenden Sie den Wert „none". Auf diese Weise lässt sich die Anzeige sehr gut manipulieren – für bestimmte Zielgruppen könnten Sie damit manche Informationen ausblenden, für andere anzeigen.

Leider sind die Möglichkeiten der Formatierung von XML-Dokumenten mit reinem CSS in mancher Hinsicht etwas eingeschränkt. So ist es nicht möglich, Hyperlink- und Bild-Hinweise in XML-Dokumenten per CSS in funktionierende Seiteelemente zu verwandeln. Die W3C-Empfehlung für Links und die Implementierung externer Quellen wie etwa Bilder in XML lautet „Xlink (= XML Linking Language). Eine typische Bildimplementierung würde folgendermaßen aussehen:

```
<bild xlink:type="simple"
      xlink:show="embed"
      xlink:actuate="onLoad"
      xlink:href="apfel1.jpg"
>GrannySmith</bild>
```

Das Problem mit Xlink ist, dass noch nicht alle Browser damit umgehen können; am besten ist hier Mozilla Firefox. Da es sich immerhin um einen W3C-Standard handelt, ist zu hoffen, dass dies bald vollständig der Fall sein wird.

Zum jetzigen Zeitpunkt ist Xlink in unserem Zusammenhang jedoch noch unbrauchbar, weil nicht ausreichend unterstützt (außer etwa für Intranets).

Aus diesem Grund ist die reine CSS-Formatierung von XML-Dokumenten heutzutage in erster Linie geeignet, wenn sehr einfache Dokumente vom Printmedium in Web transferiert werden sollen oder wenn Sie die Dokumente beispielsweise per Server-Side-Include- oder Frame-Technologie in eine entsprechende Umgebung „einpacken" möchten.

Xlink umfasst darüber hinaus noch zahlreiche weitere Attribute, mit denen sich Links und externe Quellen genauer beschreiben lassen. Weitere Informationen finden Sie auf *www.w3.org/TR/xlink*.

XSLT

Bei höheren Anforderungen kommen Sie um die Verwendung von XSLT zur Formatierung von XML-Daten nicht herum. Diese Variante ist jedoch langsamer in der Transformation. Um die XML Daten

ID Neu in InDesign CS3
Aber auch direkt in InDesign CS3 können Sie XSLT verwenden, das heißt beim Exportieren oder Importieren eine XSL-Transformation durchführen. Das Programm enthält seit der Version CS3 seinen eigenen XSLT-Prozessor. Die entsprechende Option finden Sie im XML-Export- bzw. Import-Dialogfeld.

unter Verwendung von XSLT zu formatieren, erzeugen Sie ein neues Textdokument, das Sie mit der Endung „.XSL" speichern. Das XSLT-Dokument für das obige Beispiel könnte etwa so aussehen:

```
<?xml version="1.0" encoding="iso-8859-1"?>
<!DOCTYPE xsl:stylesheet [
    <!ENTITY nbsp    „ ">
    <!ENTITY mdash   „&#8212;">
    <!ENTITY euro    „&#8364;">
]>
<xsl:stylesheet version="1.0"
xmlns:xsl="http://www.w3.org/1999/XSL/Transform">
<xsl:output method="html" encoding="iso-8859-1"
doctype-public="-//W3C//DTD HTML 4.01//EN"
doctype-system="http://www.w3.org/TR/html4/
→ strict.dtd"/>
<xsl:template match="/">
<html xmlns="http://www.w3.org/1999/xhtml">
<head>
<meta http-equiv="Content-Type" content="text/html;
→ charset=iso-8859-1" />
<title>Alte Apfelsorten, neu entdeckt</title>
<link href="apfelsorten2.css" rel="stylesheet"
→ type="text/css" />
</head>
<body class="Root">
<p class="haupttitel"><xsl:value-of
→ select="Root/dokumentbeginn/haupttitel"/></p>
<p class="untertitel"><xsl:value-of
→ select="Root/dokumentbeginn/untertitel"/></p>
<p class="vorspann"><xsl:value-of
→ select= "Root/dokumentbeginn/vorspann"/></p>
<img class="abbildung" src="apfel1.jpg"/>
→ <img class="abbildung"
src="apfel2.jpg"/><img class="abbildung"
→ src="apfel3.jpg"/>
<p class="textkoerper"><xsl:value-of
→ select="Root/textkoerper"/></p>
</body>
</html>
</xsl:template>
</xsl:stylesheet>
```

Ohne dass wir an dieser Stelle näher auf die XSL-Sprache eingehen können, sehen Sie doch, dass Sie im XSL-Dokument gewöhnliche HTML-Tags zur Strukturierung verwenden können (vorausgesetzt, im Überbau des Dokuments befinden sich die entsprechenden Angaben).

Die Formatierung wird hier von dem zuvor erstellten Stylesheet übernommen, mit dem Unterschied, dass statt der IDs im Stylesheet Klassen verwendet wurden. In Zeile 23 (rote Pfeile) werden die Bilder der Einfachheit halber mit gewöhnlichen „img"-Tags eingebunden (Sie ließen sich auch per XSL-Befehl dynamisch aus der XML-Datei ziehen).

Abbildung 10.56 Per XSL-Stylesheet lassen sich unter anderem die Bilder einbinden.

Index

1-Bit-Bilder überfüllen 372
3D-Effekt 218
.indb 311

A

Abdunkeln 221
Abfragen erzeugen 276
Abgeflachte Kante und Relief 216
Absatzabstände 91
Absatzbeginn festlegen 93
Absätze
  formatieren 87, 240
  zusammenhalten 93
Absatzformate 229
  aufeinander basierende 236
  aus Grundlinientext 235
  erzeugen 230, 235
  Folgeformat 239
  registerhaltig 230
  von Grund auf neu 236
Absatzmodus aktivieren 87
Absatzsetzer 92
Absatzumbruchverletzung anzeigen 132
Abschnitt 60
  durchsuchen 265
  einsetzen 60
  -marke voranstellen 61
Absolute Nummerierung 61
ACE 185, 363
AddGuides 333
Addieren 147
AddPoints 333
AdjustLayout 334
Adobe Gamma 179
Adobe InCopy. *Siehe* InCopy

Adobe-RGB-Arbeitsfarbraum 182
Adobe SansMM 421
Adobe SerifMM 421
Adobe StudioExchange 336
Adobe Type Library 118
Adobe Type Manager 123
AIF 452
Aktionen 442
Aktuelle Seitenzahl einfügen 58
Align to Page 334
Alphakanal 209
  Beschneidungspfade 207
  erzeugen 207
Anführungszeichen 82
  ASCII-Codes nutzen 84
  falsche 84
  französisch 84
  öffnende für Mac 84
  typografische 82
Angeschnittene Objekte 37
Ankerpunkte 75
  auswählen 141
  automatisch reduzieren 145
  einfügen 145
  glätten 145
  löschen 145
  setzen 139
  verschieben 142
Anschnitt beim Drucken 402
Ansicht
  Anti-Aliasing einschalten 196
  Anzeigeeinstellungen anpassen 196
  Anzeigemodus zuweisen 197
  Darstellung einzelner Bilder steuern 197

Grundeinstellungen wiederherstellen 196
  schnelle Darstellung 195
  Voreinstellung der Anzeigeleistung 195
Anzeigeoptionen 195, 197, 222
AppleScript 337, 339f
  Beispielskript 345
  Skripte erstellen 339
Arbeitsbereich Druckausgabe/Proofs 348ff
Arbeitsfarbräume bestimmen 182
Arbeitsmodus für Index einstellen 323
Arbeitspfad in regulären Pfad umwandeln 206
AU 452
Aufgabe
  erzeugen 298
  Inhalt aktualisieren 300
  Namen vergeben 299
  Paket definieren 299
Aufhellen 222
Auflösung 156, 474
  berechnen 157
  Laserdrucker 156
  Offset-Druck 156
  vergrößern 161
Aufteilen 146
Aufzählung zuweisen 99
Aufzählungspunkt 83, 99
Ausgabe. *Siehe* Drucken; *Siehe* PDF
  Einstellungen 402
  Methodenprofil 419
Auslöser für Verhalten 441
Ausrichtebereich 44

Index

Ausrichtung
   an Hilfslinien 57
   vertikal 74
Ausrichtungsverletzungen 132
Ausschluss 222
Auswahlkante verbessern 210
Automatische Farbumrechnung 353
Automatische Seitennummerierung 59
Automatischer Textfluss 66
Automatisierung durch Skripten 331ff
AVI 452

B

Bedienfeld
   Automatisierung 332
   Buch 313
   Ebenen 293
   Farbfelder 148, 353
   Index 323
   Konturenführung 69
   Pathfinder 148
   Reduzierungsvorschau 383, 396
   Verknüpfungen 197, 348
   Zeichen 241f
Bedingte Ligaturen 124
Begrenzungsrahmen 75
Beispielskript 343
Benutzerdefiniert (Verankerte Objekte) 192
Benutzerdefinierte Startseitenzahl 60
Bereich aufhellen 221
Beschneidungspfad 202
   Alphakanal 207
   erstellen 202
   erzeugen 205
   exakt 204
   Grenzwert anpassen 204
   in InDesign erstellen 202
   Innenkanten einschließen 204
   innerer Rahmenversatz 204
   in Photoshop 205
   in Photoshop vorbereiten 205f
   Kanten suchen 203
   mit Alphakanälen 207
   Toleranz einstellen 204
Beschnittzugabe 37, 402
   PDF 418
Bewegliche Hilfslinien 44
Bibliothek 281
   aufbauen 281
   Elemente in das Dokument einfügen 283
   Elemente kopieren 283
   Element löschen 283
   erstellen 281
   Hilfslinien einfügen 282
   Hilfslinien speichern 282
   Objekte hinzufügen 282
   Objekte mit bestimmten Kriterien anzeigen 284
   Objekte suchen und sortieren 284
   Objektinformationen anlegen 282
   öffnen/schließen 283
   Sortierreihenfolge ändern 284
Bikubische Neuberechnung 416
Bildbegrenzungen, rechteckige durchbrechen 202ff
Bildbeschriftungen nummerieren 250, 254
Bilddarstellung 195f
Bilddateien in Bridge betrachten 286
Bilder
   Auflösung 156
   aus InDesign im Bildbearbeitungsprogramm öffnen 199
   Darstellung 195, 197
   DCS 169
   drucken 409
   Duplex 210, 214
   Duplex-Optionen 211
   Effekte 202
   einbetten 200
   einfärben 211, 214
   EPS 168
   Farbmanagement 187
   fehlende 199
   fehlende neu verknüpfen 199, 350
   geänderte aktualisieren 198, 349f
   llustrator 167
   im Layout finden 198
   importieren 156
   JPEG 173
   maskieren. *Siehe* Beschneidungspfad;
   mit Ebenenmasken 208
   öffnen 199
   OPI 168
   Original bearbeiten 200
   PDF 170
   platzieren 162
   PNG 175
   Profil zuweisen 188
   PSD 172
   Quadruplex 210
   TIFF 173
   Triplex 210
   überfüllen 371
   Verknüpfungen anzeigen 197
   WMF 175
   zweifarbige erstellen 214
Bildgröße einstellen 156
Bildqualität in PDF-Dokumenten 417
Bildverknüpfungen. *Siehe* Verknüpfungen
Bitmap-Masken 207
Blindtext
   einfügen 81
   vorgefertigten einfügen 82
Blitzer 366
Blitzsymbol 244

BMP 174
BreakFrame 334
Bridge 285ff
   beschleunigen 286
   Bilddateien platzieren 286
   Bilder bewerten 287
   Bilder filtern und sortieren 287
   Darstellung anpassen 287
   Darstellung von Bildern ändern 287
   Dateien gleichzeitig umbenennen 289
   Kontaktabzüge erstellen 290
   Metadaten nutzen 290
   Snippets erzeugen 286
   starten 286
   suchen 288
   Vorschaubereich nutzen 289
Broschüren drucken 425
Browser-Kompatibilität 467
Brüche 127
Buch
   Dateien organisieren 313
   Dateien zusammenfassen 312
   Datei öffnen 313
   Dokumentanzahl 311
   Dokumente entfernen 313
   Dokument ersetzen 313
   erstellen 312
   Formatquelle ändern 316
   Formatquelle synchronisieren 317
   Palette 312
   Preflight durchführen 357
   Reihenfolge der Kapitel ändern 313
   Seitennummerierung ändern 314
   speichern 313
   Vakatseiten 314
Bücher. *Siehe auch* Buchfunktion
   gestalten 301ff
Buchfunktion 310ff
   Buch erstellen 312

Dokumente hinzufügen 313
Dokumente synchronisieren 317
Druck 329
Export 329
Formatquelle 316
Organisation 313
Paginierung 314
Vakatseiten 314
Buchstabensätze 120
Buntstift 138
Byteserving 457

C

Cascading Stylesheets 492f
CCITT 416, 418
Cicero 36
CMM 184
CMYK-Arbeitsfarbräume 183
CMYK-Prozessfarben 150
Coated Fogra 27 183
Color-Engine 184
Color Management Systems 177
Color Matching Module 178
ColorSync Workflow 182
Composite 403f
  -CMYK 405
CornerEffects 334
CPSI-Interpreter 384
CreateCharacterStyle 334
Creative-Suite-Farbeinstellungen synchronisieren 181
CropMarks 334
Cross-References 305
CSF-Dateien 182
CSS-Eigenschaften in SVG-Bildern 477

D

Dateien
   aus Bridge einfügen 286
   aus Bridge öffnen 286

   für optimale JPEG-Kompression 479
   gleichzeitig umbennen 289
   in Buch zusammenfassen 312
   mit Transparenzen ausgeben 383f
   vorsepariert 403
Dateiformate
   GIF 175
   JPEG 173
   PNG 175
   TIFF 173
   ungeeignete für Druckvorstufe 174
Dateigröße reduzieren 454, 459
DCS 169
  -EPS-Dateien 169
Deckkraft. *Siehe* Transparenz;
Deckkraft 219f
Desktop Color Separation 169
Didot-System 89
Differenz 222
Digital Editions 472
Digitalkamera 174
Distiller 398
Dokument 38
   ausgeben 397ff
   einrichten 34f
   für den Ausdruck skalieren 401
   in XHTML konvertieren 466
   lange bearbeiten 227ff
   Mindestgröße 36
   mit Ebenen ausgeben 296
   mit Überfüllungen ausgeben 378
   mit Überfüllungsformat 374
   per Preflight testen 356
   speichern 62
   spiegeln 407
   verknüpfen 262f
   verwalten 285
Dokumentschutz 458
Doppelseite 39
   auf ein Blatt drucken 400

Drag & Drop, Text 81
Dreidimensionales Textband 102
Droplet einsetzen 424
Druckbogenhilfslinie 52f
    erstellen 53
    verschieben 53
Druckbögen
    reduzieren 395
    mehrseitige 42
Druckeinstellungen
    allgemeine 399
    Preflight 362
Drucken
    Allgemeine Einstellungen 399
    Anschnitt 402
    aus Acrobat (Broschüre) 426
    Ausgabeeinstellungen 402
    Beschnittzugaben 402
    Broschüren/Plakate 425
    Bücher 329
    Composite 403
    Druckfarben-Manager 405
    Ebenen 296
    Ebenen festlegen 398
    Einrichten 400
    Emulsionsschicht 407
    Erweiterte Einstellungen 410
    Farbmanagement 409
    Grafiken 409
    grundsätzliche Vorgehensweise 398
    In-RIP-Separation 403
    Marken und Anschnitt 402
    OPI 410
    Plakate 430
    PPD 399
    Rasterweite 407
    Rasterwinkel 408
    Schriften 409
    Seitenformat 400
    Separationen 402f
    Skalieren 401
    Spiegeln 407
    Transparenzreduzierung 410
    Treiber 398
    Überfüllungen 407
    Volltonfarben 406
    Vorschau 400
Druckerkalibrierung 179
Druckertreiber 398
Druckfarben 405ff
    -Manager 353, 376, 405
    Preflight 361
    -alias 406
Druckplatte 408
Druckvorgaben
    eigene erstellen 411
    erstellen 411
Duplex 210
    Bildkanäle bearbeiten 212
    Dichte der Druckfarbe 213
    in InDesign platzieren 214
    in Photoshop erzeugen 211
    Kanäle bearbeiten 212
    Kurve verändern 212f
    Optionen 211
    platzieren 214

E

E-Books gestalten 432ff
Ebenen 291f
    auf eine Ebene reduzieren 296
    Dokumente mit Ebenen ausgeben 296
    drucken 296
    erstellen 294
    für Ausdruck festlegen 398
    Hilfslinien ein-/ausblenden 294
    löschen 295
    Namen vergeben 294
    Optionen 294
    reduzieren 296
    sperren 294, 296
    Stapelordnung 295
    Symbol für gesperrte 296
    unsichtbar machen 294
    Verwendung 291f
Ebenenmaske 208f
    erstellen 210
    verwenden 208
Echte Brüche 127
Eckeneffekte 148
Eckpunkte 142
Editable embedding 357
Effekte 215
    diffuses Licht 221
    Farben reflektieren 221
    Farben von Objekten vermischen 221
    für Objekte 215
    greller Spot 221
    in einem Objektstil speichern 225
    mit Füllmethode 220
    Schatten im Retro-Look 218
    Schlagschatten 217
    Stanzeffekt 218
    Transparenzen 219
    Überblendeffekte 219
    weiche Verlaufskante 223
Eieruhrförmiges Symbol 297
Einbettungs-Flags 357
Eingabe, rationelle 76ff
Eingebettete Pfade 202
Eingebunden (verankerte Objekte) 191
Einstellungssätze (PDF) 414
Eintragskennzeichen 329
Einzeilensetzer 93
Einzüge
    festlegen 98
    hängende 98
Ellipsenrahmen 138
EMF 175
Emulsionsschicht 407
EPS 168

DCS 169
  Importoptionen 168
  Volltonfarben 168
Ersetzen von Text 264
Erste Grundlinie 74
Erstzeileneinzug festlegen 238
Event Log Window 340
ExportAllStories 334
Export 412ff
  als XHTML 463ff
  für Digital Editions 472
  von Büchern 329
  Vorgaben weitergeben 414

F

Faltblatt im Wickelfalz 428
Faltbroschüre erstellen 42
Farbauftrag
  maximaler 382
  messen 364
  prüfen 364
Farben 148ff, 222
  Ausgangsfarbenwerte umkehren 222
  Füllmodus 222
  Mischdruckfarbe 152
  Preflight 361
  überdrucken 380
  umrechnen lassen 353
  verwendete kontrollieren 352ff
Färben
  Graustufenbilder 214
  Schwarzweißbilder 214
Farbfelder
  in anderen Anwendungen 154
  laden 154
  neue erstellen 149
  nicht benutzte anzeigen 154
  Verläufe 155
  Vierfarbsymbol 352
  weiterverwenden 154

Farbig
  abwedeln 221
  nachbelichten 221
Farbmanagement 175, 409
  Bilder 187
  deaktivieren 183
  eingebettete Profile beibehalten 183
  Einstellungen 181
  fertigstellen 187
  platzierte Bilder 187
  Quellprofile 186
  Richtlinien 183
  Softproof 362
Farbmodus
  Farbbibliothek auswählen 151
  festlegen 150
Farbreproduktion 408
Farbseparationen. *Siehe* Separation
Farbton 222
  erzeugen 153
Farbtonfeld, Prozentwert ändern 154
Farbtyp
  bestimmen 150
  Symbole 150
Farbunterschiede 381
Farbverwaltung 180
  Grundeinstellungen 180
Fensterfalz 42
Fernöstliche Zeichensätze 120
Feste Spaltenbreite 73
Filterfunktion (Bridge) 288
Flattening 384f
Fluoreszierende Volltonfarben 377
Folgeformat 239
Fonteinbettung 357
Formate 228ff
  Absatz- 229
  Arten 229
  auf Basis zurücksetzen 239
  aufeinander basierend 236

  austauschen 244
  bei Import korrekt übernehmen 260
  Definition 229
  durch ein anderes Format ersetzen 244
  Folgeformat festlegen 239
  gezielt suchen 266
  in einer Schleife wiederholen 248
  Konflikt 243
  schnell anwenden 244
  verschachtelte 246
  verschachtelte Formatschleifen 248
  Zeichen- 229
Formatersetzung 245
Formatgruppen 236
Formatierungen
  ersetzen 266
  suchen und ersetzen 266
Formatimport 261
Formatquelle synchronisieren 317f
Formel für Auflösung 157
Fotos, überbelichtete 220
Fragezeichen, rotes 199
Freistellpfad 202. *Siehe auch* Beschneidungspfad;
Füllmethode 219f
  Abdunkeln 221
  Aufhellen 222
  Ausschluss 222
  Differenz 222
  Farbe 222
  Farbig abwedeln 221
  Farbig nachbelichten 221
  Farbton 222
  Hartes Licht 221
  im Einzelnen 220f
  Ineinanderkopieren 221
  isolieren 222
  Kombinationen 222
  Luminanz 222

503

Multiplizieren 220
Negativ multiplizieren 221
Sättigung 222
Weiches Licht 221
zuweisen 220
Füllzeichen 318
Fußnoten 305ff
  aus Word 305
  einfügen 306
  erstellen 305
  Fußnotennummer einfügen 306
  Gehe zu Fußnotenverweis 306
  gestalten 307
  geteilte zulassen 310
  in der letzten Textspalte 310
  Layout des Fußnotenbereichs 310
  löschen 307
  nach dem Text 310
  Nummerierung einstellen 308
  Optionen 308
  Optionen für Dokumentfußnoten 307
  Präfixe/Suffixe einsetzen 308
  Text löschen 307
  Trennzeichen einsetzen 308
fx-Symbol 215

G

Gedankenstrich 83
Gesamtfarbauftrag 382
Geschützte PDF-Dokumente 458
Geschütztes Leerzeichen 83
Getöntes Druckpapier 38
Geviert 82, 85
Gezielte Suche 266
GIF 175, 474
Glättung 138
Glättungspunkt 143
Glättungswert 139
Globales Licht 216
Glyphen 84, 120, 128, 134

Alternativen anzeigen 130
einfügen 84
mathematische Symbole 85
suchen und ersetzen 268
Glyphengruppe auswählen 84
Grafiken. *Siehe auch* Bilder
  Darstellung 195, 197
  Drag&Drop 166
  drucken 409
  für das Web 474
  gestalten 201ff
  Illustrator-Dateien 167
  importieren 156f
  im Rahmen transformieren 193
  im Text platzieren 188
  im Text verankern 188
  Inhalt an Rahmen anpassen 164
  in Rahmen einpassen 163
  per Drag&Drop importieren 166
  platzieren 162, 164
  Rahmeneinpassungsoptionen 165
  Rahmen proportional füllen 163
  Rahmen unabhängig von Inhalt transformieren 194
  transformieren 193ff
Grafikformate, eingebettete Pfade 202
Grafikrahmen 138
  mehreckige 138
  sternförmige 138
  unabhängig bewegen 194
Graustufenbilder färben 214
GREP 270
  praktische Beispiele 271
  Suchausdrücke 271
Größenänderung für Grafiken und Gruppen 44
Grundlinienoptionen 74
  Fixiert 75
  Großbuchstabenhöhe 74
  Oberlänge 74
  x-Höhe 74

Zeilenabstand 74
Grundlinienraster 230f
  Absatzabstand 234
  Anzeigeschwellenwert einrichten 231
  benutzerdefiniert 234
  deaktivieren 234
  einrichten 231
  für einzelne Textrahmen 234
  oberen Rand einstellen 232
  Registerhaltigkeit 230
  Text ausrichten 233
  Zeilenabstandswert definieren 232
Grundlinientext als Absatzformat speichern 235

H

Halbgeviert
  Abstand 83
  einfügen 85
Halbtonraster 158, 407
Hardproof 364
Harlequin ScriptWorks 384
Hartes Licht 221
Hervorhebung, reliefartige 216
Hierarchie 337
Hilfslinien 51ff
  Arten 51
  ausrichten an 57
  Druckbogen 52f
  ein-/ausblenden 56
  einrichten 52
  exakt verschieben 54
  fixieren 57
  gleichmäßig ausrichten 55
  in Bibliothek speichern 282
  kopieren/einfügen 54
  Linealhilfslinien 51
  löschen 57
  mehrere auswählen 53

Objekte an Hilfslinien ausrichten 57
regelmäßige 54
schnell ausblenden 38
Seitenhilfslinien 52
speichern 52
sperren 57
um Abstandswert verteilen 56
und Ebenen 295
verschieben 53
Hilfslinienraster 51
Hinteres Objekt abziehen 147
Hintergrundebene in normale Ebene umwandeln 209
HTML
  Einbinden von PDF 460
  -Hyperlink auf PDF-Datei 460
  Parameter für die Ansicht 461
  Seiten erstellen 462
  und PDF 460
Hurenkinder 132
Hyperlinks 434f
  Aussehen definieren 439
  bearbeiten 439
  definieren 438
  generieren 438
  testen 440
Hyperlinkziel
  anlegen 436
  bearbeiten 438
  zu einem Anker 437
  zu einer Adresse 438

I

ICC-Profile 177
Illustrator 167
ImageCatalog 334
Import
  aus Word 78
  bestehenden Text ersetzen 79
  Einstellungen als Vorgabe 79
  Formatimport anpassen 79
  Grafiken 156f
  Optionen anzeigen 78
  Tabellen 80
InCopy 298
  Paket schnüren 300
  Workflow 297
INCP-Datei 300
  öffnen 300
INDB-Datei 311
InDesign-Dokumente verknüpfen 262
Index 317, 322
  aktualisieren 329
  alle Vorkommen eines bestimmten Suchbegriffs 326
  Begriffe automatisch hinzufügen 326
  Eintrag definieren 323
  Eintragskennzeichen 328
  erstellen 322, 326f
  für Buch 323
  Indexabschnittsüberschriften einschließen 328
  leere Indexabschnitte einschließen 328
  mit Hyperlinks 329
  Optionen für Einträge 325
  Querverweise festlegen 325
  Seitenbereich angeben 325
  Stufenformat einstellen 327
  Themenstufen festlegen 324
  verschachtelt 327
  vorhandenen Index ersetzen 329
Indexeintrag
  Art festlegen 325
  einsehen 325
  Optionen 325
  per Tastenkombination 326
INDL-Datei 281
Ineinanderkopieren 221
Infobereich 37

Inhaltsverzeichnis 317ff
  Absatzformate erstellen 318
  aktualisieren 321
  Buchdokumente einschließen 320
  erstellen 317
  Formatvorlagen 318
  layouten 320
  Layout festlegen 320
  mit Lesezeichen 321
  PDF-Lesezeichen erstellen 321
  Vorbereitungen 317
Inhaltsverzeichnisformat 321
  erstellen 321
Initiale
  erstellen 246
  Zeilenhöhe festlegen 248
Ink-Limit 382
In-RIP-Separation 379, 403, 405
In-RIP-Überfüllung 367f
Installable embedding 357
Interaktive E-Books 432ff
Interaktive Elemente 457
Interlace 467
International Color Consortium 177
InXref 305

J

JavaScript 337f
  Beispielskript 345
  Rahmen versetzen 343
  Skripte erstellen 338
JDF-Auftragsdefinition 420
JPEG 173, 467f, 474, 478
  exportieren 478
  Kompressionsalgorithmus 479
  Komprimierung 417
  nachträgliche Bearbeitungen 174
  progressive 480
  Vorbereitung auf den Export 479
JPEG2000 417

K

Kanal, Auswahl speichern als 207
Kantenglättung 196
Kanten suchen 203
Kapitälchen 88
   echte zuweisen 89, 126
   falsche 88
   Höhe festlegen 89
   simulieren 89
Kapitelnummer
   überprüfen 304
   zuweisen 251
Kerning 90, 133
   manuelles 90
   verändern 90
Kollektion speichern 288
Kolumnentitel 302f
   gestalten 302
   Kapitelnummer einfügen 303
   Laufende Kopfzeile 302
Kompatibilität von Schriften 119
Kompatibilitätseinstellungen für PDF 455
Kompressionsverfahren (PDF) 416
Komprimierung (PDF) 415
Kontaktabzüge erstellen 290
Kontextbedingte Variante 125
Kontur
   suchen/ersetzen 351
   Text 87
Konturenführung 69, 134
   deaktivieren 70
   wirkt sich nur auf Text unterhalb aus 70, 135
Körpersiebdruck 382
Kurven
   fortlaufende zeichnen 139
   in Linien umwandeln 144
   nicht fortlaufende 141
   zeichnen 139

L

Lacke 376
   Überfüllung ausschalten 376
Lauflänge 416, 418
Laufweite 90
   benutzerdefiniertes Kerning 133
   verändern 90
Layout
   anpassen 43
   Bilder aktualisieren 198
   einrichten 34ff
   Entwicklung 33ff
   mit ungleichen Spalten 40
Lebende Kolumne 302
   definieren 302
Lempel-Ziv-Welch 416
Leporellofalz 42
Lesezeichen 448f, 457
   erstellen 450
   verschachtelte 451f
Ligaturen 120
   bedingte 124
Linealhilfslinien. *Siehe* Hilfslinien
   einrichten 52
Lines per Inch 158
Linien
   in Kurven umwandeln 144
   Neigung 45° 139
   zu dünne im Offsetdruck 351
Linienstärke
   kontrollieren 351f
   Mindestmaß 351
   suchen/ersetzen 352
Listen
   gliedern 95
   -typ definieren 100
   -typ Zahlen 252
Luminanz 222
LZW 417

M

MakeGrid 332, 334
Marginalien mit Objektstilen setzen 255
Marken 402
   Druck 402
   PDF 418
Maßeinheiten 35f
   Standard einstellen 36
Maus aus Feld 442
Maximaler Farbauftrag 382
Mediävalziffern 128
Medienclip
   einfügen 452
   Wiedergabe einstellen 453
Medienübergreifendes Publishing 480
Metadaten nutzen 290
Metallic-Farben 376
Mikrotypografie 82ff
Millimeter 36
Miniaturen drucken 401
Mischdruckfarben 152
Moiré 408
Monitorkalibrierung 179
Monitorproof 362
MPEG 452
Multimedia 452
Multiple-Master-Schriften 421
Multiplizieren 220
Musterseiten. *Siehe auch* Mustervorlage
   aus anderen InDesign-Dokumenten 50
   drucken 400
   verschachtelt 49
Mustertextrahmen 35
   erstellen 64
Mustervorlage 39, 45ff
   anwenden 46

anzeigen 46
ausgewählte wiederherstellen 47
basiert auf 49
Eigenschaften 50
Elemente einfügen 46
erstellen 47
hierarchische 49
Hilfslinien 51
löschen 50
Name 48
Objekte entkoppeln 47
Objekte/Hilfslinien hinzufügen 46
organisieren 50
Präfix 48
Seitenanzahl festlegen 48
Seiten hinzufügen 50
speichern 48
umbenennen 48

N

Nameddest 460
Navigationsmöglichkeiten einrichten 434
Negativ multiplizieren 221
Neon.jsx 332
Neuberechnung 416
   bikubische 416
   durchschnittliche 416
Neuer Abschnitt 61
Neutrale Dichte 377
Notizen
   beim Export 298
   eingeben 297
   einsetzen 297
Notizenmodus aufrufen 297
Nummerierung
   Bildbeschriftungen 250, 254
   fortführen 100, 251
   Kapitelnummer 251
   Überschriften 250
   zuweisen 99

Nummerierungs- und Abschnittsoptionen 250f

O

Objekte
   addieren 147
   Aktivierreihenfolge festlegen 447
   am Rücken 191
   an Seite ausrichten 334
   automatisch mit Hilfslinien versehen 333
   benutzerdefinierte Positionierung 192
   Beschneidungspfad 203
   Deckkraft einstellen 219
   durchscheinen lassen 219
   Eckenoptionen 148
   Farben vermischen 221
   im Text verankern 188
   komplexe Überlappungen 390
   mit Text auf Grundlinie 191
   Open Prepress Interface 168
   regelmäßig kacheln 334
   Schnittmenge bilden 147
   subtrahieren 147
   Transparenz einstellen 219
   überdrucken 380
   Überlappung ausschließen 147
   verankerte aus Text herausnehmen 190
   verankerte Position 192
   verbundene trennen 147
   verknüpfen 146
   versetzen 334
   zur Bibliothek hinzufügen 282
Objekteffekte 215f
Objekteigenschaften suchen/ändern 274
Objektformat, Volltonfarbe suchen/ersetzen 355
Objekthierarchien 337

Objektstil 225
   auf Basis eines bestehenden 225
   auf Dokumente übertragen 226
   auf formatiertes Objekt anwenden 226
   aus Effekten 225
   aus Transparenzen 225
   aus Verankerung 260
   erstellen 225
   für Marginalie 255
   Palette 225
Objekttransparenzen 215
Objektverankerung 255
Offset-Druck 382
OpenType 87, 118ff
   Attribute speichern 131
   bedingte Ligaturen 124
   Bezugsquellen 121f
   echte Brüche 127
   echte Kapitälchen 126
   Features 118ff
   Hersteller 122
   hochgestellt 127
   installieren 123
   Kategorien 130
   Kontextbedingte Varianten 125
   Mediävalziffern 128
   Nenner 127
   Ordinalzahlen 127
   Schriftinstallation 123
   Schriftkompatibilität 119
   Schwungschrift 125
   tiefgestellt 127
   Titelschriftvarianten 126
   Unterstützung 122
   Varianten 121
   Versalziffern 128
   Zähler 127
   Zeichen 120
   Zeichenvariationen 120

OPI 410
  Bildverknüpfungen 168
  Definition 168
  Transparenzen 393
Optionen für verankertes Objekt 190, 256
Ordinalzahlen 127
Ornamente anzeigen 130
OTF 121

P

page 460
PageMaker 135
pagemode
  bookmarks 460
  none 461
  thumbs 460
Paginierung 58ff. *Siehe auch* Seitenzahlen
  Abschnitte einsetzen 60
  für Bücher 314
Paginierungsarten 60
Palette
  Buch 312
  Pathfinder 147
  Schnell anwenden 244
PANTONE-Farbfächer 151
Papierfarbe am Monitor simulieren 38
Papierformat 35, 400
Papierweiß 363
Passerungenauigkeiten 366
Pastell-Volltonfarben 377
PathEffects 334
Pathfinder 147
PDF 412
  Ausgabemethodenprofil 419
  Beschnittzugabe 418
  Distiller 398
  eigene Vorgaben 414
  Einstellungssätze 414

Export als bildschirmtaugliches 455
Exporteinstellungen 412
Exportvorgaben weitergeben 414
  für das Web schützen 458
  geschütztes 458
  im Web veröffentlichen 459
  in Acrobat verkleinern 459
  Kompatibilitätseinstellungen 455
  Kompressionsverfahren 416
  Marken 418
  Neuberechnung 416
  platzieren 170
  Schriften 419
  webtaugliches 454
PDF-Dokument 170, 432ff, 463
  Komprimierung der Bilder 415
  mit transparenten Objekten 393
  prüfen 421f
  Transparenzen 393
  Vorteile 171
PDF-Export 412f
  Einstellungen 412f
PDF/X 413
  Regeln 413
PDF/X-1a 413
PDF/X-3 413
Pfad
  aufteilen 146
  bearbeiten 141
  Form ändern 142
  geschlossener 139
  löschen 146
  nicht fortlaufende Kurven 141
  offener 139
  Pfadform ändern 142
  Pfadteile löschen 146
  -richtung umkehren 102
Photoshop
  Beschneidungspfad 169, 205
  Duplex-Bilder 211

Duplex-Bilder erzeugen 211
  Ebenenmasken 208
  PSD-Dateien 172
  PSD importieren 172
Pica 36
PICT 175
Piktogramme. *Siehe* Seitenminiaturen
Pixelgrafiken 202
PlaceMultipagePDF 334
Plakate
  auf mehreren Seiten ausgeben 430
  drucken 425, 430
Platzhaltertext 82
Platzieren
  Grafiken 162
Plug-ins. *Siehe* Zusatzmodule
PNG 175, 474
Polygonrahmen 138
  Einstellungen 138
Poster drucken 430
PostScript 384. *Siehe auch* EPS
  Datei erzeugen. *Siehe* Drucken
  geräteabhängig 399
  geräteunabhängig 399
  geräteunabhängig/geräteabhängig 399
  vorseparierte 403
PostScript-Type 1 120
PPD 399
Präfix 48
Preflight
  Ausrufezeichensymbol 358
  Bericht 362
  Bilder 360
  Druckeinstellungen 361
  Druckfarben 361
  Farben 361
  Feature 356
  für Buch 357
  gelbes Warndreieck 356

in Acrobat 8 421f
Schriftart suchen 358
Schriften 357
Schriften ersetzen 359
starten 356
Verknüpfungen 360
Volltonfarben 361
Zusatzmodule 361
Preflight-Droplet 424
Print and preview embedding 357
Profil
  in PSD-Bild einbetten 187
  zuweisen 188
Pro-OpenType-Schriften 120
Proofen 362
Proxy 196
Prozessfarben 367
PSD-Datei
  Ebenensichtbarkeit ändern 173
  importieren 172
Pseudokursive 88
Pseudoschnitte 88
Punkt 36

Q

Quadruplex 210
Qualitätsfaktor 160f
QuarkXPress 135
Quellprofile 186
  auswählen 186
Querverweise 305, 325
  definieren 325
QuickTime 452

R

Rahmen
  Eckeneffekte 148
  erstellen 138
  frei geformte 138
  Form ändern 146
  per JavaScript versetzen 343

Raster 407
  Frequenz 158f
  Grundlinien- 230
Rasternetze 54
  aus Hilfslinien 54
  regelmäßige 54
Rasterweite 157, 407f
  Verwendung 160
Rasterwinkel 408
  im Vierfarbdruck 408
Rationelle Texteingabe 76ff
Rechteckrahmen 138
Rechtschreibprüfung 277ff
  anhalten 279
  Funktionalität 277
  Sprache festlegen 277
  Voreinstellungen festlegen 279
  Wörterbuch bearbeiten 279
Reduzierung. *Siehe* Transparenzreduzierung
Reduzierungsvorschau 383, 391, 396
Referenzpunkt bei Verankerung definieren 258
Registerhaltiges Absatzformat 230
Registerhaltigkeit 230
Registerprobleme 381
Reproduktion, Vorbereitung 347ff
Restricted License embedding 357
RGB-Arbeitsfarbräume 182
Richtungslinie 143
Richtungspunkt 143
RIP 384
Routinearbeiten automatisieren 331ff

S

Sättigung 222
Satz überprüfen 132ff
Satzbild, löchrige Zeilen 84
Satzbreite 72

Satzspiegel einrichten 37
Scalable Vector Graphics. *Siehe* SVG
Scannerkalibrierung 179
Schaltflächen 434, 440
  Auslöser 442
  mit Verhalten 441
  Verhalten 442f
  Zustände einrichten 447
Schaltflächeneigenschaften 440
  definieren 440
Schaltflächen-Optionen festlegen 441
Schatten (Retro-Look) 218
Schlagschatten 217
  Deckkraft einstellen 217
  Kanten weichzeichnen 217
  nach innen 218
  x-/y-Versatz einstellen 217
Schmuckfarben. *Siehe* Volltonfarben
Schnell anwenden (Funktion) 244
Schnellauswahlwerkzeug 209
Schnittmenge bilden 147
Schrift
  auswählen 87
  beim Preflight 357
  drucken 409
  -einbettung 357, 420f
  -ersetzung 133, 358
  fehlende ausfindig machen 356ff
  Groß-/Kleinschreibung ändern 64
  Höhenbestandteile 75
  Kompatibilität 119
  Probleme 420
  -schnitt auswählen 87
  Schriftarten, ersetzte 133
  verborgene Zeichen einblenden 74
  verzerren 88
Schriftmanagement 119
Schriftnamen 89
Schusterjungen 132
Schwarz 381

Schwarz überdrucken 366
Schwarzdarstellung 382
   ändern 382
Schwarze Druckfarbe simulieren 364
Schwarzweißbilder einfärben 214
Schwungschrift 125
Segmente, gerade/gebogene kombinieren 141
Seiten
   anordnen 42
   Druckbogen 43
   Duplikate erstellen 42
   duplizieren 41
   festlegen 35
   hinzufügen 40
   löschen 40
   mehrseitige Druckbögen 42
   neu arrangieren 40
   Seiteneinstellungen 39
   Seitenformat 35
Seitenformat 400
Seitengeometrie 34f
Seitenhilfslinien 52
   einrichten 52f
Seitenminiaturen 456
Seitennummerierung. *Siehe auch* Paginierung
   beginnen bei 59
   für einzelnes Dokument ändern 315
   im Buch ändern 314
Seitenversatz 427
Seitenverweis 326
Seitenzahlen 58
   anpassen 59
   hinzufügen 58
   zuweisen 58ff
SelectObjects 335
Separation 402f
   In-RIP 403ff
   Vollton 404

Separationsvorschau 364
   Farbauftrag 364
Silbentr.- & Ausr.-Verletzungen 132
Silbentrennung 94
   aktivieren 94
   Kürzeste Vor-/Nachsilbe 94
   Trennalternativen festlegen 95
   Trennbereich festlegen 94
   Wörter angeben 94
Silbentrennungsverletzungen 132
Skalierung
   beim Drucken 401
   proportional/nicht proportional 193
Skripten 331ff
   AddGuides 333
   AddPoints 333
   AdjustLayout 334
   Align to Page 333f
   aus dem Internet 335
   ausführen 341
   benennen 342
   BreakFrame 334
   CornerEffects 334
   CreateCharacterStyle 334
   CropMarks 334
   eigene erstellen 337
   einsatzbereit 332
   ExportAllStories 334
   fertige verwenden 332ff
   Grundprinzipien 337
   ImageCatalog 334
   MakeGrid 334
   PathEffects 334
   PlaceMultipagePDF 334
   SelectObjects 335
   SortParagraphs 335
   SplitStory 335
   TabUtilities 335
   VBA 341
Snippets 285
   erzeugen 286

Softproof 362
   anzeigen 363
   Überfüllungen 379
Sonderfarben 211
   Überfüllung ausschalten 376
Sonderzeichen 82ff
   einfügen 82
   für Eintragskennzeichen 329
   für Fußnoten 309
   Glyphen 84
   Sonstige einfügen 84
   suchen und ersetzen 268
SortParagraphs 335
Spalten 40
   Anzahl 72
   einrichten 73
Spaltenhilfslinien sperren/entsperren 40
Spaltensatz 72
Spiegeln beim Drucken 407
SplitStory 335
Sprache einstellen 84
sRGB 182
Standardmaßeinheit ändern 36
Standardschwarz 381
Stanzeffekt 218
Stern 138
Steuerungsbedienfeld, Alternative 87
Steuerzeichen 85
Stichwörter 322
Stichwortverzeichnis. *Siehe* Index
Stift. *Siehe* Zeichenstift; *Siehe* Buntstift
Subtrahieren 147
Suchen und ändern
   Objekteigenschaften 274
Suchen und ersetzen 264
   Abfragen erzeugen 276
   Abschnitt suchen 265
   Alle ersetzen 266
   Ganzes Wort 265

Groß-/Kleinschreibung 265
  in Bridge 288
  mit GREP 270
  nach einer bestimmten Zeichen-
      folge 264
  nach Textmuster 270
  von Formatierungen 266
  von Glyphen 268
  von Sonderzeichen 268
  von Text 264f
  Zeichenfolge ersetzen 266
Suchfunktion 264
Suchvorgang
  fortführen 266
  starten 265
SVG 474f
  CSS-Eigenschaften 477
  HTML-Einbindung 478
  in HTML einbinden 478
  komprimierte 475
  Pixelbilder einbetten 476
  Schriften 476
  Transparenzreduzierung 477
SVGZ 477
SWF 452

T

Tabelle 105
  Ausrichtung des Zelleninhalts 112
  aus Text erstellen 106
  aus vorhandenem Text 106
  auswählen 110
  bearbeiten 108
  Bestandteile bearbeiten 108
  einfügen 105
  erstellen/bearbeiten 105ff
  formatieren 112f
  importieren 80, 107
  in Text umwandeln 107
  navigieren 106

Spaltenabmessungen ändern 109
Spaltenanzahl verändern 111
Tabellenzellen formatieren 112
Übersatz 106
verschachteln 105
Zeilenabmessungen ändern 109
Zeilen abwechselnd färben 114
Zeilenanzahl verändern 111
Zellbearbeitung 110ff
Zellenbearbeitung 110
Zellen verbinden/teilen 111
Zellen verteilen 111
Tabellenformate
  erzeugen 117
  in andere Dokumente
      übernehmen 118
Tabstopps
  in regelmäßigen Abständen 98
  setzen 95
Tabulator 95ff
  Arten 96
  Füllzeichen definieren 96
  Linealposition bestimmen 96
TabUtilities 335
Taggen 483
Tags
  anzeigen 487
  mit Formaten verbinden 490
  Palette 484
Text
  -abschnitt 76
  am Grundlinienraster 233
  an einem Pfad ausrichten 100
  an Pfad ausrichten 100
  ausgrauen 196
  ausstanzen 218
  Blindtext 81
  Drag & Drop 81
  eingeben 76
  Ersetzen 264
  -farbe 86

färben 86
gestalten 86ff
Grundlinienraster 230
importieren 77
im Rahmen positionieren 71
im Textmodus eingeben/
    bearbeiten 76f
in nächsten Textrahmen
    umbrechen 73
in Rahmen positionieren 71
in Tabelle konvertieren 106f
Kontur einfärben 86
manuell in Spalte umbrechen 73
mit Format versehen 243
neben Objekt ausrichten 134
per Drag&Drop einfügen 81
platzieren 67
Platzierung im Rahmen ändern
    71
Rahmen platzieren 188
RTF-Format 78
Spalten 72
suchen und ersetzen 264f
über Zwischenablage einfügen 81
um Objekte fließen lassen 68
verknüpfen 262f
Textband gestalten 102
Textfluss über mehrere Rahmen 65
Textformatierungen übertragen 90
Textimport, Formate korrekt
    übernehmen 260
Textmodus 76
  Anzeige einrichten 77
  -Fenster öffnen 76
Textrahmen 64ff
  an Inhalt anpassen 64
  automatischer Textfluss 66
  bearbeiten 71
  beliebige Form 64
  neuen Rahmen erstellen 66
  verformen 75

Index

Verkettung aufheben 68
Verkettungen einblenden 65
Textvariablen 302ff
Tiefenkompensierung 185
Tiefschwarz 373, 381f
   Varianten 381
TIFF 173
Titelschriftvarianten 126
Transformation
   Grafiken 193
   schnell/exakt 193
   wiederholen 194
Transparenz 383f
   Deckkraft 219
   Ebenenmasken 208
   einstellen 219
   Füllmethode 219f
   Füllmethode isolieren 222
   ignorieren 395
   in einem Objektstil speichern 225
   in PDF-Dokumenten 393
   Schlagschatten 219
   Volltonfarben 392
   Weiche Kante 219
Transparenzfarbraum 386
Transparenzreduzierung 384f, 410
   in SVG-Bildern 477
   Vorschau 383, 396
Transparenzreduzierungsformat 386
   anwenden 386
   kontrollieren/nachbearbeiten 388
Trennzeichen 309
Trapping 365. *Siehe auch* Überfüllung
Triplex 210
TrueType 87
TTF 121
Type1 87
Typografie 63ff
Typografische Anführungszeichen 82

U

Über Zeile (Verankerte Objekte) 191
Überblendeffekte 219
Überdrucken 365f, 380
   Farben 380
   Objekte 380
   simulieren 393
Überfüllung 365ff, 371, 378f, 407
   am Bildschirm betrachten 379
   ausgeben 378
   Blitzer 366
   einstellen 369
   Farbdifferenz 372
   fließende 373
   Gehrungsoptionen 372
   in InDesign 366
   In-RIP-Überfüllung 367
   Lacke 376
   Methoden 367
   Prozessfarben 367
   Reduktion der Überfüllfarbe 374
   Schwarzdichte 373
   Schwarze Farbe 373
   Softproof 379
   Sonderdruckfarben 376
   Volltonfarben 367
   zuweisen 374
Überfüllungsbreite 370
Überfüllungseinstellungen für Lacke/Sonderdruckfarben 376
Überfüllungs-Engine 367
Überfüllungsformat
   definieren 374
   erstellen 374
Überfüllungsgrenzwerte 372
Überfüllungsmethoden 367
Überfüllungsvorgaben 368f
   ändern 370
   importieren 376
   zuweisen 374

Überlappung ausschließen 147
Übersatztext, halbautomatisch 66
Übersatzzeichen 64
Überschriften
   Ebene 1 definieren 252
   Ebene 2 definieren 253
   nummerieren 250
Umbruchoptionen festlegen 93
Umfließen 69
Unsichtbare Zeichen 86
Untergruppen 409, 476
Unterschneidungstabelle 90

V

Vakatseiten 314f
Varianten, kontextbedingte 125
VBA 341
   Oberfläche öffnen 342
VBA-Skripte 341
   erstellen 341
VBScript, Beispielskript 345
Vektorgrafiken importieren 167
Vektormaske. *Siehe* Beschneidungspfad
Vektorpfad 202
Verankerte Objekte
   aus Textfluss herausnehmen 190
   benutzerdefiniert 190, 257
   eingebunden 190
   Position beibehalten 192
   Referenzpunkt 192
   über Zeile 190, 257
   Verankerung aufheben 193
Verankerung
   aufheben 193
   benutzerdefinierte Positionierung 258
   in Objektstil speichern 260
   lösen 259
   Objekte an der Grundlinie ausrichten 257

Position beibehalten 258
Referenzpunkt definieren 258
Stellen leichter identifizieren 259
Verankerungseigenschaften gehen verloren 259
Verankerungsstelle visuell verbinden 259
x relativ 258
y-Einträge 258
Zwischenraum Haupt- und Marginalspalte 259
Verborgene Zeichen 86
einblenden 74, 86
Verhalten 441
Verkettungen einblenden 65
Verknüpfte Formen 147
Verknüpfungen 197
aktualisieren 198, 349
anzeigen 197
automatisch reparieren 350
bearbeiten 197f
erneut verknüpfen 350
fehlende Bilder neu verknüpfen 350
für importierte Texte 262
Gehe zu 198, 349
gelbes Warndreieck 198, 349
InDesign-Dokumente 262
kontrollieren 348
nach Status sortieren 348
neu verknüpfen 199
rotes Fragezeichen 198, 349
Text 262
von Objekten 146
zu einem Clip im Internet 453
Verknüpfungsinformationen 199, 351
Verläufe
Farben löschen 155, 224
Farbverteilung 155
Marke löschen 224
Mittelpunkt ändern 155

neue Marke hinzufügen 155
neues Verlaufsfeld 155
Transparenzmarken einfügen 224
Verlaufsmittelpunkt 155
Verpacken 200
Versalziffern 128
Versatzabstand 74
Verschachtelte Formate 246
Verschachtelte Formatschleifen 248
Verschachtelte InDesign-Dateien 264
Verschachtelter Index 327
Vertikale Ausrichtung 74
Vertikaler Keil 74
Visual Basic 342
Visual Basic-Editor 342
Volltonfarben 377, 392
auswählen 150
durch Prozessfarben ersetzen 354
fluoreszierende 377
in Prozessfarben umwandeln 353, 407
manuell ersetzen 354
Metallic 377
Pastell 377
Preflight 361
Separationen 404
Tipps 152
Transparenzen 392
Überfüllungen 367
zusammenfassen 406
Vorgegebene Elemente 281

W

Waisen 132
WAV 452
Webanzeige 456
schnelle 456
Webgrafiken 474
erstellen 474
Formate 474

Webseite, einbinden von PDF-Dateien 460
Weiche Kanten 223
Weiches Licht 221
Weitersuchen 266
Werkzeug
Ankerpunkt hinzufügen 145
Glätten 145
Radieren 146
Schere 146
Windows Scripting Host 342
Witwen 132
WMF 175
Woodwing 249
Word-Dokument, Formate in InDesign übernehmen 260
Wörterbücher 279
bearbeiten 279f

X

XHTML 463
für das Web erzeugen 462
XML 475, 480f
Absätze taggen 491
Dateien für das Web aufbereiten 492
Datei erstellen 488
Datei weiterverwenden 488
Definition 481, 482
Dokumentaufbau 482
Dokument taggen 486
importieren 489
Regelsätze 491
Tags anzeigen 487
Tags für das Dokument festlegen 484
Tags im Dokument betrachten 487
Tags mit Formaten verbinden 490
XSLT 495f

Z

Zeichen
  -folge suchen 264
  formatieren 87
  -Palette 87
Zeichenformate 229
  erstellen 241
Zeichenmodus anzeigen 87
Zeichenpfad bearbeiten 141
Zeichensätze, fernöstliche 120
Zeichenstift 138
Zeichnen 138
  Ankerpunkt 138
  Ankerpunkte glätten 145
  Ankerpunkt einfügen 145
  Buntstift 138
  Eckpunkt 142
  Glättungspunkt 143
  Pfadbearbeitung 141
  Pfadform ändern 142
  Pfadteile löschen 146
Zeilenabstand 91
  per Grundlinien 231
Zeilenabstandschritt 135
Zellen bearbeiten 110
Zentimeter 36
Ziffern 128
ZIP 416, 418
Zoll 36
Zollzeichen 82
  kann nicht eingegeben werden 83
Zoom 461
Zusammenarbeit mit anderen
  Workflow-Mitgliedern 296f

THE SIGN OF EXCELLENCE

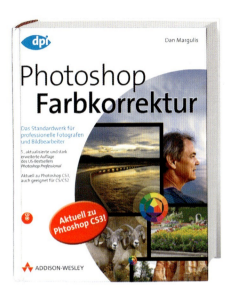

Dieses Standardwerk zur Farbkorrektur hat den Workflow einer ganzen Generation von Photoshop-Experten geprägt. Die 5. Auflage erscheint zum ersten Mal in deutscher Sprache, wurde komplett für die Digitalfotografie überarbeitet und liefert in Bestform das, wofür Dan Margulis international gefeiert wird: verblüffend effektive Techniken zur Bild- und Farbkorrektur. Die Originalfotos in dem Buch stammen von verschiedenen professionellen Fotografen; alle Übungen finden sich auf der inliegenden CD.

Dan Margulis
ISBN 978-3-8273-2546-4
59.95 EUR [D]

www.addison-wesley.de

THE SIGN OF EXCELLENCE

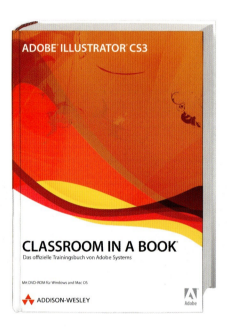

Die schnellste und leichteste Art, Illustrator CS3 von der Pike auf zu lernen!
Adobe Illustrator CS3 Classroom in a Book macht Sie in 15 Kapiteln mit den Grundlagen von Illustrator vertraut. Kurze, in sich abgeschlossene Lektionen zeigen, wie Sie Formen und Objekte zeichnen, einfärben und Verläufe und Effekte zuweisen, Text gestalten, sich im Arbeitsbereich zurechtfinden und Farbauszüge für den professionellen Druck vorbereiten. Sie lernen die aktuellen Funktionen von Illustrator CS3 kennen und wie Sie damit Ihren Arbeitsablauf optimieren und Grafiken präsentieren. Zahlreiche Expertentipps und -techniken befördern Sie in die Profi-Liga! Mit Übungsdateien, Video-Trainings, 30-Tage-Vollversion von Adobe Illustrator CS3 auf DVD.

Adobe Creative Team
ISBN 978-3-8273-2555-6
39.95 EUR [D]

www.addison-wesley.de